HO POLEMOS
TON PELOPONNESION
KAI ATHENAION

펠로폰네소스 전쟁사

–

제1판 1쇄 2011년 6월 30일
제1판 13쇄 2024년 11월 20일

–

지은이 ― 투퀴디데스
옮긴이 ― 천병희
펴낸이 ― 강규순

–

펴낸곳 ― 도서출판 숲
등록번호 ― 제406-2004-000118호
전화 ― (031)944-3139 팩스 ― (031)944-3039
E-mail ― book_soop@naver.com

–

ⓒ 천병희, 2011. Printed in Seoul, Korea
ISBN 978-89-91290-40-2 93900
값 43,000원

–

디자인 ― 씨디자인

HO POLEMOS TON PELOPONNESION KAI ATHENAION
THOUKYDIDES

펠로폰네소스 전쟁사

투퀴디데스 지음 | 천병희 옮김

아주 특별한 비극, 펠로폰네소스 전쟁사

기원전 5세기 그리스의 주도 세력은 아테나이(Athenai)와 스파르테 (Sparte)였다. 그들은 호시탐탐 그리스를 노리던 거대 제국 페르시아와 의 전쟁을 승리로 이끈 주역들이었다. 이 놀라운 승리 이후 진취적인 아 테나이는 민주주의를 신봉하며 강력한 해군력에 힘입어 에게 해에 제국 을 건설했고, 보수적인 스파르테는 과두정체를 신봉하며 강력한 중무장 보병에 힘입어 그리스 본토 남부의 펠로폰네소스(Peloponnesos) 반도 를 지배했다.

황금기의 아테나이는 정치 · 문화 · 예술 분야에서 역사에 길이 남을 위 대한 유산들을 쏟아내는 한편 지속적인 팽창정책으로 제국을 넓혀나갔 다. 아테나이의 독주에 위협을 느낀 스파르테는 일부 동맹국의 사주를 받 아 기원전 431~404년 아테나이와의 전쟁을 일으킨다. 이것이 27년 동안 지속된, 그리스 세계의 문명과 흐름을 뒤바꾼 '펠로폰네소스 전쟁'이다.

기원전 421년 양국 간에 평화조약이 체결되어 잠시 전쟁이 중단되지 만, 아테나이가 시칠리아 원정의 실패로 국력이 약해진 데다 서아시아의 패자(覇者) 페르시아(Persia)와도 사이가 나빠지자, 전쟁을 재개한 스파 르테가 페르시아의 지원 속에 아테나이에게 항복을 받아낸다. 유례 없이 잔혹했던 전쟁에서 패배하며 아테나이는 황혼기에 접어든다.

당시 그리스의 산문문학은 역사가 짧아서 기원전 5세기 후반부 이전에 씌어진 것은 지금까지 하나도 전해지지 않는다. 현존하는 산문작품 중 가장 오래된 것은 헤로도토스(Herodotos)의 『역사』이다. 기원전 5세기 후반부에 작품 활동을 하던 헤로도토스는 기원전 5세기 초에 일어난 그리스와 페르시아의 두 차례에 걸친 전쟁에 초점을 맞춰 방대한 저술을 쓰며, 역사학의 기초라 할 지리학과 민속학에 대한 해박한 지식을 토대로 초기 역사와 다양한 부족과 국가들에 관한 풍부한 정보를 제공한다.

헤로도토스는 소아시아 할리카르낫소스(Halikarnassos) 시 출신이었고, 투퀴디데스(기원전 460년경~400년경)는 아테나이의 명문가에서 태어났다. 투퀴디데스는 적어도 한 번 이상 장군(strategos)으로 선출되어 펠로폰네소스 전쟁에서 아테나이군을 지휘했으며, 이 전쟁이 끝난 뒤에도 살아서 이 전쟁의 역사를 기술(記述)했다. 모두 8권으로 구성된 그의 저술 1권에는 펠로폰네소스 전쟁이 일어나기 이전의 그리스 역사와 환경에 관한 자료가 포함되어 있고, 전쟁에 관한 본격적인 기술은 2권에서 시작된다. 현존하는 저술은 기원전 411년 가을에서 중단되지만 전쟁의 결말은 몇 군데에서 언급되고 있다.

헤로도토스의 저술이 넓다면 투퀴디데스의 저술은 깊은 편이며, 헤로도토스가 신의 섭리를 믿는다면 투퀴디데스는 모든 것을 인간관계의 상호작용 속에서 설명하며 신의 개입을 배제한다. 헤로도토스는 일화를 소개할 때 이설(異說)도 함께 소개하지만, 투퀴디데스는 거의 언제나 자신이 진실이라고 믿는 것만 선택해 소개하며 그것을 믿어주기를 바란다.

투퀴디데스는 자신의 역사 기술 방법에 관해 다음과 같이 말한다.

각각의 인물이 전쟁 직전이나 전쟁 중에 발언한 연설에 관해 말하자면, 직

접 들었든 간접적으로 전해 들었든 나로서는 정확히 기억하기가 어려웠다. 그래서 나는 실제 발언의 전체적인 의미를 되도록 훼손하지 않으면서 연설자로 하여금 그때그때 상황이 요구했음 직한 발언을 하게 했다. 그리고 전쟁 중에 실제로 일어난 사건에 관해 말하자면, 나는 우연히 주워들은 대로 또는 내 의견에 따라 기술하지 않고, 내가 직접 체험한 것이든 남에게 들은 것이든 최대한 엄밀히 검토한 다음 기술하는 것을 원칙으로 삼았다. …… 내가 기술한 역사에는 설화가 없어서 듣기에는 재미가 없을 것이다. 그러나 과거사에 관해 그리고 인간의 본성에 따라 언젠가는 비슷한 형태로 반복될 미래사에 관해 명확한 진실을 알고 싶어 하는 사람은 내 역사 기술을 유용하게 여길 것이며, 나는 그것으로 만족한다. 이 책은 대중의 취미에 영합하여 일회용 들을 거리로 쓴 것이 아니라 영구 장서용으로 쓴 것이기 때문이다.

투퀴디데스의 『펠로폰네소스 전쟁사』는 출판되자마자 고전이 되었다. 그는 함축적인 문체와 날카로운 분석으로 고대 그리스·로마 시대부터 가장 심오한 역사가라는 평가를 받았고, 수많은 사람들이 이 특별한 비극을 통해 지혜와 교훈을 찾았다. 진리를 탐구하려는 그의 열의와, 사건을 합리적으로 설명하려는 그의 노력과, 평이하고도 생동감 넘치는 기술과, 인간 본성을 파고드는 연설을 적절히 한데 엮는 능력은 시공을 초월해 여전히 경탄의 대상이며 인류에게 불멸의 재산이 되었다. 훗날의 역사가들은 그가 중단한 곳에서 그리스 역사를 기술하기 시작했으며, 그의 영향을 받지 않고 펠로폰네소스 전쟁사를 쓴 사람은 아무도 없었다. 19세기 독일에서는 랑케(L. von Ranke) 등에 의해 과학적이고 객관적인 역사가의 이상(理想)으로 추앙받았다.

20세기 후반부터는 문체와 언어 분석에 치중하는 연구 경향이 차츰 고개를 들고 있다.

전쟁의 배경

기원전 5세기 초 그리스의 수많은 도시국가 가운데 스파르테와 아테나이는 가장 강대국이었고, 그리스 본토 남부 펠로폰네소스 반도의 다른 국가들은 대부분 스파르테가 주도하는 이른바 '펠로폰네소스 동맹'에 소속되어 있었다. 기원전 6세기 중엽 페르시아가 서아시아를 평정하고 에게 해 동안(東岸)의 그리스 도시국가들을 포함해 소아시아까지 정복하기 시작하자, 이 도시국가들이 이른바 '이오니아(Ionia) 지방의 반란'을 일으키며 본토의 그리스인들에게 도움을 요청한다.

스파르테는 그들의 요청을 거절하지만 이오니아 지방에 거주하는 이른바 이오네스족(Iones)의 모국으로 자처하던 아테나이는 원군을 파견하였고, 에우보이아(Euboia) 섬에 있는 에레트리아(Eretria) 시도 원군을 보낸다. 그러나 반란을 진압한 페르시아인들은 원군을 보낸 아테나이 등을 응징한다는 핑계로 그리스 본토까지 정복하고 싶어 한다. 기원전 490년 페르시아의 침공은 아테나이와 에레트리아를 겨냥한 것으로, 에레트리아는 함락되지만 아테나이는 플라타이아이(Plataiai)군의 도움에 힘입어(스파르테군은 전투가 끝난 뒤에 도착했다) 마라톤 전투에서 페르시아군을 물리친다. 그러자 페르시아는 더욱더 아테나이와의 일전을 벼른다.

기원전 480년대 아테나이인들은 은광(銀鑛)에서 들어오는 막대한 수입으로 2백 척의 전함을 건조하는데(1권 14장 참조), 이는 다른 그리스 국가들이 보유한 전함을 모두 합친 것보다 많은 것이었다. 기원전 480년 페르시아가 아테나이를 응징할 겸 그리스 전체를 정복하기 위해 다시 침공해왔을 때, 스파르테는 페르시아에 부역하지 않은 도시국가들의 지도국으로 선출되었다. 아테나이는 이 국가들의 해군에 월등히 많은 함선을 제공했는데, 그 수는 '거의 3분의 2'(1권 74장 참조)까지는 아니라 하더라도 전체의 절반을 웃돌았다. 처음에 승승장구하던 페르시아군은 기원전 480년 살라미스 해전에서, 기원전 479년 플라타이아이 지상전에서 패하여 철수한다.

페르시아인들은 그 뒤 다시는 유럽을 침공하지 않았지만, 이를 장담할 수 없던 기원전 479년에는 그들을 응징하고 여전히 그 지배 아래 있는 소아시아 서부지방의 그리스인들을 해방하고 그들의 침략 야욕을 완전히 꺾어놓기 위하여 페르시아인들을 멀리 내쫓을 필요가 있었다.

이미 기원전 479년에 그리스군은 사모스 섬 맞은편의 뮈칼레(Mykale) 곶에 상륙하여 그곳에 있던 페르시아군을 물리쳤고, 그 뒤 같은 해 스파르테인들과 일부 동맹국이 귀국하자 아테나이인들이 다른 동맹군을 이끌고 가서 헬레스폰토스(Hellespontos) 해협의 유럽 쪽 도시 세스토스(Sestos)를 함락한다(1권 89장 참조). 이듬해인 기원전 478년에도 스파르테의 주도 아래 전쟁이 계속되지만, 스파르테인 사령관 파우사니아스(Pausanias)는 교만하고 모호한 처신으로 동맹군 사이에서 인심을 잃는다(1권 94~95장 참조).

그리하여 원래의 반(反)페르시아 동맹이 해체되지는 않았지만 기원전 478/7년 겨울 아테나이의 주도로 대(對)페르시아 전쟁을 계속하기 위해 새로운 동맹이 결성된다. 그것은 그 사령부가 아폴론(Apollon)이 태어났다는 델로스(Delos) 섬에 있어서 '델로스 동맹'이라고 불린다. 스파르테와 펠로폰네소스 반도의 다른 나라들은 이 동맹에 가입하지 않았으며 처음에는 이 동맹에 위협감을 느끼지도 않았다(1권 96~97장 참조). 델로스 동맹은 공동의 목적을 추구하는 자유국가들의 동맹으로 출발하면서 아테나이에 전권(全權)을 위임했다. 기원전 490년대의 이오니아 반란을 기억하던 회원국들은 주도국의 필요를 느꼈을 테고, 아테나이가 우월적인 지위를 이용해 자신들의 독립을 침해할까 두려워하기보다는 오히려 아테나이가 대(對)페르시아 전쟁에 흥미를 잃을까 더 두려웠을 것이다.

아테나이인들은 자신들의 국익을 노골적으로 추구하지는 않았지만 국익을 증진할 기회가 생기면 이를 놓치지 않았다. 동맹은 영구히 지속되도록 규정되어 있었지만 대페르시아 전쟁이 끊임없이 계속되자 동맹국들은 인내의 한계를 느꼈고, 아테나이는 고분고분하지 않은 동맹국에 책무 이행을 요구하면서 점점 위세를 부리기 시작한다. 특히 점점 더 많은 회원국이 동맹군에 함선보다는 현금(phoros '공물'로 번역)을 제공하기를 선택하거나 요구받았는데, 그렇게 되면서 동맹국들은 점점 약화되고 아테나이는 강성해졌다(1권 98~101장 참조).

페르시아의 그리스 침공이 실패로 끝나자 아테나이인 테미스토클레스(Themistokles)는 이제 스파르테를 아테나이의 경쟁자로 간주한다(1권 90~93장 참조). 그러나 그는 정적들의 음모로 추방당하고, 델로스 동맹의 초기 전투들은 친(親)스파르테파인 키몬(Kimon)이 지휘한다.

라코니케(Lakonike) 지방과 멧세니아(Messenia) 지방의 국가 노예들(heilotes)이 반란을 일으킨 데다 설상가상으로 기원전 465/4년에 라코니케 지방에 지진이 발생하자 스파르테인들은 아테나이를 포함하여 기원전 480~478년 대페르시아 전쟁 때의 동맹국에 도움을 요청한다. 그리하여 키몬이 상당수의 아테나이군을 이끌고 펠로폰네소스로 간다. 그런데 키몬이 출타 중이던 기원전 462/1년 페르시아에 망명해 있던 테미스토클레스의 추종자들이 정권을 장악하고 민주 개혁을 단행한다. 그들이 스파르테를 돕는 데 반대하자, 스파르테인들은 새 정부를 불신하고 키몬과 그의 군대를 돌려보낸다. 그러자 아테나이는 스파르테와 동맹관계를 단절하고 대신 그리스 본토에 있는 스파르테의 적국들과 동맹을 맺는다(1권 101~102장 참조).

기원전 460~454년 아테나이인들은 부분적으로 그리스인들이 거주하던 퀴프로스(Kypros) 섬과 그리스 이주민이 2백 년 동안 거주해온 이집트에서 대페르시아 전쟁을 계속하는 동시에 그리스 본토에서도 강력한 지위를 확보하기 위해 무력 충돌을 피하지 않으면서 델로스 동맹 회원국에 매번 도움을 요청한다. 그러나 이집트 원정이 참패로 끝나고 키몬이 다시 퀴프로스를 정벌하러 갔다가 전사하자 아테나이의 팽창정책은 동력을 잃게 된다.

　기원전 450년대 말과 440년대 초 아테나이는 델로스 동맹 회원국 사이에서 상당히 인심을 잃었던 것으로 보이며 그중 몇몇 나라는 페르시아의 지원을 받는다. 이를 수습하는 과정에서 아테나이는 동맹의 주도국에서 제국의 지배자로 탈바꿈한다. 페르시아 세력이 에게 해에서 축출되면서 기원전 450년경 동맹 결성의 목적이었던 대(對)페르시아 전쟁은 사실상 끝났지만 동맹은 해체되지 않았다.

　기원전 447/6년, 아테나이가 기원전 450년대 초에 그리스 내에서 획득한 속국(屬國)들이 아테나이에 반란을 일으키고, 스파르테 왕 플레이스토아낙스(Pleistoanax)가 지휘하는 펠로폰네소스군이 앗티케(Attike) 지방을 침공한다. 그는 아테나이를 공격하지 않고 귀국했지만 아테나이인들은 타협한다. 기원전 446/5년에 체결한 30년 평화조약에 따라 아테나이는 본토에 있는 속령(屬領)들을 포기하는 대신 델로스 동맹에 의한 에게 해의 지배권을 인정받는다.

　그리스는 이제 스파르테가 주도하는 육지에 기반을 둔 세력권과 아테나이가 주도하는 바다에 기반을 둔 세력권으로 양분된다(1권 113~115장 참조). 그러나 그리스 본토에서의 세력 확장이 금지되자 아테나이는 남이탈리아의 투리오이(Thourioi)와 트라케(Thraike) 지방의 암피폴리스(Amphipolis) 외에도 흑해 연안에 식민시들을 건설한다.

30년 평화조약과 펠로폰네소스 전쟁 사이에 벌어진 사건들 가운데 투퀴디데스가 유일하게 언급한 것은 기원전 440~439년의 아테나이와 사모스(Samos)의 전쟁인데, 스파르테는 사모스를 지원하고자 했으나 코린토스가 그 계획에 반대했던 것 같다(1권 115~117장, 1권 40장 참조). 이는 30년 평화조약이 추구하던 균형이 얼마나 불안정했는지를 말해주는 대목이다.

　　투퀴디데스는 전쟁으로 이어지는 여러 가지 사건을 기술하면서(1권 24~88, 118~126, 139~146장 참조) 맨 먼저 코린토스와 그 식민시 케르퀴라(Kerkyra)의 전쟁을 언급하는데, 코린토스는 펠로폰네소스 동맹의 회원국 가운데 스파르테 다음으로 강력한 국가이고, 케르퀴라는 그리스 서북지방 앞바다에 있는 섬으로 어느 세력권에도 속하지 않는 중립국이다. 기원전 433년 두 나라는 아테나이에 도움을 요청한다. 그러자 아테나이는 코린토스를 약화시키되 평화조약을 직접 파기하는 것을 피하고자 케르퀴라에 한정된 원조를 제공한다.

　　기원전 433/2년 아테나이가 델로스 동맹 회원국으로 코린토스와 가까이 지내던 북동 지역의 포테이다이아(Poteidaia)에 압력을 가하자 포테이다이아는 반란을 일으킨다. 그곳에서 벌어진 전투에서 아테나이인들은 또다시 코린토스인들과 싸웠고, 아테나이는 비용을 많이 들인 공성전(攻城戰) 끝에 기원전 430~429년 포테이다이아의 항복을 받는다.

　　아테나이와 메가라(Megara) 사이에도 분쟁이 벌어지는데, 메가라가 국경 문제로 말썽을 일으키고 도주한 노예들을 숨겨주었다는 이유로 아테나이가 경제제재를 가한 것이다. 또한 기원전 450년대에 델로스 동맹에 가입하도록 강요당한 아이기나(Aigina)가 조약에 명시된 자율권을 주지 않는다고 불평을 털어놓자, 펠로폰네소스 동맹 회원국 가운데 코린토스가 앞장서서 아테나이의 태도를 비난하며 스파르테에 압력을 넣는다.

그리하여 마침내 기원전 432년 먼저 스파르테가, 이어서 펠로폰네소스 동맹국들이 아테나이와 전쟁을 일으켜 아테나이 제국을 허물기로 결의한다.

투퀴디데스는 케르퀴라와 포테이다이아 사건에 관해서는 상세히 기술하면서도 메가라와 아이기나 사건에 관해서는 자세히 언급하지 않는데, 아마도 아테나이가 옳다는 것을 보여주기 쉬운 사건들을 강조하고 싶었던 듯하다. 투퀴디데스는 스파르테가 전쟁을 하기로 결의한 것은 아테나이가 도저히 용납할 수 없는 과오를 저질렀기 때문이 아니라 아테나이의 세력이 점점 강성해지는 것에 위협을 느꼈기 때문이라고 세 번이나 언급하고 있다(1권 23, 88, 118장 참조).

법적으로는 펠로폰네소스인들이 침략자이며, 아테나이는 30년 평화조약을 파기하지 않으려고 조심했던 듯하다. 그러나 이에 대해 아테나이인들이 자신들의 지나친 야망을 포기하지 않으면 스파르테와의 전쟁이 불가피하다는 것을 알면서도 유리한 상황에서 전쟁을 수행하기 위해 법적으로는 정당할지 몰라도 도전적인 노선을 추구했으며, 전쟁의 원인에 관한 투퀴디데스의 진술은 공평무사하다기보다는 아테나이 쪽을 편드는 것이라고 반론을 제기할 수 있을 것이다.

여기서 '아테나이인들'은 '페리클레스'(Perikles)로 대치해도 좋을 것이다. 그는 기원전 462/1년 정적 키몬에게 승리한 민주주의자들을 이끈 지도자 중 한 명이었으며, 투퀴디데스가 그려 보여주는 것처럼 만인이 떠받드는 지도자는 아니라 해도 점점 영향력이 커져 기원전 460년경에서 429년 사이에 아테나이가 추구한 정책은 대부분 그의 정책이기 때문이다.

스파르테는 아테나이 제국을 무너뜨리고 '그리스인들의 해방'을 위해 싸운다고 주장했던 만큼 결정적인 승리가 필요했고, 아테나이는 무사히 살아남기만 하면 되었다. 스파르테는 육상 세력이고, 아테나이는 해양 세력이다(아테나이의 군세는 2권 13장에 언급되어 있다). 아테나이 동 맹국들과 스파르테 쪽의 군세가 어느 정도였는지 언급되어 있지 않지만 아테나이는 함선 수에서 3 대 1로 우세했고, 스파르테는 중무장보병 수에서 3 대 1로 우세했다고 보면 무난할 것이다. 아테나이에는 숙련된 선원이 많았고, 스파르테의 군사들은 천하무적이다.

전쟁이 시작되자 스파르테는 그리스의 전통적인 전략대로 대군을 이끌고 아테나이 영토에 침입했는데, 이는 아테나이군이 성벽 밖으로 나와 대항하면 다수의 우수한 군사들로 제압하기 위해서였다. 기원전 431~428년에 이런 종류의 침입을 주도한 것은 스파르테 왕 아르키다모스 (Archidamos)였다. 그래서 전쟁의 첫 단계는 그의 이름을 따서 '아르키다모스 전쟁'이라 불린다.

기원전 5세기 중반 축조된 아테나이와 페이라이에우스(Peiraieus) 항 (港)을 잇는 두 겹의 '긴 성벽들' 안쪽은 거대한 요새 구실을 충분히 하였다. 그래서 아테나이인들은 제해권을 장악하고 생필품을 수입할 돈이 있는 동안에는(2권 13장 참조) 앗티케 지방의 농사를 소홀히 하면서도 그럭저럭 지낼 수 있었다. 따라서 아테나이를 위한 페리클레스의 전략은 요새에 머물며 스파르테인들이 원하는 지상전을 하지 않는 것이었다. 투퀴디데스에 따르면, 페리클레스는 아테나이가 이미 확보한 제국은 꼭 붙잡되 제국을 더는 확장하지 않으면서 해군력을 유지하기만 하면 되리라고 생각했던 것 같다.

기원전 431~411년에 일어난 사건들은 본문에 나와 있고 '차례'만 보아도 전체적인 윤곽을 파악할 수 있을 것이므로 여기서 세세히 설명할 필요는 없을 것이다. 여기서는 그 이후의 그리스 역사를 간략하게 살펴보고자 한다.

기원전 411년 이후의 그리스 역사

투퀴디데스의 『펠로폰네소스 전쟁사』는 기원전 411년 가을에서 갑자기 중단된다. 기원전 410년 아테나이는 프로폰티스(Propontis) 해 남안에 있는 퀴지코스(Kyzikos)에서 스파르테에 승리하고, 그동안 과두제로 대치되었던 민주제를 복원한다. 한때 아테나이가 전쟁에서 승리할 듯 보이기도 했지만 기원전 407년 페르시아인들이 스파르테를 적극 지원하기 시작했으니, 에게 해로 파견된 페르시아 왕의 차남 퀴로스(Kyros)가 스파르테 장군 뤼산드로스(Lysandros)와 긴밀히 협력하기로 약속한 것이다. 그러나 뤼산드로스 후임으로 부임한 칼리크라티다스(Kallikratidas)는 퀴로스와 원만한 협력 관계를 유지하지 못해 기원전 406년 키오스(Chios) 섬과 아시아 대륙 사이에 자리 잡은 아르기누사이(Arginousai) 섬들 근처에서 아테나이군에 패한다. 그러자 스파르테인들은 뤼산드로스를 복직시킨다. 그리고 그는 기원전 405년 헬레스폰토스 해협으로 흘러드는 아이고스포타모이(Aigospotamoi) 강어귀 앞바다에서 아테나이군에 결정적인 승리를 거둠으로써 헬레스폰토스 해협을 장악하여 아테나이의 주요 생필품 수입 통로를 봉쇄한다.

다시 함대를 건조하고 의장하고 선원을 승선시킬 여력이 바닥난 아테나이는 기원전 405/4년 겨울에 봉쇄되었다가 404년 봄에 항복한다. 아테나이는 제국과 '긴 성벽들'과 거의 모든 해군력을 잃고, 스파르테의 후원을 받는 과두정부가 지배하는 스파르테의 속국이 된다.

그러나 스파르테는 그리스인들에게 자유와 해방을 가져다주지 못했고, 상황을 오랫동안 좌지우지하지도 못했다. 스파르테는 투퀴디데스가 말한 기원전 430년의 아테나이인들처럼(1권 76/7장 참조) 그리스 세계에서 곧 인심을 잃는다. 기원전 403년 다시 민주정부가 들어선 아테나이는 곧 독자적인 외교정책을 추구하기 시작하며 스파르테에 불만을 품은 이전의 스파르테 동맹국들과 힘을 모아 스파르테에 대항해 다시 전쟁을 일으킨다. 스파르테는 그리스 내부의 적들과 페르시아를 동시에 대적할 수가 없었다. 그래서 기원전 386년 결국 페르시아가 다른 그리스인들의 자유와 독립을 보장하고 이들에 관해서는 스파르테가 결정권을 갖는다는 취지의 조약을 체결하는 대가로 아시아의 그리스인들을 페르시아에 넘겨준다. 스파르테는 점점 더 인심을 잃었고, 아테나이는 기원전 378년 스파르테에서 독립하려는 국가들과 새로운 동맹을 결성한다. 기원전 371~369년 스파르테는 지상전에서 테바이(Thebai)군에 잇달아 참패하며 그리스에서 패권을 상실한다. 아테나이는 새로운 동맹을 유지하려 했지만 테바이는 페르시아의 지원을 받아 아테나이마저 꺾으려 한다.

그 뒤 델포이의 관리 문제를 두고 '신성전쟁'이 잇달아 벌어지자 그동안 외교적 수완을 발휘하며 군사강국이 된 마케도니아(Makedonia)의 필립포스(Philippos) 2세가 그리스 사태에 개입하기 시작하였다. 그는 기원전 338년 보이오티아(Boiotia) 지방의 카이로네이아(Chaironeia)에서 아테나이와 테바이가 주도하던 그리스 연합군에 승리를 거두고 그리스 본토를 자신이 지휘하는 코린토스 동맹에 편입시킨다.

이미 펠로폰네소스 전쟁 기간에도 그리스인들이 동족상잔함으로써 페르시아인들에게 새로운 기회를 제공한다고 원성이 높았고, 기원전 386년 스파르테가 아시아의 그리스인들을 페르시아에 돌려준 것은 치욕으로 간주되었다. 그리스는 함께 힘을 모아 페르시아인들에게 맞서 싸웠을 때 위대했던 만큼 그리스가 새로이 위대해지려면 다시 힘을 모아 페르시아에 맞서 싸울 필요가 있다고 주장하는 사람들이 많았다. 코린토스 동맹을 주도하던 필립포스 2세는 바로 그런 전쟁을 계획했지만, 그가 암살당한 뒤 그 계획은 아들 알렉산드로스(Alexandros) 대왕(기원전 356~323년)에 의해 실행에 옮겨졌다.

투퀴디데스의 생애

투퀴디데스는 그 자신과 아테나이 역사가들의 진술에 따르면 오롤로스 (Orolos)와 헤게시퓔레(Hegesipyle) 사이에서 태어났다. 아버지 오롤로스는 마라톤 전투의 영웅 밀티아데스(Miltiades)의 외손자이고, 어머니 헤게시퓔레는 기원전 440년대 페리클레스의 정적(政敵)이었던 정치가 투퀴디데스의 딸이다.

기원전 424/3년 투퀴디데스는 아테나이 장군으로 선출되었다. 장군으로 선출되려면 30세가 넘어야 하는 점을 고려하면 기원전 454년 이전에 태어났을 텐데, 기원전 460년경으로 추정된다. 그는 암피폴리스 시가 스파르테인들에게 함락되는 것을 막지 못한 까닭에(4권 104~106장 참조) 아테나이에서 추방되어, 기원전 404년 펠로폰네소스 전쟁이 끝나고 사면받을 때까지 귀국하지 못했다. 코린토스 쪽 정보에 밝은 것으로 보아 추방 생활 일부를 코린토스에서 보낸 것으로 여겨지며, 귀국한 지 몇 년 안 되어 세상을 떠난 것으로 보인다.

투퀴디데스는 기원전 5세기 중엽 페리클레스의 주요 정적들을 배출한 귀족가문 출신이지만 역시 귀족이면서도 아테나이의 민주제를 확립한 페리클레스의 열렬한 찬미자였는데, 이는 이념과는 무관한 개인적 호오 (好惡)의 감정에서 비롯된 것 같다. 스파르테와 키오스에 관한 그의 발언 (1권 18장, 8권 24장 참조), 아테나이 민회의 변덕스러움과 기원전 411/0년의 아테나이 정부에 관한 발언(2권 65장, 8권 97장 참조)으로 미루어 볼 때 그는 민주제의 열렬한 지지자는 아니었던 듯하다. 그는 기원전 420년대 아테나이를 좌지우지한 과시적인 민중 선동가 클레온(Kleon, 3권 36장, 4권 3, 21, 27~28장, 5권 7~10, 16장 참조)과 그의 지위를 계승하려던 휘페르볼로스(Hyperbolos)를 몹시 싫어했다. 따라서 투퀴디데스를 탄핵한 것은 클레온이었다는 주장은 일리가 있는 듯하다.

『펠로폰네소스 전쟁사』 집필 시기

투퀴디데스의 『펠로폰네소스 전쟁사』는 미완으로 끝났다. 그는 전쟁이 끝난 뒤에도 살아 있었지만 전해오는 텍스트는 기원전 411년 가을에서 갑자기 중단된다. 크세노폰(Xenophon)의 『그리스 역사』(*Hellenika*) 등 이후의 역사서들이 기원전 411년부터 시작하는 것으로 미루어 지금 우리가 알고 있는 것이 투퀴디데스가 발표한 것의 전부라고 확신해도 좋을 듯하다.

그는 전쟁이 일어났을 때부터 기술하기 시작해 전쟁이 끝나고도 살아 있었으니, 우리는 이런 의문을 던질 수도 있다. 투퀴디데스는 사건을 1년 또는 반년 단위로 사건 직후 바로 기록해 그 부분을 종결한 것일까, 아니면 전쟁이 진행되는 동안 메모만 해두었다가 전쟁이 끝난 뒤 본격적인 집필을 시작했을까? 아니면 그 두 가지 방법을 다 쓴 것일까?

이를테면 2권 65장의 페리클레스에 대한 평가에서 시칠리아 원정의 실패 등 페리클레스 사후 사건들을 언급하는데, 이것은 사건을 1년 또는 반년 단위로 사건 직후 바로 기록해 그 부분을 종결했다면 불가능한 일이었을 것이다. 『펠로폰네소스 전쟁사』의 대부분(1권 1장~4권 51장, 5권 84장~8권 1장)은 연설과 여담을 곁들인 정교한 사건 기술로 짜여 있다. 그러나 두 부분(4권 52장~5권 83장, 8권 2~109장)에는 연설이 거의 나오지 않고 사건이 무미건조한 삽화 형식으로 기술되고 있어, 이는 투퀴디데스가 죽기 전에 마지막 손질을 하지 못한 예비 작업이 아닌가 하는 인상을 준다. 그리고 6권 1장~8권 1장은 시칠리아 섬의 지리와 역사를 포함해 2년 동안 계속된 아테나이의 시칠리아 원정을 처음부터 끝까지 기술하는데, 이것은 사실상 별도의 전공 논문이라 해도 과언이 아니다. 그 밖에도 그의 기술에 언뜻 앞뒤가 잘 맞지 않는 듯한 인상을 주는 부분이 종종 눈에 띈다. 이런 괴리 현상을 어떻게 설명할 것인가?

이에 대해 독일의 역사가 울리히(F. W. Ullrich)는 다음과 같은 가설을 제시한다.[1] 그의 가설에 따르면, 기원전 421년 아테나이와 스파르테 사이에 니키아스(Nikias) 평화조약이 체결되자 투퀴디데스는 이제 전쟁이 끝났다고 생각하고 본격적인 집필을 시작해 스팍테리아(Sphakteria) 섬의 함락을 포함해 지금 우리가 알고 있는 1권~4권 51장을 완성했으나, 시칠리아 대참사 후 계획을 수정하여 시칠리아 원정과 그 이전의 멜로스(Melos) 섬 사건에 관해 별도의 글을 썼다는 것이다. 또한 기원전 404년 아테나이가 최종적으로 패하자 그는 두 번째 서문(5권 26장)을 쓰고 전체를 하나로 묶는 과정에서 전에 쓴 것을 조금씩 수정하기 시작했으나 죽기 전에 수정 작업을 끝마치지 못했는데, 그가 세상을 떠나자 어떤 편집자[2]가 이것들을 한데 묶어 지금 우리가 알고 있는 상태로 출판했다는 것이다.

이러한 '분리론'에 대해 그렇다면 투퀴디데스는 역사 기술과 정치철학과 관련해 아무 원칙도 신념도 없는 역사가가 되고 말 것이라며, 그가 이용한 여러 가지 방법은 그때그때 가장 적합한 것이라는 '통합론'이 요즘은 득세하고 있다. 그러나 어디에 주안점을 두고 접근하든 투퀴디데스야말로 서양에서는 가장 철학적이고 깊이 있는 역사가라는 평가는 세월이 흘러도 변함이 없을 것이다.

2011년 5월
천병희

---

1 F. W. Ullrich, *Beiträge zur Erklärung des Thukydides*, Hamburg 1846, pp. 63~150.
2 크세노폰이라고 주장하는 이들도 있다.

펠로폰네소스 전쟁사 ─ 차례

─────────── IV ───────────

─────────── V ───────────

품은 일부 라케다이몬의 동맹국들이 음모를 꾸미다. 전쟁 11년차가 끝나다

아테나이와 아르고스와 일부 펠로폰네소스 국가들이 동맹을 체결하다. 전쟁 12년차가 끝나다. 아테나이의 지원을 받는 아르고스와 에피다우로스의 전쟁. 전쟁 13년차가 끝나다. 아테나이군과 아르고스군과 그들의 동맹군들이 만티네이아에서 라케다이몬군에게 패하다; 아르고스와 라케다이몬의 50년간 평화조약과 동맹조약. 전쟁 14년차가 끝나다. 아르고스가 다시 라케다이몬 쪽에서 아테나이 쪽으로 기울다. 전쟁 15년차가 끝나다

아테나이의 멜로스 섬 원정. 아테나이 대표단과 멜로스 대표단의 대화. 멜로스의 저항. 멜로스의 항복. 멜로스 주민들이 처형되거나 노예가 되다

VI

아테나이가 시켈리아 침공 계획을 세우다. 시켈리아 주민들에 관한 개관. 전쟁 16년차가 끝나다

아테나이가 시켈리아 원정에 착수하다. 니키아스와 알키비아데스가 장군으로 임명되다. 니키아스가 공개적으로 원정에 반대하다. 알키비아데스가 신성모독죄로 고발당하다

아테나이 원정대가 출발했다는 보고를 접한 쉬라쿠사이인들 사이에 그 개연성을 두고 논쟁이 벌어지다. 아테나이인들이 시켈리아에 도착하여 현지 지원을 받고 군자금을 구하려고 노력하다. 본국에서 소환하자 알키비아데스가 도주하고 망명하다

쉬라쿠사이군이 아테나이군에 패하다. 헤르모크라테스가 쉬라쿠사이의 방어체계를 재정비하다. 카마리나 시에서 헤르모크라테스와 아테나이 사절 에우페모스가 서로 우군이 되어달라며 논쟁을 벌이다; 카마리나인들은 중립 노선을 택한다

알키비아데스가 라케다이몬으로 망명해, 시켈리아와 앗티케에서 동시에 아테나이를 공격하도록 라케다이몬인들을 설득하다. 전쟁 17년차가 끝나다. 아테나이군이 쉬라쿠사이군에게 이기고 도시를 포위하기 시작하다. 귈립포스 휘하의 펠로폰네소스 구원병들이 도착하다

VII

580 | 1~30장

쉬라쿠사이인들이 다시 전쟁 준비에 전념하다. 니키아스가 아테나이에 증원부대를 파견해주든지 아니면 군대를 철수시켜달라는 내용의 서찰을 보내다. 그의 요청에 따라 아테나이인들이 증원부대를 파견하다. 전쟁 18년차가 끝나다. 라케다이몬군이 앗티케에 침입하다. 라케다이몬인들이 데켈레이아를 요새화하다. 아테나이를 지원하러 왔다가 귀국하던 트라케인들이 도중에 뮈칼렛소스 마을을 약탈하다

603 | 31~49장

아테나이 해군이 쉬라쿠사이 항에서 쉬라쿠사이인들과 그들의 동맹군들에게 패하다. 데모스테네스 휘하의 아테나이 증원부대가 도착하다. 아테나이군이 쉬라쿠사이 요새를 함락하려고 야습을 감행했으나 함락 직전에 참패하다. 데모스테네스는 아테나이로 철군하자고 주장했지만 니키아스가 이를 뒤로 미루다

619 | 50~71장

아테나이군이 바닷길로 탈출하려고 절망적인 시도를 해보지만 쉬라쿠사이군이 그들을 결연히 저지하다. 쉬라쿠사이군이 해전에서 결정적인 승리를 거두다

637 | 72~87장

아테나이군이 육로로 철수하며 계속 적군에게 공격당하다. 수많은 군사들이 도륙된 뒤 아테나이군이 항복하다. 데모스테네스와 니키아스가 죽임을 당하다. 살아남은 자들은 채석장에 감금되다

VIII

654 | 1~6장

아테나이인들이 전쟁을 계속하기로 결의하다. 펠로폰네소스인들이 곧 최후의 승리를 거둘 수 있을 것이라고 자신하다. 이오니아 지방 도시들이 아테나이에 반기를 들려 하다. 펠로폰네소스군에게 페르시아 왕이 군대 유지비의 일부를 대주겠다고 제의하다. 전쟁 19년차가 끝나다

659 | 7~18장

전투 재개; 라케다이몬인들이 해전에서 패하자 사기가 꺾이다. 알키비아데스의 공작으로 키오스가 아테나이 동맹을 이탈하고 밀레토스와 다른 도시들이 그 뒤를 따르다. 페르시아 왕과 그의 태수 팃사페르네스와 라케다이몬인들과 그들의 동맹국들 사이에 협정이 체결되다

667 | 19~44장

주로 이오니아 지방에서 계속해서 전투가 벌어지지만 승패가 가려지지 않다. 라케다이몬인들과 그들의 동맹군이 전에 페르시아가 지배하던 영토의 일부를 양보하는 대가로 페르시아 쪽에서 그들에게 보조금을 지급하기 시작하다. 라케다이몬과 페르시아 간의 협정이 수정되다

685 | 45~60장

라케다이몬과 알키비아데스 사이의 불화. 팃사페르네스에게 망명한 알키비아데스가 어느 한쪽 편만 들지 말고 헬라스 양대 세력의 군세가 호각을 이루어 서로 지치게 만들도록 하라고 페르시아인들에게 조언하다. 아테나이군 내의 과두제 지지 세력이 알키비아데스의 주선으로 페르시아의 보조금을 타내려고 음모를 꾸미다. 아테나이 민중이 마지못해 동의하다. 전쟁 20년차가 끝나다

698 | 61~88장

아테나이의 민주정부가 편협하고 과격한 과두정부로 대치되다. 아테나이 병사들이 이에 강력히 반발하여 내전이 일어나기 직전이다. 펠로폰네소스인들과 페르시아인들 사이에 긴장이 높아지다

721 | 89~109장

아테나이 과두정부의 붕괴. 라케다이몬인들의 해군이 에우보이아 섬 서쪽 에리포스 해협의 해전에서 승리했으나, 모험정신의 결여로 아테나이에 결정타를 가하지 못하다. 아테나이가 헬레스폰토스 해협 퀴노스세마 곶 앞바다의 해전에서 모처럼 크게 이기다

일러두기

1 이 역서의 대본으로는 H. Stuart Jones, *Thucydidis Historiae*, with apparatus criticus revised by J. E. Powell 2 vols., Oxford 1942 (Oxford Classical Texts)의 그리스어 텍스트를 사용했다. 주석은 S. Hornblower, *A Commentary on Thucydides*, 3 vols., Oxford 2008, A. W. Gomme/ A. Andrewes/ K. J. Dover, *A Historical Commentary on Thucydides*, 5 vols., Oxford 1945~1981, D. Cartwright, *A Historical Commentary on Thucydides*, The University of Michigan Press 1997, P. J. Rhodes, 2권, 3권, 4~5권 24장 (Aris & Phillips 1988, 1994, 1998), J. S. Rusten, 2권 (Cambridge 1989), E. C. Marchant 1권, 2권 (Bristol Classical Press 1982, 2007), J. Classen/ J. Steup (Berlin 1905ff.)의 것을 참고했다. 현대어 번역 중에서는 M. Hammond (Oxford 2009), R. Warner (Penguin Classics 1972), S. Lattimore (Hackett 1998), R. Crawley's Translation ed. by R. B. Strassler (New York 1996), Hobbes's Translation ed. by D. Grene (The University of Chicago Press 1989), W. Blanco (W. W. Norton & Company, New York 1998)의 영어 번역과 G. P. Landmann (Artemis & Winkler Verlag, Düsseldorf ²2006), H. Vretska/ W. Rinner (Philipp Reclam Stuttgart 2000)의 독일어 번역을 참고했다.

2 본문의 고유명사는 그리스어 원전대로 읽었다. 예를 들면 헬라스, 라케다이몬, 시켈리아, 아이귑토스. 그러나 머리말, 주석, 찾아보기에서는 그리스, 스파르테, 시칠리아, 이집트로 읽었다.

3 본문 중 설명이 필요하다고 생각되는 부분에는 각주를 달았다.

4 [ ]에 든 내용은 문맥상 훗날 가필된 것이 확실시되고, ( ) 안에 든 내용은 훗날 가필된 것으로 추정되는 부분이다.

I

HO POLEMOS TON PELOPONNESION KAI ATHENAION

I (1) 아테나이인 투퀴디데스는 펠로폰네소스인들과 아테나이인들 사이의 전쟁이 어떻게 전개되었는지 그 역사를 기록했다. 전쟁이 터지자마자 그는 이 전쟁이 과거의 어떤 전쟁보다 기록해둘 가치가 있는 큰 전쟁이 되리라 믿고 기록하기 시작했다. 그의 이런 믿음은 근거 없는 것이 아니었다. 양 진영은 만반의 준비를 마치고 최강의 상태에서 전쟁을 시작했고, 나머지 다른 헬라스¹인들도 더러는 당장, 더러는 조금 망설이다가 어느 한쪽에 가담하는 것을 그가 보았기 때문이다.

(2) 그것은 헬라스인들뿐 아니라 일부 비(非)헬라스인들²에게도, 아니 전 인류에게 일대 사변이었다. (3) 먼 옛날에 일어난 사건이나 우리 시대 이전에 일어난 사건은 벌써 시간이 많이 흘러 정확히 알 수 없었지만, 되도록 먼 과거로 거슬러 올라가 여러 증거를 검토한 결과 나는 전쟁이든 그 밖의 일이든 이토록 규모가 큰 것은 그 어떤 것도 없었다는 결론에 이르렀기에 하는 말이다.

2 (1) 이를테면 오늘날 헬라스라고 부르는 나라에는 옛날에는 토착민이 없었고, 여러 부족이 이주해와서 살다가 더러는 더 많은 수의 침입자의 압박을 받으면 미련 없이 살던 곳을 떠나곤 했다. (2) 그들은 교역(交易)도

하지 않았고, 육로든 바닷길이든 안전하게 통행할 수도 없었다. 생필품 생산을 위해서만 토지를 이용한 까닭에 그들에게는 잉여물자도 없었다. 그리고 성벽이 없어서 언제 침입자가 나타나 모든 것을 빼앗아갈지 알 수 없는 데다 일용할 양식 정도는 아무 데서나 구할 수 있으리라 믿고 본격적인 농사도 짓지 않았기에, 그들은 미련 없이 살던 곳을 떠날 수 있었다. 그래서 그들에게는 큰 도시도 없고, 물자도 넉넉하지 못했다.

(3) 땅이 기름진 곳일수록 주민이 자주 바뀌었다. 지금 텟살리아라고 부르는 지방, 보이오티아 지방, 아르카디아 지방을 제외한 펠로폰네소스 반도 대부분, 그 밖에 헬라스의 비옥한 지방이 이에 속한다. (4) 비옥한 지방에서는 몇몇 사람이 더 큰 세력을 얻게 되어 파쟁이 발생했는데, 그것은 공동체를 파괴할 뿐 아니라 외부에서 침입자들을 끌어들였다.

(5) 그래서 땅이 척박한 앗티케 지방에는 옛날부터 파쟁이 없었고, 늘 같은 사람들이 정착해 살았다. (6) 그리고 이것은 다른 지방들은 거듭된 주민 이동 탓에 앗티케만큼 강해질 수 없었다는 내 주장을 뒷받침하는 강력한 증거이기도 하다. 전쟁이나 내분 때문에 나라에서 쫓겨난 자들 가운데 가장 유력한 자들이 헬라스의 다른 지방에서 안정된 공동체인 아테나이로 망명하여 그곳 시민이 되었고, 그 결과 도시의 인구가 증가하여 앗티케 땅으로는 수용할 수 없게 되자, 아테나이는 이오니아 지방에까지 이주민을 내보냈으니 말이다.

3 (1) 옛날 사람들이 허약했다는 것은 다음에 의해서도 입증된다. 말하자면 트로이아 전쟁 이전에는 헬라스가 공동보조를 취했다는 기록이 없다.

---

1 헬라스는 그리스의 그리스어 이름이다.
2 원어 barbaroi는 '야만족'이라고 번역되기도 한다. 원래는 '그리스어가 아닌 말을 쓰는 사람들'이라는 뜻이다. 그리스인들에게는 그들의 말이 모두 '바르바르'라고 들렸기 때문이다.

(2) 내가 보기에, 그때는 나라 전체를 '헬라스'라고 부르지도 않았다. 데우칼리온의 아들 헬렌 이전에는 '헬라스'라는 이름은 존재하지 않았고, 나라 이곳저곳은 여러 부족의 이름으로 알려져 있었는데, 그중에서 '펠라스고이족'이라는 이름이 가장 널리 사용되었다. 헬렌과 그의 아들들이 프티오티스에서 세력이 커져 다른 도시에 원군으로 초빙된 후에야 이들 도시의 주민은 헬렌가(家)와 교류하면서 차츰차츰 헬라스인들[3]이라고 불리게 되었다. 그러나 이 이름이 다른 이름을 모두 대치하기까지는 오랜 세월이 걸렸다.

(3) 호메로스가 이 점을 가장 잘 입증해준다. 그는 트로이아 전쟁이 끝나고 훨씬 나중에 태어났지만, 어디에서도 그들 전체를 헬라스인들이라고 부르지 않고, 원(原)헬라스인들인 아킬레우스의 프티오티스 출신 대원들에게만 이 이름을 쓰기 때문이다. 그의 양대 서사시에서 나머지 대원들은 '다나오스 백성' '아르고스인들' '아카이오이족'[4]이라고 부른다. 호메로스는 또 '비(非)헬라스인들'이라는 말도 쓰지 않는데, 그것은 아마도 그의 시대에는 헬라스인들이 하나의 이름으로 특정되어 나머지 세계와 구분되지 않았기 때문일 것이다.

(4) 아무튼 같은 언어를 사용함으로써 한 도시씩 이런 명칭을 갖게 된 공동체뿐 아니라 나중에야 공동 명칭으로 부르게 된 공동체를 포함해 이들 헬라스 공동체는 허약하기도 하고 서로 교류가 없던 까닭에 트로이아 전쟁 이전에는 어떤 종류의 집단행동도 하지 못했다. 그리고 그들이 힘을 모아 트로이아 원정에 나설 수 있는 이유는, 그전에 바다에 더 익숙해졌기 때문이다.

4 전해오는 이야기에 따르면, 최초로 함대를 창건한 사람은 미노스라고 한다. 그는 지금 헬라스 해[5]라고 부르는 바다의 대부분을 통제하고 퀴클라데스 군도를 정복하며 대부분의 섬에 처음으로 식민시를 세웠다. 그리고

그 과정에서 그는 카리아인들을 축출하고 자신의 아들들을 통치자로 앉혔다. 당연한 일이지만 그는 또 세수(稅收)를 확보하기 위하여 있는 힘을 다해 해적을 퇴치하고자 했다.

5 (1) 옛날에는 헬라스인들과 대륙⁶의 해안지대나 여러 섬에 살던 비헬라스인들이 배를 타고 자주 왕래하기 시작하면서부터 해적질을 생업으로 삼았기 때문이다. 해적질은 유력자들이 주도했는데, 개인적인 이익을 챙기고 백성들 중 약자들을 먹여 살리기 위해서였다. 그들은 성벽도 없이 사실상 여러 마을로 구성된 도시들을 습격하며 재물을 약탈했는데, 이것이 그들의 주된 생계 수단이었다. 또한 이것은 수치스러운 짓이 아니라 일종의 영광스러운 행위로 간주되었다. (2) 이 점은 대륙에 거주하는 일부 부족이 해적질에 성공한 것을 오늘날에도 뭔가 자랑스러운 것으로 여기는 것을 보면 알 수 있다. 그리고 옛 시인들도 바다에서 상륙한 자들에게 으레 "당신들은 해적이오?"라는 질문을 던지게 하는데, 이는 질문받는 자들은 스스로의 행위를 부끄럽게 여기지 않고, 질문하는 자들은 그런 행위를 비난받아 마땅한 짓으로 보지 않기 때문이다.

(3) 서로 간의 약탈 행위는 육지에서도 자행되었다. 또한 헬라스의 여러 지방에서는 오늘날까지도 옛 생활 방식이 유지되는데 오졸라이 로크리스인들,⁷ 아이톨리아인들, 아카르나니아인들 그리고 그 주변 지역에 거

---

3 Hellenes.

4 Danaoi. Argeioi. Achaioi.

5 에게 해.

6 소아시아.

7 오졸라이 로크리스인들(Lokroi hoi Ozolai)은 코린토스 만에 살던 '서(西)로크리스(Lokris)인들'을 말한다. 그리스 반도 중동부의 로크리스 지방에 살던 자들은 '동(東)로크리스인들'(Lokroi Opountioi)이라고 한다. 그리고 시칠리아로 이주한 로크리스인들은 그곳에 있는 산에서 이름을 따 '에피제퓌로이 로크리스인들'(Lokroi Epizephyroi)이라고 일컫는다.

주하는 헬라스인들의 경우가 그렇다. 그리고 이들이 아직도 무기를 소지하고 다니는 것은 해적질이 성행하던 먼 옛날부터 내려오는 관습이다.

6 (1) 전에는 집에 담이 없고 통행로가 안전하지 못해 모든 헬라스인들이 무기를 소지하고 다녔으며, 무기 소지는 비헬라스인들처럼 헬라스인들에게도 생활 습관이 되었다. (2) 내가 앞서 말한 부족이 오늘날에도 여전히 그런 관습을 따르고 있다는 사실은 전에는 그것이 헬라스인들의 보편적인 관행이었다는 증거이다.

(3) 맨 먼저 무기 소지 관습을 버리고 좀 더 이완되고 쾌적한 생활 방식을 채택한 것은 아테나이인들이다. 사실 아테나이의 부자 노인들이 아마포 키톤[8]을 입고 황금 메뚜기로 상투를 트는 사치를 버린 것은 그리 오래된 일이 아니다. 이런 복장은 서로 친족 사이인 이오니아 지방의 노인들 사이에서도 오랫동안 유행했다.

(4) 오늘날의 취향에 맞는 간편한 복장은 라케다이몬[9]인들이 맨 먼저 착용하기 시작했는데, 그들 사이에서는 어차피 부자들이 되도록 대중의 생활 방식을 채택하기 시작했다. (5) 공개석상에서 옷을 벗고 나체로 경기를 하고, 연습이 끝난 뒤 몸에 올리브유를 바른 것도 그들이 처음이었다. 올륌피아[10]에서도 원래는 선수들이 사타구니에 요포(腰布)를 차고 경기를 했으며, 그것이 폐지된 것도 몇 년 안 된다. 그리고 오늘날에도 비헬라스인들은 특히 아시아[11]에서는 권투경기와 레슬링 경기를 할 때 요포를 차고 한다. (6) 그 밖에도 옛날의 헬라스인들과 오늘날의 비헬라스인들의 생활 습관이 같았다는 증거는 많이 제시할 수 있다.

7 도시 가운데 항해술이 발달하며 부(富)가 축적되기 시작한 후기에 건설된 도시는 바닷가에 자리 잡고는 상업을 증진시키고 인근 세력을 막기 위해 지협(地峽)[12]을 성벽으로 둘렀다. 그러나 섬에 있는 도시든 본토에 있는 도시든 옛 도시는 장기간 지속된 해적질 때문에 바다에서 멀리 떨

어진 곳에 세워졌고, 지금도 원래 위치에 자리 잡고 있다. 해적들은 저들끼리만 약탈하는 것이 아니라 항해를 하건 안 하건 해안지대에 거주하는 모든 주민을 약탈하곤 했기 때문이다.

8 (1) 섬 주민인 카리아인들과 포이니케[13]인들 사이에서도 해적질이 성행했다. 이들이 사실상 대부분의 섬을 차지하고 살았으니 하는 말이다. 그 증거로, 아테나이인들이 이번 전쟁 중에 델로스 섬을 정화하고 섬 안에 있는 무덤을 모두 철거할 때 이들 무덤의 반수 이상이 함께 매장된 무기류와 아직도 카리아 지방에서 통용되는 매장 방식에 근거해 카리아인들의 무덤임이 확인되었다.

(2) 그러나 미노스가 함대를 창건한 뒤로 해상 교통이 활발해졌다. 그는 대부분의 섬에 식민시를 건설하고 악명 높은 해적들을 몰아냈다. (3) 그리하여 바닷가 주민은 부를 축적해 안정된 삶을 살 수 있었다. 그들 중 더러는 새로 얻은 부에 힘입어 도시에 성벽을 두르기도 했다. 약자들은 이익이 될 것 같아 강자들의 예속을 받아들였고, 강자들은 획득한 자본에 힘입어 작은 도시들을 자신의 통제 아래 두었다. (4) 이런 상태가 제법 오래 지속된 뒤에야 헬라스인들은 트로이아 원정길에 올랐다.

9 (1) 생각건대, 아가멤논이 그런 대군을 모을 수 있었던 것은 헬레네의 구

---

8 키톤(chiton)은 소매가 짧고 무릎까지 내려오는 일종의 셔츠이다.

9 라케다이몬(Lakedaimon)은 대개 스파르테와 동의어로 쓰이지만, 경우에 따라서는 수도 스파르테 주변의 라코니케(Lakonike) 지방을 가리킬 때도 있다.

10 올림피아(Olympia)는 그리스 펠로폰네소스 반도 서북부 엘리스(Elis) 지방에 있는 마을이다. 이곳에서는 기원전 776년부터 4년마다 본토와 해외의 모든 그리스인들이 참가하는 축제 경기가 열렸는데, 이것이 근대 올림픽 경기의 전신이다.

11 소아시아.

12 여기서 지협(isthmos)이란 코린토스 지협처럼 바다와 바다 사이의 좁은 목을 말한다.

13 페니키아의 그리스어 이름.

혼자들이 튄다레오스에게 맹세한 까닭에[14] 종군했다기보다는 그가 당시 가장 유력한 통치자였기 때문일 것이다. (2) 펠로폰네소스인들 사이에 전해오는 가장 신뢰할 만한 이야기에 따르면, 펠롭스[15]는 아시아에서 막대한 재산을 갖고 와 가난한 나라에 정착하면서 유력자가 된 까닭에, 나라 전체가 이방인이던 그의 이름으로 불리게 되었다고 한다.[16]

그의 자손들은 더 번성했다. 앗티케 지방에서 헤라클레스의 아들들에게 살해당한 에우뤼스테우스[17]는 앗티케로 원정길에 오르기 전에, 배다른 형 크뤼십포스를 살해한 까닭에 아버지에게 쫓겨난 외삼촌[18] 아트레우스에게 뮈케나이와 그 통치권을 맡겼다. 에우뤼스테우스가 귀국하지 못하자 뮈케나이인들은 헤라클레스의 아들들이 두려운 나머지 뮈케나이와 에우뤼스테우스가 다스리던 모든 나라의 왕권을 자진하여 아트레우스에게 맡겼다. 아트레우스는 능력이 있어 보일 뿐만 아니라 뮈케나이인들의 환심을 샀기 때문이다. 그리하여 펠롭스의 자손들이 페르세우스의 자손들보다 세력이 더 강해졌다.

(3) 아가멤논은 이 왕국을 물려받은 데다 누구보다도 강한 해군력을 보유하고 있었다. 그래서 내가 보기에, 트로이아 원정군 모병에는 충성심보다는 위압감이 더 중요한 역할을 한 듯하다. 호메로스의 증언이 믿을 만한 것이라면, 아가멤논은 누구보다도 많은 함선을 이끌고 갔고, 아르카디아인들에게도 함선을 제공했으니 말이다.[19] (4) 호메로스는 아가멤논이 물려받은 왕홀(王笏)에 관해 이야기하면서 그를 "수많은 섬과 아르고스 전역(全域)의 통치자"[20]라고 부르고 있다. 내륙에 살던 그에게 상당 규모의 함대가 없었다면, 바닷가에서 가까운 소수의 섬들 말고 다른 섬들까지 지배할 수는 없었을 것이다. 그리고 우리는 트로이아 원정에서 그 이전 원정들의 규모를 추론할 수 있다.

10 (1) 뮈케나이는 분명 작은 고을이었고, 당시의 도시는 오늘날의 기준으

로 보면 규모가 작은 편이었다. 그렇다고 해서 그것을 근거로, 원정이 과연 시인들과 전설이 전하는 만큼 대규모였을까 의심하는 것은 올바른 태도라고 할 수 없다. (2) 예컨대 라케다이몬인들의 도시[21]가 폐허가 되고 신전과 건축물의 기초만 남았다면, 오랜 세월이 흐른 뒤 후세 사람들은 아마 그들에게 과연 명성만큼의 실력이 있었는지 의심하게 될 것이다. 그러나 라케다이몬인들은 펠로폰네소스 반도의 5분의 2를 차지하고 있으며, 펠로폰네소스인들 전부와 수많은 외부 동맹군을 이끈다. 그들은 한 도시에 모여 살지도 않고, 값비싼 신전이나 건물도 없고, 헬라스의 옛 관습에 따라 여러 마을에 흩어져 살기에 외견상 초라해 보일 수도 있을 것이다. 그러나 똑같은 일이 아테나이에 일어난다면, 사람들은 외관만 보고 이 도시가 실제보다 두 배나 더 강했다고 추측할 것이다.

(3) 따라서 도시를 실력보다 외관으로 판단하는 것은 옳지 못하며, 트로이아 원정이 그때까지 가장 큰 규모의 원정이었음을 의심할 필요는 없

---

14 절세미인 헬레네에게 그리스의 수많은 젊은 왕들이 구혼해오자 그녀의 아버지인 스파르테 왕 튄다레오스는 오뒷세우스의 권유에 따라 헬레네가 누구와 결혼하건 신랑에게 변고가 생기면 지켜주겠다는 맹세를 이들에게서 받아둔다. 그리하여 나중에 트로이아 왕자 파리스가 헬레네를 데려갔을 때 헬레네의 남편 메넬라오스와 그의 형 아가멤논이 그때의 맹세를 내세우며 종군하기를 요구하자 이들은 울며 겨자 먹기로 종군한다.

15 펠롭스는 탄탈로스의 아들로 아트레우스의 아버지이며 아가멤논의 할아버지이다.

16 펠로폰네소스는 '펠롭스의 섬'이라는 뜻이다.

17 헤라클레스에게 12고역을 시킨 뮈케나이 왕. 헤라클레스의 사후 그는 후환이 두려워 앗티케 지방에 피신해 있던 헤라클레스의 자녀들을 죽이려다가 되레 피살된다.

18 에우뤼스테우스의 아버지 스테넬로스는 너무나 무섭게 생겨 보는 이를 돌로 변하게 한다는 괴물 메두사를 죽인 영웅 페르세우스의 아들로, 아트레우스의 누이인 니킵페(Nikippe)와 결혼했다.

19 『일리아스』 2권 576행, 610행 이하 참조.

20 『일리아스』 2권 108행.

21 스파르테.

다. 하지만 트로이아 전쟁이 그 규모에서 오늘날 전쟁에는 미치지 못하는 것도 사실이다. 호메로스는 시인인지라 과장했을 개연성이 높아, 그가 제시한 수치들을 그대로 믿을 수 있을지 의심스럽다. 설령 그가 제시한 수치들을 그대로 받아들인다 해도, 아가멤논의 군대는 분명 오늘날 군대보다 규모가 작았던 것 같다.

(4) 호메로스는 1천2백 척의 헬라스 함선 가운데 보이오티아인들의 함선들에는 각각 120명이, 필록테테스의 함선들에는 각각 50명씩 탔다고 말하는데, 이는 내 생각에 가장 큰 함선들과 가장 작은 함선들을 가리키는 것 같다. 아무튼 그는 '함선들의 목록'[22]에서 다른 함선의 크기는 언급하지 않고 있다. 그리고 그가 필록테테스의 함선을 언급하면서 노 젓는 사람은 모두 궁수라고 말한 점으로 미루어, 승선한 자들은 노 젓는 자들이면서 동시에 전사(戰士)였음을 알 수 있다. 왕들과 지위가 높은 사람들 말고는 노도 젓지 않고 그냥 함선에 동승한 자는 많지 않았을 것이다. 무엇보다도 그들은 갑판도 없이 옛날 해적선 모양으로 건조된 함선에 무구(武具)를 몽땅 싣고 난바다를 건너야 했으니 말이다. (5) 가장 큰 함선들과 가장 작은 함선들을 평균하면 헬라스 전체에서 파견된 연합군 치고는 승선 인원이 그리 많아 보이지 않는다.

11 (1) 그 이유는 인구가 부족해서라기보다는 물자가 부족했기 때문이다. 식량을 조달하기 힘들어 싸우는 동안 현지에서 식량을 조달할 수 있다고 예상되는 정도로 인원을 줄였던 것이다. 그들은 상륙 직후의 전투에서 승리한 뒤에도—이것은 확실하다. 그렇지 않다면 그들은 진지 주위에 방벽을 쌓을 수 없었을 것이다—모든 병력을 전투에 투입하지 않고, 식량이 부족해 케르소네소스 반도에서 농사를 지으며 해적질을 일삼은 것 같다. 이렇게 헬라스군이 분산된 까닭에 트로이아인들은 10년 동안이나 그들과 맞서 싸울 수 있었으니, 그때그때 뒤에 남은 헬라스의 잔존 병력

에게는 호적수가 되었기 때문이다.

(2) 그러나 헬라스인들이 물자를 넉넉히 갖고 도착하여 해적질을 하거나 농사를 짓지 않고 힘을 한데 모아 계속해서 전쟁을 했더라면, 전투에서 트로이아인들을 쉽게 제압할 수 있었을 것이다. 그들은 힘을 한데 모으지 않고 그때그때 잔존 병력으로도 트로이아인들에게 맞서 싸울 수 있었기 때문이다. 또한 포위 공격을 했더라도 그들은 더 짧은 시간에 더 적은 노력으로 트로이아를 함락했을 것이다. 하지만 물자 부족 탓에 이전의 원정이 다 무기력했듯, 이전의 어떤 원정보다 더 유명해진 트로이아 원정도 사실 엄밀히 따져보면 지금 시인들의 영향으로 널리 유포된 그 명성만 못한 듯하다.

12 (1) 트로이아 전쟁 뒤에도 헬라스는 이주와 재정착이 이어져, 평화롭게 발전할 수가 없었다. (2) 헬라스인들이 일리온[23]에서 늦게 귀국함으로써 많은 혼란이 야기되고 거의 대부분의 도시에서 당파싸움을 벌이며 망명자들이 새로운 도시들을 건설했다. (3) 지금의 보이오티아인들은 일리온이 함락된 지 60년 뒤 텟살리아인들에 의해 아르네에서 쫓겨나 전에는 카드메이스라고 부르던 지금의 보이오티아 지방에 정착했다. (그들 중 일부는 그전에 벌써 보이오티아 지방에 정착해 일리온에 군대를 파견했다.) 그리고 도리에이스족[24]은 트로이아가 함락된 지 80년째 되던 해에 헤라

---

22 『일리아스』 2권 후반부.

23 트로이아의 다른 이름.

24 도리에이스족(Dorieis)은 아이올레이스족(Aioleis), 이오네스족(Iones), 아카이오이족(Achaioi)과 더불어 고대 그리스의 4대 종족이다. 도리에이스족이라는 이름은 그들이 오늘날의 달마티아와 알바니아에서 펠로폰네소스 반도로 남하하는 도중 한때 그리스 중동부 지방인 도리스(Doris)에 머문 데서 유래한 것으로, 그들을 '도리아인(영어의 Dorian)들'이라고 부르는 것은 오해에서 비롯된 것 같다. 도리아(Doria)라는 지명은 그리스어에도 라틴어에도 그리고 영어에도 없기 때문이다.

클레스의 자손들과 힘을 모아 펠로폰네소스 반도를 정복했다.

(4) 오랜 세월이 흘러 부족 이동의 시대가 끝나면서 헬라스는 드디어 평화와 안정을 누릴 수 있게 되었고, 그러자 식민시 개척시대가 열렸다. 이오니아 지방과 대부분의 섬들에는 아테나이인들이 식민시를 건설했고, 이탈리아와 시켈리아²⁵에는 대부분 펠로폰네소스인들과 다른 헬라스 부족이 식민시를 건설했다. 이 식민시들은 모두 트로이아 전쟁 후에 건설된 것이다.

13 (1) 옛날의 정부 형태는 일정한 특권을 가진 세습군주제였다. 그러나 헬라스의 세력이 커지고, 부의 획득이 점점 중요한 의미를 띠게 되고, 국가의 세수가 늘어나면서 거의 모든 도시에 참주(僭主)²⁶들이 등장했다. 또한 헬라스인들은 해군력을 증강했는데, 이는 제해권을 장악하기 위해서였다. (2) 코린토스인들이 맨 먼저 현대식 함선 건조 방법을 채택했다고 하며, 헬라스에서 최초로 삼단노선(三段櫓船)²⁷이 건조된 곳도 코린토스라고 한다. (3) 또한 사모스인들을 위해 함선 네 척을 건조해준 것도 코린토스의 조선 기술자 아메이노클레스였던 것 같다. 아메이노클레스가 사모스로 건너간 것은 이번 전쟁²⁸이 끝난 시점에서 거의 300년 전 일이다. (4) 그리고 우리가 알고 있는 최초의 해전은 코린토스인들과 케르퀴라인들 사이의 해전인데, 이번 전쟁이 끝난 때로부터 거의 260년 전 일이다.

(5) 코린토스는 지협에 자리 잡고 있어 먼 옛날부터 상업의 중심지였다. 펠로폰네소스 반도 안에 사는 헬라스인들도 밖에 사는 헬라스인들도 옛날에는 바닷길보다는 육로로, 말하자면 코린토스를 경유하는 도로로 서로 왕래했기 때문이다. 그래서 코린토스는 옛 시인들이 이 도시에 덧붙였던 '풍요한'²⁹이라는 형용사에서 알 수 있듯 부강해졌다. 그 뒤 헬라스인들의 해상 교통이 증가하자, 코린토스인들은 함선들을 구해서 해적질

을 억압했다. 또한 코린토스는 해륙 양면으로 시장을 제공할 수 있게 되어 해륙 양면에서 들어오는 세수에 힘입어 부강한 도시가 되었다.

(6) 나중에 이오니아인들도 페르시아의 초대 왕 퀴로스와 그의 아들 캄뷔세스 치세 때 강력한 함대를 갖고 퀴로스에 맞서 한동안 제해권을 장악할 수 있었다. 캄뷔세스 치세 때 사모스의 참주였던 폴뤼크라테스도 해군력에 힘입어 여러 섬을 정복했는데, 그중 레네이아 섬을 그는 델로스의 아폴론 신에게 봉헌했다. 포카이아인들도 식민시 맛살리아를 건설할 때 해전에서 카르케돈[30]인들에게 승리를 거두었다.

14 (1) 이들이 최강의 함대들이었다. 그러나 트로이아 전쟁이 끝나고 여러 세대가 지났건만 이들도 분명 삼단노선은 많이 갖지 못하고, 이들의 함대는 이전처럼 여전히 오십노선[31]과 그 밖의 다른 긴 배들로 구성되어 있었던 것 같다. (2) 시켈리아의 참주들과 케르퀴라인들이 삼단노선을 많이 보유하게 된 것은 캄뷔세스에 이어 페르시아 왕이 된 다레이오스가 죽고 페르시아 전쟁이 터지기 직전의 일이었다. 크세르크세스의 침공 전에는 헬라스에 이들 말고 이렇다 할 함대가 없었다. (3) 아이기나와 아테나이와 그 밖의 도시도 소규모 함대를 보유했지만, 대부분 오십노선으로 구성되어 있었으니 말이다. 아테나이가 아이기나와 교전 중이고 비헬라

---

25 시칠리아.

26 참주(tyrannos)는 일종의 군사독재자이다.

27 삼단노선(trieres)은 좌우 양현에 노 젓는 자리가 3층씩 있는, 당시로서는 최신형 전함이었다. 길이 37미터, 최대 너비 5미터에 노 젓는 인원만 170명이나 되었고 모두 200명쯤 승선했다.

28 펠로폰네소스 전쟁.

29 『일리아스』 2권 570행 참조.

30 카르타고의 그리스어 이름.

31 오십노선(pentekontoros)은 좌우 양현에 노 젓는 자리가 25개씩 있는 구식 함선이다. 여기서 긴 배(ploia makra)란 오십노선보다 크거나 작은 긴 배들, 즉 전함들을 말하는 것 같다.

스인들[32]의 침공이 예상되던 이 시기가 끝날 무렵에야 테미스토클레스는 동료 시민들에게 그들이 살라미스 해전 때 타고 싸운 것과 같은 함선들을 건조하도록 설득할 수 있었다. 그러나 이 함선들도 전체가 갑판으로 덮이지는 않았다.

15 (1) 먼 옛날과 그 이후 헬라스의 해군은 그러했다. 그럼에도 해군을 증강한 도시는 수익을 올리고 다른 도시를 지배하는 데 해군이 적잖은 힘이 되었다. 특히 자신들의 영토가 충분하지 못할 때 그들은 배를 타고 건너가 섬들을 속국으로 만들었다.

(2) 육지에서는 세력 신장을 위한 어떠한 전쟁도 벌어지지 않았다. 전쟁이 터졌다면 그것은 모두 각각의 도시 간 국경분쟁이었다. 헬라스인들이 다른 도시를 정복하기 위해 본국에서 멀리 떨어진 곳에 원정군을 파견하는 일은 없었다. 왜냐하면 그들의 경우 작은 도시가 강대한 도시의 주도 아래 동맹을 결성하거나, 대등한 권한을 갖고 공동으로 출정하는 일 없이 이웃끼리 개별적으로 싸웠기 때문이다. 기껏해야 옛날에 칼키스인들과 에레트리아인들 사이에 전쟁이 벌어졌을 때[33] 나머지 다른 헬라스 도시들이 이편 아니면 저편으로 갈라진 것 말고는.

16 몇몇 도시는 발전을 저해하는 이런저런 장애물을 만나기도 했다. 이를테면 이오니아인들은 급속히 번성하기 시작했지만, 퀴로스와 페르시아 왕국이 크로이소스 왕을 축출하고 할뤼스 강과 바다 사이에 있는 모든 나라를 정복한 뒤 계속 침공해와서 대륙에 있는 이오니아인들의 모든 도시를 속국으로 만들었다. 그리고 나중에는 다레이오스가 포이니케 해군의 도움을 받아 섬들도 정복했다.

17 그리고 참주가 지배하던 헬라스 도시들에서 참주들은 자신의 안전과 일족의 축재에만 관심이 있었다. 그래서 도시를 안전 제일주의로 다스리다 보니, 그들은 이웃 도시에 대한 것 말고는 이렇다 할 업적을 남기지 못했

다. 하지만 시켈리아의 참주들만은 세력이 크게 신장되었다. 이렇듯 헬라스는 어디에서나 오랫동안 발전이 저해되어 공동으로도 빛나는 업적을 남기지 못했고, 도시가 개별적으로도 모험을 하지 못했다.

18 (1) 그러나 결국 아테나이의 참주들과, 아테나이보다 훨씬 먼저 참주의 지배를 받기 시작한 나머지 헬라스의 참주들[34]이 시켈리아의 참주들을 제외하고[35] 대부분 라케다이몬인들에게 축출당했다. 라케다이몬인들의 나라는 지금 그곳을 차지한 도리에이스족에게 정복된 뒤로 오랫동안 내전에 시달렸지만, 맨 먼저 법치(法治)를 확립하여 참주의 지배를 받은 적이 한 번도 없었다. 이 전쟁[36]이 끝날 때까지 400년 이상 그들은 같은 정부 형태[37]를 견지했고, 그래서 다른 도시의 내정에 간섭할 여력이 생겼다. 헬라스에서 참주들이 축출되고 몇 년 뒤 마라톤에서 페르시아인들과 아테나이인들 사이에 전투가 벌어졌다.[38]

(2) 그로부터 10년 뒤[39] 비헬라스인들[40]이 헬라스를 예속시키려고 대함대를 이끌고 돌아왔다. 이런 위기에 직면하자 힘이 월등히 강한 라케다

---

32 페르시아인들.

33 에우보이아 섬에 있는 이 두 도시는 중간에 있는 비옥한 렐란톤(Lelanton) 평야를 차지하려고 싸운 적이 있는데, 언제부터 언제까지 싸웠으며, 그 결과가 어떻게 되었는지는 알 수 없다. 두 도시의 동맹국에 관해서는 헤로도토스(Herodotos), 『역사』(histories apodexis '탐구 보고서'라는 뜻) 5권 99장 참조.

34 기원전 670년경 시퀴온(Sikyon)의 오르타고라스(Orthagoras)가 참주가 된 것이 그리스 참주제의 효시이다.

35 시켈리아의 참주제는 기원전 466년 트라쉬불로스(Thrasyboulos)가 축출당할 때까지 지속되었다.

36 펠로폰네소스 전쟁은 기원전 404년에 끝났다.

37 뤼쿠르고스(Lykourgos)의 입법을 말한다.

38 기원전 490년.

39 기원전 480년.

40 페르시아인들.

이몬인들이 헬라스 연합군을 지휘했고, 아테나이인들은 페르시아인들의 침공에 앞서 도시를 포기하기로 결심하고는 가재도구를 챙겨 들고 배에 올라 선원이 되었다. 힘을 모아 비헬라스인들을 격퇴한 지 오래지 않아, 전쟁에서 함께 싸운 헬라스인들과 나중에 대왕[41]에게 반기를 든 헬라스인들은 친(親)아테나이 집단과 친라케다이몬 집단으로 나뉘었는데, 이 두 도시가 가장 강력했기 때문이다. 한 도시는 육지에서 강했고, 다른 도시는 해상에서 강했다.

전우 관계가 잠시 동안 유지되다가, 라케다이몬인들과 아테나이인들이 서로 사이가 틀어지면서 자신들의 동맹국들을 이끌고 서로 전쟁을 했다. 그리고 어디든 헬라스에서 불화가 생기면 도시들은 양쪽 중 어느 한쪽에 가담했다. 그리하여 페르시아 전쟁에서 지금 이 전쟁에 이르는 동안 이 두 도시는 때로는 휴전을 하고, 때로는 자기들끼리 또는 반기를 든 동맹국과 교전하면서 군사적으로 잘 준비되어 있었고, 실전 경험을 통해 잘 훈련되어 있었다.

19 라케다이몬인들은 동맹국들에 연공(年貢)을 부과하지는 않고 이들 도시가 라케다이몬의 이익을 위해 과두제 지지자들에 의해 통치되기만을 바랐다. 그러나 아테나이인들은 차츰 키오스와 레스보스를 제외한 동맹국들에서 함선을 징발하고 모든 동맹국들에 연공을 할당했다. 그리하여 이번 전쟁이 터졌을 때[42] 아테나이 혼자서 동원할 수 있는 국력은 동맹관계가 손상되지 않았을 때[43] 아테나이와 스파르테가 동원할 수 있던 국력을 합친 것보다 더 컸다.

20 (1) 이렇게 나는 옛날 역사에 관한 탐구 보고서를 발표하면서도 세부 사항을 다 믿기는 어렵다는 점을 인정하지 않을 수 없다. 사람들은 대개 전해오는 이야기를 자기 나라에 관한 것이라도 무비판적으로 받아들이기 때문이다.

(2) 예컨대 상당수 아테나이인들은 하르모디오스와 아리스토게이톤[44]에게 피살당한 힙파르코스가 참주였다고 믿고 있으며, 사실은 페이시스트라토스[45]의 장남인 힙피아스가 참주였고 힙파르코스와 텟살로스는 그의 아우였다는 것을 모르고 있다. 그들은 또 하르모디오스와 아리스토게이톤이 바로 그날 그 순간 동지 가운데 한 명이 힙피아스에게 밀고한 것으로 의심하고는 미리 경고받은 힙피아스는 내버려두고, 체포되기 전에 위험을 무릅쓰고 큰일을 하고 싶어 이른바 레오코레이온[46] 신전에서 판아테나이아[47] 축제 행렬 준비를 하던 힙파르코스를 찾아가 살해했다는 사실도 모르고 있다.

(3) 마찬가지로 세월이 흘러 망각의 늪에 빠진 과거사뿐 아니라 현재사도 다른 헬라스인들이 잘못 알고 있는 경우는 비일비재하다. 이를테면 사람들은 라케다이몬인들의 왕들[48]이 각각 두 표를 행사한 것으로 알고 있지만 사실은 한 표만 행사했으며, 이들에게는 피타네[49] 구역 부대라는

---

41 페르시아 왕.

42 기원전 431년.

43 페르시아 전쟁 때.

44 아리스토게이톤(Aristogeiton)은 아테나이의 귀족 출신 젊은이로 기원전 514년 참주 힙피아스(Hippias)를 암살하려다 참주의 아우 힙파르코스(Hipparchos)밖에 암살하지 못한 까닭에 공범인 친구 하르모디오스(Harmodios)와 함께 처형당했다.

45 페이시스트라토스(Peisistratos 기원전 600년경~527년)는 아테나이의 참주로, 비록 군사력으로 권력을 장악했지만 연극 공연을 도입하는 등 선정을 베풀었다.

46 레오코레이온(Leokoreion)은 아테나이를 기근에서 구하기 위해 제물로 바쳐진 레오스(Leos) 왕의 세 딸을 기념하여 세워진 신전으로 케라메이코스(Kerameikos) 구역에 있었다고 한다.

47 판아테나이아 제(Panathenaia)는 아테나이의 수호신 아테나 여신을 기리기 위한 가장 중요한 축제로 해마다 개최되었는데, 4년째마다 특히 화려하게 진행되었다. 이때는 음악 경연 외에 행렬, 육상경기, 전차경주도 열렸다.

48 스파르테에서는 두 명의 왕이 선출되었다.

49 스파르테 시의 한 구역.

것이 있었다고 알고 있지만[50] 그런 부대는 없었다. 이렇듯 대부분의 사람들은 진리를 규명하고자 노력하지 않고, 전해오는 이야기라면 무엇이든 받아들인다.

21 (1) 그렇지만 여기 제시된 증거에 따라 내가 기술한 대로 과거사를 판단하는 사람은 실수하지 않을 것이다. 그는 분명 주제가 무엇이든 찬양하려 드는 시인의 시구나, 사실을 이야기하기보다는 청중의 주목을 끄는데 더 관심이 많은 산문 작가의 기록에 방해받지 않을 것이다. 그들이 다루는 주제는 증명의 영역 밖에 있으며, 세월이 흘러 대체로 사료로서의 신뢰성을 상실하여 신화의 영역에 속한다. 대신 우리는 가장 확실한 증거들에 힘입어 고대사를 나름대로 충분히 규명했다고 주장해도 좋을 것이다. (2) 사람들은 현재 진행 중인 전쟁을 가장 큰 전쟁이라고 여기다가 전쟁이 끝나고 나면 다시 옛날의 전쟁에 더 감탄하는 경향이 있기는 하지만, 그럼에도 사실 자체로 판단하는 사람에게는 이번 전쟁이 이전의 어떤 전쟁보다 큰 전쟁으로 밝혀질 것이다.

22 (1) 각각의 인물이 전쟁 직전이나 전쟁 중에 발언한 연설에 관해 말하자면, 직접 들었든 간접적으로 전해 들었든 나로서는 정확히 기억하기가 어려웠다. 그래서 나는 실제 발언의 전체적인 의미를 되도록 훼손하지 않으면서 연설자로 하여금 그때그때 상황이 요구했음 직한 발언을 하게 했다. (2) 그리고 전쟁 중에 실제로 일어난 사건에 관해 말하자면, 나는 우연히 주워들은 대로 또는 내 의견에 따라 기술하지 않고, 내가 직접 체험한 것이든 남에게 들은 것이든 최대한 엄밀히 검토한 다음 기술하는 것을 원칙으로 삼았다.

(3) 그래도 사실을 알아내기란 힘든 일이다. 왜냐하면 각각의 사건의 증인이 어느 한쪽을 편들거나 또는 정확히 기억하지 못해 같은 사건을 두고 다른 말을 하기 때문이다. (4) 내가 기술한 역사에는 설화(說話)가 없

어서 듣기에는 재미가 없을 것이다. 그러나 과거사에 관해 그리고 인간의 본성에 따라 언젠가는 비슷한 형태로 반복될 미래사에 관해 명확한 진실을 알고 싶어 하는 사람은 내 역사 기술을 유용하게 여길 것이며, 나는 그것으로 만족한다. 이 책은 대중의 취미에 영합하여 일회용 들을 거리로 쓴 것이 아니라 영구 장서용으로 쓴 것이기 때문이다.

23 (1) 지난날 최대의 전쟁은 페르시아 전쟁이었다. 하지만 이 전쟁은 두 번의 해전과 두 번의 지상전[51]으로 일찌감치 결판이 났다. 그러나 펠로폰네소스 전쟁은 아주 오랫동안 지속되었을 뿐 아니라 그것이 지속되는 내내 헬라스에 미증유의 고통을 안겨주었다. (2) 그토록 많은 도시가 비헬라스인들 또는 헬라스인들 자신에게 함락되어 폐허가 된 적은 없었다. 어떤 도시는 함락된 뒤 주민이 완전히 바뀌기까지 했다. 그토록 많은 난민이 발생한 적도, 전쟁이나 당파싸움으로 그토록 많은 인명이 손실된 적도 없었다.

(3) 전에는 소문으로만 듣고 현실로는 확인되지 않던 일들이 갑자기 있음 직한 일로 믿어졌다. 유례없이 격렬한 대지진들이 발생했고, 일식이 유례없이 자주 일어났고, 곳곳에 극심한 가뭄이 들어 기근으로 이어졌고, 역병이 엄청난 타격을 가하며 수많은 목숨을 앗아갔다. 전쟁이 터지면서 이 모든 재앙이 헬라스인들을 덮쳤다.

(4) 이번 전쟁은 아테나이인들과 펠로폰네소스인들이 에우보이아 섬을 함락하고 맺은 30년 평화조약을 파기함으로써 일어났다. (5) 앞으로 어느 누구도 왜 헬라스인들 사이에 이런 큰 전쟁이 일어났는지 묻지 않도

---

50 헤로도토스, 『역사』 9권 53장 참조.

51 '두 번의 해전'이란 아르테미시온(Artemision) 곶과 살라미스(Salamis) 섬에서 벌어진 전투를, '두 번의 지상전'이란 테르모필라이(Thermopylai)와 플라타이아이(Plataiai) 전투를 말하는 것 같다.

록, 나는 그들이 조약을 파기하게 된 원인과 그들의 쟁점을 먼저 기술하겠다. (6) 그러나 진정한 원인은 사실 눈에 보이지 않는 곳에 있다고 나는 생각한다. 말하자면 아테나이의 세력 신장이 라케다이몬인들에게 공포감을 불러일으켜 전쟁을 불가피하게 만든 것이다. 그러나 양쪽이 공공연하게 제기한 휴전협정 파기와 선전포고의 원인은 다음과 같다.

24 (1) 에피담노스는 이오니오스 만(灣)[52]으로 배를 타고 들어가면 오른쪽에 자리 잡은 도시이다. 주위에는 타울란티오이족이라는 비헬라스인들이 살고 있었는데, 이들은 일뤼리콘인들에 속했다. (2) 그곳은 케르퀴라[53]의 식민시로 헤라클레스의 자손들에 속하는 코린토스인 에라토클레이데스의 아들 팔리오스가 창건했는데, 그는 오랜 관행에 따라 모국에서 초빙되었다. 식민시 창건에는 약간의 코린토스인들과 그 밖의 다른 도리에이스족도 몇 명 동참했다. (3) 시간이 흐르면서 에피담노스인들은 국력이 신장되고 인구가 늘어났다.

(4) 그러나 그들은 여러 해 동안 내분에 시달리다가 이웃에 사는 비헬라스인들과 전쟁을 한 탓에 큰 타격을 입고 국력이 크게 약화되었다고 한다. (5) 그리고 펠로폰네소스 전쟁이 터지기 직전에 그곳의 민중파가 귀족들을 축출했는데, 귀족들은 비헬라스인들과 합세하여 시내에 남아 있던 에피담노스인들의 재산을 해륙 양면으로 약탈했다.

(6) 시내에 남아 있던 에피담노스인들은 궁지에 몰리자 모국인 케르퀴라에 사절단을 보내, 자신들이 망하는 것을 수수방관하지 말고 자기들이 추방자들과 화해하고 비헬라스인들과의 전쟁을 끝낼 수 있게 도와달라고 간청했다. (7) 사절단은 케르퀴라에 있는 헤라 신전에 탄원자로 앉아 그렇게 간청했지만, 케르퀴라인들은 그들의 탄원을 받아들이지 않고 빈손으로 돌려보냈다.

25 (1) 케르퀴라에서는 아무런 도움도 기대할 수 없다는 것을 깨달은 에피

담노스인들은 난국을 타개하기 위해 델포이로 사람을 보내 에피담노스를 창건한 코린토스인들에게 도시를 맡기고 그들에게서 도움을 구해야 할지 신에게 물었다. 신이 대답하기를, 코린토스인들에게 도시를 맡기고 그들을 길라잡이로 삼으라고 했다.

(2) 그래서 에피담노스인들은 신탁(神託)이 지시한 대로 코린토스에 가서 도시를 코린토스인들에게 맡기고 에피담노스의 창건자가 코린토스인들이었음을 지적하며 신탁도 알려주었다. 그러면서 자신들이 망하는 것을 수수방관하지 말고 구해달라고 간청했다. (3) 코린토스인들은 간청을 받아들였고, 그렇게 하는 것이 옳다고 느꼈다. 그것은 코린토스인들이 에피담노스를 케르퀴라의 식민시이자 자신들의 식민시로 여겼기 때문이기도 하고, 케르퀴라인들이 괘씸했기 때문이기도 했다. 케르퀴라인들은 코린토스인들에게 식민시가 모국에 당연히 보여야 할 경의를 표하지 않았기 때문이다.

(4) 여느 식민시와 달리 케르퀴라인들은 코린토스인들에게 축제 때 통상적인 권리와 명예를 인정하지 않았으며, 제물을 바칠 때 제물의 가장 좋은 부위를 코린토스인에게 주는 것을 허용하지 않았다. 대신 그들은 당시 자신들의 재력이 가장 부유한 국가들과도 어깨를 겨루고 군사력에서는 코린토스를 능가한다고 주장하며 모국을 멸시했다. 무엇보다도 그들은 해군력의 우위를 자랑하면서, 이는 이 섬의 선주민으로 유명한 선원들이던 파이아케스족 때부터 내려오는 전통이라고 했다. 그래서 그들은 더 많은 함선을 건조했다. 실제로 그들의 해군력은 막강했는데, 전쟁이 났을 때 그들은 120척의 삼단노선을 보유하고 있었다.

---

52 이오니오스 만.

53 케르퀴라는 그리스 서쪽 이오니아 해에 있는 지금의 코르푸(Korfu) 섬이다.

26 (1) 코린토스인들은 이렇듯 불만이 쌓여 있던 터라 기꺼이 에피담노스인들을 돕겠다고 나섰다. 그들은 암프라키아인들과 레우카스인들과 자신들의 시민으로 구성된 부대를 파견하면서 자원자는 누구든 그곳에 가서 정착하라고 선전했다. (2) 이들은 바닷길로 가면 케르퀴라인들의 방해를 받을까 염려되어 육로로 코린토스의 식민시 아폴로니아를 향해 나아갔다.

(3) 케르퀴라인들은 이주민과 수비대가 에피담노스에 도착하고 자신들의 식민시가 코린토스인들에게 넘어간 것을 알고 몹시 분개했다. 그들은 당장 함선 25척을 바다에 띄우고 지체 없이 다른 함대를 증파하며, 코린토스가 파견한 수비대와 이주민을 돌려보내고 그들의 추방자들을 도로 받아들이라고 에피담노스인들에게 으름장을 놓았다. 에피담노스에서 추방당한 자들이 그사이 케르퀴라로 건너가 조상의 분묘를 가리키며 자신들과 케르퀴라인들이 혈족임을 강조하면서 자신들을 에피담노스로 복귀시켜달라고 간청한 것이다.

(4) 그러나 에피담노스인들이 그들의 요구를 거절하자 케르퀴라인들은 40척의 함선을 타고 가 에피담노스인들을 공격했는데, 자신들이 복권시켜주기로 약속한 추방자들과 일뤼리콘인들의 증원부대까지 데려갔다. 이들은 도시 앞에 진을 치고, 떠나기를 원하는 에피담노스인들과 이방인들은 누구든 벌 받지 않고 무사히 떠날 수 있으며, 만약 떠나지 않으면 그들을 적으로 간주하겠다고 알렸다. 아무 반응이 없자 케르퀴라인들은 지협에 자리 잡은 도시를 포위하기 시작했다.

27 (1) 코린토스인들은 에피담노스의 사자(使者)들에게서 이 도시가 포위되었다는 소식을 전해 듣고 파병 준비를 하는 한편, 에피담노스에 보낼 이민단을 모집하면서 그곳에 가는 사람은 누구나 정치적으로 동등한 권리를 누릴 것이며, 당장 항해할 준비가 되어 있지 않더라도 50코린토스

드라크메의 공탁금을 내면 코린토스를 떠나지 않고도 이민단에 참가할 수 있다고 공고했다. 그러자 당장 항해하려는 사람도 많았고, 공탁금을 낸 사람도 많았다.

(2) 케르퀴라인들이 항해를 방해할 때에 대비해 그들은 여러 도시에 선단을 호송해달라고 요청했다. 그러자 메가라는 함선 8척을, 케팔레니아에 있는 도시 팔레는 4척을 제공했다. 에피다우로스도 요청에 응해 5척을, 헤르미오네는 1척을, 트로이젠은 2척을, 레우카스는 10척을, 암프라키아는 8척을 제공했다. 테바이인들과 플레이우스인들은 군자금을 요청받았고, 엘리스인들은 군자금과 빈 함선을 요청받았다. 코린토스인들 자신은 함선 30척과 중무장보병 3천 명을 제공했다.

28 (1) 코린토스인들이 그렇게 준비한다는 말을 전해 들은 케르퀴라인들은 자신들을 지지하도록 라케다이몬인들과 시퀴온인들의 대표단을 코린토스에 데려가 코린토스는 에피담노스와 무관하니 수비대와 이민단을 에피담노스에서 철수하라고 요구했다. (2) 그러나 코린토스가 이에 이의를 제기한다면 그들은 양쪽의 합의로 선출된 펠로폰네소스 도시들의 중재를 받아들일 용의가 있으며, 중재단이 어느 쪽에 속하는 것으로 결정하든 그쪽이 이 식민시를 가져야 할 것이라고 했다. 그들은 이 일을 델포이의 신탁에 맡길 용의도 있다고 했다. (3) 그들은 코린토스인들에게 전쟁을 시작하지 말라고 충고하면서, 그러지 않고 만약 코린토스가 폭력을 선택한다면, 자기들은 자위 수단으로 어쩔 수 없이 지금의 친구들과는 다른 친구들을 구하지 않을 수 없을 것이라고 했다.[54]

(4) 코린토스인들이 대답하기를, 케르퀴라가 함선과 비헬라스인 군대를 에피담노스에서 철수한다면 논의해볼 만하지만, 도시가 여전히 포위되

---

54 아테나이와 손잡겠다는 뜻이다.

어 있는 상황에서 중재 운운하는 것은 생각도 할 수 없는 일이라고 했다. (5) 케르퀴라인들이 대답하기를, 코린토스인들도 에피담노스에 있는 군대를 철수한다면 자기들도 그렇게 하겠다고 했다. 그들은 중재판결이 날 때까지 양쪽이 휴전하고 현재 위치에 머무르는 것도 받아들일 용의가 있다고 했다.

29 (1) 그러나 코린토스인들은 이 제안에 응하지 않았다. 대신 그들은 함선에 선원이 배치되고 동맹군이 속속 도착하자, 먼저 전령을 보내 케르퀴라에 선전포고를 하게 한 다음 케르퀴라인들과 교전하기 위해 함선 75척에 2천 명의 중무장보병을 태우고 에피담노스로 항해해갔다. (2) 함선들은 펠리코스의 아들 아리스테우스, 칼리아스의 아들 칼리크라테스, 티만테스의 아들 티마노르가 지휘하고, 보병은 에우뤼티모스의 아들 아르케티모스, 이사르코스의 아들 이사르키다스가 지휘했다.

(3) 그들이 암프라키아 만 어귀, 아폴론 신전이 있는, 아낙토리온 땅 악티온 곳에 이르렀을 때, 케르퀴라인들은 쾌속정에 전령을 태워 보내 접근 금지령을 내리는 한편 함선들에 선원을 배치하여 낡은 함선은 항해할 수 있도록 보수하고 나머지 함선은 전투를 위해 만반의 준비를 갖추게 했다. (4) 전령이 돌아와 코린토스인들이 평화 제의를 거부했다고 전하자 함선에 이미 승선이 완료된 터라 그들은 적군을 향하여 80척의 함선을 이끌고 바다로 나가 대열을 이루고 전투에 돌입했다(40척은 에피담노스를 포위하고 있었다). (5) 케르퀴라인들은 결정적인 승리를 거두고 코린토스인들의 함선 15척을 파괴했다. 같은 날 포위군은 외래인들은 노예로 팔고, 코린토스인들은 별도의 지시가 있을 때까지 포로로 잡혀 있는 조건으로 항복하도록 에피담노스에 강요했다.

30 (1) 해전이 끝난 뒤 케르퀴라인들은 자국의 레우킴메 곶에 승전비[55]를 세웠고, 다른 포로는 모두 죽이고 코린토스인들은 붙잡아두었다. (2) 코린

토스인들과 그들의 동맹군이 해전에 패하고 귀국하자 케르퀴라인들이 그 지역의 바다를 전부 지배했다. 그들은 배를 타고 코린토스의 식민시 레우카스로 건너가 영토를 약탈했고, 엘리스인들이 코린토스에 함선과 군자금을 제공했다는 이유로 엘리스인들의 항구 퀼레네를 불살랐다.

(3) 해전이 끝난 뒤 케르퀴라인들은 상당 기간 제해권을 장악하고는 함선을 보내 코린토스의 동맹국을 공격했다. 결국 코린토스인들은 동맹국이 고통받는 것을 보자 여름이 시작될 무렵 함선과 군대를 파견하여, 악티온과 테스프로티스 땅의 케이메리온 곶 주위에 진을 치고 레우카스와 그 밖의 우방을 보호해주게 했다. (4) 그러자 케르퀴라인들도 맞은편 레우킴메 곶에 함대와 보병을 배치했다. 그들은 어느 쪽도 출동하지 않고 여름 내내 그곳에서 대치하다가 겨울이 되자 양쪽 모두 귀로에 올랐다.

31 (1) 코린토스인들은 케르퀴라인들과의 전쟁에 분개한 나머지 해전이 끝난 이듬해 내내 그리고 그 이듬해에도 함선을 건조하고 해군력을 증강하고자 최대한 노력했으며, 펠로폰네소스 자체와 다른 헬라스 땅에서 높은 보수를 약속하고 노 젓는 선원을 모집했다. (2) 코린토스인들이 그렇게 준비한다는 소식을 듣고 겁이 난 케르퀴라인들은 아테나이 동맹에도 라케다이몬 동맹에도 가입하지 않아 여태껏 헬라스에 동맹국이 없던 터라 아테나이인들을 찾아가 그들의 동맹국이 되고 그들의 도움을 청해보기로 결정했다. (3) 이 소식을 들은 코린토스인들도 아테나이에 사절단을 파견했는데, 아테나이의 해군과 케르퀴라의 해군이 힘을 모아 자신들이 원하는 대로 전쟁을 수행하는 것을 방해할까 두려웠기 때문이다.

55 승전비(tropaion)는 적군이 등을 돌려 패주하기 시작한 곳에 세우는 것으로 '적을 패주케 하는 제우스'(Zeus Tropaios)에게 바쳐졌다. 초기에는 말뚝 따위를 십자로 묶어 거기에다 노획한 무구들을 걸어두는 간단한 것이었으나, 나중에는 승리자의 명성을 후세에 전하기 위해 견고한 소재로 대체되었다.

민회(民會)가 소집된 자리에서 양쪽의 주장과 반론이 제기되었다. 케르퀴라의 사절단은 다음과 같이 말했다.

32 (1) "아테나이인 여러분, 지금의 우리처럼 전에 큰 덕을 보여준 일도 없고 동맹관계를 내세울 수도 없으면서 남들 앞에 나타나 도움을 청하는 사람들은 마땅히 몇 가지 전제조건을 충족시켜야 합니다. 그런 사람들은 첫째, 도움을 주는 것이 도움을 주는 쪽에게 유익하며 적어도 손해는 아니라는 점을 이해시켜야 하고, 다음, 도움을 주면 도움을 받는 쪽이 변함없이 고마워하게 될 것이라는 점을 보여주어야 합니다. 이런 점을 이해시키지 못한다면 교섭에 실패해도 화를 내서는 안 될 것입니다. (2) 케르퀴라인들이 여러분에게 우리를 파견하여 도움을 청하게 한 것은 자신들이 이런 조건을 충족시킬 수 있으리라 확신하기 때문입니다.

(3) 물론 이제까지 우리가 추구해온 정책은 우리가 도움을 청하는 지금 여러분에게는 일관성이 없어 보이고, 현재 우리의 처지에도 불리할 것으로 보일 것입니다. (4) 지난날 의도적으로 모든 동맹관계를 피하던 우리가 지금 여기 나타나 도움을 청하는 것은 분명 일관성이 없어 보일 테고, 바로 이런 정책 탓에 지금 우리는 코린토스인들과의 전쟁에서 고립무원의 궁지에 빠졌으니 말입니다. 우리는 남들의 판단으로 인해 위험에 말려드는 것을 피할 수 있어 우리의 중립주의를 전에는 현명한 정책이라고 믿었지만, 지금은 그것이 어리석고 무기력한 정책으로 보입니다.

(5) 지난번 해전에서 우리는 혼자 힘으로 코린토스인들을 물리쳤습니다. 그러나 지금 그들은 펠로폰네소스와 다른 헬라스 땅에서 차출된 더 많은 군대를 이끌고 진격해오고 있습니다. 그래서 우리는 자력으로는 도저히 살아남을 수 없고, 우리가 그들의 수중에 들어가면 그 위험이 얼마나 큰지 아는 터라, 부득이 여러분과 그 밖에 누구든 다른 사람들에게 도움을 청하지 않을 수 없습니다. 그리고 우리의 고립주의는 나쁜 의도가

아니라 판단 착오에서 비롯된 만큼, 우리가 지난날의 고립주의를 포기해도 용서받을 수 있을 것입니다.

33 (1) 여러분이 우리 부탁을 들어주신다면, 우리의 요청은 여러모로 여러분에게 이익이 될 것입니다. 첫째, 여러분은 남을 해코지하는 것이 아니라 남에게 부당하게 공격당하는 사람을 도와주게 될 것입니다. 둘째, 우리는 절체절명의 위기에 놓인 만큼, 여러분이 우리를 구해주면 우리는 두고두고 여러분에게 고마워할 것입니다. (2) 셋째, 우리는 헬라스에서 여러분 다음으로 가장 큰 해군력을 보유하고 있습니다.

그리고 생각해보십시오. 많은 돈과 호의를 베풀더라도 여러분 편으로 삼고 싶던 세력이 비용과 위험을 유발하지도 않고 자진해서 여러분에게 넘어와 여러분의 아량을 세상에 널리 알리고, 여러분의 도움을 받게 될 자들로 하여금 감사하는 마음을 품게 하고, 여러분 자신을 위해서는 힘을 증강시켜준다면, 여러분에게 이보다 더한 요행이 어디 있으며, 여러분의 적에게 이보다 더 괴로운 일이 어디 있겠습니까? 유사 이래 이 모든 이익이 동시에 주어진 경우는 드물었고, 도움을 청하는 세력이 자기들이 받게 될 것만큼 많은 명예와 안전을 은인에게 제공할 수 있는 경우도 드물었습니다.

(3) 여러분 중 우리가 여러분에게 도움이 될 수 있는 전쟁은 일어나지 않을 것이라고 생각하는 사람이 있다면 그는 착각하고 있는 것입니다. 그는 라케다이몬인들이 여러분을 두려워하여 전쟁을 원하고 있다는 것도, 코린토스인들은 여러분의 적이며 라케다이몬인들에게 영향력이 크다는 사실도 간과하고 있으니까요. 코린토스인들이 우리를 먼저 공격한 것은 나중에 여러분을 공격하기 위해서입니다. 그들은 여러분과 우리가 힘을 모아 함께 자신들에게 대적하기를 원치 않습니다. 그들이 바라는 것은 늦기 전에 우리의 힘을 약화시키거나, 우리의 힘을 그들을 위해 쓰도록

강요하는 것입니다.

(4) 그러나 우리의 정책은 선수(先手)를 쓰는 것이며, 그래서 우리는 여러분이 우리의 동맹 제의를 받아들이기를 원하는 것입니다. 이런 일에는 남들의 계략을 무산시키는 것보다 우리가 먼저 계략을 꾸미는 편이 더 낫습니다.

34 (1) 코린토스인들은 여러분이 자신들의 식민시와 동맹을 맺을 권리가 없다고 이의를 제기할지 모르지만, 그렇다면 그들은 모든 식민시는 정당한 대우를 받으면 모국을 존중하지만, 부당한 대우를 받으면 외면한다는 점을 알아야 합니다. 왜냐하면 이주민은 고향에 남은 사람의 노예로서가 아니라 동등한 권리를 가진 사람으로서 이주하기 때문입니다. (2) 코린토스인들은 분명 우리에게 부당한 짓을 했습니다. 우리가 에피담노스 문제를 중재판결로 해결하기를 요구했을 때, 그들은 자신들의 요구를 관철하고자 합리적인 조정보다는 전쟁을 선택했습니다.

(3) 여러분은 그들이 친족인 우리를 대하는 태도를 교훈으로 삼아 그들의 속임수에 현혹되지 말고, 그들이 직접 요구해오더라도 그들에게 양보하지 마십시오. 적에 대해 후회할 양보를 적게 하는 사람일수록 그만큼 안전하기 때문입니다.

35 (1) 여러분이 중립국인 우리를 받아들인다 해도 라케다이몬인들과의 휴전조약[56]을 파기하는 것은 아닙니다. (2) 왜냐하면 그 조약에는 중립국인 헬라스 도시는 어느 쪽이든 마음에 드는 편에 가담할 수 있다고 명기되어 있기 때문입니다. (3) 그리고 코린토스인들은 자신들의 동맹국과 여러분의 속국들을 포함한 다른 헬라스 땅에서 선원을 모집할 수 있는데 우리는 합법적인 동맹도 맺을 수 없고 어느 곳에서도 도움을 받을 수 없다면, 게다가 설상가상으로 여러분이 우리의 요청을 들어주는 것을 그들이 불법으로 간주하려 한다면, 이는 어불성설입니다.

⑷ 하지만 여러분이 우리를 도와주려 하지 않는다면 우리에게는 여러분을 비난할 더 큰 이유들이 있습니다. 그럴 경우 여러분은 여러분의 적이 아닌 우리가 위기에 **빠졌을** 때는 내치고, 여러분을 공격할 적인 그들은 제지하기는커녕 그들이 여러분의 나라에서 힘을 **빼내가도록** 수수방관하는 결과가 될 것이기 때문입니다. 그것은 옳지 못합니다. 여러분은 코린토스인들이 여러분의 나라에서 용병을 모집하지 못하게 하거나, 적당하다고 생각되는 도움을 우리에게 주어야 합니다. 그러나 가장 좋은 방법은 여러분이 우리를 공개적으로 동맹군으로 받아들여 보호해주는 것입니다.

⑸ 앞서 말했듯, 우리가 여러분에게 제공할 수 있는 이익은 한두 가지가 아닙니다. 그중 가장 큰 이익은 여러분의 적과 우리의 적이 같아 여러분이 우리를 신뢰할 수 있다는 것입니다. 그리고 우리 양쪽의 적은 허약하기는커녕 자기들에게 반기를 드는 자들에게 능히 해를 끼칠 수 있습니다. 또한 해군을 보유한 국가와 동맹 맺기를 거절하는 것과 육군을 보유한 국가와 동맹 맺기를 거절하는 것은 전혀 다릅니다. 여러분은 되도록이면 다른 나라가 해군을 보유하지 못하게 해야 합니다. 그리고 차선책은 가장 강력한 해군 보유국을 우방으로 삼는 것입니다.

36 ⑴ 우리의 제의가 유리하다고 생각되지만 그렇게 하면 라케다이몬인들과의 휴전조약을 위반하는 것이 아닐까 우려되는 사람이 여러분 중에 있다면, 우려하든 말든 여러분은 더 강해져서 적이 여러분을 두려워하게 되겠지만, 여러분이 우리를 내친다면 아무리 자신감을 가져도 더 약해져서 강력한 적에게 두려움을 주지 못할 것이라는 점을 알아야 합니다. 여러분은 또 여러분의 결정이 케르퀴라보다는 아테나이에 더 큰 영향을 끼

---

56 기원전 446년에 아테나이와 스파르테가 맺은 30년 평화조약을 말한다.

칠 것이라는 점도 알아야 합니다.

사실상 시작된 것이나 다름없는 전쟁을 앞두고 지금 당장의 상황만 보고, 친구가 되면 더없이 소중하지만 적이 되면 더없이 위험한 케르퀴라 같은 세력을 여러분 편으로 삼기를 망설인다면 여러분은 분명 아테나이를 위해 미리 대비하지 못하는 것입니다. (2) 다른 이점은 제쳐두고라도 케르퀴라는 이탈리아와 시켈리아로 건너가는 해안 항로의 요충지에 자리 잡고 있어, 해군이 그쪽에서 펠로폰네소스로 증파되거나 펠로폰네소스에서 그쪽으로 증파되는 것을 막기에 적합하기 때문입니다.

(3) 간단히 말해 이런 사실은 여러분 모두와 각자에게 왜 여러분이 우리를 버려서는 안 되는지 말해줄 것입니다. 헬라스에는 주요 해군 보유국이 셋 있는데, 바로 아테나이와 케르퀴라와 코린토스입니다. 만약 코린토스가 먼저 우리를 제압해 셋 가운데 둘이 하나로 합쳐지도록 내버려둔다면, 여러분은 케르퀴라와 펠로폰네소스의 연합 함대와 싸워야 할 것입니다. 그러나 여러분이 우리를 동맹군으로 받아들인다면, 그들과 싸울 때 여러분의 함대는 우리의 함대만큼 증강될 것입니다." 케르퀴라인들이 이렇게 말하자, 이어서 코린토스인들이 다음과 같이 말했다.

37 (1) "여기 이 케르퀴라인들은 여러분이 그들을 동맹국으로 받아들여야 하는지 여부에 논의를 국한하지 않고, 우리는 침략자이고 자기들은 부당한 전쟁의 희생자라고 주장했습니다. 그래서 우리는 다른 논의를 시작하기 전에 부득이 먼저 이 두 가지 점에 관해 언급하지 않을 수 없습니다. 그래야만 우리가 여러분에게 요구하는 것이 정확하게 무엇인지 여러분이 확실히 알고 합리적인 이유에서 케르퀴라의 요청을 거절하게 될 것이기 때문입니다.

(2) 그들은 자신들이 중립을 지킨 것은 신중했기 때문이라고 주장하지만, 사실은 좋은 의도가 아니라 나쁜 의도에서 그렇게 한 것입니다. 말하

자면 그들이 동맹군을 원하지 않은 것은 그들의 행위가 나빴기 때문이며, 남들을 자신들의 악행의 증인으로 부르기가 창피했기 때문입니다. (3) 케르퀴라는 또 그 위치 덕분에도 독립성을 유지하고 있는데, 그 위치 때문에 그들이 이웃나라로 항해하는 경우는 드물어도 다른 나라의 함선이 그들의 항구에 기항하지 않을 수 없는 경우는 흔합니다. 그래서 케르퀴라인들은 자기들이 다른 나라 사람에게 가해한 경우, 조약에 따라 임명된 판관의 재판을 받는 것이 아니라 자신들이 판관이 됩니다.

(4) 그 점에서 그들의 허울 좋은 중립주의는 사실 다른 나라의 나쁜 짓에 가담하는 것을 피하기 위해서가 아니라 자신들이 더 강하면 폭력을 행사하고 들키지 않으면 속임수를 쓰는 등 혼자서 멋대로 범행을 저지르며 자신들이 얻은 이익을 부끄러워하지 않고 즐기기 위한 핑계에 불과합니다.

(5) 또한 그들이 과연 그들의 말처럼 정직한 사람들이라면, 외부에서 그들에게 접근하기 어려울수록 정당한 판결을 내리거나 받아들임으로써 자신들의 고상한 품성을 더 명백히 보여주었을 것입니다.

38 (1) 그러나 그들은 다른 사람들에게도 우리에게도 정직하지 않았습니다. 그리고 그들은 우리의 이주민이면서도 줄곧 우리에게 등을 돌리다가, 이제는 홀대받기 위해 이주한 것이 아니라며 우리에게 전쟁을 걸어오기까지 합니다. (2) 우리가 그들을 이민단으로 내보낸 것은 그들에게 모욕당하기 위해서가 아니라 그들의 지도자로 인정받고 그에 합당하게 존경받기 위해서였다고 생각합니다.

(3) 아무튼 다른 식민시는 우리를 존경하며, 진심으로 우리를 사랑합니다. (4) 이처럼 대부분의 식민시가 우리에게 만족한다면, 케르퀴라만이 우리에게 불만을 품을 정당한 이유가 없음이 분명하며, 우리가 심한 모욕을 당하지 않았다면 까닭 없이 교전하지 않았으리라는 것도 분명합니다.

(5) 설령 우리에게 실수가 있다손 치더라도 그들로서는 우리의 요구를

들어주는 것이 옳았을 것입니다. 그랬더라면 그들의 온건한 태도를 무시하는 것이 우리에게는 수치가 되었을 것입니다. 그러나 그들은 부유해지자 오만방자하게도 거듭 우리를 모욕하다가, 이번에는 우리 속국인 에피담노스가 핍박받을 때는 잠자코 있더니 우리가 도우러 달려가자 그곳을 힘으로 함락하여 아직도 점유하고 있습니다.

39 (1) 그들은 이 문제를 사전에 중재재판에 맡길 용의가 있었다고 주장합니다. 그렇지만 어느 한쪽이 벌써 유리한 고지를 차지하고는 안전한 입장에서 중재를 제의하는 것은 의미가 없습니다. 적대 행위가 시작되기 전, 말뿐만 아니라 행동에서도 양쪽이 실제로 대등했을 때 제의했어야 합니다.

(2) 그러나 그들은 에피담노스를 포위 공격하기 전이 아니라 우리가 그들의 행동을 수수방관하지 않으리라는 것을 안 뒤에야 '중재'라는 허울좋은 제의를 했습니다. 그리고 그들은 에피담노스에서 혼자 나쁜 짓을 저질러놓고는 이제 이곳에 와 여러분이 그들의 동맹군이 아니라 공범자가 되기를, 그리고 여러분과 우리 사이가 나쁘다고 해서 여러분이 그들을 받아들이기를 요구합니다.

(3) 그들은 우리에게 잘못을 저지르고 위태로워진 지금이 아니라 가장 안전했을 때 여러분에게 접근했어야 합니다. 지금 상황에서는 여러분이 결코 자신들의 국력으로 여러분을 도와준 적이 없는 자들을 도와주게 될 것이며, 그들의 범행에 가담하지 않았어도 그들과 똑같이 우리에게 책임을 져야 할 것입니다. 여러분이 자신들과 공동으로 뒷감당하기를 기대한다면, 그들은 오래전부터 여러분과 국력을 공유했어야 합니다.

40 (1) 이상으로 우리는 정당한 불만을 품고 여기에 왔지만, 그들은 폭력적이고 탐욕스럽다는 사실이 밝혀졌습니다. 그러니 여러분이 그들을 동맹국으로 받아들이는 것은 옳지 않다는 점을 알아야 합니다.

(2) 조약에 가입하지 않은 도시는 둘 중 어느 쪽이든 자신이 원하는 쪽에 가담할 수 있다는 조항이 있는 것은 사실입니다. 그러나 이런 규정은 다른 나라를 해치기 위해 어느 한쪽에 가담하는 때에는 해당되지 않고, 안전을 보장받으려는 이유가 반기를 들었기 때문이 아니라 동맹국으로 받아들이는 것이 잘 생각해보면 새 우방에게 평화 대신 전쟁을 의미하지 않는 때에만 해당됩니다. 그리고 여러분이야말로 지금 우리의 조언을 받아들이지 않는다면 평화 대신 전쟁을 경험하게 될 것입니다.

(3) 여러분이 그들의 보호자가 된다면 우리에게는 조약 당사국이 아닌 적이 될 것입니다. 왜냐하면 여러분이 그들과 행동을 같이하면 우리는 부득불 그들뿐 아니라 여러분도 막아야 하기 때문입니다. (4) 여러분은 엄정중립을 지키거나 아니면 그들에게 맞서 우리 편이 되어야 옳습니다. (여러분은 코린토스인들과는 조약을 맺었지만, 케르퀴라인들과는 휴전협정조차 맺은 적이 없기 때문입니다.) 여러분은 다른 편을 배신한 자를 자기편으로 받아들이는 선례를 남기지 마십시오.

(5) 사모스가 여러분에게 반기를 들었을 때[57] 사모스인들을 도와야 할지를 두고 펠로폰네소스 도시들 사이에 의견이 갈렸지만, 우리는 여러분에게 반대표를 던지지 않고 모든 도시는 자신의 동맹국을 응징할 권리가 있다고 그들에게 공공연히 말했습니다. (6) 여러분이 모든 범법자를 받아주고 도와준다면, 여러분의 동맹국도 적잖이 우리한테로 넘어오는 것을 보게 될 것이며, 그러면 여러분은 우리보다 여러분에게 더 해로운 선례를 남기게 될 것입니다.

41 (1) 이상은 우리가 헬라스인들의 관습에 따라 여러분에게 요구할 권리가 있는 것들입니다. 우리는 또 여러분에게 조언도 하고, 여러분이 우리에

---

57 기원전 440년.

게 신세를 졌다는 점도 지적하고 싶습니다. 그리고 우리는 여러분을 해칠 만큼 적도 아니지만 선심을 쓸 만큼 친구도 아닌 만큼 이번 기회에 그 대가를 지불해주기를 여러분에게 요구하는 바입니다.

(2) 페르시아 전쟁이 터지기 직전, 대(對)아이기나 전쟁에서 여러분은 전함이 부족하여 코린토스인들한테서 전함 20척을 빌렸습니다.[58] 이런 호의 덕분에 여러분은 아이기나인들을 제압할 수 있었습니다. 그리고 펠로폰네소스인들이 사모스인들을 도와주지 못하도록 우리가 제지한 덕분에 여러분은 사모스인들을 응징할 수 있었습니다. 우리는 사람들이 일단 적과 교전하면 승리 말고는 아무것도 생각하지 않는 그런 시기에 그렇게 한 것입니다. (3) 그런 시기에는 이전의 적도 도와주면 친구로 여기고, 이전의 친구도 방해되면 적으로 간주합니다. 눈앞의 승리에 눈이 뒤집혀 자신의 진정한 이익도 소홀히 하게 되기 때문입니다.

42 (1) 여러분은 이런 일들을 명심하고—젊은이들은 이런 일들에 관해 연장자들에게 물어야 할 것입니다—당연히 우리가 해준 대로 우리에게 해주고, 우리 말에 일리는 있지만 전시(戰時)에는 다른 것이 유익하다고 생각해서는 안 될 것입니다. (2) 이익이란 대개 판단 착오를 가장 적게 할 때 생기는 법입니다. 그리고 전쟁이 임박했다고 겁주며 케르퀴라인들이 여러분을 악행으로 끌어들이려 하지만 전쟁이 임박했는지는 아직 확실치 않습니다. 그렇지만 여러분이 거기에 부화뇌동하다가는 앞으로가 아니라 지금 당장 확실히 코린토스인들의 미움을 사게 될 것입니다. 그보다는 오히려 여러분이 메가라로 인해 사게 된 불신[59]을 해소하는 편이 더 현명한 처사일 것입니다. (3) 가장 최근에 보여준 호의는 시의적절하기만 하면 사소한 것이라도 큰 불만을 해소할 수 있기 때문입니다.

(4) 여러분은 그들이 동맹국이 되면 강력한 해군력을 제공하게 될 것이라는 논리에 휘둘리지 마십시오. 힘이 대등한 자들을 모욕하지 않는 편

이 눈앞의 이해관계에 끌려 위험한 이익을 취하는 것보다 더 확실하게 안전을 보장해줄 것입니다.

43 (1) 우리는 라케다이몬 회의[60]에서 모든 도시는 자신의 동맹국을 응징할 권리를 가져야 한다는 원칙을 제시한 바 있습니다. 이번에는 우리가 그때의 여러분과 같은 처지가 되었으니, 우리는 여러분이 이 원칙을 지켜주시고, 그때 우리가 투표로 여러분을 도운 만큼 여러분이 투표로 우리에게 해를 끼치지 않기 바랍니다.

(2) 여러분은 우리가 여러분에게 해준 대로 우리에게 해주어야 합니다. 우리에게 지금은 도와주는 자는 진정한 친구가 되고, 반대하는 자는 적이 되는 바로 그 순간입니다. (3) 그러니 여러분은 우리의 반대를 무릅쓰고 케르퀴라인들을 동맹군으로 받아들이지 마시고, 그들의 불의를 비호하지 마십시오. (4) 여러분은 그렇게 하는 것이 도리이고, 그렇게 하는 것이 여러분 자신에게도 상책일 것입니다."

44 (1) 코린토스인들은 그렇게 말했다. 아테나이인들은 양쪽의 주장을 듣고 두 번이나 민회를 개최했는데, 첫 번째 민회에서는 코린토스인들의 논리를 수용하는 쪽으로 의견이 기울었지만, 두 번째 민회에서는 생각을 바꾸어 케르퀴라와 조건부 동맹을 맺기로 결의했다. 그것은 어느 한쪽이 전쟁을 하면 양쪽이 자동으로 전쟁에 개입하는 완전한 공수동맹이 아니라 (그럴 경우 케르퀴라인들이 코린토스를 공격하자고 요구해오면 아테나이인들은 펠로폰네소스인들과의 평화조약을 깨게 될 것이기 때문이다), 케르퀴라나 아테나이나 그들의 동맹국이 외부로부터 침공당할 때만 서

---

58 헤로도토스, 『역사』 6권 89장 참조.
59 메가라인들이 앗티케 지방의 모든 항구와 시장에 접근하지 못하게 한 이른바 '메가라 법령'을 말하는 것인지 확실하지 않다.
60 기원전 440년.

로 도와주는 방위동맹이었다.

(2) 아테나이인들은 아무튼 펠로폰네소스인들과의 전쟁은 시간문제라고 여기던 터라 케르퀴라가 그 막강한 해군과 함께 코린토스인들의 손에 넘어가는 것을 바라지 않았던 것이다. 그들이 원하는 것은 케르퀴라와 코린토스가 서로 충돌하여, 아테나이가 언젠가 전쟁을 해야 할 때 코린토스와 다른 해군 보유국들이 이미 허약해져 있는 것이었다. (3) 그 밖에도 아테나이인들에게 케르퀴라 섬은 이탈리아와 시켈리아로 건너가는 해안 항로의 요충지로 보였다.

45 (1) 이런 점들을 고려해 아테나이인들은 케르퀴라를 동맹국으로 받아들였고, 코린토스인들이 떠나자 곧 함선 10척을 케르퀴라에 원군으로 보냈다. (2) 이들 함선의 지휘관은 키몬의 아들 라케다이모니오스, 스트롬비코스의 아들 디오티모스, 에피클레스의 아들 프로테아스였다. (3) 이들에게는 코린토스인들과의 해전을 피하되, 코린토스인들이 케르퀴라로 항해해와서 어느 곳이든 케르퀴라 영토에 상륙하려 한다면 있는 힘을 다해 저지하라는 지시가 내려져 있었다. 그들에게 그런 지시를 내린 것은 평화조약을 깨지 않기 위해서였다.

46 (1) 10척의 함선이 케르퀴라에 도착했다. 그러자 코린토스인들이 만반의 준비를 갖춘 다음 150척의 함선을 타고 케르퀴라로 항해해갔다. 그중 10척은 엘리스에서, 12척은 메가라에서, 10척은 레우카스에서, 27척은 암프라키아에서, 1척은 아낙토리온에서, 90척은 코린토스에서 파견된 것이었다. (2) 지휘관은 도시별로 따로 있었는데, 코린토스의 함선들은 에우튀클레스의 아들 크세노클레이데스가 다른 네 명과 함께 지휘했다. (3) 레우카스에서 출항해 케르퀴라 맞은편 본토에 도착한 이들 함선은 테스프로티스 지방의 케이메리온 곳에 닻을 내렸다. (4) 그곳에는 항구가 있고, 내륙으로 더 올라가면 테스프로티스의 엘라이아티스 지역에 에퓌

레 시가 있다. 에퓌레 옆에서는 아케루시아 호(湖)가 바다로 흘러든다. 이 호수로는 테스프로티스 지방을 관류하는 아케론 강이 흘러드는데, 아케루시아라는 이름은 이 강에서 유래한 것이다. 이 지방에는 테스프로티스와 케스트리네 지역의 경계를 이루는 튀아미스 강도 흐르는데, 케이메리온 곶은 이 두 강의 하구 사이에 솟아 있다. (5) 본토의 바로 이 지점에 코린토스인들은 닻을 내리고 진을 쳤다.

47 (1) 한편 케르퀴라인들은 적군이 다가온다는 소식을 듣고 110척의 함선에 선원을 태운 다음 미키아데스, 아이시미데스, 에우뤼바토스에게 지휘권을 맡기고 쉬보타라고 부르는 섬들에 진을 쳤다. 앗티케 함선 10척도 그들과 함께했다. (2) 그들의 보병과 자퀸토스인들이 원군으로 보낸 중무장보병 1천 명은 레우킴메 곶에 배치되었다. (3) 본토에 진을 친 코린토스인들에게도 그곳에 거주하는 수많은 비헬라스인들이 증원부대로 도착했다. 본토의 그 지역에 사는 주민은 언제나 코린토스인들에게 우호적이었기 때문이다.

48 (1) 코린토스인들은 준비를 마치자 해전을 벌일 의도로 사흘 치 군량을 갖고 밤에 케이메리온 곶을 출항했다. (2) 그리고 새벽에 그들은 난바다에서 케르퀴라인들이 자신들을 향해 다가오는 것을 보았다.

(3) 양쪽은 서로를 보자 전투 대형을 갖추었다. 케르퀴라인들의 오른쪽 날개에는 앗티케 함선이 배치되고 대열의 다른 부분은 그들 자신의 함선으로 이루어졌는데, 그들은 함대를 3개 선단으로 나누고 각 선단을 3명의 장군 중 한 명씩이 지휘하게 했다. (4) 이렇게 케르퀴라인들은 전투 대형을 갖추었다. 한편 코린토스인들은 오른쪽 날개에 메가라와 암프라키아의 함선들을 배치하고, 중앙에 나머지 동맹군을 순서대로 배치했다. 아테나이인들과, 케르퀴라인들의 오른쪽 날개와 마주하는 왼쪽 날개는 정예 선단을 이끌고 코린토스인들 자신이 맡았다.

49 (1) 공격 개시 신호로 양쪽에 깃발이 게양되자, 그들은 어우러져 싸웠다. 양쪽 모두 수많은 중무장보병과 궁수와 창수를 갑판에 태우고 약간 구식 (舊式)으로 싸웠는데, 아직 해전에 미숙했기 때문이다. (2) 해전은 치열했지만, 그것은 그들이 해전에 능해서가 아니었다. 그것은 해전이라기보다는 지상전에 가까웠다.

(3) 함선이 일단 서로 격돌하면 함선의 수가 많은 데다 밀집해 있어서 서로 떨어지기가 쉽지 않았다. 그것은 양쪽 모두 함선이 정지한 동안 갑판 위에 대오를 갖추고 서서 싸우는 중무장보병이 승리를 가져다줄 것으로 기대했기 때문이기도 했다. 돌파 작전[61] 같은 것은 없었고, 대신 그들은 전술보다는 용기와 힘에 의지해 싸웠다. (4) 그래서 도처에서 소음이 요란한 가운데 혼전이 벌어졌다. 이 와중에 앗티케 함선은 케르퀴라인들이 고전하는 모습이 보이는 곳이면 어디든 달려가 적군에게 겁을 주긴 했지만, 실제로 공격은 하지 않았다. 그들의 지휘관들이 아테나이에서 받은 지시를 어기기를 두려워했기 때문이다.

(5) 코린토스인들의 오른쪽 날개가 가장 고전을 면치 못했다. 여기서는 케르퀴라인들이 함선 20척으로 적군을 패주시킨 뒤 뿔뿔이 흩어진 적군을 바닷가까지 추격했다. 그리고 곧장 적진을 향해 항해해가서 그곳에 상륙한 다음 빈 막사들에 불을 지르고 거기 있는 물자를 약탈했다. (6) 아무튼 그곳에서는 코린토스인들과 그들의 동맹군이 패하고 케르퀴라인들이 승리했다. 그러나 코린토스인들 자신이 버티고 있던 왼쪽 날개에서는 코린토스인들이 훨씬 우세했다. 케르퀴라인들은 수적으로 열세인 데다 추격에 나선 함선 20척이 아직 돌아오지 않았기 때문이다.

(7) 이제 고전하는 케르퀴라인들을 보자 아테나이인들은 더는 망설이지 않고 공공연히 그들을 지원하기 시작했는데, 처음에는 코린토스 함선을 실제로 충각으로 들이받지는 않았다. 그러나 케르퀴라인들의 패배가 확

실해지고 코린토스인들이 밀어붙이자, 결국 너나없이 모두들 전투에 개입했다. 그리하여 어쩔 수 없이 코린토스인들과 아테나이인들이 서로 공격하지 않을 수 없는 상황이 벌어지고 말았다.

50 (1) 적군이 패주한 뒤 코린토스인들은 충각에 들이받혀 항해 불능 상태가 된 적선의 선체들을 끌고 가는 대신 승선한 사람들 쪽으로 눈길을 돌려, 난파선 사이를 누비며 적군을 생포하지 않고 도륙했다. 그 과정에서 그들은 자신들의 오른쪽 날개에 있던 우군이 패한 사실을 몰랐던 탓에 우군까지 죽였다. (2) 양쪽의 함선 수도 많은 데다 바다 위에 넓게 흩어져 있어서, 일단 한데 섞이고 나면 누가 승리자이고 누가 패배자인지 분간하기가 쉽지 않았기 때문이다. 함선 수에 관한 한, 이번 전투는 일찍이 헬라스인들 사이에 벌어진 최대 규모의 해전이었다.

(3) 코린토스인들은 케르퀴라인들을 바닷가까지 추격한 뒤 자신들의 파손된 함선과 전사자에게 눈길을 돌렸다. 그들은 전사자의 시신을 대부분 수습해 비헬라스인들이 원군으로 와 있던 쉬보타로 운반했는데, 이 쉬보타는 테스프로티스 지방의 항구[62]로 사람이 살지 않는다. 그러고 나서 코린토스인들은 재집결해 케르퀴라인들을 공격하러 다시 바다로 나갔다.

(4) 케르퀴라인들은 코린토스인들이 케르퀴라에 상륙할까 두려워 아테나이 함선 10척과 자신들의 남은 함선을 포함해 아직 쓸 수 있는 함선을 총동원하여 적군에 대항하고자 바다로 나갔다.

(5) 벌써 날은 저물어가고 있었고, 양쪽은 공격에 앞서 이미 파이안[63]을

---

61 '돌파 작전'(diekplous)이란 적선의 대열을 돌파해 적선이 돌아서기 전에 이물보다 널빤지가 얇은 고물이나 측면을 충각으로 들이받는 작전을 말한다. 헤로도토스, 『역사』 6권 12장 참조.

62 쉬보타 섬들은 쉬보타 항 앞바다에 있다.

63 파이안(paian)은 고대 그리스군이 공격하기 직전 또는 승리한 뒤에 부르는 의식의 성격을 띤 군가이다.

불렀다. 그때 갑자기 코린토스인들이 노를 뒤로 젓기 시작했는데, 아테나이 함선 20척이 다가오는 것을 보았기 때문이다. 이 함선들은 케르퀴라인들이 패할 경우(그들의 예측은 들어맞았다) 자신들의 함선 10척으로는 그들을 효과적으로 돕지 못할 것 같아 먼저 보낸 10척을 증강하려고 아테나이인들이 나중에 보낸 것이다.

51 (1) 이 함선들을 본 코린토스인들은 이 함선들이 아테나이에서 파견된 것이며, 눈에 보이는 것은 전체의 일부에 지나지 않을 것이라 추측하고 후퇴하기 시작했다. (2) 함선들이 눈에 잘 보이지 않는 각도에서 다가오고 있어 함선들을 보지 못한 케르퀴라인들은 코린토스인들의 함선들이 후퇴하는 모습을 보고 놀랐다. 마침내 몇 명이 함선들이 다가오는 것을 보고 "저기 함선들이 다가오고 있다"고 소리치자, 케르퀴라인들도 물러가기 시작했다. 이미 날도 저물었고, 코린토스인들이 적대 행위를 중단하고 뱃머리를 돌렸기 때문이다.

(3) 그렇게 두 군대는 헤어지고, 밤이 되어 해전도 끝났다. (4) 그 뒤 케르퀴라인들은 레우킴메에 있는 진지로 돌아갔고, 레아그로스의 아들 글라우콘과 레오고라스의 아들 안도키데스가 지휘하는 아테나이 함선 20척은 시신과 파손된 함선 사이를 힘겹게 항해하여 처음 눈에 띈 지 얼마 안 되어 진지에 도착했다. (5) 그러나 어느덧 밤이 되어 케르퀴라인들은 적선이 아닐까 겁이 났지만 우군임을 알아보고 닻을 내리게 했다.

52 (1) 이튿날 앗티케 함선 30척이 아직도 항해 가능한 케르퀴라의 모든 함선과 함께 코린토스인들이 정박해 있는 쉬보타 항으로 출동했는데, 코린토스인들이 싸울 의향이 있는지 알아보기 위해서였다. (2) 코린토스인들은 해안가에서 탁 트인 바다로 나와 일렬로 진을 치고 있었지만 먼저 싸움을 시작할 의향은 없었다. 파손되지 않은 새 함선이 아테나이에서 도착한 것을 보았고, 배에 태운 포로들도 감시해야 했고, 사람이 살지 않

는 곳이라 함선을 수리할 수도 없는 등 애로 사항이 한두 가지가 아니었기 때문이다. (3) 그들에게는 어떻게 귀국하느냐가 더 큰 걱정거리였다. 아테나이인들이 이번 교전으로 평화조약이 파기된 것으로 보고 그들의 출항을 방해할 것 같았기 때문이다.

53 (1) 그래서 코린토스인들은 몇 사람을 전령 지팡이도 없이 작은 배에 태워 보내 아테나이인들의 의중을 떠보기로 하고, 파견된 자들로 하여금 다음과 같이 말하게 했다. (2) "아테나이인들이여, 먼저 전쟁을 시작하고 평화조약을 파기하다니 그대들은 잘못하고 있습니다. 우리는 적을 응징하러 여기 왔는데 그대들이 무기를 들고 우리를 방해하고 있기 때문입니다. 우리가 케르퀴라나 그 밖에 우리가 원하는 다른 곳으로 항해하는 것을 그대들이 방해할 의도라면, 그래서 평화조약을 파기할 의도라면, 먼저 여기 있는 우리를 포로로 잡아 적으로 취급하십시오."

(3) 그들이 그렇게 말하자, 가청거리에 있는 케르퀴라 군사들은 모두 그들을 당장 포로로 잡아 죽이라고 고함을 질렀다. 그러나 아테나이인들은 다음과 같이 말했다. (4) "펠로폰네소스인들이여, 우리는 전쟁을 시작하지도 않았고, 평화조약을 파기하지도 않았소. 우리는 동맹국인 케르퀴라를 도우러 왔을 뿐이오. 그대들이 다른 곳으로 항해하려 한다면 우리는 막지 않을 것이오. 그러나 그대들이 케르퀴라나 어느 곳이든 케르퀴라의 영토를 공격하러 항해하면 우리는 수수방관하지 않고 있는 힘을 다해 저지할 것이오."

54 (1) 아테나이인들이 그렇게 대답하자 코린토스인들은 귀향 준비를 서두르는 한편 본토에 있는 쉬보타에 승전비를 세웠다. 한편 케르퀴라인들은 조류와 밤중부터 일기 시작한 바람에 떠밀려 사방으로 흩어진 파손된 함선의 잔해와 시신을 수습한 다음 자신들이 승리했다며 쉬보타 섬에 승전비를 세웠다.

(2) 양쪽이 저마다 자신들이 승리했다고 주장하며 승전비를 세운 까닭은 다음과 같다. 코린토스인들은 밤이 될 때까지 해전에서 우세했고, 파손된 함선과 전사자를 대부분 수습했으며, 1천 명 이상의 포로를 잡았고, 70척가량의 적선을 침몰시켰다. 한편 케르퀴라인들은 30척가량의 적선을 파괴했고, 아테나이인들이 도착한 뒤에는 파손된 함선의 잔해와 아군 전사자를 앞바다에서 수습했다. 그리고 전투 이튿날 코린토스인들은 앗티케 함대를 보자 뒤로 노를 저어 자기들 앞에서 후퇴했으며, 앗티케 함대가 도착한 뒤에는 쉬보타에서 싸우러 나오지도 않았다는 것이다.

55 (1) 그래서 양쪽은 서로 자기들이 승리했다고 주장했다. 코린토스인들은 돌아가는 길에 케르퀴라인들과 코린토스인들이 공유하던, 암프라키아 만 어귀의 아낙토리온을 계략으로 점령해 그곳에 코린토스인들을 이주시킨 다음 다시 귀로에 올랐다. 그들은 케르퀴라인들 가운데 전에 노예였던 8백 명은 노예로 팔아버리고, 250명은 포로로 잡아두되 정중하게 대우했는데, 그들이 귀국하여 케르퀴라를 코린토스 편으로 만드는 데 도움이 되기를 바랐던 것이다. 우연히도 그들 대부분이 케르퀴라의 유력자였던 것이다.

(2) 이렇게 케르퀴라는 코린토스인들과의 이번 전쟁에서 살아남았고, 아테나이인들의 함대는 케르퀴라를 떠났다. 평화조약이 아직 유효한데도 아테나이인들이 이번 해전에서 케르퀴라인들 편이 되어 코린토스인들과 싸운 것이 코린토스인들이 아테나이인들과 전쟁을 하게 된 첫 번째 원인이 되었다.

56 (1) 그 뒤 곧 아테나이인들과 펠로폰네소스인들 사이에 또 다른 분쟁이 발생한 것이 전쟁의 빌미가 되었다. (2) 코린토스인들은 아테나이인들에게 복수할 기회를 노렸고, 아테나이인들은 그러한 적의를 예상한 터라 코린토스의 식민시이면서도 아테나이에 공물을 바치는 동맹국인, 팔레

네 지협의 포테이다이아인들에게 팔레네 쪽 성벽[64]을 허물고, 아테나이에 인질을 보내고, 코린토스의 감독관들을 추방하고 앞으로는 해마다 코린토스에서 파견되는 감독관들을 받지 말기를 요구했다. 아테나이인들이 이런 요구를 한 것은 포테이다이아가 페르딕카스와 코린토스인들의 사주를 받아 자신들에게 반기를 들면 트라케 지방의 다른 동맹국도 반란에 휩쓸릴까 두려웠기 때문이다.

57 (1) 아테나이인들은 케르퀴라 해전 직후 그런 조치를 취했다. (2) 코린토스인들이 적개심을 품고 있다는 게 이미 분명해졌고, 알렉산드로스의 아들로 마케도니아 왕인 페르딕카스가 전에는 아테나이인들의 친구이자 동맹군이었지만 지금은 적이 되었기 때문이다. (3) 그렇게 된 것은 아테나이인들이 페르딕카스의 적들인 그의 아우 필립포스 그리고 데르다스와 동맹을 맺었기 때문이다.

(4) 그래서 겁이 난 페르딕카스는 아테나이가 펠로폰네소스인들과의 전쟁에 말려들게 하고자 라케다이몬에 사절단을 보내는 한편, 포테이다이아가 반기를 들 때에 대비해 코린토스인들을 자기편으로 만들려고 했다.

(5) 그는 또 트라케 지방의 칼키디케인들과 봇티아인들에게도 반란에 가담하라고 부추겼는데, 이들 이웃나라와 동맹을 맺으면 그들의 도움을 받아 아테나이인들과 전쟁을 수행하기가 더 수월할 것이라고 믿었기 때문이다.

(6) 그런 내막을 알고 이들 도시의 반란을 예방하고 싶던 아테나이인들은 마침 이때 뤼코메데스의 아들 아르케스트라토스와 다른 10명의 장군이 지휘하는 함선 30척과 중무장보병 1천 명을 마케도니아에 파견한 터라, 이들 함대 지휘관들에게 포테이다이아에서 인질을 잡고, 성벽을 허

---

64 바다에서 접근할 수 있는 남쪽 성벽.

물고, 이웃 도시들도 반기를 들지 못하도록 엄중히 감시하라고 지시하였다.

58 (1) 포테이다이아인들은 자신들에 대한 새로운 조치를 철회하도록 설득하고자 아테나이에 사절단을 보내는 한편, 필요할 경우 지원을 확보해두기 위해 코린토스인들과 함께 라케다이몬에도 갔다. 아테나이와의 오랜 협상도 아무 소득이 없고, 그들은 마케도니아로 가게 되어 있는 아테나이 함대가 자신들을 향하여 다가오는 것도 못하게 할 수 없었다. 그러나 라케다이몬 당국자들은 아테나이인들이 포테이다이아를 공격할 경우 앗티케 지방에 침입하겠다고 약속했다. 그러자 포테이다이아인들은 기회가 왔다 싶어 칼키디케인들, 봇티아인들과 공모해 아테나이에 반란을 일으켰다.

(2) 그러자 페르딕카스는 칼키디케인들에게 해안에 있는 도시들을 파괴해버리고 내륙으로 이주해 올륀토스 시에 살되 그곳을 하나의 대도시로 만들기를 권했다. 또한 그는 이들 이주민에게 아테나이인들과의 전쟁이 계속되는 동안 경작하라고 볼베 호반 뮈도니아 지역에 있는 자신의 영토를 내주었다. 그래서 칼키디케인들은 자신의 도시들을 파괴한 뒤 내륙으로 이주해가서 전쟁에 대비했다.

59 (1) 트라케에 도착한 아테나이 함선 30척은 포테이다이아와 다른 도시들이 반란을 일으켰다는 것을 알았다. (2) 그들의 장군들은 현재 병력으로는 페르딕카스와 반란을 일으킨 도시들을 상대로 동시에 싸우기가 불가능하다고 보고, 원래 목적지였던 마케도니아로 가서 그곳을 기지 삼아 필립포스와 내륙에서 쳐내려온 데르다스의 형제들과 힘을 모아 전투를 수행했다.

60 (1) 포테이다이아가 반란을 일으켜 앗티케 함대가 마케도니아 앞바다에 정박하자, 그곳의 안전을 염려한 코린토스인들은 그곳의 위험은 곧 자신

들의 위험이라 여기고 코린토스 자체의 지원병과 펠로폰네소스 반도의 다른 곳에서 모집한 용병을 파견했는데, 다 합쳐 중무장보병이 1천6백 명이고 경무장보병이 4백 명이었다. (2) 그들은 포테이다이아인들의 변함없는 친구인, 아데이만토스의 아들 아리스테우스가 지휘했는데, 대부분의 코린토스 용병은 그가 좋아서 원정대에 참가했다. 포테이다이아가 반란을 일으킨 지 40일째 되는 날 그들은 트라케 지방에 도착했다.

61 (1) 도시들이 반란을 일으켰다는 소식이 즉시 아테나이에 날아들었다. 그리고 아리스테우스 휘하의 증원부대가 진격 중이라는 보고를 받자, 그들은 자신들의 중무장보병 2천 명과 함선 40척을 반란을 일으킨 도시들로 보내며 칼리아데스의 아들 칼리아스와 다른 네 명의 장군이 지휘하게 했다. (2) 그들이 먼저 마케도니아에 도착해서 보니 전에 파견된 1천 명이 테르메 시를 함락하고 지금은 퓌드나 시를 포위 공격하고 있었다. (3) 그들도 한동안 퓌드나 포위 작전에 참가했지만, 결국 페르딕카스와 합의를 보고 동맹을 맺지 않을 수 없었다. 그들에게는 포테이다이아가 절박한 관심사이고, 아리스테우스가 그곳에 도착했기 때문이다.

(4) 마케도니아를 출발한 그들은 베로이아로 갔고, 거기에서 스트렙사로 갔다. 그들은 그곳을 함락하려 했지만 실패하고 육로로 포테이다이아로 행군했는데, 자신들의 중무장보병이 3천 명이었고, 그 밖에 수많은 동맹군과 필립포스와 파우사니아스 휘하의 마케도니아 기병 6백 명이 함께했다. 동시에 함선 70척이 그들과 함께 바닷가를 따라 항해하고 있었다. 그들은 천천히 행군하여 사흘째 되는 날 기고노스에 도착해 그곳에 진을 쳤다.

62 (1) 포테이다이아인들과 아리스테우스 휘하의 펠로폰네소스군은 아테나이인들이 올 줄 알고 지협의 올륀토스 쪽에 진을 치고는 도시 밖에다 부대를 위해 시장을 개설했다. (2) 동맹군은 아리스테우스를 보병 전체

의 사령관으로 선출하고, 페르딕카스를 기병대장으로 뽑았다. 페르딕카스가 금세 또다시 아테나이와의 동맹을 깨고 포테이다이아인들 편에서 싸웠기 때문이다. 그러나 그는 몸소 그곳에 나타나지는 않고 이올라오스를 장군 대리로 보냈다.

(3) 아리스테우스의 작전은 다음과 같은 것이었다. 즉 그는 자신의 군대를 거느리고 지협에 머무르며 그곳에서 아테나이인들의 공격을 기다리고, 칼키디케인들과 지협 밖에서 온 다른 동맹군과 페르딕카스의 기병 2백 명은 올륀토스에 머물다가 아테나이인들이 공격해오면 뒤에서 덤벼들어 적군을 협공하는 것이었다. (4) 이에 맞서 아테나이 장군 칼리아스와 동료 장군들은 올륀토스에서 적군이 출동하는 것을 저지하고자 마케도니아의 기병대와 약간의 동맹군을 그곳으로 파견하는 한편, 아테나이인들 자신은 진지를 출발해 포테이다이아로 향했다.

(5) 지협에 도착한 그들은 전투준비를 하는 적군을 보고 자신들도 전투대형을 갖추었다. 그리고 얼마 뒤 양쪽은 어우러져 싸웠다. (6) 아리스테우스 자신이 코린토스인들과 다른 정예부대를 지휘하던 쪽 날개는 자신들과 대치하던 적군의 날개를 패주시키고 꽤 멀리까지 추격했다. 그러나 포테이다이아인들과 펠로폰네소스인들로 구성된 다른 부대는 아테나이인들에게 패하여 포테이다이아의 성벽 안으로 달아났다.

63 (1) 추격을 멈추고 되돌아온 아리스테우스는 다른 쪽 날개가 패하는 모습을 보고 올륀토스와 포테이다이아 중 어느 쪽으로 가는 것이 안전한지 알 수 없었다. 하지만 결국 그는 자신의 부대를 최대한 밀집시킨 다음 뛰어서 포테이다이아로 밀고 들어가기로 결정했다. 화살과 창이 쏟아지는 가운데 그는 방파제 옆 바다를 지나 간신히 포테이다이아 안으로 밀고 들어갔으며, 대원 몇 명을 잃었지만 대부분은 구할 수 있었다.

(2) 한편 전투가 시작되며 깃발들이 게양되자 올륀토스에서 출동해 포테

이다이아인들을 구원하기로 되어 있던 부대들은 그들과 합류하려고 얼마쯤 나아갔다(올륀토스는 70스타디온[65]쯤 떨어져 있어 포테이다이에서 휜히 건너다보였다). 그러자 마케도니아 기병대가 이를 저지하고자 그들 맞은편에 버티고 섰다. 그러나 곧 아테나이인들이 승리를 거두고 깃발들이 내려지자 올륀토스에서 출동한 부대들은 성벽 안으로 돌아가고, 마케도니아인들은 아테나이인들과 합류했다. 양쪽 다 기병대는 전투에 참가하지 않았다.

(3) 전투가 끝난 뒤 아테나이인들은 승전비를 세우고 나서 잠시 휴전하며 포테이다이아인들이 자신들의 전사자를 수습하게 했다. 포테이다이아인들과 그들의 동맹군은 3백 명 가까이 전사했고, 아테나이인들은 자국의 시민 150명과 장군 칼리아스를 잃었다.

64 (1) 아테나이인들은 지체 없이 성벽 북쪽에 지협을 가로질러 방벽을 쌓고 부대를 배치했다. 그러나 팔레네 쪽에는 방벽을 쌓지 않았다. 그들은 지협에 있는 방벽에 부대를 배치하는 동시에 팔레네로 건너가 그곳에 방벽을 쌓을 수 있을 만큼 자신들이 강하다고 생각지 않았으니, 자신들이 양분되면 포테이다이아인들과 그들의 동맹군에게 쉽게 공격당하지 않을까 염려됐기 때문이다.

(2) 본국의 아테나이인들은 팔레네 쪽에 방벽이 없다는 것을 알고는 얼마 뒤 아소피오스의 아들 포르미온이 지휘하는 자신들의 중무장보병 1천 명을 보내주었다. 포르미온은 팔레네에 도착한 다음 아퓌티스를 기지로 삼고는 군대를 인솔해 포테이다이아로 천천히 이동하면서 도중에 영토를 약탈했다. 그리고 아무도 싸우러 나오지 않자 그는 팔레네 쪽에서 방벽을 쌓아올렸다. 그리하여 포테이다이아는 양쪽으로 육로가 단단히

---

65 1스타디온(stadion)은 올륌피아에서는 192미터였지만, 앗티케 지방에서는 약 178미터였다.

봉쇄되고, 바닷길도 함선으로 봉쇄되었다.

65 (1) 도시가 방벽으로 봉쇄되자 아리스테우스는 펠로폰네소스에서 지원이 오거나 무슨 기적이 일어나지 않는 한 살아남을 가망이 없다고 보았다. 그래서 포테이다이아인들에게 순풍을 기다리다가 군량이 더 오래 지탱되도록 5백 명만 남겨두고 나머지는 배를 타고 모두 떠나기를 권하며 자신은 뒤에 남은 자들과 함께하겠다고 했다. 그는 자신의 조언이 받아들여지지 않자 차선책으로 외부에서 상황을 타개할 요량으로 몰래 아테나이인들의 봉쇄를 뚫고 배를 타고 도시에서 나갔다.

(2) 그러고 나서 아리스테우스는 칼키디케인들 곁에 머무르며 전투에서 그들을 도왔는데, 무엇보다도 세르뮐레 시 부근에 군사를 매복시켜 그곳 주민을 많이 도륙했다. 그 밖에도 그는 도움을 청하기 위해 펠로폰네소스에 사절을 보냈다. 포테이다이아를 봉쇄한 뒤 포르미온은 중무장보병 1천6백 명을 이끌고 가서 칼키디케와 봇티아를 약탈하고, 그 지역의 소도시 몇 군데를 함락했다.

66 이런 이유로 아테나이인들과 펠로폰네소스인들은 서로 반목하게 되었다. 코린토스인들은 자신들의 식민시인 포테이다이아와 그곳에 거주하는 코린토스인들과 펠로폰네소스인들을 아테나이인들이 포위 공격했다며 불만을 터뜨렸고, 아테나이인들은 펠로폰네소스인들이 자신들의 동맹국이자 자신들에게 공물을 바치는 포테이다이아가 반기를 들도록 부추기고 자신들에게 맞서 싸우는 포테이다이아인들을 공공연히 지원했다며 불만을 터뜨렸다. 그렇지만 아직은 전쟁이 터지지 않았고 휴전조약은 여전히 유효했다. 이런 행위는 코린토스인들이 독자적으로 취한 행동이었기 때문이다.

67 (1) 포테이다이아가 포위 공격당하자 코린토스인들은 좌시하지 않았으니, 그곳에는 자신들의 백성이 있는 데다 도시를 잃게 되지 않을까 염려

스러웠기 때문이다. 그래서 그들은 즉시 동맹국을 라케다이몬으로 소집했다. 그리고 그들의 사절단은 그곳에 가서 아테나이인들이 조약을 위반하고 펠로폰네소스의 권리를 침해했다고 주장했다. (2) 아이기나인들은 아테나이인들이 두려워 공식적인 사절단은 보내지 않았지만, 자신들의 자주권이 조약에 따라 보장되고 있지 않다고 불평을 늘어놓으며 코린토스인들과 손잡고 막후에서 적극적으로 전쟁을 부추겼다.

(3) 그래서 라케다이몬인들은 자신들의 동맹국과, 아테나이인들에게 부당 행위를 당했다고 주장하는 자들을 불러 모은 다음 통상적인 회의를 열고 그들에게 발언할 기회를 주었다. (4) 그러자 여러 사람이 앞으로 나와 이런저런 불만을 늘어놓았다. 그중에서도 메가라인들은 적잖은 불만을 토로하며, 특히 자신들이 아테나이 영토의 항구들과 앗티케 지방의 시장에서 배제된 것은 조약 위반이라는 점을 지적했다. (5) 다른 발언자들로 하여금 먼저 라케다이몬인들을 부추기게 한 뒤 마지막으로 코린토스인들이 앞으로 나와 다음과 같이 말했다.

68 (1) "라케다이몬인들이여, 여러분은 자신들의 정체(政體)와 사회제도를 과신한 나머지 우리가 무슨 의견을 개진해도 우리들 다른 나라 사람의 말에 도무지 귀를 기울이려 하지 않습니다. 그만큼 여러분이 신중한 것도 사실이지만, 그만큼 외교에 능하지 못한 것도 사실입니다. (2) 말하자면 전부터 아테나이가 우리에게 어떤 해악을 끼칠 것인지 누차 설명했건만, 여러분은 우리가 하는 말을 귀담아 듣는 대신 우리가 그렇게 말하는 것은 사적인 원한 때문이라고 번번이 우리의 동기를 의심했습니다. 그래서 여러분은 피해를 보기 전이 아니라 피해를 보고 나서야 동맹국을 이곳으로 소집한 것입니다. 그리고 이 동맹국 중에서도 아테나이인들에게 모욕당하고 여러분에게 버림받은 우리가 불평불만이 가장 많은 만큼 맨먼저 발언할 자격이 있습니다.

(3) 만약 아테나이인들이 헬라스를 공격하고도 이를 은폐하려 한다면, 여러분이 모를 수도 있으니 우리가 여러분에게 설명해야 되겠지요. 하지만 아테나이인들이 우리 동맹국을 포함한 몇몇 나라를 종속시켰고, 몇몇 나라를 종속시키려 하고 있으며, 또 오래전부터 전쟁에 대비하는 것을 여러분이 목격하고 있는 지금, 무슨 긴말이 필요하겠습니까? (4) 그렇지 않다면 그들은 케르퀴라를 우리한테서 억지로 빼앗아가지 않았을 것이며, 포테이다이아를 포위 공격하고 있지도 않을 것입니다. 포테이다이아는 트라케 지방을 제압하는 데 가장 편리한 기지이고, 케르퀴라는 펠로폰네소스인들에게 막강한 함대를 제공했을 것입니다.

69 (1) 그 책임은 여러분에게 있습니다. 첫째, 여러분은 페르시아 전쟁이 끝난 뒤 아테나이인들이 자신들의 도시를 요새화하는 것[66]을 허용했고, 나중에는 긴 성벽들을 쌓는 것[67]을 허용했습니다. 그리고 그 뒤로 오늘날까지 여러분은 여전히 아테나이에 예속된 나라들뿐 아니라 여러분 자신의 동맹국에도 자유를 유보하고 있습니다. 누가 자유를 빼앗겼다면, 그것은 자유를 빼앗는 자보다는 그러지 못하게 막을 힘이 있으면서도 수수방관하는 자 탓입니다. 그가 헬라스의 해방자라는 명성을 누리고 있다면 더욱 그러합니다.

(2) 우리는 이제야 겨우 한자리에 모였지만, 어떻게 해야 할지는 아직 정하지 않았습니다. 지금은 우리가 부당한 짓을 당했는지 여부를 따질 때가 아니라 어떻게 그것을 되갚아줄지 따져야 할 때입니다. 우리가 마음을 정하지 못하는 사이, 적들은 계획을 세운 뒤 거리낌 없이 다가오기에 하는 말입니다. (3) 우리는 아테나이인들이 어떤 방법으로 이웃나라들을 잠식하는지 알고 있습니다. 그리고 그들은 여러분이 물정에 어두워 자기들이 들키지 않고 있다 싶으면 덜 대담하게 나오겠지만, 여러분이 알면서도 아무 조치를 취하지 않는다 싶으면 세차게 밀어붙일 것입니다.

(4) 라케다이몬인들이여, 헬라스인들 가운데 여러분만이 가만히 앉아서 행동이 아닌 지연전술로 자신을 방어하고 있으며, 여러분만이 적의 세력이 커지기 시작할 때 제압하지 않고 두 배로 커지기를 기다리고 있습니다. (5) 그런데도 여러분은 "믿음직하다"고 불리곤 했습니다. 하지만 그것은 허울 좋은 명성으로 드러났습니다. 우리도 알다시피 페르시아인들은 대지의 끝에서 다가와 여러분이 효과적으로 맞서기 전에 펠로폰네소스에 도착했습니다. 아테나이인들은 페르시아인들과 달리 여러분 가까이 살고 있건만 여러분은 그들을 못 본 척하며, 공격하는 대신 공격해오기를 기다리고, 그렇게 함으로써 훨씬 더 강해진 적과 싸우게 되어 여러분 자신을 운에 맡기고 있습니다.

여러분도 아시다시피 페르시아인들이 진 것은 그들 자신의 실수 탓이며, 우리가 아테나이인들의 공격을 버텨낸 것은 여러분의 도움 덕분이 아니라 그들 자신의 실수 탓입니다. 여러분을 믿고 준비하지 않았다가 여러분을 믿은 탓에 망한 나라가 한둘이 아니기에 하는 말입니다. (6) 여러분 가운데 어느 누구도, 우리가 적의에서 이런 말을 한다고 생각지 마시오. 이건 일종의 간언(諫言)입니다. 간언은 친구가 실수할 때 하는 것이고, 적의는 나쁜 짓을 저지른 적에게 품는 것이기 때문입니다.

70 (1) 그 밖에 누가 이웃을 비난할 자격이 있다면 우리야말로 그럴 자격이 있다고 생각합니다. 여러분과 아테나이인들 사이에는 큰 차이가 있는데도 여러분은 그 점을 모르는 것 같으니 말입니다. 여러분은 또 여러분이

---

66 기원전 479년 축조된 아테나이와 페이라이에우스(Peiraieus) 항을 연결하는 성벽을 말한다. 1권 89~93장 참조.

67 여기서는 기원전 457년경에 축조된 아테나이와 페이라이에우스 항을, 아테나이와 팔레론(Phaleron) 항을 연결하는 두 성벽을 말한다. 1권 107장 참조.

맞서 싸우게 될 아테나이인들이 어떤 사람들이며, 그들이 모든 점에서 여러분과 얼마나 다른지 따져보지 않은 것 같습니다.

(2) 아테나이인들은 진취적이며, 계획을 세우고 계획한 것을 실행하는 데 민첩합니다. 그러나 여러분은 보수적이고 창의력이 부족하며 행동함에도 목표를 달성하지 못하곤 합니다. (3) 또 아테나이인들은 능력 이상으로 저돌적이고, 상식 밖의 모험을 하며, 역경에 맞닥뜨려도 낙천적입니다. 그러나 여러분은 능력 이하로 행동하고, 건전한 상식도 불신하며, 역경이 언제까지나 지속되리라고 비관합니다.

(4) 여러분이 주춤거리는 반면 그들은 주저하지 않으며, 여러분이 집에만 틀어박혀 있는 반면 그들은 바깥세상을 떠돌아다닙니다. 그들은 바깥세상으로 나가면 무언가 얻을 것이 있다고 믿지만, 여러분은 집을 비우면 가진 것조차 잃게 되지 않을까 염려합니다. (5) 그들은 이기면 적을 되도록 멀리 추격하지만, 지면 되도록 조금 물러납니다. (6) 아테나이인들은 또 자신의 몸을 자기 것이 아닌 양 나라를 위해 초개같이 버리지만, 자신의 지성은 나라에 유익한 일을 하기 위해 자기 것으로 가꿉니다.[68]

(7) 그들은 계획한 것을 실행하지 못하면 갖고 있던 것을 잃어버린 것으로 여기고, 성공하여 이익이 나면 그것을 앞으로 얻게 될 것에 견주어 미미한 것으로 여깁니다. 그리고 무엇을 시도하다가 실패하면 새로운 희망으로 금세 그 틈을 메웁니다. 오직 그들만이 무엇을 원하자마자 곧바로 가진다고 말할 수 있습니다. 그들이 결정하면 그 즉시 실행이 뒤따르기 때문입니다.

(8) 이런 식으로 그들은 평생 동안 애쓰고 노력합니다. 언제나 더 많은 것을 얻느라 가진 것을 즐길 여가도 없고, 필요한 일을 하는 것 말고는 다른 축제를 알지 못합니다. 그들에게는 일하지 않고 편안히 지내는 것이 힘겨운 노고보다 더 큰 고통입니다. (9) 따라서 누가 한마디로 그들은 날 때

부터 자신도 가만있지 못하고 남들도 가만히 내버려두지 못하는 자들이라고 말한다면, 그는 옳은 말을 하는 것입니다.

71 (1) 라케다이몬인들이여, 이런 나라가 여러분과 맞서고 있건만, 여러분은 지속적인 평화란 옳은 일을 위해 힘을 사용하되 불의는 결코 용납하지 않겠다는 결의를 분명히 보이는 사람에게만 주어진다는 것을 모르고 여전히 머뭇거리고 있습니다. 오히려 여러분은 남에게도 피해를 주지 않고, 자기방어를 위해서도 여러분 자신이 피해를 입지 않는 것을 공정한 태도라고 생각하고 있습니다.

(2) 그러나 그러한 정책은 여러분과 같은 원칙을 지키는 이웃나라에 대해서도 성공을 거두기 어려운데, 지금 여러분은, 우리가 방금 지적했듯, 여러분의 생활 방식은 아테나이인들에게 견주면 시대에 뒤떨어졌습니다. (3) 기술이나 정치나 새로운 것이 낡은 것보다 항상 우세하게 마련입니다. 평화스러운 도시에는 전통적인 관습이 최선이겠지만, 수많은 문제에 대처하지 않을 수 없는 곳에는 개혁이 필요합니다. 그래서 아테나이인들은 이 방면의 풍부한 경험을 바탕으로 여러분보다 더 적극적으로 정체를 개혁한 것입니다.

(4) 그러니 여러분, 이제 그만 늑장 부리십시오. 이제 여러분이 약속한 대로, 여러분의 동맹국, 특히 포테이다이아에 도움을 주고, 당장 앗티케로 쳐들어가십시오. 그래야만 여러분은 친구와 친족을 가장 고약한 적의 손에 넘기지 않을 것이고, 우리는 절망한 나머지 다른 나라[69]와 동맹을 맺는 일이 벌어지지 않을 것입니다. (5) 그래도 우리가 그 이름으로 맹세한 신들과 우리 처지를 알 만한 사람들 눈에 우리가 부당 행위를 하는 것

---

68 스파르테인들이 몸을 가꾸고 지성을 소홀히 하는 것과는 달리.

69 예컨대 스파르테의 숙적으로 펠로폰네소스 동맹에 가입하지 않은 아르고스와.

으로 비치지는 않을 것입니다. 동맹을 깬 책임은 고립무원의 궁지에 빠져 다른 자들과 손잡는 쪽이 아니라 도와주겠다고 맹세해놓고 도와주지 않는 쪽에 있기 때문입니다.

(6) 그러나 여러분이 개입하기로 결단을 내리면 우리는 여러분 곁에 머무를 것입니다. 여러분이 결단을 내린다면 우리가 친구를 바꾸는 것은 불경한 짓이 될 것이며, 또 여러분보다 더 친근한 친구를 찾을 수도 없을 것입니다. (7) 우리가 할 말은 다 했으니, 여러분은 올바른 결단을 내려 여러분의 선조에게서 물려받은 그대로 펠로폰네소스의 위대한 지도자가 되어주십시오."

72 (1) 코린토스인들은 그렇게 말했다. 그런데 마침 그전에 아테나이인 사절단이 다른 용무로 라케다이몬에 와 있었다. 그들은 코린토스인들이 무슨 말을 했는지 듣고는 자신들도 라케다이몬인들 앞에 나서야겠다고 생각했다. 여러 도시가 아테나이에 제기한 비난에 대해 변명하기 위해서가 아니라, 이 일은 서둘러 결정할 것이 아니라 시간의 여유를 두고 심사숙고해야 한다는 점을 대강 설명해주기 위해서였다. 그들은 또 아테나이의 힘이 얼마나 강력한지 일러주며, 나이 많은 사람들에게는 이미 알고 있는 것을 상기시키고 젊은 사람들에게는 아직 모르고 있는 것을 가르쳐주고 싶었다. 그리고 그들은 자신들의 말을 듣고 나서 라케다이몬인들이 전쟁을 시작하기보다는 가만있는 쪽으로 마음이 기울기를 바랐다. (2) 그래서 그들은 라케다이몬인들을 찾아가, 이의가 없다면 자기들도 그들의 회의장에서 연설하고 싶다고 했다. 라케다이몬인들이 들어오라고 하자, 아테나이인들은 다음과 같이 말했다.

73 (1) "우리 사절단이 이곳에 파견된 것은 여러분의 동맹국과 논쟁을 하기 위해서가 아니라 우리 도시가 우리에게 맡긴 소임을 다하기 위해서입니다만, 우리를 비난하는 고성이 오간다는 것을 알고 이렇게 여러분 앞에

섰습니다. 우리는 여러분의 동맹국이 우리에게 제기한 여러 가지 비난을 반박하려는 것이 아닙니다. 여러분은 우리가 하는 말과 그들이 하는 말을 듣고 판결을 내려야 하는 판관이 아니기 때문입니다. 우리가 여기에 온 목적은 여러분이 동맹국에 설득되어 그런 중대사와 관련해 쉽게 나쁜 결정을 내리는 일이 없게 하려는 것입니다. 동시에 우리는 지금 우리에게 쏟아지는 모든 비판과 관련하여, 우리가 소유하고 있는 것은 정당하게 획득한 것이며, 우리 도시는 주목받아 마땅하다는 점을 설명하고자 합니다.

(2) 증거라고는 우리 청중의 증언보다는 전해 내려오는 이야기밖에 없는 머나먼 과거사에 관해서는 말할 필요가 없을 것입니다. 그러나 우리는 페르시아 전쟁과 여러분이 잘 알고 있는 사건들에 관해서는 자꾸 들어서 지루하다 해도 거론하지 않을 수 없습니다. 우리가 페르시아 전쟁 때 그런 모험을 한 것은 공동의 이익을 위해서였고 여러분도 그 이익을 나눠 가진 만큼, 그러는 것이 우리에게 도움이 된다면 우리도 그 영광에 참여하는 것을 거부해서는 안 될 것입니다. (3) 우리는 호의를 비는 사람이 아니라 증거를 제시하는 사람의 처지에서 말할 것이며, 그 목적은 여러분이 나쁜 결정을 내리면 어떤 도시를 상대로 싸우게 될 것인지 여러분에게 밝히는 것입니다.

(4) 단언하건대, 우리는 마라톤에서 위험을 무릅쓰고 혼자서[70] 페르시아인들과 맞섰습니다. 또한 페르시아인들이 재차 침공해왔을 때, 우리는 육지에서 그들을 막을 충분한 병력이 없어 모든 시민이 함선에 올랐다가 살라미스 해전에 참전했습니다. 그리고 그 해전은 페르시아인들이 펠로

---

70 마라톤 전투에서는 보이오티아 지방에 있는 플라타이아이인들도 함께 싸운 것으로 알려져 있다.

폰네소스 반도로 항해해가서 도시를 하나씩 파괴하는 것을 막아주었습니다. 여러분은 페르시아인들의 수많은 함선에 맞서 서로 지켜줄 능력이 없었기에 하는 말입니다. (5) 그 가장 명확한 증거는 크세르크세스의 태도입니다. 해전에서 패하자 그는 자신의 군대가 더는 우리의 적수가 되지 못한다는 것을 알고 대부분의 육군을 이끌고 서둘러 철수했으니 말입니다.

74 (1) 전투는 그렇게 끝났고, 그것은 곧 헬라스인들의 운명이 해군에 달려 있음을 분명히 보여주었습니다. 그리고 우리는 전투가 그렇게 끝나도록 세 가지 결정적인 기여를 했으니, 가장 많은 함선과 가장 능력 있는 장군과 불굴의 용기가 그것입니다. 4백 척의 함선 가운데 거의 3분의 2가 우리 함선이었습니다.[71] 장군은 테미스토클레스였습니다. 그는 해협[72]에서 싸우자고 가장 강력히 주창했고,[73] 그것이 분명 우리를 구했습니다. 그래서 여러분은 여러분을 방문한 이방인 중에 그를 가장 존중한 것입니다.

(2) 그리고 우리가 보여준 불굴의 용기는 유례없는 것이었습니다. 육로로 아무도 우리를 도우러 오지 않고 우리의 국경에 이르기까지 모든 나라들이 이미 노예가 되었을 때, 우리는 과감히 도시를 버리고 재산을 포기했습니다. 또한 그런 상황에서도 남은 동맹국의 공동의 이익을 외면하거나 사방으로 흩어져 동맹국에 쓸모없는 존재가 되는 대신 위험에 맞서기 위해 함선에 올랐으며, 여러분이 우리를 도우러 미리 오지 않은 것을 원망하지 않았습니다.

(3) 그래서 우리는 우리가 받은 것보다 더 많은 도움을 여러분에게 주었다고 주장하는 것입니다. 여러분이 떠나온 도시에는 여전히 사람이 살고 있었고, 여러분은 그 도시를 지키기 위해 싸웠습니다. 여러분이 우리에게 원군을 보내준 것은 우리가 염려되어서가 아니라 여러분 자신이 염려되어서였습니다. 아무튼 여러분은 우리 도시가 아직 온전할 때는 나타나

지 않았습니다. 그러나 우리는 이미 망해버린 도시를 뒤로하고는 살아남을 가망이 거의 없는 도시를 위해 위험을 무릅쓰고 싸우면서 우리 자신을 구했으며, 여러분을 구하는 데도 한몫 거들었습니다.

(4) 그러나 우리가 우리 영토를 염려하여 다른 나라처럼 미리 페르시아인들 편에 가담했다면, 또는 나중에 우리가 완전히 결딴났다고 보고 함선에 오를 용기를 내지 않았다면, 함선이 부족한 여러분이 적과 해전을 벌이는 것은 아무 의미도 없었을 것이며, 크세르크세스는 편안히 목적을 달성했을 것입니다.

75 (1) 라케다이몬인들이여, 우리는 그때 용기와 결단과 지혜를 보여주었거늘 그런 우리가 지금과 같은 제국[74]을 통치하기로 그 때문에 헬라스인들에게 이처럼 심하게 미움을 받는 것이 과연 옳은 일입니까? (2) 우리가 그와 같은 제국을 획득한 것은 폭력에 의해서가 아니라, 여러분이 페르시아군의 잔존 부대에 맞서 끝까지 싸우려 하지 않자 동맹국들이 자진하여 찾아와 우리더러 자신들의 지도자가 되어달라고 부탁했기 때문입니다.

(3) 그리고 일단 그들의 지도자가 되고 보니 우리는 제국을 현재 상태로 확장하지 않을 수 없었습니다. 우선 첫째로 두려움이, 다음에는 체면이, 끝으로 우리 자신의 이익이 그렇게 하도록 강요했습니다. (4) 그리고 대부분의 동맹국이 우리를 미워하게 되고, 몇몇 동맹국은 반기를 들다가 도로 제압되고, 여러분은 우리에게 이전처럼 우호적이지 않고 우리를 의

---

71 4백 척이 아니라 사실은 378척 가운데 2백 척이었으니, 3분의 2가 아니라 2분의 1에 가깝다. 헤로도토스, 『역사』 8권 1, 14, 61장 참조.

72 살라미스 해협.

73 헤로도토스, 『역사』 8권 60장 참조.

74 원어는 arche.

심하고 우리와 다투려 한다는 것을 알게 되자, 특히 우리 곁을 떠난 동맹국이 여러분 편이 된 마당에, 우리가 제국을 내놓는 것은 모험이며 바람직하지 않다는 생각이 들었습니다. (5) 누구든 큰 위기에 처하면 제 이익을 추구하게 마련이며, 그것은 결코 비난받을 일이 아닙니다.

76 (1) 라케다이몬인들이여, 여러분도 펠로폰네소스 반도의 여러 도시를 여러분에게 유리하도록 조직하고 다스렸습니다. 그리고 그때 여러분이 페르시아군에 맞서 끝까지 싸우며 통수권을 행사하는 과정에서 우리 못지않게 미움을 샀더라면, 여러분도 틀림없이 우리만큼 동맹국에 엄격했을 것이며, 그래서 동맹국을 가혹하게 다스리거나 아니면 위험을 자초할 수밖에 없었을 것입니다.

(2) 우리가 주어진 제국을 받아들인 뒤 체면, 두려움, 이익이라는 세 가지 강력한 힘에 제압되어 제국을 포기하지 않고 유지하고자 하는 것은 결코 놀라운 일도 아니고, 인간 본성에 어긋나는 짓도 아닙니다. 그런 짓은 우리가 처음 시작한 것이 아니며 약자가 강자에게 종속되어야 한다는 것은 만고불변의 법칙입니다. 그 밖에도 우리는 우리가 그런 지위를 누릴 자격이 있다고 생각하며, 지금까지는 여러분도 그렇게 생각했습니다. 그러던 여러분이 이제 여러분 이익을 염두에 두고 옳고 그름을 따지기 시작하는군요. 하지만 힘으로 재산을 늘릴 기회가 주어지는데도 정의의 논리 때문에 이익을 포기한 사람은 일찍이 아무도 없었습니다.

(3) 남을 지배하려는 인간 본성에 따르면서도 권력을 가진 자에게 요구되는 정도 이상으로 정의로운 사람들은 칭찬받아 마땅합니다. (4) 생각건대, 만약 다른 사람들이 우리 같은 처지에 놓인다면, 우리의 행동이 온건한지 아닌지 분명히 드러날 것입니다. 우리는 공정하게 행동했건만 불공정하게도 칭찬보다 오히려 비난을 더 많이 들었습니다.

77 (1) 이를테면 동맹국과의 소송에서 국가 간 협약에 따를 경우 우리가 불

리하다고 생각되어 법 앞에 만인이 평등한 아테나이로 사건을 송치하면, 우리는 소송광(訴訟狂)이라고 여겨집니다. (2) 그들은 다른 나라가 우리보다 더 가혹하게 속국을 다루어도 왜 이런 나라들은 비난받지 않는지 물어보지도 않습니다. 그 까닭은 모든 것을 힘으로 조정할 수 있는 자는 소송에 말려들 필요가 없기 때문입니다.

(3) 그러나 우리 속국들은 우리와 대등하게 거래하는 데 익숙해져 있습니다. 그래서 우리의 결정이나 통치권 행사가 그들이 옳다고 생각하는 기준에 미치지 못하고 조금이라도 불이익을 가져다준다 싶으면, 아직도 그들에게 남아 있는 모든 이익에 더는 감사하지 않고 그런 사소한 불공평에 몹시 분개합니다. 설령 우리가 처음부터 법을 철폐하고 공공연히 우리의 이익을 추구했다면 그들은 그렇게 분개하지 않았을 것입니다. 그랬다면 그들은 약자가 강자에 양보해야 한다는 데 이의를 제기하지도 않았을 것입니다.

(4) 인간은 폭행을 당할 때보다 불의를 당할 때 더 분개하는 것 같습니다. 후자는 대등한 자들 사이의 탈취로 간주되지만, 전자는 강자에 의한 강요로 간주되기 때문입니다. (5) 그들은 페르시아인들에게 이보다 더 험한 꼴을 당했어도 참고 견뎠지만, 우리의 지배는 가혹하다고 여깁니다. 당연하지요. 남에게 예속된 자에게는 언제나 현재가 가장 가혹한 법이니까요.

(6) 여러분이 우리를 제거하고 스스로 제국을 인수하려 한다면 우리를 두려워하는 자들이 여러분에게 보이던 호의는 틀림없이 금방 잃게 될 것입니다. 여러분이 페르시아 전쟁에서 잠시 통수권을 행사할 때 보이던 것과 같은 태도를 지금도 보인다면 말입니다. 왜냐하면 여러분의 규범은 외부 세계의 규범과 양립할 수 없을뿐더러, 여러분 중 누가 외국에 나가면 여러분 자신의 규정도, 헬라스의 다른 나라의 규정도 지키지 않기 때

문입니다.

78 (1) 이런 일들은 중대사인 만큼 여러분은 시간의 여유를 갖고 천천히 숙고하시고, 남의 의견이나 불만에 오도되어 화를 자초하지 마십시오. 여러분은 전쟁을 시작하기 전에 전쟁이란 얼마나 예측하기 어려운 것인지 미리 생각해보십시오. (2) 전쟁이 오래 지속되면 대개 우연의 지배를 받게 되어, 둘 중 어느 쪽도 사태를 제어할 수 없게 됩니다. 그러면 우리는 결과도 예측하지 못하면서 위험을 감수해야 합니다. (3) 사람들이 전쟁부터 시작하는 것은 일을 거꾸로 하는 것입니다. 행동이 앞서고, 피해를 보고 나서야 생각하기 시작하니 말입니다.

(4) 그러나 우리는 아직 그런 과오를 저지르지 않았고, 우리가 아는 한 여러분도 그러지 않았습니다. 그러니 우리가 아직 최선의 결정을 내릴 수 있을 때 조약을 파기하거나 맹세를 어기지 말고, 조약에 규정되어 있는 대로 중재재판에 따라 분쟁을 해결하도록 합시다. 그러지 않으면 우리는 그 이름으로 우리가 맹세한 신들을 증인으로 부르며, 전쟁을 시작한 책임을 여러분에게 물을 것입니다. 그리고 여러분이 어떻게 공격해오든 우리는 최선을 다해 우리를 지킬 것입니다."

79 (1) 아테나이인들은 그렇게 말했다. 라케다이몬인들은 아테나이인들에 대한 동맹국의 비난과 아테나이인들의 연설을 들은 뒤 이방인을 모두 내보내고 사태를 논의했다. (2) 그러자 많은 의견이 같은 쪽으로 기울었는데, 아테나이인들이 이미 불의를 저질렀으니 당장 전쟁을 시작해야 한다는 것이었다. 그러나 지혜롭고 현명하기로 소문난 그들의 왕[75] 아르키다모스가 앞으로 나와 다음과 같이 말했다.

80 (1) "라케다이몬인들이여, 나도 이미 많은 전쟁에 참가했지만, 보아하니 여러분 중에도 내 동년배가 더러 있는 듯하오. 그들은 경험이 있는 만큼 아마 대다수와는 달리 전쟁에 열광하거나, 전쟁을 좋은 일 또는 안전한

일로 여기지는 않을 것이오. (2) 지금 여러분이 논의 중인 이 전쟁은 냉정하게 검토해보면 아시겠지만 대전(大戰)으로 확대될 수 있소.

(3) 우리의 상대가 펠로폰네소스에 있는 동맹국이나 이웃나라[76]들이라면 우리는 대등한 전력을 갖추고 있어 어디든 원하는 곳을 재빨리 공격할 수 있소. 그러나 아테나이는 다르오. 상대는 여기서 멀리 떨어져 사는 백성이오. 더군다나 그들은 바다에 관한 한 누구보다 경험이 많고, 그 밖의 분야에서도 가장 잘 준비되어 있소. 말하자면 그들은 개인으로서도 국가로서도 부유하고, 함선도 기병도 중무장보병도 많으며, 인구도 헬라스의 어느 곳보다 많을뿐더러, 공물을 바치는 동맹국도 한둘이 아니오. 하거늘 우리가 어떻게 이런 백성을 상대로 경솔하게 전쟁을 시작할 수 있으며, 도대체 무얼 믿고 우리가 그런 나라로 쳐들어간단 말이오?

(4) 우리 해군을 믿을까요? 하지만 해군은 우리가 열세요. 그리고 해군을 훈련시키고 대등한 수준으로 증강하자면 시간이 걸릴 것이오. 아니면 우리 재력을 믿을까요? 그러나 이 점에 관한 한 우리는 훨씬 뒤처져 있소. 우리 국고에는 돈이 없고, 개인들도 사유재산에서 금품을 출연할 의향이 없으니 말이오.

81 (1) 아마도 우리가 중무장보병과 인원에서 더 우세한 만큼 그들의 나라로 쳐들어가 약탈할 수 있을 것이라고 자신하는 이도 있을 것이오. (2) 그러나 그들은 다른 나라를 많이 지배하고 있기 때문에 필요한 물자를 바닷길로 수입할 수 있소. (3) 그리고 동맹국이 그들에게 반란을 일으키도

75 그리스의 영웅 헤라클레스(Herakles)의 사후 그의 자식들과 손자들은 천신만고 끝에 헤라클레스와 연고가 있는 펠로폰네소스 반도를 정복하는데, 스파르테의 두 왕가인 아기스(Agis)가(Agidai)와 에우뤼폰(Eurypon)가(Eurypontidai)가 이들의 자손으로 헤라클레스의 먼 후손이다. 스파르테에서는 이 두 왕가에서 한 명씩 두 명의 왕이 동시에 선임되었다.

76 예컨대, 펠로폰네소스 동맹에 가입하지 않은 아르고스.

록 우리가 부추기려면 그들의 동맹국이 대부분 섬나라인지라 우리는 이들을 해군력으로 도와야 할 것이오.

(4) 이 전쟁은 우리에게 어떤 전쟁이 될까요? 우리가 바다에서 이겨 그들의 함대를 유지해주는 재원을 탈취하지 않는 한 우리는 손해만 볼 것이오. (5) 그렇게 되면 우리는 특히 먼저 전쟁을 시작한 것으로 간주될 테니 명예롭게 휴전조약을 맺을 수도 없을 것이오. (6) 아무튼 우리는 그들의 나라를 약탈하면 전쟁이 금세 끝날 것이라는 그릇된 희망에 고무되어서는 안 되오. 오히려 나는 우리가 이 전쟁을 자식들에게 물려주게 되지 않을까 두렵소. 아테나이인들은 자신만만한 만큼 자신들의 나라에 집착하거나, 신병(新兵)들처럼 전쟁에 겁먹는 일은 아마 없을 것이오.

82 (1) 하지만 내 말은 그들이 우리 동맹국에 해를 끼쳐도 우리가 수수방관하고 그들의 음모를 눈감아주자는 뜻이 아니오. 내가 권하는 것은 우리가 지금 당장 손에 무기를 들 것이 아니라 사절단을 보내 우리의 불만을 전하되, 전쟁도 불사하겠다거나 그들의 행위를 묵과하겠다는 뜻을 너무 분명히 밝히지 말고 준비할 시간을 벌자는 것이오. 그래서 우리의 해군력과 재력을 증강해줄 수 있다면 우리는 헬라스인들과 비헬라스인들을 가리지 않고 어디서든 새로운 동맹국을 구해야 할 것이오. (우리처럼 아테나이인들의 음모의 표적이 되는 사람들이 살아남기 위해 헬라스인들뿐 아니라 비헬라스인들의 도움을 받는 것은 비난받을 일이 아니기 때문이오.) 동시에 우리는 우리가 이미 갖고 있는 것도 다시 정비해야 할 것이오.

(2) 아테나이인들이 우리 사절단의 말에 귀 기울인다면 가장 좋겠지요. 그러나 그렇지 않다면 우리는 앞으로 2~3년 뒤에 더 잘 준비된 상태로, 우리가 결정할 때 그들을 공격하게 될 것이오. (3) 그러나 그때 가서 우리의 무장이 우리의 발언과 일치하는 것을 보면 그들은 아마도, 그들의 나

라가 아직 폐허가 되지 않아 아직 파괴되지 않고 존속하는 재산에 관해 결단을 내릴 수 있는 만큼, 더 선선히 양보하게 될 것이오.

(4) 여러분은 그들의 나라를 여러분 수중에 있는 인질이라고, 잘 가꾸어질수록 그만큼 더 값어치 있는 인질이라고만 생각하시오. 여러분은 그것을 마지막 순간까지 아껴야 하며, 그들을 절망 상태에 몰아넣어 더욱 다루기 어렵게 만들어서는 안 되오. (5) 우리가 동맹국이 늘어놓는 불만의 말만 듣고 준비되지 않은 상태에서 그들 나라를 약탈한다면, 우리의 행동이 펠로폰네소스에 더 큰 치욕과 어려움을 안겨주게 되지는 않을지 잘 생각해보시오. (6) 불만이야 도시들이 제기하든 개인이 제기하든 해소될 수 있지만, 몇몇 동맹국의 이해관계 때문에 모든 동맹국이 선전포고를 하고 나면 그 결과는 예측할 수 없으며 명예롭게 해결하기가 쉽지 않을 것이오.

83 (1) 우리 동맹국이 그 수가 많으면서도 단 하나의 도시를 공격하기를 망설인다고 해서 비겁한 행동이라 말해서는 안 되오. (2) 그들에게도 우리만큼 많은 동맹국이 있고, 이 동맹국들은 그들에게 조세를 바치기 때문이오. 그리고 전쟁은 무기 못지않게 무기를 쓸모 있는 것으로 만들어주는 재원으로 하는 것인데, 내륙 세력과 해양 세력 사이에 전쟁이 벌어졌을 때는 특히 그러하오.

(3) 따라서 우리는 재원부터 마련해야지, 그러기도 전에 먼저 동맹국의 말에 고무되어서는 안 되오. 전쟁이 어느 쪽으로 결말나든 대부분의 책임은 우리가 져야 할 테니, 시간의 여유를 갖고 차분하게 여러 가능성을 살펴보도록 합시다.

84 (1) 우리더러 느리고 꾸물댄다고 비판하는 사람도 있지만 그것은 부끄러워할 일이 아니오. 여러분이 준비되지 않은 채로 전쟁을 치른다면, 성급하게 시작한 탓에 마무리만 늦어질 수 있소. 그리고 우리는 먼 옛날부터

죽 자유롭고 이름난 도시에서 살고 있소. (2) 그러니 이런 느림은 신중한 지혜라 할 수도 있소. 그래서 이러한 자질에 힘입어 오직 우리만이 성공했을 때 오만하지 않고, 역경에 처했을 때 굴복하지 않는 것이오. 그리고 사람들이 우리의 판단에 반해 위험한 행동을 하도록 부추겨도 우리는 그들의 감언이설에 넘어가지 않으며, 우리를 고발하겠다고 누가 으름장을 놓아도 우리가 부끄럽게도 그의 견해에 동조하는 일은 더더구나 없습니다.

(3) 우리를 용감한 전사이자 훌륭한 조언자로 만들어주는 것은 우리의 규율이오. 우리가 용감한 전사인 것은, 명예심은 자제력과 밀접한 관계가 있고 용기는 명예심과 밀접한 관계가 있기 때문이며, 우리가 현명한 조언자인 것은, 우리가 법을 무시할 만큼 너무 많이 배우지 않았고 법에 복종하지 않기에는 자제력 훈련을 너무 엄격히 받았기 때문이오. 우리는 쓸데없는 기교에 너무 능하여 적의 작전을 탁월한 언변으로 비판하면서도 행동은 그에 미치지 못하도록 훈련받지 않았소. 그 대신 우리는 우리의 사고방식과 남들의 사고방식에는 큰 차이가 없으며, 우연에 의해 결정되는 일을 정확히 예측하기란 불가능하다고 배웠소.

(4) 그래서 우리는 언제나 적의 계획이 훌륭하다고 가정하고 행동으로 준비한다오. 또한 우리는 적이 실수할 가능성보다는 우리 자신의 안전한 예방책에 희망을 걸어야 하오. 인간은 서로 큰 차이가 없으며, 가장 엄격한 훈련을 받은 자가 가장 강한 자라는 점을 명심해야 하오.

85 (1) 선조에게서 물려받았고 언제나 우리에게 유익했으며 우리가 여태껏 견지해온 이런 규율을 포기해서는 안 되며, 수많은 생명과 재산과 도시와 우리 자신의 명성이 걸린 이런 문제는 하루라는 짧은 기간에 서둘러 결정할 것이 아니라 시간의 여유를 두고 차분하게 결정해야 하오. 우리는 힘이 있기 때문에 누구 못지않게 그렇게 할 수 있소.

(2) 포테이다이아 건(件)과 그 밖에 우리 동맹국이 부당한 대접을 받았다고 주장하는 건들에 관해서는 아테나이인들에게 사절단을 보내도록 하시오. 아테나이인들이 중재재판을 받아들일 용의가 있다니 말이오. 그런 제안을 하는 사람을 미리 죄인 취급하며 공격하는 것은 불법이오. 그러면서 동시에 전쟁 준비를 하시오. 이 결정이야말로 여러분에게는 상책이 되겠지만, 적들에게는 가장 두려운 결정이 될 것이오."

(3) 아르키다모스는 그렇게 말했다. 마지막으로 당시 감독관[77] 중 한 명이던 스테넬라이다스가 앞으로 나와 (라케다이몬인들에게) 다음과 같이 말했다.

86 (1) "아테나이인들의 장광설을 나는 도무지 이해할 수 없소. 그들은 자화자찬만 늘어놓을 뿐, 그들이 우리 동맹국과 펠로폰네소스인들의 권리를 침해한다는 사실은 어디에서도 반박하려 하지 않았소. 그들은 지난날 페르시아 전쟁 때는 훌륭하게 처신했지만, 지금 우리에게는 잘못 처신하고 있소. 그래서 그들은 훌륭한 사람에서 나쁜 사람으로 변했으니 두 배의 벌을 받아 마땅하오.

(2) 그러나 우리는 그때나 지금이나 같은 사람들이며, 우리에게 분별력이 있다면, 우리 동맹국이 공격당하는 것을 좌시하지 않고 지체 없이 응징할 것이오. 그들은 지금 당장 고통받고 있기 때문이오. (3) 남들은 돈

---

77 감독관(ephoros 복수형 ephoroi)은 스파르테의 최고 관리로, 기원전 5세기 말부터 해마다 5명씩 시민들에 의하여 선출되었다. 그들은 왕을 견제하고 사법권을 행사하고 장군을 소환하고 외국과 조약을 맺는 등 막강한 권한을 행사했으며, 마땅한 연호가 없던 때라 최고 연장자의 이름에서 따와 '아무개가 감독관이었던 해에'라는 표현으로 연호를 대신했다. 플루타르코스는 뤼쿠르고스를 기원전 880년경에 활동한 것으로, 에포로스 제도는 기원전 750년경에 시작된 것으로 보는데, 아리스토텔레스의 『정치학』(Politika) 1313a 26을 따르고 있는 것 같다. 참고로, 크세노폰은 감독관 제도를 도입한 것은 뤼쿠르고스로 보고 있다. 『라케다이몬인들의 정체』(Lakedaimonion politeia) 8장 참조.

과 함선과 말[馬]을 많이 갖고 있겠지만 우리에게는 훌륭한 동맹국이 있으며, 이들을 우리는 아테나이인들에게 넘겨주어서는 안 되오. 그리고 이 일은 소송이나 말[語]로 해결할 문제가 아니오. 우리가 말 때문에 피해를 보고 있는 것이 아니지 않소. 대신 우리는 지금 당장 있는 힘을 다해 응징해야 하오.

(4) 어느 누구도 피해자인 우리더러 심사숙고해야 마땅하다고 가르치려 들지 마시오. 오히려 가해하려는 자가 마땅히 오랫동안 심사숙고해야 할 것이오. (5) 라케다이몬인들이여, 스파르테의 명예를 위해 전쟁에 찬성표를 던지시오. 아테나이인들이 더 커지게 내버려두지 말고, 동맹국들을 배신하지 맙시다. 대신 신들의 도움으로 앞으로 나아가 범법자들을 공격하도록 합시다!"

87 (1) 스테넬라이다스는 그렇게 말하고는 감독관 자격으로 이 문제를 라케다이몬인들의 민회에 회부했다. (2) 그곳의 표결은 투표석이 아니라 찬성하는 목소리에 의해 이루어지는데, 그는 어느 쪽 목소리가 더 컸는지 판정할 수 없노라고 주장했다. 그래서 그는 공개적으로 의향을 표현하게 함으로써 전쟁을 하도록 그들을 더욱더 부추길 요량으로 다음과 같이 말했다. "라케다이몬인들이여, 여러분 중에 조약은 깨졌으며 아테나이인들이 가해자라고 생각하는 이들은 저기 저곳에 가 서시고—그러면서 그는 어떤 한곳을 가리켰다—, 그렇지 않다고 생각하는 이들은 그 맞은편에 서시오."

(3) 그러자 그들은 일어서서 두 패로 갈라졌는데, 조약이 깨졌다고 보는 자들의 수가 훨씬 많았다. (4) 그래서 그들은 동맹국 대표를 다시 불러놓고 자기들은 아테나이인들이 가해자라고 표결했지만, 전쟁을 하기로 결정이 난다면 만장일치의 결의에 따라 전쟁을 수행할 수 있도록 동맹국 전체회의를 소집하여 이 안건을 표결에 부치고 싶다고 말했다. (5) 동맹

국 대표는 이런 성과를 얻은 뒤 귀국했고, 나중에 아테나이인 사절단도 용무를 마치고 나서 귀로에 올랐다. (6) 조약이 깨졌다는 민회의 이러한 결정은, 에우보이아 전쟁이 끝나고 30년 휴전조약을 맺은 지 14년째 되던 해에 내려졌다.

88 라케다이몬인들이 이처럼 조약이 깨졌으니 전쟁은 불가피하다고 표결한 이유는 동맹국의 말에 설득되어서라기보다는 헬라스의 대부분이 아테나이의 통제 아래 들어가는 것을 보고는 아테나이의 세력이 더욱더 커지지 않을까 두려웠기 때문이다.

89 (1) 아테나이인들의 힘이 그렇게 성장할 수 있던 배경은 다음과 같다.[78]
(2) 페르시아인들이 육지와 바다에서 헬라스인들에게 패하여 에우로페에서 철수하고, 배를 타고 뮈칼레로 도주한 그들의 잔존 세력도 전멸하자,[79] 뮈칼레에서 헬라스인들을 지휘하던 라케다이몬 왕 레오튀키데스는 펠로폰네소스에서 온 동맹군을 이끌고 귀로에 올랐다. 그러나 아테나이인들은, 페르시아 왕에게 벌써 반기를 든 뒤 이오니아 지방과 헬레스폰토스 해협에서 온 동맹군과 함께 뒤에 남아 페르시아인들에게 점령된 세스토스 시를 겨우내 포위 공격하다가 비헬라스인들이 철수한 뒤에야 함락했다. 그리고 나서 그들은 배를 타고 헬레스폰토스 해협을 출발해 저마다 고향 도시로 돌아갔다.
(3) 그사이 아테나이인들은 비헬라스인들이 그들의 나라를 떠나자마자 처자와 남은 재산을 안전하게 감춰둔 곳에서 도로 가져와 도시와 성벽을

---

78 이 부분은 흔히 '50년기(紀)'(pentekontaitia)라고 하는데, 페르시아 전쟁이 끝난 기원전 480/479년과 펠로폰네소스 전쟁이 시작된 기원전 431년 사이가 약 50년이기 때문이다. '50년기'라는 말은 1권 89장에 대한 고주석(scholion)에 처음 나온다.

79 기원전 479년 소아시아 뮈칼레 곶에서 벌어진 이 전투에서 페르시아 해군과 육군은 그리스군에게 궤멸당한다. 헤로도토스, 『역사』 9권 100~105장 참조.

재건하기 시작했다. 성벽은 얼마 남지 않았고, 집은 대부분 폐허가 되었기 때문이다. 온전하게 남아 있는 얼마 안 되는 집들은 페르시아의 요인들이 숙영하던 곳이었다.

90 (1) 라케다이몬인들은 그들의 의도를 알아차리자 사절단을 보냈는데, 그들 자신 아테나이나 다른 도시가 성벽을 갖는 것을 보고 싶지 않았기 때문이기도 하지만, 무엇보다도 갑자기 막강해진 아테나이의 해군력과 페르시아 전쟁 때 아테나이인들이 보여준 용기에 놀란 동맹국들의 사주를 받았기 때문이다.

(2) 라케다이몬인들은 아테나이에 성벽을 쌓지 말라고 요구하는 데 그치지 않고, 펠로폰네소스 반도 바깥에 있는 기존의 성벽을 허무는 데 협조해달라고 요구했다. 라케다이몬인들은 아테나이인들에게 이런 요구를 하며 사실은 아테나이인들을 의심해서 그렇게 한다고 밝히지 않고, 만약 페르시아인들이 다시 침공해오면 그들이 지난번 테바이가 그랬던 것과 같은 작전기지를 갖지 못하게 하고,[80] 펠로폰네소스가 헬라스 전체를 위한 피난처와 거점이 되게 하려는 것이라고 주장했다.

(3) 라케다이몬인들이 이렇게 말하자 아테나이인들은 테미스토클레스의 조언을 받아들여 그들이 제기한 문제에 관해 논의하도록 사절단을 보내겠다며 그들을 돌려보냈다. 그러고 나서 테미스토클레스가 제안하기를, 자기를 되도록 빨리 라케다이몬으로 파견하되, 자기와 함께 사절단으로 뽑힌 다른 사람들은 당장 출발할 것이 아니라 성벽이 방어 기능을 할 수 있는 최소 높이에 이를 때까지 기다리라고 했다. 그리고 그사이 남자든 여자든 아이든 아테나이의 모든 주민은 성벽 쌓는 일에 협조해야 하며, 성벽 쌓는 데 도움이 된다면 사삿집이든 공공건물이든 아끼지 말고 무조건 헐어야 할 것이라고 했다.

(4) 테미스토클레스는 이렇게 지시한 뒤 라케다이몬 일은 자기가 알아서

처리하겠노라는 말을 남기고 출발했다. (5) 라케다이몬에 도착한 그는 관청에 출두하지 않고 이런저런 핑계를 대며 일을 자꾸 미루었다. 그리고 당국자가 왜 의회에 출두하지 않느냐고 물을 때마다 그는 급한 볼일이 생겨 함께 떠나지 못한 동료 사절단을 기다리는 중인데, 그들은 곧 도착할 것이며, 그들이 아직 도착하지 않은 것이 자기로서도 의외라고 대답했다.

91 (1) 라케다이몬인들은 테미스토클레스에게 호감을 품은 터라 그의 말을 믿었다. 그러나 새로운 목격자들이 속속 도착하여 성벽이 축조 중이고 벌써 상당한 높이에 이르렀다고 확언하자 그들은 믿지 않으려야 믿지 않을 수 없었다. (2) 테미스토클레스는 이를 알고 그들에게 소문에 오도되지 말고, 가서 직접 보고 사실대로 보고할 믿음직한 사람들을 그들 중에서 파견하라고 권했다.

(3) 그들이 그렇게 하자, 테미스토클레스는 아테나이로 몰래 사람을 보내 라케다이몬의 사절단을 조심스럽게 붙잡아두되 자신과 자신의 일행이 귀국할 때까지 놓아주지 말라고 전하게 했다. 그의 동료 사절단인 뤼시클레스의 아들 하브로니코스와 뤼시마코스의 아들 아리스테이데스가 이제 도착하여 성벽이 충분한 높이에 도달했다고 전했기 때문인데, 그는 라케다이몬인들이 실상을 알게 되면 자신들을 억류하지나 않을까 두려웠던 것이다.

(4) 그리하여 아테나이인들은 그의 지시대로 라케다이몬의 사절단을 억류했고, 테미스토클레스는 마침내 라케다이몬인들 앞에 나서서 이제 아테나이는 요새화되어 그 주민을 충분히 보호할 수 있게 되었다고 공언했

---

80 페르시아 전쟁 때 페르시아 편에 가담한 테바이는 기원전 479년 플라타이아이 전투 때 페르시아군의 거점으로 이용되었다.

다. 그리고 라케다이몬인들이나 그들의 동맹국이 아테나이로 사절단을 파견하려 할 경우, 앞으로는 무엇이 자국에도 이익이고 헬라스 전체에도 이익인지 명확히 아는 아테나이인들을 상대할 각오를 해야 할 것이라고 했다.

(5) 그는 또 지적하기를, 아테나이인들이 도시를 버리고 함선에 오르기로 결정했을 때 라케다이몬인들과 상의해서 그런 과감한 결단을 내렸던 것은 아니며, 그 뒤 함께 모여 상의할 때도 아테나이인들의 조언이 라케다이몬인들의 조언 못지않았음이 밝혀졌다고 했다. (6) 또한 이번에도 아테나이 시민을 위해서나 동맹국 전체를 위해서나 아테나이가 성벽을 갖기를 잘한 것 같다고 했다. (7) 대등한 군사력을 갖지 않고서는 공동의 이익을 위한 논의에서 대등한 발언권을 가질 수 없기 때문이라고 했다. 따라서 모든 동맹국이 성벽을 갖지 않거나 아테나이인들의 행위가 정당한 것으로 인정받아야 한다고 그는 말했다.

92 이 말을 듣고 라케다이몬인들은 겉으로는 아테나이인들에게 분개하지 않았다. 그들이 사절단을 보낸 명분은 아테나이인들의 행위를 막는 것이 아니라 아테나이인들에게 공동의 이익을 위해 훌륭한 조언을 해주는 데 있었고, 게다가 페르시아 전쟁 때 아테나이가 보여준 용기 때문에 그들은 당시 아테나이인들에게 꽤나 우호적이었다. 그럼에도 그들은 자신들의 계획이 실패한 것에 속으로는 불쾌해했다. 그리하여 두 나라 사절단은 불만을 드러내지 않고 귀로에 올랐다.

93 (1) 아테나이인들은 다음과 같은 방법으로 단기간에 도시를 성벽으로 둘렀다. (2) 그래서 지금 봐도 성벽이 급히 축조되었다는 것을 알 수 있다. 여러 종류의 돌이 초석(礎石)으로 사용되었는데, 때로는 다듬어지지 않은 채 운반되어온 그대로 사용되었으며, 거기에는 무덤에서 가져온 수많은 비석과 다른 용도로 깎은 돌들도 섞여 있었다. 도시의 경계가 사방으

로 확장되었기 때문이다. 그래서 그들은 급한 나머지 가리지 않고 닥치는 대로 갖다 썼던 것이다.

(3) 테미스토클레스 역시 그가 전에 1년 임기의 아르콘[81]이었을 때 시작된 페이라이에우스[82]의 성벽을 완성하도록 아테나이인들을 설득했다. 그는 세 군데의 자연항을 둔 그곳의 위치가 마음에 들었으며, 아테나이가 해양 국가가 된 지금 아테나이인들이 세력을 신장하는 데 크게 기여할 것이라고 생각했기 때문이다. (4) 아닌 게 아니라 아테나이인들에게 그들의 미래가 바다에 달려 있다고 감히 처음으로 말한 사람은 테미스토클레스였다. 그리하여 그는 아테나이 제국을 창건하는 데 직접적으로 기

---

81 아르콘(Archon '통치자')은 아테나이를 포함하여 대부분의 그리스 도시국가에서 사법권과 행정권을 가진 최고 관리들에게 주어진 이름이다. 기원전 11세기경 왕정이 끝나면서 아테나이에서는 귀족계급에서 선출된 세 명의 아르콘이 정부를 맡았는데, 이들의 임기는 처음에는 10년이었지만 기원전 683년부터는 1년이었으며, 기원전 487년부터는 추첨으로 임명되었다. 그중 아르콘 에포뉘모스(eponymos '이름의 원조')는 수석 아르콘으로, 그의 임기에 해당하는 해는 당시 널리 쓰이는 연호가 없어 '아무개가 아르콘이었던 해'라는 식으로 그의 이름에서 연호를 따온 까닭에 그렇게 불리게 된 것이다. 그는 주로 재산과 가족 보호에 관한 광범위한 권한을 행사하며 판아테나이아 제(Panathenaia)와 디오뉘소스 제(Dionysia)를 주관했다. 기원전 7~6세기에는 이 관직을 차지하려고 정파끼리 치열한 각축전을 벌였지만 기원전 487년부터는 야심가들도 더는 이 관직을 탐내지 않았다. 아르콘 바실레우스(basileus '왕')는 왕정 시대에 왕들이 관장하던 여러 가지 종교적인 임무를 수행했는데, 각종 비의와 레나이아 제(Lenaia) 등을 관장했으며 아레이오스 파고스 회의도 주관했다. 아르콘 폴레마르코스(polemarchos '장군' '대장')는 원래 군대를 지휘하는 일을 맡아보았지만, 아르콘들이 추첨으로 임명되기 시작한 기원전 487년부터 군 지휘권이 장군(strategos)들에게로 넘어가면서 주로 아테나이 시민이 아닌 사람들에 관한 사법업무를 맡아보았다. 기원전 7세기 들어 언젠가 세 명의 아르콘에 여섯 명의 테스모테테스(thesmothetes '입법관')가 추가되었는데 이들은 주로 각종 소송업무를 관장했다. 기원전 6세기 초 솔론은 아르콘의 관직을 상위 두 재산등급에게만 개방했지만, 기원전 457년부터는 세 번째 재산등급에게도 개방되었다. 퇴직 아르콘들은 아레이오스 파고스 회의체의 종신회원이 되었는데, 나중에는 그들도 추첨으로 임명되면서 정치적 영향력을 상실했다.

82 아테나이 남서쪽에 있는 아테나이 제1의 외항(外港).

여했다.

(5) 그의 조언에 따라 그들은 지금도 페이라이에우스에서 볼 수 있는 것과 같은 너비로 성벽을 쌓았는데, 그것은 돌을 운반하는 짐수레 두 대가 마주 통과할 수 있는 너비였다. 성벽 사이의 공간은 잡석이나 진흙이 아니라 네모나게 깎은 큰 돌덩이들로 채워졌으며, 이 돌덩이들의 바깥쪽은 무쇠와 납 꺾쇠들로 연결되어 있었다. 완성된 성벽의 높이는 테미스토클레스가 의도한 것의 반 정도밖에 되지 않았다. (6) 그는 이렇게 크고 두꺼운 성벽으로 적군의 공격을 물리치려 했다. 그 밖에 그는 약졸들로 이루어진 소수의 수비대로도 성벽을 충분히 지킬 수 있을 테니 나머지는 해군으로 복무할 수 있을 것이라고 생각했다.

(7) 그가 그토록 해군에 집착한 까닭은 아마도 페르시아 왕의 군대가 육로보다는 바닷길로 더 쉽게 아테나이에 접근하는 것을 보았기 때문인 듯하다.[83] 그는 페이라이에우스가 위쪽에 있는 도시[84]보다 더 유리하다고 여겼다. 그래서 그는 아테나이인들에게 언젠가 그들이 육지에서 핍박받으면 페이라이에우스로 내려가 함선에 오른 다음 모든 침입자에게 대항하라고 틈틈이 조언한 것이다. (8) 이처럼 아테나이인들은 페르시아군이 퇴각하자마자 성벽을 쌓고 다른 방어 시설들을 보수했다.

94 (1) 얼마 뒤 클레옴브로토스의 아들 파우사니아스가 헬라스군 사령관으로서 펠로폰네소스의 함선 20척과 함께 라케다이몬에서 파견되었다. 아테나이인들도 함선 30척을 이끌고 대열에 합류했으며, 다른 동맹국도 상당수 참가했다. (2) 그들은 먼저 퀴프로스 섬으로 가서 섬의 대부분을 정복했고, 다음에는 페르시아인들이 점령하고 있던 뷔잔티온으로 가서 항복을 강요했다. 이때도 파우사니아스가 여전히 사령관이었다.

95 (1) 그러나 파우사니아스는 이때 벌써 고압적인 태도를 드러내기 시작하며 다른 헬라스인들, 특히 이오니아인들과 최근에 페르시아 왕에게서 해

방된 헬라스인들의 미움을 샀다. 이들은 아테나이인들에게 가서 혈연관계를 봐서라도[85] 그들이 자신들의 지휘를 맡아주고 파우사니아스의 폭압적 태도를 용납하지 말 것을 요청했다. (2) 그러자 아테나이인들은 이러한 요청을 받아들여 파우사니아스를 제지하고 모든 일을 자신들의 이익에 가장 부합한다고 여겨지는 방향으로 다시 조정하기로 했다.

(3) 그사이 라케다이몬인들은 자신들이 받은 각종 보고와 관련하여 심문하기 위해 파우사니아스를 소환했다. 라케다이몬에 온 헬라스인들이 그가 수많은 부정을 저질렀다고 주장했기 때문이다. 그는 분명 사령관이 아니라 참주 행세를 한 듯했다. (4) 마침 파우사니아스가 소환되었을 무렵 펠로폰네소스에서 온 우군을 제외한 다른 우군들은 그가 미워서 아테나이인들 편이 되었다.

(5) 라케다이몬에 온 파우사니아스는 이 사람 저 사람에 대한 개인적인 부정 때문에 유죄 선고를 받았지만, 주요 고발 조항에서는 무죄방면되었다. 그는 무엇보다도 페르시아에 협력한다는 이유로 고발되었고, 이를 뒷받침하는 상당한 증거가 있는 것으로 알려졌는데도 말이다. (6) 그러나 그들은 그를 다시 사령관으로 보내지 않고, 도르키스와 몇몇 다른 장군을 소규모 부대와 함께 보냈다. 하지만 동맹군은 이들에게 더는 통수권을 맡기려 하지 않았다.

(7) 이를 알고 이들은 귀로에 올랐다. 라케다이몬인들은 더는 다른 사령관들을 파견하지 않았다. 그것은 파우사니아스의 경우에서 볼 수 있듯, 그들의 장군들이 외국에 나가면 타락할까 두려웠고, 자신들은 페르시아

---

83 기원전 490년 마라톤 전투 때.

84 아테나이.

85 아테나이인들도 이오니아인들도 같은 이오네스족(Iones)이다.

와의 전쟁에 말려들고 싶지 않았기 때문이다. 또한 그들은 아테나이인들이 통수권을 행사할 충분한 능력이 있는 데다 당시에는 아테나이인들이 자신들에게 우호적이라고 믿었다.

96 (1) 아테나이인들은 이렇게 통수권을 넘겨받았고, 동맹국들은 파우사니아스를 향한 증오심에서 기꺼이 이에 동의했다. 그러자 그들은 대(對)페르시아 전쟁을 계속하기 위해 어떤 도시들이 금전을 제공하고 어떤 도시들이 함선을 제공해야 하는지 결정했는데, 페르시아 왕의 영토를 약탈함으로써 자신들이 입은 피해를 보상받는다는 명분을 세웠다.

(2) 이때 '헬라스의 공공기금 재무관들'[86]이라는 관직이 아테나이인들에 의해 처음으로 만들어졌다. 공물(貢物)을 수납하는 것이 그들의 소관이었는데, 공물이란 금전적 기여를 일컫는 말이다. 처음에 책정된 공물은 460탈란톤이었다. 금고의 위치는 델로스 섬으로 정해졌고, 동맹국의 회합은 그곳 신전에서 개최되었다.

97 (1) 처음에 아테나이인들은 공동 심의에 참가하는 자치권을 가진 동맹국들을 지휘했을 뿐이지만, 페르시아 전쟁이 끝나고 펠로폰네소스 전쟁이 시작되기 이전 기간에는 전쟁 수행이나 정치적인 사건의 처리에 개입함으로써 영향력을 극대화했다. 이러한 활동의 대상은 비헬라스인들이기도 하고, 반란을 일으킨 동맹국이기도 하고, 여러 가지 계기로 맞닥뜨린 펠로폰네소스 국가이기도 했다.

(2) 내가 본론에서 벗어나 이런 점들을 기술하는 까닭은 이전 역사가들은 모두 이 시기는 생략하고 페르시아 전쟁 이전의 헬라스 역사 또는 페르시아 전쟁 자체만을 다루었기 때문이다. 이 시기를 다룬 유일한 역사가는 앗티케의 역사를 쓴 헬라니코스이다. 하지만 그의 기술은 상세하지 못하고 연대도 정확하지 못하다. 나의 이 여담은 또 아테나이 제국이 어떻게 생성되었는지 보여줄 것이다.

98 (1) 처음에 아테나이인들은 페르시아인들이 점령한 스트뤼몬 강변의 에이온 시를 포위 공격했는데, 밀티아데스[87]의 아들 키몬의 지휘 아래 그곳을 함락하고 그 주민을 노예로 삼았다. (2) 그리고 나서 그들은 아이가이온 해[88]의 스퀴로스로 가서 그 섬에 살던 돌로피아인들을 노예로 삼고 자신들의 이주민을 정착시켰다. (3) 이어서 그들은 나머지 에우보이아 도시들이 개입하지 않는 가운데 카뤼스토스 시와 교전하여 조건부 항복을 받았다. (4) 그 뒤 낙소스인들이 동맹을 이탈하자 아테나이인들은 전쟁을 일으켜 포위 공격 끝에 그곳을 복속시켰다. 이것이 동맹 규약에 반하여 동맹국이 독립을 상실한 첫 번째 사례이며, 그 뒤 다른 동맹국에서도 그때그때 상황에 따라 같은 일이 벌어졌다.

99 (1) 이처럼 동맹을 이탈한 이유는 여러 가지가 있었지만, 주된 이유는 분담금이나 함선을 제대로 대줄 수 없었기 때문이며, 때로는 탈영이 이유가 되기도 했다. 왜냐하면 아테나이인들은 공물 부과나 함선 징발에 엄격했고, 희생을 감수하는 데 익숙하지도 않고 그럴 의향도 없는 동맹국에 심한 압력을 가함으로써 미움을 샀기 때문이다. (2) 그 밖의 다른 점에서도 지배자로서의 아테나이인들은 더는 이전처럼 인기가 없었다. 그들은 더는 대등한 전우(戰友)로서 전쟁에 참가하지 않았고, 그래서 동맹을 이탈한 국가들을 그만큼 수월하게 되돌릴 수 있었다.

(3) 그 책임은 동맹국들 자신에게 있었다. 대부분의 동맹국[89]은 고향을 떠나 전역에 종사하기가 싫어서 배정된 함선을 대주는 대신 그에 상응하는 액수의 돈을 부담했고, 그래서 동맹국들이 부담하는 비용으로 아테나

---

86 Hellenotamiai.
87 마라톤 전투에서 페르시아군에게 이긴 아테나이 장군.
88 에게 해의 그리스어 이름.
89 훗날 동맹을 이탈한 동맹국들.

이인들의 해군은 증강된 반면 동맹국들 자신은 동맹에서 이탈했을 때 준비 되지 않고 실전 경험이 없는 상태로 전쟁을 시작했기 때문이다.

100 (1) 그 뒤 팜퓔리아 지방의 에우뤼메돈 강가에서 지상전과 해전이 벌어져 아테나이인들과 그들의 동맹국이 페르시아인들에게 맞서 싸웠는데, 밀티아데스의 아들 키몬 휘하의 아테나이인들이 같은 날 두 전투에서 모두 이기고 2백 척의 삼단노선으로 이루어진 포이니케[90] 함대를 전부 나포하거나 침몰시켰다. (2) 얼마 뒤 타소스인들이 아테나이인들에게 반기를 들었는데, 타소스인들이 관리하던 맞은편 트라케 지방의 시장들과 광산을 두고 분쟁이 발생했기 때문이다. 함대를 이끌고 타소스 섬으로 간 아테나이인들은 해전에 이겨 육지로 올라왔다.

(3) 거의 같은 시기에 아테나이인들은 자신들과 동맹국 시민 중에서 선발한 1만 명의 이주민을 스트뤼몬 강변으로 보내, 그때는 '아홉 갈래 길'[91]이라 부르고 지금은 암피폴리스라고 부르는 곳에 거주하게 했다. 그들은 당시 에도노이족이 살던 '아홉 갈래 길'을 점령하는 데는 성공했지만 트라케 지방의 내륙으로 진군하다가 에도노이족의 도시 드라베스코스 근처에서 트라케 연합군에 참패했는데, 이들은 식민시 건설을 적대 행위로 간주한 것이다.

101 (1) 한편 타소스인들은 해전에서 패하고 포위 공격당하자 앗티케 지방에 침입함으로써 자기들을 지원해달라고 라케다이몬인들에게 간청했다. (2) 그래서 라케다이몬인들은 그렇게 하기로 아테나이인들 몰래 약속했고 또 그럴 의향도 있었지만, 그때 마침 지진이 일어난 틈을 타고 국가 노예들[92]과 페리오이코스들[93] 가운데 투리아인들과 아이타이아인들이 반란을 일으켜 이토메 산성으로 도주하는 바람에 그렇게 할 수가 없었다. 국가 노예들은 대부분 멧세니아[94] 전쟁 때 노예가 된 옛 멧세니아인들의 후손이며, 그래서 통틀어 멧세니아인들이라고 부르기도 한다.

(3) 그래서 라케다이몬인들은 이토메 산성에 있는 반란군과 싸우지 않을 수 없었고, 타소스인들은 포위된 지 3년째 되던 해에 아테나이가 제시한 조건을 수락하지 않을 수 없었다. 그것은 성벽을 허물고, 함선들을 인도하고, 당장 배상금을 지불하고, 앞으로는 공물을 바치고, 본토와 그곳에 있는 광산에 대한 권리를 포기하는 것 등이었다.

102 (1) 라케다이몬인들은 이토메 산성에 있는 반란군과의 전쟁이 오래가자 아테나이를 포함한 동맹국에 도움을 청했다. 그래서 아테나이인들이 키몬 휘하의 작지 않은 부대를 이끌고 라케다이몬에 도착했다. (2) 라케다이몬인들이 아테나이인들을 부른 것은 무엇보다도 이들이 공성전에 능하다고 알려져 있고, 또 오랫동안 포위 공격해본 결과 자신들에게는 공성전을 수행할 능력이 없음이 분명했기 때문이다. 그렇지 않다면 그들은 그곳을 힘으로 함락했을 것이다.

(3) 이 원정으로 말미암아 라케다이몬인들과 아테나이인들 사이의 갈등이 처음으로 표출되었다. 라케다이몬인들은 힘으로 이토메를 함락하는 데 실패하자 아테나이인들의 모험적이고 개혁적인 기질이 염려스러워졌다. 그들은 또 자신들과는 다른 종족인 아테나이인들[95]이 펠로폰네소스에 머무르게 되면 이토메 산성에 갇혀 있는 반란군과 한편이 되어 '변

---

90 페니키아의 그리스어 이름.

91 Ennea hodoi.

92 heilotes. 남하하던 도리에이스족에게 정복당한 라케다이몬 지방과 주변 지역의 선주민.

93 페리오이코스(perioikos 복수형 perioikoi '주변 지역 거주자들')들은 남하하던 도리에이스족에게 대항하지 않고 순순히 예속된 선주민이다. 그들은 주변의 소도시나 마을에서 자유민으로 살았지만, 정치적 권리는 행사하지 못하고 스파르테의 감독을 받으며 병역의무를 지고 스파르테인들과 같은 수준의 세금도 부담했다.

94 라케다이몬의 서쪽 지방.

95 아테나이인들은 이오네스족(Iones)이고, 라케다이몬인들은 도리에이스족(Dorieis)이다.

혁을 꾀하지 않을까 두렵기도 했다. 그래서 라케다이몬인들은 다른 동맹군은 남아 있게 하고 아테나이인들만 돌려보내면서, 자신들의 의구심을 밖으로 드러내지는 않고 아테나이인들의 도움이 더는 필요 없다고만 말했다.

(4) 그러나 아테나이인들은 자신들이 그런 납득할 만한 이유에서 돌아가는 것이 아니라 라케다이몬인들이 자기들에게 어떤 의구심을 품고 있음을 알아차렸고, 자신들이 라케다이몬인들에게 이런 부당한 대접을 받는 것에 분개했다. 그래서 아테나이인들은 귀국하자마자 라케다이몬인들과 맺은 기존의 대(對)페르시아 동맹을 탈퇴하고, 라케다이몬의 숙적인 아르고스와 동맹을 맺었다. 아테나이와 아르고스는 또 같은 조건으로 텟살리아와도 동맹을 맺었다.

103 (1) 한편 이토메 산성의 반란군은 더는 버틸 수가 없자 10년째 되던 해에 신변 안전을 보장받고 펠로폰네소스를 떠나되 다시는 그곳에 발을 들여놓지 않는다는 조건으로 라케다이몬인들과 타협했다. (2) 펠로폰네소스에서 잡히는 자는 잡은 자의 노예가 된다는 조건에도 그들은 동의했다. 이토메의 제우스에게 탄원하는 자를 놓아주라는 취지의 퓌토[96] 신탁이 전에 라케다이몬인들에게 주어졌기 때문이다.

(3) 그래서 반란군이 처자를 데리고 이토메를 떠나자, 라케다이몬인들에게 이미 반감을 품게 된 아테나이인들이 그들을 받아들여 자신들이 최근 오졸라이 로크리스인들[97]에게서 빼앗은 나우팍토스 항에 정착시켰다.

(4) 이때 메가라도 라케다이몬 동맹을 이탈하고 아테나이의 동맹국이 되었는데, 국경 문제로 코린토스가 전쟁을 걸어왔기 때문이다. 그래서 메가라와 페가이를 손에 넣은 아테나이인들은 메가라인들을 위해 메가라 시에서 니사이아 항에 이르는 긴 성벽들을 쌓고 자신들의 수비대를 주둔시켰다. 주로 이 일 때문에 코린토스인들이 아테나이인들을 몹시 미워하

기 시작했다.

104 (1) 프삼메티코스의 아들 이나로스는 리뷔에[98]인으로, 아이귑토스[99]와 경계를 맞댄 리뷔에의 왕이었다. 그는 파로스 섬 남쪽에 있는 내륙 도시 마레이아를 거점 삼아 아이귑토스의 대부분이 페르시아 왕 아르타크세르크세스에게 반기를 들도록 부추겨 스스로 통치자가 되더니 아테나이인들에게 도움을 청했다.

(2) 그러자 마침 자신들과 동맹국들의 함선 2백 척을 이끌고 퀴프로스 섬을 공략 중이던 아테나이인들은 퀴프로스를 떠나 아이귑토스로 갔다. 그리고 바다에서 네일로스[100] 강을 거슬러 올라가 강을 장악하고 멤피스의 3분의 2를 장악한 다음 '흰 성벽'이라 일컬어지는 나머지 3분의 1을 공격하기 시작했는데, 그곳에는 살아남은 페르시아인들과 메디아[101]인들이 반란에 가담하지 않은 아이귑토스인들과 함께 피신해 있었다.

105 (1) 그 뒤 함대를 이끌고 할리아이에 상륙한 아테나이인들이 코린토스인들과 에피다우로스인들과 전투를 벌였는데, 이 전투에서 코린토스인들이 이겼다. 그 뒤 케크뤼팔레이아 섬 앞바다에서 아테나이 함대와 펠로폰네소스 함대 사이에 해전이 벌어졌는데, 이번에는 아테나이인들이 이겼다. (2) 그 후 아테나이와 아이기나 사이에 전쟁이 터져 양쪽 동맹국들이 참전한 가운데 아이기나 섬 앞바다에서 큰 해전이 벌어졌을 때, 스트로이보스의 아들 레오크라테스 휘하의 아테나이인들이 이겨 적선 70척

---

96 델포이의 옛 이름.

97 1권 주 7 참조.

98 북아프리카의 그리스어 이름.

99 이집트의 그리스어 이름.

100 나일 강의 그리스어 이름.

101 카스피 해 남쪽의 페르시아 속주. '메디아인들'은 '페르시아인들'과 같은 뜻으로도 쓰인다.

을 나포한 뒤 육지에 올라 도시를 포위 공격하기 시작했다.

(3) 그러자 펠로폰네소스인들이 아이기나인들을 돕고자 전에 코린토스인들과 에피다우로스인들을 지원하던 중무장보병 3백 명을 아이기나로 건너보냈다. 동시에 코린토스인들과 그들의 동맹국들은 게라네이아 고원을 점령하고 메가라 영토로 쳐내려갔으니, 아테나이인들이 아이기나와 아이귑토스에 이미 대군을 파병한 터라 메가라를 구원할 수 없으며, 메가라를 구원하자면 아이기나에서 철군하지 않을 수 없으리라고 믿은 것이다. (4) 그러나 아테나이인들은 아이기나를 포위한 부대는 움직이지 않고, 시내에 남아 있던 장년병과 소년병[102]을 동원해 뮈로니데스의 지휘 아래 메가라로 출동했다.

(5) 코린토스인들과의 이 전투는 승패가 가려지지 않았고, 양쪽이 갈라섰을 때 서로 자기편이 더 잘 싸웠다고 생각했다. (6) 아테나이인들은 코린토스인들이 철수한 뒤 승전비를 세웠는데, 실제로 그들이 더 우세했기 때문이다. 그러자 코린토스인들은 시내에 남아 있던 노인들에게서 겁쟁이라는 꾸중을 듣고는 약 12일 동안 준비하더니 승리는 자기들 것이라는 점을 입증하려고 승전비를 세우러 갔다. 그러자 아테나이인들이 메가라에서 출동하여 승전비를 세우던 자들을 죽이고 나머지 적군과도 싸워 이겼다.

106 (1) 그래서 코린토스인들이 패퇴하다가 그중 상당수가 궁지에 몰린 데다 길을 잘못 드는 바람에 깊은 도랑으로 둘러싸인 출구 없는 사유지로 들어갔다. (2) 이를 본 아테나이인들이 입구는 중무장보병으로 봉쇄하고 사유지 둘레에는 경무장보병을 배치해 그 안에 있는 자들을 모두 돌로 쳐 죽이니, 코린토스인들은 막대한 손실을 입었다. 그러나 그들의 주력부대는 고향으로 돌아갔다.

107 (1) 바로 이 시기에 아테나이인들은 바다 쪽으로 긴 성벽들을 쌓기 시작

했는데, 그중 하나는 팔레론[103] 항으로 향하는 것이고, 다른 하나는 페이라이에우스 항으로 향하는 것이었다. (2) 이때 포키스인들이 라케다이몬인들의 모국으로 보이온, 퀴티니온, 에리네온 같은 도시가 있는 도리스 지방으로 쳐들어가 그중 한 도시를 점령했다. 그러자 라케다이몬인들이 자신의 중무장보병 1천5백 명과 동맹국들의 중무장보병 1만 명을 이끌고 도리스인들을 도우러 갔는데, 이들은 파우사니아스의 아들로 아직 미성년자인 플레이스토아낙스 왕을 대리하여 클레옴브로토스의 아들 니코메데스가 지휘했다. 그들은 포키스인들이 항복하고 점령한 도시를 돌려주도록 강요한 뒤 철군하려고 했다.

(3) 그런데 그들이 크리사 만을 지나는 바닷길을 이용하자니 함대를 이끌고 돌아다니는 아테나이인들에게 제지당할 우려가 있고, 육로로 게라네이아 고원을 넘자니 아테나이인들이 메가라와 페가이를 장악하고 있는 한 안전하지 못할 것 같았다. 게라네이아 고원은 길이 험할 뿐 아니라 아테나이인들이 항시 망을 보고 있었기 때문이다. 게다가 그들은 이번에는 아테나이인들이 그곳에서 자기들을 봉쇄하려 한다는 정보까지 입수했다.

(4) 따라서 그들은 보이오티아 지방에 머무르며 어떻게 해야 가장 안전하게 통과할 수 있을지 숙고해보기로 결정했다. 그들이 그렇게 결정한 데에는 또 다른 이유가 있었으니, 일부 아테나이인들이 그들의 도움을 받아 민주정부와 긴 성벽들의 축조에 종지부를 찍을 수 있으리라는 희망을 품고 은밀히 그들에게 접근해왔던 것이다.

(5) 그래서 아테나이인들이 자신들의 전군(全軍)과 아르고스인 1천 명과

102 50세 이상과 20세 이하의 아테나이인들은 앗티케 지방에서만 복무했다.

103 페이라이에우스 항 동쪽에 있는 아테나이의 구항(舊港).

다른 동맹국들에서 보낸 부대를 이끌고 그들을 맞으러 출동하니, 모두 1만 4천 명이었다. (6) 아테나이인들이 이번 원정에 착수한 이유는, 라케다이몬인들에게는 퇴로가 없다고 보았기 때문이기도 하고, 그들이 자신들의 민주정부를 전복하려 한다고 의심했기 때문이기도 했다. (7) 동맹조약에 따라 텟살리아의 기병대도 아테나이인들에게 합류했으나, 그들은 전투 도중 라케다이몬인들 쪽으로 넘어가버렸다.

108 (1) 전투는 보이오티아 지방의 타나그라에서 벌어졌는데, 양쪽 모두 수많은 전사자를 낸 가운데 라케다이몬인들과 그 동맹국들의 승리로 끝났다. (2) 그러자 라케다이몬인들은 메가라 영토로 내려가 과수원들의 나무를 베어 쓰러뜨린 다음 게라네이아 고원과 코린토스 지협을 지나 귀로에 올랐다. (3) 아테나이인들은 전투가 끝나고 62일째 되는 날 뮈로니데스의 지휘 아래 다시 보이오티아 지방으로 쳐들어가 오이노퓌타 전투에서 보이오티아인들에게 이기고 보이오티아 땅과 포키스 땅을 완전히 장악했다. 그들은 또 타나그라의 성벽을 허물고 오푼티오이 로크리스인들 중에서 가장 부유한 1백 명을 인질로 잡았다. 그사이 그들의 긴 성벽들도 완전히 축조되었다.

(4) 얼마 뒤 아이기나도 자신들의 성벽을 허물고 함선들을 인도하고 앞으로는 공물을 바친다는 조건으로 아테나이인들에게 항복했다. (5) 아테나이인들은 톨마이오스의 아들 톨미데스의 지휘 아래 펠로폰네소스반도 해안을 따라 항해하면서 라케다이몬인들의 조선소에 불을 지르고 코린토스인들의 도시 칼키스를 함락했으며 시퀴온에 상륙한 다음 시퀴온인들과 싸워 이겼다.

109 (1) 그사이 아테나이인들과 그들의 동맹군은 여전히 아이귑토스에 머무르며 온갖 유형의 전투를 치렀다. (2) 처음에는 아테나이인들이 아이귑토스를 지배했다. 그러자 페르시아 왕이 메가바조스라는 페르시아인을

라케다이몬으로 파견했는데, 앗티케 지방으로 쳐들어가도록 라케다이몬인들을 돈으로 매수함으로써 아이귑토스에서 아테나이인들이 철수하게 하기 위해서였다.

(3) 그러나 메가바조스가 성공하지 못하고 아무 성과 없이 돈만 날리자 페르시아 왕은 그에게 남은 돈을 갖고 아시아로 돌아오라고 한 다음 조퓌로스의 아들 메가뷔조스라는 다른 페르시아인을 대군과 함께 아이귑토스로 파견했다. (4) 육로로 도착한 메가뷔조스는 아이귑토스인들과 그들의 동맹군과 싸워 이기고 헬라스인들을 멤피스에서 몰아낸 다음 결국 그들을 프로소피티스 섬에 가두고 1년 6개월 동안 포위 공격했다. 드디어 그가 물길을 다른 곳으로 돌려 섬 주위의 물이 마르자, 헬라스인들의 함선이 마른 땅에 얹히고 섬의 대부분이 육지와 연결되었다. 그러자 그는 건너가 보병으로 섬을 함락했다.

110 (1) 이렇듯 헬라스인들의 모험적인 계획은 6년간의 전투 끝에 실패로 끝났다. 그토록 많던 군사들 가운데 소수만이 리뷔에를 통과해 퀴레네로 도망쳐 목숨을 구했고, 대부분은 죽었다. (2) 아이귑토스는 늪지대의 왕 아뮈르타이오스를 제외하고 다시 페르시아 왕의 치하에 들어갔다. 늪지대는 워낙 광활해 함락할 수 없었기 때문이다. 게다가 늪지대에 사는 자들은 아이귑토스인들 중 가장 호전적이었다. (3) 아이귑토스 반란의 주모자인 리뷔에 왕 이나로스는 배신당하여 체포된 다음 책형(磔刑)에 처해졌다.

(4) 그사이 아테나이와 다른 동맹국들이 파견한 삼단노선 50척이 구원차 아이귑토스로 가서 무슨 일이 일어났는지 영문도 모르고 네일로스 강의 멘데스 하구에 도착했다. 그러자 육지로는 페르시아 육군의 공격을 받고, 바다로는 포이니케 함대의 공격을 받아 함선 대부분이 파괴되고 소수의 함선만 도망쳤다. 아테나이인들과 그들 동맹국들의 대규모 아이귑

토스 원정은 그렇게 끝났다.

111 (1) 그사이 텟살리아 왕 에케크라티데스의 아들 오레스테스가 나라에서 쫓겨나 아테나이로 와서 자기를 복권시켜달라고 아테나이인들을 설득했다. 그래서 아테나이인들이 이제는 자신들의 동맹군인 보이오티아인들과 포키스인들을 데리고 텟살리아의 파르살로스로 향했다. 그들은 주변 지역은 지배할 수 있었다. 비록 텟살리아 기병대의 압박이 거세어 진지에서 멀리 나갈 수는 없었지만. 그러나 그들은 도시를 함락하는 데 실패했고, 원정 목적을 하나도 달성하지 못했다. 그들은 아무것도 이루지 못한 채 오레스테스를 데리고 귀로에 올랐다.

(2) 얼마 뒤 1천 명의 아테나이군이 이제는 아테나이가 점령하고 있던 페가이에서 승선하여 크산팁포스의 아들 페리클레스의 지휘 아래 바닷가를 따라 시퀴온으로 항해하다가 그곳에 상륙하여 교전 끝에 시퀴온인들을 이겼다. (3) 그 뒤 곧 그들은 아카이아인들을 데리고 코린토스 만을 건너가 아카르나니아 지방의 도시 오이니아다이를 포위 공격했지만 함락하지 못하고 귀로에 올랐다.

112 (1) 그때부터 3년 뒤 펠로폰네소스인들과 아테나이인들 사이에 5년간의 휴전협정이 이루어졌다. (2) 그래서 헬라스인들과의 전쟁에서 벗어난 아테나이인들은 키몬의 지휘 아래 자신들과 동맹국들의 함선 2백 척을 이끌고 퀴프로스 원정에 나섰다. (3) 그중 60척은 늪지대의 왕 아뮈르타이오스의 구원 요청에 따라 아이귑토스로 파견되었고, 나머지 함선은 키티온 시를 포위 공격했다.

(4) 그러나 키몬이 죽고 군량이 떨어지자 그들은 키티온을 떠났다. 그리고 퀴프로스 섬의 살라미스 시 앞바다를 항해하던 중 포이니케인들과 퀴프로스인들과 킬리키아인들로 구성된 연합군을 만나 해전과 지상전을 벌여 두 전투에서 모두 이겼다. 그리고 나서 그들은 아이귑토스에서 돌

아온 60척의 함선과 함께 귀로에 올랐다. (5) 그 뒤 라케다이몬인들은 이른바 '신성 전쟁'을 벌여 델포이 신전을 점유한 다음 델포이인들에게 넘겨주었다. 그러나 나중에 그들이 철수하자 아테나이인들이 군대를 파견해 신전을 다시 점유한 뒤 포키스인들에게 돌려주었다.

113 (1) 얼마 뒤 추방당한 보이오티아인들이 오르코메노스, 카이로네이아, 그 밖의 몇몇 보이오티아 도시들을 점유하자, 아테나이인들이 자신들의 중무장보병 1천 명과 동맹국들이 파견한 부대로 이루어진 원정대를 보내 이들 적대적인 도시들을 공격하게 했는데, 원정대의 사령관은 톨마이오스의 아들 톨미데스였다. 그들은 코로네이아를 함락하여 그곳 주민들을 노예로 삼은 뒤 수비대를 남기고 철수했다. (2) 그러나 돌아오던 도중 코로네이아에 이르러 오르코메노스에서 추방당한 보이오티아인들의 공격을 받았는데, 이들은 로크리스인들, 추방당한 에우보이아인들, 그 밖의 다른 정치적 동조 세력의 지원을 받고 있었다. 아테나이인들은 전투에서 이들에게 패해, 더러는 죽고 더러는 생포당했다. (3) 그러자 아테나이인들이 포로를 돌려받는 대가로 보이오티아 전역에서 철수한다는 조건으로 협정을 맺었다. (4) 그리하여 추방당한 보이오티아인들이 복권되니, 보이오티아 전역이 주권을 회복했다.

114 (1) 얼마 뒤 에우보이아 섬이 아테나이에 반기를 들었다. 아테나이군을 이끌고 벌써 바다를 건넌 페리클레스에게 메가라가 반기를 들었고, 펠로폰네소스인들이 앗티케에 침입하려 하며, 아테나이인들의 수비대는 니사이아 항으로 도주한 소수를 제외하고는 메가라인들의 손에 전멸했다는 보고가 들어왔다. 이번 반란에서 메가라인들은 코린토스인들, 시퀴온인들, 에피다우로스인들의 지원을 받았다. 그래서 페리클레스는 군대를 거두어 급히 에우보이아에서 돌아왔다.

(2) 그리고 그 뒤 곧 파우사니아스의 아들로 라케다이몬인들의 왕인 플

레이스토아낙스의 지휘 아래 펠로폰네소스인들이 앗티케 지방에 침입하여 엘레우시스와 트리아 구역에 이르는 지역을 약탈했지만 더는 나아가지 않고 귀로에 올랐다. (3) 그러자 아테나이인들이 페리클레스 지휘 아래 다시 에우보이아로 건너가 섬 전체를 복속시키고 모든 도시와 협정을 맺었다. 그러나 헤스티아이아는 예외였으니, 아테나이인들은 그곳 주민을 내쫓고 자신들이 그곳을 차지했다.

115 (1) 아테나이인들은 에우보이아에서 돌아오자 곧 라케다이몬인들과 그들의 동맹국들과 30년 휴전조약을 맺고, 그동안 펠로폰네소스인들에게서 빼앗아 점유하고 있던 니사이아, 페가이, 트로이젠, 아카이아를 돌려주었다. (2) 휴전조약을 맺은 지 6년째 되던 해, 프리에네 시의 영유권을 둘러싸고 사모스와 밀레토스 사이에 전쟁이 일어났다. 전쟁에 지자 밀레토스인들은 아테나이로 가서 사모스인들을 탄핵했는데, 이들은 정체 변혁을 꾀하는 사모스의 개인들에게 지원받고 있었다. (3) 그래서 아테나이인들은 함선 40척을 이끌고 사모스로 가서 민주정부를 세웠다. 그리고 사모스의 소년 50명과 성인 남자 50명을 인질로 잡아 렘노스 섬에 유치(留置)한 다음 사모스에 수비대를 남겨두고 귀로에 올랐다.

(4) 그러나 사모스인들 가운데 일부는 섬에 머무르지 않고 뭍으로 도망쳤다. 이들은 사모스 시내의 유력한 과두제 지지자와 당시 사르데이스 태수였던 휘스타스페스의 아들 핏수트네스와 결탁해 약 7백 명의 용병을 모집한 다음 야음을 틈타 사모스로 건너갔다. (5) 그들은 먼저 민주제 지지자들을 공격하여 그들 대부분을 제압한 다음 렘노스에서 인질을 구출하고 아테나이에 반기를 들었다. 또한 그들은 사모스에 남아 있던 아테나이인들의 수비대와 공직자를 핏수트네스에게 넘겨주고는 즉시 밀레토스를 공격할 준비를 했다. 그러자 뷔잔티온인들도 덩달아 반기를 들었다.

116 (1) 이 사실을 알고 아테나이인들은 함선 60척을 이끌고 사모스로 항해해갔다. 그중 16척은 다른 목적에 사용되었으니, 일부는 포이니케 함대의 동태를 살피도록 카리아 지방 앞바다에 파견되고, 일부는 원군을 청하도록 키오스 섬과 레스보스 섬으로 파견되었다. 나머지 44척은 페리클레스와 다른 아홉 장군[104]의 지휘 아래 트라기아 섬 앞바다에서 사모스 함선 70척과 전투에 임했다. 사모스의 이 선단은 밀레토스에서 돌아오는 중이었는데, 그중 20척은 수송선이었다. 결과는 아테나이인들의 승리였다.

(2) 나중에 아테나이에서 함선 40척이, 키오스와 레스보스에서 25척이 그들을 지원하러 왔다. 그들은 상륙하여 지상전에서 이기자 방벽을 쌓아 도시를 삼면으로 봉쇄하고 바다 쪽에서도 봉쇄했다. (3) 페리클레스는 사모스 앞바다에 정박해 있던 함선 가운데 60척을 이끌고 급히 카리아 지방의 카우노스 시 쪽으로 갔으니, 포이니케 함대가 다가오고 있다는 보고를 받았던 것이다. 이는 스테사고라스 일행이 사모스에서 함선 5척을 이끌고 포이니케인들에게 도움을 청하러 갔기 때문이다.

117 (1) 그사이 사모스인들이 갑자기 배를 타고 나와 요새화하지 않은 아테나이인들의 진지를 기습하여 초계 임무를 수행 중이던 함선을 파괴하고 교전하러 다가온 함선들을 패퇴시켰다. 그리하여 그들은 자신들의 주변 해역에 대한 제해권을 14일 동안 장악하고 원하는 것을 마음대로 들여오기도 하고 내가기도 했다.

(2) 그러나 페리클레스가 함대를 이끌고 돌아오자 그들은 다시 봉쇄되었다. 나중에 아테나이에서 투퀴디데스,[105] 하그논, 포르미온 휘하의 함선

---

104 그중 한 명은 비극시인 소포클레스였다.
105 누군지 알 수 없지만 유명 정치가 투퀴디데스도 아니고 역사가 투퀴디데스도 아닌 것 같다.

40척과 틀레폴레모스, 안티클레스 휘하의 함선 20척이 그들을 지원하러 왔고, 키오스와 레스보스에서도 30척이 왔다. (3) 사모스인들은 잠시 해전을 벌여보았지만 더는 버틸 수가 없어 포위 공격당한 지 9개월 만에 항복하지 않을 수 없었다. 항복 조건은 성벽을 허물고, 인질을 잡히고, 함대를 인도하고, 전쟁배상금을 할부로 지불하는 것이었다. 뷔잔티온도 종전처럼 속국이 되는 데 동의했다.

118 (1) 앞서 기술한 사건들, 즉 케르퀴라 사건, 포테이다이아 사건, 그 밖에 펠로폰네소스 전쟁의 원인이 된 사건들은 그 몇 년 뒤에 일어났다. (2) 헬라스인들이 헬라스인들끼리 또는 헬라스인들이 비헬라스인들에게 취한 이런 행위는 모두 크세르크세스의 철군과 펠로폰네소스 전쟁 발발 사이의 약 50년 동안 일어났다. 이때 아테나이는 제국을 공고히 하여 국력이 크게 신장되었다.

그러나 라케다이몬인들은 무슨 일이 일어나고 있는지 보면서도 이를 막기 위한 조치를 거의 또는 전혀 취하지 않고 내내 수수방관했다. 그들은 불가피한 경우가 아니고는 전통적으로 전쟁을 서두르지 않는 편인 데다 당시에는 자국 영토 내의 전쟁으로 방해를 받았다. 그러나 아테나이의 국력이 누가 보아도 절정에 이르고 아테나이인들이 자신들의 동맹국들 권리를 침해하기 시작하자, 라케다이몬인들은 마침내 더는 참을 수가 없어 이번에는 전쟁을 일으켜서라도 있는 힘을 다해 공격하되 가능하면 아테나이의 세력을 말살하기로 작정했다.

(3) 그래서 라케다이몬인들은 벌써 휴전조약은 깨지고 그 책임은 아테나이인들에게 있다고 자기들끼리 결의했지만, 그럼에도 델포이로 사람을 보내 전쟁을 하는 편이 나은지 신에게 묻게 했다. 전하는 이야기에 따르면, 신은 그들이 힘껏 싸우면 전쟁에서 이길 것이라고, 또 신 자신은 청하건 청하지 않건 그들 편이 되겠노라고 대답했다고 한다.

119 그래서 라케다이몬인들은 전쟁을 해야 하는지 투표로 결정하기 위해서 동맹국을 다시 소집했다. 그리하여 동맹국에서 사절단이 도착하여 회의장에서 의견을 개진했는데, 대부분 아테나이인들을 비난하며 전쟁을 해야 한다고 주장했다. 코린토스인들은 더 늦추다가는 포테이다이아를 잃을까 두려워 벌써 동맹국에 따로따로 사절을 보내 전쟁을 하는 쪽으로 투표하도록 공작해두었다. 그리고 그때 회의장에 모습을 드러내더니 맨 마지막으로 연단에 올라 다음과 같이 말했다.

120 (1) "동맹국에서 파견된 여러분, 우리는 이제 더는 라케다이몬인들을 나무랄 수 없습니다. 그들은 벌써 전쟁을 하는 쪽으로 투표하였고, 그들이 우리를 이곳에 소집한 것도 우리 역시 그쪽으로 투표하게 하기 위해서입니다. 그도 그럴 것이 동맹의 맹주는 남들처럼 자신의 이익도 챙기되, 남들보다 더 존경받는 만큼 무엇보다도 공동의 이익을 챙겨야 하기 때문입니다.

(2) 이제 우리 중 아테나이인들과 거래해본 이들에게 아테나이를 조심하라고 경고할 필요는 없습니다. 그러나 내륙 쪽이나 통상로에서 떨어진 곳에 사는 이들은 해안도시들을 보호해주지 않는다면 자신들의 농산물을 수출하고 대신 바다가 육지에 제공하는 물건들을 수입하기가 더 어려워진다는 점을 알아야 합니다. 그들은 우리가 여기서 논의하는 것이 자신들과 무관하다고 오판해서는 안 되며, 해안도시들을 위험에 내맡길 경우 결국 그들에게 닥칠 위험도 각오해야 합니다. 그러니 이곳의 논의는 우리 이익 못지않게 그들의 이익과도 관계되는 것입니다.

(3) 따라서 그들은 평화 대신 전쟁을 선택하기를 망설여서는 안 됩니다. 현명한 사람의 특징은 공격당하지 않는 한 분명 평온한 삶을 택하는 것입니다. 그러나 용감한 사람의 특징은 공격당하면 평화를 버리고 전쟁을 택하지만 적당한 기회에 전쟁을 그만두고 다시 화해하는 것입니다.

그런 사람은 전쟁에서 성공했다고 우쭐대지도 않고, 평화와 평온한 삶을 즐기려고 공격당하고도 가만있지 않습니다. (4) 자신의 즐거움 때문에 싸우기를 망설이는 자는 십중팔구 그 우유부단함 때문에 그를 망설이게 한 바로 그 즐거움을 잃게 될 것입니다. 한편 전쟁에서 성공했다고 잘난 체하는 자는 자신이 공허한 자신감에 우쭐대고 있다는 것을 모르고 있습니다.

(5) 사실 나쁜 작전 계획도 흔히 적군이 더 어리석어 성공을 거둘 수 있었습니다. 그리고 더 훌륭해 보이는 계획이 비참하게 실패로 끝나는 경우는 더 많았습니다. 계획을 세울 때의 자신감과 계획의 실행 사이에는 현격한 차이가 있게 마련입니다. 계획을 세울 때는 자신만만하지만, 막상 실행할 때는 두려움이 앞서 계획대로 되지 않기 때문입니다.

121 (1) 이번에 우리는 공격을 당한 만큼 전쟁을 일으킬 충분한 명분이 있으며, 일단 아테나이인들을 물리친 뒤에는 적절한 시기에 전쟁을 끝낼 것입니다. (2) 이 전쟁에서는 십중팔구 우리가 이길 것입니다. 첫째, 인원과 전투 경험에서 우세합니다. 둘째, 우리는 하나같이 명령에 복종하곤 합니다. (3) 셋째, 그들의 강점인 함대는 각각의 동맹국이 사용할 수 있는 자금과 델포이와 올륌피아의 신전 기금으로 우리도 건조하게 될 것입니다. 우리가 거기에서 돈을 차용하면 아테나이 해군으로 근무하는 이방인 선원을 더 높은 보수를 주고 데려올 수 있을 테니 말입니다. 아테나이의 힘은 시민들보다는 용병들에게 달려 있기 때문입니다. 반면 우리의 힘은 돈이 아니라 사람에게 달려 있기 때문에, 더 높은 보수를 주고도 데려갈 수 없습니다.

(4) 그들은 해전에서 한번 패하면 십중팔구 끝장날 것입니다. 설령 그들이 버틴다 해도 우리는 더 많은 시간을 들여 해전 훈련을 할 것입니다. 그리고 우리가 일단 기술에서 대등해지면 용기에서 우리가 그들을 능가한

다는 것은 의심의 여지가 없습니다. 그들은 우리가 타고난 좋은 자질을 습득할 수 없지만, 그들의 수준 높은 기술은 우리가 훈련으로 익힐 수 있기 때문입니다. 그러자면 돈이 필요할 텐데, 그 돈은 우리가 갹출하면 될 것입니다.

(5) 아테나이의 동맹국들은 자신들의 노예 상태를 유지하기 위해서조차 쉬지 않고 분담금을 지불하거늘, 우리는 살아남아 복수하는 데조차 비용 대기를 망설인다면 이는 실로 부끄러운 일입니다! 우리가 비용을 대야만 그들이 그 돈을 빼앗아가 우리를 해코지하는 데 쓰는 것을 막을 수 있을 테니 말입니다.

122 (1) 우리에게는 전쟁을 수행하는 다른 방법들도 있습니다. 우리는 그들의 동맹국들이 반란을 일으키도록 부추길 수 있습니다. 이것이 그들의 힘의 원천인 세수(稅收)를 박탈하는 최선의 방법입니다. 우리는 그들의 영토에 요새를 쌓을 수도 있습니다. 그 밖에도 지금은 예견할 수 없는 여러 수단과 방법이 있습니다. 전쟁은 결코 정해진 틀에 따라 진행되는 것이 아니라 그때그때 상황에 대처하기 위해 스스로 해결책을 생각해내기 때문입니다. 따라서 전쟁할 때 냉정을 잃지 않는 자는 더 안전하지만, 흥분한 자는 실수하게 마련입니다.

(2) 고려해야 할 것이 또 있습니다. 이것이 힘이 대등한 경쟁국 사이의 국경분쟁이라면 용납할 수도 있습니다. 그러나 아테나이인들은 우리 동맹에 가입한 각각의 국가로는 감당할 수 없고, 우리 동맹국이 모두 힘을 모아야만 대적할 수 있습니다. 따라서 우리가 그들에게 대항하되 모든 부족과 모든 도시가 하나의 목적을 위해 한 덩어리로 굳게 뭉치지 않으면, 그들은 우리가 분열된 모습을 보고 손쉽게 우리를 정복할 것입니다. 그리고 패배는, 듣기 거북하겠지만, 다름 아니라 우리 모두 노예가 되는 것을 뜻합니다.

(3) 그런 가능성을 언급하는 것 자체가 펠로폰네소스인들에게는 치욕입니다. 수많은 도시가 한 도시의 억압을 받아야 한다는 것도 그 점에서는 마찬가지입니다. 그런 일이 일어난다면, 사람들은 우리가 그런 불행을 당해 마땅하다거나 비겁해서 그런 운명을 감수하는 것이라고, 그리고 우리는 우리 선조보다 못하다는 것을 보여주었다고 말할 것입니다. 우리 선조는 헬라스의 자유를 찾아주었지만, 우리는 우리 자신을 위해서도 자유를 지키지 못하고 각각의 국가에서는 참주제를 폐지하는 것을 원칙으로 삼으면서도 한 도시가 우리 모두 위에 참주로 군림하는 것을 용납했으니 말입니다.

(4) 우리가 보건대, 그런 정책은 어리석음, 비겁함, 무관심이라는 3대 과오에서 벗어날 수 없습니다. 여러분이 적을 경시하기 때문이라고 주장해도 분명 그런 과오에서 벗어날 수 없습니다. 적을 경시하는 것은 수많은 사람들에게 재앙을 안겨준 터라 '어리석음'이라고 이름을 고치는 편이 더 나을 테니까요.

123 (1) 그렇지만 지난 일을 꼬치꼬치 따지되 지금 이 순간에 도움이 되는 선을 넘어설 필요는 없습니다. 우리는 현재 우리가 가진 것을 지키고 노력을 배가함으로써 미래에 대비해야 합니다. 모든 탁월함을 노력의 결실로 여기는 것은 우리의 타고난 자질이니까요. 그리고 우리는 부와 힘에서 지금 좀 나아졌다 하여 타고난 성격을 바꿔서는 안 됩니다. 절제를 통해 얻은 것을 풍족해졌다고 해서 잃는 것은 옳지 못하기 때문입니다. 우리가 자신감을 갖고 이 전쟁을 해야 하는 이유는 한두 가지가 아닙니다. 신께서도 전쟁을 하라고 명령하시며 우리를 돕겠다고 약속하셨습니다. 그리고 다른 헬라스 국가도 더러는 속국이 되지 않을까 두려워, 더러는 자유를 회복할 수 있으리라는 기대감에서 모두 우리 편이 될 것입니다.

(2) 여러분이 먼저 조약을 깨는 것은 아닐 겁니다. 신께서는 우리더러 전

쟁을 하라고 명령하심으로써 조약이 이미 깨진 것으로 여기시기 때문입니다. 여러분은 오히려 깨진 조약을 옹호하려는 것입니다. 조약은 자신을 지키려는 자가 아니라 먼저 공격하는 자에 의해 깨지기 때문입니다.

124　(1) 따라서 여러분이 전쟁을 하는 것은 어느 모로 보나 정당합니다. 그리고 우리는 공동의 이익을 위해 이런 조치를 취하도록 여러분에게 권하는 만큼—이해관계의 일치야말로 국가 간이나 개인 간이나 가장 확실한 담보이니까요—여러분은 즉시 우리와 같은 도리에이스족이면서도 이전과는 정반대로 이오네스족에게 포위 공격당하고 있는 포테이다이아인들에게 원군을 보내든지, 다른 도시의 자유를 회복해주든지 하십시오. 더는 지체할 시간이 없습니다. 우리 동맹국 중 일부는 벌써 피해를 보고 있고, 우리가 회합을 갖고도 저항할 엄두를 내지 못했다는 소문이 퍼지면 다른 일부도 머지않아 같은 일을 당할 테니까요.

(2) 동맹국에서 파견된 여러분, 여러분은 우리에게 달리 선택의 여지가 없으며 방금 여기서 말씀드린 것이 최선의 조언임을 인정하시고 전쟁 쪽에 투표하십시오. 눈앞의 위험을 두려워하지 말고, 전쟁이 가져다줄 지속적인 평화를 열망하십시오. 전쟁을 하고 나면 평화가 그만큼 더 안정되지만, 평온한 삶을 위해 전쟁을 거부하다가는 더 위험해질 수 있기 때문입니다. (3) 이제 헬라스에 참주로 군림하는 도시[106]는 우리 모두 위에 군림하며, 우리 가운데 일부는 벌써 지배하고 있고, 일부는 복속시킬 계획을 세우고 있습니다. 그러니 우리가 그 도시를 공격하여 파괴하도록 합시다. 그래야만 우리가 앞으로 안전한 삶을 살게 되고, 벌써 노예가 된 헬라스인들을 해방할 수 있을 것입니다." 코린토스인들은 그렇게 말했다.

106　아테나이.

125 (1) 라케다이몬인들은 사절단의 의견을 다 듣고 나서 크든 작든 회의에 참석한 모든 동맹국이 차례차례 투표하게 했는데, 다수가 전쟁을 하는 쪽에 투표했다. (2) 결의는 했지만 그들은 준비가 안 되어 당장은 공격할 수 없었다. 그러나 그들은 각국이 지체 없이 분담금을 내기로 합의했다. 그럼에도 그들이 앗티케 지방으로 쳐들어가 공공연히 전쟁을 시작하기 전에 필요한 준비를 갖추는 데는 거의 1년이 걸렸다.

126 (1) 이 기간에 라케다이몬인들은 아테나이에 사절단들을 보내 항의하게 했는데, 아테나이인들이 말을 듣지 않으면 전쟁을 시작할 그럴듯한 명분 으로 삼기 위해서였다.

(2) 그래서 라케다이몬인들이 파견한 첫 번째 사절단은 아테나이인들에 게 '여신의 저주'를 추방할 것을 요구했는데, '여신의 저주'가 뜻하는 것 은 다음과 같다. (3) 전에 퀼론이라는 아테나이인이 있었다. 그는 올륌피 아 경기의 우승자로 명문가 출신이었고 그 자신도 유력 인사였다. 퀼론 은 당시 메가라의 참주였던 메가라인 테아게네스의 사위였다. (4) 그가 델포이에 가서 신에게 묻자, 신은 제우스의 최대 축제 기간에 아테나이 의 아크로폴리스를 점령하라고 대답했다. (5) 그래서 테아게네스에게 군대를 빌리고 동지들을 설득한 퀼론은 펠로폰네소스 반도에서 올륌피 아 축제가 열릴 시기가 돌아오자 스스로 참주가 될 의도로 아크로폴리스 를 점령했다. 그는 올륌피아 축제야말로 '제우스의 최대 축제'이고 올륌 피아 경기 우승자인 자기에게 잘 맞는다고 믿은 것이다.

(6) 그는 '제우스의 최대 축제'가 앗티케나 그 밖의 지방에서 열리는 축 제를 말하는지 생각해보지도 않았고, 신탁도 이를 밝히지 않았다. 아테 나이에서도 자애로운 제우스[107]의 최대 축제라고 부르는 디아시아[108] 축 제가 열렸으니 하는 말이다. 교외에서 열리는 이 축제에는 모든 백성이 참가했는데, 많은 사람들이 살아 있는 동물이 아니라 동물 모양을 본떠

만든 이 지역 특유의 케이크를 제물로 바쳤다.[109] 그러나 퀼론은 자기가 제대로 올바르게 이해했다고 믿고 권력을 탈취하려 했다.[110]

(7) 아테나이인들은 이를 알고 농촌에서 모두 모여들어 아크로폴리스를 포위하고는 그곳을 점령한 자들을 봉쇄했다. (8) 얼마쯤 시간이 지나자 아테나이인들은 대부분 포위 공격에 싫증이 나 철수하면서, 9명의 아르콘에게 포위 공격에 관한 일과 그 밖의 모든 문제를 재량껏 처리하도록 전권을 위임했다. 당시에는 대부분의 국사를 9명의 아르콘이 처리했다. (9) 퀼론과 함께 포위당한 자들은 식량과 식수 부족으로 고통받기 시작했다. (10) 퀼론과 그의 아우는 간신히 도망쳤지만, 나머지는 궁지에 몰려—그중 일부는 실제로 굶어 죽어갔다—아크로폴리스에 있는 제단 앞에 탄원자로 자리 잡고 앉았다. (11) 그곳에서 경비 임무를 맡고 있던 아테나이 당국자들은 신전에서 그들이 죽어가는 것을 보자 해코지하지 않을 테니 일어서라고 설득하여 그들을 데리고 나가 죽여버렸다. 그사이 존엄하신 여신들[111]의 제단으로 피신한 자들도 있었는데, 이들 역시 살해되었다. 이 일 때문에 그들을 죽인 자들과 그 자손들은 저주받은 자들, 여신의 신성을 모독한 자들이라고 불렸다.

(12) 그래서 아테나이인들은 이들 저주받은 자들을 추방했다. 그리고 나중에는 라케다이몬인 클레오메네스가 그를 후원하는 아테나이 과두정파의 지지를 받아 그들을 추방했는데, 생존자들은 추방하고 죽은 자들은

---

107   Zeus Meilichios.
108   Diasia.
109   비용 때문에.
110   기원전 630년경.
111   복수의 여신들. 아레이오스 파고스(Areios pagos) 언덕의 북동쪽 바위틈에 그들의 사당이 있었다고 한다.

뼈를 파내어 던져버렸다. 그럼에도 추방당한 자들은 나중에 돌아왔고, 그들의 자손들은 여전히 아테나이 시에서 살고 있다.

127 (1) 라케다이몬인들이 추방하라고 아테나이인들에게 요구한 것은 바로 이 '저주'였다. 그들은 신들의 명예를 높이는 것이 주된 목적이라고 주장했지만, 실은 크산팁포스의 아들 페리클레스가 외가 쪽으로 이 저주와 관련된 것을 알고는, 만약 페리클레스가 추방당하면 아테나이인들을 주무르기가 쉬울 것이라고 생각했다. (2) 실제로 그가 추방되리라고 기대하지는 않았지만, 아테나이인들 사이에서 그의 인기를 떨어뜨리고, 그의 이러한 가정환경도 전쟁의 유력한 원인이라고 믿게 만들고 싶었다. (3) 당시 가장 영향력 있는 인물인 페리클레스는 국가 지도자로서 어디에서나 라케다이몬인들에게 맞서며 아테나이인들이 양보하지 못하게 함으로써 아테나이를 전쟁으로 몰고 갔기 때문이다.

128 (1) 아테나이인들은 라케다이몬인들의 요구에 대해 라케다이몬인들은 타이나론의 저주를 추방하라고 맞받아쳤다. 라케다이몬인들은 전에 탄원하던 몇몇 국가 노예들을 타이나론의 포세이돈 신전에서 일으켜 세운 다음 끌고 나가 죽인 적이 있었기 때문이다. 라케다이몬인들 자신도 스파르테의 대지진은 이 때문에 일어났다고 믿고 있다.
(2) 아테나이인들은 또 청동 신전의 아테나 여신의 저주를 추방하라고 라케다이몬인들에게 요구했는데, 그 사건의 전말은 다음과 같다. (3) 헬레스폰토스 해협에 사령관으로 가 있던 라케다이몬인 파우사니아스는 스파르테인들에게 소환되어—이것이 그의 첫 번째 소환이었다—재판을 받았지만 무죄방면되었다. 그러나 나라에서 그를 다시 파견하지 않자 그는 개인 자격으로 헤르미오네 항에서 삼단노선을 타고 헬레스폰토스로 갔는데, 말로는 헬라스인들의 대(對)페르시아 전쟁을 돕기 위해서라고 했지만, 사실은 전에 이미 시작한 페르시아 왕과의 협상을 계속하여

헬라스의 통치자가 되기 위해서였다.

(4) 파우사니아스가 처음에 페르시아 왕에게 호의를 베풂으로써 협상을 시작하게 된 경위는 다음과 같다. (5) 저번에 퀴프로스에서 돌아온 그가 뷔잔티온에 가서 페르시아인들이 점령한 그곳을 함락했을 때, 페르시아 왕의 친구와 친척 몇 명도 포로로 잡혔다. 이 포로를 그는 동맹군 몰래 페르시아 왕에게 돌려주며 이들이 도주했다고 말했다. (6) 파우사니아스는 뷔잔티온과 포로들을 맡긴 바 있는 에레트리아인 공귈로스의 도움으로 이 일을 처리했다. 그는 공귈로스를 페르시아 왕에게 보내며 서찰을 지참하게 했는데, 나중에 밝혀진 바에 따르면 서찰에는 다음과 같이 씌어 있었다.

(7) "스파르테인들의 사령관 파우사니아스가 폐하께 호의를 보이고자 이 전쟁 포로들을 돌려보내옵니다. 그리고 제안하건대, 폐하께서 찬성하신다면 저는 폐하의 사위가 되어 스파르테와 나머지 헬라스를 폐하의 신하가 되게 하겠나이다. 우리가 함께 계획을 세운다면 제게는 충분히 그럴 능력이 있다고 저는 생각하옵니다. 이 제안이 마음에 드신다면 폐하의 심복 한 명을 해안지대로 보내 그를 통해 우리가 앞으로 서로 연락할 수 있게 해주소서."

129 (1) 서찰은 그런 내용이었다. 크세르크세스는 서찰을 받고 기뻐하며 파르나케스의 아들 아르타바조스를 해안지대로 보내며 다스퀼레이온의 태수직을 현재 그곳을 다스리고 있는 메가바테스에게서 인수하라고 지시했다. 그리고 파우사니아스에게 보낼 답장을 주며 되도록 속히 뷔잔티온으로 가져가 왕의 인장을 보여주되 파우사니아스가 왕의 일과 관련하여 무슨 부탁을 하면 최선을 다해 성심껏 지원하라고 했다. (2) 아르타바조스는 임지에 도착하자 지시받은 대로 했고, 서찰을 뷔잔티온으로 건너보냈다.

(3) 왕의 답장에는 다음과 같이 적혀 있었다. "다음은 크세르크세스 왕이 파우사니아스에게 전하는 말이오. 고맙게도 그대가 뷔잔티온에서 사로잡은 사람들을 구해 바다를 건너보낸 것을 우리 집안은 언제까지나 명심할 것이며, 그대의 제안에 나는 마음이 흐뭇하오. 그대가 내게 약속한 것을 이행하는 데 밤도 낮도 그대를 막지 못하게 하시고, 금과 은이 부족하여 또는 어느 곳에 군대가 필요한데 군대가 없어 방해받는 일이 없게 하시오. 내가 아르타바조스라는 탁월한 인물을 그대에게 보냈으니, 그대는 그와 함께 자신감을 갖고 그대와 나의 이익을 위해 가장 성공적인 최선의 방법으로 일을 처리하도록 하시오."

130 (1) 이런 답장을 받자 그러잖아도 플라타이아이 전투[112]에서 군대를 지휘한 까닭에 전부터 헬라스인들 사이에 명성이 자자하던 파우사니아스는 더욱 우쭐해진 나머지 평범하게 사는 것을 더는 참을 수 없었다. 그는 뷔잔티온에서 나갈 때면 페르시아풍의 옷을 입었고, 트라케 지방을 순시할 때면 페르시아인들과 아이귑토스인들로 구성된 호위대의 경호를 받았으며, 식사 때면 페르시아식 요리를 차려내게 했다. 이처럼 파우사니아스는 자신의 의도를 감추지 못하고, 그가 나중에 더 큰 규모로 무엇을 꾀하려 하는지 사소한 행동으로 속마음을 드러내곤 했다. (2) 그는 사람들이 자기에게 접근하기 어렵게 했으며, 누구에게나 벌컥 화를 낸 까닭에 아무도 그에게 다가갈 수 없었다. 그리하여 이 점이 동맹국이 아테나이 편으로 넘어간 주된 이유의 하나가 되었다.

131 (1) 라케다이몬인들이 처음에 파우사니아스를 소환한 것은 그가 그렇게 처신한다는 말을 들었기 때문이다. 그는 이번에 개인 자격으로 헤르미오네 항에서 배를 타고 또다시 그곳에 갔으나 그의 행동 방식은 달라진 것이 없어 보였다. 아테나이인들이 포위 공격하여 뷔잔티온에서 쫓아내자 그는 스파르테로 돌아가지 않고 트로아스 지방의 콜로나이 시에 정착했다.

또한 그가 비헬라스인들과 함께 음모를 꾸미고 있으며, 그가 그곳에 체류하는 것은 좋은 목적을 위해서가 아니라는 보고를 받자 참다못한 감독관들은 전령에게 암호문 지팡이를 들려 보내 전령과 함께 돌아오라고 그에게 명령했다. 그러지 않으면 스파르테인들이 그에게 선전포고할 것이라고 했다. (2) 파우사니아스는 되도록 의심을 덜 받고 싶기도 하고 뇌물을 써서 혐의를 벗을 수 있다고 확신하고는 두 번째로 스파르테에 돌아갔다. 감독관들은 그가 도착하자마자 투옥시켰는데, 감독관들에게는 왕을 투옥할 권한도 있었다. 나중에 그는 석방되어 그를 심문하려는 모든 사람의 심문에 응했다.

132 (1) 스파르테인들에게는 그의 개인적인 정적들도 국가 전체도 왕족으로 당시 고위직에 있던 자를—그는 레오니다스의 아들로 아직 미성년자인 플레이스타르코스 왕의 사촌이자 섭정이었다—처벌할 수 있을 만큼 명백한 증거가 없었다. (2) 그러나 파우사니아스는 규범을 무시하고 비헬라스인들을 모방함으로써 많은 사람들에게 현상(現狀)에 만족하지 않으려 한다는 의심을 샀다. 무엇보다도 그들은 헬라스인들이 페르시아 전쟁에서 노획한 전리품의 맏물로 델포이에 바친 세발솥에 그가 자의적으로 다음과 같은 비가(悲歌) 시구를 새겨넣게 한 일을 생각했다.

헬라스인들의 장군으로 싸움터에서 페르시아인들을 무찌른
파우사니아스가 그 기념으로 이것을 포이보스[113] 신에게 바치노라.

---

112 살라미스 해전에서 패한 뒤 페르시아군은 대부분 그리스 반도에서 철수했다. 그러나 마르도니오스(Mardonios) 휘하의 페르시아군 정예부대는 그리스에서 겨울을 나고, 그 이듬해인 기원전 479년 보이오티아 지방의 플라타이아이에서 벌어진 지상전에서 패한 뒤에야 페르시아로 철수했는데, 이 전투에서 파우사니아스가 그리스군 총사령관이었다.

113 아폴론의 별명 가운데 하나로 '정결한 자' '빛나는 자'라는 뜻이다.

(3) 라케다이몬인들은 이 비가 시구를 곧바로 세발솥에서 지우고, 함께 페르시아인들을 무찌르고 함께 기념물을 봉헌한 모든 도시의 이름을 새겨넣었다. 파우사니아스의 이러한 행동은 그때도 적절지 못한 것으로 간주되었지만, 상황이 이렇게 전개된 지금은 그의 현재 사고방식과 더욱더 일치하는 것처럼 보였다.

(4) 그들은 또 그가 국가 노예들과 음모를 꾸미고 있다는 보고를 받았는데, 그 내용인즉 국가 노예들이 그의 반란에 가담하여 그의 계획이 전부 실행되도록 도와준다면 그가 그들에게 자유와 시민권을 주기로 약속했다는 것이었다. (5) 그러나 몇몇 국가 노예들이 그에 관해 보고했는데도 감독관들은 이런 보고를 믿고 파우사니아스에 대해 조치를 취하지 않았다. 이는 스파르테 시민이 관련됐을 경우 명명백백한 증거 없이는 서둘러 돌이킬 수 없는 결정을 내리지 않는다는 그들 사이의 관습에 따른 것이었다.

그러나 전하는 이야기에 따르면, 결국 페르시아 왕에게 보내는 파우사니아스의 마지막 서찰을 아르타바조스에게 전하기로 한 자가 그를 밀고했다고 한다. 그자는 아르길로스 시 출신으로 파우사니아스의 이전 연동(戀童)이자 충복이었다. 그자는 이전에 사자로 갔던 사람들이 아무도 돌아온 적이 없다는 생각에 덜컥 겁이 나서, 자신의 의혹이 사실이 아닌 것으로 드러나거나 파우사니아스가 내용을 변경하려고 서찰을 돌려줄 것을 요구할 경우 들키지 않도록 인장을 위조한 다음 서찰을 개봉해보았고, 그러자 거기에는 과연 예상대로 그자를 죽이라는 내용의 글귀가 추신(追伸)으로 적혀 있었다.

133 그자가 이 편지를 보여주자 감독관들은 더욱 확신하게 되었지만, 그래도 파우사니아스가 하는 말을 직접 듣고 싶었다. 그래서 다음과 같이 했다. 그자는 탄원자로서 타이나론에 있는 신전에 가서 오두막을 짓고 칸막이

로 두 칸으로 나눈 다음 감독관 가운데 몇 명이 안쪽 칸에 숨어 있게 한 것이다.

그러자 파우사니아스가 그자에게 가서 탄원하는 이유를 묻는 바람에 그들은 사건의 자초지종을 알게 되었다. 그자는 서찰에서 자신이 언급된 부분에 대해 항의하고 그 밖의 세부 사항을 지적하며, 자기는 파우사니아스를 위해 왕에게 심부름 다니며 한 번도 그를 위험에 빠뜨린 적이 없는데, 결국 자기도 대부분의 다른 심부름꾼처럼 죽임을 당하는 것이 그 보답이냐고 불평을 늘어놓았기 때문이다. 그러자 파우사니아스는 그자의 말을 모두 시인하고 이번 일에 성내지 말라며 그자를 달랬다. 그러고 나서 그자를 일으켜 세우며 무사히 신전을 떠날 수 있게 해줄 테니 협상이 지연되지 않도록 가능하면 일찍 길을 떠나라고 했다.

134 (1) 감독관들은 귀담아듣고 나서 그곳을 떠났으나, 이번에는 확실히 알게 된 만큼 파우사니아스를 시내에서 체포할 계획을 세웠다. 전하는 이야기에 따르면, 거리에서 체포되려는 순간 다가오는 한 감독관의 얼굴 표정을 보고 그 의도를 읽을 수 있었던 파우사니아스는 다른 감독관이 호의에서 조심하라고 은밀히 신호를 보내자 가까이 있던 청동 신전의 여신[114]의 성역으로 뛰어 달아났는데, 바로 근처에 그 신전이 있었기 때문이다. 그는 비바람을 피해 신전의 조그마한 방으로 들어가 꼼짝 않고 잠자코 있었다.

(2) 추격하던 자들은 처음에 파우사니아스를 놓쳐버렸지만, 나중에 지붕을 헐고 그가 안에 있는 것을 확인한 다음 그가 나오지 못하도록 문을 봉쇄하고 주위에 보초를 세워 그가 굶어 죽게 만들었다. (3) 그가 그곳에서 숨을 거두려 한다는 것을 알았을 때 그들은 아직 숨이 붙어 있는 그를

114 아테나.

밖으로 끌어냈으며, 밖으로 끌려나오자마자 그는 숨을 거두었다.

(4) 그들은 처음에 그의 시신을 다른 범죄자처럼 카이아다스 구덩이에 던져버리려 했지만, 나중에는 그 근처 어딘가에 묻어주기로 결정했다. 그러나 훗날 델포이의 신께서 그의 시신을 그가 죽은 곳으로 옮기되(그래서 그의 시신은 그곳 비석에 적혀 있듯 성역[聖域] 앞에 묻혔다), 그들이 그런 짓을 저질러 저주를 받았으니 청동 신전의 여신에게 시신 한 구 대신 두 구를 바치라고 명령했다. 그래서 라케다이몬인들은 청동상 두 개를 만들어 파우사니아스에게 저지른 죗값으로 바쳤다.

135 (1) 신이 그것을 저주로 선언한 만큼 아테나이인들이 그 저주를 몰아내라고 라케다이몬인들에게 도로 요구한 것이다.

(2) 라케다이몬인들은 파우사니아스가 페르시아에 부역한 사건을 조사해본 결과 테미스토클레스도 연루되었다는 증거가 드러나자 아테나이로 사절단을 보내 테미스토클레스도 같은 벌을 받아야 한다고 요구했으며, 아테나이인들도 동의했다. (3) 그러나 테미스토클레스는 도편추방[115] 당하여 아르고스에 살며 펠로폰네소스의 다른 지역을 방문하곤 했다. 그래서 아테나이인들은 그를 추적하는 데 기꺼이 협력하겠다는 라케다이몬인들에게 사람들을 딸려보내며 어디에서 발견하든 그를 체포하여 데려오라고 명령했다.

136 (1) 테미스토클레스는 이를 미리 알아차리고 펠로폰네소스를 떠나 그에게 신세 진 적이 있는 케르퀴라 섬으로 도주했다. 그러나 케르퀴라인들은 라케다이몬인들과 아테나이인들의 미움을 살까 두려워 그에게 은신처를 제공할 수 없다며 그를 맞은편 본토로 건네주었다. (2) 추적대가 뒤를 밟으며 바싹 추격해오자 그는 어쩔 수 없이 그에게 호의적이지 않은 몰롯시아 왕 아드메토스의 궁전에 몸을 의탁하지 않을 수 없었다. (3) 아드메토스가 마침 출타 중이어서 테미스토클레스가 왕비에게 살려달라

고 간청하자, 왕비는 그에게 자신들의 아이를 품에 안고 화로 옆에 앉아 있으라고 일러주었다.

(4) 얼마 뒤 아드메토스가 돌아오자 테미스토클레스는 자기가 누구라는 것을 밝히고, 그가 전에 아테나이인들에게 도움을 청했을 때 자기가 반대했다고 해서 지금 추방자인 자기에게 복수하는 것은 옳지 못하다고 했다. 복수한다면 그는 자신보다 훨씬 약한 사람에게 복수하는 결과가 될 텐데, 복수는 대등한 사람이 대등한 사람에게 해야 고상하다고 했다. 테미스토클레스는 또 자기가 아드메토스에게 거절한 것은 어떤 요청이지 목숨의 부지가 아니지만, 아드메토스가 자기를 넘겨주면 자신의 생명을 구해주기를 거절하는 것이라고 했다(여기서 그는 자기가 누구에게 왜 추격당하는지 말했다).

I37 (1) 이 말을 들은 아드메토스는 자기 아들을 품에 안고 거기 앉아 있는― 이것이 실제로 탄원이 성공하는 데 결정적인 역할을 했다―그를 자기 아들과 함께 일으켜 세웠다. 얼마 뒤 라케다이몬인들과 아테나이인들이 도착하여 온갖 말을 다해도 아드메토스는 그를 내주지 않았다. 그러나 그가 페르시아 왕에게 가려고 하자 아드메토스는 그를 육로로 아이가이온 해 바닷가에 있는 퓌드나 항으로 보내주었는데, 그곳은 알렉산드로스

---

115 도편추방(ostrakismos)은 기원전 508~507년에 클레이스테네스가 아테나이에 도입한 것으로, 민중이 기피하는 저명인사를 재산은 몰수하지 않고 10년 동안 추방하는 제도이다. 해마다 민회에서 그해에 도편추방을 실시할 것인지의 여부를 표결하여, 실시하기로 표결할 경우 각 시민들은 국가의 안전을 위해 추방할 필요가 있다고 생각되는 인물의 이름을 질그릇 조각(ostrakon)에다 긁었는데 최다 득표자가 추방당했다. 맨 처음 도편추방 당한 사람은 전 참주 힙피아스의 친척인 힙파르코스였다(기원전 487년). 처음에는 참주정치를 부활하거나 페르시아에 협력할 우려가 있는 자들이 대상이었지만, 나중에는 키몬·아리스테이데스·테미스토클레스 같은 유력자들도 도편추방 되었다. 이름이 알려진 마지막 희생자는 휘페르볼로스이며, 기원전 417년에 추방당했다.

의 영토였다.

(2) 그곳에서 테미스토클레스는 이오니아 지방으로 건너가는 장삿배를 구해 탔으나, 배가 폭풍을 만나 낙소스를 포위 공격하고 있던 아테나이 함대 쪽으로 떠밀려갔다. 그러자 덜컥 겁이 난 그는 배에 탄 어느 누구에게도 신원이 알려지지 않았지만, 선장에게 자기가 누구이며, 왜 도주하고 있는지 밝히고, 만약 자기를 구해주지 않으면 자기를 태워주도록 돈으로 그를 매수했노라고 말하겠다고 했다. 그리고 자신의 안전을 위해서는 배가 다시 항해할 수 있을 때까지 아무도 배에서 내려서는 안 된다며, 선장이 자신의 지시를 따르면 적절한 보답을 하겠노라고 약속했다. 선장은 그가 요구한 대로 했고, 아테나이 함대에서 조금 떨어진 바다에 하룻밤 하루 낮을 정박해 있다가 드디어 에페소스에 도착했다.

(3) 테미스토클레스는 선장에게 사례금으로 큰돈을 주었다. 그가 도착한 뒤 아테나이에 있는 친구들에게서 돈이 들어오고, 아르고스에서도 안전하게 감춰둔 돈이 들어왔기 때문이다. 그는 해안지대에 살고 있던 페르시아인 한 명을 데리고 내륙으로 올라가 크세르크세스의 아들로 최근에 왕이 된 아르타크세르크세스에게 서찰을 보냈다.

(4) 서찰에는 다음과 같이 적혀 있었다. "저 테미스토클레스가 폐하께 왔나이다. 저는 폐하의 부왕의 침공을 어쩔 수 없이 막아야 한 기간에는 다른 어떤 헬라스인보다도 폐하의 집안에 큰 피해를 입혔나이다. 하오나 저는 안전하지만 폐하의 부왕께서는 위험하셨던 퇴각 기간에 제가 베푼 선행은 그전에 입힌 피해보다 더 크옵니다. 그러니 저는 마땅히 그때 제가 베푼 선행에 보답을 받아야 하옵니다. (여기서 그는 살라미스에서 철수하도록 미리 경고해준 일을 언급했고, 헬레스폰토스 해협의 다리를 끊지 않은 것을 사실과 다르게 자신의 공으로 돌렸다.) 지금 저는 폐하와 친하다 하여 헬라스인들에게 쫓겨 이곳에 왔지만 폐하를 위해 큰일을 해

낼 수 있사옵니다. 하오나 저는 1년 동안 기다렸다가 폐하를 배알하고 제가 찾아온 이유를 직접 말씀드리겠나이다."

138 (1) 페르시아 왕은 그의 이러한 결단에 깊은 감명을 받고 그가 원하는 대로 하라고 했다고 한다. 테미스토클레스는 기다리는 동안 페르시아 말과 그 나라의 생활 방식을 되도록 많이 배웠다. (2) 1년 뒤 그는 궁전에 나타나 유력자가 되었고 이전의 그 어떤 헬라스인보다 영향력이 커졌다. 그것은 그가 예전에 누렸던 명망 때문이기도 하고, 그가 왕에게 헬라스를 정복해줄 것이라는 희망을 일깨워주었기 때문이기도 하지만, 무엇보다도 그가 자신의 지적 능력을 끊임없이 증명해 보였기 때문이었다.

(3) 실제로 테미스토클레스는 타고난 재능을 확실히 보여주었고, 이 점에서 어느 누구보다 찬탄받을 만했다. 그는 미리 준비하거나 학습을 통해 익히는 일 없이 타고난 지능만으로 잠시 숙고해보고는 당면 과제를 정확히 판단했으며, 먼 미래를 언제나 가장 정확히 예측했다. 그는 어떤 일을 하든 완전히 설명할 수 있었고, 자신의 전문 분야가 아니라도 적절한 판단을 내릴 수 있었으며, 무엇보다도 아직 드러나지 않은 미래에 가능한 이익과 손실을 어느 누구보다 잘 예견할 수 있었다. 한마디로, 그는 타고난 재능과 신속한 대응으로 필요할 때 필요한 조치를 취하는 데서 타의 추종을 불허했다.

(4) 그는 병이 들어 생을 마감했다. 그가 페르시아 왕에게 한 약속을 지킬 수 없을 것 같자 독을 마시고 자살했다고 주장하는 사람들도 있다. (5) 아시아의 마그네시아 시에 그를 위한 기념비가 세워져 있는데, 그곳은 그가 다스리던 곳이었다. 페르시아 왕이 그에게 빵 값에 충당하라고 마그네시아를 주고(그곳에서는 1년에 50탈란톤을 거두어들였다), 포도주 값에 충당하라고 람프사코스 시를 주고(그곳은 당시 최고의 포도주 산지로 여겨졌다), 식육 값에 충당하라고 뮈우스 시를 주었기 때문이다.

(6) 그의 유골은 그가 지시한 대로 그의 친척들이 고향으로 옮겨서 앗티케 지방에 아테나이인들 몰래 묻었다고 한다. 반역죄로 추방당한 자의 유골을 앗티케 땅에 묻는 것은 법으로 금지되어 있었기 때문이다. 그 무렵 가장 저명한 인사였던 라케다이몬인 파우사니아스와 아테나이인 테미스토클레스의 생애는 그렇게 끝났다.

139 (1) 이렇듯 라케다이몬인들은 첫 번째 사절단을 보내 저주받은 자들의 추방을 요구했지만, 아테나이인들은 오히려 그들에게 저주받은 자들을 추방하라고 요구했다. 훗날 라케다이몬인들은 잇달아 사절단을 보내 아테나이인들이 포테이다이아에서 철군하고 아이기나에 자주권을 반환할 것을 요구했다. 무엇보다도 메가라인들은 아테나이의 모든 항구와 앗티케 지방의 시장을 이용할 수 없다는 '메가라 결의'를 아테나이인들이 철회하지 않는 한 전쟁이 불가피하다는 점을 분명히 했다.

(2) 그러나 아테나이인들은 다른 요구들도 들어주지 않고, '메가라 결의'도 철회하지 않았으며, 메가라인들이 축성된 땅[116]과 국경분쟁 지역을 경작하고 아테나이에서 도주한 노예들을 비호해주고 있다고 나무랐다.

(3) 결국 라케다이몬에서 마지막 사절단이 왔는데, 람피아스, 멜레십포스, 아게산드로스가 그들이다. 그들은 종전의 주제들은 언급하지 않고 "라케다이몬인들은 평화를 원하오. 여러분이 헬라스인들에게 자주권을 반환하면 평화가 가능하오"라고만 말했다.

그러자 아테나이인들이 의논하고자 저들끼리 민회를 열고 이 문제를 빠짐없이 최종적으로 논의해 라케다이몬인들에게 답변하기로 결의했다.

(4) 그래서 여러 사람이 앞으로 나와 연설했는데, 전쟁을 하자는 쪽과 평화의 걸림돌인 메가라 결의를 철회하자는 쪽으로 의견이 나뉘었다. 연설자 중에는 크산팁포스의 아들 페리클레스도 있었는데, 당시 아테나이의 제일인자로서 말과 행동으로 가장 큰 영향력을 행사하던 그는 다음과 같

이 조언했다.

140 (1) "아테나이인 여러분, 펠로폰네소스인들에게 양보해서는 안 된다는 나의 의견은 늘 변함이 없습니다. 그렇다고 해서 사람들이 전쟁을 하기로 결심할 때 마음 다르고 실제로 전쟁할 때 마음 다르며, 상황에 따라 마음이 바뀐다는 것을 모르는 바 아닙니다. 그럼에도 나는 종전과 다름없는 조언을 여러분에게 드리지 않을 수 없을 것 같습니다. 또한 나는 여러분 가운데 내 말에 찬성하는 이들은 우리의 공동 결의가 실패해도 당연히 이를 지지해야 할 것이며, 그렇지 않을 때는 우리 계획이 성공해도 자신이 이에 기여했다고 자부해서는 안 되리라고 생각합니다. 실제 결과는 사람의 마음 못지않게 변덕스러우며, 그래서 우리는 예상이 빗나가면 운명 탓으로 돌리곤 합니다.

(2) 라케다이몬인들은 우리에게 분명 전에도 음모를 꾸몄지만 지금은 더욱더 그렇습니다. 우리 사이의 분쟁은 중재로 해결하고 중재 기간에는 각자가 현재 갖고 있는 것을 그대로 가진다고 조약에 명시되어 있는데도, 그들은 중재를 신청한 적도 없고, 우리의 중재 제의를 받아들인 적도 없습니다. 그들은 협상보다는 전쟁으로 불만을 해결하기를 원하고, 이번에도 와서 항의하는 것이 아니라 명령하고 있습니다. (3) 그들은 우리가 포테이다이아에서 철군하고, 아이기나에 자주권을 반환하고 메가라 결의를 철회할 것을 요구하더니, 이번에 온 마지막 사절단은 다른 헬라스인들에게도 자주권을 반환하라고 요구하고 있습니다.

(4) 여러분은 어느 누구도 우리가 메가라 결의를 철회하지 않으면 사소한 문제 때문에 전쟁을 하게 되리라고 생각지 마십시오. 그들은 메가라

---

116 아테나이와 메가라 사이에 있는 엘레우시스 여신들, 즉 데메테르와 페르세포네의 성역에 속하는 땅이라는 뜻이다.

결의가 철회되면 전쟁이 일어나지 않을 것이라고 강조하지만 그것은 핑계에 불과합니다. 그러니 전쟁이 일어나더라도 사소한 일로 전쟁이 일어났다는 자책감을 여러분 마음에서 완전히 지우시기 바랍니다. (5) 이 사소한 일이 여러분의 결심과 의도 전체를 떠보는 시금석이 될 것이기 때문입니다. 여러분이 양보하면, 그들은 여러분이 겁이 나서 양보하는 줄 알고 당장 더 큰 요구를 해올 것입니다. 그러나 여러분이 단호하게 거절하면 그들도 여러분을 대등하게 대하는 편이 더 좋다는 사실을 분명히 알게 될 것입니다.

141 (1) 그러니 여러분은 지금 피해를 보기 전에 그들에게 순종하든지, 아니면 내게는 이것이 상책인 것 같습니다만, 크고 작은 문제로 양보하지 않고 우리가 가진 것을 두려움 없이 소유하기 위해 전쟁을 하든지 양자택일해야 합니다. 대등한 국가가 중재를 거치기도 전에 다른 대등한 국가에게 명령할 경우 거기에 응한다는 것은 요구 사항의 크고 작음을 떠나 예속되는 것이나 다름없기 때문입니다.

(2) 양쪽의 전쟁 물자에 관해 상세히 듣게 되면 여러분은 우리가 결코 불리하지만도 않다는 사실을 알게 될 것입니다. (3) 펠로폰네소스인들은 자작농들이고, 개인도 국가도 돈이 없으며, 장기전이나 해전에는 경험이 없습니다. 그들은 가난해서 자기들끼리 단기전만 하기 때문입니다. (4) 그런 사람들은 함선에 해군을 자주 태울 수도 없고, 보병 부대를 자주 파견할 수도 없습니다. 그러자면 그들은 자신의 재산에서 멀리 떨어져 있으면서 그 비용을 스스로 부담해야 할 테니까요. 더군다나 우리가 그들의 바닷길을 봉쇄할 것입니다.

(5) 그리고 전쟁을 계속하자면 부가 축적되어 있어야지 분담금 인상만으로는 그 비용을 충당할 수 없습니다. 게다가 자작농들은 전시에 재산보다는 몸으로 복무할 각오가 되어 있습니다. 그것은 그들이 목숨 부지할

자신은 있어도, 그들의 돈이 먼저 떨어지지 않는다고 자신하지는 못하기 때문입니다. 아마도 그렇게 되겠지만 전쟁이 예상외로 장기화하면 특히 그렇지요.

(6) 펠로폰네소스인들과 그들의 동맹국들은 단 한 번의 전투라면 헬라스인들 전체와도 맞설 수 있지만 이질적인 적에 맞서 전쟁을 수행할 수는 없습니다. 그들에게는 위기 때 신속한 결정을 내릴 단일 심의기구가 없기 때문입니다. 게다가 그들은 각 도시가 동등한 투표권을 갖고 있고 부족도 서로 달라서 저마다 자기 이익에만 관심이 있습니다. 그렇게 되면 뭣 하나 되는 일이 없습니다. (7) 그들 중 더러는 적에게 한사코 원수를 갚으려 하고, 더러는 조금도 피해를 입지 않으려 하기 때문입니다.

그들은 드물게 만나는데, 만난다 해도 공동의 관심사에는 약간의 시간만 할애하고 대부분의 시간을 자신의 이익을 추구하는 데 씁니다. 또한 그들 중 어느 누구도 자신의 무관심이 전체의 이익에 해를 끼친다고는 생각지 않으며, 전체의 미래를 보살피는 것은 누군가 다른 사람이 할 몫이라고 생각합니다. 그리하여 저마다 같은 생각을 하게 되니 그들도 모르는 새 공동의 이익은 훼손되고 맙니다.

142 (1) 가장 중요한 것은, 그들은 돈이 없어 방해받을 것이라는 점입니다. 자금을 마련하자면 시간이 걸릴 테고, 그러면 계획이 지연될 수밖에 없는데, 전쟁의 좋은 기회는 기다려주지 않기 때문입니다. (2) 그들의 해군은 두려울 게 못 되고, 그들이 우리 영토에 요새를 쌓지 않을까 두려워할 필요도 없습니다. (3) 평화 시에도 대등한 이웃나라를 견제하기 위해 국경에 요새를 쌓기가 어렵거늘, 그들이 쌓을 수 있는 어떤 요새보다 더욱 튼튼한 우리 요새에 맞서 적국인 우리 영토 안에 요새를 쌓기란 더욱 어려울 것입니다.

(4) 그들이 조그마한 전초기지를 세운다면 약탈을 하고 도주한 노예를

받아줌으로써 우리나라 일부에 해를 끼칠 수는 있겠지만, 우리가 그들의 나라로 배를 타고 가서 요새를 쌓고는 그곳을 우리의 강점인 해군으로 지키는 것을 막지는 못할 것입니다. (5) 그들이 지상기지에서 해군 작전을 해본 경험보다는 우리가 해군기지에서 지상 작전을 해본 경험이 더 많기 때문입니다. (6) 그들은 항해술을 습득하기가 쉽지 않을 것입니다. (7) 여러분도 페르시아 전쟁 직후부터 익혔지만 아직도 완전히 숙달하지는 못했으니까요. 하거늘 선원이 아닌 농부인 그들이 어떻게 제대로 배울 수 있었겠습니까? 게다가 우리는 대함대로 계속 봉쇄하여 그들에게 훈련할 기회를 주지 않을 것입니다.

(8) 봉쇄한 함선이 적을 경우 무식한 그들이라도 자신들이 수가 많은 것에 고무되어 모험을 할지 모르지만, 봉쇄한 함선이 많을 경우 그들은 가만있을 것입니다. 그리고 그들은 훈련을 적게 할수록 그만큼 서투르고 소심할 것입니다. (9) 항해술도 다른 기술과 마찬가지로 하나의 기술입니다. 항해술은 여가 시간에 부업으로 익힐 수 있는 것이 아니며, 그것 아닌 다른 부업을 용납하지 않습니다.

143 (1) 그들이 올륌피아나 델포이 신전 금고에서 돈을 꺼내 더 높은 품삯을 주고 우리 해군의 이방인 선원을 빼돌리려 하는 경우, 그것은 큰 위협이 되겠지요. 우리 시민들과 재류외인(在留外人)[117]들이 선원이 되더라도 그들의 적수가 되지 못한다면. 그렇지만 우리는 그들의 적수가 될뿐더러, 가장 중요한 것은 우리 시민들 중에는 더 훌륭한 키잡이와 선원이 나머지 헬라스를 다 합친 것보다 많다는 것입니다. (2) 그리고 며칠 동안 더 높은 품삯을 받자고 자신의 도시에서 추방당하고 패배할 위험마저 무릅써가며 펠로폰네소스인들 편에서 싸울 이방인 선원이 과연 몇이나 되겠습니까?

(3) 이상이 대략 펠로폰네소스인들의 상황인 듯합니다. 우리에게는 내

가 그들의 약점이라고 지적한 그런 약점들이 없을 뿐만 아니라 그들이 갖지 못한 다른 이점들까지 있습니다. (4) 그들이 육로로 우리나라에 쳐들어오면 우리는 그들의 나라로 배를 타고 갈 것입니다. 그러면 앗티케 전부가 파괴되는 것이 우리에게 나쁜 것보다 펠로폰네소스의 일부가 파괴되는 것이 그들에게 더 나쁘다는 사실이 드러날 것입니다. 그들은 싸우지 않고는 더 영토를 마련할 수 없지만, 우리에게는 여러 섬과 해안지대에 영토가 많이 있기 때문입니다.

(5) 제해권이란 위대한 것입니다. 생각해보십시오. 우리가 섬 주민이라면 누가 공격에서 우리보다 더 안전하겠습니까? 그러니 우리는 자신을 되도록 섬 주민으로 여기고 영토와 집은 포기하되 바다와 도시는 지켜야 합니다. 그리고 영토와 집을 잃었다고 해서 화가 나 수적으로 훨씬 우세한 펠로폰네소스인들과 치열한 전투를 벌여서는 안 됩니다.

우리가 이긴다면 더 많은 자들과 다시 싸워야 할 것이고, 우리가 진다면 우리 힘의 원천인 동맹국들도 잃게 됩니다. 우리에게 동맹국들을 강제할 힘이 없으면 동맹국들이 당장 반기를 들 테니까요. 우리가 슬퍼해야 할 것은 집과 영토를 잃는 것이 아니라 사람 목숨을 잃는 것입니다. 집과 영토가 사람을 만드는 것이 아니라 사람이 집과 영토를 만들기 때문입니다. 그래서 내가 여러분을 설득할 자신이 있다면, 여러분이 나가서 손수

---

117 재류외인(metoikos 복수형 metoikoi)들이란 자진하여 타국에 체류해 사는 외국인들을 말하는데 특히 개방적인 국제도시 아테나이에 재류외인이 많았다. 그들은 토지를 소유하지 못하고 시민과 합법적으로 결혼하지 못한다는 것 말고는 사실상 모든 시민권을 행사했으며, 시민보다 재산세를 좀 더 많이 내고 인두세(人頭稅)도 냈으며 병역의무와 돈이 많이 드는 공공봉사의 의무도 졌다. 그들은 주로 상업과 공업에 종사했고 은행가, 선주, 수입업자, 청부인으로서 주요 업무를 수행했다. 그들 중에서 의사, 철학자(아리스토텔레스), 소피스트(프로타고라스), 웅변가(뤼시아스), 희극작가(필레몬)가 배출되기도 했다.

여러분의 재산을 파괴함으로써 여러분이 재산 때문에 펠로폰네소스인들에게 복종하는 일이 없을 것임을 보여주라고 권하고 싶소.

144　(1) 그 밖에도 여러분이 전쟁 중에 제국의 판도를 확장하려 하지 않고 자진하여 새로운 위험에 말려들지만 않는다면, 여러분의 최후 승리를 자신하는 이유는 한두 가지가 아닙니다. 두려운 것은 적의 작전이 아니라 우리의 실수입니다.

(2) 이 모든 점에 관해서는 전쟁을 하게 될 때 다른 기회에 자세히 말씀드리겠습니다. 지금은 다음과 같은 답변을 주어 라케다이몬인 사절단을 돌려보내도록 합시다. 즉 라케다이몬인들도 우리와 우리의 동맹국들을 그들의 외국인 추방령에서 제외한다면, 우리도 메가라인들이 우리의 시장과 항구들을 이용하는 것을 허용할 것이라고(조약에는 그들의 행위나 우리의 행위를 금지하는 문구가 없기 때문이오) 답변하십시오. 그리고 라케다이몬인들도 그들의 동맹국들에 자주권을 반환하고 각각의 동맹국이 라케다이몬의 이익에 부합하는 정체가 아니라 자신이 원하는 정체를 선택할 권한을 부여한다면, 우리도 조약 체결 당시 자주권을 갖고 있던 우리 동맹국들에는 자주권을 반환하겠다고 답변하십시오. 또 우리는 조약에 따라 중재를 받아들일 용의가 있으며, 우리가 먼저 전쟁을 시작하지는 않겠지만 먼저 공격당하면 대항할 것이라고 말합시다. 이것이 옳은 답변이고, 우리 도시가 마땅히 해야 할 답변입니다.

(3) 여러분은 알아야 합니다. 전쟁은 불가피하며, 우리가 전쟁을 기꺼이 받아들일수록 우리 적의 공격이 덜 날카로워지리라는 것을. 그리고 국가든 개인이든 가장 큰 위험을 통해 가장 큰 영광을 얻는다는 것을. (4) 우리 선조가 페르시아인들에게 대항하셨을 때 그분들에게는 지금 우리가 가진 것과 같은 물자도 없었습니다. 그렇지만 그분들은 가진 것도 버리고 운보다는 지혜로, 힘보다는 용기로 페르시아인들을 물리쳐 우리 도시

의 오늘이 있게 하셨습니다. 우리가 우리 선조보다 못해서는 안 됩니다. 그러니 우리는 어떻게든 적을 물리쳐 우리 후손들에게 우리 도시를 줄어들지 않은 상태로 물려주어야 합니다."

145 페리클레스는 그렇게 말했다. 아테나이인들은 그의 조언을 가장 훌륭한 조언으로 여기고 그가 요청한 대로 결의했다. 그들은 주요 쟁점과 각각의 문제에 관해 페리클레스가 제안한 대로 라케다이몬인들에게 답변했다. 즉 아테나이인들은 라케다이몬의 명령을 받지는 않겠지만, 조약에 따라 공정하고 대등한 위치에서 여러 가지 분쟁을 해결할 용의가 있다고 했다. 그러자 라케다이몬인 사절단은 귀국했고, 더는 사절단이 오지 않았다.

146 이상이 에피담노스와 케르퀴라 사건 직후부터 펠로폰네소스 전쟁이 터지기 전까지 양쪽 사이에 발생한 분쟁과 불화의 원인들이다. 이 기간에 양쪽은 여전히 전령 없이도 왕래했지만 서로 불신했다. 조약 파기를 뜻하는 전쟁의 원인이 된 사건들이 일어나고 있었기 때문이다.

II

1 　이때부터 아테나이와 그 동맹국들과 펠로폰네소스와 그 동맹국들 사이
에 사실상 전쟁이 시작된다. 이제 전령을 통하지 않고는 양쪽 사이에 더
는 왕래가 없었고, 일단 전쟁이 터지자 쉼 없이 계속되었기 때문이다. 나
는 여름과 겨울로 나누어 사건을 발생한 순서대로 기록했다.

2 　(1) 이때는 에우보이아를 함락하고[1] 맺은 30년 평화조약이 14년 동안 지
속되었을 때였다. 15년째 되던 해에 아르고스에서는 크뤼시스가 예언녀
가 된 지 48년 되었고, 스파르테에서는 아이네시아스가 감독관이었으
며, 아테나이에서는 퓌토도로스의 아르콘직(職) 만기가 아직 두 달 남아
있었고, 포테이다이아 전투가 일어난 지 6개월째 되었다. 바로 이해 초
봄 첫 번째 야간 순찰을 돌 무렵 보이오티아 연맹 지도자들인, 퓔레이다
스의 아들 퓌탕겔로스와 오네토리다스의 아들 디엠포로스 휘하의 3백
명이 약간 넘는 테바이군이 보이오티아 지방의 도시이면서 아테나이의
동맹국인 플라타이아이 시로 쳐들어갔다.

　(2) 테바이군을 불러들이고 성문을 열어준 것은 플라타이아이인들로,
다름 아닌 나우클레이데스와 그의 추종자들이었다. 이들은 스스로 권력
을 잡기 위해 시민들 가운데 정적들을 제거하고 플라타이아이가 테바이

편이 되기를 원한 것이다. (3) 이 문제에 관해 그들은 테바이의 요인 가운데 한 명인, 레온티아데스의 아들 에우뤼마코스와 협상했다. 테바이인들은 틀림없이 전쟁이 터질 것이라고 예견하고는 공공연하게 전쟁이 터지기 전인 평화 시에 숙적인 플라타이아이를 기습하여 점령하고 싶은 것이다. 그리고 그들은 눈에 띄지 않고 쉽게 시내로 쳐들어갔는데, 파수병이 배치되어 있지 않았기 때문이다.

(4) 테바이인 부대는 장터로 진격하여 그곳에 무기를 내려놓았다. 그러나 그들은 자신들을 불러들인 현지인 부역자들이 시키는 대로 당장 행동을 개시하여 그들의 정적들 집으로 쳐들어가는 대신 도시를 안심시키는 포고령을 발표하기로 했으니, 일을 평화롭게 처리하고 싶었고 그럴 경우 도시를 자기편으로 만들기가 수월하리라 믿었기 때문이다. 그래서 그들의 전령은, 누구든 선조들의 관습에 따라 전(全) 보이오티아 연맹을 지지하는 사람은 와서 자기들 곁에 무기를 내려놓으라고 포고했다.

3 (1) 플라타이아이인들은 테바이인들이 성문 안에 들어와 있고 자신들의 도시가 한순간에 점령당한 것을 보자 겁이 났으며, 어둠 속에서 잘 볼 수가 없어 침입자들이 실제보다 많은 줄 알았다. 그래서 그들은 협정을 맺고 저항 없이 순순히 제안을 받아들였는데, 무엇보다도 테바이인들이 누구에게도 폭력을 휘두르지 않았기 때문이다.

(2) 그러나 협상이 진행되는 동안 그들은 테바이인들이 많지 않다는 것을 알게 되었고, 자신들이 공격하면 그들을 쉽게 제압할 수 있을 것이라고 생각했다. 그리고 대부분의 플라타이아이인들은 아테나이 동맹에서 이탈하기를 원하지 않았다. (3) 그래서 그들은 한번 시도해보기로 하고는 거리를 거닐다가 눈에 띄지 않도록 집과 집 사이의 경계 벽에 통로를

1 　에우보이아의 반란은 기원전 445년에 진압되었다.

파서 함께 모였고, 짐 나르는 가축 없이 짐수레들만 끌고 와 거리에 바리케이드를 쳤으며, 그 밖에도 그런 상황에 유익할 것 같은 모든 준비를 갖추었다.

(4) 가능한 준비를 마친 그들은 아직은 캄캄한 새벽 시간이 되기를 기다렸다가 집에서 출동하여 테바이인들을 공격했다. 낮에 공격하면 적들이 더 자신감을 갖고 대등하게 싸우겠지만, 밤에 공격하면 적들이 더 겁을 먹을 것이고, 그들만큼 시내 지리에 밝지 못해 불리할 것이라는 생각에서였다. 그래서 그들을 기습했고 곧장 육박전을 벌였다.

4 (1) 테바이인들은 자신들이 함정에 빠졌다는 것을 알아차리자마자 밀집대형을 이루고는 공격당할 때마다 적군을 물리쳤다. (2) 그러나 두세 번은 공격을 물리치는 데 성공했지만, 플라타이아이인들이 계속해서 크게 함성을 지르며 공격해오고 여자들과 노예들도 지붕에서 아우성치며 돌멩이와 기왓장을 던져대는 데다 밤새 폭우가 쏟아지자, 겁에 질린 테바이인들은 등을 돌려 도주했다. 그들은 시내를 지나 내달렸는데 때가 그믐께인 만큼 도로가 캄캄하고 질척거려 대부분 어느 길이 안전한지 알지 못했고, 추격자들은 어떻게 해야 도망치는 것을 막을 수 있는지 잘 알고 있었다. 그래서 테바이인들은 대부분 죽었다.

(3) 그들이 들어왔던 성문만이 아직 열려 있었지만, 이 문도 어느 플라타이아이인이 창대 끝을 빗장 대신 가로장에 밀어 넣어 잠가버렸다. 그리하여 이곳 출구도 막혔다. (4) 시내를 지나 쫓겨 달아나던 그들 중 몇 명은 성벽에 올라 바깥쪽으로 몸을 던졌는데, 대부분은 죽었다. 일부는 지키는 사람이 없는 문을 발견하고는 어떤 여자한테서 도끼를 받아 빗장을 부수고 밖으로 나갔다. 그러나 그 수는 많지 않았으니, 금세 발각되었기 때문이다. 다른 사람들은 시내 곳곳에서 목숨을 잃었다.

(5) 가장 밀집해 있던 주력부대는 성벽의 일부였던 큰 건물로 뛰어들어

갔다. 마침 문이 열려 있었는데, 테바이인들은 이 문이 곧장 밖으로 통하는 문인 줄 알았다. (6) 그리하여 그들이 함정에 빠진 것을 보자 플라타이아이인들은 건물에 불을 질러 그들을 그대로 태워 죽일지, 아니면 다른 조치를 취해야 할지 의논했다. (7) 결국 이들 건물 안의 테바이인들과 시내를 배회하던 다른 생존자들은 무기를 넘기고 플라타이아이인들에게 무조건 항복했다. (8) 이상이 플라타이아이 시내에 들어갔던 자들의 운명이다.

5 (1) 한편 플라타이아이에 들어간 자들이 잘못될 경우 지원하기 위해 날이 새기 전 빠짐없이 전원 도착하기로 한 다른 테바이인들은 도중에 사건의 전말을 전해 듣고 서둘러 구원하러 갔다. (2) 그러나 플라타이아이는 테바이에서 70스타디온²이나 떨어져 있었고, 밤에 내린 비로 행군 속도는 느려졌다. (3) 아소포스 강물이 불어 건너기가 쉽지 않았기 때문이다. 그들은 빗속을 행군하고 힘들게 강을 건너느라 너무 늦게 도착했는데, 그때 이미 선발대 일부는 살해당하고 일부는 사로잡힌 뒤였다.

(4) 테바이인들은 무슨 일이 일어났는지 깨닫고는 도시 밖의 플라타이아이인들을 노렸는데, 평화 시에 느닷없이 공격당한 터라 들판에는 여전히 사람과 재산이 그대로 있었기 때문이다. 몇 명이라도 인질로 잡을 수 있다면 그들의 대원들이 도시 안에 사로잡혀 있을 경우 그 대원들과 교환할 참이었다. 그들은 그럴 작정이었다.

(5) 그러나 그들이 아직 논의하는 동안 낌새를 맡은 플라타이아이인들이 성 밖의 백성이 염려되어 테바이인들에게 전령을 보내, 그들이 평화 시에 자기 도시를 점령하려 한 것은 불경한 범죄행위라고 주장하며 바깥에 있는 백성을 해코지하지 말라고 경고했다. 그러지 않으면 자기들도 생포

---

2 1스타디온(stadion)은 약 180미터이다.

한 테바이인들을 죽이겠다고 했다. 그러나 그들이 자기 나라에서 물러가면 포로들을 돌려주겠다고 했다.

(6) 이것은 테바이인들의 주장이다. 그들은 플라타이아이인들이 맹세까지 했다고 말하고 있다. 그러나 플라타이아이인들의 주장은 다르다. 그들은 포로를 당장이 아니라 협상 끝에 합의가 이루어지면 돌려주겠다고 약속했다며, 맹세는 없었다고 말한다. (7) 어쨌거나 테바이인들은 해코지하지 않고 플라타이아이인들의 영토에서 철수했다. 그리고 플라타이아이인들은 성 밖에 있던 것들을 서둘러 모두 안으로 들이자마자 포로를 죽였다. 포로는 180명이었는데, 그중에는 플라타이아이의 반역자들과 함께 음모를 꾸몄던 에우뤼마코스도 포함되어 있었다.

6 (1) 플라타이아이인들은 그렇게 하고 나서 아테나이로는 사자를 보내고, 테바이인들에게는 휴전협정을 맺고 시신들을 돌려보냈으며, 도시 안의 모든 일은 현재 상황에서 최선이라고 생각되는 대로 처리했다.

(2) 플라타이아이에서 일어난 사건은 즉시 아테나이인들에게 보고되었다. 그러자 아테나이인들은 즉시 앗티케 지방에 와 있던 보이오티아인들을 모두 체포하고 플라타이아이로 전령을 보내, 자기들이 결정을 내리기 전에 테바이인 포로에게 적대 행위를 하지 말라고 플라타이아이인들에게 전하게 했다.

(3) 아테나이인들은 테바이인 포로가 살해되었다는 소식을 아직 듣지 못한 것이다. 왜냐하면 플라타이아이의 첫 번째 사자는 테바이인들이 침입하자마자 파견되고, 두 번째 사자는 테바이인들이 패하여 포로가 된 직후에 파견되었기 때문이다. 그래서 아테나이인들은 그 뒤에 일어난 일은 아무것도 몰랐다. 아테나이인들은 상황을 파악하지 못한 상태에서 전령을 파견했고, 전령은 도착 후에야 포로가 살해당했다는 것을 알았다. (4) 그 뒤 아테나이인들은 플라타이아이에 군대를 보내고 식량을 공급하고

수비대를 주둔시킨 다음 전투 능력이 없는 남자들과 여자들과 아이들을 데리고 떠났다.

7 (1) 플라타이아이 사건이 일어나면서 평화조약이 파기되었음이 분명해지자 아테나이인들은 전쟁 준비를 했고, 라케다이몬인들과 그들의 동맹국들도 마찬가지였다. 양쪽은 도움을 받을 수 있을까 해서 페르시아 왕과 다른 지역의 비헬라스인들에게 사절단을 보낼 채비를 했으며, 지금까지 그들의 영향권 밖에 있던 도시들과도 동맹을 맺으려 했다.

(2) 라케다이몬인들은 이미 보유하고 있던 함선에 덧붙여 자기편이 된 이탈리아와 시켈리아의 도시들에 각각 도시의 크기에 비례하여 더 많은 함선을 건조하라고 명령했는데, 다 합쳐 5백 척을 모을 작정이었다. 이 도시들은 또 일정 금액의 분담금을 내도록 요청받았으며, 준비가 완료될 때까지는 중립을 지키되 아테나이 함선이 한 척씩 항구에 들어오는 것은 허용하라는 지시를 받았다.

(3) 한편 아테나이인들은 기존 동맹국들과의 관계를 더욱 강화하며 특히 펠로폰네소스 주변 지역인 케르퀴라, 케팔레니아, 아카르나니아, 자퀸토스에 사절단을 보냈는데, 이들 지역과의 동맹이 강화되면 사방에서 펠로폰네소스 반도를 포위 공격할 수 있을 것이라고 보았기 때문이다.

8 (1) 양쪽 모두가 원대한 포부를 품고 전쟁에 전력을 쏟았다. 당연한 일이었다. 무슨 일이든 처음 시작할 때는 누구나 열성을 다하는 법인 데다, 당시에는 펠로폰네소스에도 아테나이에도 전쟁이 뭔지 몰라 전쟁이 싫지 않은 젊은이들이 많았기 때문이다.

한편 두 강대국의 충돌에 헬라스인들의 다른 나라들도 들떠 있었다. (2) 전쟁 준비를 하는 두 도시뿐 아니라 다른 도시들에서도 온갖 예언과 온갖 신탁이 유포되었다. (3) 또 그런 일들이 발생하기 바로 전 델로스 섬에서 지진이 일어났는데, 헬라스인들이 기억하기에 전에는 그런 일이 없었다.

사람들은 이것을 다가올 사건의 전조라고 말했고 또 그렇게 믿었다. 그리고 비슷한 사건이 일어나면 그 의미가 무엇인지 면밀히 검토했다.

(4) 헬라스인들의 여론은 라케다이몬인들 편이었는데, 무엇보다도 그들이 헬라스의 해방자로 자처했기 때문이다. 개인이든 도시든 저마다 말과 행동으로 어떻게든 라케다이몬인들을 도와주고 싶어 했으며, 모두들 자기가 관여하지 않으면 일이 잘못되리라고 생각했다. (5) 이처럼 사람들은 대부분 아테나이인들에게 분개했는데, 더러는 아테나이의 지배에서 벗어나고 싶어서, 또 더러는 아테나이의 지배를 받게 되지 않을까 두려워서였다.

9 (1) 이상이 전쟁이 터질 무렵의 준비 상황이자 심적 상태였다. 그 무렵 두 나라의 동맹국들은 다음과 같다.

(2) 코린토스 지협 이남의 펠로폰네소스 국가들은 아르고스인들과 아카이아인들을 빼고는 모두 라케다이몬인들 편이고, 아르고스인들과 아카이아인들은 중립을 지켰다. 아카이아 국가 중에서는 펠레네만이 처음부터 라케다이몬인들 편에서 싸웠고, 나중에는 나머지 국가도 모두 펠레네의 선례를 따랐다. 펠로폰네소스 밖에서는 메가라, 보이오티아, 로크리스, 포키스, 암프라키아, 레우카스, 아낙토리온이 라케다이몬인들 편이었다. (3) 라케다이몬인들에게 함선을 제공한 것은 코린토스, 메가라, 시퀴온, 펠레네, 엘리스, 암프라키아, 레우카스였고, 기병대를 제공한 것은 보이오티아, 포키스, 로크리스였다. 다른 도시는 보병을 제공했다. 이상이 라케다이몬인들의 동맹국들이었다.

(4) 아테나이의 동맹국들은 키오스, 레스보스, 플라타이아이, 나우팍토스의 멧세니아인들, 아카르나니아의 대부분, 케르퀴라, 자퀸토스, 그리고 카리아 지방의 해안지대, 그 인근의 도리에이스족 도시들, 이오니아, 헬레스폰토스, 트라케, 펠로폰네소스와 크레테 섬 동쪽에 있는 여러 섬,

멜로스와 테라를 제외한 전(全) 퀴클라데스 군도 등지에서 공물을 바치는 속국들이었다. 이 가운데 키오스, 레스보스, 케르퀴라는 함선을 제공했고, 다른 동맹국은 보병과 군자금을 제공했다. 이상이 각 나라의 동맹국들이고 전쟁을 위한 준비 상황이었다.

10 (1) 플라타이아이 사건 직후 라케다이몬인들은 펠로폰네소스 반도 안팎의 동맹국들에 사자를 보내, 앗티케 지방으로 쳐들어가고자 하니 군대를 동원하고 외국 원정에 필요한 군량을 준비해두라고 일렀다. (2) 모두들 준비를 마치자 각 도시가 집결하기로 정해진 시기에 맞춰 전군의 3분의 2를 지협으로 파견했다. (3) 군대가 모두 집결하자 이 원정대의 사령관인 라케다이몬인들의 왕 아르키다모스는 모든 나라의 장군들과 요인들과 유력자들을 불러 모아놓고 다음과 같이 말했다.

11 (1) "펠로폰네소스인들과 동맹군 여러분, 우리 선조도 펠로폰네소스 안팎의 여러 전쟁에 종군했고, 우리 중 나이 많은 사람들도 전쟁 경험이 없지 않소. 하지만 우리가 이번보다 더 많은 준비를 갖추고 출진한 적은 아직 한 번도 없었소. 그런데 우리가 종전보다 수도 더 많고 사기도 더 충천하듯, 우리가 지금 정벌하러 가는 도시도 더할 나위 없이 강력하오.

(2) 그러므로 우리는 우리 선조보다 못하거나, 우리 자신의 명성에 미치지 못하는 것으로 드러나서는 안 될 것이오. 온 헬라스가 열심히 우리의 출진을 지켜보며, 아테나이가 미워서 우리의 계획이 성공하기를 바라고 있기 때문이오. (3) 따라서 우리가 대군을 이끌고 쳐들어가는 만큼 적군이 감히 우리를 맞아 싸우지 못할 것이라고 자신하는 이들이 더러 있겠지만, 그렇다고 해서 행군 도중 방심하는 일이 있어서는 안 되며, 각 도시의 지휘관들과 병사들은 자신이 위험에 빠질 수 있음을 항상 각오하고 있어야 하오.

(4) 전쟁은 예측할 수 없고, 공격은 대개 분노로 인해 갑작스럽게 이루어

지오. 또한 안전에 위협을 느낀 소수의 군대가 지나친 자신감에서 준비를 소홀히 한 대군을 물리친 적이 한두 번이 아니오. (5) 따라서 적지(敵地)에서는 항상 자신감을 갖고 행군하되 안전을 염려하여 미리 실질적인 조치를 취해두어야 하오. 그래야만 적을 공격할 때는 사기충천하고, 공격당할 때는 최대한 안전을 확보할 수 있기 때문이오.

(6) 그리고 우리가 정벌하러 가는 도시는 결코 자신을 방어할 능력이 없는 것이 아니라 모든 면에서 준비가 가장 잘되어 있소. 그래서 그들은 십중팔구 우리를 맞아 싸울 것이오. 지금은 우리가 도착하지 않아 출동하지 않지만, 우리가 자기네 영토를 약탈하고 재산을 파괴하는 것을 보게 되면 그들은 틀림없이 출동할 것이오. (7) 사람들은 전에 겪어보지 못한 피해가 자기 눈앞에서 발생하는 것을 보면 누구나 분노하게 마련이고, 이성적 사고에 익숙하지 못한 사람일수록 더욱더 분노에 이끌려 행동하는 법이오.

(8) 그리고 아테나이인들이야말로 특히 그렇게 행동할 것이오. 그들은 자신들이 남을 지배할 권리가 있다고 생각할 뿐 아니라 자신들의 나라가 침략당하고 약탈당하는 것을 보기보다는 그들이 남의 나라를 침략하고 약탈하는 데 더 익숙하기 때문이오. (9) 그러니 여러분은 그렇게 큰 도시와 싸우고 있음을 명심하시오. 또한 결과 여하에 따라 여러분이 여러분의 선조들과 여러분 자신에게 안겨줄 영광이나 치욕을 생각하시오. 그러니 이 점을 명심하고 여러분의 지휘관들을 따르되, 규율과 안전을 가장 중시하고 명령에는 신속히 복종하시오. 대군이 일사불란하게 움직여야 가장 바람직하고 가장 안전하기 때문이오."

12 (1) 아르키다모스는 이렇게 말하고 모임을 파한 후 먼저 스파르테인으로 디아크리토스의 아들인 멜레십포스를 아테나이로 파견했는데, 펠로폰네소스인들이 벌써 진격해오는 것을 보고 아테나이인들이 굴복할 마음

이 더 내키는지 알아보기 위해서였다.

(2) 그러나 아테나이인들은 그가 시내에 들어오거나 공공장소에 접근하지 못하게 했다. 그것은 라케다이몬인들이 자국의 영토 밖으로 행군해오면 그들의 전령이나 사절을 받지 않는다는 페리클레스의 결의안이 벌써 가결된 뒤였기 때문이다. 그래서 그들은 말도 들어보지 않고 멜레십포스를 돌려보냈는데, 그날로 국경을 넘으라며, 앞으로는 라케다이몬인들이 할 말이 있으면 그들의 국경으로 철수한 뒤에 사절을 보내라고 덧붙였다. 그들은 멜레십포스가 어느 누구와도 접촉하지 못하도록 호송대를 붙여주었다.

(3) 국경에 도착한 멜레십포스는 호송대와 헤어지기 전 "오늘로 헬라스인들에게 대재앙이 시작될 것이다"라고 말하고는 가버렸다. (4) 멜레십포스가 군영에 도착한 뒤 아테나이인들이 조금도 양보할 뜻이 없음을 알게 된 아르키다모스는 마침내 군대를 움직여 아테나이인들의 영토로 나아갔다. (5) 보이오티아인들은 기병대를 포함해 자신들에게 할당된 병력을 파견하여 펠로폰네소스인들의 대부대와 합류하게 한 뒤, 남은 부대를 이끌고 플라타이아이로 가서 그 영토를 약탈했다.

13 (1) 코린토스의 지협에 집결한 펠로폰네소스군이 아직은 행군 중이어서 앗티케 지방으로 쳐들어오기 전, 크산팁포스의 아들로 아테나이의 10인 장군 중 한 명인 페리클레스는 펠로폰네소스군이 곧 쳐들어올 것을 알고는 혹시 자신과 친구 사이인 아르키다모스가 자기에게 개인적으로 호의를 베풀고자, 또는 라케다이몬인들이 전에 자기 때문에 저주받은 자들을 추방할 것을 요구했듯[3] 자기를 모함하라는 라케다이몬인들의 지시에 따라 자신의 농토는 해코지하지 않고 그냥 놔두지 않을까 염려스러웠다.

---

3 1권 126~127장 참조.

그래서 그는 민회에서 아테나이인들에게, 아르키다모스는 물론 자기 친구이지만 그것이 국가에 손해가 되어서는 안 될 것이며, 만일 그도 남들처럼 재산과 집이 적군에게 유린되지 않을 때는 공공재산으로 헌납할 테니 그 때문에 자기를 의심해서는 안 될 것이라고 공언했다.

(2) 그리고 당면 문제에 관해서는 예전과 같은 조언을 했는데, 그것은 전쟁에 대비하고, 농촌에 있는 재산을 시내로 들여오고, 나가서 싸울 것이 아니라 시내로 들어와 지키고, 대신 주된 전력(戰力)인 해군을 정비하고, 아테나이의 힘의 원천은 동맹국들이 공물로 바치는 군자금이고 전쟁의 승리는 현명한 판단과 풍부한 자금력에 달려 있는 만큼 동맹국들을 확실히 관리하라는 것이었다.

(3) 여기서 페리클레스는 자신감을 가지라고 그들을 격려하면서, 다른 세입은 제외하고도 동맹국들이 아테나이에 바치는 공물이 연평균 6백 탈란톤에 이르는데, 당시에는 은화 6천 탈란톤이 아직 아크로폴리스에 남아 있다고 했다. 이 기금이 가장 많을 때는 1만 탈란톤에서 3백 탈란톤이 모자랐다. 그들은 그 일부를 덜어 아크로폴리스의 문간 건물인 프로필라이아와 다른 건물들의 건축비와 포테이다이아 전비(戰費)로 썼다.

(4) 그 밖에도 개인이나 국가가 봉헌한 주조하지 않은 금과 은, 행렬과 경연에 쓰이는 신성한 장비들, 페르시아인들한테서 노획한 전리품 등등이 자그마치 500탈란톤은 되었다.

(5) 그는 여기에다 그들이 사용할 수 있는 다른 신전들에 있는 적잖은 금액의 돈을 보탰고, 사태가 아주 급박해지면 아테나 여신상에 입힌 금박도 사용할 수 있을 것이라며, 여신상은 순금 40탈란톤을 입고 있는데 모두 떼어낼 수 있게 되어 있다고 일러주었다. 그는 또 그들이 자신들의 안전을 위해 이것들을 사용할 수는 있지만 나중에 반드시 똑같거나 더 많은 양으로 변상해야 한다고 말했다. (6) 재정 상태에 관해 페리클레스는

이처럼 그들을 안심시켰다.

병력에 관해 말하자면, 수비대들과 성채에 배치된 1만 6천 명 말고도 그들에게는 1만 3천 명의 중무장보병이 있었다. (7) 이들 1만 6천 명이 전쟁 초기 침입해오는 적군을 물리치는 임무를 맡았는데, 이들은 최고령병과 최연소병과 중무장보병 자격이 있는 재류외인(在留外人) 중에서 징집되었다. 바다에서 아테나이 시 주변에 이르는 팔레론 성벽은 길이가 35스타디온이었다. 아테나이 시를 에워싼 성벽 중 경비대가 배치된 부분은 43스타디온이고, 그중 일부, 즉 긴 성벽들[4]과 팔레론 성벽 사이 부분에는 경비대가 배치되지 않았다. 페이라이에우스에 이르는 긴 성벽들은 길이가 40스타디온인데, 그중 바깥쪽 성벽[5]에 경비대가 배치되었다. 그리고 무니키아 항을 포함하여 페이라이에우스를 에워싸고 있는 성벽의 길이는 통틀어 60스타디온인데, 그중 절반에 경비대가 배치되었다. (8) 페리클레스는 또 그들에게는 기마 궁수를 포함해 기병 1천 2백 명, 말을 타지 않는 궁수 1천6백 명, 언제든지 항해할 수 있는 삼단노선 3백 척이 있다고 보고했다.

(9) 전쟁이 터져 펠로폰네소스인들의 침입이 예상되던 시기에 아테나이인들은 각 분야에서 이 정도의 또는 그 이상의 자원을 보유하고 있었다. 페리클레스는 또 여기에 최후의 승리는 그들 것이라고 확신시키기 위해 늘 하던 말을 덧붙였다.

14 (1) 아테나이인들은 그의 조언을 받아들여 농촌에서 처자와 가재도구를 시내로 옮기기 시작했는데, 심지어 집에서 목재를 뜯어오기까지 했다.

---

4 팔레론 항에서 아테나이 시에 이르는 팔레론 성벽(to Phalerikon teichos)과는 달리 그 서쪽에 위치한 페이라이에우스 항에서 아테나이 시에 이르는 성벽은 평행선을 달리는 두 성벽으로 이루어져 있어 '긴 성벽들'(ta makra teiche)이라고 복수형을 쓴다.

5 서쪽 성벽.

양 떼와 짐 나르는 가축들은 에우보이아와 이웃 섬들로 건너보냈다. (2) 그러나 대부분 농촌 생활에 익숙해 있던 그들에게 이런 이주(移住)는 힘든 경험이었다.

15 (1) 사실 농촌 생활은 아주 먼 옛날부터 어느 누구보다도 아테나이인들 특유의 생활 방식이었다. 케크롭스와 초기 왕들의 시대부터 테세우스 시대에 이르기까지 앗티케 주민은 언제나 시청사와 정부를 따로 둔 독립된 소도시⁶에서 살았다. 그들은 위기가 닥치지 않는 한 왕과 협의하기 위해 아테나이에 모이는 일이 없었고, 평소에는 독자적으로 업무를 처리하고 정책을 결정했다. 심지어 이들 국가 중 몇몇은 아테나이와 전쟁을 한 적도 있는데, 에우몰포스 휘하의 엘레우시스인들이 에렉테우스 왕과 전쟁을 한 것이 그 한 예이다.

(2) 그러나 지혜와 능력을 겸비한 테세우스가 왕이 되자 온 나라를 재정비했는데, 그의 가장 큰 업적은 소도시의 독립된 의회와 정부를 폐지하고 지금의 아테나이 시로 통합하여 모두를 위해 하나의 의회와 하나의 시청사를 마련한 것이다. 개인들은 여전히 자신의 재산을 향유할 수 있었지만, 그는 그들에게 아테나이를 정치 생활의 유일한 중심지로 삼도록 강요했다. 그리하여 모두 아테나이 시민이 되자 테세우스는 후세에 대도시를 물려줄 수 있었다. 또한 아테나이인들이 오늘날까지도 아테나 여신을 위해 해마다 공금으로 개최하는 '모여 살기'⁷ 축제는 그에게서 비롯된 것이다.

(3) 전에는 도시가 지금의 아크로폴리스와 그 아래 남쪽 지역으로 이루어져 있었다. (4) 그 증거로 아테나 여신의 신전 말고 다른 신들의 신전도 아크로폴리스에 있었고, 아크로폴리스 바깥의 신전은 대개 도시 남쪽에 세워졌다는 점을 들 수 있다. 예컨대 올림포스의 제우스 신전, 퓌토의 아폴론 신전, 대지의 여신의 신전, 늪지대의 디오뉘소스 신전이 그렇다.

(다름 아닌 그를 위해 안테스테리온[8] 달 12일에 가장 오래된 디오뉘소스 축제가 열리는데, 아테나이계[系] 이오니아인들은 지금도 이 관습을 지킨다.) 이 지역에는 그 밖에도 오래된 신전들이 더 있다.

(5) 그곳에는 참주들이 개수한 뒤로 지금은 '아홉 샘'[9]이라 부르지만 전에는 대지에서 곧장 흘러나온다 하여 '고운 물줄기'[10]라 부르던 샘이 있다. 당시 아테나이인들은 이 샘이 가까이에 있어서 여러 가지 중요한 목적에 사용했는데, 지금도 옛 관습에 따라 결혼식을 올리기 전이나 다른 종교의식에 이 물을 쓴다. (6) 아테나이인들은 지금도 아크로폴리스를 '도시'[11]라고 일컫는데, 그들은 옛날에 그곳에 살았기 때문이다.

16 (1) 아테나이인들은 이렇듯 오랫동안 여러 개의 독립된 공동체를 이루며 앗티케 지방의 농촌에 거주했다. 그리고 앗티케가 통일된 뒤에도 그들은 옛날에도 그랬지만 이번 전쟁이 터지기 전의 근래에도 관습을 따르며 대부분 농촌에서 태어나 자기가 태어난 곳에서 살았다. 그런 그들에게 가족을 모두 데리고 거처를 옮기는 것은 쉬운 일이 아니었는데, 더구나 페르시아 전쟁이 끝나고 이제 겨우 가산을 복구했기 때문이다. (2) 살던 집과 통일되기 이전 먼 옛날부터 가족이 늘 찾곤 하던 신전을 떠나자니 마음이 무겁고 괴로웠다. 생활 방식 또한 완전히 바꿀 수밖에 없었는데, 그들 각자에게 그것은 조국에서 추방되는 것이나 다름없었다.

17 (1) 그들이 아테나이에 도착했을 때, 자기 집이 있는 사람이나 친지 또는

---

6 당시 앗티케 지방에는 12개의 소도시가 있었다고 한다.

7 synoikia.

8 안테스테리온(Anthesterion)은 앗티케 달력의 여덟 번째 달로, 지금의 2월 중순에서 3월 중순에 해당한다.

9 Enneakrounos.

10 Kallirrhoe.

11 polis.

친척 집에서 피난생활을 할 수 있는 사람은 몇 안 되고, 대부분은 시내의 공터나, 아크로폴리스와 엘레우시니온¹² 신전과 출입이 엄격히 통제된 일부 장소를 제외한, 신과 영웅들의 모든 신전에서 살았다. 아크로폴리스 밑에 펠라르기콘이라는 지역이 있는데, 그곳에 살면 저주받는다 하여 거주가 금지된 곳이었다. 어떤 퓌토 신탁의 끝부분도 같은 취지의 말을 한다. "펠라르기콘 지역은 사용하지 않는 편이 더 낫느니라." 하지만 사태가 위급하여 사람들은 그곳에도 집을 짓고 살았다.

(2) 내 생각에 이 신탁은 사람들이 예상한 것과는 정반대로 이루어진 듯하다. 아테나이에 재앙이 닥친 것은 사람들이 이 지역에 불법적으로 정착했기 때문이 아니라 전쟁 때문에 사람들이 그곳에 살 수밖에 없었으니 말이다. 신탁은 전쟁을 언급하지 않았지만, 언젠가 좋지 않은 일로 그곳에 사람들이 살게 될 것을 예견한 것이다. (3) 많은 사람들이 성탑(城塔)들과, 살 만한 공간이 있는 곳이면 아무 데나 숙소를 잡았다. 그들이 한꺼번에 몰려들어오자 도시는 그들을 수용할 수 없었다. 결국 그들은 긴 성벽을 따라 그리고 페이라이에우스 항의 대부분 지역에 공간을 할당받아 그곳에 정착했다. (4) 그사이 그들은 전쟁 준비도 서둘렀으니, 동맹군을 집결시키고 1백 척의 함선을 의장(艤裝)하여 펠로폰네소스를 향해 출동하게 했다. (5) 아테나이인들은 그렇게 전쟁을 준비했다.

18 (1) 한편 펠로폰네소스인들의 군대는 앞으로 나아가 맨 먼저 앗티케 지방의 오이노에 시에 도착했는데, 이곳을 거점 삼아 앗티케 지방으로 쳐들어갈 참이었다. 그들은 그 앞에 진을 치고 공성 무기와 다른 방법을 동원하여 성벽을 공격할 준비를 했다. (2) 앗티케 지방과 보이오티아 지방의 경계에 자리 잡은 오이노에는 요새화되어 있어서, 전시에는 아테나이인들이 이곳을 보루로 이용했기 때문이다. 그래서 펠로폰네소스인들은 공격 준비를 하고 그 밖의 일을 하느라 그 주위에서 오래 머물렀다.

(3) 이 때문에 아르키다모스는 심한 비판을 받았다. 전쟁을 하자는 여론이 들끓던 시기에도 그는 당장 전쟁을 시작하는 데 그다지 열의를 보이지 않아 나약하고 친(親)아테나이적이라고 간주되었다. 그리고 군대가 동원된 뒤에는 코린토스 지협에서 시간을 끌다가 뒤늦게 느릿느릿 행군한 탓에, 무엇보다도 이번에 오이노에 앞에서 시간을 낭비한 탓에 그는 인기가 떨어졌다. (4) 왜냐하면 그사이 아테나이인들이 재산을 시내로 운반하자, 펠로폰네소스인들은 아르키다모스가 꾸물대지만 않았어도 재빨리 공격해 아직 바깥에 있을 때 그들의 재산을 모두 탈취할 수 있었으리라고 생각했기 때문이다.

(5) 오이노에를 포위 공격한 동안 군대는 아르키다모스에게 이렇듯 분개하고 있었다. 일설에 따르면, 그가 지체한 이유는 아테나이인들이 국토가 폐허가 되는 것을 차마 볼 수 없어 국토가 아직 온전할 때 뭔가 양보할 것이라고 기대했기 때문이라고 한다.

19 (1) 그러나 아무리 공격하고 온갖 방법을 시도해보아도 오이노에를 함락할 수 없고 아테나이에서는 전령이 나타나지 않자, 그들은 마침내 오이노에를 뒤로하고 플라타이아이 사건이 일어난 지 80일쯤 지나 곡식이 익어가던 한여름에 앗티케 지방으로 쳐들어갔다. 그들의 지휘관은 라케다이몬인들의 왕 제욱시다모스의 아들 아르키다모스였다. (2) 그들은 처음에 엘레우시스 부근에 진을 치고 그 이웃 지역과 트리아 평야를 약탈하고 레이토이라는 염호 근처에서 아테나이의 기병대를 패퇴시켰다. 그 뒤 아이갈레오스 산맥을 오른쪽에 끼고 크로페이아 구역[13]을 지나 앗티

---

12 엘레우시니온(Eleusinion)은 엘레우시스의 여신들, 즉 데메테르와 페르세포네의 신전을 가리킨다.

13 앗티케 지방은 10개 부족이 거주하는 174구역(demos)으로 나뉘어 있었다.

케 구역에서 가장 큰 아카르나이로 진격했다. 그들은 이곳에 진을 치고 눌러앉아 한동안 노략질을 계속했다.

20 (1) 아르키다모스가 전투 대형을 갖춘 채 아카르나이 주위에 머무르며 이번 침공 때 평야로 내려가지 않은 것은 다음과 같은 의도에서였다고 한다. (2) 말하자면 그는 젊은이들이 넘쳐나고 그 어느 때보다 전쟁 준비가 잘된 아테나이인들이 자신들의 국토가 황폐화되는 것을 보다 못해 어쩌면 싸우러 나올 것이라고 생각한 것이다. (3) 그래서 아테나이인들이 엘레우시스나 트리아 평야로 그를 공격하러 진격해오지 않자, 그는 아카르나이에 이렇게 오랫동안 진을 침으로써 그들을 유인하려 한 것이다. (4) 거기에는 두 가지 이유가 있었다. 첫째, 아카르나이는 그가 보기에 진을 치기에 적당했고, 둘째, 중무장보병을 3천 명이나 보유하고 있어 국가의 주요 구성원인 아카르나이인들이 자신들의 재산이 약탈당하는 것을 수수방관하지 않고 다른 구성원들도 나와서 싸우도록 강요할 것 같았기 때문이다. 한편 이렇게 쳐들어가도 아테나이인들이 나와서 싸우지 않는다면, 펠로폰네소스인들이 앞으로는 더욱더 대담하게 쳐들어가 들판을 약탈하며 곧장 아테나이의 성벽으로 진격할 참이었다. 이때쯤이면 아카르나이인들이 자신들의 재산을 잃은 뒤라 남의 재산을 위해 이전처럼 목숨을 걸 마음은 내키지 않을 것이고, 그러면 아테나이의 정책에 혼선이 빚어질 테니 말이다. (5) 아르키다모스는 그런 의도에서 아카르나이에 머물렀던 것이다.

21 (1) 한편 아테나이인들은 적군이 엘레우시스와 트리아 평야에 머무르는 동안에는 더는 가까이 다가오지 않으리라는 한 가닥 희망을 품고 있었다. 그들은 14년 전 라케다이몬인들의 왕 파우사니아스의 아들 플레이스토아낙스가 펠로폰네소스인들의 군대를 이끌고 앗티케에 쳐들어왔을 때 엘레우시스와 트리아 평야에 이르러서는 더는 가까이 다가오지 않고 철

수한 사실을 떠올린 것이다. 그래서 플레이스토아낙스는 뇌물을 받고 철수했다는 혐의를 받고 스파르테에서 추방당했다.

(2) 그러나 아테나이에서 불과 60스타디온 떨어진 아카르나이에서 적군을 발견하고부터는 아테나이인들은 더는 참을 수 없었다. 젊은이들은 자기들 눈앞에서 국토가 폐허가 되는 것을 한 번도 본 적이 없었고, 나이 많은 사람들도 페르시아 전쟁 때 말고는 본 적이 없었다. 그래서 당연한 일이지만 이에 분개했고, 특히 젊은이들은 좌시하지 않고 나가 싸우기를 원했다.

(3) 그리하여 그들은 한데 모여 격론을 벌였는데, 더러는 나가서 싸우자 했고, 더러는 이에 반대했다. 그리고 예언자들이 온갖 예언을 읊어대자, 저마다 취향에 맞는 예언에 열심히 귀를 기울였다. 특히 아카르나이인들이 나가서 싸우기를 고집했는데, 그들은 자신들이 아테나이 국가의 주요 구성원이라고 생각했으며, 지금 황폐해지는 것도 그들의 땅이었기 때문이다. 도시는 온통 혼란의 도가니였다. 사람들은 페리클레스에게 분통을 터뜨리면서 그가 이전에 준 조언도 모두 잊은 채 그는 명색이 장군이면서 자기들을 싸움터로 인솔해 나가지 않는다고 비난했으며, 자기들이 겪고 있는 모든 불행은 전적으로 그의 책임이라고 생각했다.

22 (1) 페리클레스는 그들이 현재 상황에 화가 나 올바르게 판단할 수 없을 뿐더러 나가 싸우지 않는다는 자신의 결정이 옳다는 확신에서 민회나 다른 회의를 일절 열지 않았으니, 사람들이 모여서 토론하면 이성보다는 분노의 영향을 받아 나쁜 결정을 내리지 않을까 두려웠기 때문이다. 그동안 그는 도시를 수호하며 되도록 은인자중했다. (2) 그럼에도 그는 계속 기병대를 내보내 적군의 정찰대가 도시 근교 농촌에 침입하여 해코지하는 것을 막고자 했다.

프뤼기아 마을에서 텟살리아 기병대의 지원을 받는 아테나이 기병대 일부와 보이오티아 기병대 사이에 소규모 충돌이 있었는데, 중무장보병이 보이오티아 기병대를 도우러 올 때까지는 아테나이 기병대와 텟살리아 기병대가 더 우세했다. 그러나 적군의 중무장보병 부대가 나타나자 그들은 소수의 전사자를 남겨둔 채 후퇴했다. 하지만 그들은 휴전조약을 맺지 않고 그날 시신들을 되찾았다. 그리고 이튿날 펠로폰네소스인들은 승전비를 세웠다.

(3) 이 텟살리아 원군은 양국 간의 옛 동맹조약¹⁴에 따라 아테나이에 파견되었는데, 그때 도착한 기병대는 라리사, 파르살로스, 페이라시아, 크란논, 퓌라소스, 귀르토네, 페라이 출신들이었다. 라리사에서 파견된 부대는 서로 정파(政派)를 달리하는 폴뤼메데스와 아리스토누스가 지휘했고, 파르살로스에서 파견된 부대는 메논이 지휘했다. 그 밖의 도시에도 따로 지휘관이 있었다.

23 (1) 펠로폰네소스인들은 아테나이인들이 싸우러 나오지 않자 아카르나이에 있던 군영을 떠나 파르네스 산과 브릴렛소스 산 사이의 몇몇 구역을 약탈하기 시작했다. (2) 그들이 아직 앗티케 땅에 있는 동안 아테나이인들은 모든 준비를 갖춘 함선 1백 척을 파견해 펠로폰네소스 반도 해안을 따라 항해하게 했다. 이 함선들에는 중무장보병 1천 명과 궁수 4백 명이 타고 있었는데, 크세노티모스의 아들 카르키노스, 에피클레스의 아들 프로테아스, 안티게네스의 아들 소크라테스가 그들을 지휘했다.

(3) 함대는 그렇게 준비를 갖추고 원정길에 올랐으며, 한편 펠로폰네소스인들은 보급이 원활하게 이루어지는 동안에는 앗티케 지방에 머물러 있다가, 쳐들어왔을 때와는 달리 보이오티아 지방을 거쳐 철수했다. 그들은 오로포스를 지나가면서 이른바 그라이아 지역을 약탈했는데, 그곳에 거주하는 오로포스인들은 아테나이에 종속되어 있었기 때문이다. 그들은 펠로폰네소스에 도착하자 해산하여 각자 자기 도시로 돌아갔다.

24 (1) 펠로폰네소스인들이 철수하자 아테나이인들은 육지에도 바다에도 수비대를 배치했는데, 전쟁이 지속되는 내내 이 수비대들을 유지할 참이었다. 그들은 또 아크로폴리스에 쌓아둔 기금에서 1천 탈란톤을 떼어내 쓰지 않고, 전비는 나머지 기금에서 충당하기로 결의했다. 그리고 바다에서 공격해오는 적의 함대를 격퇴하는 경우 말고는 이 별도의 기금을 사용하자고 발의하거나 표결에 부칠 것을 요구하는 자는 사형에 처하기로 했다. (2) 그들은 또 해마다 그해에 가장 훌륭한 함선 1백 척으로 구성된 예비 함대와 선장들을 별도로 두되, 이 함선들은 별도의 기금과 함께 필요할 경우 위급할 때만 투입하기로 했다.

25 (1) 한편 펠로폰네소스 해안을 따라 항해하던 아테나이 함선 1백 척은 케르퀴라가 파견한 함선 50척과 그 지역의 다른 동맹국들이 파견한 몇 척의 함선에 의해 보강되었다. 그들은 바닷가에 있는 여러 곳을 해코지한 뒤 라코니케 지방의 메토네에 상륙하여 허약한 데다 수비대도 세우지 않은 그곳의 성벽을 공격했다.

(2) 그런데 마침 스파르테인으로 텔리스의 아들인 브라시다스가 소규모 기동 타격대를 이끌고 그 지역에 와 있었다. 그는 무슨 일이 일어나고 있는지 알게 되자 중무장보병 1백 명을 이끌고 성벽 안에 있는 자들을 구하러 갔다. 아테나이군이 성 밖 여기저기에서 성벽을 공격하느라 여념이 없는 모습을 본 브라시다스는 그들을 돌파하고 메토네 시내로 뛰어들어가, 그 과정에서 부하를 몇 명 잃기는 했어도 도시를 구했다. 이 무공 덕분에 그는 이 전쟁 중 스파르테에서 공개적으로 찬사를 받은 첫 번째 인물이 되었다.

(3) 그러자 아테나이인들은 그곳을 뒤로하고 계속 펠로폰네소스 해안을

---

14 1권 102장 4절 참조.

따라 항해하다가 엘리스 지방의 페이아에 상륙하여 이틀 동안 그곳을 약탈했고, 엘리스 지방의 분지와 그 주변 지역에서 구원하러 달려온 정예병 3백 명을 격퇴했다. (4) 그러나 정박소도 없는 곳에서 갑자기 돌풍이 덮치자 그들 대부분은 도로 배에 올라 이른바 '물고기' 곶을 돌아 페이아 항에 들어왔다. 한편 멧세니아인들과 배에 오를 수 없던 몇몇 사람들은 걸어서 페이아로 행군하여 그곳을 함락했다. (5) 그 뒤 해안을 따라 항해하던 함선들이 그들을 싣고 페이아를 뒤로한 채 바다로 나갔으니, 엘리스의 주력부대가 그곳을 구원하러 다가왔기 때문이다. 아테나이인들은 해안을 따라 항해를 계속하며 다른 곳들도 약탈했다.

26 (1) 거의 같은 시기에 아테나이인들은 함선 30척을 파견해 로크리스 지방 앞바다를 순항하며 에우보이아 섬을 감시하게 했는데, 클레이니아스의 아들 클레오폼포스가 함대를 지휘했다. (2) 그는 해안지대에 여러 번 상륙하여 여러 곳을 약탈했고, 트로니온을 함락하여 그곳에서 인질을 잡았으며, 그곳을 구원하러 온 로크리스인들을 알로페에서 격퇴했다.

27 (1) 그해 여름 아테나이인들은 이번 전쟁은 상당 부분 아이기나인들의 책임이라며 그들이 처자를 데리고 아이기나 섬을 떠나게 했다. 그리고 아테나이인들이 보기에, 아이기나는 펠로폰네소스 앞바다에 있어서 자신들이 이주민을 보내 그곳을 차지하는 편이 더 안전할 것 같았다. 그 뒤 오래지 않아 아테나이인들은 그곳에 이주민을 보냈다.

(2) 라케다이몬인들은 추방당한 아이기나인들에게 튀레아 시를 거처로 제공하며 경작할 땅을 주었는데, 이는 아테나이에 대한 적대감 때문이기도 했지만, 지진이 일어나고 국가 노예들이 반란을 일으켰을 때[15] 아이기나인들이 스파르테에 도움을 주었기 때문이기도 했다. 튀레아는 아르고스와 라코니케 지방의 경계에 자리 잡고 있었고 바다에 면해 있었다. 아이기나인들 가운데 일부는 그곳에 정착했지만 나머지는 헬라스 각지로

흩어졌다.

28 같은 해 여름 음력으로 새달이 시작될 무렵—하긴 이때에만 그런 일이 일어날 수 있다고 생각되지만—정오가 지난 뒤 일식이 일어났다. 태양은 본래 모습으로 돌아오기 전에 초승달 모양이 되었고, 별들도 몇 개 눈에 띄었다.

29 (1) 또 같은 해 여름 아테나이인들은 퓌테스의 아들 뉨포도로스라는 압데라인을 자신들의 현지인 영사(領事)[16]로 임명하고 아테나이로 불렀다. 전에는 그를 적으로 간주했지만, 그의 누이가 트라케 왕 테레스의 아들 시탈케스와 결혼해 그가 시탈케스에게 큰 영향력을 행사하던 터라, 그들이 시탈케스와 동맹을 맺을 수 있도록 그가 주선해주기를 원한 것이다. (2) 시탈케스의 아버지 테레스는 오드뤼사이족의 대왕국을 건설했는데, 비록 트라케의 많은 부분이 독립을 유지하고 있었지만 이 왕국이 트라케의 대부분을 차지하고 있었다. (3) 이 테레스는 아테나이 왕 판디온의 딸 프로크네와 결혼한 테레우스와는 무관하다. 두 사람은 같은 트라케인이지만 출신 지역이 다르다.

테레우스는 지금은 포키스라고 하지만 그때는 트라케인들이 살곤 하던 다울리아에 살았다. 여인들이 이튀스에게 범행을 저지른 곳도 이곳이다. 그래서 많은 시인들이 밤꾀꼬리를 언급할 때 '다울리아 새'[17]라고 불렀던 것이다. 판디온은 사위를 고를 때 상호 원조의 가능성도 염두에 둔 것

---

15 1권 101장 2절 참조.

16 proxenos. 특정 국가의 이익을 대변하는 현지인.

17 전설적인 아테나이 왕 판디온(Pandion)의 딸 프로크네(Prokne)는 트라케 왕 테레우스(Tereus)와 결혼하지만, 그가 처제인 필로멜레(Philomele)를 범하고 그녀의 혀를 잘라버리자 이에 분개하여 자신과 테레우스 사이에서 태어난 아들 이튀스(Itys)를 죽여 그 고기로 요리를 만들어 남편에게 먹인다. 테레우스가 나중에 이 사실을 알고 두 자매를 쫓아가 죽이려 하자 제우스가 그는 후투티로, 프로크네는 밤꾀꼬리로, 필로멜레는 제비로 변신시켰다고 한다.

같은데, 그것은 아테나이와 오드뤼사이족 사이처럼 왕래하는 데 여러 날 걸리는 먼 거리보다는 아테나이와 다울리아 사이처럼 가까운 거리라야 실현 가능하다. 테레우스와는 이름도 다른 테레스는 오드뤼사이족 최초의 강력한 왕이었다.

(4) 그리고 아테나이인들이 그의 아들 시탈케스와 동맹을 맺고자 하는 것은 트라케 지방의 도시들과 페르딕카스를 제압하는 데 도움을 받고 싶었기 때문이다. (5) 그래서 아테나이에 온 뉨포도로스는 시탈케스와의 동맹을 성사시키고 자기 아들 사도코스를 아테나이 시민으로 만들었으며, 아테나이인들에게 트라케의 기병대와 경방패병 부대를 파견하도록 시탈케스를 설득함으로써 트라케의 전투를 끝내겠다고 약속했다. (6) 뉨포도로스는 또 페르딕카스가 아테나이인들과 화해하게 하고, 아테나이인들은 그에게 테르메를 돌려주도록 설득했다. 그 뒤 페르딕카스는 곧 포르미온 휘하의 아테나이인들과 합세하여 칼키디케인들을 치러 갔다. (7) 그리하여 테레스의 아들로 트라케인들의 왕인 시탈케스와 알렉산드로스의 아들로 마케도니아인들의 왕인 페르딕카스는 아테나이인들의 동맹군이 되었다.

30 (1) 그사이 1백 척의 함선에 나누어 타고 여전히 펠로폰네소스 앞바다를 항해하던 아테나이인들은 코린토스인들의 작은 도시 솔리온을 함락하여 팔라이로스 시에 거주하는 아카르나니아인들만이 그 도시를 차지하고 부근 농토를 경작할 수 있게 해주었다. 그러고 나서 참주 에우아르코스가 다스리던 아스타코스를 제압하여 에우아르코스를 축출한 다음 그곳을 동맹국으로 삼았다.

(2) 그 뒤 그들은 케팔레니아 섬으로 항해해가서 싸우지도 않고 그곳을 손에 넣었다. 아카르나니아 지방과 레우카스 섬과 마주 보는 이 섬은 팔레, 크라니오이, 사모스, 프론노이라는 네 도시로 이루어져 있다. 그 뒤

얼마 지나지 않아 함대는 아테나이로 돌아갔다.

31 (1) 이해 가을 재류외인을 포함한 아테나이의 전군(全軍)이 메가라 영토로 쳐들어갔는데, 크산팁포스의 아들 페리클레스가 그들을 지휘했다. 1백 척의 함선에 나누어 타고 귀환하던 중 이때 마침 아이기나에 도착한 아테나이인들은 전군이 아테나이를 떠나 메가라에 와 있다는 소식을 듣고는 배를 타고 건너가 그들과 합류했다.

(2) 이때 합류한 아테나이군은 분명 아테나이 역사상 가장 큰 규모였다. 아테나이는 이 무렵 전성기를 누리고 있었고, 아직은 역병(疫病)이 돌지 않았기 때문이다. 아테나이 시민으로 구성된 중무장보병만 해도 포테이다이아에 가 있는 3천 명[18]을 빼고도 1만 명이 넘었고, 이번 침공에 합류한 재류외인으로 구성된 중무장보병이 3천 명이 넘었다. 그 밖에 경무장보병도 적지 않았다. 그들은 메가라 영토 대부분을 약탈한 다음 아테나이로 돌아갔다. (3) 그 뒤에도 이번 전쟁 내내 아테나이의 기병대나 전군이 해마다 메가라 영토로 쳐들어갔는데, 그런 침공은 니사이아 항이 아테나이인들에게 함락될 때[19]까지 계속되었다.

32 역시 이해 여름이 끝나갈 무렵 아테나이인들은 오푸스의 로크리스 앞바다에 있는 전에는 무인도였던 아탈란테 섬에 요새를 구축했는데, 해적이 오푸스와 로크리스의 다른 곳에서 출동하여 에우보이아 섬을 약탈하는 것을 막기 위해서였다.

이 사건들은 이해 여름 펠로폰네소스인들이 앗티케에서 철수한 뒤에 일어났다.

33 (1) 같은 해 겨울 아카르나니아인 에우아르코스는 아스타코스로 돌아가

---

18 1권 57, 61, 64장 참조.
19 기원전 424년.

고 싶어, 함선 40척과 중무장보병 1천5백 명을 이끌고 와서 자기를 복권시켜달라고 코린토스인들을 설득하고, 자신도 약간의 용병을 고용했다. 이번 원정대의 지휘관은 아리스토뉘모스의 아들 에우파미다스, 티모크라테스의 아들 티목세노스, 크뤼시스의 아들 에우마코스였다. (2) 그들은 아스타코스로 항해해가서 에우아르코스를 복권시킨 다음 아카르나니아 해안지대 몇 군데를 손에 넣으려 했으나 실패하자 귀로에 올랐다. (3) 돌아가는 길에 그들은 케팔레니아 섬에 들러 크라니오이 땅에 상륙했는데, 그곳 주민이 협약을 맺어놓고 갑자기 기습한 탓에 대원 몇 명을 잃었다. 그들은 악전고투 끝에 힘겹게 승선하여 코린토스로 돌아갔다.

34　(1) 같은 해 겨울 아테나이인들은 전통적인 관습에 따라 이번 전쟁에서 죽은 최초의 전사자들을 위해 국비로 장례를 치렀는데, 장례는 다음과 같이 치러진다. (2) 장례를 치르기 이틀 전 쳐놓은 천막에 전사자의 유골이 안치되면, 사람들은 각자 고인이 된 친척에게 원하는 제물을 바친다. (3) 그 뒤 장례 행렬에서는 삼나무 관들이 수레로 운반된다. 부족[20]마다 하나씩 배정된 관 속에는 그 부족 구성원들의 유골이 들어 있다. 행렬에는 빈 관대(棺臺) 하나가 장식된 채 운반되는데, 이것은 시신을 찾을 수 없는 실종자들을 위한 것이다.

(4) 시민이든 이방인이든 원하는 사람은 누구나 행렬에 참가할 수 있고, 여자 친척들도 무덤가에서 고인을 애도한다. (5) 유골은 아테나이의 가장 아름다운 교외[21]에 자리 잡은 공동묘지에 안치하는데, 아테나이인들은 언제나 그곳에 전사자를 매장한다. 다만 마라톤에서 전사한 자들은 예외이다. 그들은 탁월한 무공을 세운 것으로 인정받아 전사한 곳에 매장되었다. (6) 유골이 묻히고 나면 도시가 선출한 지적 능력이 탁월한 명망가가 고인들에게 적절한 찬사를 바친다. 찬사가 끝나면 모두들 그곳을 떠난다.

(7) 장례는 그렇게 진행되는데, 이번 전쟁 내내 그럴 필요가 있을 때마다 아테나이인들은 이 관습을 따랐다. (8) 이번 전쟁에서 죽은 최초의 전사자들을 위한 장례식에서는 크산팁포스의 아들 페리클레스가 연설하도록 선출되었다. 때가 되자 그는 무덤가를 떠나 되도록 많은 사람들이 듣도록 높다랗게 설치된 연단에 올라 다음과 같이 말했다.

35 (1) "지금까지 이 연단에 서서 연설한 사람은 대부분 이런 연설로 장례식을 끝맺는 관행을 칭찬했는데, 그들은 전사자들의 장례식 때 이런 연설을 하는 것을 훌륭한 일로 여겼기 때문입니다. 하지만 나는 그에 동의하지 않습니다. 국비로 치러진 이번 장례식에서 여러분도 보았듯, 행동으로 용기를 보여준 사람들에게는 행동으로 명예를 높여주면 그것으로 충분하다고 생각합니다. 수많은 사람들의 미덕에 대한 우리의 믿음이 한 사람이 연설을 잘하느냐 못하느냐에 좌우되어서는 안 될 것입니다.

(2) 진실을 말한다는 믿음을 청중에게 심어주기 어려운 경우에는 균형감각을 유지하며 말하기가 쉽지 않기 때문입니다. 청중 가운데 사실을 잘 알고 있고 전사자의 친구였던 사람들은 연설이 자기가 알고 있는 것과 듣고 싶은 것에 미치지 못한다고 생각할 테고, 사실을 모르는 사람들은 자신의 능력을 넘어서는 업적에 관해 들으면 샘이 나서, 연사가 과찬을 한다고 생각할 테니 말입니다. 남들에 대한 칭찬은 각자가 자기도 들은 대로 할 능력이 있다고 자부하는 선까지는 용납되지만, 일단 그 선을 넘어서면 시기와 불신을 사게 됩니다. (3) 그러나 이런 연설을 하는 것은 훌륭한 일이라고 우리 선조가 인정한 만큼, 나도 당연히 관습에 따라 여러분 각자의 소망과 기대에 부응하도록 최선을 다해야겠지요.

20 아테나이 시민들은 기원전 508년 클레이스테네스에 의해 10개 부족으로 나뉘었다.
21 아테나이 북서쪽에 있는 케라메이코스(Kerameikos '도공들의 장터') 구역을 말한다.

36 (1) 나는 먼저 우리 선조에 관해 언급하려 합니다. 이런 기회에 그분들을 기억함으로써 그분들의 명예를 높여드리는 것이 정당하고 적절하기 때문입니다. 오늘날에 이르기까지 그분들이 대대로 이 나라를 차지하고 살지 않은 적은 한 번도 없었는데,[22] 우리가 자유국가를 물려받은 것은 그분들의 용기 덕분입니다. (2) 그분들도 분명 칭찬받을 만하지만 우리 아버지들[23]은 더욱 칭찬받을 만합니다. 우리 아버지들은 노고도 불사하며 자신들이 물려받은 것에 지금 우리가 다스리는 제국 전체를 보탠 다음 지금 세대를 사는 우리에게 물려주었습니다. (3) 여기 모인 나이 지긋한 우리는 대부분의 분야에서 제국의 힘을 강화하고 모든 면에서 도시를 정비하여 전시에나 평화 시에나 완전히 자족할 수 있게 해놓았습니다.

(4) 나는 여러분 모두가 잘 알고 있는 주제에 관해서는 긴말하지 않겠습니다. 우리의 재산을 하나씩 늘려준 전공(戰功)들이나, 우리 또는 우리 아버지들이 헬라스인들 또는 비헬라스인들의 침략을 과감히 물리친 전투들에 관해서는 언급하지 않겠다는 말씀입니다. 나는 먼저 지금의 우리를 있게 한 정신자세와, 우리를 위대하게 만들어준 정체(政體)와 생활 방식을 언급하고, 그런 다음 전사자들에게 찬사를 바칠까 합니다. 지금 상황에서 그런 것들을 언급하는 것은 부적절하지 않을뿐더러, 이런 이야기를 들어두는 것은 시민이든 이방인이든 모든 청중에게 유익하리라 생각됩니다.

37 (1) 우리의 정체는 이웃나라들의 제도를 모방한 것이 아닙니다. 우리는 남을 모방하기보다 남에게 본보기가 되고 있습니다. 소수자가 아니라 다수자의 이익을 위해 나라가 통치되기에 우리 정체를 민주정치라고 부릅니다. 시민들 사이의 사적인 분쟁을 해결할 때는 법 앞에 만인이 평등합니다. 그러나 주요 공직 취임에는 개인의 탁월성이 우선시되며, 추첨이 아니라 개인적인 능력이 중요합니다. 마찬가지로 누가 가난이라는 불리

한 조건에도 불구하고 도시를 위해 좋은 일을 할 능력이 있다면 가난 때문에 공직에서 배제되는 일도 없습니다.

(2) 우리는 정치 생활에서 자유롭고 개방적인데 일상생활에서도 그 점은 마찬가지입니다. 우리는 서로 시기하고 감시하기는커녕 이웃이 하고 싶은 일을 해도 화내거나 못마땅하다는 표정을 짓지 않는데, 그런 표정은 실제로 해를 끼치지는 않지만 남의 감정을 상하게 하지요. (3) 사생활에서 우리는 자유롭고 참을성이 많지만, 공무에서는 법을 지킵니다. 그것은 법에 대한 경외심 때문입니다. 우리는 그때그때 당국자들과 법, 특히 억압받는 자를 보호하기 위해 제정된 법과, 그것을 어기는 것을 치욕으로 간주하는 불문율에 순순히 복종하기에 하는 말입니다.

38 (1) 게다가 우리는 일이 끝나고 나면 우리 마음을 위해 온갖 휴식을 취할 수 있습니다. 사시사철 여러 가지 경연대회와 축제가 정기적으로 열리고, 우리의 가정은 아름답게 꾸며져 있어 날마다 우리를 즐겁게 하고 근심을 쫓아주기 때문입니다. (2) 그리고 도시가 크다 보니 온 세상에서 온갖 상품이 모여들어, 우리에게는 외국 물건을 사용하는 것이 자국 물건을 사용하는 것만큼이나 자연스럽습니다.

39 (1) 군사정책에서도 우리는 적들과 다릅니다. 몇 가지 예를 들어보겠습니다. 우리 도시는 온 세계에 개방되어 있으며, 적에게 유리할 수 있는 군사기밀을 사람들이 훔쳐보거나 알아내는 것을 방지하기 위해 외국인을 추방하곤 하지도 않습니다. 그것은 우리가 비밀 병기 따위보다는 우리 자신의 용기와 기백을 더 믿기 때문입니다. 교육체계에서도 차이가

---

22 아테나이인들은 펠로폰네소스 등지에 정착한 도리에이스족(Dorieis)이 이주민인 것과 달리 자신들이 앗티케 지방의 본토박이들이라고 생각했다.

23 페르시아 전쟁 때 적군을 물리친 세대.

납니다. 라케다이몬인들은 어릴 적부터 용기를 북돋기 위해 혹독한 훈련을 받지만, 우리는 얽매이지 않는 삶을 살면서도 그들 못지않게 위험에 맞설 각오가 되어 있습니다. (2) 예를 들어 라케다이몬인들이 우리나라에 쳐들어올 때는 자기들만 오지 않고 동맹군을 모두 데려오지만, 우리가 적국을 공격할 때는 단독으로 해치우며, 남의 나라에서 싸우는데도 불구하고 자기 재산을 지키기 위해 싸우는 적군을 대개 어렵지 않게 제압합니다.

(3) 우리의 어떤 적도 아직 우리의 전군과 맞닥뜨린 적이 없습니다. 우리는 해군도 유지해야 하고 동시에 여러 곳의 지상전 싸움터에도 부대를 파견해야 하기 때문입니다. 적군은 어딘가에서 우리의 파견대와 맞닥뜨려 우리 가운데 일부를 제압하면 자기들이 우리 전군을 물리쳤다고 자랑하고, 자기들이 지면 우리의 전군에게 졌다고 주장합니다.

(4) 우리는 혹독한 훈련에 의해서가 아니라 편안한 마음으로, 강요에 따른 용기보다는 타고난 용기로 자발적으로 위기에 맞서는데, 거기에는 몇 가지 이점이 있습니다. 말하자면 나중에 당할 고통을 미리 당하지 않아도 되고, 또 막상 고통이 닥치면 우리도 늘 혹독한 훈련을 하는 자들 못지않게 용감하다는 것을 보여준다는 것입니다. 이것이 우리 도시가 칭찬받아 마땅한 한 가지 이유입니다. 그럴 이유는 또 있습니다.

40 (1) 말하자면 우리는 고상한 것을 사랑하면서도 비용을 많이 들이지 않으며, 지혜를 사랑하면서도 문약하지 않습니다. 우리에게 부(富)는 행동을 위한 수단이지 자랑거리가 아닙니다. 가난을 시인하는 것이 부끄러운 일이 아니라 가난을 면하기 위해 실천적인 조치를 취하지 않는 것이 진정으로 부끄러운 일입니다.

(2) 이곳에서 정치가들은 가사(家事)도 돌보고 공적인 업무도 처리하며, 주로 생업에 종사하는 사람들도 정치에 무식하지 않습니다. 우리 아테나

이인들만이 특이하게도 정치에 참여하지 않는 자들을 비정치가가 아니라 무용지물로 간주합니다. 그리고 우리만이 정책을 직접 비준하거나 토의하는데, 그것은 우리가 말과 행동을 양립할 수 없는 것으로 보지 않고, 결과를 따져보기도 전에 필요한 행동부터 취하는 것을 최악으로 보기 때문입니다.

(3) 우리와 다른 백성 사이에는 또 다른 차이점이 있습니다. 우리는 모험심이 강하면서도 사전에 심사숙고할 능력이 있는 데 반해, 다른 백성은 무지하기에 용감하고, 그들에게 숙고한다는 것은 주저하는 것입니다. 그렇지만 인생에서 두려운 것과 즐거운 것의 의미를 명확히 알기에 어떤 위험도 피하지 않는 사람이야말로 진실로 정신력이 가장 강한 사람이라고 보아야 할 것입니다.

(4) 우리는 선행의 개념에서도 대부분의 다른 백성과 현저하게 다릅니다. 우리는 남의 호의를 받아들임으로써가 아니라 남에게 호의를 베풂으로써 친구를 만들기 때문입니다. 그렇지만 둘 중 호의를 베푼 쪽이 더 신뢰받게 마련입니다. 그는 계속 호의를 베풀어 받은 쪽이 고마워하는 마음을 간직하기를 원하지만, 받은 쪽이 호의를 되갚아도 자발적으로 베푸는 것이 아니라 빚을 갚는다는 생각 때문에 베푼 쪽만큼 열의를 보이지 않기 때문입니다. (5) 남을 돕는 방법도 특이한데, 우리는 손익을 따져보고 남을 도와주는 것이 아니라 우리의 자유를 믿고 아무 두려움 없이 도와줍니다.

41 (1) 간단히 말해 우리 도시 전체가 헬라스의 학교[24]입니다. 그리고 우리 시민 개개인은 인생의 다양한 분야에서 유희하듯 우아하게 자신만의 특질을 개발할 능력이 있다고 생각됩니다. (2) 내 말이 이 자리를 위한 공허

24 tes Hellados paideusis.

한 수사(修辭)가 아니라 실체적 진실이라는 것은 우리가 앞서 말한 자질들을 통하여 획득한 이 도시의 힘이 입증해주고 있습니다. (3) 현존하는 국가 중에 아테나이만이 막상 시험해보면 그 명성을 능가합니다. 아테나이만이 쳐들어오다가 패배한 적군에게 자기들보다 못한 자들에게 졌다는 원한을 사지 않으며, 속국으로부터 지배할 가치가 없는 자들의 지배를 받는다는 불만을 사지 않습니다.

(4) 우리의 힘을 입증해줄 굵직굵직한 증거를 여기저기 남긴 만큼 우리는 지금 사람들에게도 후세 사람들에게도 경탄의 대상이 될 것입니다. 따라서 우리는 호메로스나, 그 밖에 그 미사여구가 당장은 우리를 즐겁게 해주어도 실체적 진실에 의해 허구로 드러나게 될 다른 시인의 찬사가 필요 없습니다. 우리는 모든 바다와 육지가 우리의 모험정신에 길을 열도록 강요했고, 적들에게 보복하고 친구들을 도와주었음을 입증할 영원한 기념비를 곳곳에 남겼으니 말입니다.

(5) 바로 그런 도시를 위해 여기 이분들이 용감하게 싸우다가 죽어간 것이니, 그런 도시를 잃어서는 안 된다고 생각한 것입니다. 그러니 살아남은 우리도 저마다 그런 도시를 위하여 당연히 노고를 감수해야 할 것입니다.

42 (1) 내가 우리 도시의 성격에 관해 이처럼 자상하게 말한 까닭은, 이런 투쟁이 우리 같은 혜택을 누리지 못하는 다른 사람들보다 우리에게 더 많은 것을 뜻한다는 점을 밝히고, 여기 이분들에 대한 내 찬사를 증거로 뒷받침하기 위해서입니다. (2) 그런데 내 찬사의 주요 부분은 이미 말씀드렸습니다. 나는 우리 도시를 찬양했지만, 우리 도시를 빛낸 것은 여기 이분들과 이분들 같은 분들의 용기와 무공입니다. 이분들처럼 찬사와 공적이 균형을 이루는 헬라스인들은 많지 않기 때문입니다. 이분들이 맞이한 것과 같은 최후는 그것이 최초의 발로이든 최종 확인이든 이분들의 인간

적인 가치를 보여준다고 나는 생각합니다. (3) 이분들 중에는 흠결이 있는 분도 있겠지만, 우리가 먼저 기억해야 할 것은 조국을 지키기 위한 전쟁에서 이분들이 보여준 용기이기 때문입니다. 이분들은 나쁜 것을 좋은 것으로 상쇄하고, 사생활에서 끼친 해악보다 더 많은 선행을 공동체를 위하여 베풀었습니다.

(4) 이분들 가운데 어느 누구도 모아놓은 재산을 더 오래 즐기고 싶어 겁쟁이가 되지 않았으며, 어느 누구도 살다 보면 언젠가는 가난에서 벗어나 부자가 되겠지 하는 희망에서 위험 앞에 몸을 사리지 않았습니다. 그런 것들보다는 적에게 복수하는 일에 더 마음이 끌렸던 이분들은 이것을 모든 모험 중에서도 가장 영광스러운 것으로 여겼으며, 다른 것은 포기하고 적을 응징하는 길을 택했습니다. 이분들은 성패 여부를 불확실한 희망에 맡긴 채 자기 자신만을 믿고 눈앞에 닥친 현실에 대처했으며, 그럴 때는 굴복하고 목숨을 건지는 것보다는 버티다가 죽는 편이 더 명예롭다고 생각했습니다. 그래서 이분들은 사람들의 비난은 피했지만, 위험에 몸으로 맞서다가 잠시 뒤 위기를 맞아 두려움이 아닌 영광의 절정에서 세상을 하직한 것입니다.

43 (1) 그리하여 이분들은 이 도시에 어울리는 분들이 되었습니다. 뒤에 남은 우리는 더 좋은 결과가 나오기를 기구해야겠지만 적들에게 이분들 못지않게 불굴의 용기를 보여야 합니다. 그 이익은 이론적으로 따질 일이 아닙니다. 나도 우리가 적을 물리침으로써 무엇을 얻는지 여러분에게 장광설을 늘어놓을 수 있으며, 여러분도 나 못지않게 잘 알고 있습니다. 내가 바라는 것은 오히려 여러분이 날마다 우리 도시의 힘을 실제로 보고 우리 도시를 사랑하는 것이며, 우리 도시가 위대해 보이면, 우리 도시를 위대하게 만든 것은 모험심이 강하고, 자신의 의무가 무엇인지 알고, 의무를 다하는 것에 자부심을 느낀 사람들 때문이라는 사실을 기억하는 일

입니다. 이분들은 설령 어떤 계획을 수행하다가 실패했다 해도 도시가 자신들의 용기를 아쉬워해서는 안 되리라 생각하고 도시를 위해 자신들이 할 수 있는 최선을 다했습니다.

(2) 이분들은 공익을 위하여 목숨을 바치고 그 대가로 자신들을 위해 불멸의 명성과 가장 영광스러운 무덤을 받았습니다. 이분들의 유골이 안치될 무덤이 아니라, 그럴 기회가 날 때마다 말과 행동으로 영원히 추모되기 위해 이분들의 명성이 자리 잡고 있을 무덤 말입니다. (3) 온 세상이 탁월한 사람들의 무덤입니다. 고향 땅에 세운 비문만이 이분들에 관해 증언하는 것이 아니라 외국 땅에서도 이분들에 대한 기억은 기념비가 아니라 사람들 마음속에 살아 있기 때문입니다.

(4) 여러분은 이제 마땅히 이분들을 본받아, 행복은 자유에 있고 자유는 용기에 있음을 명심하고, 전쟁의 위험 앞에 너무 망설이지 마십시오. (5) 죽음조차 불사할 이유가 있는 사람이란 더 나아질 가망이 전혀 없는 불운한 사람이 아니라, 살아 있을 경우 운명이 역전될 수 있고 실패할 경우 가장 잃을 게 많은 사람입니다. (6) 자긍심을 가진 사람에게는 희망을 품고 용감하게 싸우다가 자신도 모르게 죽는 것보다, 자신의 비겁함으로 말미암아 굴욕을 당하는 것이 더 고통스러운 법입니다.

44 (1) 그래서 나는 여기 계신 전사자의 부모들에게도 애도가 아니라 위로의 말씀을 드리고자 합니다. 여러분도 아시다시피 여러분은 파란만장한 세상에 태어났습니다. 그리고 여기 이분들처럼 명예롭게 생을 마감할 수 있고 여러분처럼 명예롭게 이분들을 애도할 수 있다는 것은 다행이며, 인생에서 성공과 역경이 균형을 이루었으니 이분들의 삶은 그래도 행복했다고 할 수 있습니다. (2) 여러분은 아마 쉽게 이해되지 않겠지요. 한때 여러분이 자랑스러워하던 행복을 다른 사람들이 누리는 것을 보게 되면 여러분은 자식들이 생각날 텐데, 사람은 경험해보지 못한 것을 빼앗

겼을 때가 아니라 친숙해진 것을 잃었을 때 괴로운 법이니까요.

⑶ 하지만 여러분 가운데 아직은 자식을 낳을 수 있는 나이에 있는 이들은 다시 아들들을 가질 수 있다는 희망을 갖고 참고 견뎌야 합니다. 새로 태어난 자식은 여러분의 가정에서는 이미 세상을 떠난 자식들을 잊게 해줄 테고, 인구가 줄지 않게 하고 안전을 지켜줄 테니 도시에는 두 가지 이익을 가져다줄 것입니다. 남들처럼 자기 자식을 위험에 내맡기지 않는 사람들에게는 공평하고 공정한 정책을 기대할 수 없기 때문입니다.

⑷ 그러나 여러분 중에 자식을 낳을 나이가 지난 이들은 행복하게 보낸 인생의 더 많은 부분을 이익이라고 여기시되, 남은 부분은 길지 않다는 점을 명심하시고 죽은 아들들의 명성을 생각하는 것을 위안으로 삼기 바랍니다. 왜냐하면 명예욕만이 늙지 않으며, 몇몇 사람이 말하듯, 나이 많아 쓸모없어진 시기에는 재산을 축적하는 것이 아니라 남들의 존경을 받는 것이 더 큰 즐거움을 안겨주기 때문입니다.

45 ⑴ 여기 모인 전사자들의 아들과 형제 여러분에 관해 말하자면, 여러분 앞에 힘든 과제가 기다리고 있는 것이 보입니다. 누구나 고인은 찬양하게 마련이며, 여러분이 엄청나게 큰 공적을 쌓아도 이분들과 대등하지 않고 조금은 못한 것으로 평가받을 테니 말입니다. 살아 있을 때는 누구나 경쟁자들의 시기를 사지만, 죽은 자에게는 누구나 경쟁심이 없어져 따뜻한 경의를 표하기 때문입니다.

⑵ 여러분 가운데 이제 미망인이 된 부인들에게 부덕(婦德)에 관해 한마디 해야 한다면, 짤막한 조언으로 모든 것을 다 표현하겠습니다. 여러분이 타고난 본성에 따라 꿋꿋하게 살아가는 것이 여러분의 큰 명성이 되겠지만, 여러분의 가장 큰 명성은 칭찬을 받건 비난을 받건 남자들의 입길에 오르내리지 않는 것입니다.

46 ⑴ 이제 나는 관행에 따른 연설에서 해야 할 말을 다 했습니다. 또한 여

기 묻힌 분들에게 제물을 바침으로써 우리는 행동으로도 경의를 표했습니다. 그리고 앞으로는 국가가 이분들의 자녀를 어른이 될 때까지 국비로 부양할 것입니다. 이것이 고인이 이런 시련을 겪은 데 대한 보답으로 고인과 그 자녀들에게 국가가 바치는 상(賞)이자 영관(榮冠)입니다. 용기에 가장 큰 상을 주는 도시에는 가장 훌륭한 시민들이 살기 때문입니다. (2) 여러분은 각자 친척을 위해 충분히 애도했으니 이제는 이곳을 떠나도록 하십시오.”

47 (1) 그렇게 이해 겨울 장례식이 치러졌고, 겨울이 끝나면서 전쟁의 첫해도 저물었다. (2) 이듬해 여름이 시작되자 펠로폰네소스인들과 그 동맹군은 지난번처럼 전군의 3분의 2만 이끌고 앗티케에 쳐들어왔는데, 이번에도 지휘관은 라케다이몬인들의 왕 제욱시다모스의 아들 아르키다모스였다. 그들은 진을 치자마자 나라를 약탈하기 시작했다.

(3) 그들이 앗티케에 머무르고 며칠 되지 않아 아테나이인들 사이에 처음으로 역병(疫病)이 돌기 시작했다. 전에도 렘노스 등지에 역병이 돌았다는 보고는 있지만, 이토록 역병이 창궐해 인명 손실이 크게 났다는 기록은 아무 데도 없다. (4) 처음에는 무슨 병인지 몰라[25] 의사들이 제대로 치료를 할 수 없었다. 환자들과 접촉이 잦으니 실제로 의사들이 가장 많이 죽었다. 인간의 그 밖의 기술도 전혀 소용이 없었다. 신전에 가서 탄원을 해도, 신탁에 물어도, 그 밖에 그와 비슷한 행위를 해도 소용없기는 매일반이었다. 마침내 사람들은 불행에 압도되어 그런 노력마저 그만두기에 이르렀다.

48 (1) 이 역병은 아이귑토스 남쪽 아이티오피아에서 처음 발생하여 아이귑토스와 리뷔에[26]와 페르시아 제국 대부분에 퍼졌다고 한다. (2) 이 역병은 갑자기 아테나이 시에 퍼졌다. 맨 먼저 감염된 것은 페이라이에우스인들인데, 그들은 펠로폰네소스인들이 우물에—당시 그곳에는 샘이 없

었다—독을 탔다고 생각했다. 나중에 역병이 아테나이 시에까지 퍼지자 사망자 수가 크게 늘어났다.

(3) 이 역병이 처음에 어떻게 발생했으며, 그토록 심각한 변화를 유발할 수 있다고 생각되는 원인이 대체 무엇인지 숙고하는 일은 의료 경험이 있든 없든 다른 작가에게 맡기고, 나는 단지 이 역병이 실제로 어떠했는지 기술하고, 이 역병이 재발할 경우 연구자들이 그것만 미리 알면 이 역병을 확실히 알아볼 수 있도록 그 증상들을 말할까 한다. 나는 몸소 이 역병을 앓아보았고, 다른 사람들이 앓는 것도 직접 보았으니 말이다.

49 (1) 누구나 인정하듯, 이해에는 다른 질병에 걸린 사람이 유난히 적었다. 그러나 무슨 병이든 이미 병에 걸린 사람은 누구나 결국 이 역병에 감염되었다. (2) 그런가 하면 평소 건강한 사람들이 별 이유 없이 갑자기 감염되었는데, 최초 증상은 머리에 고열이 나고 눈이 빨갛게 충혈되는 것이었다. 입안에서는 목구멍과 혀에서 피가 나기 시작하고, 내쉬는 숨이 부자연스럽고 악취가 났다.

(3) 다음에는 재채기가 나며 목이 쉬었다. 얼마 뒤 고통이 가슴으로 내려오며 심한 기침이 났다. 이 병이 복부에 자리 잡게 되면 복통이 일어나면서 의사들이 이름을 붙인 온갖 담즙을 토하게 되는데, 큰 고통이 따랐다.

(4) 이어서 대부분의 경우 헛구역질과 함께 심한 경련이 일어나는데, 이런 경련은 어떤 사람들은 구역질을 하고 나면 곧 완화되었지만, 어떤 사람들은 한참 뒤에야 완화되었다.

(5) 겉으로 만지기에는 살갗이 별로 뜨겁지도 않고, 창백하기는커녕 오히려 불그스레하게 피멍이 들어 있으며, 작은 농포와 종기가 돋아났다.

---

25 홍역, 선(腺)페스트, 발진티푸스, 천연두, 인플루엔자, 에볼라 바이러스 등 의견이 분분하다.
26 북아프리카.

그러나 속으로는 타는 듯 뜨거워서 환자는 가장 가벼운 리넨 옷이 닿는 것조차 참을 수 없어 홀랑 벗고 싶어 하며, 아닌 게 아니라 찬물에 뛰어드는 것이 가장 큰 소원이었다. 돌보는 사람이 없는 많은 환자들이 식힐 수 없는 갈증에 시달리다가 실제로 저수조에 뛰어들곤 했다. 그러나 물을 많이 마시건 적게 마시건 갈증에 시달리기는 매일반이었다.

(6) 게다가 환자들은 계속해서 불면증에 시달려 쉴 수가 없었다. 병세가 최고조에 이른 기간에도 몸은 쇠약해지기는커녕 모든 고통에 대해 놀랄 정도의 저항력을 갖고 있어, 대부분의 환자가 몸속의 체열 때문에 숨을 거두는 아흐레 또는 이레째 되는 날에도 여전히 힘이 남아 있었다. 그러나 환자들이 이 기간을 넘기면, 역병이 배로 내려가 심한 궤양과 걷잡을 수 없는 설사를 유발해서 나중에는 대부분 그 때문에 쇠약해져 죽었다.

(7) 이렇듯 이 역병은 먼저 머리에 자리 잡고는 꼭대기부터 시작해 온몸을 타고 아래로 내려갔다. 또한 누가 최악의 결과를 피한다 해도 이 역병은 적어도 사지를 공격한 흔적을 남겼다. (8) 이 역병은 생식기나 손가락이나 발가락을 공격해, 살아남은 많은 환자들이 이 지체들의 기능을 상실했고 더러는 시력을 잃었으니 말이다. 기운을 차리고 나면 기억력을 완전히 상실하여 자신이 누군지도 모르고, 가장 가까운 사람들마저 알아보지 못하는 환자들도 더러 있었다.

50 (1) 이 역병의 증상은 실로 말로는 다 표현할 수 없었다. 환자들에게 인간으로서는 참을 수 없는 고통을 안겨주었을 뿐 아니라 이 역병이 통상적인 질병과는 전혀 다르다는 것이 특히 다음 사실에 의해 입증되었기 때문이다. 즉 묻지 않은 시신이 널려 있어도 인육을 먹는 새나 다른 짐승이 다가가지 않았으며, 인육을 먹은 경우에는 죽었다. (2) 그 증거로, 그런 종류의 새들은 완전히 자취를 감추어버려 시신 주위나 다른 곳에서도 볼 수 없었다는 사실을 들 수 있다. 그러나 개들은 사람과 함께 사는 만큼 시

신을 먹은 짐승이 어떻게 되었는지 더 분명하게 관찰할 수 있는 기회를 제공했다.

51 (1) 이 역병의 경우도 개인차는 많지만 그런 특이 사항들을 제외하면 이상이 전체적인 증상이었다. 이 시기에 사람들은 다른 통상적인 병에는 걸리지 않았는데, 걸린다 해도 결국 이 역병으로 끝났다. (2) 더러는 방치 상태에서 죽어갔고, 더러는 지극한 보살핌 속에 죽어갔다. 효과적인 치료제 따위는 없었다고 해야 사실에 가까울 것이다. 갑에게 효험 있는 것이 을에게는 해가 되었으니 말이다.

(3) 체질이 강하든 약하든 일단 이 병에 걸리면 차이가 없었으니, 이 병은 평소 건강 관리를 잘하고 못하고에 관계없이 사람을 무차별적으로 낚아채갔다. (4) 이 역병의 가장 무서운 점은 이 병에 감염되었다는 것을 알면 절망감에 사로잡히는 것(그럴 때 사람들은 희망이 없다고 믿고는 당장 자포자기에 빠져 저항력을 상실하기 때문이다)과, 사람들이 서로 간호하다 교차 감염되어 양 떼처럼 죽어가는 것이었다.

사실 이것이 사람들이 죽어간 주된 원인이었다. (5) 사람들이 환자 방문하기를 두려워하면 환자는 방치된 채 혼자 죽어갔기 때문이다. 돌보는 이가 없어 식구가 모두 죽어간 집도 실제로 비일비재했다. 그리고 환자를 방문하면 자신이 목숨을 잃었기 때문이다. 특히 예의 바른 처신을 중시하는 사람들이 그랬다. 그런 사람들은 일신의 안전만 생각하는 것을 부끄럽게 여겨, 그 가족이 엄청난 재앙에 압도되어 사실상 고인을 위해 애도하는 것조차 포기할 때도 계속 친지의 집을 찾아갔기 때문이다.

(6) 환자나 죽어가는 사람에게 가장 동정을 베푼 것은 병에 걸렸다 건강을 회복한 사람들이었다. 그것은 이들이 이 병에 걸리면 어떻게 된다는 것을 알고 있고, 같은 사람이 이 병에 두 번 걸리지 않으며, 걸린다 해도 치명적이지는 않았기에 자신들은 안전하다고 느꼈기 때문이다. 이들 살

아남은 사람들은 다른 사람들의 축하를 받았고, 건강이 회복되면 의기양양해져서 앞으로 자신들이 다른 병에 걸려 죽는 일은 없으리라는 허황된 희망을 품었다.

52 (1) 설상가상으로 농촌에서 도시로 인구가 유입됨으로써 고통이 가중되었는데, 특히 전입자의 경우가 심했다. (2) 그들은 집이 없어 여름에 숨막힐 것 같은 오두막에 살다가 걷잡을 수 없이 마구 죽어갔다. 죽은 사람의 시신이 겹겹이 쌓여 있었고, 반쯤 죽은 사람들이 거리에서 비틀거리거나 물을 마시려고 샘물가에 떼 지어 모여 있었다. (3) 그들이 거처로 정한 신전들은 그 안에서 죽은 사람의 시신으로 가득 찼다. 엄청난 재앙에 압도되어 자신이 어떻게 될지 알 수 없는 처지인지라 사람들이 종교나 법률의 규범 따위에는 무관심해졌기 때문이다.

(4) 전에는 늘 지키던 장례 의식이 이제는 뒤죽박죽이 되어, 각자 되는대로 시신을 묻었다. 집안에 죽은 사람이 많은 탓에 필요한 장례용품이 부족해 많은 사람이 가장 체면이 서지 않는 방법을 썼으니, 남이 쌓아놓은 화장용 장작더미에 먼저 도착해서 자신들이 운구해온 시신을 올려놓고 불을 지피거나 아니면 남의 장작더미에 불이 붙은 것을 보고는 운구하던 시신을 다른 시신 위에 던져놓고 가버리곤 하였다.

53 (1) 다른 점에서도 아테나이는 이 역병 탓에 무법천지가 되기 시작했다. 운세가 돌변하여 부자들이 갑자기 죽고 전에는 무일푼이던 자들이 그들의 재산을 물려받는 것을 보고 이제 사람들은 전에는 은폐하곤 하던 쾌락에 공공연하게 탐닉하였다. (2) 그래서 사람들은 목숨도 재물도 덧없는 것으로 보고 가진 돈을 향락에 재빨리 써버리는 것이 옳다고 여겼다. (3) 목표를 이루기도 전에 죽을지도 모르는 판국에 고상해 보이는 목표를 위해 사서 고생을 하려는 사람은 아무도 없었다. 당장의 쾌락과 그것에 이바지하는 것이면 무엇이나 고상하고 유용하다는 것이 중론이었다.

(4) 신들에 대한 두려움도 인간의 법도 구속력이 없었다. 신들에 대한 두려움에 관해 말하자면, 착한 사람이든 악한 사람이든 무차별적으로 죽는 것을 보자 그들은 신을 경배하든 않든 마찬가지라고 생각했다. 인간의 법에 관해 말하자면, 재판을 받고 벌을 받을 만큼 오래 살 것이라고 기대하는 사람은 아무도 없었다. 대신 저마다 자기에게는 이미 더 가혹한 판결이 내렸으며, 그것이 집행되기 전에 인생을 조금이라도 즐기는 것이 옳다고 여겼다.

54 (1) 이렇듯 아테나이인들은 이중고에 시달렸으니, 도시에서는 사람들이 죽어갔고 도시 바깥의 영토는 약탈당하고 있었다. (2) 이처럼 어려운 시기에 사람들이, 노인들의 주장에 따르면 먼 옛날에 읊어졌다는 다음과 같은 시구(詩句)를 떠올린 것은 당연하다 하겠다. "도리에이스족[27]과의 전쟁이 오면, 역병도 따라오리라." (3) 이 옛 시구에 나온 말이 원래는 '역병'(loimos)이 아니라 '기근'(limos)이었다는 반론이 제기되기도 했지만, 지금 상황에서는 당연히 '역병'이라는 설이 유력하다. 사람들은 언제나 자신의 기억을 자신의 경험에 맞추기 때문이다. 그러나 이번 전쟁이 끝난 뒤 도리에이스족과의 전쟁이 또다시 벌어지고 그 결과 기근이 든다면, 그때는 사람들이 십중팔구 그에 맞게 시구를 읊을 것이다.

(4) 이 신탁을 알고 있던 사람들에게는 라케다이몬인들이 받은 신탁도 생각났는데, 라케다이몬인들이 전쟁을 시작해야 하느냐고 물었을 때 신이 대답하기를, 힘껏 싸우면 승리는 그들 것이 될 것이고 신 자신도 그들 편이 되리라고 했다는 것이었다.[28] (5) 그들은 실제로 일어난 일이 신탁

---

27 스파르테인들을 비롯하여 대부분의 펠로폰네소스인들은 도리에이스족이고, 아테나이인들은 이오네스족이다.
28 1권 118장 3절 참조.

과 잘 들어맞는다고 생각했다. 역병은 분명 펠로폰네소스인들이 침입한 직후에 돌기 시작하여 펠로폰네소스에는 전혀 또는 이렇다 할 피해를 입히지 않고, 아테나이에서 가장 맹위를 떨치다가 이어서 다른 지방의 최대 인구 밀집 지역에서 창궐했기 때문이다. 이상이 역병과 관련한 사건들이다.

55 (1) 그사이 펠로폰네소스인들은 앗티케 평야를 약탈한 뒤 이른바 '해안지대'[29]로 들어가 아테나이인들의 은광이 있는 라우레이온 산까지 나아갔다. 그들은 먼저 펠로폰네소스가 건너다보이는 쪽을 약탈하고, 이어서 에우보이아 섬과 안드로스 섬과 마주 보는 쪽을 약탈했다. (2) 그러나 여전히 장군직에 있던 페리클레스는 지난번 침입 때와 같은 의견을 고수했으니, 아테나이인들은 나가서 싸우면 안 된다는 것이었다.

56 (1) 그러나 펠로폰네소스인들이 여전히 평야에 머무르며 아직 해안지대로 진출하기 전에 페리클레스는 펠로폰네소스를 공격할 함선 1백 척을 의장하게 했는데, 준비가 끝나자 곧 출동했다. (2) 그는 아테나이의 중무장보병 4천 명을 함선들에 태우고, 기병 3백 명도 군마 수송선들에 태워 갔는데, 노후 함선이 군마 수송선으로 개조되기는 그때가 처음이었다. 키오스인들과 레스보스인들이 보낸 함선 50척도 이 원정대에 합류했다. (3) 아테나이인들의 이 함대는 앗티케 지방의 해안지대에 펠로폰네소스인들을 남겨둔 채 출항했다. (4) 펠로폰네소스의 에피다우로스에 상륙한 그들은 그 영토 대부분을 약탈하고 도시를 공격하며 한때는 그곳을 함락할 수 있으리라는 희망도 품어보았지만 결국 성공하지 못했다.

(5) 그들은 에피다우로스에서 출항하여 트로이젠, 할리아이, 헤르미오네의 영토를 약탈했는데, 이들 도시는 모두 펠로폰네소스의 바닷가에 자리 잡고 있다. (6) 거기에서 그들은 라코니케 지방의 바닷가 소도시 프라시아이로 가서 그 영토의 일부를 약탈하고, 도시를 함락하여 파괴했다.

그러고 나서 그들이 귀국해보니 펠로폰네소스인들도 철수하고 더는 앗티케 지방에 머물러 있지 않았다.

57 (1) 펠로폰네소스인들이 아테나이 영토에 머물러 있고, 아테나이인들의 함대가 원정길에 오른 동안에도 아테나이인들은 군대에서도 시내에서도 계속 역병으로 죽어갔다. 그래서 펠로폰네소스인들이 예정보다 일찍 앗티케를 떠난 이유는, 탈주병한테서 시내에 역병이 돈다는 말을 듣기도 하고 또 계속해서 장례가 치러지는 모습을 보고는 자신들도 감염될까 겁이 났기 때문이라고 한다. (2) 그래도 이번 침입은 가장 오래 지속되었는데, 그들은 40일 동안 앗티케 땅에 머무르며 온 나라를 약탈했다.

58 (1) 같은 해 여름 페리클레스의 동료 장군들인 니키아스의 아들 하그논과 클레이니아스의 아들 클레오폼포스가 페리클레스가 지휘하던 군대를 이끌고 칼키디케인들과 여전히 포위 중이던 포테이다이아를 공격하려고 트라케 전선을 향해 곧장 출발했다. 그곳에 도착한 그들은 공성 무기를 동원해 어떻게든 포테이다이아를 함락하려 했다.

(2) 그러나 그들은 도시도 함락하지 못했고, 그런 원정대의 규모에 어울릴 만한 어떤 성과도 올리지 못했다. 그 까닭은 이곳에도 역병이 돌아 아테나이인들의 군대에 막대한 타격을 가했기 때문이다. 전부터 그곳에 가 있던 아테나이인 부대도 여태 건강했건만 하그논의 대원들에 의해 역병에 감염되었다. 포르미온과 그의 대원 1천6백 명은 다행히 칼키디케 지역에 없었다. (3) 결국 하그논은 약 40일 사이에 원래 인솔해갔던 4천 명의 중무장보병 가운데 1천50명을 역병으로 잃고 함대와 함께 아테나이로 돌아갔다. 그리고 전부터 그곳에 가 있던 부대들이 그대로 남아 포테이다이아를 계속 포위 공격했다.

29 Paralos.

59 (1) 펠로폰네소스인들의 두 번째 침입이 있은 뒤, 국토가 두 번이나 유린당하고 전쟁과 역병에 동시에 시달리자 아테나이인들은 생각이 바뀌었다. (2) 그들은 전쟁을 하도록 자기들을 설득했다고 페리클레스를 비난하는가 하면 자기들이 당한 불행을 모두 그의 탓으로 돌렸다. 그들은 라케다이몬인들과 평화조약을 맺고 싶었고, 그래서 실제로 사절단을 파견했지만 아무 성과가 없었다. 그러자 그들은 완전히 절망감에 빠져 페리클레스에게 분통을 터뜨렸다.

(3) 아테나이인들이 현재 상황에 불만이 많고 모든 점에서 자기가 예상한 대로 행동하는 것을 보자 페리클레스는 회의를 소집했는데(그는 여전히 장군직에 있었다), 용기를 북돋워주고 노여운 마음을 달래 그들이 자신감을 되찾게 해주기 위해서였다. 그는 앞으로 나서서 다음과 같이 말했다.

60 (1) "나는 여러분이 내게 이렇게 분통을 터뜨릴 줄 알고 있었습니다. (그 이유들을 이해할 수 있기 때문입니다.) 그래서 나는 여러분의 기억을 새롭게 하고, 여러분이 내게 화를 내거나 지금의 고통에 굴복하는 것은 옳지 못하다는 점을 따지기 위해 민회를 소집했습니다.

(2) 시민 개개인은 번영하지만 국가 전체가 넘어질 때보다는 국가 전체가 똑바로 서는 편이 개인에게도 더 도움이 된다는 것이 내 생각입니다.

(3) 한 개인이 아무리 잘나간다 해도 국가가 망하면 그도 총체적인 파국에 휩쓸리고 말 것입니다. 그러나 국가가 안전하다면 개인은 불행을 당해도 회복할 기회가 얼마든지 있습니다.

(4) 이렇듯 국가는 개인의 모든 고통을 감당할 수 있어도 개인은 국가의 고통을 감당할 수 없다면, 우리 모두 당연히 국가를 옹호해야 하지 않을까요? 지금 여러분처럼 행동해서는 안 되는 것 아닌가요? 여러분은 가정에서 오는 고통에 놀라 공동체의 구원을 포기하고, 전쟁을 권했다고

나를 공격하고, 전쟁을 하는 쪽에 투표했다고 해서 자책감에 사로잡혀 있으니 말입니다.

(5) 여러분은 내게 화를 내지만, 나야말로 누구 못지않게 무엇이 필요한 지 볼 수 있는 식견이 있고, 본 것을 설명할 수 있는 능력이 있으며, 조국 을 사랑하고 돈에 초연한 사람이라는 것이 내 생각입니다. (6) 식견은 있 으나 명료하게 설명할 수 없다면 아예 생각이 떠오르지 않는 것이나 다 를 바 없습니다. 이 두 가지 자질은 갖고 있으나 애국심이 없다면 아마도 공동체의 이익을 위해 말하지 않을 것입니다. 애국심이 있다 해도 뇌물 에 약하다면 이 한 가지를 위해 무엇이든 다 팔아버릴 것입니다. (7) 그러 니 여러분이 내가 이런 자질에서 다른 사람들보다 조금은 낫다고 믿고 전쟁을 하자는 내 권고를 받아들인 것이라면, 지금 와서 잘못했다고 나 를 비난하는 것은 옳지 못합니다.

61 (1) 평화와 전쟁 가운데 마음대로 선택할 수 있고 다른 방면에서 잘나갈 경우 전쟁을 선택하는 것은 매우 어리석은 짓일 것입니다. 그러나 굴복 하고 곧장 남에게 예속되든지 아니면 위험을 무릅쓰며 버텨내든지 둘 중 하나를 선택할 수밖에 없을 때는 위험을 무릅쓰는 것보다는 위험을 피하 는 편이 더 비난받아 마땅할 것입니다.

(2) 나는 여전하며 바뀌지 않았습니다. 바뀐 것은 여러분입니다. 피해를 보지 않을 때는 여러분이 내 조언에 따르다가 사정이 나빠지자 여러분의 행동을 후회하기에 하는 말입니다. 여러분은 사기가 떨어진 만큼 내 정 책이 잘못된 것으로 보일 것입니다. 지금 당장 고통은 누구나 다 느낄 수 있지만, 내 정책이 우리 모두에게 가져다줄 혜택은 아직 뚜렷이 보이지 않기 때문입니다. 하긴 엄청난 재앙이 돌발했으니 여러분은 의지가 약해 져 여러분이 승인한 정책을 고수하기가 쉽지 않겠지요. (3) 예상하지 못 한 사건이 갑자기 일어나면 누구나 기가 꺾이게 마련인데, 무엇보다도

역병이 그런 사건이었습니다.

(4) 그렇다 해도 여러분은 큰 도시의 시민들로서 큰 도시에 어울리는 생활 방식 속에 자란 만큼 최악의 재앙에도 굳건히 버틸 각오를 해야 하며 여러분의 명성에 먹칠을 해서는 안 됩니다. (사람들이 보기에는 주제넘게 과분한 명성을 얻겠다고 덤비는 자들도 가증스럽지만, 유약한 탓에 자신이 이미 얻은 명성을 훼손하는 자들도 경멸스럽기 때문입니다.) 그러니 여러분은 개인적인 슬픔은 접어두고 공동체의 안전을 위해 매진해야 합니다.

62 (1) 전쟁으로 인한 고통이 더욱 가중되고, 그래도 우리가 승리한다는 보장이 없다고 여러분이 우려한다면, 내가 수많은 기회에 행한 연설이 그런 우려는 기우에 불과하다는 것을 충분히 입증해주었으리라 믿습니다. 그렇지만 한 가지 더 밝혀둘 것이 있습니다. 여러분의 제국의 크기에 관련된 것입니다. 생각건대, 여러분은 그것을 충분히 의식한 적이 없고, 나도 이전의 연설에서 그것을 언급한 적이 없습니다. 또한 지금도 여러분이 까닭 없이 의기소침해 있는 모습을 보지 않았다면, 자랑하는 것처럼 들릴까 봐 굳이 언급하려 하지 않았을 것입니다.

(2) 여러분의 제국은 여러분의 동맹국들로 이루어져 있다는 것이 여러분의 생각이겠지요. 그러나 내 주장은 다릅니다. 여러분의 눈앞에 펼쳐진 세계는 전체가 바다와 육지라는 두 가지 유용한 영역으로 나뉘는데, 그중 한 영역은 여러분이 완전히 장악하고 있습니다. 지금 여러분이 차지하고 있는 곳도 그렇지만, 여러분이 더 멀리 가기를 원한다면 다른 곳도 마찬가지라는 뜻입니다. 여러분은 현재의 해군력으로 어디로든 마음대로 항해할 수 있으며, 페르시아 왕이든 다른 사람들이든 그것을 막을 수 있는 세력은 이 세상 어디에도 없습니다.

(3) 그러므로 여러분의 이러한 힘은 집과 토지가 가져다주는 이익과는

전혀 차원이 다른 것입니다. 여러분은 집과 토지를 잃는 것을 큰 손실이라고 생각하겠지만, 사실 그렇게 심각하게 받아들일 필요가 없습니다. 대신 집과 토지는 여러분의 해군력과 비교할 때 후자는 정원에, 전자는 부의 장식품에 지나지 않는다고 생각해야 합니다. 여러분은 또 우리가 자유를 지키기 위해 전력을 다하면 집과 토지를 쉽게 되찾을 수 있지만, 남의 뜻에 굴복하는 자는 가진 것조차 영영 잃게 된다는 점을 명심해야 합니다.

여러분은 자신들이 선조 못지않다는 것을 보여주어야 합니다. 그분들은 다른 사람들에게서 물려받은 것이 아니라 자신들의 땀과 노력으로 제국을 획득했을 뿐 아니라 그것을 안전하게 지키다가 여러분에게 물려주었습니다. (또한 새로운 것을 얻는 데 실패하는 것보다 가진 것을 잃는 것이 더 부끄러운 일입니다.)

그리고 여러분은 적을 향하여 진격할 때 용기뿐 아니라 우월감으로 무장하십시오. (4) 무지와 요행의 혼합물인 자만심은 겁쟁이도 가질 수 있습니다. 그러나 내가 말하는 우월감은 우리처럼 자신이 적보다 우월하다고 믿을 만한 타당한 이유가 있는 사람들만이 느낄 수 있습니다. (5) 그리고 양쪽에 같은 기회가 주어질 경우, 용기를 북돋워주는 것은 지성입니다. 지성은 상대방에 대해 우월감을 느끼게 해주며, 절망적인 상황에서나 쓸모 있는 희망에 의존하지 않고 상황을 합리적으로 판단하여 전략을 세우는 데 더욱 확실한 토대를 제공하기 때문입니다.

63 (1) 또한 여러분은 모두 제국으로서의 아테나이의 권위를 자랑스럽게 여기는 만큼 당연히 그것을 지키기 위해 싸울 각오를 해야 합니다. 여러분은 노고를 마다하지 않든지, 아니면 특권을 포기하든지 해야 합니다. 그리고 우리가 단지 자유냐 예속이냐 하는 문제를 놓고 싸우는 것이라고 생각지 마십시오.

우리는 제국을 잃을 수도 있으며, 그러고 나면 제국을 통치하면서 미움을 샀으니 위험해질 수도 있습니다. (2) 갑자기 공황 상태에 빠져 정치에 대한 무관심에서 제국을 포기하는 것을 고상한 행동이라고 여기는 사람도 있을지 모르지만, 여러분은 이제 더는 제국을 포기할 수 없습니다. 여러분의 제국은 이제 참주정체(僭主政體)[30]와도 같습니다. 그것을 시작한 것은 나빴을지 모르지만, 그만두자니 위험하기 짝이 없기 때문입니다.

(3) 그런 부류의 사람이 다른 사람을 설득하면 도시는 금세 망하고 말 것입니다. 아니, 그런 사람들이 자기들끼리 따로 모여 살아도 결과는 마찬가지일 것입니다. 정치에 무관심한 사람들은 활동가들의 지원을 받지 못하면 살아남지 못하기 때문입니다. 그들의 정책은 제국을 다스리는 국가에서는 전혀 쓸모가 없고, 속국에서나 쓸모가 있겠지요. 그리고 그것이 뜻하는 것은 안전하게 종노릇하는 것입니다.

64 (1) 그러나 여러분은 이런 시민들에게 현혹되어 나를 원망해서는 안 됩니다. 여러분도 나와 마찬가지로 전쟁을 할 수밖에 없다는 결론에 도달했으니까요. 적이 침입하여 우리 국토를 유린한다 해도 그것은 여러분이 적에게 굴복하기를 거부했을 때 당연히 예상한 일입니다. 물론 역병은 엎친 데 덮친 격으로 뜻밖에 우리를 엄습했습니다. 하지만 우리가 예상하지 못한 사건은 그것 하나뿐이었습니다. 내가 여러분에게 인기를 잃은 것은 주로 역병 탓인 줄 알고 있는데, 그것은 불공평합니다. 예상하지 못한 여러분의 모든 행운을 내 공으로 돌린다면 몰라도.

(2) 신의 섭리는 순순히 받아들이고, 적군은 용감하게 물리쳐야 합니다. 그것이 아테나이의 관습인 만큼 여러분 대에서 끝나서는 안 됩니다. (3) 여러분은 또 아테나이가 온 세상에 가장 명성을 드날리는 것은 어떤 역경에도 굽히지 않고 어느 국가보다 전쟁의 인명 손실과 노고를 더 많이

감내함으로써 역사상 최대의 힘을 갖게 되었기 때문이라는 점을 명심하십시오. 후세 사람들은 우리의 이 힘을 영원히 기억할 것입니다. 만물은 쇠퇴하게 되어 있는 터라 우리 또한 언젠가는 쇠퇴한다 해도, 후세 사람들은 우리가 헬라스인들 중에서 가장 많은 헬라스인들을 지배했고, 가장 큰 전쟁들에서 각각의 국가 또는 모든 국가에 굳건하게 맞섰으며, 우리가 살던 도시는 모든 것이 완비된 헬라스 최대의 도시였다고 기억할 것입니다.

(4) 물론 이 모든 것도 정치에 무관심한 사람들에게는 비난의 대상이 될 것입니다. 그러나 우리처럼 활동적인 사람들은 우리를 본받으려 할 것이고, 우리가 가진 것을 얻으려다 실패한 사람들은 우리를 부러워할 것입니다. (5) 남을 지배하고자 하는 사람들은 누구나 일시적으로 미움을 사고 인기가 떨어지게 마련입니다. 그러나 인기를 잃을 바에는 원대한 목표를 추구하다가 인기를 잃는 사람들이 올바른 선택을 한 것입니다. 미움은 오래가지 못하지만, 당장의 영광과 미래의 명성은 영원히 기억될 것입니다.

(6) 여러분은 미래의 명성을 확보하고 당장 치욕을 피하는 데 매진해야 합니다. 여러분은 라케다이몬인들에게 전령을 보내지 말고, 여러분이 현재의 고통에 짓눌려 있다는 것을 그들이 눈치채지 못하게 하십시오. 불행을 당하여 조금도 마음이 동요하지 않고, 행동으로 강력히 저항하는 자야말로 국가든 개인이든 가장 강력한 법입니다."

65 (1) 그런 말로 페리클레스는 자신에 대한 아테나이인들의 노여움을 풀고 그들의 생각을 현재의 고통에서 다른 쪽으로 돌리려 했다. (2) 그들은 공적으로는 그의 주장을 받아들여 라케다이몬인들에게 더는 사절단을 보

---

30 일종의 군사독재정체.

내지 않고 전쟁 수행에 더욱 매진했다. 그러나 사적으로는 여전히 자신들의 고통에 분개했다. 민중은 처음부터 가진 것이 넉넉지 못했는데 그것마저 잃었기 때문에, 부자들은 시골에 있는 재산과 훌륭한 설비를 갖춘 저택들을 잃었기 때문에 분개했다. 그러나 가장 큰 이유는 그들이 평화롭게 사는 대신 전쟁을 하고 있었기 때문이다. (3) 실제로 페리클레스를 향한 아테나이인들의 노여움은 그들이 그에게 벌금을 부과할 때까지는 누그러지지 않았다.

(4) 그러나 그 뒤 곧 그들은 군중이 흔히 그러하듯, 그를 다시 장군으로 선출하고 자신들의 모든 업무를 그에게 맡겼다. 그때쯤 그들은 개인적인 고통에 다소 둔감해지기도 했지만, 국가 전체의 필요에 부응하는 데에는 그가 가장 적격이라고 여겼기 때문이다. (5) 실제로 평화로울 때 그가 국가 업무를 주관하는 동안에는 그의 중도 정책이 줄곧 국가를 안전하게 지켰고, 아테나이는 그의 시대에 가장 위대해졌다. 그리고 전쟁이 일어났을 때도 그는 분명 아테나이의 능력을 정확히 예견한 것 같다.

(6) 그는 전쟁이 터지고 2년 6개월을 더 살았고, 전쟁에 관한 그의 선견지명은 그가 죽은 뒤[31] 더욱 널리 인정받았다. (7) 왜냐하면 페리클레스는 아테나이인들이 은인자중하며 함대를 증강하고, 전쟁 동안에는 제국을 확장하려 하지 않고, 도시를 위험에 빠뜨릴 모험을 하지 않는다면 승리할 것이라고 말했기 때문이다. 그러나 아테나이인들은 모든 점에서 정반대로 했으며, 분명 전쟁과 무관한 다른 업무에서도 개인적인 이익이나 야망에 이끌린 나머지 아테나이에도 그 동맹국들에도 해로운 정책을 추구했다. 그런 정책은 성공하면 개인들에게 명예와 혜택을 더 가져다주고, 실패하면 국가의 전쟁 수행 능력을 훼손한다.

(8) 그 이유는 다음과 같다. 페리클레스는 명망과 판단력을 겸비한 실력자이자 청렴결백으로 유명했기에 대중을 마음대로 주물렀으며, 대중이

그를 인도한 것이 아니라 그가 그들을 인도했다. 그는 또 부적절한 수단으로 권력을 손에 넣기 위해 아첨할 필요가 없었다. 실제로 그는 높은 명망을 누리고 있어 대중에게 화를 내며 그들이 한 말을 반박할 수 있었다. (9) 예컨대 그는 그들이 지나칠 만큼 자신들을 과신하는 것을 볼 때면 충격적인 발언으로 그들을 불안하게 만드는가 하면, 그들이 공연히 낙담하는 것을 볼 때면 그들에게 자신감을 회복시켜주곤 했다. (10) 그리하여 이름은 민주주의이지만 실제 권력은 제일인자의 손에 있었다.

그러나 페리클레스의 후계자들은 수준이 그만그만했으며, 서로 일인자의 자리를 차지하려고 국가 정책조차 민중의 기분에 맡겼다. (11) 그런 태도는 제국을 다스려야 하는 큰 도시에서는 여러 가지 실수를 유발하게 마련인데, 대표적인 예가 시켈리아 원정이다. 이 경우 실수는 공격해야 할 적을 잘못 선택한 데 있었다기보다는 본국에 있는 자들이 해외에 파견된 자신들의 군대를 적절히 지원하는 일에 실패한 데 있었다. 왜냐하면 그들은 정치적 주도권을 잡기 위해 서로 음모를 꾸미느라 여념이 없어서 원정대가 효과적인 작전을 수행하지 못하게 하고 도시가 처음으로 파쟁(派爭)에 말려들게 했기 때문이다.

(12) 그러나 아테나이인들은 시켈리아에서 다른 전력과 함께 함대를 대부분 잃은 뒤 설상가상으로 시내에서는 파쟁까지 발생했는데도 원래의 적들, 그들과 합세한 시켈리아인들, 대부분 반기를 든 자신들의 동맹군, 나중에는 적군 편이 되어 펠로폰네소스인들에게 함대 증강 비용을 대준 페르시아 왕의 아들 퀴로스에 맞서 자그마치 8년[32]을 더 버텼고, 마침내 내전에 휘말려들어 자멸할 때까지는 항복하지 않았다. (13) 페리클레스

---

31 그는 기원전 429년 여름 역병에 걸려 죽었다.

32 텍스트에는 3년으로 되어 있다. 10년으로 읽는 텍스트도 있다.

는 그때 이런 점들을 두루 고려하여 아테나이가 펠로폰네소스인들하고만 싸운다면 손쉽게 이길 것이라고 예언한 것이다.

66 (1) 같은 해 여름 라케다이몬인들과 그들의 동맹군은 1백 척의 함선을 이끌고 엘리스 지방 앞바다에 있는 자퀸토스 섬을 공격하고자 원정길에 올랐다. 자퀸토스 섬의 주민은 펠로폰네소스 반도에 있는 아카이아 지방의 이주민이었지만 아테나이인들 편에 서서 싸우고 있었다. (2) 함선들에는 라케다이몬의 중무장보병 1천 명이 탔으며, 함대 사령관은 스파르테인 크네모스였다. 그들은 섬에 상륙하여 영토의 대부분을 약탈했지만 자퀸토스인들이 항복하지 않자 고국으로 돌아갔다.

67 (1) 같은 해 여름이 끝나갈 무렵 코린토스의 아리스테우스, 라케다이몬의 아네리스토스·니콜라오스·프라토다모스, 테게아의 티마고라스 그리고 개인 자격으로 참가한 아르고스의 폴리스로 구성된 펠로폰네소스 사절단이 페르시아 왕을 만나러 아시아로 출발했는데, 그가 군자금을 지원해주고 자기편에 서서 싸우도록 설득하기 위해서였다. 그러나 그들은 먼저 테레스의 아들 시탈케스를 만나러 트라케로 갔다. 가능하다면 그가 아테나이와의 동맹을 파기하고 여전히 아테나이군에 포위되어 있던 포테이다이아로 구원병을 파견하도록 설득하기 위해서였다. 그들은 또 자기들이 헬레스폰토스 해협을 건너 파르나바조스의 아들 파르나케스에게 갈 수 있도록 그가 도와주기를 바랐는데, 파르나케스는 그들을 페르시아 왕에게 보내주도록 되어 있었다.

(2) 그런데 마침 칼리마코스의 아들 레아르코스와 필레몬의 아들 아메이니아데스가 시탈케스에게 아테나이인들의 사절로 가 있다가, 그들이 페르시아 왕에게로 건너가 사도코스 자신의 도시이기도 한 아테나이를 해코지하지 못하도록 펠로폰네소스 사절단을 자기들에게 넘겨달라고 이미 아테나이 시민이 된 시탈케스의 아들 사도코스를 설득했다.

(3) 사도코스는 이에 찬성하고 헬레스폰토스 해협을 건너게 해줄 함선이 있는 곳을 향하여 트라케 지방을 지나가고 있던 펠로폰네소스의 사절단을 승선 직전 체포하게 했는데, 그는 부하들을 레아르코스와 아메이니아데스에게 딸려보내며 그들을 이 두 아테나이인에게 넘겨주도록 일러둔 것이다. 그래서 이들은 포로들을 넘겨받아 아테나이로 데려갔다.

(4) 그들이 도착하자 아테나이인들은 아리스테우스를 포테이다이아와 트라케 지방에서 발생한 모든 분쟁의 장본인으로 지목하고 있던 터라 그를 놓아주면 앞으로 더 많은 해코지를 할까 두려워, 재판도 하지 않고 변호할 기회도 주지 않은 채 바로 그날로 그들을 모두 처형하고 그 시신을 구덩이에 던져버렸다. 상선을 타고 펠로폰네소스 반도 해안을 따라 항해하던 아테나이인들과 그들의 동맹국 상인들을 라케다이몬인들이 먼저 모두 잡아 죽이고 그 시신을 구덩이에 던진 까닭에 아테나이인들은 자신들의 이러한 행위를 정당한 보복이라고 여겼다. 아닌 게 아니라 개전 초기 라케다이몬인들은 해상에서 체포한 자들을 아테나이의 동맹군이냐 아니냐를 가리지 않고 모두 적으로 여기고 죽였다.

68 (1) 여름이 끝나가던 같은 시기에 암프라키아인들과 그들이 부추긴 수많은 비헬라스인들의 연합군이 암필로키아 지방의 아르고스와 암필로키아의 다른 지역을 침공했다. (2) 암프라키아인들이 암필로키아 지방의 아르고스에 원한을 품게 된 경위는 다음과 같다.

(3) 트로이아 전쟁이 끝난 뒤 암피아라오스의 아들 암필로코스는 펠로폰네소스 반도에 있는 아르고스로 귀국했다. 그러나 그곳의 사태에 만족하지 못한 그는 암프라키아 만으로 가서 암필로키아의 아르고스를 건설하고 암필로키아의 나머지 지역을 식민지로 삼고는 자신의 고향에서 이름을 따와 신도시를 아르고스라고 불렀다. (4) 이 신도시는 암필로키아 지방의 최대 도시였으며, 가장 부유한 시민들이 그곳에 정착했다.

(5) 그러나 여러 세대가 지난 뒤 이들 아르고스인은 곤경에 빠지게 되자 암필로키아 지방의 변경에 살던 암프라키아인들을 동료 시민으로 받아들였는데, 그들이 지금 사용하고 있는 헬라스어는 암프라키아인들과의 이러한 정치적 연합의 산물이다. 나머지 암필로키아인들은 비헬라스인들이다. (6) 얼마 뒤 암프라키아인들은 아르고스인들을 축출하고 자신들이 도시를 장악했다.

(7) 그러자 암필로키아인들은 자신들을 아카르나니아인들에게 맡겼고, 암필로키아인들과 아카르나니아인들이 함께 아테나이인들에게 구원을 요청하자 아테나이인들은 포르미온이 이끄는 함선 30척을 그들에게 파견했다. 포르미온이 도착하자 그들은 무력으로 아르고스를 함락하고 그곳의 암프라키아인들을 노예로 팔았다. 그리고 암필로키아인들과 아카르나니아인들이 그곳에 함께 살았다. (8) 그런 일이 있은 뒤 아테나이인들과 아카르나니아인들 사이에 처음으로 동맹이 체결되었다.

(9) 암프라키아인들은 이렇듯 자신들의 백성이 노예로 팔려가자 아르고스인들에게 원한을 품게 되었고, 나중에 전쟁이 나자 자신들과 카오네스족과 이웃의 다른 비헬라스인 부족으로 구성된 부대를 이끌고 침공했다. 그들은 아르고스에 진격하여 영토를 장악했으나 도시를 공격해도 함락할 수 없자 고향으로 돌아갔고, 부대는 부족별로 해산되었다. 이상이 그해 여름에 일어난 사건들이다.

69 (1) 같은 해 겨울 아테나이인들은 포르미온이 이끄는 함선 20척을 파견해 펠로폰네소스 반도 해안을 따라 돌게 했다. 포르미온은 나우팍토스 항을 기지 삼아 아무도 코린토스와 크리사 만을 드나들지 못하게 봉쇄했다. 아테나이인들은 또 멜레산드로스가 이끄는 함선 6척을 카리아 지방과 뤼키아 지방으로 보냈으니, 그곳에서 돈을 거두어들이고 펠로폰네소스의 해적들이 그곳을 기지 삼아 파셀리스와 포이니케와 그 밖에 그곳 아

시아 해안에서 출항하는 상선을 공격하는 것을 제지하기 위해서였다.

(2) 그러나 멜레산드로스는 함선들에서 차출된 아테나이인들과 동맹군을 이끌고 뤼키아 지방의 내륙으로 진격하다 전투에 패하여 일부 대원을 잃고 그 자신도 전사했다.

70 (1) 같은 해 겨울 포테이다이아인들은 아테나이인들의 포위 공격을 더는 견뎌낼 수 없었다. 펠로폰네소스인들의 앗티케 침입도 아테나이인들의 포위를 풀 수 없었다. 포테이다이아에서는 식량이 바닥나 무엇이든 닥치는 대로 먹어치웠고, 심지어 인육(人肉)을 먹는 자들도 있었다. 그래서 포테이다이아인들은 그곳으로 파견된 아테나이인들의 장군인 에우리피데스의 아들 크세노폰, 아리스토클레이데스의 아들 헤스티오도로스, 칼리마코스의 아들 파노마코스에게 항복 협상을 제안했다.

(2) 장군들은 그들의 제안을 수락했으니, 겨울 추위가 심한 그곳에서 군사들의 고생이 막심하고 아테나이가 그곳을 포위하느라 벌써 2천 탈란톤을 지출했다는 것을 알고 있었기 때문이다. (3) 양쪽이 합의한 조건은, 포테이다이아인들과 그들의 처자와 용병은 도시를 떠나되 겉옷은 남자가 한 벌, 여자가 두 벌을, 여비도 일정액만 지니고 나갈 수 있다는 것이었다.

(4) 포테이다이아인들은 그렇게 조약을 맺고 그곳을 떠나 칼키디케 반도나 그 밖에 그들이 갈 수 있는 곳으로 흩어졌다. 그러나 아테나이인들은 본국 정부와 상의하지 않고 조약을 맺었다고 장군들을 비난했으니, 무조건 항복을 받아낼 수도 있었다고 생각했기 때문이다. 나중에 그들은 자신의 시민들 중에서 이민자들을 포테이다이아로 보내 그곳에 정착하게 했다. 이상이 겨울에 일어난 사건들이다. 투퀴디데스가 기록한 이 전쟁의 두 번째 해는 그렇게 저물었다.

71 (1) 이듬해 여름 펠로폰네소스인들과 그 동맹군은 앗티케 지방으로 쳐들

어가지 않고 플라타이아이로 진격했다. 그들을 지휘한 것은 라케다이몬인들의 왕 제욱시다모스의 아들 아르키다모스였다. 그는 플라타이아이 앞에 진을 치고 그 영토를 약탈할 참이었다. 그런데 플라타이아이인들이 그에게 사절단을 보내 다음과 같이 말하게 했다.

(2) "아르키다모스와 라케다이몬인들이여, 여러분이 플라타이아이인들의 영토로 진격한 것은 여러분 자신과 여러분 선조에게 어울리지 않는 부당 행위를 한 것입니다. 왜냐하면 라케다이몬인 클레옴브로토스의 아들 파우사니아스는 우리나라에서 벌어진 전투[33]에서 자진하여 위험을 무릅쓴 모든 헬라스인들의 도움을 받아 페르시아인들로부터 헬라스를 해방한 뒤 플라타이아이의 장터에서 해방자 제우스에게 제물을 바쳤을 때, 그곳에 모인 모든 동맹군이 보는 앞에서 플라타이아이인들에게 영토와 도시를 돌려주고 나서 그들은 독립국가로 살아가고, 어느 누구도 그들을 부당하게 공격하거나 노예로 삼는 일은 없을 것이라고 보장하면서, 만일 그들이 공격당하면 그곳에 모인 동맹군이 있는 힘을 다해 그들을 도울 것이라고 선언했기 때문입니다.

(3) 그 위기 때 우리가 보여준 용기와 열성에 대한 보답으로 여러분의 선조는 우리에게 그렇게 약속했습니다. 그런데 여러분은 그와 정반대되는 행동을 하고 있습니다. 여러분은 우리를 노예로 삼을 목적으로 우리의 철천지원수인 테바이인들과 함께 이곳에 왔으니 말입니다. (4) 그래서 우리는 그 당시 서약의 증인으로 불렸던 신들, 여러분 선조의 신들, 우리나라 신들의 이름으로 호소하거니와, 여러분은 부당하게 플라타이아이 영토를 침범하여 그때의 서약을 어기지 말고, 파우사니아스의 올바른 판단에 따라 우리가 독립을 누리며 살아가게 해주십시오."

72 (1) 플라타이아이인들이 그렇게 말하자 아르키다모스가 대답했다. "플라타이아이인들이여, 여러분의 말이 옳소. 여러분의 행동이 여러분의

말과 일치한다면 말이오. 파우사니아스가 보장한 대로 여러분은 독립을 누리되, 그 당시 여러분과 위험을 함께하고 여러분에 대한 서약에 함께 참여했지만 지금은 아테나이의 지배를 받는 다른 헬라스인들을 해방하는 일에 협력하라는 말이오. 우리가 이런 대군을 모아 싸움터로 나선 것은 그들과 그 밖의 다른 사람들을 해방하기 위해서요. 이런 해방 사업에 참가하고 스스로 서약을 지키는 것이 여러분에게 상책일 것이오. 그러나 그것이 불가능하다면 우리가 앞서 요구한 대로 여러분 자신의 일에나 열중하며 중립을 지키시오. 어느 쪽에도 가담하지 말고 양쪽 모두 친구로 받아들이고 어느 쪽도 동맹군으로 받아들이지 말라는 말이오. 그러면 우리는 만족할 것이오."

(2) 아르키다모스가 그렇게 말하자, 플라타이아이인 사절단은 그 말을 듣고 시내로 돌아가 들은 것을 백성에게 전했다. 그러고 나서 그들은 아르키다모스에게 돌아가 자신들의 처자가 아테나이에 가 있는 만큼 아테나이인들의 승인 없이는 그가 요구한 대로 할 수 없다고 답변했다. 그들은 또 도시 전체의 앞날이 염려된다며, 펠로폰네소스인들이 철군하면 아테나이인들이 와서 중립을 철회하거나 아니면 테바이인들이 양쪽 모두에게 접근을 허용해야 한다는 조약의 조항을 악용하여 또다시 그들의 도시를 장악하려 할지 모른다고 했다.

(3) 그러자 그들을 안심시키려고 아르키다모스가 다음과 같이 말했다. "그렇다면 여러분 도시와 집들을 우리 라케다이몬인들에게 맡기시오. 여러분의 영토의 경계를 획정(劃定)하고, 과수들과 그 밖에 계량화할 수 있는 모든 것의 수를 말해주시오. 그러고 나서 여러분 자신은 전쟁이 지속되는 동안 아무 데나 여러분이 원하는 곳으로 가 있으시오. 전쟁이 끝

---

33 기원전 479년의 플라타이아이 전투.

나면 우리가 받은 것을 모두 여러분에게 돌려주겠소. 그때까지는 우리가 위탁받은 재산을 관리하고 경작하여 여러분의 필요에 충당할 만큼의 세(貰)를 내겠소."

73 (1) 그들은 이러한 답변을 듣고 도로 시내로 돌아가 백성과 상의한 뒤 자기들은 이러한 제안을 먼저 아테나이인들에게 알리고 아테나이인들이 찬성하면 수락하겠다고 대답하며, 그동안은 라케다이몬인들이 자기들과 휴전을 하고 자기들의 영토를 약탈하지 말아달라고 했다. 그러자 아르키다모스는 아테나이에 다녀오는 데 필요하다고 생각되는 날수만큼 휴전을 하고 그 기간에는 그들의 국토를 약탈하지 않았다.

(2) 플라타이아이의 사절단은 아테나이에 가서 아테나이인들과 상의한 뒤 플라타이아이로 돌아와 시민들에게 다음과 같이 전했다. (3) "플라타이아이인들이여, 아테나이인들이 말하기를, 양국 간 동맹을 맺은 후로 자기들은 여러분이 공격당할 때 한 번도 이를 용납한 적이 없으며 앞으로도 수수방관하지 않고 있는 힘을 다해 여러분을 도울 것이라고 하오. 그러면서 그들은 여러분 선조의 서약을 내세우며 여러분이 양국 간 동맹 관계에 변경을 가하지 않기를 호소하고 있소."

74 (1) 플라타이아이인들은 사절단에게서 이런 보고를 받자 아테나이를 배반하지 않고, 꼭 그래야 한다면 자신들의 국토가 약탈당하는 모습을 보고 그 밖의 다른 불상사를 당해도 참고 견디기로 결의했다. 그들은 또 이제 더는 사절단을 내보내지 않고, 라케다이몬인들의 요구를 들어줄 수 없노라고 성벽에서 대답하기로 결의했다.

(2) 그런 대답을 듣자 아르키다모스 왕은 먼저 그 지역의 신들과 영웅들을 증인으로 부르며 다음과 같이 말했다. "플라타이아이 땅의 신들과 영웅들이시여, 부디 우리의 증인이 되어주소서. 우리가 이 나라에 침입한 것은 처음부터 공격할 의도가 있어서가 아니라 저들이 우리와의 맹약을

어졌기 때문입니다. 이 나라로 말하면 우리 선조가 페르시아인들을 무찌르기 전에 그대들에게 기도를 올린 곳이기도 하고, 그대들이 헬라스인들에게 상서로운 전쟁터로 만들어주신 곳이기도 합니다. 그러니 지금 우리가 어떤 행동을 하건 그것은 결코 불의한 짓이 아닐 것입니다. 우리가 여러 가지 합리적인 제안을 했지만 받아들여지지 않았으니까요. 부디 먼저 불의한 짓을 저지른 자들은 벌 받게 해주시고, 우리는 정당하게 응징할 수 있게 해주소서!"

75 (1) 그렇게 신들에게 호소하고 나서 아르키다모스는 군대를 출동시켰다. 그들은 먼저 나무를 베어와 아무도 밖으로 나오지 못하도록 플라타이아이에 목책을 두르고 나서 성벽 맞은편에 흙더미를 쌓아올리기 시작했는데, 그렇게 많은 인력이 투입되면 플라타이아이 함락은 시간문제라고 여겼다.

(2) 그들은 또 담을 쌓는 대신 키타이론 산에서 나무를 베어와 격자 모양의 틀을 짜서 흙더미 양쪽에다 댔는데, 흙더미가 사방으로 흘러내리는 것을 막기 위해서였다. 흙더미 자체는 나무, 돌, 흙, 그 밖의 온갖 충전물로 메웠다. (3) 이 작업은 70일 동안 밤낮없이 교대로 속행되었고, 한 조가 취침하거나 밥을 먹을 때면 다른 조가 작업을 계속했다. 동맹군을 함께 지휘하던 라케다이몬 출신 장수들이 이들의 작업을 독려했다.

(4) 플라타이아이인들은 흙더미가 점점 높아지는 것을 보자 나무 벽을 짠 뒤 흙더미를 쌓는 곳과 마주 보는 성벽의 꼭대기에 세우고는 인근 집들에서 뜯어온 벽돌로 속을 채웠다. (5) 나무는 구조물을 한데 묶어주어 구조물이 점점 높아지면서 약해지는 것을 막아주는 효과가 있었다. 그들은 또 구조물에 가죽과 수피(獸皮)를 덧댔는데, 작업 중인 인부들과 나무를 화전(火箭)으로부터 지켜주기 위해서였다. (6) 그리하여 이 나무 벽은 높이 솟았고, 맞은편의 흙더미도 부지런히 이와 보조를 맞추었다. 그러

자 플라타이아이인들이 한 가지 계책을 생각해냈으니, 다름 아니라 흙더미 맞은편의 성벽에 구멍을 내고 흙더미 아래쪽의 흙을 도시 안으로 날라오는 것이었다.

76 (1) 그러자 펠로폰네소스인들이 이를 알아차리고 갈대 바구니들에 진흙을 다져넣고 빈틈을 메웠는데, 흙처럼 흘러내려 퍼갈 수 없게 하기 위해서였다. (2) 계획이 실패하자 플라타이아이인들은 이런 방법을 포기하고, 대신 정확히 계산해 성벽 안에서 흙더미 밑이라고 생각되는 곳까지 땅굴을 판 다음, 다시 이 땅굴을 통해 흙더미를 이루는 흙을 도시 안으로 날라가기 시작했다. 밖에서 포위한 자들은 그런 일이 진행되는 줄 한참 동안 몰랐다. 그래서 흙더미 쌓는 작업이 예상대로 진척되지 않았으니, 위에다 아무리 갖다 부어도 밑에서는 계속 흙을 몰래 빼돌려 윗부분이 빈틈으로 내려앉았기 때문이다.

(3) 그럼에도 플라타이아이인들은 수적으로 열세인 자기들이 그토록 많은 적군의 적수가 될 수 없다고 보고 새로운 계책을 생각해냈다. 그들은 흙더미 맞은편에 거대한 구조물을 쌓는 작업을 중단하고, 대신 그 좌우에 원래의 낮은 성벽에서 시작하여 도시 안쪽으로 반달 모양의 내벽을 쌓았으니, 그리하면 설령 높은 성벽이 함락되더라도 그들은 새 성벽에 의지할 수 있을 테고, 적군은 안으로 쳐들어와도 양쪽에서 공격을 받으며 또다시 흙더미를 쌓는 노고를 감수해야 할 것이기 때문이다.

(4) 펠로폰네소스인들은 흙더미를 계속 쌓는 동시에 도시를 공격하기 위해 공성 무기들을 가져왔다. 그중 하나가 흙더미 위로 끌어올려졌다가 떨어지면서 그 맞은편 큰 구조물에 심각한 손상을 입히자 플라타이아이인들은 두려움에 떨었다. 나머지 공성 무기들은 성벽 여러 곳으로 운반되었다. 그중 몇 개는 플라타이아이인들이 올가미를 던져 위로 낚아챘다. 그들은 또 양쪽 끝이 긴 쇠사슬에 묶인 굵은 통나무들을 성벽 꼭대기에

수평으로 매달고 있다가 공성 무기가 공격하러 올 때마다 쇠사슬을 잡지 않고 손에서 놓아버려, 통나무가 아래로 떨어지면서 공성 무기의 툭 튀어나온 끝부분을 부러뜨리게 했다.

77 (1) 공성 무기들이 아무런 도움이 안 되고 흙더미에 맞서 구조물이 건조되자 펠로폰네소스인들은 지금과 같은 방법으로는 도저히 도시를 함락할 수 없다는 결론을 내리고 도시에 담장을 두를 준비를 했다. (2) 그러나 그전에 그들은 별로 크지 않은 도시인 만큼 바람의 도움으로 불태울 수 있을지 화공(火攻)을 해보기로 했다. 그들은 포위 공격이라는 값비싼 대가를 치르지 않고도 도시를 손안에 넣기 위해 가능한 온갖 작전을 짰던 것이다.

(3) 그들은 나뭇단을 날라와 먼저 흙더미에서 흙더미와 성벽 사이의 공간에 떨어뜨렸다. 그리고 많은 인원이 동원되어 금세 그 공간이 메워지자, 그들은 흙더미 꼭대기에서 닿을 수 있는 한 도시의 나머지 부분에도 나뭇단을 계속해서 쌓고는 유황과 역청과 함께 횃불을 던져 나무에 불을 질렀다. (4) 그러자 불길이 높이 솟아올랐다. 사람이 지른 불길이 그토록 높이 솟아오르는 광경은 그때까지 아무도 본 적이 없었다. 물론 산중의 숲에서는 바람에 가지들이 서로 마찰하여 자연발생적으로 불이 나는 수가 있기는 하다.

(5) 아무튼 이번 불은 큰불이었고, 하마터면 플라타이아이인들이 온갖 고난을 이겨내고서도 전멸할 뻔했다. 도시의 대부분은 접근이 불가능한 데다 적군이 바라던 대로 바람이 도시 쪽으로 불었더라면 피할 길이 없었을 테니 말이다. (6) 그러나 그런 일은 일어나지 않았다. 그리고 전하는 이야기에 따르면, 천둥소리와 함께 하늘에서 큰비가 쏟아져 불길을 끄는 덕분에 위기를 모면할 수 있었다고 한다.

78 (1) 화공마저 실패하자 펠로폰네소스인들은 주력부대를 철수시킨 다음

군대의 일부만 남겨두고 도시에 담장을 두르게 했는데, 전체 둘레를 동맹군이 나누어 맡았다. 그리고 담장 안팎에 해자를 파고 그 흙으로 벽돌[34]을 구웠다. (2) 목동자리 별이 뜰 무렵[35] 작업이 완결되자 그들은 담장의 반을 지킬 수비대를 남겨두고는(나머지 반은 보이오티아인들이 지켰다) 나머지 군대를 이끌고 철수하여 각자 자기 도시로 흩어졌다.

(3) 플라타이아이인들은 이미 처자와 노인들과 그 밖에 전투 능력이 없는 사람들을 아테나이에 보내놓은 터라, 포위된 도시에 남은 것은 플라타이아이인 4백 명, 아테나이인 80명, 그들을 위해 음식을 차려줄 여자 110명뿐이었다. (4) 이상이 포위 공격이 시작되었을 때의 전체 인원이고, 성벽 안에는 노예건 자유민이건 그 밖에는 아무도 없었다. 플라타이아이의 포위 공격은 그렇게 시작되었다.

79 (1) 같은 해 여름 펠로폰네소스인들이 플라타이아이를 공격한 것과 같은 시기에 아테나이인들은 에우리피데스의 아들 크세노폰과 다른 두 장군이 이끄는 중무장보병 2천 명과 기병 2백 명으로 구성된 원정대를 보내 트라케 지방의 칼키디케인들과 봇티아인들을 공격하게 했다. 때는 곡식이 익어갈 무렵이었다.

(2) 그들은 봇티아 지역에 있는 스파르톨로스 시로 쳐들어가 곡식을 망쳐놓았고, 친(親)아테나이파의 주선으로 도시가 항복할 줄 알았다. 그러나 반대파가 올륀토스에 사람을 보내자, 그곳에서 도시를 지켜줄 중무장보병과 다른 부대가 도착했다. 이들이 스파르톨로스에서 출동하자, 아테나이인들은 도시를 코앞에 두고 이들과 교전했다. (3) 칼키디케의 중무장보병 부대와 그들과 함께한 용병은 아테나이인들에게 패해 스파르톨로스로 퇴각했지만, 칼키디케의 기병대와 경무장보병 부대는 아테나이인들의 기병대와 경무장보병 부대에게 이겼다.

(4) 칼키디케인들에게는 이른바 크루시스 지역에서 온 소수의 경방패병

이 있었지만, 전투가 막 끝났을 때 올륀토스에서 더 많은 경방패병이 그들을 지원하러 왔다. (5) 스파르톨로스의 경무장보병 부대는 이를 보자 증원부대의 도착과 잠시 전의 성공에 고무되어, 칼키디케의 기병대와 방금 도착한 증원부대와 힘을 모아 다시 아테나이인들을 공격했다. 그러자 아테나이인들이 수송대 곁에 남겨둔 두 부대가 있는 곳으로 물러났다. (6) 그리고 칼키디케인들은 아테나이인들이 공격해오면 물러서고, 아테나이인들이 물러가기 시작하면 다시 덤벼들며 창을 던져댔다. 칼키디케의 기병대도 계속 말을 달리며 기회가 나는 대로 공격했다. 그래서 아테나이인들이 크게 겁에 질려 패주하자 멀리까지 추격했다.

(7) 그리하여 아테나이인들은 포테이다이아로 퇴각했다가 나중에 휴전조약을 맺고 전사자들을 되찾은 뒤 남은 군대를 이끌고 아테나이로 철수했다. 그들 중 430명과 장군들이 모두 전사했다. 한편 칼키디케인들과 봇티아인들은 승전비를 세우고 전사자들을 되찾은 다음 자신들의 도시들로 흩어졌다.

80 (1) 같은 해 여름 이런 일이 있은 지 얼마 안 되어 암프라키아인들과 카오네스족은 연합 함대를 의장하여 1천 명의 중무장보병과 함께 아카르나니아 지방으로 보내도록 라케다이몬인들을 설득했는데, 아카르나니아 지방을 전부 손안에 넣고 그곳을 아테나이 동맹에서 이탈시키기 위해서였다. 그들의 주장에 따르면, 만약 라케다이몬인들이 육지와 바다에서 자기들과 동시에 공격한다면 해안지대의 아카르나니아인들이 내륙의 아카르나니아인들을 지원할 수가 없어 아카르나니아 지방을 쉽게 손에 넣을 수 있을 것이며, 그런 다음에는 힘들이지 않고 자퀸토스 섬과 케팔

---

34 담을 쌓는 데 쓸.
35 9월 중순.

레니아 섬을 제압할 수 있을 것이고, 그리되면 아테나이가 파견한 함대가 펠로폰네소스 반도의 해안을 따라 항해하기가 어려워지는 것은 물론이고, 나우팍토스 항을 점령할 가망도 있다는 것이었다.

(2) 이런 주장에 설득된 라케다이몬인들은 여전히 제독 자리에 있던 크네모스와 함께 중무장보병을 소수의 함선에 태워 지체 없이 파견하고, 동맹국들에 신속히 함대를 준비하여 레우카스 섬으로 항해하라는 명령을 내렸다. (3) 코린토스인들은 원래 자신들의 식민시였던 암프라키아를 지원하는 일에 남다른 열성을 보였다. 그래서 코린토스와 시퀴온과 그곳의 다른 도시들의 함선들은 항해할 준비를 하고 있었고, 레우카스와 아낙토리온 곳과 암프라키아의 함선들은 레우카스에 먼저 도착해 기다리고 있었다.

(4) 한편 크네모스와 그의 중무장보병 1천 명은 앗티케 함선 20척을 거느리고 나우팍토스 항 앞바다를 지키고 있던 포르미온에게 들키지 않고 펠로폰네소스에서 건너가 곧장 지상전을 치를 준비를 했다. (5) 크네모스 휘하의 헬라스인 부대는 암프라키아인들, 레우카스인들, 아낙토리온인들 그리고 그와 함께 도착한 1천 명의 펠로폰네소스인들로 구성되어 있었다. 비헬라스인들로는 1천 명의 카오네스족이 있었는데, 이들은 왕의 지배를 받지 않았다. 그들의 부대는 명문세가 출신으로 그해 최고 공직자로 선출된 포티오스와 니카노르가 지휘했다. 카오네스족과 함께 테스프로티스인들도 참전했는데, 이들도 왕의 지배를 받지 않았다.

(6) 몰롯시아인들과 아틴타네스족은 아직 어린 타륍스 왕의 섭정인 사뷜린토스가 지휘했고, 파라우아이아인들은 오로이도스 왕이 지휘했다. 그들과 함께 1천 명의 오레스타이족이 참전했는데, 그들의 왕 안티오코스는 그들을 오로이도스에게 맡겼다. (7) 페르딕카스도 아테나이인들 모르게 1천 명의 마케도니아인들을 보냈는데, 그들은 너무 늦게 도착했다.

(8) 크네모스는 코린토스에서 함대가 도착하기를 기다리지 않고 이들 부대를 이끌고 출동하여 암필로키아의 아르고스 영토를 통과하면서 성벽이 없는 림나이아 마을을 파괴했다. 그러고 나서 아카르나니아 지방 최대 도시인 스트라토스 앞에 도착했는데, 먼저 이곳을 손에 넣으면 아카르나니아 지방의 다른 지역들도 쉽게 항복할 것으로 보았던 것이다.

81 (1) 육지에서는 대군이 침입하고, 동시에 바다에서는 적 함대가 공격해 오고 있다는 것을 알았을 때 아카르나니아인들은 스트라토스를 지키기 위해 힘을 한데 모으지 않고 각 도시가 스스로를 지키며 포르미온에게 도움을 청했다. 그러나 그는 코린토스 함대가 출항하려 하기 때문에 나우팍토스 항을 비울 수 없다고 했다.

(2) 한편 펠로폰네소스인들과 그들의 동맹군은 세 부대로 나뉘어 스트라토스 시로 진격했는데, 도시 가까이 진을 치고 있다가 협상에 실패하면 실력 행사에 들어가 성벽을 공격할 참이었다. (3) 그들이 진격할 때 카오네스족과 그 밖의 비헬라스인들이 중앙을 맡고, 오른쪽 날개는 레우카스인들과 아낙토리온인들과 그들과 함께하는 자들이, 왼쪽 날개는 크네모스가 이끄는 펠로폰네소스인들과 암프라키아인들이 맡았다. 그런데 부대 사이의 간격이 넓어 때로는 서로 보이지 않을 때도 있었다.

(4) 헬라스인들은 대오를 갖추고 경계를 하며 앞으로 나아가 적당한 곳에 진을 쳤다. 그러나 이 지방에서 가장 호전적인 부족으로 이름난 카오네스족은 자신감이 넘쳐 진을 칠 생각도 않고 다른 비헬라스인들과 함께 앞으로 돌격했으니, 일격에 도시를 함락해 전공(戰功)을 독차지할 생각인 것이다.

(5) 그러나 스트라토스인들은 그들이 진격해오는 것을 보고 만약 자기들이 주력부대에서 이탈한 이 부대를 이기면 아마도 헬라스인들이 나중에 자기들을 공격하지 못할 것이라고 생각했다. 그래서 그들은 도시 주위에

복병을 배치했다가 카오네스족이 다가오자 도시와 매복처에서 동시에 집중 공격했다. (6) 그러자 카오네스족이 공황 상태에 빠져 수많은 전사자를 냈고, 다른 비헬라스인들은 그들이 물러서는 것을 보자 더는 버티지 못하고 돌아서서 도망쳤다.

(7) 헬라스인들의 두 부대는 이들이 훨씬 앞서 있었기 때문에 전투가 벌어진 줄도 모르고, 이들이 진을 칠 장소를 물색하느라 서두르는 줄로만 알았다. (8) 그러나 비헬라스인들이 도망쳐 몰려오자 헬라스인들은 그들을 받아들여 부대를 한데 합친 뒤 그날은 조용히 그곳에 머물렀다. 아카르나니아의 나머지 지역에서 원군이 도착하지 않아 스트라토스인들이 싸움을 걸어오지 않았기 때문이다. 그러나 그들은 투석기를 이용하여 멀리서 헬라스인들을 괴롭혔다. 갑옷을 입지 않고는 움직일 수 없었기 때문이다. 실제로 아카르나니아인들은 이런 종류의 전투에서는 탁월해 보였다.

82 밤이 되자 크네모스는 군대를 이끌고 스트라토스에서 80스타디온[36] 떨어져 있는 아나포스 강으로 서둘러 후퇴했다. 이튿날 그는 휴전조약을 맺고 전사자의 시신을 수습했다. 우호조약에 따라 오이니아다이인들이 합세하자 그는 아카르나니아인들의 증원부대가 도착하기 전에 그들의 나라로 철수했고, 거기에서 그의 부대원들은 각자 고향으로 돌아갔다. 그러자 스트라토스인들은 비헬라스인들을 이긴 기념으로 승전비를 세웠다.

83 (1) 코린토스와 크리사 만에 있는 다른 동맹국들의 함대는 해안지대의 아카르나니아인들이 내륙의 아카르나니아인들을 지원하러 가지 못하도록 크네모스를 지원하러 갈 계획이었지만 도착하지 못하고, 스트라토스에서 전투가 벌어지던 시기에 나우팍토스를 지키던 포르미온 휘하의 아테나이 함선 20척과 해전을 하지 않으면 안 되었다. (2) 포르미온은 그들

이 해안을 따라 만 밖으로 항해해 나가는 모습을 지켜보기만 했는데, 난바다에서 공격하기 위해서였다.

(3) 코린토스인들과 그들의 동맹군은 해전은 염두에 두지 않고 아카르나니아 전투를 위해 병력을 수송할 준비만 갖추었고, 아테나이 함선 20척이 48척이나 되는 자신들의 함선에 감히 싸움을 걸어오리라고는 꿈에도 생각지 못했다. 그러나 그들은 자신들이 코린토스 만의 남안을 따라 항해하는 동안 아테나이인들이 북안을 따라 항해하며 자신들과 보조를 맞추는 것을 보았다. 그리고 그들이 아카르나니아 지방으로 가려고 아카이아 지방의 파트라이 항에서 맞은편 육지로 건너가려 했을 때 또다시 아테나이인들이 칼키스와 에우에노스 강에서 자신들을 향하여 항해해오는 것을 보았다. 그들은 밤에 정박장에서 몰래 빠져나가려 했지만 발각되는 바람에 만을 건너다가 해전을 벌이지 않을 수 없게 되었다. (4) 함선을 파견한 동맹국에는 저마다 자신들의 장군이 있었는데, 코린토스인들의 장군은 마카온, 이소크라테스, 아가타르키다스였다.

(5) 펠로폰네소스인들은 자신들의 함선을 선수는 바깥쪽으로, 선미는 안쪽으로 향한 채 적선이 함선 사이로 돌파해올[37] 틈을 주지 않는 범위에서 최대한 큰 원이 되도록 전개했다. 그러고는 원 안에다 함께 항해 중이던 가벼운 배들과, 적이 공격해오면 어느 곳이든 신속히 출동할 준비가 되어 있는 쾌속선 5척을 배치했다.

84 (1) 아테나이 함선들은 일렬을 이루고는 적선에 바싹 붙어 당장이라도 들이받을 듯 펠로폰네소스인들의 함선들 둘레를 빙빙 돌며 계속해서 원

---

36 약 14킬로미터.

37 당시 해전에서는 적선들 사이를 돌파하여 널빤지가 상대적으로 얇은 적선의 선미와 측면을 충각으로 들이받곤 했다. 1권 주 61 참조.

을 좁혀갔다. 그러나 포르미온은 자기가 신호를 보내기 전에는 공격하지 말라고 미리 일러두었다. (2) 그는 펠로폰네소스인들이 지상의 보병처럼 이런 대오를 계속 유지하지 못해 그들의 함선들이 서로 충돌하고, 작은 배들도 혼란을 가중시키기를 바랐다. 그는 또 적선들 주위를 빙빙 돌며 새벽이면 늘 그렇듯 만 안쪽에서 바람이 불어오기를 기다리며, 바람이 불어오면 그들이 한시도 가만히 서 있지 못할 것이라고 여겼다. 또 자신의 함선들은 더 빠른 까닭에 언제든 자신이 원할 때 공격할 수 있으며, 공격의 최적기는 바람이 불 때라고 생각했다.

(3) 바람이 불어오자 펠로폰네소스인들은 이미 밀집해 있는 데다 바람과 동시에 자신들의 작은 배들과도 싸우지 않을 수 없어 이내 큰 혼란에 빠지고 말았다. 함선이 서로 충돌하자 상앗대로 밀어냈다. 서로 고함을 지르고 경고하고 욕설하느라 그들에게는 선장의 명령도, 갑판장의 지시도 들리지 않았다. 그들은 또 경험이 부족하여 풍랑이 이는 바다에서 노를 물 밖으로 들어올릴 수 없었다. 그리하여 키잡이들도 함선을 제어할 수 없게 되었다.

바로 그때 포르미온이 신호를 보냈다. 그러자 아테나이인들이 공격을 개시하여, 먼저 기함 한 척을 격침한 뒤 닥치는 대로 적선을 파괴했다. 그리하여 그곳이 아수라장으로 변하자 적선들은 저항 한 번 못해보고 모두 아카이아 지방의 파트라이와 뒤메로 달아났다. (4) 아테나이인들은 그들을 추격하여 함선 12척을 나포하고 그 선원 대부분을 포로로 잡은 다음 몰뤼크레이온으로 항해해가서 리온 곶에 승전비를 세우고 해신 포세이돈에게 함선 한 척을 봉헌했다. 그리고 나서 그들은 나우팍토스로 돌아갔다.

(5) 한편 펠로폰네소스인들은 즉시 남은 함선을 이끌고 뒤메와 파트라이에서 해안을 따라 엘리스 지방의 항구인 퀼레네로 항해해갔다. 스트라토

스 전투가 끝난 뒤 크네모스도 원래 이들 함선과 합류시키려던 그곳의 함선을 이끌고 레우카스에서 퀼레네로 갔다.

85 (1) 그러자 라케다이몬인들은 세 명의 자문 위원을 함대로 보내 크네모스에게 조언하게 했는데, 티모크라테스, 브라시다스, 뤼코프론이 그들이다. 라케다이몬인들은 더욱 성공적인 다음번 해전을 위해 준비하라고 지시하면서 몇 척도 안 되는 함선에 의해 바다에서 쫓겨나서는 안 되리라고 했다. (2) 그들에게는 이번이 첫 해전인 만큼 해전의 결과를 도저히 이해할 수 없었기 때문이다. 자신들의 해군이 열세라고 믿을 수 없었고, 아테나이인들이 장기간 경험을 쌓은 데 반해 자신들의 선원은 단기 훈련밖에 받지 못했다는 점은 생각지 않고 자신들이 패한 것은 비겁했기 때문이라는 결론을 내렸던 것이다. 그래서 그들은 화가 나 자문 위원들을 파견했다.

(3) 자문 위원들은 도착하자 크네모스와 협력해 주변 도시들에 사람을 보내 더 많은 함선을 요구했고 이미 갖고 있는 함선은 다음 해전을 위해 다시 의장했다. (4) 포르미온도 아테나이로 사자를 보내 적군의 준비 상황을 보고하게 하고, 자신이 해전에서 이겼다는 소식을 전하게 하며, 언제든 다시 해전이 벌어질 것으로 예상되는 만큼 되도록 많은 함선을 신속히 파견해달라고 아테나이인들에게 요청했다.

(5) 아테나이인들은 그에게 함선 20척을 파견했지만 그 지휘관에게 먼저 크레테로 가라는 지시를 내렸다. 크레테의 고르튀스 시 출신으로 아테나이의 현지인 영사인 니키아스가 아테나이에 적대적인 도시 퀴도니아를 아테나이 편이 되게 해주겠다고 약속하며 퀴도니아로 항해하도록 아테나이인들을 설득했기 때문이다. 그러나 그가 아테나이인들을 끌어들인 것은 사실 퀴도니아의 이웃 도시인 폴리크나인들을 위해서였다. (6) 그래서 함대 지휘관은 크레테로 가서 폴리크나인들과 합세하여 퀴도니아

인들의 영토를 유린했지만, 역풍과 풍랑 때문에 출항할 수가 없어서 꽤 오랜 기간을 그곳에 붙잡혀 있었다.

86 (1) 아테나이인들이 크레테에 붙잡혀 있는 동안 퀼레네의 펠로폰네소스인들은 해전을 치를 준비를 끝내고 자신들을 지원하기 위해 펠로폰네소스에서 파견된 육군이 집결해 있던 아카이아 지방의 파노르모스 항으로 바닷가를 따라 항해해갔다. (2) 포르미온도 몰뤼크레이온의 리온 곶으로 맞은편 해안을 따라 항해해가서 지난번 해전에 참가한 20척의 함선과 함께 그 바깥쪽 바다에 닻을 내렸다. (3) 이곳 리온은 아테나이에 우호적이었다. 다른 리온은 그 맞은편 펠로폰네소스 반도의 해안에 있다. 두 리온은 바다를 사이에 두고 7스타디온[38]이나 떨어져 있는데, 이 바다가 크리사 만[39]의 입구를 이루고 있다. (4) 파노르모스에서 멀지 않은 이 아카이아 지방의 리온에 펠로폰네소인들의 육군이 집결해 있었다. 그래서 아테나이인들이 맞은편에 닻을 내린 것을 보자 그들의 함선 77척도 그곳에 닻을 내렸다.

(5) 그렇게 그들은 엿새 또는 이레 동안 훈련을 하고 해전을 준비하며 서로 대치하고 있었다. 펠로폰네소스인들은 지난번과 같은 낭패를 당할까 두려워 리온 수로에서 서쪽 난바다로 항해하려 하지 않았고, 아테나이인들은 좁은 곳에서 싸우면 적에게 더 유리할 것이라 믿고 좁은 곳으로 항해해 들어가려 하지 않았다. (6) 크네모스와 브라시다스와 펠로폰네소스의 그 밖의 다른 장군들은 아테나이에서 증원부대가 도착하기 전에 신속히 해전을 벌이고 싶었다. 그러나 그들은 지난번 패배로 대부분의 병사들이 의기소침해져 싸울 마음이 내키지 않는 것을 보자 병사들을 불러 모아놓고 다음과 같이 말했다.

87 (1) "펠로폰네소스인들이여, 만약 여러분 중에 누가 지난번 해전 때문에 다음 해전이 두렵다고 생각한다면 그런 두려움이야말로 기우에 불과하

오. (2) 여러분도 알다시피, 지난번 해전 때는 우리가 제대로 준비가 안 됐고, 항해 목적이 해전이라기보다는 병력을 수송하는 일이었소. 우리는 또 운도 아주 나빴고, 첫 번째 해전이라 경험이 부족하여 몇 가지 실수를 저지르기도 했소.

(3) 우리가 패한 것은 우리가 비겁했기 때문이 아니었소. 그러니 우리가 완전히 사기가 꺾인 것이 아니고 아직도 저항할 힘이 남아 있다면 단순히 지난번 결과 때문에 기가 죽는다는 것은 옳지 못하오. 우리는 오히려 사람이면 누구에게나 우발적인 사고가 일어날 수 있지만 진정한 용기는 변하지 않으며, 진정한 용기를 가진 사람은 자신의 비겁한 행동을 결코 경험 부족 탓으로 돌리지 않는다는 점을 명심해야 할 것이오.

(4) 사실 여러분은 적군보다 상대적으로 경험은 부족하지만 용맹은 그들보다 월등하오. 여러분이 가장 두려워하는 저들의 전문지식도 용기를 겸비해야만 하오. 그래야만 위기 때 써먹을 수 있도록 배운 것이 기억날 것이오. 투지가 없다면 어떤 기술도 위기 때는 도움이 되지 않을 것이오. 두려움에 사로잡히면 배운 것마저도 기억이 나지 않으니, 용기 없는 기술은 무용지물이기 때문이오. (5) 그러므로 그들의 더 풍부한 경험에 맞서 여러분의 더 탁월한 용기를 내세우고, 지난번 패전 때문에 두려움을 느낀다면 여러분이 그때는 준비가 안 됐었다는 사실을 기억하시오.

(6) 유리하기로 치면 여러분이 더 유리하오. 여러분은 함선 수도 더 많고 중무장보병이 도와주려고 와 있는 가운데 자국 영토 앞바다에서 싸우고 있으니 말이오. 그리고 대개 수가 더 많고 준비가 더 잘된 쪽이 이기게 마련이오. (7) 그러니 우리가 실패할 이유는 단 한 가지도 찾을 수 없소. 또

---

38 약 1,250미터.

39 여기서는 코린토스 만.

한 지난번 실패조차도 교훈을 줄 수 있으니 지금은 우리에게 도움이 될 수 있을 것이오.

(8) 따라서 여러분은 키잡이든 선원이든 자신감을 갖고 각자 맡은 바 임무를 완수하고 배치된 부서를 떠나서는 안 될 것이오. (9) 우리는 여러분의 지난번 지휘관들보다 더 훌륭하게 공격 준비를 할 것이고, 어느 누구에게도 비겁자 노릇을 할 구실을 제공하지 않을 것이오. 누구든 비겁자가 되기를 원하는 자는 응분의 벌을 받게 될 것이나, 용감한 자는 용기에 걸맞은 상을 받게 될 것이오."

88 (1) 펠로폰네소스인들의 지휘관들은 그런 말로 병사들을 격려했다. 한편 포르미온도 병사들의 사기가 떨어질까 염려하고 있던 터라, 병사들이 적선의 수가 많은 것에 겁먹고 여기저기서 웅성거리는 모습을 보자 용기를 불어넣고 지금 상황에 필요한 조언을 해주려고 그들을 한자리에 불러 모았다.

(2) 그는 전에 병사들에게 아무리 대규모 함대가 공격해와도 그들은 능히 맞설 수 있다고 늘 말함으로써 병사들에게 이를 각인시켜놓았다. 그래서 그의 병사들은 오래전부터 자신들은 아테나이인인 만큼 펠로폰네소스인들의 함선이 아무리 많이 몰려와도 물러서지 않으리라는 자신감이 있었다. 그러나 지금 그들이 눈앞의 광경에 사기가 꺾이는 것을 보자 그는 자신감을 회복해주고 싶었다. 그래서 그는 아테나이인들을 불러 모아놓고 다음과 같이 말했다.

89 (1) "전사 여러분, 내가 여러분을 불러 모은 까닭은, 적군의 수가 많은 것에 보아하니 여러분이 겁을 먹고 있기 때문이오. 나는 여러분이 겁낼 이유가 없는데 겁내는 것을 바라지 않소. (2) 첫째, 그들은 이미 패한 적이 있으며 자신들이 우리의 적수가 되지 못한다는 것을 스스로 인정하고 있소. 그래서 그들은 균형이 맞지 않을 정도로 많은 함선을 준비한 것이오.

둘째, 그들이 자신감을 갖고 우리와 맞서는 것은 용기가 그들만의 자질이라고 믿기 때문이오. 하지만 그러한 믿음은 그들이 수많은 성공을 거둔 지상전 경험에 근거한 것으로, 그러한 경험이 해전에도 적용되리라고 믿고 있소.

(3) 하지만 그들이 지상전에서 더 유리하다면 해전에서는 당연히 우리가 더 유리하오. 그들은 분명 우리보다 더 용감하지 않으며, 그들과 우리는 저마다 경험이 많은 분야에 더 자신감이 있소. (4) 또한 라케다이몬인들은 자신들의 명예만 생각하고 대부분의 펠로폰네소스인들을 억지로 위험 속으로 끌어들이고 있소. 그렇지 않다면 그들은 그렇게 참패하고도 다시 해전을 치를 준비를 하지 않았을 것이오.

(5) 그러니 여러분은 그들이 대담하게 나온다고 해서 두려워하지 마시오. 오히려 여러분이 그들에게 더 큰 두려움의 대상이 되고 있소. 그리고 그것은 당연하오. 그들은 이미 여러분에게 패한 적이 있고, 여러분이 감히 맞서는 것을 보니 필시 무슨 묘책이 있다고 생각할 것이기 때문이오.

(6) 그들처럼 수적으로 우세한 쪽은 대개 사기보다는 힘을 믿고 공격하지만, 훨씬 더 약한 쪽이 자진하여 맞서는 것은 자신들의 지략을 믿기 때문이오. 그들은 그 점을 알고는 우리가 예상외로 대항하는 것에 우리가 대등한 군사력으로 대항할 때보다도 더 놀랐을 것이오. (7) 많은 군대가 경험이 부족하거나 대담하지 못해 소수의 군대에 패한 적이 한두 번이 아니오. 그런데 우리는 경험과 대담성을 겸비하고 있소.

(8) 나는 자진하여 만내(灣內)에서 싸우지 않을 것이며, 만내로 항해해 들어가지도 않을 것이오. 경험 많은 소수의 빠른 함선이 경험이 부족한 많은 함선과 싸우기에는 좁은 공간이 불리하다고 보기 때문이오. 멀리서 적선을 발견하지 못하면 가속도를 붙여 들이받을 수가 없고, 적에게 몰리면 제때에 퇴각할 수가 없으니 말이오. 빠른 함선의 장기는 적 함대의

대열을 돌파한 다음 되돌아서서 충각으로 선미를 들이받는 것인데, 좁은 곳에서는 그럴 만한 공간이 없기에 해전이 지상전처럼 될 수밖에 없고, 그럴 경우 함선 수가 더 많은 쪽이 유리하게 마련이오.

(9) 나는 되도록 그런 일이 일어나지 않도록 조심할 것이오. 여러분은 질서를 지키며 함선 옆에 머물다가 신속히 명령에 따르도록 하시오. 적군과 가까이 대치하고 있기에 그렇게 하는 것이 특히 중요하오. 이어서 행동이 개시되면 규율을 지키고 침묵을 지키시오. 규율과 침묵은 모든 종류의 전투에서 유리하지만 해전에서는 특히 그렇소. 그리고 지난번처럼 적을 물리치도록 하시오.

(10) 이번 해전에 많은 것이 걸려 있소. 여러분은 해군에 대한 펠로폰네소스인들의 야욕을 꺾어놓든지, 아니면 제해권을 잃지 않을까 하는 두려움을 아테나이인들에게 일깨워줄 것이오. (11) 내 한 번 더 여러분에게 일러두거니와, 여러분은 이미 그들을 대부분 이긴 적이 있고, 한번 패한 자들은 다시 전투를 벌여도 이전 같은 사기가 되살아나지 않는 법이오."

90 (1) 포르미온은 그런 말로 병사들을 격려했다. 아테나이인들이 좁은 만 내로 항해해 들어오려 하지 않자 펠로폰네소스인들은 억지로라도 그들을 끌어들이려 했다. 그래서 그들은 날이 새자 출항하여 펠로폰네소스 해안을 뒤로한 채, 닻을 내렸을 때와 마찬가지로 함선을 네 줄로 세운 다음 오른쪽 날개를 앞세우고 만내로 항해해 들어가기 시작했다. (2) 그들은 오른쪽 날개에 가장 빠른 함선 20척을 배치했는데, 그 의도는 자기들이 나우팍토스로 향하는 줄 알고 포르미온이 그곳을 지키기 위해 북쪽 해안을 따라 그쪽 방향으로 따라오면 아테나이인들이 이쪽 날개를 추월하여 자신들의 공격을 피하지 못하도록 이 20척의 함선으로 그들의 퇴로를 차단하는 것이었다.

(3) 과연 그들의 예상대로 포르미온은 수비대가 지키고 있지 않은 나우

팍토스의 안전이 염려되어 펠로폰네소스인들이 출항하는 것을 보자마자 마지못해 급히 군사들에게 승선 명령을 내리고는 바닷가를 따라 항해했고, 육지에서는 멧세니아 보병 부대가 그들을 지원하기 위해 나란히 행군했다. (4) 펠로폰네소스인들은 자기들이 원하던 대로 아테나이 함선이 일렬종대로 늘어선 채 벌써 만내로 들어와 육지와 가까워진 것을 보자, 모두 단 한 번의 신호에 갑자기 왼쪽으로 방향을 바꾸고는 아테나이 함선을 모두 나포하기를 바라며 저마다 전속력으로 곧장 아테나이 함선을 향해 나아갔다.

(5) 선두에 섰던 아테나이 함선 11척은 펠로폰네소스 함대 오른쪽 날개의 포위를 뚫고 난바다로 달아났다. 그러나 펠로폰네소스인들은 나머지 9척은 따라잡아 육지로 도망치게 만들어 항해 불능 상태가 되게 했고, 헤엄쳐 바닷가로 도망치지 못한 아테나이인들은 모두 죽였다. (6) 몇 척은 펠로폰네소스인들이 빈 배로 예인해갔다. 선원들과 함께 그들에게 나포된 함선도 한 척 있었다. 몇 척은 예인 도중 멧세니아인들에게 구출되었는데, 그들은 무장한 채 바다로 뛰어들어 배에 오른 다음 갑판에서 적을 물리쳤던 것이다.

91 (1) 이곳에서 펠로폰네소스인들은 승리를 거두고 아테나이 함선을 파괴했다. 그사이 그들의 오른쪽 날개에 배치된 20척 함선은 그들이 돌아서자 난바다로 피해 달아난 아테나이 함선 11척을 추격하고 있었다. 이 11척의 함선은 한 척을 제외하고는 모두 추격을 따돌리고 나우팍토스에 이르러서는, 펠로폰네소스인들이 자기들을 향하여 육지로 항해해올 경우 이를 막으려고 이물을 바깥쪽으로 향한 채 그곳 아폴론 신전 옆에 대오를 갖추었다.

(2) 그들에 이어 펠로폰네소스 함선들이 항해 도중 승리의 찬가를 부르며 도착했고, 훨씬 앞서 달리던 레우카스 함선 한 척은 뒤처진 아테나이

함선 한 척을 추격하고 있었다. (3) 마침 그 앞바다에는 상선 한 척이 닻을 내리고 있었는데, 아테나이 함선은 이 상선 곁에 먼저 도착하여 그 주위를 돌더니 추격해오던 레우카스 함선의 선체 한복판을 충각으로 들이받아 침몰시켰다.

(4) 펠로폰네소스인들은 더구나 승리에 도취해 무질서하게 추격해오던 터라, 이 예상 밖의 놀라운 반전에 겁이 났다. 몇몇 함선은 주력함대가 오기를 기다리려고 노를 내리고 속도를 늦추었는데, 그런 행동은 가까운 곳에 적군이 공격 태세를 갖추고 대치해 있는 상황에서는 아주 위험한 짓이다. 다른 함선들은 그곳 지형을 몰라 얕은 곳에 침몰했다.

92 (1) 이런 광경을 보고 자신감이 생긴 아테나이인들은 명령 한마디에 크게 함성을 지르며 펠로폰네소스인들을 향하여 돌진했다. 펠로폰네소스인들은 전에는 여러 번 실수를 저지르고 지금은 대오가 무너져 혼란에 빠진 까닭에 오래 버티지 못하고 원래 그들이 출항한 파노르모스 항 쪽으로 도주했다.

(2) 그러자 아테나이인들이 바싹 추격해 가장 가까이 있던 함선 6척을 나포하고, 앞서 육지 쪽으로 도망쳐 항해 불능 상태가 되었다가 적군에게 예인된 자신들의 함선들을 되찾았다. 그리고 선원을 일부는 죽이고, 일부는 생포했다. (3) 라케다이몬인 티모크라테스는 상선 옆에서 침몰한 레우카스의 함선에 타고 있다가 그 함선이 파괴되자 자살했고, 그의 시신은 나우팍토스 항으로 표류했다. (4) 돌아오는 길에 아테나이인들은 자신들이 이번 승리를 위해 출격한 곳에 승전비를 세우고 아군 쪽 바닷가에 있는 시신들과 난파선의 잔해를 모두 수습한 다음 휴전조약을 맺고, 적군도 전사자들의 시신을 수습하게 해주었다.

(5) 펠로폰네소스인들도 바닷가에서 아테나이 함선을 항해 불능 상태로 만드는 데 성공한 것을 기념하여 승전비를 세우고 승전비 옆인 아카이아

의 리온에 나포한 함선 한 척을 봉헌했다. (6) 그러고 나서 그들은 아테나이에서 증원함대가 올까 두려워 밤에 레우카스인들만 제외하고 모두 크리사 만과 코린토스로 항해해갔다. (7) 펠로폰네소스인들이 철수한 지오래지 않아, 전투 전에 포르미온과 합류하게 되어 있던 아테나이 함선 20척이 나우팍토스에 도착했다. 그렇게 그해 여름은 끝났다.

93　(1) 코린토스와 크리사 만으로 철수한 함대가 해산하기 전에 크네모스와 브라시다스와 펠로폰네소스인들의 그 밖의 다른 지휘관들은 메가라인들의 조언에 따라 겨울이 시작되면 아테나이인들의 항구 페이라이에우스를 기습하려고 했다. 아테나이 해군의 절대 우위를 감안하면 당연한 일이지만, 페이라이에우스 항은 수비대도 없이 개방되어 있었다.

(2) 그들의 계획은 선원이 각자 노와 방석과 노를 거는 가죽 끈을 갖고 코린토스에서 아테나이 쪽 바다로 걸어가서, 그곳에 도착하면 되도록 일찍 메가라로 나아가 마침 그곳 니사이아 항의 조선소에 있던 함선 40척을 바닷물에 띄우고 페이라이에우스로 곧장 항해한다는 것이었다. (3) 그곳에는 초계정도 없었다. 적이 이렇게 기습해오리라고는 예상할 수 없었기 때문이다. 적은 분명 공공연히 공격해오지는 않을 테고, 사전 계획을 세우더라도 먼저 발각될 것이 분명하니 말이다.

(4) 펠로폰네소스인들은 그렇게 하기로 결정하고 곧 실행에 들어갔다. 그들은 밤에 니사이아 항에 도착하여 함선들을 바닷물에 띄웠다. 그러나 위험이 두려워(일설에 따르면 바람이 그들을 방해했다고 한다) 원래 의도한 대로 곧장 페이라이에우스로 가지 않고, 대신 메가라와 마주 보는 살라미스 섬의 끄뜨머리로 항해해갔다. 그곳에는 작은 성채 하나가 있고, 세 척의 순시선이 메가라에 드나드는 것을 통제하고 있었다. 펠로폰네소스인들은 성채를 함락하고 삼단노선들을 빈 채로 예인한 뒤 살라미스의 나머지 지역을 기습하여 약탈했다.

94 (1) 봉화가 아테나이에 적군의 내습을 알리자, 이번 전쟁 중 가장 심한 공황 상태가 야기되었다. 도성에 있는 사람들은 적군이 벌써 페이라이에우스에 침입한 줄 알았고, 페이라이에우스에 있는 사람들은 적군이 살라미스를 함락한 다음 자기들을 공격하려고 항해해오는 줄 알았기 때문이다. 아닌 게 아니라 펠로폰네소스인들이 겁내지 않았더라면 그렇게 되었을 것이다. 바람이 그들을 방해하는 일도 없었을 것이다.

(2) 날이 새자 아테나이인들은 전군을 동원하여 페이라이에우스를 지키려고 달려갔다. 그리고 함선들을 바닷물에 띄우고 아우성을 치며 서둘러 이 함선들에 몸을 싣고 살라미스로 가는 한편, 보병 부대를 주둔시켜 페이라이에우스를 지키게 했다.

(3) 살라미스를 대부분 유린한 펠로폰네소스인들은 구원병이 오는 것을 알고는 포로들과 전리품을 싣고 부도론 곶 요새에서 함선 세 척을 나포한 뒤 니사이아 항으로 서둘러 출발했다. 그들이 철수한 까닭은 타고 온 함선들이 바닷물에 띄운 지가 오래되어 물이 새지 않을까 염려되었기 때문이기도 했다. 메가라에 도착한 그들은 걸어서 코린토스로 돌아갔다.

(4) 아테나이인들도 그들이 벌써 살라미스를 떠난 것을 보자 배를 타고 돌아갔다. 이런 일이 있은 뒤 그들은 앞으로는 페이라이에우스를 더 잘 지키기 위해 항만 어귀를 봉쇄하는 등 여러 가지 조치를 취했다.

95 (1) 같은 시기, 즉 겨울이 시작될 무렵 트라케의 왕으로 테레스의 아들인 오드뤼사이족 시탈케스는 마케도니아의 왕으로 알렉산드로스의 아들인 페르딕카스와 트라케 지방의 칼키디케인들을 공격하러 출병했다. 두 가지 약속 가운데 자기가 받아둔 약속을 지키도록 강요하고, 자기가 한 약속을 이행하기 위해서였다.

(2) 페르딕카스는 이번 전쟁이 터졌을 때 궁지에 몰리자 시탈케스가 자신과 아테나이인들을 화해시켜주고 자신의 형이자 적인 필립포스가 왕

위를 되찾게 하지 않는다는 조건으로 시탈케스에게 한 가지 약속을 했지만, 아직도 자신이 한 약속을 이행하지 않았다. 또한 시탈케스도 아테나이인들과 동맹을 맺을 때 트라케 지방의 칼키디케 전쟁을 끝내겠다고 약속한 바 있었다. (3) 그는 이런 두 가지 이유에서 이번 원정에 나섰던 것이다. 시탈케스는 마케도니아 왕으로 삼기 위해 필립포스의 아들 아뮌타스를 데려갔고, 마침 이 일로 자신의 궁전을 방문 중이던 아테나이 사절단과 지휘관 하그논을 대동했다. 아테나이인들도 함대와 되도록 많은 군사들과 함께 그와 합류하여 칼키디케인들을 공격하기로 되어 있었기 때문이다.

96 (1) 시탈케스는 오드뤼사이족을 위시하여 바다에 이르기까지 하이모스 산과 로도페 산 사이에서 자신의 지배를 받는 트라케인들을 동원했고, 다음에는 하이모스 산 저쪽의 게타이족과 이스트로스[40] 강 이쪽의 흑해와 헬레스폰토스 해협 쪽에 치우쳐 사는 다른 부족을 동원했다. 게타이족과 이 지역에 사는 다른 부족은 스퀴타이족과 국경을 맞대고 있고, 모두 기마 궁수여서 무장하는 방법도 스퀴타이족과 같다. (2) 그는 산속의 트라케 부족도 다수 소집했는데, 디오이족이라 부르는 독립된 이들 부족은 단검으로 무장하고, 대개 로도페 산 주위에 살고 있다. 그중 더러는 용병으로 고용되고, 더러는 지원병으로 참가했다.

(3) 또한 그는 아그리아네스족과 라이아이오이족과 자신의 지배를 받는 그 밖의 다른 파이오니아인들을 모두 동원했다. 이들 부족은 그의 왕국에서 가장 먼 변경에 살고 있다. 그의 왕국은 라이아이오이족의 파이오니아와 스트뤼몬 강에까지 이르는데, 이 강은 스콤브로스 산에서 발원하여 아그리아네스족과 라이아이오이족의 영토를 관류한다. 그 너머에는

---

40 도나우 강 하류.

그의 통치를 받지 않는 독립된 파이오니아인들이 살고 있다.

(4) 역시 독립된 트리발로이족 쪽으로는 그의 왕국은 트레레스족과 틸라타이오이족과 경계를 이루고 있는데, 이들은 스콤브로스 산 북쪽에 살며 이들의 영토는 서쪽으로 오스키오스 강에까지 이른다. 이 강은 네스토스 강과 헤브로스 강과 똑같은 산에서 발원하는데, 이 산은 사람이 살지 않는 큰 산으로 로도페 산과 연결되어 있다.

97 (1) 오드뤼사이족 왕국의 해안선은 압데라 시에서 흑해 서안의 이스트로스 강 하구에까지 이른다. 상선을 타고 계속 뒤바람을 받으며 최단거리로 이 바닷가를 따라 항해해도 나흘 낮 나흘 밤이 걸린다. 육로로는 날랜 남자가 최단거리로 걷더라도 압데라에서 이스트로스 강까지 11일 이상이 걸린다. (2) 그의 왕국의 해안선은 그만큼 길다. 내륙으로는 뷔잔티온 시에서 라이아이오이족의 영토와, 바다에서 내륙 쪽으로 가장 먼 곳에 있는 스트뤼몬 강까지 날랜 남자가 걸어도 13일은 걸릴 것이다.

(3) 시탈케스의 후계자로 세율(稅率)을 가장 많이 올린 세우테스 치세 때 오드뤼사이족 왕국 내의 모든 비헬라스인 부족과 헬라스 도시들에서 금과 은으로 징수한 공물은 은 400탈란톤에 상당하는 가치가 있었다. 그에 덧붙여 수놓은 천과 무지 천과 다른 가재도구 외에 적어도 그에 상당하는 금과 은이 선물로 들어왔는데, 선물은 왕뿐 아니라 오드뤼사이족의 요인들과 귀족들에게도 주어졌다.

(4) 그들 사이에서는 페르시아 왕국에서와는 달리 주기보다는 받는 것이 관행이고, 요구하고도 선물을 받지 못하는 것보다는 요구하는데도 선물을 주지 않는 것이 더 수치로 여겨졌다. 이런 관행은 다른 트라케인들 사이에서도 그랬지만, 오드뤼사이족의 세력이 막강한 만큼 그들 사이에 특히 널리 보급되었는데, 먼저 선물을 바치지 않으면 되는 일이 없었기 때문이다. 그래서 그의 왕국은 막강해졌다.

(5) 이오니오스 만[41]과 흑해 사이의 모든 에우로페 왕국 가운데 세수와 번영이라는 점에서는 그의 왕국이 단연 으뜸이었다. 전투력과 병력 수에서는 스퀴타이족의 왕국에 견주면 단연 열세였다. (6) 그 점에서는 비교가 되지 않는다. 에우로페뿐 아니라 아시아에서도 스퀴타이족이 일치단결하면 이들과 맞설 수 있는 나라는 하나도 없을 것이다. 그러나 현명하게 계획하고 자원을 합리적으로 이용하는 데서 그들은 수준 이하이다.

98 (1) 시탈케스는 그토록 큰 왕국의 왕으로서 출병 준비를 하고 있었다. 준비가 끝나자 그는 마케도니아를 향해 출발했는데, 처음에는 자국의 영토를 통과하고 이어서 신토이족과 파이오니아인들 사이의 경계를 이루는, 사람이 살지 않는 케르키네 산맥을 통과했다. 그는 이 산맥을 건너면서, 전에 파이오니아인들을 치러 갈 때 자신이 나무를 베어내고 숲 속에 닦아놓은 길을 이용했다. (2) 오드뤼사이족의 나라에서 이 산맥을 넘는 동안 그들은 파이오니아인들은 오른쪽에, 신토이족과 마이도이족은 왼쪽에 두고 있었다. 일단 산맥을 넘자 그들은 파이오니아 지역의 도시 도베로스에 도착했다.

(3) 행군하는 내내 그는 병사(病死)한 경우 말고는 군사를 한 명도 잃지 않았다. 오히려 그의 군대는 많은 독립된 트라케인들이 약탈을 바라고 자진하여 합류하는 바람에 수가 늘어났다. 그래서 그의 병력은 모두 15만 명이 넘었다고 한다. (4) 그중 대부분은 보병이고, 3분의 1정도가 기병이었다. 기병은 대부분 오드뤼사이족이고, 게타이족이 그다음으로 많았다. 보병 가운데 가장 호전적인 부대는 자진하여 로도페 산에서 내려온 독립된 검객(劍客)들이었다. 다른 부대는 혼성부대로, 주로 수가 많은 것으로 겁을 주었다.

---

41 그리스 반도 서쪽의 이오니아 해.

99 (1) 이렇게 도베로스에 집결한 그들은 고지대에서 페르딕카스가 지배하는 저지 마케도니아로 내려갈 준비를 했다. (2) 고지 마케도니아에도 링코스인들과 엘리미오타이족을 위시하여 다른 부족이 있는데, 이들은 마케도니아 왕의 동맹군이거나 신하였지만 자기들만의 독립된 왕국을 유지하고 있다.

(3) 지금의 마케도니아 해안지대는 페르딕카스의 아버지 알렉산드로스와 원래 아르고스의 테메니다이가(家) 출신인 그의 선조가 처음 취득한 것이다. 그들은 피에리아에서 피에리아인들(그들은 훗날 파그레스와 스트뤼몬 강 저쪽 팡가이온 산 밑의 다른 지역에 정착했다. 그래서 팡가이온 산기슭의 해안지대는 지금도 피에리아 만이라고 부른다)을 무력으로 쫓아내고, 봇티아에서 봇티아인들(그들은 지금 칼키디케인들의 이웃이다)을 쫓아낸 뒤 그곳을 차지하고 왕국을 세운 것이다.

(4) 그들은 또 산악 지대에서 펠라 시와 바다에 이르는, 악시오스 강변의 좁은 지대를 파이오니아인들에게서 취득했다. 그러고 나서 에도노이족을 쫓아낸 뒤 악시오스 강과 스트뤼몬 강 사이에 있는, 뮉도니아라고 부르는 지역을 차지했다. (5) 그들은 또 지금도 에오르디아라고 부르는 지역에서 에오르디아인들(그들은 대부분 살해당하고 소수만이 살아남아 퓌스카 시 주위에 살고 있다)을, 그리고 알모피아 지역에서는 알모피아인들을 쫓아냈다.

(6) 이들 저지 마케도니아인들은 또 다른 부족에 속해 있던 안테무스, 그레스토니아, 비살티아와 고지 마케도니아의 많은 부분을 정복하여 지금도 지배하고 있다. 이 지방 전체가 지금은 마케도니아라고 일컬어지며, 시탈케스가 쳐들어갔을 때는 알렉산드로스의 아들 페르딕카스가 그곳의 왕이었다.

100 (1) 대군이 쳐들어오자 이들 저지 마케도니아인들은 도저히 대항할 수가

없어서 지방에 있는 여러 요새와 성채로 후퇴했다. (2) 요새와 성채의 수는 많지 않았고, 지금 있는 것은 훗날 페르딕카스의 아들 아르켈라오스가 지은 것들이다. 아르켈라오스는 또 도로들을 직선화하고, 기병대와 중무장보병과 장비 일반의 성능을 개선하여 나라가 선대(先代) 여덟 왕의 치세 때보다 더 강력한 전투력을 확보하게 했다.

(3) 트라케군은 도베로스를 출발해 먼저 예전에 필립포스의 왕국인 곳으로 쳐들어가 에이도메네 시를 무력으로 함락했다. 고르튀니아와 아탈란테와 그 밖에 몇몇 다른 곳들은 시탈케스와 동행한, 필립포스의 아들 아뮌타스에 대한 충성심에서 그들에게 투항했다. 그들은 에우로포스 시를 포위 공격했지만 함락하지는 못했다. (4) 이어서 시탈케스는 펠라 시와 퀴르로스 시 동쪽에 있는 마케도니아의 다른 지역으로 진격했지만, 그곳에서 봇티아와 피에리아로 가지 않고 뮉도니아와 그레스토니아와 안테무스를 약탈했다.

(5) 마케도니아인들은 보병으로는 그들에게 대항할 엄두가 나지 않았지만 내륙의 동맹국들에서 기병대를 증원부대로 내보내, 수적으로 열세인데도 기회가 날 때마다 트라케군을 공격했다. 그리고 그들이 공격하는 곳에서는 아무도 대항하지 못했다. 그들은 훌륭한 기병인 데다 흉갑을 입고 있었기 때문이다. 그러나 그것은 몇 배나 많은 적군을 상대할 때는 위험한 전술이었는데, 그들은 자신들이 매번 엄청난 수의 적군에 에워싸이는 것을 보았다. 마침내 그들은 적은 수로 많은 수와 맞서지 못한다는 것을 인정하고 공격을 포기했다.

101 (1) 이제 시탈케스는 자신의 원정 목적과 관련하여 페르딕카스와 교섭하기 시작했다. 그리고 아테나이 함대가 도착하지 않자(아테나이인들은 그의 출병을 믿지 않고 그에게 선물과 사절단만 보냈다) 그는 군대의 일부를 칼키디케인들과 봇티아인들을 공격하도록 파견하여 그들을 성벽

뒤로 물러나도록 강요하며 그들의 영토를 약탈했다.

(2) 시탈케스가 이들 지역을 점령하자 그 남쪽에 사는 텟살리아인들, 마그네시아인들, 텟살리아의 다른 예속민들, 테르모퓔라이에 이르는 헬라스인들은 그의 군대가 자기들 쪽으로도 향하지 않을까 두려워 전투에 대비하고 있었다. (3) 스트뤼몬 강 저쪽 북부 트라케 평야에 살던 부족인 파나이오이족, 오도만토이족, 드로오이족, 데르사이오이족도 같은 두려움을 느끼고 있었는데, 이들은 모두 독립된 부족이다.

(4) 아테나이와 적대관계에 있는 헬라스인들 사이에서도 시탈케스의 군대가 아테나이와의 동맹조약을 지키기 위해 어쩌면 자기들 나라에도 쳐들어올 것이라는 우려 섞인 소문이 파다했다. (5) 그러나 그는 칼키디케와 봇티아와 마케도니아 지방만 점령하고 약탈했다. 그런데 그는 원정 목적을 전혀 달성하지 못했고, 군대는 식량이 떨어진 데다 겨울 추위에 시달리고 있었다. 그래서 그는 자신의 조카이자 가장 유력한 측근인, 스파라도코스의 아들 세우테스의 조언을 받아들여 신속히 철군했다. 페르딕카스는 자신의 누이를 아내로 주고 지참금도 주겠다고 비밀리에 약속함으로써 세우테스를 우군으로 끌어들여놓았던 것이다.

(6) 그래서 시탈케스는 세우테스의 조언대로 총 30일의 원정을 마치고 신속히 본국으로 철군했는데, 그중 여드레를 칼키디케에서 보냈다. 나중에 페르딕카스는 약속대로 누이 스트라토니케를 세우테스에게 아내로 주었다. 시탈케스의 원정은 그렇게 끝났다.

102 (1) 같은 해 겨울 나우팍토스 항에 있던 아테나이인들은 펠로폰네소스인들의 함대가 해산하자 포르미온의 지휘 아래 원정에 나섰다. 그들은 바닷가를 따라 아스타코스 시로 항해해가서 그곳에 상륙한 다음 함대에서 내린 4백 명의 아테나이인 중무장보병과 4백 명의 멧세니아인을 이끌고 아카르나니아 지방의 내륙으로 진격했다. 그들은 스트라토스, 코론타,

그 밖의 다른 곳에서 신뢰할 수 없다고 생각되는 자들을 내쫓고 테올뤼토스의 아들 퀴네스를 코론타로 복귀시킨 다음 함대가 있는 곳으로 돌아갔다. (2) 아카르나니아 지방에서 유일하게 아테나이에 늘 적대적이던 오이니아다이 시를 공격한다는 것은 때가 겨울인지라 불가능해 보였기 때문이다. 핀도스 산에서 발원하여 돌로피아와 아그라이오이족과 암필로키아인들의 땅과, 먼저 스트라토스 시 옆을 지나 아카르나니아 평야를 흘러 지나가는 아켈로오스 강이 오이니아다이 시 옆에서 바다로 흘러들며 도시 주위를 늪지대로 만드는 탓에, 겨울에는 물이 넘쳐흐르는 이곳에서 군사작전을 펼칠 수 없었던 것이다.

(3) 에키나데스 섬들도 대부분 오이니아다이 시 맞은편 아켈로오스 강 하구 근처에 위치해 있다. 강은 그 세찬 물살로 계속해서 섬들 쪽으로 새로운 퇴적물을 쌓아 올려 섬의 일부는 이미 육지와 이어졌고, 나머지 섬들도 머지않아 십중팔구 그렇게 될 것이다. (4) 강물은 폭이 넓고 물살이 세고 진흙투성이인데 섬들은 다닥다닥 붙어 있어서 퇴적물을 막아주는 댐 역할을 하기 때문이다. 섬들이 일렬종대로 서 있지 않고 갈지자형으로 불규칙하게 흩어져 있어서 강물이 곧장 바다로 흘러들지 못하게 하니 말이다.

(5) 이 섬들은 작은 무인도들이다. 전하는 이야기에 따르면, 암피아라오스의 아들 알크메온은 어머니 에리퓔레를 살해한 뒤 정처 없이 떠돌다가 이곳에 정착하라는 아폴론의 신탁을 받았다고 한다. 신탁이 이르기를, 그가 어머니를 살해했을 때 아직 햇빛이 비친 적이 없고 아직은 육지로 존재하지 않는 곳을 찾아내 그곳에 정착하기 전에는 그가 고통에서 벗어날 길이 없다며, 다른 곳은 모두 그에 의해 오염되었기 때문이라고 했다.

(6) 그는 처음에는 난감했지만 마침내 아켈로오스 강의 이 퇴적물이 생각나자, 그가 어머니를 살해하고 오랫동안 떠돌아다니는 사이 그곳에 사

람이 살 수 있을 만큼 퇴적물이 충분히 쌓였으리라고 생각했다고 한다. 그래서 그는 오이니아다이 시 일원에 정착하여 그곳의 지배자가 되었고, 나라 전체에 그의 아들 아카르난의 이름을 붙여주었다. 이상이 우리에게 전해오는 알크메온에 관한 전설이다.

103 (1) 포르미온과 아테나이인들은 아카르나니아를 떠나 나우팍토스로 돌아갔다가, 봄이 되자 아테나이로 돌아갔다. 그들은 나포한 적선들과 해전 중에 사로잡은 자유민을 모두 끌고 가 이들을 일대일로 교환했다. (2) 그해 겨울은 그렇게 지나갔고, 투퀴디데스가 기록한 이 전쟁의 세 번째 해도 그렇게 저물었다.

III

HO POLEMOS TON PELOPONNESION KAI ATHENAION

1 (1) 이듬해 여름 곡식이 익어갈 무렵 펠로폰네소스인들과 그들의 동맹군은 라케다이몬인들의 왕 제욱시다모스의 아들 아르키다모스의 지휘 아래 앗티케 지방에 침입했다. (2) 그들은 그곳에 진을 치고 나라를 약탈했다. 전에도 그랬듯, 아테나이 기병대는 가능한 곳이면 어디에서나 적군을 공격하여, 그들의 경무장보병 무리가 중무장보병 부대를 앞질러 나가 도시 외곽을 약탈하는 것을 막았다. (3) 펠로폰네소스인들은 보급을 받는 동안에는 앗티케 지방에 머무르다가 철수하여 각자 자신들의 도시로 흩어졌다.

2 (1) 펠로폰네소스인들의 침입 직후 메튐나 시를 제외한 레스보스 섬 전체가 아테나이에 반기를 들었다. 그들은 전쟁이 일어나기 전에 이미 반기를 들려고 했지만 라케다이몬인들이 그들을 동맹군으로 받아주려 하지 않았다. 지금도 그들은 예정보다 일찍 반기를 들지 않을 수 없었다. (2) 그들은 항구들에 방파제를 만들고 성벽을 쌓고 함대를 건설하는 일이 완료되고, 궁수와 식량, 그 밖에 그들이 구해오라고 사람을 보낸 다른 물자가 흑해에서 도착하기만을 기다리고 있었다.

(3) 그런데 그들과 적대관계에 있는 테네도스인들과 메튐나인들과, 아

테나이의 이익을 대변하며 다른 시민들과 사이가 나쁜 일부 뮈틸레네인들이 아테나이에 보고하기를, 레스보스 전체가 뮈틸레네인들이 주도하는 연맹에 가입하도록 강요당하고 있는데, 뮈틸레네인들은 라케다이몬인들과 자신들의 친척뻘인 보이오티아인들[1]과 결탁하여 모든 준비를 서두르고 있으며 그 목적은 반란이라고 했다. 그러니 당장 예방조치를 취하지 않으면 아테나이가 레스보스를 잃게 되리라고 했다.

3 (1) 그러나 당시 아테나이인들은 역병에 시달리는 데다 최근 일어난 전쟁이 가열되고 있던 터라, 함대와 자원을 축내지 않고 고스란히 보유하고 있는 레스보스마저 자신들의 적이 된다는 것은 실로 심각한 문제라고 생각했다. 그래서 처음에는 설마 그럴 리 없겠지 하고 그런 비난이 사실이 아니기를 바랐다. 그러나 레스보스 연맹이라는 생각을 버리고 전쟁준비를 포기하도록 사절단을 파견해 뮈틸레네인들을 설득하는 데 실패하자 겁이 난 그들은 너무 늦기 전에 조치를 취하기로 결정했다.

(2) 그리하여 그들은 펠로폰네소스 반도 해안을 따라 항해하도록 준비중이던 함선 40척을 데이니아스의 아들 클레입피데스와 다른 두 명의 장군 지휘 아래 급히 파견했다. (3) 도시 밖에서 말레아 아폴론을 위한 축제가 열리는데, 뮈틸레네의 전 주민이 이 축제에 참가한다는 보고를 받은 그들은 서두르면 이들을 기습할 수 있으리라고 믿은 것이다. 이 일이 성공하면 더없이 좋고, 실패하면 뮈틸레네인들에게 그들의 함대를 양도하고 성벽을 허물도록 명령할 참이었다. 그리고 뮈틸레네인들이 거부하면 그들은 전쟁을 할 참이었다.

(4) 그래서 이들 함선은 출동했다. 그리고 아테나이인들은 동맹조약에 따라 마침 자기들을 지원하러 와 있던 뮈틸레네의 삼단노선 10척을 억류

---

1 뮈틸레네인들도 보이오티아인들도 아이올레이스족이다.

하고 그 선원들을 구금했다. (5) 그럼에도 이 원정에 관한 소문이 뮈틸레네에 퍼졌으니, 어떤 아테나이인이 아테나이에서 에우보이아 섬으로 건너간 뒤 게라이스토스 곶으로 걸어가서 막 출항하려던 상선을 타고 아테나이를 출발한 지 사흘 만에 뮈틸레네에 닿았던 것이다. 그래서 뮈틸레네인들은 말레아 곶에 있는 아폴론 신전으로 나가지 않고, 대신 성벽과 항구들의 미완성 부분을 보강하고 수비대를 배치했다.

4 (1) 그 뒤 곧 아테나이 함대가 입항했다. 그들의 장군들은 상황을 알아차리고 지시받은 대로 전하고는 뮈틸레네인들이 말을 듣지 않자 전투를 개시했다. (2) 준비가 안 된 상태에서 갑자기 전투에 말려든 뮈틸레네인들은 싸우기 위해서인 양 자신들의 함선들을 항구 앞으로 조금 내보냈다가 곧 아테나이 함선들에 쫓겨 들어갔다. 그러자 그들은 우선 아테나이 함대에서 벗어나고자 아테나이 장군들에게 합리적인 조건으로 협상을 제안했다. (3) 그러자 아테나이 장군들은 사실 레스보스 전체를 상대로 싸울 자신이 없던 터라 그 제안을 수락했다.

(4) 휴전조약이 체결되자 뮈틸레네인들은 자기들에게 적대적이었지만 지금은 후회하고 있는 밀고자 한 명이 포함된 사절단을 아테나이에 파견하여, 뮈틸레네에는 반란이 일어날 우려가 없으니 함대를 철수해도 좋을 것이라고 설득하려 했다. (5) 동시에 그들은 도시 북쪽 말레아 곶에 정박 중이던 아테나이 함대 몰래 삼단노선 한 척에 사절단을 태워 라케다이몬으로 보냈는데, 아테나이에 파견한 사절단이 성공하리라고 믿지 않았던 것이다. (6) 사절단은 천신만고 끝에 난바다를 항해해가서 원조를 받기 위해 라케다이몬인들과 협상하기 시작했다.

5 (1) 아테나이에 파견된 사절단이 아무 소득 없이 돌아오자 뮈틸레네인들과, 메튐나를 제외한 나머지 레스보스인들이 아테나이인들과 전쟁을 벌였다. 메튐나인들은 아테나이 편에서 싸웠고, 임브로스인들과 렘노스인

들과 그 밖에 약간의 동맹군도 마찬가지였다.

(2) 전군이 아테나이인들의 진지를 향해 출동하여 이어진 전투에서 뮈틸
레네인들은 우세했지만 싸움터에 진을 칠 자신이 없어 도시로 후퇴했다.
그 뒤 그들은 펠로폰네소스에서 원조를 받기 전에는 준비도 안 된 상태
로 또다시 모험을 하지 않으려고 가만있었다. 라케다이몬인 멜레아스와
테바이인 헤르마이온다스가 나중에야 그곳에 도착했기 때문이다. 두 사
람은 반란이 일어나기 전에 파견됐지만 아테나이 원정대보다 먼저 도착
할 수 없어 전투가 끝난 뒤에야 삼단노선을 타고 몰래 들어왔던 것이다.
그들은 사절단을 태운 다른 삼단노선 한 척을 자기들과 함께 라케다이몬
으로 파견하도록 설득했고, 그러자 뮈틸레네인들이 그렇게 했다.

6 (1) 아테나이인들은 뮈틸레네인들이 무기력한 것에 크게 고무되어 동맹
군을 소집했다. 그러자 이들도 레스보스인들이 제대로 저항하지 못하는
모습을 보고 더욱더 일찍 소집에 응했다. 아테나이인들은 도시 남쪽으로
함대의 일부를 이동시켜 도시의 이쪽과 저쪽에 하나씩 두 개의 진지를
구축하여 양쪽 항구를 봉쇄했다. (2) 그리하여 아테나이인들은 뮈틸레
네인들이 바다를 이용하지 못하게 했다. 하지만 육지는 뮈틸레네인들과
그들을 지원하러 온 다른 레스보스인들의 지배 아래 있었다. 아테나이인
들이 지배한 것은 그들의 진지 주변 지역뿐이었다. 말레아 곶은 그들의
함선이 출입하는 포구이자 장터에 불과했다. 뮈틸레네 전쟁은 그렇게 진
행되었다.

7 (1) 그해 여름 거의 같은 시기에 아테나이인들은 또 포르미온의 아들 아
소피오스를 장군으로 삼아 함선 30척을 파견하여 펠로폰네소스 반도를
돌게 했다. 아카르나니아인들이 포르미온의 아들 또는 친척을 장군으로
파견해주기를 요청했기 때문이다. (2) 함대는 라코니케 지방의 바닷가
를 따라 항해하며 여러 곳을 약탈했다. (3) 그리고 나서 아소피오스는 대

부분의 함선을 아테나이로 돌려보낸 다음 함선 12척을 이끌고 나우팍토스에 도착했다. 그 뒤 그는 아카르나니아 전역에서 군대를 모집하여 오이니아다이로 출동했는데, 함대가 아켈로오스 강을 거슬러 올라가는 동안 지상군은 영토를 약탈했다.

(4) 그러나 오이니아다이가 항복하기를 거부하자 그는 보병을 돌려보내고 아테나이인들을 이끌고 레우카스 섬으로 항해해가서 네리코스에 상륙했다. 그런데 함선이 있는 곳으로 돌아오는 길에 그와 그의 부대원 일부가 똘똘 뭉쳐 방어에 나선 지역 주민과 그들을 도우러 온 소수의 수비대에게 살해당했다. (5) 그 뒤 아테나이인들은 휴전조약을 맺고 레우카스인들에게서 전사자들의 시신을 인수한 다음 출항했다.

8 (1) 그사이 첫 번째 배로 파견된 뮈틸레네인 사절단은 다른 동맹국들도 듣고 논의할 수 있도록 라케다이몬인들에게서 올륌피아로 가보라는 권고를 받았다. 그래서 그들은 올륌피아로 갔는데, 그때는 로도스 출신 도리에우스가 올륌피아 경기에서 두 번째로 우승했을 때였다.[2] (2) 축제가 끝난 뒤 말할 기회가 주어지자 그들은 다음과 같이 말했다.

9 (1) "라케다이몬인들과 그들의 동맹국 시민 여러분, 우리는 헬라스인들 사이에 확립된 관행이 어떤 것인지 모르지 않습니다. 전시에 한 국가가 반기를 들고 이전 동맹국을 배반한다면, 그 국가를 동맹국으로 받아들이는 국가들은 당장은 쓸모가 있으니 반가워하겠지만, 그 국가가 이전 친구를 배신했으니 멸시할 것입니다. (2) 그리고 이러한 판단은 부당하다 할 수 없습니다. 만약 배신한 국가와 배신당한 국가가 정책과 의도가 같고, 힘과 자원에서 대등하며, 배신할 만한 이유가 없다면 말입니다. 그러나 우리와 아테나이인들의 경우는 다릅니다. 따라서 어느 누구도 우리가 평화 시에 그들에게 존중받다가 어려울 때 그들을 배신했다고 우리를 멸시해서는 안 됩니다.

10 (1) 우리는 무엇보다도 여러분과의 동맹을 추구하는 만큼, 먼저 정의와 정직에 관해 논하지 않을 수 없습니다. 양쪽이 서로 정직하게 대하지 않고 서로 생각이 같지 않으면 개인 간의 우정도 국가 간의 협력도 공고할 수 없다는 것을 알기 때문입니다. 생각이 다르면 행동도 달라지게 마련이니까요. (2) 우리가 아테나이인들과 처음 동맹을 맺은 것은 페르시아 전쟁이 끝난 뒤, 여러분은 철수하는데 그들은 그대로 머무르며 남은 일들을 처리해주면서였습니다. (3) 그러나 우리가 동맹을 맺은 것은 헬라스인들을 아테나이인들의 노예로 만들기 위해서가 아니라 헬라스인들을 페르시아에서 해방하기 위해서였습니다. (4) 아테나이인들이 우리의 독립을 존중하며 지도하는 동안에는 우리도 기꺼이 따랐습니다. 그러나 그들이 페르시아에 대한 적대감은 점점 늦추고 동맹국을 노예로 삼는 데 점점 열을 올리자 우리는 겁이 나기 시작했습니다.

(5) 하지만 동맹국은 표가 분산되어 단결해서 대항하지 못하고, 우리와 키오스인들을 제외하고는 모두 노예가 되었습니다. 우리는 명목뿐인 자주독립국가로서 그들의 군사작전에 군대를 파견했습니다. (6) 그러나 지금까지의 여러 선례를 보면서 우리는 지도자로서의 아테나이를 더는 신뢰할 수 없게 되었습니다. 우리와 같은 동맹에 가담한 국가들을 예속시킨 것으로 미루어 언젠가 그럴 수만 있다면 우리들 남은 동맹국에도 같은 짓을 하지 않으리라고 보기 어려울 것입니다.

11 (1) 만약 우리 모두 아직 독립국가라면 아테나이가 우리에게 적대 행위를 하지 않을 것이라고 더 자신하겠지요. 그러나 대부분의 동맹국이 그들에게 예속된 반면 우리만 그들을 대등하게 대한다면, 이미 대부분이

---

2 기원전 428년 8월. 도리에우스는 권투와 레슬링을 합친 듯한 격투기 팡크라티온(pankration) 부문에서 기원전 432년과 424년에도 우승한 바 있다.

예속되었는데 우리만 독립을 주장한다는 것은, 특히 그들은 날로 강력해지는데 우리는 날로 고립되는 상황에서는 그들에게 당연히 참기 어려운 일일 것입니다. (2) 동맹의 유일한 담보는 서로에 대한 두려움입니다. 그래야만 어느 한쪽이 맹약을 위반하고 싶어도 공격해봤자 유리할 것이 없다고 생각하고 그만두기 때문입니다.

(3) 사실 우리가 독립국가로 남은 유일한 이유는, 아테나이인들이 그럴듯한 논리를 내세우며 군사력보다는 외교정책을 이용해야만 자신들의 제국주의적 목표를 더 수월하게 달성할 수 있다고 생각했기 때문입니다. (4) 동시에 그들은 자기들처럼 투표권을 행사하는 국가들은, 공격당하는 국가들이 불의한 짓을 했을 때 말고는 의사에 반해 마지못해 원정에 참가하지 않는다는 증거로 우리를 이용하곤 했습니다. 게다가 그들은 처음에 가장 강력한 동맹국을 이끌고 더 약한 동맹국을 공격했는데, 그 결과 끝까지 살아남은 국가들도 나머지 동맹국이 일단 병합되자 더 약해지곤 했습니다. (5) 반면 아직 다른 동맹국이 모두 원래의 힘을 보유하고 있고 저항의 구심점이 있을 때 그들이 우리부터 먼저 예속시키기 시작했다면, 동맹국을 그리 쉽게 예속시킬 수 없었을 것입니다. (6) 게다가 그들은 우리 함대에 두려움을 느꼈을 것입니다. 우리 함대는 여러분이나 다른 국가와 연합하면 그들에게 위협이 되었을 테니까요. (7) 우리가 독립을 유지한 또 다른 요인은 우리가 아테나이 민중과 그때그때 유력한 정치가들과 좋은 관계를 유지하려고 노력했기 때문입니다. (8) 그러나 아테나이가 다른 국가들을 대하는 태도를 보니, 이번 전쟁이 터지지 않았더라면 우리는 아마도 오랫동안 독립을 유지할 수 없었을 것입니다.

12 (1) 양쪽이 이렇듯 서로 성의 없이 대하는데 우리가 이런 우호관계와 자유를 어떻게 신뢰할 수 있겠습니까? 전시에는 그들이 우리를 두려워하여 좋은 관계를 유지하기 위해 최선을 다하고, 평화 시에는 우리가 그렇

게 합니다. 다른 사람들의 경우 대개 호의가 신뢰를 공고하게 해주지만, 우리 경우에는 두려움이 안전을 보장해줍니다. 우리의 동맹은 우호관계보다는 두려움에 의해 유지되기 때문입니다. 따라서 어느 쪽이든 먼저 안전에 자신감이 생기는 쪽이 먼저 동맹을 이탈할 것입니다.

(2) 그러므로 아테나이인들의 위협이 사실로 드러나는지 확인할 때까지 기다려보지도 않고 그들이 우리에 대한 위협을 실행에 옮기기를 늦추고 있는 틈을 타 먼저 동맹을 이탈하는 것은 옳지 못하다고 생각하는 사람이 있다면, 그것은 그릇된 판단입니다. (3) 우리에게 계략에는 계략으로, 연기에는 연기로 맞설 능력이 있다면, 그렇게 대등한데 우리가 왜 그들에게 예속되었겠습니까? 그러나 언제든 공격할 수 있는 힘이 그들에게 있는 만큼, 우리도 당연히 자위권을 행사해야 할 것입니다.

13 (1) 라케다이몬인들과 그들의 동맹국 시민 여러분, 우리는 그런 동기와 이유에서 반기를 들었습니다. 그런 동기와 이유는 듣는 이들에게 우리가 부적절하게 행동하지 않았음을 확신시킬 수 있을 만큼 충분히 납득이 가며, 놀란 나머지 다른 곳에서 안전을 찾도록 우리를 강요하기에 충분합니다. 사실 오래전 아직도 평화가 유지되고 있던 때에 우리는 그렇게 하기를 원했습니다. 그래서 동맹 이탈 문제를 논의하기 위해 여러분에게 사절단을 파견했지만 여러분이 우리의 청을 거절하여 뜻을 이루지 못했습니다. 그러나 이번에 보이오티아인들이 우리를 부르자 우리는 즉시 호응했고, 과거의 관계에서 이중으로 이탈하기로 결심했습니다. 즉 아테나이인들과 손잡고 헬라스인들을 해코지하는 대신 이제는 헬라스인들을 해방하는 일에 협력하고, 아테나이인들에게 망하기를 기다리는 대신 먼저 선수를 치기로 결심했단 말입니다.

(2) 하지만 우리는 제대로 준비도 안 된 상태에서 예정보다 일찍 동맹을 이탈했습니다. 그럴수록 더욱더 여러분은 우리를 동맹국으로 받아들이

고 신속히 원군을 보내, 여러분은 도와주어야 할 자들은 도와주되 적에게는 타격을 가한다는 것을 보여주어야 합니다. (3) 지금까지 이렇게 좋은 기회는 없었습니다. 아테나이인들은 역병과 전비 지출로 기진맥진해 있습니다. 그리고 그들의 함대는 여러분의 해안을 따라 항해하거나 우리를 봉쇄하고 있습니다. (4) 그래서 그들에게는 십중팔구 여분의 함선이 없을 것입니다. 그러니 여러분이 이번 여름에 함대와 보병을 동시에 이끌고 또다시 그들의 영토로 쳐들어간다면, 그들은 여러분의 함대에 저항하지 못하거나 아니면 여러분의 해안과 우리 해안에서 자신들의 함대를 철수시켜야 할 것입니다.

(5) 그리고 여러분은 여러분과 상관없는 남의 나라를 위해 모험을 한다고 생각지 마십시오. 여러분은 레스보스가 멀리 떨어져 있다고 생각할지 모르지만 레스보스가 줄 수 있는 이익은 바로 가까이 있기 때문입니다. 전쟁은 일부 사람들이 생각하듯 앗티케 땅이 아니라 앗티케를 지원하고 있는 곳에서 결판날 테니까요. (6) 아테나이인들의 수입원(收入源)은 동맹국이 바치는 세금인데, 그들이 우리를 정복하면 수입은 더욱 늘어날 것입니다. 그러면 어떤 다른 국가도 반기를 들지 못할 것이고, 우리의 자원은 그들의 자원에 합쳐질 것입니다. 그리고 우리는 먼저 예속된 국가들보다 더 학대받겠지요.

(7) 그러나 여러분이 우리를 적극적으로 도와준다면 강력한 해군을 보유한 국가가 여러분 편이 될 텐데, 그거야말로 여러분에게 가장 필요한 것입니다. 여러분은 그들의 동맹국이 이탈하게 함으로써 아테나이인들의 힘을 더 쉽게 꺾어놓을 수 있을 것입니다. 다른 국가들도 모두 크게 고무되어 여러분 편이 될 테니까요. 그리고 여러분은 반기를 든 국가들을 도와주지 않는다는 비난을 면하게 될 것입니다. 여러분이 일단 해방자로 보이게 되면 여러분의 전투력은 더욱 증강될 것입니다.

14 (1) 그러니 여러분은 헬라스인들이 여러분에게 거는 기대와, 그 신전에 우리가 탄원자들로 서 있는 올륌포스의 주신(主神) 제우스를 봐서라도 뮈틸레네를 도와주십시오. 부디 우리의 동맹군이 되어주시고, 우리 혼자 목숨을 건 모험을 하지 않도록 우리를 버리지 마십시오. 우리가 성공하면 모든 헬라스인들에게 혜택이 돌아갈 것이나, 여러분이 우리의 요구를 거절하여 우리가 실패하면 그 피해는 모두의 몫이 될 것입니다. (2) 그러니 여러분은 헬라스인들이 요구하고 곤경에 빠진 우리가 바라는 그런 사내대장부가 되어주십시오!"

15 (1) 뮈틸레네인들은 그렇게 말했다. 그 말을 듣고 나서 라케다이몬인들과 그들의 동맹국 시민들은 그들의 주장을 받아들여 레스보스와 동맹을 맺었다. 라케다이몬인들은 그 자리에 모인 동맹국들에게 앗티케에 침입하기 위해 모든 병력의 3분의 2를 이끌고 되도록 일찍 코린토스 지협에 집결하라고 지시했다. 그리고 그들은 맨 먼저 지협에 도착하여, 육지와 바다에서 동시에 공격할 수 있도록 함선들을 코린토스에서 아테나이 쪽 바다로 육로를 이용해 견인할 장비들을 준비했다.[3] (2) 그들은 이런 준비를 열심히 했지만, 다른 동맹국들은 곡식을 수확하느라 바쁘고 전역(戰役)에 신물이 나서 느릿느릿 모였다.

16 (1) 아테나이인들은 자기들을 약하게 보고 이런 준비가 진행되고 있음을 알게 되자, 그 판단은 잘못된 것이고 자기들은 뮈틸레네에서 함대를 철수하지 않고도 펠로폰네소스인들의 공격을 손쉽게 물리칠 수 있다는 것

---

3 훗날 서쪽의 코린토스 만과 동쪽의 사로니코스(Saronikos) 만을 이어주는 운하가 뚫리기 전에는 펠로폰네소스 반도를 도는 먼 뱃길을 단축하기 위해 연수육로(連水陸路 diolkos)를 이용하여 배나 화물이 서에서 동으로 또는 동에서 서로 견인되곤 했다. 이때 이용된 코린토스 지협은 가장 좁은 곳의 너비가 6킬로미터밖에 안 된다.

을 보여주고 싶었다. 그래서 1백 척의 함선에 다섯 계층에서 상위 두 계층인 '기사들'과 '펜타코시오메딤노이'⁴를 제외한 다른 계층 시민들과 재류외인을 태워 지협으로 출항하게 하여, 무력시위를 하며 그들이 원하는 곳이면 펠로폰네소스 반도 어디든 상륙하게 했다.

(2) 라케다이몬인들은 이 예상외의 사태에 놀라 레스보스인들이 한 말이 사실이 아니라는 결론을 내렸다. 그들은 동맹군이 나타나지 않는 데다 아테나이 함선 30척이 펠로폰네소스 반도 주위를 돌며 자신들의 주변 영토를 유린한다는 소식을 접하자 원정은 실패했다고 보고 귀로에 올랐다. (3) (그러나 나중에 그들은 레스보스에 파견할 함대를 준비했으니, 모두 40척의 함선을 조달하도록 동맹국들에 명하고 동승할 제독으로 알키다스를 임명했다.) (4) 라케다이몬인들이 떠난 것을 보자 아테나이인들도 1백 척의 함선을 이끌고 아테나이로 돌아갔다.

17 [(1) 이 함선들이 항해하던 시기에 아테나이인들의 가용(可用) 함선은 그 수도 가장 많고 의장도 잘되어 있었다. 그러나 전쟁이 났을 때 그들의 함선 수는 같거나 더 많았다. (2) 그때는 1백 척의 함선이 앗티케와 에우보이아와 살라미스를 지키고 있었고, 다른 1백 척이 펠로폰네소스 해안을 따라 항해하고 있었으며, 포테이다이아와 그 밖의 다른 지역에도 다른 함선들이 있었다. 그래서 그해 여름 가용 함선은 총 250척이었다. (3) 무엇보다도 이것이 포테이다이아 전쟁과 더불어 그들의 재원을 축냈다. (4) 포테이다이아의 수비대에서 근무하는 중무장보병은 2드라크메의 일당을 받았는데, 1드라크메는 자신의 몫이고, 1드라크메는 시종⁵의 몫이었다. 그곳에는 처음부터 3천 명의 중무장보병이 있었고, 그 수는 포위 공격이 끝날 때까지 줄어들지 않았다. 그 뒤 포르미온과 함께하는 1천 6백 명이 그곳에 가 있었는데, 그들은 포위 공격이 끝나기 전 그곳을 떠났다. 게다가 함선의 선원에게도 모두 같은 액수의 일당이 지급되었다.

처음에 그들의 재원은 이렇게 축났는데, 아테나이인들의 가용 함선 수는 이때 가장 많았다.]

18 (1) 라케다이몬인들이 코린토스 지협에 가 있던 시기에 뮈틸레네인들은 메튐나 시가 자기들을 배반할 것이라 보고 원군과 함께 육로로 그곳으로 진격했다. 그 도시를 공격했으나 예상대로 성공하지 못하자 그들은 안팃사, 퓌르라, 에레소스로 철수하여 이 도시들에 더 안전한 발판을 마련하고 성벽을 보강한 다음 신속히 귀로에 올랐다. (2) 그들이 철수하자 메튐나인들이 안팃사로 진격했지만, 성벽 밖으로 출격한 안팃사인들과 그들의 원군에 패해 수많은 전사자를 내고 나머지는 급히 철군했다.

(3) 이 소식을 들은 아테나이인들은 육지를 지배하는 것은 뮈틸레네인들이고 자신들의 군사는 그들을 제어하기에는 너무 적다는 것을 알고 가을이 시작될 무렵 에피쿠로스의 아들 파케스를 장군으로 삼아 시민들로 구성된 중무장보병 1천 명을 파견했다. (4) 그들은 손수 노를 저었다.[6] 그들은 도착하자 홑겹의 방벽을 쌓아 뮈틸레네를 완전히 봉쇄하고는 여기저기 주요 거점에 요새를 쌓았다. 그리하여 뮈틸레네가 육지와 바다에서 완전히 봉쇄된 가운데 겨울이 시작되고 있었다.

19 (1) 아테나이인들은 포위 공격하느라 돈이 달리자 처음으로 시민들한테

---

4 펜타코시오메딤노이(pentakosiomedimnoi '5백 메딤노스짜리들')는 아테나이 정치가 솔론(Solon)이 재산 자격에 따라 나눈 5계층 가운데 첫 번째 계층으로 '말린 것과 말리지 않은 것'을 합쳐 1년에 5백 메딤노스 이상의 수입을 올리는 자들을 말한다. 두 번째 계층인 '기사들'은 말 한 필을 먹일 수 있고 1년에 3백 메딤노스의 수입이 있는 자들이다. 1메딤노스(medimnos)는 약 52리터이다. '말린 것과 말리지 않은 것'이란 포도주, 올리브유, 곡식을 말하는 듯하다.

5 당시 전쟁터에서는 방패, 창, 먹을거리 같은 무거운 짐은 노예들이 주인을 위해 운반했다.

6 노 젓는 일은 대개 일당을 받는 품팔이꾼들이 맡았다. 가끔은 중무장보병이 손수 노를 젓기도 했다.

서 2백 탈란톤의 세금을 징수하는 한편, 뤼시클레스와 다른 네 명의 장군
이 지휘하는 함선 12척을 파견하여 동맹국들한테서 돈을 거두게 했다.
(2) 뤼시클레스는 여러 곳을 항해하며 돈을 모은 뒤 카리아 지방의 뮈우
스 시에서 마이안드로스 평야를 지나 산디오스 언덕까지 들어갔다가 그
곳에서 카리아인들과 아나이아인들의 습격을 받아 많은 군사들과 함께
죽었다.

20 (1) 같은 해 겨울 여전히 펠로폰네소스인들과 테바이인들에게 포위되어
있던 플라타이아이인들은 식량난으로 고생이 심한 데다 아테나이에서
원군이 올 가망이 없고 달리 살길이 없어 보이자 같이 포위당한 아테나
이인들과 함께 탈출 계획을 세웠다. 처음에는 모두 도시 밖으로 나가 가
능하다면 억지로라도 적의 방벽을 넘을 계획이었다. 이 계획의 발안자는
예언자 톨미데스의 아들 테아이네토스와 장군 가운데 한 명인 에우폼피
다스인데 그는 다이마코스의 아들이었다. (2) 그러나 나중에 그중 반은
위험이 너무 커 보여 포기하고, 약 220명의 자원자만 탈출에 동참했다.
그들은 다음과 같이 탈출을 시도했다.
(3) 그들은 적의 방벽만큼 높은 사다리들을 만들었는데, 그러기 위해 먼
저 자기들과 마주 보고 있는 아직 회반죽을 바르지 않은 벽돌의 층수에
서 방벽의 높이를 계산했다. 여럿이 함께 계산했는데, 몇몇이 틀리더라
도 대부분은 정확한 숫자를 알아낼 수 있었다. 무엇보다도 그들은 여러
번 계산했고, 또 방벽에서 멀리 떨어져 있지 않아 자신들의 목적을 위해
충분히 볼 수 있었기 때문이다. (4) 이렇게 벽돌 하나하나의 두께를 알아
냄으로써 그들은 사다리들이 얼마나 길어야 하는지 계산해냈다.

21 (1) 펠로폰네소스인들의 방벽은 다음과 같은 구조를 하고 있었다. 그것
은 실제로는 두 개의 둥근 방벽이었는데, 하나는 플라타이아이 쪽을 향
하고, 다른 하나는 아테나이가 공격해올 때에 대비해 바깥쪽을 향하고

있었다. 두 방벽 사이 거리는 16푸스[7]쯤 되었다. (2) 그 사이의 공간에는 막사들이 지어져 수비대에게 할당되었는데, 막사가 공간 전체를 차지해 방벽은 마치 양쪽에 성가퀴들이 있는 두꺼운 하나의 방벽처럼 보였다. (3) 성가퀴 열 개에 하나꼴로 성탑이 있었는데, 방벽의 안쪽 면에서 바깥쪽 면에 이르는 이 성탑들은 너비가 같았다. 그래서 성탑 옆으로는 길이 없기 때문에 파수꾼들은 성탑 가운데를 지나다녔다. (4) 비바람이 부는 밤에는 파수병이 성가퀴를 떠나 서로 멀리 떨어져 있지 않은 지붕을 인 성탑들에서 파수를 보게 했다. 플라타이아이인들이 갇혀 있던 방벽은 이런 구조였다.

22 (1) 준비가 끝나자 그들은 비바람이 부는 달 없는 밤을 기다렸다가 도시에서 빠져나갔는데, 이 계획의 발안자들이 앞장섰다. 그들은 먼저 도시 주위에 파놓은 도랑을 건넌 뒤 파수병에게 들키지 않고 적의 방벽으로 다가갔다. 그들의 모습은 어두워서 드러나지 않았고, 그들이 다가올 때 나는 소리는 요란한 바람소리에 묻혀 들리지 않았다. (2) 그들은 또 자신들의 무기들이 부딪쳐 발각되지 않도록 서로 상당한 거리를 유지했다. 그들은 가볍게 무장했고, 진흙에 빠져들지 않도록 왼발에만 신을 신고 있었다.[8]

(3) 그들은 성가퀴에 파수병이 없다는 것을 알고는 두 성탑 사이의 중간 지점에 있는 성가퀴로 갔으며, 사다리를 운반하는 자들이 먼저 사다리들을 방벽에 기대놓았다. 그러자 단검과 흉갑으로 가볍게 무장한 12명이

---

7 1푸스(pous)는 약 30센티미터이다.
8 한쪽 발에만 신을 신어야 진흙에 잘 빠지지 않는다면 양쪽 발에 다 신을 신지 않으면 진흙구덩이에서는 더 안전할 것이다. 그러나 한쪽 발에만 신을 신는 것은 지하의 신들을 위한 의식의 일부였다고 하며, 따라서 여기서는 이런 행위를 지하의 신들에게 도움을 요청하는 것으로 볼 수 있을 것이다.

사다리를 타고 올라갔고, 먼저 올라간 코로이보스의 아들 암메아스가 앞장섰다. 그를 따르던 자들은 6명씩 2개 조로 나뉘어 각각 두 성탑 가운데 한 성탑으로 다가갔다. 창으로 가볍게 무장한 자들이 그 뒤를 따랐는데, 쉽게 앞으로 나아갈 수 있도록 그들의 창은 다른 사람들이 들고 뒤따라가다가 그들이 적과 마주치면 건네줄 참이었다.

(4) 대부분이 방벽 위에 오르고 나서 그들은 성탑 안에 있던 파수병에게 발각되었다. 플라타이아이인 한 명이 성가퀴를 잡는 순간 기와 한 장이 떨어져 요란한 소리를 냈기 때문이다. (5) 즉시 고함 소리 요란한 가운데 모든 파수병이 방벽으로 뛰어갔다. 그러나 캄캄한 데다 폭풍이 불어서 무슨 위험이 닥쳤는지 알 수 없었다. 그런가 하면 그때 시내에 남아 있던 플라타이아이인들이 출동하여 자신들의 동포들이 타고 올라가는 곳 반대쪽에 위치한 펠로폰네소스인들의 방벽을 공격했으니, 그들의 주의를 자기들 쪽으로 끌기 위해서였다. (6) 그래서 펠로폰네소스인들은 혼란에 빠져 머물던 곳에 그대로 머물렀고, 아무도 감히 자기 위치를 떠나 구원하러 가지 못했다. 그들은 그만큼 무슨 일이 일어나고 있는지 전혀 모르고 있었다.

(7) 그러나 위급할 때 구원하라는 지시를 받은 3백 인 특수부대는 방벽 밖으로 나와 고함 소리가 들리는 곳으로 달려갔다. 적의 공격을 테바이에 알리기 위해 봉화를 올렸다. 그러자 시내에 있던 플라타이아이인들도 이런 목적을 위해 미리 준비해둔 봉화로 맞불을 놓았다. 적의 봉화가 무슨 뜻인지 알 수 없게 만들어 테바이인들이 사태를 잘못 파악하고 구원하러 오지 않는 동안, 도시 밖으로 나간 동포들이 안전한 곳으로 확실히 탈출할 수 있게 하기 위해서였다.

23 (1) 그사이 방벽에 오르던 플라타이아이인들 가운데 맨 먼저 꼭대기에 이른 자들이 파수병을 죽여 두 성탑을 장악하고 성탑들을 오가는 통로를

점령해 아무도 공격하러 오지 못하게 막았다. 또한 그들은 방벽에서 사다리들을 성탑에 기대놓고 많은 대원들을 올려보냈다. 그중 더러는 성탑들에서 날아다니는 무기를 던져대 밑에서 그리고 위에서 공격해오는 적을 막았다. 그사이 주력부대가 수많은 사다리를 바깥쪽 방벽에 기대놓고 성가퀴를 허문 다음 성탑 사이의 공간을 타고 넘었다. (2) 일단 성탑을 넘은 대원들은 도랑가에 멈추어 서서, 넘어가는 자신의 동료들을 막으려고 방벽을 따라 공격해오는 자들을 향해 화살을 쏘고 창을 던져댔다. (3) 나머지도 넘어오자 성탑에 있던 자들이 마지막으로 힘겹게 넘어와 도랑가로 달려갔다. 바로 그 순간 적군 3백 명이 횃불을 들고 그들에게 다가왔다. (4) 어둠에 싸여 도랑가에 서 있던 플라타이아이인들은 그들을 더 잘 볼 수 있어서 무구로 가려지지 않은 적군의 신체 부위를 향해 화살을 쏘고 창을 던져댔다. 그러나 적군은 횃불 빛에 눈이 부셔 그들을 제대로 볼 수 없었다. 그래서 그들은 힘들고 어려운 일이었지만 마지막 대원들까지 도랑을 건널 수 있었다. (5) 도랑에는 얼음이 얼었는데, 걸어서 건널 만큼 단단하지는 않고 동풍이나 북풍이 불면 그러하듯 죽 같은 얼음이었다. 게다가 이번 바람에 밤에 눈이 내려 도랑 물이 불어난 탓에 그들은 도랑을 건널 때 간신히 머리를 물 밖으로 내밀 수 있었다. 그러나 그들이 도주할 수 있었던 것은 무엇보다도 세찬 폭풍 덕분이었다.

24 (1) 도랑에서 나온 플라타이아이인들은 한 무리가 되어 영웅 안드로크라테스의 사당을 오른쪽에 끼고 테바이로 가는 길로 달려갔다. 그들은 자기들이 적국으로 가는 이 길을 택하리라고는 적군이 꿈에도 생각지 못할 것이라고 여겼다. 실제로 이 길을 가면서 그들은 펠로폰네소스인들이 아테나이로 가는 키타이론 산과 드뤼오스 케팔라이 고개 쪽 길에서 횃불을 들고 자기들을 추격하는 모습을 볼 수 있었다. (2) 플라타이아이인들은 테바이로 가는 길을 6~7스타디온쯤 가다가 돌아서서 에뤼트라이 시와

휘시아이 시를 향해 산 쪽으로 난 길을 택했고, 일단 산에 이르자 아테나이로 도주했다. 원래는 수가 더 많았지만 212명이 탈출에 성공했다. 그들 중 더러는 방벽을 넘기 전에 시내로 돌아갔고, 궁수 한 명이 바깥쪽 도랑에서 사로잡혔기 때문이다.

(3) 결국 펠로폰네소스인들은 추격을 포기하고 숙소로 돌아갔다. 한편 시내에 남아 있던 플라타이아이인들은 결과가 어떻게 되었는지 몰랐는데, 돌아온 자들한테서 탈출자 가운데 생존자는 아무도 없다는 보고를 받고는 전사자의 시신을 수습하기 위해 날이 새자마자 즉시 전령을 보내 휴전을 제의하게 했다. 그러나 진상을 알게 되자 그들은 그런 생각을 그만두었다. 플라타이아이인들은 그렇게 방벽을 넘어 안전한 곳으로 탈출했다.

25 (1) 같은 해 겨울이 끝나갈 무렵 라케다이몬인 살라이토스가 삼단노선에 실려 라케다이몬에서 뮈틸레네로 파견되었다. 그는 바닷길로 퓌르라 시로 간 뒤, 거기부터 도시를 에워싼 방벽을 통과할 수 있는 지점으로 하수구를 따라 걸어가 뮈틸레네로 들키지 않고 들어갔다. 그는 그곳 당국자들에게 앗티케 침입이 임박했으며 그와 때를 같이하여 뮈틸레네를 지원하고자 함선 40척이 도착할 것이라고, 그래서 자기는 이 소식을 전하고 업무를 총괄하도록 미리 파견되었노라고 보고했다. (2) 그러자 뮈틸레네인들은 이에 고무되어 아테나이인들과 협상할 마음이 더욱 내키지 않았다. 그해 겨울은 그렇게 지나갔고, 투퀴디데스가 기록한 이 전쟁의 네 번째 해도 그렇게 저물었다.

26 (1) 이듬해 여름 펠로폰네소스인들은 알키다스 제독이 지휘하는 함선 42척을 뮈틸레네에 파견하고, 그들 자신과 동맹군은 앗티케에 침입했다. 양쪽에서 어려움을 겪게 하여 아테나이인들이 뮈틸레네로 항해 중인 자신들의 함대를 공격하기 어렵게 만들기 위해서였다. (2) 이 침입군은 조

카 파우사니아스의 섭정인 클레이메네스가 지휘했다. 파우사니아스는 플레이스토아낙스 왕의 아들로 아직도 미성년이었다.

(3) 그들은 전에 약탈당한 지역에서 새로 자라난 것이 있으면 무엇이든 파괴했으며, 앞서 몇 차례 침입했을 때 손대지 않고 그냥 남겨둔 것들마저 파괴했다. 이번 침입은 아테나이인들에게 두 번째 침입을 제외하고는 최악의 고통을 안겨주었다. (4) 적군은 지금쯤 바다를 건넜을 자신들의 함대가 큰일을 해냈다는 소식이 레스보스에서 들리기를 줄곧 기다리느라 앗티케에 계속 주둔하며 그 영토의 대부분을 약탈했기 때문이다. 그러나 그들은 기대한 대로 되는 일이 아무것도 없고 식량이 떨어지기 시작하자 마침내 철수하여 여러 도시로 흩어졌다.

27 (1) 그사이 뮈틸레네인들은 아무리 시간이 지나도 펠로폰네소스에서 함대가 나타나지 않는 데다 식량이 떨어진 까닭에 아테나이인들과 협상하지 않을 수 없었다. 그 과정은 다음과 같다. (2) 살라이토스도 함대가 도착할 것이라는 희망을 포기하고는 전에는 경무장만 하던 민중에게 중무장을 지급했다. 아테나이인들을 공격하기 위해서였다. (3) 그런데 일단 무구를 손에 넣자, 민중은 더는 정부에 복종하기를 거부했다. 그들은 한데 모여 지배계층이 식량을 공개하고 모두에게 분배하기를 요구하면서, 그러지 않으면 자기들이 협정을 맺고 아테나이인들에게 도시를 넘겨주겠다고 했다.

28 (1) 당국자들은 그것을 막을 힘이 자기들에게 없고, 만약 자기들이 배제된 채 협정이 성사되면 자기들이 위태로워질 것을 알고는 민중과 함께 파케스 및 그의 군대와 협정을 맺었다. 그 조건은 아테나이인들은 뮈틸레네인들과 관련하여 자신들이 적절하다고 생각하는 대로 결정할 권리가 있고, 아테나이군은 시내로 들어가는 것이 허용되며, 뮈틸레네인들은 자신들을 위해 아테나이로 사절단을 파견하되 그들이 돌아올 때까지

는 파케스가 뮈틸레네인을 어느 누구도 구금하거나 노예로 팔거나 죽이지 않는다는 것이었다.

(2) 협정 조건은 그러했지만, 뮈틸레네인들 중 라케다이몬인들의 이익을 위해 가장 적극적으로 행동한 자들은 몹시 겁에 질려 있었다. 아테나이군이 시내로 들어오자 견디다 못한 이들은 제단들이 있는 곳으로 가서 그 옆에 탄원자로 앉았다. 파케스는 해코지하지 않겠다고 약속하며 그들이 그곳을 떠나도록 설득하고는 아테나이인들이 그들에 관해 결정을 내릴 때까지 테네도스 섬에 맡겨두었다. (3) 그는 또 안팃사로 삼단노선들을 보내 그곳을 점령했으며, 그 밖에도 적절하다고 생각되는 군사조취들을 취했다.

29 (1) 그사이 40척의 함선에 오른 펠로폰네소스인들은 서둘러 뮈틸레네에 도착해야 하는데도 불구하고 처음에는 펠로폰네소스 반도의 해안을 따라 항해하느라 시간을 많이 허비하고, 나중에는 느릿느릿 항해를 계속하여 아테나이에 있는 아테나이인들에게 들키지 않고 드디어 델로스 섬에 도착했다. 그리고 델로스를 출발하여 이카로스 섬과 뮈코노스 섬으로 갔는데 그곳에서 뮈틸레네가 함락되었다는 소식을 처음 들었다. (2) 그들은 더 정확한 정보를 얻고 싶어 에뤼트라이 영토에 있는 엠바톤으로 항해해가서 뮈틸레네가 함락된 지 이레째 되는 날 엠바톤에 도착했다. 그곳에서 믿을 만한 정보를 얻자 그들은 앞으로 어떻게 대처해야 할지 의논했다. 그러자 테우티아플로스라는 엘리스인이 그들에게 다음과 같이 말했다.

30 (1) "알키다스와 펠로폰네소스 출신의 다른 동료 지휘관 여러분, 들키기 전에 우리가 이대로 곧장 뮈틸레네로 항해해야 한다는 것이 내 생각이오. (2) 그들은 얼마 전에 도시를 점령한 만큼 십중팔구 방비가 소홀할 테고, 특히 바다 쪽이 그러할 것입니다. 그쪽으로 적이 공격해오리라고 예

상하지 못할 테니까요. 그런데 우리는 마침 그쪽에 강점이 있습니다. 게다가 그들의 보병 부대도 자기들이 다 이긴 줄 알고 긴장을 풀고는 시내의 여러 집에 분산되어 있을 것입니다.

(3) 따라서 우리가 밤에 기습을 한다면 아직 시내에 남아 있는 우리에게 우호적인 인사들의 도움으로 아마도 그곳을 장악할 수 있을 것입니다. (4) 우리는 위험을 두려워해서는 안 되며, 근거 없는 두려움이야말로 전쟁에서 승리의 변수인즉, 훌륭한 장군은 자신은 그런 변수로부터 지키되 적에게는 그런 변수를 공격의 기회로 삼는다는 점을 명심해야 합니다."

31 (1) 테우티아플로스는 그렇게 말했지만 알키다스를 설득하지 못했다. 그러자 다른 사람들, 즉 이오니아 지방에서 망명해온 자들과 함선들에 동승한 레스보스인들이 그에게 만약 그 작전이 위험해 보인다면 이오니아 지방의 한 도시나 아이올리스 지방의 퀴메 시를 점령하기를 권했다. 그렇게 하면 그 도시를 거점 삼아 이오니아 지방이 아테나이에 반기를 들도록 부추길 수 있을 텐데, 그들은 어디를 가도 환영받을 것이기에 그럴 가능성이 매우 높다고 했다. 그러면 그들은 아테나이의 최대 수입원을 빼앗을 수 있을 것이며, 아울러 아테나이인들이 그들을 봉쇄할 경우 더 많은 경비를 지출하게 되리라고 했다. 그들은 또 핏수트네스[9]를 자기편으로 끌어들일 수 있을 것이라고 했다. (2) 알키다스는 이 계획도 받아들이지 않았으니, 뮈틸레네로 가기에는 때가 너무 늦었으니 되도록 빨리 펠로폰네소스로 돌아가야 한다는 것이 그의 생각의 요지였다.

32 (1) 그는 엠바톤을 떠나 바닷가를 따라 항해하다가 테오스 시의 뮈온네

---

9 페르시아 뤼디아 지방의 태수. 특히 페르시아 전쟁 이후에는 이간 붙이는 것이 페르시아의 대(對)그리스 정책이었는데, 스파르테인들은 전쟁 초기부터 페르시아의 도움을 받으려고 애를 썼다.

소스 곶에 상륙하여 항해 도중에 잡은 포로를 대부분 죽였다. (2) 그 뒤 그가 에페소스에 정박했을 때 아나이아 시에서 사모스인 사절단이 찾아와 말하기를, 그를 향하여 무기를 들지도 않았고 그의 적도 아니며 마지못해 아테나이 편이 된 사람들을 학살하는 것은 헬라스를 해방하는 올바른 방법이 아니며, 그가 계속 그렇게 하면 친구가 되는 적은 적고, 적이 되는 친구가 훨씬 많을 것이라고 했다.

(3) 그러자 알키다스는 그들의 말이 옳다는 것을 인정하고 아직도 붙잡고 있던 키오스인 포로 전부와 다른 곳에서 잡아온 포로 일부를 풀어주었다. (사람들은 그의 함선들을 보고 달아나기는커녕 아테나이 함선인 줄 알고 환영했다. 그들은 아테나이가 제해권을 장악하고 있는 상황에서 펠로폰네소스 함대가 이오니아 지방으로 건너오리라고는 꿈에도 생각지 못한 것이다.)

33 (1) 그러나 알키다스는 에페소스를 뒤로하고 황급히 도주했다. 아직 클라로스 앞바다에 닻을 내리고 있는 동안 그는 마침 아테나이를 떠나오던 살라미니아호와 파랄로스호[10]에 발각되었다. 그래서 그는 추격당할까 두려워 펠로폰네소스에 도착할 때까지는 되도록 어느 곳에도 기항하지 않으려고 난바다를 지나 항해했다.

(2) 그사이 이 소식이 에뤼트라이의 영토는 물론이요 사실상 사방에서 파케스와 아테나이인들에게 들어왔다. 이오니아 지방의 도시들에는 성벽이 없어 그곳 주민은 펠로폰네소스인들이 바닷가를 따라 항해하면서 설령 주둔할 의향이 없는데도 도시들을 공격해 폐허로 만들지 않을까 몹시 두려웠기 때문이다. 이때 파랄로스호와 살라미니아호가 도착하여 클라로스에서 적의 함대를 직접 목격했다는 소식을 전했다. (3) 그래서 파케스는 지체 없이 추격에 나섰는데, 파트모스 섬 근처까지 추격했지만 따라잡을 가망이 없어 보이자 되돌아갔다. 그는 난바다에서 그들을 만나

기를 바랐지만 그렇게 되지 않자, 그들이 궁지에 몰려 진을 치지 않을 수 없는 곳에서 그들을 만나지 않은 것을 다행으로 여겼다. 그랬더라면 아테나이인들은 그들을 봉쇄하고 감시했어야 할 것이다.

34 (1) 파케스는 돌아오는 길에 콜로폰 시의 노티온 항에도 기항했다. 노티온 항에는 콜로폰인들이 정착해 살고 있었는데, 위쪽에 있는 콜로폰 시를 펠로폰네소스인들이 두 번째로 앗티케에 침입했을 무렵[11] 당파싸움을 벌이던 한 정파가 불러들인 이타메네스[12]와 비헬라스인 부대가 점령했기 때문이다.

(2) 그러나 노티온에 정착한 망명자들도 두 정파로 나뉘어 파쟁을 일삼았다. 그중 한 정파가 아르카디아인들과 핏수트네스가 대준 비헬라스인 용병을 불러들여 성벽으로 외부와 차단된 도시의 한 지역에 주둔시켜놓고 위쪽에 있는 도시에서 온 콜로폰인들 가운데 친(親)페르시아파의 도움을 받아 별도의 국가를 만들었다. 그러자 노티온에서 쫓겨나 망명 중인 다른 정파가 파케스를 불러들였던 것이다.

(3) 파케스는 요새 안에 있는 아르카디아 용병 대장 힙피아스에게 만나서 협상을 하자고 제안하면서, 합의에 이르지 못한다 해도 그를 탈 없이 안전하게 요새로 돌려보내겠다고 약속했다. 그래서 힙피아스가 만나러 나오자 파케스는 그를 포박하지는 않았지만 구금한 다음 불시에 요새를 습격하여 함락했다. 그리고 요새에 있던 아르카디아인들과 비헬라스인들을 모조리 도륙한 뒤 약속대로 힙피아스를 데려갔다가 일단 성벽 안에 들어가자 그를 붙잡아 화살을 쏘아 죽였다. (4) 그리고 그는 노티온을 친

---

10 살라미니아(Salaminia)호(號)와 파랄로스(Paralos)호는 아테나이 시의 관용선이다.
11 기원전 430년 초여름.
12 페르시아인이라는 것 말고는 달리 알려진 바가 없다.

페르시아파를 제외한 콜로폰인들에게 넘겨주었다. 나중에 아테나이인들은 노티온으로 자신들의 이주민을 보내고 다른 도시들에 흩어져 있던 콜로폰인들을 모두 모아서 아테나이와 같은 법을 가진 새로운 식민시를 건설했다.

35 (1) 그러고 나서 파케스는 뮈틸레네로 돌아가 퓌르라와 에레소스 시를 정복하고 시내에 숨어 있던 라케다이몬인 살라이토스를 찾아내어, 테네도스 섬에 구금해두었던 뮈틸레네인들과 그 밖에 반란에 가담한 혐의가 있는 자들과 함께 아테나이로 보냈다. (2) 그는 또 자신의 군대도 대부분 고향으로 돌려보내고, 남은 군대로 뮈틸레네와 나머지 레스보스 지역에 관한 일을 적절하다고 생각되는 대로 처리했다.

36 (1) 뮈틸레네인들과 살라이토스가 아테나이에 도착하자 아테나이인들은 살라이토스가 아직 포위되어 있던 플라타이아이에서 펠로폰네소스인들을 철수시키도록 하겠다는 등 여러 가지를 제안했지만 지체 없이 그를 죽였다. (2) 또한 그들은 다른 포로들을 어떻게 할 것인지 토의하다가 격분하여 지금 아테나이에 와 있는 뮈틸레네인들뿐 아니라 뮈틸레네의 성인 남자를 모두 죽이고, 여자들과 아이들은 노예로 삼기로 결의했다. 아테나이인들은 뮈틸레네인들이 다른 국가들처럼 속국도 아닌데 반란을 일으킨 것이 괘씸했고, 펠로폰네소스 함대가 그들을 지원하기 위해 감히 이오니아 지방으로 건너간 것이 무엇보다도 그들의 난동을 부채질했다는 사실이 못마땅했다. 그래서 그들은 반란이 상당 기간 미리 모의된 것이라는 결론을 내렸던 것이다.

(3) 그리하여 아테나이인들은 파케스에게 삼단노선 한 척을 보내 뮈틸레네인들을 즉시 죽이라는 명령과 함께 자신들의 결의 사항을 전하게 했다. (4) 하지만 이튿날 아테나이인들은 갑자기 생각이 바뀌어, 잘못을 저지른 자들뿐 아니라 한 국가의 주민 전체를 없애는 것은 야만적이고 가

혹한 처사라고 생각했다.

(5) 아테나이에 와 있던 뮈틸레네 사절단과 그들을 지원하던 아테나이인들은 이를 감지하고 이 문제를 다시 토의하게 하려고 당국자들에게 접근했다. 그들은 쉽게 설득할 수 있었는데, 대부분의 시민들이 누가 이 안건을 다시 심의할 기회를 마련해주기를 바란다는 것을 당국자들도 분명히 알고 있었기 때문이다. (6) 그래서 즉시 민회가 개최되어, 서로 자기 주장을 내세워 상대방의 주장을 반박했다. 그중에서도 클레아이네토스의 아들 클레온은 다음과 같이 말했는데, 그는 전날 뮈틸레네인들을 죽이자는 안을 통과시킨 사람으로 아테나이 시민 가운데 성격이 가장 난폭했으며, 그 무렵에는 민중에게 가장 큰 영향력을 행사하고 있었다.

37 (1) "사실 나는 민주주의가 남을 지배할 수 없다[13]는 것을 전에도 여러 번 알 기회가 있었지만, 이번에 여러분이 뮈틸레네인들에 대해 마음을 바꾸는 것을 보고 더욱더 확신하게 되었습니다. (2) 여러분은 일상생활에서 서로 간에 두려움을 느끼거나 음모를 꾸미는 일이 없기에 동맹국도 같은 태도로 대합니다. 그래서 여러분이 동맹국에 설득당해 잘못된 결정을 내리거나 동정심에서 양보하게 되면, 이러한 약점이 여러분에게는 위험할 수 있고, 동맹국은 조금도 고마워하지 않는다는 점을 모릅니다. 여러분은 또 여러분의 제국은 마지못해 복종하며 여러분에게 늘 음모를 꾸미는 속국들을 지배하는 참주정체라는 것을 깨닫지 못하고 있습니다. 그들이 복종하는 것은 여러분 자신이 손해를 보면서 그들에게 양보하기 때문이 아닙니다. 여러분의 지배는 그들의 호의보다는 여러분 자신의 힘의 우위에 근거합니다.

(3) 가장 위험한 것은 우리의 결의 사항에 자신감이 없고, 국가는 대개 좋

---

13 민주주의는 제국주의와 양립할 수 없다는 뜻인 듯하다.

은 법을 가졌지만 구속력이 없을 때보다는 나쁜 법을 가졌지만 반드시 지킬 때 더 강력하다는 사실을 모르는 것입니다. 건전한 상식을 가진 무식이 무절제한 영리함보다 더 도움이 되는 법입니다. 그리고 대개 평범한 사람들이 더 영리한 자들보다 국가를 더 잘 다스립니다.

(4) 영리한 자들은 법률보다 더 현명해 보이기를 원하고, 또 누가 공석 (公席)에서 발언하면 자신들의 재주를 보여줄 더없이 좋은 기회라고 여기고 언제나 그를 이기려 들며, 그 결과 나라에 재앙을 안겨주는 경우가 비일비재합니다. 그러나 자신의 재주에 자신이 없는 평범한 사람들은 자신들이 법률보다 더 현명하지 못하며, 남의 말을 비판하는 능력에서 훌륭한 연설가만 못하다는 것을 시인합니다. 하지만 경쟁자라기보다 공정한 심판관이기에 그들은 대개 올바른 결론에 도달합니다. (5) 우리도 그들을 본보기로 삼아야 하며, 단순히 재주를 과시하고 싶은 욕구에 이끌려 민중 여러분에게 신념에 반(反)하는 조언을 해서는 안 될 것입니다.

38 (1) 내 생각은 변함없습니다. 나는 뮈틸레네인들에 관해 다시 심의할 것을 제의함으로써 시간을 낭비하게 하는 사람들에게 놀라움을 금할 수 없습니다. 이런 시간 낭비는 가해자에게만 유리합니다. 시간이 지나면 가해자를 향한 피해자의 분노는 무뎌질 것이고, 피해를 당했을 때 바로 응징해야 가장 합당한 처벌이 이루어지기 때문입니다. 나는 또 누가 내 말을 반박하며 뮈틸레네가 우리에게 준 피해는 사실 우리에게 유익하며, 우리가 재앙을 당하면 오히려 동맹국에 손해라는 것을 입증하겠다고 한다면 역시 놀라움을 금치 못할 것입니다. (2) 이런 사람은 분명 연설가로서의 재능을 믿고는 최종적으로 결의된 사항을 아직 결의되지 않았다고 설득하려 하거나 여러분을 오도하기 위해 그럴듯한 논리를 전개하도록 뇌물을 받았을 것입니다.

(3) 이런 식으로 경쟁하면 상(賞)은 남들 차지가 되고, 국가는 모든 위험

을 떠안게 될 것입니다. (4) 그 책임은 이런 잘못된 경기를 도입한 여러분에게 있습니다. 여러분은 와서 토론하는 것을 구경하고, 행동에 관해 듣는 것을 좋아하니 말입니다. 앞으로의 행동 방향은 그것을 옹호하는 훌륭한 연설을 듣고 그 가능성을 판단하며, 지난 일과 관련해 판단할 때는 직접 여러분이 목격한 사실보다 반대론자에게 들은 그럴듯한 말을 더 신뢰합니다. (5) 여러분은 신기한 논리에는 금세 속아 넘어가고, 검증된 논리는 거부합니다. 여러분은 무엇이든 역설적인 것은 맹종하고, 평범한 것은 냉소합니다.

(6) 여러분 각자가 가장 바라는 것은 스스로 연설가가 되는 것이고, 그것이 안 되면 그다음으로는 판단력에서 연설가들에게 뒤지지 않는 것처럼 보임으로써 그들과 경쟁하기를 바랍니다. 그러기 위해 여러분은 재치 있는 말이 입 밖에 나오기도 전에 미리 박수갈채를 보내고, 어떤 말이 나올지 지레 짐작하지만, 그것이 어떤 결과를 가져올지 내다보는 데는 느린 편입니다. (7) 여러분이 찾고 있는 것은 말하자면 우리가 살고 있는 것과는 다른 세계이며, 그래서 여러분은 현재 상황을 제대로 파악할 수 없는 것입니다. 간단히 말해 여러분은 듣는 재미에 푹 빠져 있어, 국사를 논의하는 사람들이라기보다는 소피스트의 발 앞에 앉아 있는 청중 같다는 말입니다.

39 (1) 여러분의 그런 습관을 버리게 하려고 나는 뮈틸레네가 하나의 도시로는 여러분에게 가장 큰 해악을 끼쳤음을 밝힐까 합니다. (2) 나는 한 도시가 여러분의 통치를 참을 수 없어서, 또는 적의 사주를 받아서 반란을 일으켰다면 용서할 수도 있습니다. 그러나 그들은 성벽을 두르고 섬에서 안전하게 살고 있고, 바닷길에 의한 공격 말고는 적의 공격을 받을까 두려워할 필요가 없으며, 그런 경우에도 삼단노선들을 보유하고 있어 적의 공격에 무방비로 노출되어 있지는 않았습니다. 그들은 또 독립된 정부를

갖고 있었고, 우리는 어느 누구보다도 그들을 존중했습니다. 그러나 그들은 그렇게 행동했습니다. 그것은 억압받은 자들의 저항이 아니라 음모요 폭동입니다. 그들은 우리의 숙적들과 결탁해 우리를 멸하려 했으니 말입니다. 그것은 그들이 우리와 전쟁을 하려고 자신들의 국력을 신장하는 것보다 더 고약합니다.

(3) 그들은 자신들의 이웃나라들이 반란을 일으켰다가 예속되어 고통받는 것을 보고도 배우지 못했고, 지금까지 누리던 행복에 도취되어 망설이지 않고 위험 속으로 뛰어들었습니다. 그들은 자신들의 미래를 과신하고, 또 그들 뜻대로 이루어질 수 없는 실력 이상의 희망을 품고는 우리에게 선전포고를 했습니다. 그리고 그들은 정의보다는 힘을 더 중시하기로 작정한 것입니다. 그들이 우리를 공격한 것은 자신들이 성공할 것이라고 믿었기 때문이지, 우리에게 부당한 짓을 당했기 때문이 아닙니다.

(4) 도시가 생각지도 않다가 갑자기 부강해지면 교만해지는 법입니다. 사람들에게는 대개 정상적인 성공이 예상외의 성공보다 더 안전한 법입니다. 말하자면 번영을 지키기보다 재앙을 막는 것이 더 쉬운 편입니다.

(5) 우리는 진작 뮈틸레네인들을 다른 나라 사람들보다 더 우대하지 말았어야 했습니다. 그랬다면 이렇게 교만해지지는 않았을 것입니다. 상대가 관대히 대해주면 우습게보고 단호하게 나오면 존중하는 것이 인지상정이니까요.

(6) 그러니 우리는 지금이라도 그들의 범행을 응징하되, 과두제 지지자들만 나무라고 민중은 사면해서는 안 됩니다. 민중이 우리 편으로 돌아섰더라면 지금쯤 돌아와 도시를 장악할 수 있었을 텐데 모두들 하나같이 우리를 공격했기 때문입니다. 그러는 대신 민중은 과두제 지지자들과 위험을 같이하는 것이 더 안전하다고 여기고 반란에 가담했습니다. (7) 잘 생각해보십시오. 여러분이 적에게 강요받아 반란을 일으킨 동맹국과 자

발적으로 반란을 일으킨 동맹국에게 똑같은 벌을 내린다면, 성공하면 자유를 얻고 실패해도 견딜 수 없는 고통은 당하지 않을 테니 동맹국은 틀림없이 걸핏하면 반란을 일으킬 것입니다. (8) 그렇게 되면 우리는 돈과 목숨을 걸고 모든 도시와 맞서야 합니다. 우리가 이기면 파괴된 도시는 얻겠지만 우리 힘의 원천인 그곳의 세수(稅收)는 잃게 될 것이며, 우리가 지면 현재의 적들에 덧붙여 새로운 적을 갖게 되어 우리가 현재의 적들에 대항하는 데 바치는 시간을 우리의 동맹국에 대항하는 데 바쳐야 할 것입니다.

40 (1) 따라서 우리는 뮈틸레네인들이 인간은 실수하게 마련이라는 이유에서 그럴듯한 변명이나 거액의 뇌물로 용서를 받아낼 수 있으리라는 희망을 품게 해서는 안 됩니다. 그들은 본의 아니게 해악을 끼친 게 아니라, 알고서도 음모를 꾸몄습니다. 고의성이 없는 행위만 용서받을 수 있는 것입니다. (2) 그래서 나는 여러분이 이미 결의한 사항을 변경하는 것과, 여러분이 제국의 이해에 가장 반하는 세 가지 우(愚)를 범하는 것을 반대하는 것입니다. 세 가지 우란 온정을 베푸는 것, 감언이설에 현혹되는 것, 공평하고자 하는 것입니다.

(3) 우리와 같은 사람들에게 온정을 베푸는 것은 적절하지만, 우리가 온정을 베풀어도 우리에게 결코 온정을 베풀지 않을 것이며 따라서 영원히 적일 수밖에 없는 자들에게 온정을 베푸는 것은 적절치 못합니다. 감언이설로 우리를 현혹하는 연설가들은 덜 중요한 다른 사안에서는 경연(競演) 기회를 얻겠지만, 연설가들이 그럴듯한 말을 하고 상당한 보수를 받아가는 데 반해 도시는 잠시 즐기고서 톡톡히 대가를 치러야 하는 문제를 놓고 그들에게 기회를 주어서는 안 됩니다. 그리고 공평에 관해 말하자면, 여전히, 아니 전보다 더 우리의 적이 될 사람들보다는 앞으로 우리의 친구가 될 사람들에게 공평한 것이 더 적절할 것입니다.

(4) 한마디로 여러분이 내 조언을 따른다면 뮈틸레네인들에 관한 일도 적절히 처리하면서 여러분 자신에게도 이익이 될 것입니다. 그러나 여러분이 다르게 결정한다면 그들의 환심을 사기보다는 여러분 자신에게 유죄판결을 내리게 될 것입니다. 왜냐하면 그들이 반란을 일으킨 것이 정당한 일이라면 여러분이 그들을 지배하는 것은 정당하지 못하기 때문입니다. 그러나 정당하지 못한데도 여러분이 그들을 지배하겠다면, 부당하다 해도 여러분의 이익을 위해 그들을 처벌하지 않을 수 없거나 아니면 여러분의 제국을 포기하고 그래도 안전한 곳에서 도덕군자연해야 할 것입니다.

(5) 그러니 여러분은 자위(自衛)를 위해 그들이 여러분에게 하려고 한 대로 응징해야 합니다. 여러분은 그들의 음모에서 벗어났다고 해서 먼저 음모를 꾸민 자들보다 모욕에 덜 민감한 것처럼 보여서는 안 되며, 그들이 먼저 공격을 개시한 만큼 만약 그들이 이겼다면 어떻게 나왔을지 생각해보십시오. (6) 까닭 없이 남을 해코지하는 자일수록 죽일 때까지 공격하게 마련인데, 자신들의 적이 살아남으면 위험하다는 것을 알기 때문입니다. 까닭 없이 공격당했다가 살아남은 자는 공개적으로 서로 미워하는 적보다 더 무자비해지게 마련이니까요.

(7) 그러니 여러분은 여러분 자신을 배신하지 마십시오. 여러분에게 시련이 닥쳐 어떤 대가를 치르더라도 뮈틸레네인들을 굴복시키고 말겠다고 생각했을 때의 심적 상태로 돌아가 지금 그들을 응징하십시오. 현재 상황에 마음 약해지지 말고, 그때 닥쳤던 위험을 잊지 마십시오. 그들이 받아 마땅한 벌을 내리고, 반란을 일으킨 자가 받는 벌은 죽음뿐이라는 것을 분명히 함으로써 다른 동맹국들에게 본때를 보이십시오. 그들이 일단 그 점을 알면, 여러분이 동맹국과 싸우느라 여러분 적들과의 전투를 소홀히 하는 일은 없어질 것입니다."

41 클레온은 그렇게 말했다. 이어서 지난번 민회에서 뮈틸레네인들을 도륙하자는 안에 극구 반대한 에우크라테스의 아들 디오도토스가 이번에도 앞으로 나와 다음과 같이 말했다.

42 (1) "나는 뮈틸레네인들에 관한 우리의 결정을 다시 심의하자고 제안한 사람들을 비난하지 않으며, 중대사를 거듭 심의하는 것을 반대하는 사람들을 칭찬하지 않습니다. 생각건대, 졸속과 분노는 현명한 결정과 가장 상반되는 두 가지 장애물입니다. 분노에는 어리석음이 수반되기 쉽고, 졸속에는 무지와 경솔한 판단이 수반되기 쉽기 때문입니다.

(2) 토론이 행동의 지침이 될 수 없다고 주장하는 사람은 어리석은 사람이거나 개인적인 이익을 추구하는 사람입니다. 만약 불확실한 미래를 설계할 다른 방법이 있다고 생각한다면 그는 어리석은 것이고, 만약 불명예스러운 정책을 권하고 싶지만 좋은 말로 나쁜 일을 옹호할 수 없어 모함으로 반대론자들과 청중을 겁줄 수 있다고 생각한다면 그는 개인적인 이익을 추구하는 것입니다.

(3) 가장 다루기 어려운 것은 누가 연설을 하면 금전적인 대가를 바라고 달변을 과시하는 것이라고 탄핵하는 자들입니다. 설득하는 데 실패한 연설가가 무지하다는 비난만 듣는다면, 현명하지는 못하지만 부정직하지는 않다는 평을 듣고 물러날 것입니다. 그러나 연설가가 부정직하다는 비난을 받게 되면 설득에 성공할 경우 부정직하면서도 어리석은 사람이라는 의심을 사고, 설득에 실패할 경우 부정직하면서도 어리석은 사람으로 간주될 것이기 때문입니다. (4) 이런 것은 도시에 아무 도움도 되지 않습니다. 도시를 위해 조언하는 사람들이 주눅이 들어 조언을 하지 않을 테니까요. 모함을 일삼는 그런 시민들이 연설할 능력이 없다면 도시는 분명 가장 번창하겠지요. 그러면 우리가 과오를 저지르도록 설득당하는 일이 가장 적을 테니까요.

(5) 훌륭한 시민은 반대론자들을 겁주어서는 안 되며 공정한 토론을 통해 자신이 더 훌륭한 연설가임을 입증해야 합니다. 마찬가지로 현명한 국가 또한 가장 훌륭한 조언자들의 명예를 특별히 높여주지도 않고, 그들이 이미 갖고 있는 명예를 박탈하지도 않을 것이며, 누군가의 조언이 받아들여지지 않는다 해도 그를 처벌하지 않는 것은 물론이요 불명예를 안겨주는 일도 없을 것입니다. (6) 그러면 성공한 연설가는 더 높은 명예를 바라고 인기를 끌기 위해 신념에 배치되는 발언을 하려 하지 않을 것이고, 성공하지 못한 연설가도 아부하는 발언을 통해 군중의 환심을 사려 하지 않을 것입니다.

43 (1) 그러나 우리는 그와는 반대로 행동합니다. 게다가 누가 최선의 조언을 해주어도 그가 개인적인 이익을 바라고 그런다는 의심이 조금이라도 들면, 그가 이익을 바란다는 근거 없는 추측에 분개하며 명백히 이익이 되는 그의 조언을 도시가 받아들이지 못하게 합니다. (2) 그래서 솔직하고 좋은 조언도 나쁜 조언 못지않게 의심받게 됩니다. 그 결과 최악의 정책을 권하는 연설가도 속임수로 민중의 환심을 살 수 있듯, 훌륭한 조언을 하는 사람도 신임을 받으려면 거짓말을 하지 않을 수 없습니다. (3) 이처럼 잔머리를 굴리는 까닭에 우리 도시는 어느 누구도 속임수를 쓰지 않고 공공연히 이익을 줄 수 없는 유일한 도시가 되었습니다. 누가 공공연하게 도시에 유익한 것을 제시하면 뭔가 은밀히 이익을 바라고 그런다고 의심받기 때문입니다.

(4) 우리 연설가들은 현재 상황에서 가장 중대한 문제들에 관해 눈앞에 있는 것만 생각하는 여러분보다 더 멀리 내다보아야 합니다. 우리는 우리가 권한 조언에 책임을 져야 하지만, 듣는 여러분은 그렇지 않기 때문입니다. (5) 만약 정책을 설득하는 사람과 그것을 받아들이는 사람이 똑같은 벌을 받는다면 여러분은 더 신중하게 결정할 것입니다. 그런데 일

이 잘못되면 여러분은 그런 정책을 제안한 사람에게만 분통을 터뜨리며, 여러분 가운데 다수가 잘못된 정책을 지지했음에도 자신은 벌하지 않을 때가 비일비재합니다.

44 (1) 내가 앞으로 나선 것은 뮈틸레네인들을 두둔하려는 것도, 탄핵하려는 것도 아닙니다. 현명한 사람들이라면, 그들이 불의한 짓을 했는지가 아니라 우리가 어떻게 맞서야 유익한지를 따져야 합니다. (2) 나는 그들이 심각한 과오를 저질렀다는 것을 입증할 수 있다 해도 우리에게 이익이 되지 않는다면 그 때문에 그들을 사형에 처하라고 권하지 않을 것이며, 그들이 용서받을 만하다는 것을 입증할 수 있다 해도 우리나라에 이익이 될 것 같지 않으면 그들을 용서하자고 권하지 않을 것입니다.

(3) 내가 보기에, 우리는 여기서 현재보다 미래에 관해 토론하고 있는 것입니다. 클레온도 그들을 사형에 처하는 것이 다른 도시들의 반란을 예방한다는 점에서 장래 우리에게 유익할 것이라고 특히 강조했습니다. 나역시 우리 장래의 안전에 관심이 많지만 결론은 정반대입니다. (4) 청컨대 여러분은 그의 매력적인 언변 때문에 유용한 내 제안을 물리치지 마십시오. 지금 뮈틸레네인들에게 분개하는 여러분 심정으로는 그의 연설이 더 옳아 보일 수 있습니다. 하지만 이곳은 무엇이 옳은지 그들과 따지는 법정이 아니라, 어떻게 해야 그들이 우리에게 유익해질 수 있는지를 논의하는 자리입니다.

45 (1) 많은 도시에서 이번 사건과는 비교도 안 될 정도로 경미한 죄에 사형이 선고되고 있습니다. 그래도 사람은 희망이 있다 싶으면 모험을 하며, 성공할 자신도 없이 모험을 하는 사람은 아무도 없을 것입니다. (2) 도시도 마찬가지입니다. 동맹국의 도움을 받든 받지 않든 자신들의 재원이 거사를 모의하기에는 불충분하다고 믿는다면 어느 도시가 반란을 일으켰겠습니까? (3) 개인이든 공동체든 인간은 누구나 실수하게 마련이며,

그것을 막을 법은 없습니다. 사람들이 범죄자로부터 자신을 더 안전하게 지키려고 새로운 처벌을 끊임없이 추가하며 온갖 처벌을 시도했다는 사실이 이를 반증합니다. 전에는 가장 중대한 범죄에 대한 처벌도 지금만큼 엄중하지는 않았지만, 그래도 범죄가 계속되자 세월이 흐르며 사형이 일반화된 것 같습니다. 그럼에도 범죄는 계속되고 있습니다.

(4) 따라서 우리는 사형보다 더 무서운 억지력을 찾아내거나 아니면 우리가 적절한 억지력을 갖고 있지 못하다는 점을 인정해야 합니다. 가난은 사람을 대담해지도록 강요하고, 부는 교만과 자만심을 통해 사람을 더 탐욕스럽게 만듭니다. 그 밖의 다른 삶의 조건도 각자가 어떤 정념에 사로잡혀 있느냐에 따라 저항할 수 없는 압도적인 정념을 통해 인간이 모험을 하도록 끊임없이 인도합니다.

(5) 언제나 희망과 욕구가 문제를 일으킵니다. 둘 중 한쪽은 인도하고 다른 쪽은 따라가며, 한쪽은 계획하고 다른 쪽은 그것이 성공한다고 암시하는데, 이들은 눈에 보이지 않지만 눈에 보이는 위험보다 더 강력한 영향력이 있습니다. (6) 또한 행운이 따를 것이라는 생각도 지나친 자신감을 갖게 하는 데서 그에 못지않게 한몫 거듭니다. 왜냐하면 행운은 종종 어떤 사람에게 예기치 않게 다가가, 제대로 준비도 안 된 상태에서 모험을 하도록 유혹하기 때문입니다. 그리고 도시들은 자신들의 자유나 남들에 대한 지배 같은 중대사를 다루는 만큼 내가 한 말은 특히 도시들에 적용됩니다. 공동체 전체가 그러니까 개인까지 덩달아 자신의 능력을 불합리하게 과대평가할 때는 말입니다. (7) 한마디로, 어리석은 사람이라면 부인할지 몰라도, 인간이 일단 무슨 일을 하기로 작정하면 법의 힘이나 다른 억지력으로 그것을 막기는 불가능합니다.

46 (1) 그러므로 우리는 사형의 효과를 과신하고 잘못된 결정을 내려서도 안 되고, 회개하고 자신들의 잘못을 신속히 보상할 기회도 주지 않음으

로써 반도(叛徒)들이 절망감에 빠지게 해서도 안 됩니다. (2) 생각해보십시오. 어떤 도시가 반란을 일으켰지만 성공할 가망이 없다는 것을 알게 되면 아직 배상금을 지불할 수 있고 차후에도 계속 공물을 바칠 능력이 있는 동안에는 항복할 것입니다. 그러나 우리가 클레온의 주장대로 할 경우, 일찍 항복하건 나중에 항복하건 어차피 결과가 마찬가지라면 더 철저히 준비하여 포위 공격에 끝까지 대항하지 않을 도시가 어디 있겠습니까? (3) 또한 항복할 가능성이 없다고 우리가 포위 공격에 비용을 들인다면, 그리고 우리가 도시를 함락해도 폐허가 된 도시를 넘겨받아 앞으로 그곳에서 공물을 거두어들일 수 없다면, 어찌 우리에게 손해가 아니겠습니까? 공물이야말로 우리가 적에게 대항할 수 있는 힘의 원천인데 말입니다.

(4) 따라서 우리는 엄중히 심문하는 재판관처럼 행동함으로써 범죄자들보다 오히려 우리 자신을 더 해롭게 할 것이 아니라 적당히 처벌함으로써, 공물을 바치는 여러 도시를 앞으로 우리 이익을 위해 금전적으로 충분히 이용해야 할 것입니다. 그리고 우리의 안전은 법적인 처벌보다는 훌륭한 행정에 의해 보장된다는 점을 인정해야 합니다.

(5) 그런데 우리는 정반대로 하고 있습니다. 강제로 지배를 받다가 예상대로 독립을 위해 반란을 일으킨 어떤 자유국가를 다시 장악하면 우리는 엄벌을 내려야 한다고 생각합니다. (6) 그러나 자유민을 다루는 올바른 방법은 반란을 일으켰을 때 엄벌을 내리는 것이 아니라 반란을 일으키기 전에 세심하게 보살펴줌으로써 반란을 꿈도 꾸지 못하게 하는 것이며, 우리가 반란을 진압해야 할 때는 그들 중 되도록 소수에게만 책임을 묻는 것입니다.

47 (1) 여러분이 클레온의 조언을 받아들인다면 그 밖에도 큰 실수를 저지르게 된다는 점을 깨달아야 합니다. (2) 지금은 모든 도시의 민중이 여러

분 편입니다. 그들은 과두제 지지자들이 반란을 일으켜도 가담하지 않거나, 가담하도록 강요받아도 시종일관 반도들에게 적대적입니다. 그래서 여러분이 반도들과 전쟁을 하면 민중은 여러분 편입니다.

(3) 그러나 반란에 가담하지도 않았고 무기를 손에 넣자마자 자진하여 도시를 여러분에게 넘겨준 뮈틸레네 민중을 죽인다면 첫째, 여러분은 은인을 죽이는 죄를 저지르게 될 것이고, 둘째, 지배계층이 가장 원하는 일을 하게 될 것입니다. 죄 있는 자나 죄 없는 자나 똑같은 벌을 받게 된다고 미리 여러분이 밝힌 까닭에, 지배계층이 반란을 일으키면 민중은 처음부터 그들 편이 될 테니 말입니다. (4) 설령 민중에게 죄가 있더라도 그들에게는 죄가 없는 듯 행동해야 합니다. 그래야만 여전히 우리의 동맹군인 하나의 계층이 우리의 적으로 변하는 것을 막을 수 있습니다.

(5) 우리 제국의 유지를 위해서는 우리가 죽이지 말아야 할 사람을 정당한 이유로 죽이는 것보다는 우리에게 가해진 불의를 우리가 자진하여 참는 편이 훨씬 더 유리하다는 것이 내 생각입니다. 클레온은 그렇게 처벌하는 것이 정당하고도 유리하다고 주장하지만, 여러분은 이번 경우 그 두 가지가 양립할 수 없음을 알게 될 것입니다.

48 (1) 그러니 여러분은 내 제안이 더 나은 것을 인정하시고, 온정과 공평성에 너무 휘둘리지 마십시오. 나도 클레온 못지않게 여러분이 그런 감정의 영향을 받는 것을 바라지 않습니다. 그러니 오직 내가 제시한 논거에 따라 부디 파케스가 유죄로 여기고 아테나이로 보낸 뮈틸레네인들에 관해 충분한 시간의 여유를 두고 판단하시고, 나머지는 그들의 도시에서 살게 해주십시오. (2) 그러는 것이 우리의 장래에 유리하고, 지금 우리의 적에게 두려움을 불러일으킬 것입니다. 자신의 적에 대해 현명한 정책을 받아들이는 사람들은 힘과 어리석음으로 적을 공격하는 자들보다 더 강력하기 때문입니다."

49 (1) 디오도토스는 그렇게 말했다. 이 두 가지 가장 상충된 안이 제시된 뒤 아테나이인들은 격렬한 토론을 벌이다가 거수표결에 들어갔는데, 표수는 거의 같았지만 디오도토스의 안이 가결되었다. (2) 그들은 즉시 다른 삼단노선을 급파했는데, 먼저 떠난 삼단노선보다 늦게 도착하여 도시가 파괴된 모습을 보게 되지 않을까 두려웠기 때문이다. 첫 번째 삼단노선은 하룻밤 하루 낮쯤 앞서가고 있었다. (3) 뮈틸레네 사절단은 이 두 번째 함선에 포도주와 보릿가루를 대주며 먼저 파견된 함선을 따라잡으면 후하게 보답하겠다고 약속했다. 그래서 선원들은 항해를 서둘렀는데, 항해 도중 포도주와 올리브유에 갠 보릿가루로 끼니를 대신하고 교대로 취침하며 계속해서 노를 저을 정도였다.

(4) 다행히 역풍은 불지 않았다. 먼저 떠난 함선은 내키지 않는 임무를 띠고 가는지라 항해를 서두르지 않았고 나중에 떠난 함선은 그렇게 항해를 서두른 덕분에, 첫 번째 함선이 한발 먼저 도착하여 파케스가 결의문을 읽고 결의 사항을 집행하려는 순간 입항하여 학살을 막을 수 있었다. 뮈틸레네는 그처럼 간신히 위험에서 벗어날 수 있었다.

50 (1) 파케스가 반란의 주동자로 지목하여 아테나이로 보낸 다른 뮈틸레네인들은 클레온의 안에 따라 아테나이인들이 죽였는데, 그 수가 1천 명이 조금 넘었다. 아테나이인들은 또 뮈틸레네의 성벽을 허물고 그들의 함대를 인수했다.

(2) 나중에 아테나이인들은 레스보스 섬에 공물을 부과하는 대신, 메튐나 시에 속하는 땅을 제외하고 온 나라를 3천 필지로 분할하여 그중 3백 필지는 신의 성역으로 제쳐두고 나머지 필지에는 아테나이 시민 중에서 추첨으로 뽑아 지주(地主)로 파견했다. 레스보스인들은 이들에게 필지당 해마다 2므나의 소작료를 내기로 합의하고 자신들이 땅을 경작했다.

(3) 아테나이인들은 또 뮈틸레네인들이 지배하던 대륙의 소도시도 모두

인수했다. 그리하여 이들 소도시는 나중에 아테나이의 속국이 되었다. 이상이 레스보스 사건의 전말이다.

51 (1) 같은 해 여름 아테나이인들은 레스보스를 함락한 뒤 니케라토스의 아들 니키아스 휘하의 원정대를 파견하여 메가라 앞바다에 있는 미노아 섬을 공격하게 했다. 메가라인들은 그곳에 성탑을 세우고 초소로 사용하고 있었다. (2) 니키아스는 아테나이인들이 메가라를 감시할 수 있도록 부도론 곶이나 살라미스 섬보다 가까운 그곳에 기지를 두기를 원했다. 동시에 그는 펠로폰네소스인들이 이전처럼 삼단노선들을 타고 들키지 않고 그곳에서 출항하거나 해적들을 내보내는 것을 막고, 나아가 어떤 배든 메가라에 입항하는 것을 통제하고 싶었다. (3) 니키아스는 먼저 바다 쪽에서 공성 무기를 사용하여 니사이아 항의 바다 쪽으로 튀어나와 있는 성탑 두 군데를 함락함으로써 섬과 육지 사이의 수로로 들어가는 입구를 확보했다. 그런 다음 육지와 마주 보고 육지에서 가까운 미노아 섬의 측면에다 얕은 물 위에 놓인 다리를 통해 섬으로 원군을 받아들일 수 있는 곳을 골라 방벽을 쌓았다. (4) 그는 이 작업을 며칠 안에 모두 끝낸 뒤 섬에 방벽과 수비대를 남겨두고는 군대를 이끌고 철수했다.

52 (1) 그해 여름 같은 시기 플라타이아이인들은 이제 식량이 떨어져 더는 포위 공격을 견뎌낼 수 없게 되자 펠로폰네소스인들에게 항복했다. 그 경위는 다음과 같다.
(2) 펠로폰네소스인들이 그들의 성벽을 공격하자 플라타이아이인들은 그들을 물리칠 수 없었다. 그들이 허약하다는 것을 알게 된 라케다이몬인 장군은 그곳을 힘으로 함락하지 않기로 결정했다. 그는 라케다이몬에서 앞으로 아테나이와 휴전조약이 이루어지면 쌍방이 합의하여 전시에 점령한 곳들을 서로 반환하게 될 것이라는 훈령을 받았는데, 플라타이아이는 자진해서 항복했다고 주장하여 반환하지 않을 속셈인 것이다. 대신

그는 플라타이아이인들에게 전령을 보내, 만약 그들이 자진하여 라케다이몬인들에게 도시를 넘겨주고 라케다이몬인들을 재판관으로 받아들인다면 죄가 있는 자는 재판을 받되 어느 누구도 불공정한 재판을 받지는 않을 것이라고 전하게 했다.

(3) 전령이 그렇게 전하자마자 더 싸울 여력이 없던 플라타이아이인들은 도시를 넘겨주었다. 라케다이몬에서 5명의 재판관이 도착할 때까지 펠로폰네소스인들은 며칠 동안 플라타이아이인들에게 식량을 대주었다.

(4) 재판관들은 그곳에 도착하자 기소는 하지 않고, 플라타이아이인들을 불러내 이번 전쟁에서 라케다이몬인들과 그들의 동맹군에게 도움을 준 적이 있는지만 물었다. (5) 그러자 플라타이아이인들은 더 길게 말할 수 있게 해달라고 부탁하고는 아소폴라오스의 아들 아스튀마코스와 라케다이몬인들의 현지인 영사 아이에임네스토스의 아들 라콘을 대변인으로 지명했다. 이 두 사람은 앞으로 나와 다음과 같이 말했다.

53 (1) "라케다이몬인들이여, 여러분을 믿고 우리 도시를 여러분에게 넘겨주었을 때 우리는 이런 재판이 아니라 좀 더 정상적인 재판을 기대했습니다. 그리고 우리가 지금처럼 다름 아닌 여러분 자신을 우리 재판관으로 받아들이는 데 동의한 것은 공정한 재판을 받을 개연성이 가장 높다고 믿었기 때문입니다.

(2) 그런데 지금은 우리의 두 가지 계산이 다 틀리지 않았는지 두렵습니다. 우리는 아무래도 극형을 받게 되고 여러분의 판결은 공정하지 못한 것으로 밝혀질 것 같으니 말입니다. 그 증거로, 우리는 답변할 수 있도록 기소되지 않았고(그래서 우리는 말할 수 있게 해달라고 부탁한 것입니다), 대신 여러분은 우리에게 사실을 말하면 우리가 불리하고 거짓을 말하면 금세 들통 날 짧은 질문을 던지고 있습니다. (3) 이런 절망적인 상황에서 우리는 가장 안전하다고 생각되는 바를 행하지 않을 수 없는데, 그

것은 바로 위험을 무릅쓰고라도 심중의 생각을 털어놓는 것입니다. 우리 같은 상황에 놓인 사람들이 말을 하지 않으면, 나중에 말을 했으면 구원받을 수도 있었으리라는 비난까지 듣게 될 테니까요.

(4) 게다가 우리는 여러분을 설득하기가 무엇보다 어렵습니다. 서로 모르는 사이라면 여러분이 모르는 새로운 증거를 제시하는 것이 우리에게 유리할 수도 있겠지만 우리가 말하려는 것은 여러분이 다 알고 있는 것입니다. 그리고 우리가 두려워하는 것은 여러분이 우리를 여러분보다 열등한 존재라는 선입견을 품고 그것에 근거해 우리를 기소하는 것이 아니라, 다른 국가에 호의를 보이고자 미리 판결을 정해놓고 재판에 임한다는 것입니다.

54 (1) 그럼에도 우리는 테바이와의 분쟁과 관련해, 그리고 여러분과 다른 헬라스인들과 관련해 우리 자신을 정당화해줄 수 있는 것을 말할 것이며, 우리의 과거 공적을 상기시킴으로써 여러분을 설득할까 합니다.

(2) 우리가 이번 전쟁에서 라케다이몬인들과 그들의 동맹군에게 도움을 준 적이 있느냐는 여러분의 짤막한 물음에 답변하자면, 여러분이 우리를 적으로 여기고 묻는 것이라면 여러분이 우리한테서 도움을 받지 못한 것을 우리의 잘못이라 할 수 없고, 여러분이 우리를 우군으로 여긴다면 잘못은 우리를 공격한 여러분에게 있다 하겠습니다.

(3) 평화 시에도 페르시아 전쟁 때도 우리는 떳떳하게 처신했습니다. 최근의 평화를 먼저 깨뜨린 것은 우리가 아니며, 페르시아 전쟁 때는 보이오티아인들 중에서 오직 우리만이 헬라스를 해방하려는 투쟁에 참가했습니다. (4) 우리는 내륙에 살지만 아르테미시온 곶 앞바다의 해전에 참가했고, 우리나라에서 전쟁이 벌어졌을 때는 여러분과 파우사니아스를 도왔습니다. 그리고 당시 헬라스인들에게 위험이 닥치는 곳이면 어디에서든 우리는 힘에 부치는 줄 알면서도 행동을 같이했습니다.

(5) 그리고 라케다이몬인 여러분, 우리는 여러분에게는 남다른 호의를 베풀었습니다. 지진이 일어난 뒤 반란을 일으킨 국가 노예들이 이토메를 점령한 까닭에 스파르테가 걷잡을 수 없는 공포에 휩싸였을 때 우리는 시민의 3분의 1을 보내 여러분을 돕게 했습니다. 이런 일은 잊어서는 안 됩니다.

55 (1) 역사적으로 중요한 시기에 우리는 그처럼 행동하는 것이 옳다고 여겼습니다. 우리가 서로 적이 된 것은 나중 일이며, 그 책임은 여러분에게 있습니다. 테바이인들의 억압을 받게 되자 우리는 여러분이 우리의 동맹군이 되어달라고 요청했지만, 여러분은 이를 거절하면서 여러분은 멀리 떨어진 곳에 사니 가까이 있는 아테나이로 가보라고 했습니다. (2) 하지만 이번 전쟁에서 우리는 여러분에게 특별히 나쁜 짓을 한 적도 없고 하지도 않았을 것입니다.

(3) 그리고 우리가 아테나이를 배반하라는 여러분의 지시를 거절했다 해도 그것은 잘못이 아닙니다. 여러분이 우리를 도우려 하지 않았을 때 아테나이인들은 테바이인들에 맞서 우리를 도왔기 때문입니다. 그러니 우리가 그들을 배반했더라면 불의한 짓을 한 셈이 되었을 것입니다. 특히 그들은 우리를 우대해주고 우리의 요청에 따라 우리를 동맹국으로 받아주었으며, 우리를 자신들의 시민으로 삼기까지 했습니다. 그러니 우리가 그들의 지시를 기꺼이 따르는 것은 당연한 일입니다. (4) 두 강대국이 자신들의 동맹국들을 어느 곳으로 인도하든, 불미스러운 일이 발생하면 그 책임은 따라가는 자들이 아니라 나쁜 방향으로 인도하는 자들에게 있습니다.

56 (1) 테바이인들은 걸핏하면 우리를 공격하곤 했는데, 우리를 이런 곤경에 빠뜨린 최근 공격은 여러분도 알고 있을 것입니다. (2) 그들은 휴전 기간에, 그것도 성스러운 축제 기간에 우리 도시를 점령하고자 했습니다.

그러니 우리가 그들에게 복수하는 것은 정당하며, 적의 공격에 대항하는 것은 정당방어라는 보편적인 법에 합치되기도 합니다. 그러니 우리가 테바이인들 때문에 피해를 본다는 것은 부당합니다. (3) 만약 여러분이 여러분 자신의 이익과 우리에 대한 그들의 적대감을 정의의 기준으로 삼으려 한다면, 여러분은 옳고 그름을 진지하게 판단하는 일보다 자신의 이익 추구에 더 관심이 많은 사람들로 드러날 것입니다.

(4) 여러분에게 지금은 테바이인들이 쓸모 있어 보일지 모르겠지만, 지난날 여러분이 더 큰 위험에 처했을 때는 우리와 다른 헬라스인들이 훨씬 더 쓸모 있었습니다. 지금은 여러분이 공격하면 다른 나라가 두려움을 느낍니다. 그러나 페르시아 왕이 우리 모두를 노예로 삼으려 했을 때 테바이인들은 그의 편이 되었습니다. (5) 그러므로 만약 우리가 지금 실수를 했다면, 그때 보여준 애국심으로 우리의 실수를 상쇄하는 것은 당연하다 할 것입니다. 여러분은 우리의 실수보다 우리의 공적이 훨씬 크다는 것을 발견하게 될 것입니다. 여러분은 또 크세르크세스의 힘에 용기로 맞서려는 헬라스인을 찾아보기 어렵던 그 위기 때 칭찬받은 것은, 적이 침입해오는데도 자신의 이익만 추구하는 대신 위험하지만 감히 명예로운 길을 택한 자들이었다는 것을 발견하게 될 것입니다.

(6) 우리는 후자에 속했고, 그래서 누구 못지않게 존경받았습니다. 그런데 지금 우리는 바로 그러한 행동 때문에 목숨을 잃지 않을까 두렵습니다. 우리는 이익을 위해 여러분을 택하지 않고 의리를 위해 아테나이인들을 택했으니 말입니다. (7) 그러나 여러분은 같은 사안에 시종일관 같은 판단을 내린다는 것을 분명히 해야 하며, 여러분의 진정한 이익은 직접 이익을 챙길 뿐 아니라 충실한 동맹군에게 늘 고마워하고 있다는 확신을 심어주어야 확보될 수 있다는 점을 알아야 합니다.

57 (1) 여러분은 또 지금 대부분의 헬라스인들이 여러분을 올곧은 성품의

본보기로 삼고 있다는 점을 염두에 두어야 합니다. 그러나 여러분이 우리와 관련해 불공정한 판결을 내리게 되면(여러분은 존경받고 우리는 죄가 없기에 이번 판결은 눈에 띄지 않고 넘어갈 수 없으니까요), 여러분이 더 존경스럽기로서니 존경스러운 사람들에게 불공정한 판결을 내리고, 헬라스의 은인인 우리에게서 노획한 전리품을 공동의 신전에 봉헌하는 것은 있을 수 없는 일이라고 여론의 질타를 받지 않도록 조심해야 할 것입니다.

(2) 플라타이아이가 라케다이몬인들에게 약탈당한다면, 그리고 여러분의 선조는 우리 도시의 용기를 인정하여 그 이름을 델포이에 있는 세발솥에 새겨넣었는데 여러분은 테바이를 위해 우리 도시를 전 주민과 함께 헬라스 지도에서 완전히 지운다면, 실로 끔찍한 일로 여겨질 것입니다.

(3) 사실 우리는 그렇게 몰락한 적이 있습니다. 페르시아인들이 승리하여 우리가 망했을 때 말입니다. 그런데 지금 전에는 우리의 절친한 친구였던 여러분이 우리보다 테바이인들을 더 선호하는군요. 그래서 우리는 두 가지 엄청나게 큰 시련을 겪게 되었는데, 얼마 전에는 우리가 도시를 넘기지 않으면 굶어 죽게 된다는 것이었고, 지금은 여러분한테 사형선고를 받는다는 것입니다.

(4) 그래서 우리 플라타이아이인들은 헬라스를 위해 가진 능력 이상으로 열심히 기여했건만 지금은 전 헬라스에서 배척받아 아무도 도와주지 않는 외돌토리가 되었습니다. 우리의 동맹국 가운데 어느 한 나라도 우리에게 도움을 주지 않고, 우리의 유일한 희망인 라케다이몬인 여러분마저 우리가 믿어도 되는지 확신이 서지 않기 때문입니다.

58 (1) 하지만 청컨대 지난날 우리 동맹의 증인인 신들을 위해서라도, 그리고 헬라스에 대한 우리의 공적을 봐서라도 마음을 누그러뜨리시고, 테바이인들에게 설득당했다면 생각을 바꾸십시오. 그리고 그들에게 선물을

약속했다면 철회하시고, 죽이면 여러분에게 불명예를 안겨줄 사람들을 죽이지 마십시오. 사람들이 여러분의 수치스러운 행동보다는 올곧은 행동에 고마움을 느끼게 하시고, 남을 기쁘게 하려다 여러분 자신이 오명을 남기지 않도록 하십시오.

(2) 우리의 육신은 순식간에 없앨 수 있겠지만, 그로 인한 오명은 지우기가 쉽지 않을 것입니다. 여러분의 적이라면 벌 받아 마땅하겠지만, 우리는 적이 아니라 어쩔 수 없이 여러분과 맞서 싸우게 된 친구들이기 때문입니다. (3) 따라서 우리의 목숨을 살려주는 것은 공정한 판결이 될 것입니다. 여러분은 또 우리가 탄원자로서 두 손을 내밀며 자진하여 항복한 점과, 이런 사람들은 죽이지 않는 것이 헬라스 법이라는 점과, 우리는 언제나 여러분의 은인이었다는 점을 참작하십시오.

(4) 여러분은 페르시아인들에게 살해당해 우리나라에 묻힌 여러분 선조의 무덤을 보십시오. 우리는 해마다 그분들에게 경의를 표하기 위해 공금으로 의복과 그 밖의 관례적인 제물을 바쳤고, 철철이 나라에서 나는 오곡백과의 만물을 바쳤습니다. 우리는 우방에 사는 친구로서, 동맹군으로서, 한때 우리의 전우였던 분들에게 그렇게 한 것입니다. 그러나 여러분이 옳지 못한 판결을 내리면 그와 정반대되는 행동을 하는 셈이 될 것입니다.

(5) 잘 생각해보십시오. 파우사니아스가 그분들을 여기에 매장한 것은 그분들 시신을 우방에, 우호적인 사람들 사이에 모신다고 믿었기 때문입니다. 그러나 여러분이 우리를 죽이고 플라타이아이 땅을 테바이 영토로 만든다면, 여러분은 여러분의 아버지들과 친척들이 지금 받고 있는 명예를 박탈당한 채 적국에, 그분들의 살해자 사이에 누워 있게 방치하는 셈이 되지 않을까요? 게다가 여러분은 헬라스인들이 해방을 쟁취한 나라를 노예로 만들고, 헬라스인들이 페르시아인들을 무찌르기 전에 기도한

신전들을 폐허로 만들고, 여러분의 아버지들에게 바치는 제물을 애초 그렇게 제물을 바치도록 정한 사람들에게서 빼앗아가는 셈이 될 것입니다.

59 (1) 라케다이몬인들이여, 여러분이 헬라스인들의 공동 규범을 어기고, 여러분 자신의 선조에게 죄를 짓고, 여러분을 해코지한 적 없는 은인인 우리를 남들이 미워한다고 해서 죽이는 것은 여러분의 명성에 어울리지 않습니다. 여러분의 명성에 어울리는 것은 여러분이 우리를 살려주고, 마음을 누그러뜨리고, 절제와 동정심을 보여주는 것입니다. 여러분은 우리를 위협하는 무서운 운명만 생각하지 마시고, 이런 운명을 맞은 우리가 어떤 성품의 사람들인지도 생각하십시오. 그리고 미래는 예측할 수 없으며, 죄가 있든 없든 재앙이 다음에는 누구에게 닥칠지 알 수 없다는 점도 염두에 두십시오.

(2) 그래서 우리는 그럴 권리도 있고 또 그렇게 할 수밖에 없어 우리 모두 숭배하는 헬라스의 신들을 큰 소리로 부르며 여러분이 우리의 부탁을 들어주기를 간청하는 바입니다. 우리는 여러분의 선조가 잊지 않겠다고 맹세한 엄숙한 서약에 호소합니다. 우리는 여러분의 선조의 무덤가에 탄원자로 서서 우리가 테바이인들의 수중에 떨어지지 않게 해달라고, 그분들의 절친한 친구인 우리가 그분들의 철천지원수인 그들에게 넘겨지지 않게 해달라고 고인들인 그분들에게 애원하고 있습니다. 우리가 가장 끔찍한 운명을 맞을 위험이 있는 이날 우리는 또 우리가 그분들과 함께 영광스럽게 싸운 그날을 여러분에게 상기시킵니다.

(3) 우리와 같은 처지에 놓인 사람들에게 가장 어려운 일은 하던 연설을 끝내는 것입니다. 연설을 끝내면 우리가 목숨을 잃을 것이기 때문입니다. 하지만 우리는 끝내야 합니다. 그래서 마지막으로 이렇게 말합니다. 우리는 도시를 테바이인들에게 넘겨준 것이 아닙니다. 그럴 바엔 차라리 비참하게 굶어 죽었을 것입니다. 우리는 여러분을 믿고 여러분에게 다가

갔던 것입니다. 그러니 우리가 한 말을 믿지 못하겠다면 우리를 이전 상태로 돌려주고 우리에게 닥친 위험을 스스로 선택하게 해주는 것이 도리일 것입니다. (4) 라케다이몬인들이여, 우리 플라타이아이인들은 여러분을 믿고 탄원하고 있거늘, 헬라스를 위해 아낌없이 봉사한 우리를 여러분 손으로 우리의 철천지원수인 테바이인들에게 넘기지 마십시오. 대신 여러분은 우리의 구원자가 되어주시고, 다른 헬라스인들은 해방하면서 우리는 멸하지 마십시오."

60 플라타이아이인들은 그렇게 말했다. 테바이인들은 라케다이몬인들이 이 연설을 듣고 마음이 누그러졌을까 두려워 앞으로 나와 자기들도 말하고 싶다고 했다. 예상과 달리 플라타이아이인들에게 질문에 답변하는 데 필요한 정도를 넘어 긴 연설이 허용되었기 때문이다. 허락을 받자 테바이인들은 다음과 같이 말했다.

61 (1) "플라타이아이인들이 묻는 말에만 짧게 대답했다면 우리는 이렇게 연설할 수 있게 해달라고 부탁하지 않았을 것입니다. 대신 그들은 우리에게 비난을 퍼부으면서 본안과는 무관한 사안들에 대해 장황하게 변명하며 자신들이 고소당하지도 않은 사안들에 관해 자화자찬을 늘어놓았습니다. 그래서 우리는 그 비난에 답변하고, 그들의 자기기만을 짚고 넘어가지 않을 수 없습니다. 그래야만 우리의 나쁜 평판이나 그들의 좋은 평판이 그들에게 도움을 주지 못할 것이고, 판결을 내리기 전에 여러분은 이 두 가지와 관련해 진실을 듣게 될 것이기 때문입니다.

(2) 우리가 처음에 그들과 다투게 된 경위는 다음과 같습니다. 우리는 선주(先住) 혼합 부족을 몰아내고 획득한 몇몇 다른 지역과 힘을 모아 보이오티아 지방의 나머지 지역보다 더 늦게 플라타이아이를 건설했습니다. 그러나 플라타이아이인들은 원래 약정한 대로 우리의 주도권을 인정하려 하지 않았으며, 대대로 내려오는 관습을 어기고 보이오티아의 나머지

지역과 갈라섰습니다. 그 뒤 우리가 압력을 가하자 그들은 아테나이인들에게로 넘어가 이들과 손잡고 우리에게 많은 해악을 끼쳤습니다. 그래서 그들은 그 대가를 치러야 한 것입니다.

62 (1) 또한 그들은 페르시아인들이 헬라스에 쳐들어왔을 때 보이오티아인들 중에서 자기들만이 페르시아에 부역하지 않았다고 우쭐대며 우리를 폄하하곤 합니다. (2) 그러나 단언하건대 그들이 페르시아에 부역하지 않은 이유는 아테나이가 그렇게 하지 않았기 때문입니다. 그리고 같은 원칙에 따라, 훗날 아테나이인들이 헬라스의 다른 지역을 침공했을 때 보이오티아인들 가운데 그들만이 아테나이인들 편에 섰습니다.

(3) 그러나 우리가 그런 정책을 추구했을 때 각각 어떤 형태의 정부를 갖고 있었는지 생각해보십시오. 당시 테바이를 지배한 것은 공정한 법률에 근거한 과두제도 아니고 민주제도 아니었으며, 권력이 소수 지배계층에 집중되어 있었는데, 그것은 법과 질서와는 가장 거리가 멀고 참주제와는 가장 가까운 정부 형태였습니다. (4) 이 소수 집단이 페르시아가 승리하면 자신들의 권력이 더 커지리라 믿고 대중을 힘으로 억압하며 페르시아인들을 불러들였습니다. 그것은 도시 전체의 행위가 아닙니다. 도시에는 자결권이 없었으니까요. 따라서 법치가 행해지지 않았을 때 저지른 과오 때문에 도시를 비난해서는 안 됩니다.

(5) 페르시아인들이 물러가고 테바이에 합법적인 정부가 들어선 뒤에 일어난 일들에 주목해주십시오. 아테나이인들이 헬라스의 다른 지역을 침공하고, 우리 영토를 자신들이 지배하려 하고, 우리의 내분으로 인해 이미 대부분을 손에 넣었을 때, 우리는 코로네이아에서 그들과 싸워 이겨 보이오티아를 해방했습니다. 지금도 우리는 기병대뿐 아니라 어느 동맹국보다 더 많은 병력을 제공함으로써 다른 헬라스인들을 해방하는 일에 기꺼이 참가하고 있습니다.

63 (1) 우리가 페르시아에 부역했다는 비난에 대해서는 이쯤 답변하겠소. 이번에는 헬라스인들에게 해악을 끼쳐 엄벌을 받아 마땅한 것은 우리가 아니라 당신들 플라타이아이인들이었다는 사실을 밝힐까 하오.

(2) 당신들은 우리에게 보복하기 위해 아테나이의 동맹국이 되고 시민이 되었다고 주장하는데, 그렇다면 우리에 대해서만 그들에게 원조를 요청하고, 그들과 손잡고 다른 도시들을 공격하지 말았어야 할 것이오. 아테나이인들이 당신들을 원치 않는 방향으로 인도한다고 정말로 느꼈다면 당신들은 거부할 수 있었을 것이오. 당신들이 툭하면 지적하듯 당신들은 페르시아에 맞서 여기 이 라케다이몬인들과 이미 동맹을 맺고 있었으니 말이오. 그랬다면 우리는 당신들을 공격하지 않았을 것이고, 무엇보다도 당신들이 두려움 없이 진로를 선택할 수 있게 해주었을 것이오. 그러나 천만의 말씀! 당신들이 아테나이 편이 된 것은 자발적인 행동이지 강요받은 것이 아니오.

(3) 당신들은 은인을 배반하는 것은 수치스러운 짓이라고 주장하는데, 당신들이 헬라스를 해방하기로 동맹국으로서 함께 맹세한 헬라스인들의 공동체 전체를 배반하는 것이 헬라스를 노예로 삼으려던 아테나이인들을 배반하는 것보다 분명 더 수치스럽고 더 불의한 짓이었소. (4) 게다가 당신들은 아테나이인들에게서 받은 것과는 전혀 다른 떳떳지 못한 호의를 베풀었소. 당신들은 억압을 참다못해 아테나이인들을 불러들였다고 하면서 나중에 아테나이인들이 다른 나라를 억압하는 데 공범이 되었으니 말이오. 호의는 마땅히 호의로 갚아야겠지만, 호의를 갚는 것이 남에게 피해를 준다면 정당한 호의라도 갚지 않는 것은 결코 수치스러운 짓이 아니지요.

64 (1) 당신들이 당시 우리 중에서 유일하게 페르시아에 부역하지 않은 것은 분명 헬라스인들을 위해서가 아니라 아테나이인들이 페르시아에 부

역하지 않았기 때문이오. 그리고 당신들이 지금 추구하는 정책은 다른 헬라스인들에게 맞서 아테나이인들과 협력하는 것이오. (2) 지금 당신들은 남을 위해 선행을 베풀고 그 덕을 보려고 하는데, 그건 사리에 맞지 않소. 당신들은 아테나이인들을 선택했으니 그들과 운명을 같이하고, 지난날의 동맹관계를 내세우면 그 덕에 이제 와서 구원받게 되리라고 기대하지 마시오. (3) 아테나이가 아이기나와 다른 동맹국을 정복하는 것을 막기는커녕 오히려 협력했을 때 당신들은 이미 맹약을 어기고 저버렸던 것이오. 그리고 당신들은 종전과 같은 법을 갖고서도 자진하여 그렇게 했으며, 우리가 페르시아에 협력하도록 강요받은 것과는 달리 어느 누구에게도 강요받지 않았소. 그리고 당신들이 포위 공격당하기 전에 중립을 지키면 평화를 보장하겠다는 최후통첩을 보냈건만 당신들은 이를 거절했소.

(4) 당신들이 보여준다고 주장하는 고결한 행위가 헬라스인들에게 해가 되었다면, 대체 누가 당신들보다 더 헬라스인들의 미움을 사야 옳겠소? 당신들 말처럼 지난날에는 당신들이 훌륭한 자질을 지니고 있었는지 몰라도, 현재 태도는 그것이 당신들 본성의 일부가 아님을 보여주었소. 당신들 본성에 내재하는 욕구가 이제 적나라하게 드러났소. 아테나이인들이 나쁜 길로 들어서면 당신들은 그들을 쫓아갔단 말이오.

(5) 이상으로 우리는 우리가 페르시아에 부역한 것은 마지못해 한 짓이고, 당신들이 아테나이에 협력한 것은 자발적인 행위임을 입증했소.

65 (1) 우리가 저질렀다고 당신들이 주장하는 최근의 잘못, 즉 우리가 평화 시에 그것도 종교 축제 때 불법적으로 당신들 도시를 공격한 일에 관해 말하자면, 지금 이 자리에서도 우리는 당신들보다 잘못이 우리에게 더 많다고 생각지 않습니다. (2) 우리가 적의를 품고 자청하여 당신들 도시에 가서 전사로서 싸우며 영토를 유린했다면 우리가 잘못한 것이겠지요.

그러나 당신들 가운데 부와 가문에서 탁월한 자들이 외국과의 동맹관계를 끝내고 보이오티아 연맹의 일부라는 전통적인 지위를 당신들에게 되돌려주려고 자청하여 우리를 불러들인 것이라면, 우리가 무얼 잘못했지요? 잘못은 따르는 자들이 아니라 인도하는 자들에게 있습니다.

(3) 하지만 우리가 판단하건대, 그들에게도, 우리에게도 잘못은 없습니다. 그들도 잃을 것이 더 많을 뿐이지 당신들과 같은 시민입니다. 그들이 우리에게 자신들의 성문을 열어주고 우리를 적이 아닌 친구로 자신들의 도시에 받아들인 것은, 당신들 중에 나쁜 자들은 더 나빠지는 것을 막고, 더 나은 자들에게는 그들의 권리를 돌려주기 위해서였소. 그들은 온건한 정책을 추구하며 어느 누구도 도시에서 추방하지 않고 모두를 친척과 화해시키려 했고, 당신들이 누구의 적도 되지 않고 평화조약을 맺고는 만인의 친구가 되기를 원했소.

66 (1) 우리가 적대 행위를 하지 않았다는 증거는, 우리는 보이오티아 연맹의 전통에 부합하는 정부를 원하는 사람은 누구든 우리에게 넘어오라고 공포했을 뿐 아무도 해코지하지 않았다는 것이오. (2) 당신들은 처음에는 기꺼이 넘어와 우리와 협정을 맺고 조용히 있었소. 그러다 점점 우리의 수가 적다는 것을 알게 되었소. 그리고 비록 우리가 다수의 동의를 받지 않고 당신들 도시에 들어간 것은 다소 부적절해 보일지 몰라도, 우리를 대하는 당신들 태도는 전혀 다른 것이었소. 당신들은 우리가 그랬듯 폭력행위를 피하고 우리더러 물러가라고 말로 설득하는 대신 협정을 어기고 우리를 공격했소. 우리 가운데 몇몇은 당신들과 싸우다가 죽었지만, 우리는 그들의 운명을 그다지 애통해하지는 않소. (그들이 그런 변을 당한 것은 정당하다고도 볼 수 있기 때문이오.) 그러나 우리의 다른 대원들은 살려달라고 두 손을 내밀다가 당신들에게 사로잡혔는데, 당신들은 나중에 죽이지 않겠다고 우리에게 약속까지 해놓고 그들을 무도하게 살

해했으니, 이는 악독한 행위가 아닌가요?

(3) 그리하여 당신들은 잠깐 사이에 세 가지 죄를 지었소. 협정을 파기하고, 나중에 우리 대원들을 살해하고, 우리가 농촌에 있는 당신들 재물을 해코지하지 않으면 그들을 죽이지 않겠다던 약속을 어겼으니 말이오. 그럼에도 당신들은 우리가 법을 어겼으니 당신들이 책임질 일이 아니라고 주장하는구려. 천만의 말씀! 여기 이 재판관들이 올바른 판결을 내린다면 당신들은 이 모든 범죄의 죗값을 치르게 될 것이오.

67 (1) 그래서 라케다이몬인들이여, 우리는 여러분을 위하여, 그리고 우리 자신을 위하여 이렇듯 길게 설명드린 것입니다. 그래야만 여러분은 이들에게 유죄판결을 내리는 것이 정당하다고 확신하고, 우리는 우리의 보복이 정당한 요구임을 확인하게 될 테니까요. (2) 여러분은 설령 그들에게 공적이 있다 해도 그들이 주워섬기는 과거의 공적을 듣고 마음을 누그러뜨려서는 안 됩니다. 과거 공적은 불의를 당한 사람들에게 도움이 되어야 하고, 수치스러운 짓을 한 자들에게는 가중처벌을 내려야 합니다. 그들은 범죄를 저지르면서 자신의 본성마저 배반했기 때문입니다. 그리고 그들이 비탄하고 하소연하고 여러분의 아버지들 무덤에 호소하고 고립무원의 궁지에 빠졌다고 신세타령을 해도 그것이 그들에게 도움이 되게 해서는 안 됩니다.

(3) 우리는 그에 맞서 우리 젊은이들이 이들 플라타이아이인에게 도륙되어 훨씬 끔찍한 운명을 당했다고 반박할 수 있습니다. 그들의 아버지들 가운데 더러는 보이오티아가 여러분 편이 되게 한 코로네이아 전투에서 전사하고, 더러는 노인으로 쓸쓸하게 혼자 집에 남았으니, 그분들이야말로 플라타이아이인들을 벌주라고 여러분에게 간청할 권리가 훨씬 더 있습니다. (4) 온정은 부당하게 고통받는 경우에 베풀어야 하고, 이들 플라타이아이인처럼 정당하게 고통받는 경우는 오히려 기뻐할 일입니다.

(5) 그들이 지금 고립무원의 궁지에 빠진 것은 자업자득입니다. 더 나은 동맹국을 택할 수 있었는데도 거부했으니 말입니다. 그들은 우리가 먼저 가해하지 않았는데도 범죄를 저질렀습니다. 그들의 결정은 정의가 아니라 증오에서 비롯된 것입니다. 그리고 지금도 그들이 받는 벌은 그들이 저지른 범행에 상응한다고 할 수 없습니다. 그들은 합법적으로 재판받게 될 테니까요. 그들이 말했듯 그들은 전투가 끝난 뒤 살려달라고 두 손을 내미는 자들의 처지가 아니라 협정을 맺고 재판받는 자들의 처지이니 말입니다.

(6) 그러니 라케다이몬인들이여, 청컨대 여러분은 이들이 어긴 헬라스인들의 법을 옹호해주시고, 이들의 범죄로 고통받은 우리가 여러분을 위한 우리의 열성에 상응하는 보상을 받게 해주십시오. 그들의 말만 듣고 우리를 내치지 마시고, 여러분이 초청한 경연(競演)은 말의 경연이 아니라 행동의 경연임을 헬라스인들에게 본보기로 보여주십시오. 훌륭한 행동은 긴말이 필요 없지만, 사악한 행동은 미사여구로 자신을 가리는 법입니다. (7) 그러나 오늘 여러분이 그러하듯, 지도자들이 모든 사람에게 간단하게 물어보고 나서 곧바로 결론을 내린다면, 앞으로는 아무도 자신의 악행을 숨기려고 미사여구를 찾으려 하지 않을 것입니다."

68 (1) 테바이인들은 그렇게 말했다. 그러자 라케다이몬인 재판관들은 플라타이아이인들에게 이번 전쟁 중에 자기들을 도와준 적이 있느냐는 질문을 던지는 것이 적절하다고 생각했다. 왜냐하면 라케다이몬인들은 페르시아 전쟁이 끝난 뒤 파우사니아스와 맺은 조약에 따라 중립을 지킬 것을 줄곧 요구했고, 그 뒤 포위 공격 직전에도 조약에 따라 같은 조건으로 어느 편에도 가담하지 말라고 제의했지만, 이것이 받아들여지지 않자 자신들의 의도가 선량한 만큼 더는 조약에 구속받을 필요가 없다고 여겼기 때문이다. 그래서 라케다이몬인들은 플라타이아이인들이 자신들에

게 불의한 짓을 했다고 믿고 그들을 다시 한 명씩 앞으로 불러내어, 이번 전쟁 중에 라케다이몬인들과 그들의 동맹군에게 도움을 준 적이 있느냐는 같은 질문을 던졌고, 그런 적이 없다고 대답하는 자는 예외 없이 모두 끌고 나가 죽였다. (2) 그들은 자그마치 2백 명 이상의 플라타이아이인들과, 함께 포위당한 아테나이인 25명을 그렇게 죽였다. 여자들은 노예가 되었다.

(3) 도시는 당쟁 때문에 추방당한 메가라인들과 플라타이아이인들 중에 살아남은 친(親)라케다이몬파가 1년 동안 점유하게 해주었다. 그 뒤 그들은 도시를 기초부터 완전히 허물고 헤라 신전 옆에 사방 2백 푸스의 숙박소를 지었는데, 1층에도 2층에도 사방에 방을 넣었다. 이때 지붕과 문들은 플라타이아이에 있던 것을 그대로 사용했고, 벽 안에서 발견된 청동이나 무쇠 가구로는 침상을 만들어 헤라에게 봉헌했다. 그들은 또 헤라를 위하여 사방 1백 푸스의 석조 신전도 지었다. 토지는 몰수하여 10년 동안 테바이인 경작자들에게 임대했다. (4) 라케다이몬인들이 플라타이아이인들에게 그처럼 무자비한 짓을 한 이유는 사실 전적으로 테바이인들 때문이었다. 그들은 테바이인들이 이번 전쟁의 현 국면에서 자신들의 유익한 동맹군이 될 것으로 보았던 것이다. (5) 플라타이아이는 아테나이의 동맹국이 된 지 93년 만에 그렇게 끝장났다.[14]

69 (1) 레스보스를 구원하러 갔다가 아테나이인들에게 쫓겨 난바다를 지나 도주하던 펠로폰네소스 함선 40척은 크레테 섬 앞바다에서 폭풍을 만나 뿔뿔이 흩어진 채 펠로폰네소스로 가고 있었다. 그들은 퀼레네 항에 도착하여 레우카스와 암프라키아에서 파견한 삼단노선 13척과, 알키다스의 조언자로 와 있던 텔리스의 아들 브라시다스를 그곳에서 만났다.

---

14 플라타이아이는 기원전 386년 스파르테에 의해 재건되었다.

(2) 라케다이몬인들은 레스보스에서 실패한 뒤 함대를 보강하여 내전이 벌어진 케르퀴라 섬으로 가고 싶었다. 나우팍토스 항에는 아테나이 함선이 12척밖에 없기 때문에 아테나이에서 더 많은 함선이 증파되기 전에 케르퀴라에 도착할 계획이었다. 그러기 위해 브라시다스와 알키다스가 준비를 서둘렀다.

70 (1) 케르퀴라에 내전이 벌어진 것은 에피담노스 앞바다의 해전에서 코린토스인들에게 포로로 잡힌 자들이 귀국한 뒤였다. 전하는 이야기에 따르면, 이 포로들이 풀려난 것은 코린토스에 있는 그들의 현지인 영사들이 8백 탈란톤의 보석금을 냈기 때문이라고 한다. 그러나 그들이 풀려난 것은 사실 그들이 케르퀴라를 다시 코린토스 편으로 만들겠다고 약속했기 때문이다. 그래서 그들은 그럴 목적으로 도시를 아테나이에서 떼어놓으려고 동료 시민들에게 개별적으로 접근했다. (2) 앗티케와 코린토스에서 각각 함선 한 척이 사절단을 태우고 도착하자, 케르퀴라인들은 토의 끝에 표결에 부쳐 기존 조건으로 아테나이 동맹국으로 남으면서 이전처럼 펠로폰네소스와 우호관계를 유지하기로 결의했다.

(3) 귀국한 포로들이 취한 다음 조치는, 자청해 아테나이인들의 현지인 영사가 된 민중파 지도자 페이티아스라는 사람을 케르퀴라를 아테나이에 예속시키려 했다는 죄로 재판에 회부하는 것이었다. (4) 페이티아스는 무죄방면되자 보복을 위해 정적 가운데 가장 부유한 자 다섯 명을 제우스와 알키노오스[15] 왕의 성역에서 포도덩굴 받침대를 계속 잘라냈다는 죄로 고소했다. 벌금은 받침대당(當) 1스타테르씩 물게 되어 있었다.

(5) 유죄가 인정되어 거액의 벌금을 물어야 할 것으로 예상되자 그들은 신전에 가서 탄원자로 앉아 벌금을 나누어 내게 해달라고 탄원했다. 그러나 마침 의회의원이기도 한 페이티아스는 법대로 하도록 의회를 설득했다. (6) 법대로 하도록 강요받은 터에 페이티아스가 아직 의회의원으

로 있는 동안 아테나이와 공수동맹을 맺도록 민중을 설득하려 한다는 것을 알게 된 이 다섯 명은 동료들과 함께 단검으로 무장한 채 불시에 의사당으로 쳐들어가 페이티아스와 약 60명의 의회의원과 시민을 죽였다. 페이티아스를 지지하던 자들 가운데 소수만이 아직 항구에 정박 중이던 앗티케의 삼단노선으로 피신했다.

71 (1) 그렇게 한 다음 그들은 케르퀴라인들을 불러 모아놓고 그렇게 하는 것이 최선의 선택이며, 그들이 아테나이의 노예가 되는 것을 막을 수 있을 것이라고 말했다. 그러면서 그들은 앞으로 단 한 척의 함선을 타고 평화롭게 다가오지 않으면 어느 쪽도 받아들이지 말고, 대규모 병력은 적군으로 간주할 것을 제안했다. 그렇게 말한 뒤 그들은 자신들의 제안을 비준하도록 의회에 강요했다. (2) 그러고는 당장 아테나이로 사절단을 보내 이번 사태가 최선의 선택이었음을 아테나이인들에게 설명하고, 아테나이인들의 반발을 부를 수 있는 부적절한 행위를 하지 못하도록 아테나이에 피신해 있는 케르퀴라인들을 설득하게 했다.

72 (1) 그러나 사절단이 도착하자 아테나이인들은 그들은 물론이요 그들에게 설득당한 자들까지 모조리 반란죄로 체포하여 아이기나 섬에 구금하였다.

(2) 그사이 라케다이몬의 사절단을 태운 코린토스의 삼단노선이 도착하자 케르퀴라에서 실권을 장악한 자들은 민중을 공격하여 전투에서 승리를 거두었다. (3) 밤이 되자 민중파는 아크로폴리스와 도시의 고지대로 물러나 그곳에 군세를 집결시키고 진지를 구축했으며, 휠라이코스 항도 장악했다. 반대파는 아고라를 장악했는데, 그들은 대부분 그 주위에 살고 있었다. 그들은 또 본토와 마주 보는 그 인근 항구까지 점령했다.

---

15 귀향하던 오뒷세우스를 환대했다는 케르퀴라 섬의 전설적인 왕.

73 (1) 이튿날 소규모 전투가 몇 차례 벌어졌다. 그리고 양쪽은 사람들을 농촌으로 파견하여 자유를 약속하며 노예들의 지지를 받으려 했다. 대부분의 노예들은 민중파를 지지했지만, 반대쪽도 본토에서 8백 명의 용병을 구해왔다.

74 (1) 하루가 지나고 그 이튿날 다시 전투가 벌어졌는데, 이번에는 진지가 더 강하고 수가 더 많은 민중파가 이겼다. 여자들도 지붕에서 기왓장을 던져대고 여성답지 않게 과감히 격전에 맞서며 용감무쌍하게 도왔다. (2) 소수파는 해가 질 무렵 패퇴하기 시작했는데, 민중파가 조선소를 공격하여 아무 저항도 받지 않고 그곳을 점령하고는 자기들을 모두 도륙할까 두려워 통로를 차단하기 위해 아고라 주위의 집들과 건물들에 불을 질렀으며, 자신의 재산도 남의 재산도 아끼지 않았다. 그래서 많은 상품이 불타버렸고, 바람이 일어 불길이 다른 건물들로 옮겨 붙는다면 도시 전체가 소실될 위험이 있었다. (3) 전투가 끝나자 양쪽은 보초를 세우고 조용히 밤을 보냈다. 민중파가 승리하자 코린토스 함선은 몰래 항구를 빠져나갔고, 용병 대부분은 몰래 본토로 돌아갔다.

75 (1) 이튿날 아테나이 장군 디에이트레페스의 아들 니코스트라토스가 함선 12척과 멧세니아의 중무장보병 3백 명을 이끌고 나우팍토스에서 도우러 왔다. 그는 화해시키려고 노력했고, 두 정파가 이번 사태의 주동자(그들은 달아나고 없었다)를 10명씩 재판에 회부하기로 합의하고, 나머지는 조약을 맺고 함께 살며 아테나이와 공수동맹을 맺도록 설득했다. (2) 그렇게 한 뒤 그는 출항할 준비를 했다. 그러나 민중파 지도자들이 반대파가 말썽을 일으키는 것을 제지할 수 있도록 그가 이끌고 온 함선 가운데 5척을 남겨두고 가라고 설득하며, 대신 자신들의 함선 5척에 케르퀴라인 선원을 태워 그와 함께 보내겠다고 했다. (3) 니코스트라토스가

찬성하자, 민중파 지도자들은 정적들의 이름을 선원 명단에 올렸다. 그러자 이들은 아테나이로 보내질까 두려워 디오스쿠로이들[16]의 신전에 탄원자로 앉았다.

(4) 니코스트라토스가 안심시키며 신전을 떠나도록 설득했지만 그들은 말을 듣지 않았다. 그러자 민중파는 니코스트라토스를 불신하고 함께 출항하기를 거부하는 것은 불순한 생각을 품고 있다는 증거라며 그것을 핑계 삼아 무장을 하고는 그들의 집에서 무구를 탈취했는데, 니코스트라토스가 막지 않았더라면 그들 중 자신들과 마주친 몇 명을 죽였을 것이다.

(5) 나머지 소수파는 무슨 일이 벌어지고 있는지 보고는 헤라 신전으로 가서 탄원자로 앉았는데, 그 수가 자그마치 4백 명이나 되었다. 그러자 민중파는 그들이 또 폭동을 일으킬까 두려워 신전을 떠나도록 설득한 다음 신전 앞에 있는 섬으로 건네주고, 그곳으로 생필품을 보내주었다.

76 내란이 이런 국면으로 접어들었을 때, 소수파가 섬으로 옮겨진 지 나흘째 아니면 닷새째 되는 날, 펠로폰네소스 함대가 이오니아 지방에서 돌아온 뒤 정박하고 있던 퀼레네 항에서 도착했다. 함대는 35척의 함선으로 구성되어 있었는데, 지휘는 여전히 알키다스가 맡고, 브라시다스는 조언자로서 동행했다. 이들 함선은 본토 쪽의 쉬보타 항에 정박했다가 날이 새자 케르퀴라로 출발했다.

77 (1) 내란으로 신경이 날카로워진 데다 이렇게 적의 함대까지 공격해오자 겁이 난 민중파는 큰 혼란에 빠졌다. 그래서 아테나이인들이 먼저 자기들을 내보내고 나중에 함선을 총동원하여 일시에 지원하러 나오라고 조

---

16 디오스쿠로이들(Dioskouroi '제우스의 아들들')은 백조로 변신한 제우스와 스파르테 왕비 레다(Leda) 사이에서 태어난 쌍둥이 아들 카스토르(Kastor)와 폴뤼데우케스(Polydeukes)를 말한다. 이들은 죽은 뒤 신격화되었다.

언했는데도, 그들은 함선 60척을 준비하여 선원이 타는 대로 곧장 적선을 향해 차례차례 내보냈다. (2) 케르퀴라인들의 함선이 이렇게 한 척씩 적 함대에 다가가고 있을 때 두 척은 곧장 탈주하고 다른 함선에서도 선원이 저들끼리 싸우니, 매사에 질서라고는 없었다. (3) 펠로폰네소스인들은 그들이 혼란에 빠진 것을 보자 함선 20척으로는 케르퀴라인들을 맞고, 나머지 함선으로는 살라미니아호와 파랄로스호가 포함된 아테나이 함선 12척을 맞도록 전열을 갖추었다.

78　(1) 케르퀴라인들은 작은 단위로 나뉘어 효과적인 공격을 하지 못한 까닭에 자신들이 싸우던 곳에서 곧 어려움에 맞닥뜨렸다. 아테나이인들은 적군의 수가 많아 포위되지 않을까 두려워 총공격을 개시하거나 자신들과 대치한 적군의 중앙부를 공격하지 않고, 날개 쪽을 공격하여 적선 한 척을 침몰시켰다. 그 뒤 펠로폰네소스 함선이 둥글게 포진하자 아테나이 함선이 그들 사이에 혼란을 야기하려고 그들 주위를 돌았다.

(2) 그것을 보자 나우팍토스에서 일어난 일이 되풀이될까 두려워, 케르퀴라인들과 맞서던 다른 펠로폰네소스인들이 도우러 왔다. 그래서 펠로폰네소스인들이 모두 힘을 모아 아테나이인들을 집중 공격하자 아테나이인들은 후진하며 그들 앞에서 후퇴하기 시작했다. (3) 아테나이인들이 그렇게 한 것은 천천히 후퇴하며 전열을 갖춘 적군을 자기들 쪽으로 유인하는 사이, 케르퀴라 함선이 자기들 앞에서 도주할 충분한 기회를 주려는 것이기도 했다.

(4) 해전은 그렇게 진행되었고, 해 질 무렵에야 끝났다.

79　(1) 케르퀴라인들은 적군이 승리한 여세를 몰아 배를 타고 도시로 몰려오거나, 섬에 옮겨놓은 사람들을 빼내가거나, 그 밖의 적대 행위를 하지 않을까 두려웠다. 그래서 그들은 사람들을 섬에서 헤라 신전으로 옮기고 도시에 수비대를 배치했다. (2) 그러나 펠로폰네소스인들은 해전에서

승리했으면서도 배를 타고 가서 도시를 공격하는 모험을 하지 않고, 나포한 케르퀴라 함선 13척을 이끌고 자신들이 출발한 본토의 기지로 돌아갔다. 이튿날에도 그들은 배를 타고 도시를 공격하러 가지 않았다. 케르퀴라인들이 대혼란에 빠져 공황 상태에 있었고, 전하는 말에 따르면, 브라시다스가 알키다스에게 그렇게 하도록 촉구했는데도 말이다. 그러나 브라시다스에게는 알키다스와 동등한 발언권이 없었다. 그래서 펠로폰네소스인들은 레우킴메 곶에 상륙하여 농토를 약탈하기 시작했다.

80 (1) 그사이 케르퀴라의 민중파는 적 함대가 공격해올까 두려워 도시를 구할 방도를 놓고 탄원자들 및 다른 사람들과 회담했으며, 그중 일부는 선원이 되도록 설득했다. 그리하여 적 함대의 공격에 대비해 30척의 함선에 선원을 태우는 데 성공했다. (2) 펠로폰네소스인들은 한낮이 될 때까지 농토를 약탈한 뒤 배를 타고 돌아갔다. 밤이 되자 그들은 아테나이 함선 60척이 레우카스 쪽에서 접근한다는 횃불 신호를 받았다. 투클레스의 아들 에우뤼메돈이 지휘하는 이 함대는 케르퀴라에 내란이 일어나 알키다스의 함대가 케르퀴라로 출항하려 한다는 말을 듣고 아테나이인들이 보낸 것이었다.

81 (1) 그래서 펠로폰네소스인들은 그날 밤으로 바닷가를 따라 허둥지둥 귀로에 올랐다. 그들은 섬을 돌다가 아테나이인들 눈에 띄는 일이 없도록 레우카스 지협을 가로질러 육로로 함선을 운반한 다음 도주했다. (2) 앗티케 함대가 다가오고 있으며, 적 함대가 물러갔다는 사실을 알게 되자 케르퀴라인들은 여태껏 성벽 밖에 머물던 멧세니아인 부대를 시내로 불러들이고, 자신들이 선원을 태운 함선들에 명하여 섬을 돌아 휠라이코스 항으로 들어오게 했다. 그러는 도중에도 눈에 띄는 적은 모조리 잡아 죽였다. 그리고 함대가 입항하자 그들은 선원이 되라고 자신들이 설득한 자들을 배에서 끌어내 죽였다. 이튿날 그들은 헤라 신전으로 가서 약 50

명의 탄원자에게 재판을 받도록 설득하더니 모두에게 사형을 선고했다. (3) 재판받기를 거부한 탄원자는 무슨 일이 일어나고 있는지 보자 대부분 그곳 신전 안에서 서로 죽였다. 더러는 나무에 목매달아 자살하고, 더러는 다른 방법으로 목숨을 끊었다.

(4) 에우뤼메돈이 60척의 함선을 이끌고 도착해 이레를 머무르는 사이 케르퀴라인들은 자신들이 적으로 간주한 시민들을 계속 학살했다. 희생자들에게는 민주정부를 전복하려 했다는 죄명이 씌워졌다. 그러나 더러는 개인적인 원한 때문에 죽었고, 더러는 빚을 준 까닭에 채무자의 손에 죽기도 했다. (5) 죽음은 온갖 모습으로 다가왔고, 그러한 상황에서 있을 법한 모든 일이, 아니 더 끔찍한 일들이 일어났다. 아버지가 아들을 죽이기도 했고, 신전에서 끌려나와 신전 옆에서 살해되는 사람들도 있었다. 디오뉘소스 신전에 감금되어 그 안에서 죽는 자들도 더러 있었다.

82 (1) 이번 내란은 그처럼 잔혹한 양상을 띠었고, 처음 발생한 내란인 만큼 충격적이었다. 실제로 나중에는 헬라스 세계 전체가 동란에 휘말려들었다고 할 수 있다. 나라마다 서로 경쟁관계인 정파가 있어서, 민중파 지도자들은 아테나이인들을, 소수파는 라케다이몬인들을 불러들였기 때문이다. 평화 시 같으면 불러들일 핑계도 생각도 없었겠지만, 각 정파가 반대파에게 피해를 주면서 자신에게 유리한 동맹을 맺을 수 있는 전시에는 변혁을 꾀하는 자들이 외부에서 원군을 불러들이는 것은 자연스러운 일이 되었다.

(2) 이런 내란은 헬라스의 도시들에 크나큰 고통을 안겨주었는데, 이런 고통은 사람의 본성이 변하지 않는 한 잔혹함에서 정도의 차이가 있고, 주어진 여건에 따라 양상이 달라져도 되풀이되고 있으며 언제나 되풀이될 것이다. 번영을 누리는 평화 시에는 도시든 개인이든 원하지 않는데 어려움을 당하도록 강요받는 일이 없으므로 더 높은 도덕적 수준을 유지

한다. 그러나 일상의 필요가 충족될 수 없는 전쟁은 난폭한 교사(敎師)이며, 사람의 마음을 대체로 그들이 처한 환경과 같은 수준으로 떨어뜨린다. (3) 그리하여 도시들에 잇달아 내란이 발생했다. 나중에 내란이 발생한 도시들은 먼저 내란이 발생한 도시에서 일어난 사건에 관해 듣고는 권력을 장악하는 치밀한 방법과 전대미문의 잔혹한 보복행위라는 점에서 이전과는 달리 극단으로 흘렀다.

(4) 사람들은 행위를 평가하는 데 통상적으로 쓰던 말의 뜻을 임의로 바꾸었다. 그래서 만용은 충성심으로 간주되고, 신중함은 비겁한 자의 핑계가 되었다. 절제는 남자답지 못함의 다른 말이 되고, 문제를 포괄적으로 이해하는 것은 무엇 하나 실행할 능력이 없음을 뜻하게 되었다. 충동적인 열의는 남자다움의 징표가 되고, 등 뒤에서 적에게 음모를 꾸미는 것은 정당방위가 되었다.

(5) 과격파는 언제나 신뢰받고, 그들을 반박하는 자는 의심을 받았다. 음모를 성공적으로 꾸미는 것은 영리하다는 증거이고, 음모를 미리 적발하는 것은 더 영리하다는 증거였다. 그러나 이 두 가지에 미리 대비한 자는 당을 전복하려 하며 반대파를 두려워한다는 말을 들었다. 한마디로, 해코지할 계획을 세우는 자를 선제공격하는 것도, 해코지할 의도가 전혀 없는 사람을 사주하는 것도 똑같이 칭찬받았다.

(6) 그리고 친족 사이가 동지 사이보다 유대가 덜 돈독했다. 동지들은 주저 없이 대담하게 행동할 준비가 되어 있었기 때문이다. 그런 종류의 연대는 기존 법의 테두리 안에서 맺어진 것이 아니라 이기심에서 기존 질서를 무시하고 맺어진 것이다. 그래서 당원들이 서로 신뢰감을 느낀 것은 그들이 종교 단체의 회원이어서가 아니라 서로 공범 관계에 있었기 때문이다.

(7) 반대파에서 훌륭한 제안을 해도 반대파가 더 우세할 경우 너그럽게

수용하기는커녕 그것이 실효성을 갖지 못하도록 온갖 대비책을 세우곤 했다. 보복하는 것이 당초에 피해를 입지 않는 것보다 더 중시되었다. 그리고 양쪽이 맹약을 맺었다면 그것은 당장의 어려움을 해결하기 위해 서로 맹세한 것이며, 어느 한쪽이 다른 곳에서 지원을 받지 않는 동안에만 효력이 있었다. 그러나 기회가 주어져 먼저 대담하게 그 기회를 잡은 쪽이 상대방의 약점을 발견하면 공개적인 전투보다는 배신을 통하여 복수하기를 더 좋아했는데, 우선은 자신의 안전을 위해서이고, 그다음은 속임수를 써서 이기면 영리하다는 평판을 상(賞)으로 받을 수 있기 때문이다. 사람들은 대개 착한 바보라고 불리기보다 못된 현자라고 불리기를 좋아하는데, 후자는 자랑스럽게 여기고 전자는 창피스럽게 여기기 때문이다.

(8) 이 모든 악의 근원은 탐욕과 야심에서 비롯된 권력욕이었으며, 일단 투쟁이 시작되면 이것이 광신 행위를 부추겼다. 여러 도시의 정파 지도자들은 한쪽에서는 대중의 정치적 평등을, 다른 쪽에서는 건전한 귀족정치를 내세우며 그럴듯한 정치 강령을 표방했다. 그러나 그들은 말로는 공공의 이익에 봉사한다면서도 사실 공공의 이익을 전리품으로 여겼다. 그들은 반대파보다 우위를 차지하기 위해 수단과 방법을 가리지 않고 경쟁하며 극단적인 잔혹 행위를 일삼았으며 정의나 국익을 무시하고 반대파보다 더 잔인하게 보복했다. 그들은 그때그때 자신이 속한 정파를 즐겁게 해주는 것만을 행동 기준으로 삼았으며, 당장의 야망을 충족시키기 위해서는 불법적인 투표로 유죄판결을 내리거나 폭력으로 권력을 탈취할 준비가 되어 있었다. 그리하여 어느 쪽도 종교적 경건함 같은 것은 존중하지 않았고, 수치스러운 행위를 미사여구로 정당화할 수 있는 자들은 명망이 높아졌다. 중립을 지키려던 시민들은 투쟁에 참가하기를 거절했기 때문이든, 그들만이 살아남게 될까 시새움을 샀기 때문이든, 극단으

로 흐르는 두 정파의 희생양이 되었다.

83 (1) 이처럼 내란 때문에 헬라스 세계 전체가 도덕적으로 타락했으며, 고상한 성품의 특징인 순박함은 조롱거리가 되어 자취를 감추었다. 세상은 이념적으로 적대하는 두 진영으로 나뉘었고, 두 진영이 서로 불신하는 것이 유행이 되었다. (2) 말은 믿을 것이 못 되었고, 맹세는 이런 사태를 끝낼 억지력이 없었다. 그래서 우위를 점한 모든 정파는 항구적인 안정은 바랄 수 없다는 결론을 내리고, 상대방을 믿느니 차라리 자신들이 공격당하지 않으려고 애썼다.

(3) 대개 지적 수준이 낮은 자들일수록 살아남을 가망이 더 많았다. 그들은 자신들에게 약점이 있고 상대방이 지적으로 우월하다는 것을 알고 있는 만큼, 자신들이 토론에서 지거나, 음모를 꾸미다가 약삭빠른 상대방에게 미리 들통 날까 두려워 대담하게 곧장 행동에 나서곤 했기 때문이다. (4) 반면 그들의 상대방은 일이 어떻게 진행될지 미리 내다볼 수 있다고 과신하다가, 그리고 정책을 통해 얻을 수 있는 곳에서는 행동에 나설 필요가 없다고 생각하다가 그만큼 준비를 소홀히 한 탓에 더 쉽게 제거되곤 했다.

84 [(1) 이런 종류의 불법행위는 분명 케르퀴라에서 처음으로 자행되었다. 그곳에서는 피지배자들이 이제야 벌 받게 된 폭력적이고 무절제한 지배자들에게 온갖 종류의 보복행위를 가했다. 특히 사정이 딱한 자들은 가난에서 구원받고 싶은 마음에 이웃의 재산을 손에 넣을 수 있기를 바라며 불공정한 판결을 내렸고, 어떤 자들은 피해자 못지않게 부유한 만큼 탐욕 때문이 아니라 걷잡을 수 없는 정념에 휩쓸려 야만적이고 무자비한 살육을 일삼았다.

(2) 도시가 위기에 놓인 이 시기에 일상생활이 혼란에 빠지고 법이 구속력을 잃자, 그러잖아도 법을 어기기를 좋아하는 인간 본성은 자신이 정

념을 억제할 수 없으며, 정의를 경멸하며, 무엇이든 더 우월한 것에 대항한다는 것을 거리낌 없이 보여주었다. 시기심이 파괴적인 영향을 주지 않았더라면, 사람들은 보복을 경건보다, 이익을 정의보다 더 높이 평가하지는 않았을 것이다. (3) 사람들은 자신이 어려움에 처하면 그런 일들에 관한 보편타당한 법에 따라 구원받기를 바라면서도, 자신이 남들에게 보복할 때는 자신도 언젠가 위험에 처해 그런 법의 보호가 필요할 때에 대비하여 기존 법이 효력을 유지하게 하는 대신 그런 법을 남 먼저 무시할 권리가 있다고 믿는다.]

85 (1) 이처럼 케르퀴라인들이 시내에서 유사 이래 처음으로 심한 증오심에 사로잡혀 파쟁을 벌이는 사이, 에우뤼메돈과 아테나이인들은 배를 타고 떠났다. (2) 그 뒤 망명한 케르퀴라인들(그들 중 약 5백 명이 망명했다)이 본토에 있는 요새들을 점령하고 섬과 마주 보는 케르퀴라 영토를 통제하더니 이곳을 거점 삼아 섬에 있는 케르퀴라인들을 계속 습격하여 큰 피해를 입히자, 도시에 심각한 기근이 들었다.

(3) 이들은 또 자신들의 복권에 관해 협상하도록 라케다이몬과 코린토스로 사절단을 파견했다. 그러나 협상이 실패하자, 그들은 나중에 함선들과 용병부대를 모은 뒤 모두 약 6백 명의 병력을 이끌고 섬으로 건너갔다. 그러고 나서 그들은 섬을 정복하지 못하면 아무런 희망도 없도록 타고 온 함선을 불태워버렸다. 그리고 이스토네 산으로 올라가 그곳에 요새를 쌓고는 시내에 있는 자들을 죽이고 농촌 지역을 장악하려 했다.

86 (1) 같은 해 여름이 끝나갈 무렵 아테나이인들은 멜라노포스의 아들 라케스와 에우필레토스의 아들 카로이아데스가 지휘하는 함선 20척을 시켈리아로 보냈다. (2) 쉬라쿠사이인들과 레온티노이인들 사이에 전쟁이 터졌기 때문이다. 카마리나를 제외한 도리에이스족 도시들은 모두 쉬라쿠사이인들의 동맹국이었다. 그들은 전쟁이 터진 뒤로 라케다이몬 동맹

의 일부로 간주되었지만 적극적으로 참전하지는 않았다. 한편 칼키스인들의 도시들과 카마리나는 레온티노이인들의 동맹국이었다. 이탈리아에서는 로크리스인들이 쉬라쿠사이인들 편이었고, 레기온인들은 친족 간인 레온티노이인들 편이었다.

(3) 레온티노이와 그 동맹국은 아테나이로 사람을 보내, 전통적인 동맹 관계와 자신들이 이오네스족 출신임을 내세우며 자신들이 쉬라쿠사이인들에 의해 육로와 바닷길이 모두 봉쇄된 만큼 함대를 파견해주도록 아테나이인들을 설득하게 했다. (4) 그래서 아테나이인들이 함대를 파견했는데, 자신들이 레온티노이인들과 친족 간이라는 명분을 내세웠지만, 사실 그 방면에서 펠로폰네소스로 식량이 유입되는 것을 막고, 시켈리아를 자신들의 통제 아래 두는 것이 가능한지 미리 떠보기 위한 것이었다. (5) 그래서 아테나이인들은 이탈리아의 레기온에 기지를 건설하고 동맹국들과 더불어 전쟁을 수행하기 시작했다. 그해 여름은 그렇게 지나갔다.

87 (1) 겨울이 되자 역병이 두 번째로 아테나이인들을 덮쳤다. 역병이 완전히 소멸되지는 않았다 해도 꽤 기세가 꺾였던 것은 사실이기에 하는 말이다. (2) 두 번째 내습은 1년 이상 지속되었는데, 첫 번째 내습이 2년이나 지속된 뒤였다. 이 역병만큼 아테나이인들의 사기를 저하시키고 전력을 감소시킨 것은 아무것도 없었다. (3) 현역으로 복무 중이던 중무장보병 4천4백 명과 기병 3백 명 이상이 죽었고, 일반 민중은 얼마나 죽었는지 그 수를 알 수 없었다. (4) 그때는 또 아테나이와 에우보이아 섬과 보이오티아 지방에 지진이 자주 일어났는데, 특히 보이오티아의 오르코메노스 시에 자주 일어났다.

88 (1) 같은 해 겨울 시켈리아의 아테나이인들과 레기온인들이 함선 30척을 이끌고 이른바 아이올로스 섬들을 공격하러 나섰는데, 이 섬들은 여름에는 식수가 부족해 공격할 수 없었기 때문이다. (2) 그 섬들에는 크니도스

시에서 이주해온 리파라이오이족이 살았는데, 그들은 그중에서 리파라라는 그리 크지 않은 섬에 살고 있다. 그리고 그들은 그곳에서 디뒤메, 스트롱귈레, 히에라 같은 다른 섬으로 건너가 농사를 짓는다. (3) 그곳 주민은 히에라 섬에 헤파이스토스의 대장간이 있다고 믿는데, 밤에는 거대한 불길이, 낮에는 연기가 솟아오르는 광경이 보이기 때문이라는 것이다. 이 섬들은 시켈로이족[17]과 멧세네인들의 영토 앞바다에 자리 잡고 있으며 쉬라쿠사이의 동맹국이었다. (4) 아테나이인들은 그들의 영토를 약탈한 뒤 주민이 자기편이 되기를 거부하자 레기온으로 회항했다. 그해 겨울은 그렇게 지나갔고, 투퀴디데스가 기록한 이 전쟁의 다섯 번째 해도 그렇게 저물었다.

89 (1) 이듬해 여름 펠로폰네소스인들과 그들의 동맹군은 라케다이몬인들의 왕 아르키다모스의 아들 아기스의 지휘 아래 앗티케 지방에 침입할 의도로 지협까지 나아갔다. 그러나 그곳에 지진이 여러 차례 발생하자 침입하지 않고 돌아섰다.

(2) 그 시기에는 지진이 빈발했는데, 에우보이아 섬의 오로비아이 시에서는 바닷물이 당시 해안선에서 물러났다가 다시 부풀어오르며 도시 한쪽을 덮쳤다. 바닷물이 빠진 지역도 있지만 일부 지역은 물에 잠겼다. 그래서 전에 육지였던 곳이 지금은 바다가 되었다. 주민 가운데 제때에 높은 곳으로 뛰어 달아날 수 없었던 자들은 모두 죽었다. (3) 로크리스 지방의 오푸스 시 앞바다에 있는 아탈란테 섬에서도 비슷한 종류의 해일이 발생하여 그곳에 있던 아테나이 요새의 일부를 쓸어가고 그곳 바닷가에 끌어올려둔 함선 두 척 가운데 한 척을 부숴버렸다. (4) 페파레토스 섬에서도 바닷물이 해안에서 얼마쯤 물러났지만 해일로 이어지지는 않았다. 그리고 지진이 성벽 일부와 시청과 건물 몇 채를 허물었다. (5) 이런 현상이 일어나는 것은 지진이 특히 심한 곳에서는 바닷물이 물러갔다가 더욱

세차게 도로 덮치면서 해일이 발생하기 때문인 듯하다. 지진이 일어나지 않는다면 그런 현상은 일어날 수 없다고 나는 생각한다.

90 (1) 같은 해 여름 시켈리아에서는 그때그때 상황에 따라 여러 가지 작전이 수행되었다. 시켈리아의 헬라스인 이주민들이 저들끼리 싸우는데 아테나이인들과 그들의 동맹군도 작전에 참가했다. 여기서 나는 아테나이 쪽 동맹군의 행동과 반(反)아테나이 쪽 동맹군의 행동 가운데 중요한 것만 기록해둘까 한다.

(2) 아테나이 장군 카로이아데스가 쉬라쿠사이인들과 싸우다가 전사하자, 라케스가 혼자 함대를 지휘했다. 그는 동맹군을 이끌고 멧세네 시에 속하는 뮐라이 항의 공략에 나섰다. 마침 멧세네인들의 두 부족으로 구성된 부대가 뮐라이를 지키고 있었는데, 이들은 아테나이인들이 함선에서 내려 상륙하기만을 기다리며 매복해 있었다. (3) 그러나 아테나이인들과 그들의 동맹군은 많은 인명 손실을 입히며 복병들을 물리치고 보루를 공격해, 성채를 넘기고 자기들과 함께 멧세네 공략에 나선다는 조건으로 항복할 것을 강요했다. (4) 그 뒤 아테나이인들과 그들의 동맹군이 다가오자 멧세네도 항복한 다음 아테나이인들에게 인질을 잡히고 그들이 요구하는 대로 안전을 보장해주었다.

91 (1) 같은 해 여름 아테나이인들은 알키스테네스의 아들 데모스테네스와 테오도로스의 아들 프로클레스가 지휘하는 함선 30척을 보내 펠로폰네소스 반도 해안을 따라 항해하게 했다. 아테나이인들은 또 함선 60척과 중무장보병 2천 명을 멜로스 섬에 파견했는데, 이들은 니케라토스의 아들 니키아스가 지휘했다. (2) 그들은 멜로스가 섬인데도 아테나이에 복종하거나 아테나이의 동맹국이 되기를 거절하자 자기편으로 끌어들이

---

17 시칠리아의 원주민.

고 싶었던 것이다. (3) 그러나 아테나이인들이 멜로스 영토를 약탈해도 멜로스인들이 여전히 항복하기를 거부하자, 아테나이 함대는 멜로스를 뒤로하고 그라이아 시의 영토에 있는 오로포스 시로 갔다. 아테나이인들은 밤에 그곳에 상륙하자마자 함대에서 중무장보병을 내보내 보이오티아 지방의 타나그라 시를 향하여 도보로 행군하게 했다. (4) 그리고 그들이 신호를 보내자 아테나이에서 파견된 아테나이인들이 칼리아스의 아들 힙포니코스와 투클레스의 아들 에우뤼메돈의 지휘 아래 그들과 합류하려고 전원 같은 장소를 향하여 행군했다.

(5) 그들은 타나그라에 진을 치고 그날은 타나그라의 영토를 약탈하다가 밤이 되자 그곳에 머물렀다. 이튿날 그들은 구원하러 온 약간의 테바이인들과 함께 출동한 타나그라인들과 싸워 이기고는 무구를 빼앗고 승전비를 세웠다. 그런 다음 더러는 아테나이로, 더러는 함대가 있는 곳으로 철수했다. (6) 니키아스는 60척의 함선을 이끌고 바다에 가까운 지역을 약탈하며 로크리스 지방의 해안을 따라 항해하다가 귀로에 올랐다.

92 (1) 그 무렵 라케다이몬인들은 트라키스 시 주변에 식민시 헤라클레이아를 건설했는데, 그 의도는 다음과 같다. (2) 멜리스 지역의 주민은 파랄리오이족, 이리에스족, 트라키스인들로 삼분(三分)된다. 이 가운데 트라키스인들이 이웃인 오이테인들과 싸우다가 큰 피해를 보자, 처음에는 아테나이인들의 보호를 받으려다 아테나이가 충분한 안전을 제공하지 못할 것 같아 테이사메노스를 사절로 뽑아 라케다이몬으로 보냈다. (3) 그러자 라케다이몬인들의 고향인 도리스의 주민도 오이테인들에게 큰 피해를 본 터라 함께 사절을 보내 똑같은 요구를 하게 했다.

(4) 그들의 호소를 듣고 라케다이몬인들은 이민단을 파견하기로 결정했다. 트라키스인들과 도리스인들을 돕고 싶기도 하고, 그곳에 도시를 건설하면 대(對)아테나이 전쟁에 도움이 될 것 같았기 때문이다. 그러면

그곳을 해군기지 삼아 가까운 거리에 있는 에우보이아로 함대를 보낼 수도 있고, 트라케 지방으로 여행하기도 편리했기 때문이다. 한마디로, 그들이 그곳에 도시를 건설하려고 열을 올릴 만한 이유는 한두 가지가 아니었다.

(5) 그들은 먼저 델포이의 신에게 물었는데, 신이 그렇게 하라고 하자 자신들의 백성과 페리오이코스들[18] 중에서 뽑고 이오네스족과 아카이아인들과 몇몇 다른 종족을 제외한 헬라스인들 가운데 지망자를 초청하여 이민단을 보냈다. 세 명의 라케다이몬인들이 식민지 창건자로서 그들을 이끌었는데, 레온, 알키다스, 다마곤이 그들이다. (6) 그리하여 그들이 지금 헤라클레이아라고 부르는 도시를 새로 창건하고 성벽을 두르니, 이 도시는 테르모퓔라이에서 40스타디온쯤 떨어지고, 바다에서 20스타디온 떨어져 있다. 그들은 조선소를 건설하기 시작했고, 방어하기 쉽도록 테르모퓔라이 쪽으로 고갯길에 바싹 붙여 성벽을 쌓았다.

93 (1) 이 도시가 창건되자 아테나이인들은 처음에는 이 도시가 분명 에우보이아 섬에 위협이 될 것 같아 겁이 났다. 이 도시에서 조금만 항해해가면 에우보이아의 케나이온 곶에 닿기 때문이다. 그러나 결과는 예상과는 달랐으니, 새 식민시가 아테나이인들에게 전혀 위협이 되지 않았기 때문이다.

(2) 그 이유는 이 지역 강자인 텟살리아인들이 자신들의 영토가 새 식민시의 위협을 받게 되자 변경에 그토록 강력한 이웃이 있는 것이 두려워 새 정착민에게 자꾸 피해를 주고 싸움을 걸어 결국은 약소국가로 만들어 버렸기 때문이다. (라케다이몬인들이 도시를 건설하자 안전한 도시가 되리라 믿고 너도나도 그곳으로 간 까닭에) 처음에는 새 정착민의 수가

---

18 1권 주 93 참조.

아주 많았는데도 그렇게 되고 말았다. 게다가 도시가 쇠퇴하고 인구가 감소한 데에는 라케다이몬에서 파견한 통치자들의 책임도 적지 않았다. 이들이 가혹하고 불공정하게 다스리자 주민 대부분이 겁이 나 달아났고, 그리하여 그들의 이웃나라들이 손쉽게 그들보다 우세해졌던 것이다.

94 (1) 같은 해 여름 아테나이인들이 멜로스 섬에 머물고 있는 사이 펠로폰 네소스 반도의 해안을 따라 항해하던 아테나이 함선 30척은 먼저 매복해 있다가 레우카스령(領) 엘로메논 시에 주둔해 있던 수비대원 몇 명을 죽이고, 이어서 대부대를 이끌고 가 레우카스 자체를 공격했다. 그들은 오이니아다이 시를 제외한 아카르나니아 지방 전역에서 징발해 보내준 부대와 자퀸토스인들과 케팔레니아인들과 케르퀴라에서 보내준 15척의 함선으로 전력이 증강되어 있었다.

(2) 레우카스인들은 지협 바깥쪽과 레우카스 시와 아폴론 신전이 있는 지협 안쪽[19]이 유린당하는 것을 보면서도 적군의 수가 압도적으로 많아 어쩌지 못했다. 아카르나니아인들은 아테나이 장군 데모스테네스에게 방벽을 쌓아 도시를 봉쇄하라고 권고했는데, 그렇게 하면 도시를 함락하여 자신들의 숙적을 제거하기가 용이하리라고 믿었던 것이다.

(3) 그러나 이때 데모스테네스는 이토록 많은 군사가 집결한 김에 이 기회를 이용해 아이톨리아인들을 공격하는 것이 좋겠다는 멧세니아인들의 권고를 받아들였다. 아이톨리아인들은 나우팍토스 항을 위협하는 존재인 만큼, 만약 그들을 정복하면 본토의 그 지역에 거주하는 모든 부족을 아테나이 편으로 만들기가 쉬울 것이라고 그들은 말했다. (4) 아이톨리아인들은 크고 호전적인 부족이지만 요새화하지 않은 마을에 여기저기 띄엄띄엄 흩어져 살고 경무장만 하고 있으므로 외부에서 원군이 도착하기 전에 그들을 정복하는 것은 어렵지 않다고 그들은 주장했다. (5) 멧세니아인들은 데모스테네스에게 먼저 아포도토이족을, 다음에는 오피

오네이스족을, 마지막으로 아이톨리아에서 가장 큰 부족으로 가장 알아듣기 힘든 방언을 사용하고 일설에 따르면 날고기를 먹는다는 에우뤼타네스족을 공격하도록 촉구하면서, 일단 이들 부족만 정복하고 나면 나머지 부족을 우군으로 끌어들이기는 쉬울 것이라고 했다.

95 (1) 데모스테네스는 이 건의를 받아들였는데, 멧세니아인들의 환심을 사기 위해서이기도 하지만, 특히 본토의 동맹군에 아이톨리아인들이 합류하면 자신이 아테나이의 증원부대 없이도 육로로 보이오티아를 공격할 수 있으리라고 생각했기 때문이다. 그는 오졸라이 로크리스 지방을 지나 도리스 지방의 퀴티니온 시로 갔다가 파르낫소스 산을 오른쪽에 끼고 포키스 지방으로 내려갈 참이었다. 포키스인들은 늘 아테나이에 우호적이었던 만큼 십중팔구 원정에 참가하겠지만, 만약 그러지 않으면 힘으로 강요할 작정이었다. 그리고 일단 포키스 지방에 들어서면 그곳은 보이오티아 지방과 국경을 맞대고 있다. 그래서 그는 아카르나니아인들의 의향에 반해 전군을 이끌고 레우카스를 떠나 솔리온 시까지 바닷가를 따라 항해했다.

(2) 그곳에서 그는 아카르나니아인들에게 자신의 계획을 설명했으나 그가 레우카스 봉쇄를 거부한 까닭에 그의 계획을 수락하지 않았다. 그래서 그는 케팔레니아인들, 멧세니아인들, 자퀸토스인들, 그의 함대에서 선원으로 복무하던 아테나이인 3백 명 등(케르퀴라에서 파견된 함선 15척은 이미 떠나고 없었다) 나머지 군대를 이끌고 아이톨리아 공략에 나섰다. (3) 데모스테네스는 로크리스 지방의 오이네온 항을 기지로 삼았는데, 아테나이의 동맹군인 이들 오졸라이 로크리스인들이 모든 병력을

---

19 여기서 '지협'이란 레우카스 해협을 말하며 '지협 바깥쪽'은 본토를, '지협 안쪽'은 레우카스 섬을 말한다.

이끌고 내륙으로 들어가 그곳에서 아테나이인들과 합류하게 되어 있었기 때문이다. 이들은 아이톨리아의 이웃에 살고 무구(武具)도 비슷한 데다 아이톨리아인들의 전투 방법과 그곳 지리에도 밝아 원정군에 큰 도움이 될 것으로 여겨졌다.

96 (1) 데모스테네스는 밤에 군대와 함께 네메아의 제우스의 성역에서 야영했다. 전하는 이야기에 따르면, 그곳은 시인 헤시오도스가 그곳에서 죽게 되어 있다는 신탁을 받은 뒤 지역 주민의 손에 죽은 장소라고 한다. 그리고 날이 새자 그는 아이톨리아로 나아갔다. (2) 행군 첫날에는 포티다니아 시를, 둘째 날에는 크로퀼레이온 시를, 셋째 날에는 소도시 테이키온을 함락했다. 그리고 그는 그곳에 머무르며 로크리스 지방의 에우팔리온 시로 전리품을 보냈다. 그는 오피오네이스족의 거주지까지 이렇게 원정을 계속하다가, 그들이 항복하기를 거부하면 나우팍토스 항으로 돌아갔다가 그들을 공격하러 재차 원정길에 오를 작정이었다.

(3) 아이톨리아인들은 이번 원정의 계획 단계부터 준비 상황을 알고 있던 터라 군대가 자신들의 나라로 진격해오자 나라를 지키기 위해 모두 떨쳐나섰다. 또한 그 영토가 멜리스 만에 이르는, 가장 멀리 떨어져 있는 오피오네이스족과 보미에스족과 칼리에스족도 지원에 나섰다.

97 (1) 그런데도 멧세니아인들은 여전히 데모스테네스에게 다음과 같은 취지의 건의를 계속했다. 말하자면 그들은 아이톨리아를 정복하기는 쉬운 일이라는 처음 주장을 되풀이하며, 되도록 신속히 마을로 출동하여 닥치는 대로 마을을 하나씩 함락하고 아이톨리아의 모든 주민이 집결하여 그에게 대항할 틈을 주지 말라는 것이었다. (2) 그러자 데모스테네스는 지금까지 별 탈이 없었기에 자신의 행운을 믿고 그들의 건의를 받아들였다. 그리고 그를 지원하러 오게 되어 있는 로크리스인들을 기다리지도 않고(그에게 가장 부족한 것은 경무장한 투창병이었다) 아이기티온 시

로 진격해가서 그곳을 무력으로 함락했다. 주민들은 달아나 바다에서 80스타디온쯤 떨어진 도시가 내려다보이는 언덕들에 자리 잡고 섰다.

(3) 이때 아이기티온을 구원하러 왔던 아이톨리아인들이 아테나이인들과 그들의 동맹군을 공격하기 시작했다. 그들은 언덕들에서 처음에는 이쪽에서 다음에는 저쪽에서 달려 내려오며 창을 던져댔는데, 아테나이군이 그들을 향해 진격하면 후퇴했다가 아테나이군이 후퇴하면 다시 공격했다. 추격과 후퇴가 되풀이되는 가운데 전투는 한동안 이런 양상으로 계속되었고, 추격할 때나 후퇴할 때나 아테나이인들이 더 불리했다.

98 (1) 그렇지만 화살이 남아 있어 궁수가 화살을 쏠 수 있는 동안은 아테나이인들도 버틸 만했다. 화살이 쏟아지자 경무장한 아이톨리아인들이 후퇴했기 때문이다. 그러나 궁수 대장이 전사한 뒤 궁수가 흩어지고, 장시간 똑같은 노고에 시달려 지칠 대로 지친 데다 아이톨리아인들이 창을 던져대며 계속해서 밀어붙이자 아테나이인들은 결국 돌아서서 달아났다. 더러는 지리에 어두워 출구 없는 협곡으로 들어섰다가 그곳에서 죽었다. 설상가상으로 그들의 길라잡이 노릇을 하던 멧세니아인 크로몬마저 죽었다.

(2) 경무장하고 빨리 달리는 아이톨리아인들이 달아나는 아테나이인들을 따라잡아 그들 중 상당수를 투창을 던져 죽였다. 그러나 대다수는 길을 잘못 들어 출구 없는 숲 속에 뛰어들었다가 아이톨리아인들이 그 주위에 불을 지르는 바람에 그 안에서 타 죽었다. (3) 아테나이군은 온갖 방법으로 도망치려 온갖 형태의 죽음을 맞았고, 구사일생으로 살아남은 자들은 바다 쪽으로 나가 자신들이 처음 출발한 로크리스 지방의 오이네온 항으로 도망쳤다.

(4) 많은 동맹군이 죽고 아테나이의 중무장보병도 120명쯤 죽었다. 모두 같은 또래인 이들은 수도 많았지만 이번 전투에서 전사한 아테나이인들

중 최고 전사들이었다. 데모스테네스의 동료 장군인 프로클레스도 전사했다. (5) 아테나이인들은 휴전조약을 맺고 아이톨리아인들한테서 전사자들의 시신을 인수한 뒤 나우팍토스로 철수했다가 나중에 배를 타고 아테나이로 돌아갔다. 그러나 데모스테네스는 이번 사건에 대한 아테나이인들의 반응이 두려워 나우팍토스와 그 주변 지역에 머물렀다.

99 그 무렵 시켈리아에 가 있던 아테나이인들은 로크리스[20]의 영토로 배를 타고 가서 상륙하다가 대항하러 나온 로크리스인들을 패퇴시키고 알렉스 강변의 요새를 점령했다.

100 (1) 같은 해 여름 아이톨리아인들은 아테나이의 침공이 있기 전 오피오네이스족 톨로포스, 에우뤼타네스족 보리아데스, 아포도토이족 테이산드로스를 코린토스와 라케다이몬에 사절단으로 보내 아테나이인들을 불러들이려는 나우팍토스를 공격할 군대를 보내달라고 요청한 바 있었다. (2) 그들의 요청이 받아들여져 늦가을에 라케다이몬인들이 자신들의 동맹국들에서 중무장보병 3천 명을 내보냈는데, 거기에는 당시 새로 건설된 트라키스 지역의 헤라클레이아 시에서 온 5백 명도 포함되어 있었다. 이 군대는 스파르테인 에우륄로코스가 지휘했고, 역시 스파르테인들인 마카리오스와 메네다이오스가 그와 함께했다.

101 (1) 군대가 델포이에 집결하자 에우륄로코스는 그곳에서 오졸라이 로크리스인들에게 전령을 보냈다. 나우팍토스로 가는 길이 그들의 나라를 경유하기도 했지만, 그들이 아테나이와의 동맹을 이탈하기를 바랐기 때문이다. (2) 로크리스인들 중에서는 암핏사인들이 가장 협조적이었는데, 그렇게 하지 않다가는 라케다이몬의 동맹군인 포키스인들의 미움을 살까 두려웠기 때문이다. 그래서 군대가 다가오자 그들이 맨 먼저 인질을 잡히고, 로크리스 지방의 다른 도시들도 그렇게 하도록 설득했다. 먼저 그들의 이웃으로 로크리스 지방으로 침입하기 가장 어려운 고갯길이 있

는 뮈오니아 지역 주민이 그렇게 했고, 이어서 이프네아, 멧사피아, 트리타이아 시, 칼라이온 항, 톨로폰 시, 헷소스, 오이안테이아 시의 주민이 그 뒤를 따랐다. 이들 모두 원정에 참가했다. 올파이오이족은 인질은 잡히고 원정에는 참가하지 않았다. 그러나 휘아이오이족은 폴리스라는 그들의 마을이 함락된 후에야 인질을 잡혔다.

102 (1) 모든 준비가 완료되자 에우뤼로코스는 인질들을 도리스 지방의 퀴티니온 시에 맡긴 다음 군대를 이끌고 로크리스 지방을 거쳐 나우팍토스로 향했다. 행군 도중 그는 그 지방의 오이네온과 에우팔리온을 함락했는데, 이 도시들이 항복을 거부했기 때문이다. (2) 일단 나우팍토스 영토에 도착해서 아이톨리아인들의 증원부대와 합류한 후 그들은 농토를 약탈하고 성벽을 두르지 않은 도시 외곽 지대를 함락했다. 그들은 아테나이에 예속된 코린토스인들의 식민시 몰뤼크레이온으로 가서 그곳도 함락했다.

(3) 아이톨리아에서 참패한 뒤 아직도 나우팍토스 주위에 머물고 있던 아테나이인 데모스테네스는 적군이 다가온다는 것을 미리 알고 나우팍토스의 안전이 염려되어 아카르나니아인들을 찾아가 나우팍토스에 원군을 보내달라고 설득했다. 그가 레우카스에서 철수한 까닭에 그것은 물론 쉽지 않은 일이었다. (4) 그러나 그들은 그와 함께 1천 명의 중무장보병을 그의 함선에 태워 보냈고, 일단 나우팍토스에 들어간 이들은 그곳을 안전하게 지켰다. 그들이 도착하지 않았더라면 성벽은 긴데 지킬 사람은 적어서 도시가 버텨내지 못할 위험이 있었기 때문이다.

(5) 에우뤼로코스와 그의 동맹군은 이들 부대가 나우팍토스에 들어갔으니 도시를 무력으로 함락하기는 불가능하다고 보고 철군했다. 그러나 그

---

20 남이탈리아에 있던 에피제퓌리오이(Epizephyrioi) 로크리스를 말한다. 1권 주 7 참조.

들은 펠로폰네소스 반도가 아니라 지금은 아이올리스 지역이라고 부르는, 칼뤼돈 시와 플레우론 시와 그 주변 지역과 아이톨리아의 프로스키온 시로 철군했다. (6) 그 이유는 암프라키아인들이 찾아와 자기들과 함께 암필로키아의 아르고스와 암필로키아의 나머지 지역과 아카르나니아를 공격하자고 설득하며, 일단 이 지역이 제압되면 본토의 나머지 지역도 모두 라케다이몬의 동맹국이 되리라고 했기 때문이다. (7) 에우륄로코스는 이 건의를 받아들여, 아이톨리아인들을 돌려보내고 암프라키아인들이 아르고스로 진격하며 그의 도움을 요청하기를 기다리면서 그 지역에 나머지 군대와 함께 조용히 머물렀다. 그렇게 그해 여름은 지나갔다.

103 (1) 겨울이 되자 시켈리아에 가 있는 아테나이인들은 시켈로이족의 도시 이넷사를 공격했는데 그곳의 아크로폴리스에는 쉬라쿠사이인 수비대가 주둔하고 있었다. 이때 헬라스의 동맹군과 쉬라쿠사이인들의 학정에 반기를 들고 이제는 아테나이 편이 된 시켈로이족이 그들과 합류했다. 그러나 그들은 그곳을 함락하지 못하고 철수했다.

(2) 그들이 철군할 때 성채에서 출동한 쉬라쿠사이인들이 후미에 있던 아테나이인들의 동맹군을 공격해 부대의 일부는 도망가게 만들고 상당수를 죽였다. (3) 그 뒤 라케스와 아테나이인들이 함선에서 몇 차례 로크리스 지방에 상륙하여, 자신들에게 대항하러 온 카파톤의 아들 프록세노스 휘하의 3백 명쯤 되는 로크리스인 부대를 카이키노스 강변에서 무찌른 다음 무구를 빼앗고 철군했다.

104 (1) 같은 해 겨울 아테나이인들이 어떤 신탁에 따라 델로스 섬을 정화했다. 전에 아테나이의 참주 페이시스트라토스도 섬을 정화한 적이 있지만, 그때는 섬 전체가 아니라 신전에서 눈에 보이는 범위까지만 정화했다. 그러나 이번에는 섬 전체를 다음과 같이 정화했다.

(2) 아테나이인들은 델로스에서 죽은 사람들의 무덤을 모두 없애고, 앞으로는 어느 누구도 이 섬에서 죽어서도 태어나서도 안 되며, 죽거나 태어나려고 하는 사람은 레네이아 섬으로 옮겨야 한다고 포고했다. 레네이아는 델로스에서 조금밖에 떨어져 있지 않아, 한동안 제해권을 장악하고 다른 섬들을 다스리던 사모스의 참주 폴뤼크라테스가 레네이아를 정복한 다음 쇠사슬로 델로스와 연결시켜 델로스의 아폴론에게 봉헌한 적이 있었다. 정화 의식을 끝낸 뒤 아테나이인들은 처음으로 4년 주기의 델로스 축제를 개최했다.

(3) 옛날에도 델로스에는 이오네스족과 인근 섬 주민이 많이 모여들곤 했다. 이오네스족은 마치 오늘날 에페소스 축제를 찾듯 처자를 데리고 델로스의 축제를 찾아가 육상 경기와 음악 경연을 했고, 도시들은 저마다 합창가무단을 데려왔다. (4) 이 축제의 성격은 「아폴론 찬가」에서 따온 호메로스의 다음과 같은 시구를 보면 가장 분명히 알 수 있다.

그러나 포이보스[21] 이시여, 델로스에서 그대는 마음이 가장 흐뭇하시니,
그곳에서는 긴 옷을 입는 이오네스족이 함께 모여
처자를 거느리고 그대의 신성한 거리를 거니나이다.
그곳에서 그들은 권투와 춤과 노래로 그대를 즐겁게 해드리며,
경연을 개최할 때마다 언제나 그대를 기억하나이다.

(5) 또한 그곳에는 음악 경연도 있어 이오네스족이 거기에 참가하려고 그곳에 갔다는 것도 호메로스는 다음 시구에서 분명히 하고 있다. 델로스의 여자 합창가무단을 칭찬한 뒤 그는 자신에 관해서도 언급하는 다음

---

21 아폴론의 별명 가운데 하나. 1권 주 112 참조.

시구로 찬사를 끝맺고 있다.

자, 소녀들이여, 부디 잘 있으시오. 아폴론과 아르테미스께서도
그대들에게 호감을 가지시기를! 그리고 지상의 인간 가운데
누군가 다른 사람이 훗날 불운에 지쳐
이곳을 찾아와 묻거든 그대들은 나를 기억하시오.
"소녀들이여, 여기에 와서 그대들이 보기에 가장 감미로운 노래로
그대들을 즐겁게 해주었다고 생각되는 가인(歌人)은 대체 뉘시오?"
그러면 그대들은 모두 내 이름은 거명하지 말고 에둘러 말하시오.
"그는 장님으로 바위투성이인 키오스 섬에 살고 있지요."

(6) 이렇듯 호메로스는 옛날에도 델로스에는 사람들이 많이 모여 축제를
개최했음을 입증해주고 있다. 훗날 섬 주민들과 아테나이인들은 여전히
합창가무단과 제물을 보내기는 했으나, 아마 사정이 어려워져 경연을 포
함한 대부분의 행사를 중단했다. 그러나 이번에 아테나이인들이 경기를
부활시키면서 전에는 없던 경마를 추가했다.

105 (1) 같은 해 겨울 암프라키아인들이 군대와 함께 남아 있도록 에우륄로
코스를 설득할 때 약속한 대로 중무장보병 3천 명을 이끌고 암필로키아
의 아르고스로 진격했다. 그들은 아르고스 영토에 침입해 바닷가 언덕에
있는 요새인 올파이를 함락했는데, 이곳은 전에 아카르나니아인들이 성
벽을 둘러 암필로키아인들과 함께 공동 재판소로 사용하던 곳이다. 이곳
은 해안선을 따라 아르고스 시에서 25스타디온쯤 떨어져 있다.
(2) 아카르나니아인들 중 일부는 아르고스를 구원하러 가고 다른 일부는
크레나이²²라는 암필로키아의 한 지역에 진을 쳤는데, 에우륄로코스 휘
하의 펠로폰네소스인들이 몰래 통과해 암프라키아인들과 합류하지 못

하도록 지키기 위해서였다. (3) 그들은 아이톨리아 원정을 지휘하던 아테나이 장군 데모스테네스에게도 사람을 보내 자기들을 지휘해달라고 요청했다. 그들은 또 티모크라테스의 아들 아리스토텔레스와 안티므네스토스의 아들 히에로폰의 지휘 아래 펠로폰네소스 반도 해안을 따라 항해 중이던 20척의 아테나이 함선에도 사람을 보냈다. (4) 한편 올파이의 암프라키아인들도 자신들의 도시로 사자를 보내 전군을 이끌고 나와 자기들을 도와달라고 요청했다. 그들은 에우륄로코스 휘하의 군대가 아카르나니아인들 옆을 통과하지 못해 자기들만이 전투를 하지 않을까, 또는 철수하려 해도 위험하지 않을까 두려웠기 때문이다.

106 (1) 에우륄로코스 휘하의 펠로폰네소스인들은 암프라키아인들이 올파이에 도착했다는 것을 알자 급히 프로스키온을 출발해 그들을 도우러 갔다. 그들은 아켈로오스 강을 건넌 다음 아르고스를 도우러 가고 아카르나니아에 주민이 없는 것을 보고는 스트라토스 시와 그 수비대를 오른쪽에, 아카르나니아의 다른 지역을 왼쪽에 끼고 그곳을 통과했다.

(2) 그리고 그들은 스트라토스의 영토를 통과한 다음 퓌티아 지역과 메데온 시의 변방과 림나이아 마을을 지나갔다. 여기서 그들은 아카르나니아를 뒤로하고 그들에게 우호적인 아그라이오이족의 나라로 들어갔다. 아그라이오이족의 영토에 있는 튀아모스 산에 이르자 그곳을 통과한 다음 어두워진 뒤 아르고스의 영토로 내려갔다. 그러고 나서 그들은 아르고스 시와 크레나이에서 망보고 있던 아카르나니아인들 사이를 들키지 않고 통과해 올파이의 암프라키아인들과 합류했다.

107 (1) 합류한 두 부대는 날이 새자 메트로폴리스라는 곳에 자리 잡고 진을 쳤다. 그 뒤 곧 아테나이인들이 아르고스를 지원하기 위해 함선 20척을

---

22 크레나이(Krenai)는 '샘들'이라는 뜻이다.

이끌고 암프라키아 만에 도착했다. 데모스테네스도 멧세니아의 중무장 보병 2백 명과 아테나이의 궁수 60명을 이끌고 도착했다. (2) 함선들은 올파이 앞바다에 정박한 채 바다에서 언덕을 봉쇄했다. 암프라키아인들은 대부분의 암필로코스인들을 힘으로 막았지만, 아카르나니아인들과 아르고스에 도착한 소수의 암필로코스인들은 적군과 싸울 준비를 하며 데모스테네스를 동맹군 전체의 총사령관으로 선출하여 자신들의 장군들과 협력하게 했다.

(3) 데모스테네스는 그들을 인솔해 나가 올파이 근처, 협곡이 양군을 갈라놓는 곳에다 진을 쳤다. 닷새 동안 두 군대는 잠자코 있다가 엿새째 되는 날 전열을 갖추었다. 데모스테네스는 수적으로 우세한 펠로폰네소스군이 아군의 측면을 포위할까 두려워 중무장보병과 경무장보병을 합쳐 약 4백 명을 덤불이 우거진 움푹 패인 도로에 매복시켰다. 전투가 개시되면 매복처에서 일어나 아군 바깥으로 튀어나온 적의 전열을 배후에서 공격하기 위해서였다.

(4) 준비가 완료되자 두 군대는 근접전을 벌였다. 데모스테네스는 멧세니아인들과 소수의 아테나이인들과 함께 오른쪽 날개를 이루었고, 나머지 전열은 아카르나니아인들의 여러 부대와 전투에 참가한 암필로키아인 투창병으로 이루어져 있었다. 한편 펠로폰네소스인들과 암프라키아인들은 혼성부대를 이루고 있었다. 만티네이아인들만은 왼쪽 날개의 맨 끝은 아니지만 모두 왼쪽 날개 쪽에 머물렀는데, 멧세니아인들과 데모스테네스와 마주하는 왼쪽 날개의 맨 끝은 에우륄로코스와 그의 부대가 지키고 있었다.

108 (1) 근접전이 시작되어 왼쪽에 있던 펠로폰네소스인들이 적의 오른쪽 날개를 포위하며 에워싸기 시작했을 때 매복처에서 나온 아카르나니아인들이 배후에서 적을 공격해 패퇴시켰다. 그래서 펠로폰네소스인들의 왼

쪽 날개가 제대로 저항 한번 못해보고 겁에 질리자, 나머지 부대도 대부분 겁에 질려 도주했다. 최강 부대인 에우륄로코스 부대가 패퇴하는 모습을 보자 더욱 겁에 질렸던 것이다. 이번 성공은 대부분 데모스테네스와 함께 싸움터의 그쪽에 있던 멧세니아인들 덕분이었다.

(2) 한편 이 지방의 부족 가운데 가장 호전적인 암프라키아인들과 오른쪽 날개를 이루던 자들은 대항하던 적군 부대를 패퇴시키고 아르고스까지 추격했다. (3) 그러나 추격에서 돌아온 그들은 주력부대가 패퇴한 것을 보았고, 다른 아카르나니아인들이 공격해오자 간신히 올파이로 도주할 수 있었는데, 규율 없이 무질서하게 허둥지둥 철수하다가 많은 대원을 잃었다. 전군에서 만티네이아인들만이 철수할 때 전투 대형을 유지했다. 전투는 해 질 무렵에 끝났다.

109 (1) 에우륄로코스와 마카리오스가 죽자 메네다이오스가 지휘를 맡았다. 그는 크게 패한 뒤 어떻게 해야 할지 난감했다. 육로도 차단되고 바닷길도 앗티케 함대에 의해 차단된 터라 그곳에 머물러 있다가는 어떻게 포위 공격을 감당할 수 있을지 알지 못했고, 철수하다가는 무사히 벗어날 가망이 없었기 때문이다. 그래서 그는 이튿날 휴전조약을 맺고 철군도 하고 전사자들의 시신도 되찾으려고 데모스테네스와 아카르나니아 장군들에게 협상을 제안했다.

(2) 그들은 그에게 시신들을 돌려준 다음 승전비를 세우고 자신들의 전사자들의 시신을 되찾았는데, 그 수가 3백 명쯤 되었다. 그러나 그들은 전군이 철수할 수 있도록 공개적으로 휴전조약을 맺기를 거절했다. 대신 데모스테네스와 아카르나니아의 장군들은 만티네이아인들과 메네다이오스와 펠로폰네소스의 다른 지휘관들과 요인들이 재빨리 달아날 수 있도록 비밀 협정을 맺었다. 데모스테네스의 의도는 암프라키아인들과 용병 집단을 고립시키고, 무엇보다도 라케다이몬인들과 펠로폰네소스인

들이 이 지방의 헬라스인들 사이에서 자기 이익을 위해서라면 동맹군마저 배신하는 믿을 수 없는 자들이라는 악평을 듣게 하는 것이었다. (3) 그래서 그들은 전사자들의 시신을 되찾아 되도록 빨리 묻어주었고, 한편 가도 좋다는 허락을 받은 자들은 그곳을 출발할 비밀 계획을 세웠다.

110 (1) 한편 데모스테네스와 아카르나니아인들은 암프라키아의 전군이 올파이에서 보낸 첫 번째 사자의 요청에 따라 도시에서 나와 암필로키아를 지나 행군한다는 보고를 받았다. 그들의 의도는 올파이에 있는 부대와 합류하는 것이었는데, 그들은 무슨 일이 일어났는지 전혀 모르고 있었다. (2) 데모스테네스는 즉시 군대의 일부를 파견하여 도로에 매복하고 유리한 거점을 미리 점령하게 하고는, 그들을 공격하기 위해 나머지 군대를 이끌고 출동할 준비를 했다.

111 (1) 그사이 만티네이아인들과 협정에 포함된 다른 자들은 채소와 땔나무를 구하러 간다는 핑계를 대고 삼삼오오 몰래 군영에서 빠져나가 처음에는 구하러 간다고 한 물건을 구하러 다니다가 올파이에서 멀어지자 걸음을 재촉하기 시작했다. (2) 그러나 암프라키아인들과 다른 자들도 함께 밖으로 나갔다가 그들이 달아나는 것을 보자 그들을 따라잡으려고 달리기 시작했다.

(3) 아카르나니아인들은 처음에 그들이 협정을 위반하고 모두 달아나는 줄 알고 펠로폰네소스인들을 추격하기 시작했다. 그리고 펠로폰네소스의 장군 몇 명이 자기들은 휴전조약을 맺고 철수 중이라고 말하며 그들을 막으려 하자 아카르나니아인 한 명이 배신당한 줄 알고 그들에게 투창을 던졌다. 그러나 나중에 그들은 만티네이아인들과 펠로폰네소스인들은 가게 내버려두고 암프라키아인들을 도륙하기 시작했다. (4) 이때 누가 암프라키아인이고 누가 펠로폰네소스인인지 몰라 큰 혼란이 야기되었다. 그래서 죽은 사람의 수가 2백 명쯤 되었다. 나머지는 국경을 넘

어 아그라이오이족의 나라로 달아났는데, 그들은 친구인 아그라이오이족의 왕 살륀티오스가 받아주었다.

112 (1) 그사이 도시를 떠난 암프라키아인들은 이도메네 산에 도착했다. 이도메네는 두 개의 높은 언덕으로 이루어져 있는데, 그중 더 큰 언덕은 데모스테네스가 군영에서 내보낸 선발대가 밤에 몰래 먼저 점령한 다음 진을 쳤고, 작은 언덕은 암프라키아인들이 먼저 도착해 점령했다. (2) 데모스테네스는 저녁을 먹은 뒤 날이 어두워지기 시작하자 나머지 군대를 이끌고 출발했다. 그는 군대의 반을 이끌고 고갯길을 향해 나아갔고, 나머지 반은 암필로키아의 산악 지대를 통과했다.

(3) 날이 새자 그는 아직도 자고 있던 암프라키아인들을 급습했다. 그들은 무슨 일이 일어났는지 모르고, 공격자를 자신들의 동포인 줄 알았다. (4) 왜냐하면 데모스테네스가 의도적으로 멧세니아인들을 앞쪽에 배치하면서, 아직 캄캄해서 어차피 눈으로는 그들을 식별할 수 없는 보초들의 의심을 사지 않도록 도리에이스족의 방언으로 말하라고 지시해두었기 때문이다. (5) 그래서 데모스테네스가 암프라키아인들의 군대를 습격하자 그들은 돌아서서 달아났는데, 대부분은 그 자리에서 죽고 나머지는 산속으로 달아났다. 그러나 도로들은 벌써 점령되어 있었다.

(6) 암필로키아인들은 그곳이 자기들의 영토인지라 지리에 밝은 데다 경무장을 하고 있어 중무장한 적들에 견주면 유리했다. 반면 지리를 모르는 암프라키아인들은 어디로 향해야 할지 몰라 협곡이나 미리 쳐놓은 함정에 뛰어들다가 살해되었다. (7) 어떻게든 도망가려고 발버둥질치다가 몇 명은 그리 멀리 떨어져 있지 않은 바다로 향했다. 그리고 육지에서 전투가 벌어지는 동안 앗티케 함선이 바닷가를 따라 항해하고 있는 것을 보는 순간 겁에 질려, 기왕 죽을 바엔 야만족이고 철천지원수인 암필로키아인들 손에 죽느니 배를 탄 자들의 손에 죽는 편이 낫다고 생각하고

함선 쪽으로 헤엄쳐갔다. (8) 암프라키아인들에게 이렇게 재앙이 겹치자 살아서 도시로 돌아간 자는 다수 가운데 소수에 불과했다. 아카르나니아인들은 적군의 시신에서 무구를 벗기고 승전비를 세운 뒤 아르고스로 돌아갔다.

113 (1) 이튿날 올파이에서 아그라이오이족의 나라로 도망친 암프라키아인들에게서 전령 한 명이 이들 아카르나니아인을 찾아왔다. 그는 휴전조약의 보호를 받지 못하는데도 덩달아 만티네이아인들과 그 밖의 다른 자들과 함께 군영을 나섰다가 첫 번째 전투에서 전사한 자들의 시신을 되찾도록 허락해달라고 청했다. (2) 전령은 도시에서 온 암프라키아인들한테서 빼앗은 무구가 많은 것을 보고 놀라움을 금치 못했으니, 무슨 참사가 일어났는지 모르고 그 무구들이 자신이 속한 암프라키아인 부대의 것이라고 생각한 것이다.

(3) 이 전령이 이도메네에 있던 부대에서 온 줄 잘못 알고 누가 그에게 왜 놀라며, 얼마나 많이 죽었느냐고 물었다. "2백 명쯤"이라고 전령이 대답했다. "하지만 여기 이 무구들은 2백 명이 아니라 1천 명 이상의 무구 같은데요"라고 다른 사람이 대답했다. (4) "그렇다면 이것은 우리와 함께 싸운 자들의 무구가 아니오"라고 전령이 말했다. "그들의 무구가 분명하오. 당신들이 어제 이도메네에서 싸웠다면 말이오"라고 다른 사람이 말했다. "하지만 우리는 그제 후퇴하며 싸우기는 했으나 어제는 어느 누구와도 싸우지 않았소"라고 전령이 말했다. "아무튼 우리는 어제 분명 암프라키아 시에서 구원병으로 온 이들과 싸웠소"라고 다른 사람이 말했다. (5) 이 말은 들은 전령은 도시에서 오던 증원부대가 전멸했음을 알고 이런 엄청난 재앙에 압도된 나머지 비명을 지르며 맡은 바 임무를 완수하지도 않고, 시신들을 되찾게 해달라고 요구하지도 않고 지체 없이 돌아갔다. (6) 이것은 실제로 이번 전쟁 내내 하나의 헬라스 도시가 그렇게

며칠 사이에 당한 참사치고는 최대 규모였다. 내가 전사자 수를 기록하지 않은 까닭은, 죽었다는 사람의 수가 도시의 규모를 고려할 때 믿어지지 않기 때문이다. 그러나 내가 알기로, 만약 아카르나니아인들과 암필로키아인들이 아테나이인들과 데모스테네스의 조언에 따라 암프라키아를 점령하고자 마음만 먹었다면 저항 한번 받지 않고 점령할 수 있었을 것이다. 하지만 지금 그들은 아테나이인들이 암프라키아를 점령하면 옛 이웃보다 더 위협적인 새 이웃이 될까 두려웠다.

114 (1) 그 뒤 그들은 전리품의 3분의 1을 아테나이인들에게 주고 나머지는 그들의 도시끼리 나눠 가졌다. 아테나이인들의 몫은 항해 도중 빼앗기고, 지금 앗티케의 신전들에 봉헌되어 있는 것은 데모스테네스의 몫으로 따로 제쳐둔 중무장 무구 3백 벌인데, 그는 배를 타고 귀국하며 이것들을 갖고 돌아왔던 것이다. 그는 아이톨리아에서 참패했지만 이번에 성공한 덕분에 자신감을 안고 귀국할 수 있었다.

(2) 20척의 함선에 나눠 탄 아테나이인들도 나우팍토스로 돌아갔다. 데모스테네스와 아테나이인들이 떠난 뒤 아카르나이인들과 암필로키아인들은 살륀티오스와 아그라이오이족에게 피신해 있던 암프라키아인들과 펠로폰네소스인들과 휴전조약을 맺었다. 이들은 살륀티오스의 왕국에서 오이니아다이 시로 옮겨져 있었는데 이제는 그곳에서 무사히 철수하는 것이 허용되었다.

(3) 아카르나니아인들과 암필로키아인들은 암프라키아인들과 앞으로 1백 년간 유효한 협정과 맹약을 맺었다. 그 조건은 양쪽은 나라를 지킬 수 있도록 서로 도와주되, 암프라키아인들은 아카르나니아인들의 대(對)펠로폰네소스 전투에 참가하지 않으며, 아카르나니아인들은 암프라키아인들의 대(對)아테나이 전투에 참가하지 않는다는 것이었다. 그리고 암프라키아인들은 현재 점유하고 있는 암필로키아인들의 영토와 인질

들을 반환하고, 아카르나니아인들과 교전 중인 아낙토리온 시를 지원하지 않는다는 것이었다.

(4) 양쪽은 이런 조건에 합의하고 전쟁을 끝냈다. 그 뒤 코린토스인들은 에우뤼클레스의 아들 크세노클레이데스가 지휘하는 자신들의 중무장보병 3백 명으로 구성된 수비대를 암프라키아에 보냈는데, 이들은 육로를 이용해서 힘들게 그곳에 도착했다. 암프라키아 사건은 그렇게 마무리되었다.

115 (1) 시켈리아의 아테나이인들은 같은 해 겨울 히메라 시에 상륙했는데, 이 때 내륙에서 히메라 영토의 변방으로 침입한 시켈로이족의 지원을 받았다. 아테나이인들은 또 배를 타고 아이올로스의 섬들을 공격하러 갔다. (2) 그들이 레기온에 돌아와서 보니 아테나이 장군 이솔로코스의 아들 퓌토도로스가 라케스에게서 함대 지휘권을 넘겨받기 위해 그곳에 와 있었다. (3) 시켈리아의 동맹국들은 아테나이로 배를 타고 가서 자신들을 지원하기 위해 더 많은 함선을 보내달라고 아테나이인들을 설득했다. 그들의 말에 따르면, 쉬라쿠사이인들은 그들의 영토를 벌써 장악하고 있으며, 비록 소수의 함선에 의해 바닷길이 봉쇄되어 있긴 하지만 이런 사태를 끝내기 위해 함선을 모으고 있다는 것이었다.

(4) 그래서 아테나이인들은 이번 원정을 위해 40척의 함선에 선원을 태우기 시작했는데, 그렇게 하면 시켈리아에서 전쟁이 그만큼 더 일찍 끝나기도 하거니와 해군을 훈련시키는 좋은 기회가 되리라고 믿었기 때문이다. (5) 그리하여 그들은 장군 중 한 명인 퓌토도로스가 이끄는 소수의 함선을 보내고, 이어서 소스트라티데스의 아들 소포클레스와 투클레스의 아들 에우뤼메돈이 이끄는 주력함대를 보낼 작정이었다. (6) 한편 라케스한테서 함대 지휘권을 넘겨받은 퓌토도로스는 겨울이 끝나갈 무렵 함대를 이끌고 전에 라케스에게 함락된 로크리스의 요새를 공격하러 갔

지만 전투에서 로크리스인들에게 패해 철수했다.

116 (1) 전에도 그랬듯, 이듬해 초봄 아이트네 산에서 용암이 분출하여 시켈리아에서 가장 큰 산인 아이트네 산기슭에 사는 카타네인들의 영토 일부를 쑥대밭으로 만들었다. (2) 전하는 이야기에 따르면, 이번 분출은 지난번 분출 이후 50년 만에 처음이며, 헬라스인들이 시켈리아에 이주해온 뒤로 모두 세 번의 분출이 있었다고 한다. (3) 이상이 그해 겨울에 일어난 사건들이며, 투퀴디데스가 기록한 이 전쟁의 여섯 번째 해는 그렇게 저물었다.

IV

I (1) 여름이 되어 곡식이 패기 시작할 무렵, 쉬라쿠사이인들과 로크리스인들의 함선 각 10척이 시켈리아의 멧세네로 가서 그곳 주민의 요청에 따라 그곳을 점령했다. 멧세네는 그렇게 아테나이에 반기를 들었다. (2) 그들이 그렇게 행동한 주된 동기는 쉬라쿠사이인들의 경우, 그곳이 시켈리아의 관문인지라 훗날 아테나이인들이 그곳을 거점 삼아 더 많은 병력을 이끌고 공격해오지 않을까 두려웠기 때문이다. 로크리스인들의 경우, 레기온인들을 향한 적개심에서 육로와 바닷길로 공격하여 그들을 분쇄하고 싶었기 때문이다.

(3) 그와 동시에 로크리스인들은 전군을 이끌고 레기온의 영토를 침입했는데, 멧세네에 보내는 원군을 차단하기 위해서이기도 하고, 그들과 함께하는 레기온의 망명자들이 그들을 초청했기 때문이기도 했다. 레기온에서는 오랫동안 당파싸움이 벌어져, 지금 상태로는 레기온인들이 로크리스인들에게 저항하기가 불가능했고, 그래서 로크리스인들은 더욱 맹렬히 그들을 공격했다. 나라를 약탈한 뒤 로크리스 보병은 철수했지만, 그들의 함선은 멧세네를 지키기 위해 그곳에 그대로 머물렀다. 한편 선원을 충원 중이던 다른 함선들은 멧세네의 항구로 가서 그곳을 기지 삼

아 전쟁을 계속할 참이었다.

2 (1) 그해 봄 비슷한 시기 곡식이 여물기 전에 펠로폰네소스인들과 그들의 동맹군이 라케다이몬인들의 왕 아르키다모스의 아들 아기스의 지휘 아래 앗티케 지방에 침입해 그곳에 주둔하며 영토를 약탈했다. (2) 한편 아테나이인들은 준비를 마치는 대로 함선 40척을 시켈리아로 보내면서 나머지 두 장군 에우뤼메돈과 소포클레스도 파견했다. 세 번째 장군인 퓌토도로스가 벌써 시켈리아에 도착해 있었으니 하는 말이다.

(3) 에우뤼메돈과 소포클레스는 또 케르퀴라 섬의 바닷가를 따라 항해할 때, 산속 망명자들의 약탈 행위에 시달리는 시내의 케르퀴라인들을 보살펴주라는 임무도 받았다. 게다가 펠로폰네소스인들의 함선 60척이 산속 망명자들을 지원하기 위해 벌써 케르퀴라로 항해하기 시작했는데, 시내에 식량이 크게 달려 그곳 사태를 쉽게 장악할 수 있을 것이라고 생각했다. (4) 데모스테네스는 아카르나니아에서 돌아온 뒤 사인(私人)으로 있었지만, 아테나이인들은 그의 요청에 따라 펠로폰네소스 해역에서는 그가 원한다면 이들 함선을 지휘할 수 있게 해주었다.

3 (1) 라코니케 지방 앞바다를 항해하던 중 그들은 펠로폰네소스인들의 함대가 벌써 케르퀴라에 도착했다는 소식을 들었다. 에우뤼메돈과 소포클레스는 케르퀴라로 서둘러 가려 했지만, 데모스테네스는 그들에게 항해를 계속하기 전에 먼저 퓔로스에 들러 필요한 조치를 취하자고 요청했다. 다른 두 사람은 반대했지만, 마침 폭풍이 일더니 함선들을 퓔로스로 몰고 갔다.

(2) 데모스테네스는 즉시 그곳에 성벽을 쌓자고 했다. 이것이 바로 그가 이 항해에 참가한 목적이기 때문이다. 또한 그는 그곳은 목재와 석재가 풍부하고, 지형이 요새로 적합하며, 주위 일대에 사람이 살지 않는다는 점을 지적했다. 퓔로스는 스파르테에서 4백 스타디온쯤 떨어져 전에 멧

세니아 영토였던 곳에 자리 잡고 있는데, 라케다이몬인들은 그곳을 코뤼파시온이라고 부른다. (3) 그러나 다른 두 사람은 아테나이의 공금을 낭비하고 싶다면 펠로폰네소스 반도 주위에는 그곳 말고도 그가 점령할 만한 사람이 살지 않는 곳이 얼마든지 있다고 대답했다. 하지만 데모스테네스에게는 이곳이 다른 곳보다 유리해 보였다. 항구가 가까운 데다, 옛날에 이곳 토착민이었고 라케다이몬인들과 같은 방언을 쓰는 멧세니아인들이 이곳을 기지로 이용한다면 라케다이몬인들에게 큰 피해를 끼칠 수 있을 것이며, 이곳을 지키는 믿음직한 수비대가 될 것 같았다.

4 (1) 데모스테네스는 그 뒤 자신의 계획에 관해 부대장들과 상의해보았지만 장군들도 군사들도 설득할 수 없었다. 항해하기 좋지 않은 날씨가 계속되는 동안 그는 할 일 없이 가만히 있었다. 그런데 할 일이 아무것도 없자 마침내 군사들 스스로 힘을 모아 그곳에 성벽을 완성하고 싶은 생각이 들었다.

(2) 그렇게 해서 작업에 착수한 그들은 계속해서 성벽을 쌓았다. 돌을 다듬을 도구가 없었지만 그들은 돌을 캐내 운반한 다음 돌이 서로 잘 맞도록 쌓았다. 그리고 회반죽이 필요할 때는 질통이 없어 등에 지고 운반했는데, 이때 짐이 등에 더 잘 붙어 있도록 등을 구부리는가 하면 짐이 미끄러지지 않도록 뒤로 깍지를 꼈다. (3) 그들은 라케다이몬인들이 와서 공격할 수 있기 전에 취약한 부분들의 작업을 서둘러 끝내려고 수단과 방법을 가리지 않았다. 그곳은 대체로 지세가 험해 성벽을 쌓지 않더라도 요새로서 손색이 없었기 때문이다.

5 (1) 마침 그때 축제를 개최하고 있던 라케다이몬인들은 퓔로스가 점령됐다는 소식을 듣고도 심각하게 받아들이지 않았다. 일단 자신들이 출동하면 아테나이인들이 저항하지 않고 물러가거나 그도 아니면 자신들은 그곳을 쉽게 함락할 수 있다고 확신했기 때문이다. 그들이 출동을 늦춘 것

은 그들의 주력부대가 아테나이 앞에 머물고 있다는 사실과도 무관하지 않았다. (2) 아테나이인들은 내륙에 면한 쪽을 비롯해 가장 필요한 곳들에 엿새 동안 성벽을 쌓았다. 그리고 나서 그들은 데모스테네스와 함선 6척을 수비대로 남겨두고 주력함대를 이끌고 케르퀴라와 시켈리아로 서둘러 항해했다.

6 (1) 한편 앗티케 지방에 가 있던 펠로폰네소스인들은 필로스의 함락 소식을 듣고 급거 귀로에 올랐다. 라케다이몬인들과 아기스 왕은 필로스 사건이 자기들과 직접적인 관계가 있다고 여겼던 것이다. 그 밖에 아직 곡식은 푸른데 군사는 많고 일찍 침입한 까닭에 식량은 달리는 데다, 이 계절에 보기 드문 궂은 날씨가 그들을 괴롭혔다. (2) 그러니까 그들이 일찍 철수하여 이번 침입 기간이 가장 짧았던 이유는 한두 가지가 아니었다. 그들은 앗티케 지방에 고작 15일을 머물렀으니 하는 말이다.

7 그 무렵 아테나이 장군 시모니데스는 트라케 지방에 있는 멘데 시의 식민시로 아테나이에 적대적인 에이온 시를 함락했다. 그는 수비대에서 소수의 아테나이인들을 차출하고 인근에서 많은 동맹군을 모은 뒤 내부에서 반란이 일어나도록 사주하여 그곳을 함락했다. 그러나 그 뒤 곧 칼키디케인들과 봇티아인들이 구원하러 오자 많은 군사들을 잃고 그곳에서 쫓겨났다.

8 (1) 펠로폰네소스인들이 앗티케 지방에서 돌아오자 스파르테인들 자신과 가장 가까이 사는 페리오이코스들의 부대는 지체 없이 필로스를 구원하러 출동했다. 반면 다른 라케다이몬인들은 다른 곳으로 출동했다가 방금 돌아온 터라 천천히 그 뒤를 따랐다. (2) 그들은 펠로폰네소스 반도 일대의 부대에도 되도록 빨리 필로스를 지원하러 가라는 명령을 내리는가 하면, 케르퀴라에 가 있는 60척의 함선에도 사람을 보냈다. 그래서 이들 함선은 레우카스 지협을 육로로 견인된 다음 자퀸토스 섬에 가 있던 앗

티케 함선에 들키지 않고 퓔로스에 도착했는데, 그들의 보병은 벌써 그곳에 도착해 있었다.

(3) 펠로폰네소스인들이 아직 항해 중이었을 때 데모스테네스는 그들이 도착하기 전에 몰래 함선 두 척을 파견해 에우뤼메돈과 자퀸토스에 가 있는 함선들에 탄 아테나이인들에게 퓔로스가 위험하니 구원하러 오라고 전하게 했다. (4) 함선들은 데모스테네스의 지시에 따라 신속히 퓔로스로 출발했다. 그사이 라케다이몬인들은 육지와 바다에서 요새를 공격할 준비를 했는데, 급조된 구조물인지라 그 안을 지키는 사람이 적어 쉽게 함락할 수 있다고 생각했다.

(5) 또한 자퀸토스의 앗티케 함선이 구원하러 올 것을 알고, 그들이 오기전에 그곳을 함락하지 못하면 항만 어귀를 봉쇄할 작정이었는데, 아테나이인들이 입항하여 정박하지 못하게 하려는 것이었다. (6) 스팍테리아라고 부르는 섬이 항구 바로 앞에 길게 뻗어 있어서 항구는 안전하고 양쪽 출입구는 좁기 때문이다. 아테나이인들의 요새와 퓔로스 쪽 출입구는 함선 두 척이 나란히 통과할 수 있을 정도이고, 본토에 가까운 다른 쪽 출입구는 여덟 척 아니면 아홉 척이 나란히 통과할 수 있을 정도이다. 스팍테리아는 수목이 울창한 무인도인지라 길이 없었으며, 그 길이는 25스타디온쯤 되었다.

(7) 그래서 라케다이몬인들은 이물을 바깥쪽으로 향한 채 자신들의 함선들을 밀집시켜 항구 어귀를 봉쇄할 참이었다. 또 아테나이인들이 섬을 점령하여 자기들을 공격하는 거점으로 삼을까 두려워 중무장보병을 섬으로 태워 날랐고 본토에도 다른 중무장보병을 배치했다. (8) 그렇게 하면 아테나이인들은 섬도 본토도 적지(敵地)가 되어 어느 쪽으로도 상륙할 수 없을 것이고, 퓔로스의 난바다 쪽 바닷가에는 항구가 없으니 퓔로스에 있는 대원들을 지원하기 위한 군사기지를 갖지 못할 것이며, 그렇

게 되면 자기들은 해전이라는 모험을 하지 않고도 식량이 달리고 준비가 부실한 그곳을 십중팔구 포위 공격으로 함락할 수 있으리라는 것이 라케다이몬인들의 생각이었다. (9) 그렇게 하기로 결정하자 그들은 각 부대에서 제비뽑기로 중무장보병을 골라 섬으로 태워 날랐다. 처음에는 교대로 건너갔다가 돌아왔지만, 마지막에는 420명이 국가 노예들과 함께 건너갔다가 그곳에서 사로잡혔는데, 이들의 지휘관은 몰로브로스의 아들 에피타다스였다.

9 (1) 그사이 데모스테네스는 라케다이몬인들이 함대와 보병으로 동시에 공격하려는 것을 보고 나름대로 준비하기 시작했다. 그는 자기에게 남은 5척의 삼단노선 가운데 남은 세 척을 요새 아래 바닷가로 끌어올린 다음 그 앞에 방책을 둘렀다. 그리고 그 선원들을 방패로 무장시켰다. 방패는 대부분 버들가지로 엮은 질이 나쁜 것들이었는데, 사람이 살지 않는 곳에서 무구를 구하기는 불가능했기 때문이다. 이조차도 실은 마침 그곳에 나타난 30명이 노를 젓는 멧세니아인들의 해적선과 쾌속정에서 구한 것들이었다. 이들 멧세니아인 가운데 약 40명이 중무장보병이었는데, 데모스테네스는 이들도 전투에 투입했다.

(2) 그는 빈약하게 무장한 대원들과 충분히 무장한 대원들을 대부분 요새 중에서도 가장 견고하게 성벽을 쌓은 내륙 쪽에 배치한 뒤 적의 보병이 공격해오면 막으라고 지시했다. 그리고 나서 그 자신은 전군에서 중무장보병 60명과 약간의 궁수를 뽑아 이들을 데리고 성벽 밖으로 나가더니 적군이 상륙을 시도할 가능성이 가장 높은 바닷가 지점으로 내려갔다. 그곳은 난바다와 마주 보는 지세가 험한 바위투성이 지대였다. 데모스테네스는 그곳의 성벽이 가장 취약하기 때문에 적군이 그쪽으로 밀고 들어올 것이라고 생각했다.

(3) 아테나이인들은 자신들의 해군력이 더 우세하다고 믿고 그곳에는 성

벽을 튼튼하게 쌓지 않았기 때문이다. 그래서 적군이 일단 그곳에 상륙하면 그곳은 함락되고 말 것이다. (4) 그래서 그는 곧장 그곳의 바닷가로 내려가 가능하다면 적군의 상륙을 제지하도록 중무장보병을 배치하며 다음과 같은 말로 격려했다.

(1) "이번 위험을 나와 함께하는 여러분, 나는 여러분 중에 어느 누구도 이런 절망적인 상황에서 우리를 에워싸고 있는 온갖 위협을 일일이 열거함으로써 똑똑한 체하는 것을 바라지 않소. 대신 여러분은 망설이지 말고 이번 위기도 능히 극복할 수 있다는 자신감을 갖고 곧장 적에게 덤벼들어야 할 것이오. 이런 위기에 맞닥뜨리면 계산 같은 것은 제쳐두고 되도록 빨리 위험에 대처해야 하기 때문이오.

(2) 그리고 나는 우리가 더 유리하다고 생각하오. 적의 수가 많은 것에 놀라 우리의 이점을 포기하지 않고 꿋꿋이 버틴다면 말이오. (3) 이곳은 상륙하기 어려운 곳이긴 하지만, 그러한 사실은 우리가 꿋꿋이 버틸 때에만 우리 쪽에 이점이 될 수 있을 것이오. 그러나 우리가 일단 물러서면 아무리 험난한 곳이라 해도 아무도 저항하는 사람이 없을 테니 적군이 쉽게 다가올 수 있을 것이오. 그때는 우리가 적군을 도로 밀어내려 해도 퇴각하기가 쉽지 않아 적군은 더 무서운 상대가 될 것이오. 그들이 배를 타고 있는 동안에는 물리치기가 쉽겠지만, 일단 상륙하면 우리와 대등하기 때문이오.

(4) 그들의 수가 많다고 너무 겁먹을 필요는 없소. 수가 많기는 해도 서로 가까이 닻을 내릴 수가 없어 매번 소수만이 싸우게 될 테니 말이오. 그리고 그들은 수적으로 우세한 군대를 갖고 대등한 조건으로 우리와 지상에서 싸우는 것이 아니라 배를 타고 싸우게 될 텐데, 해전에서 이기려면 이런저런 조건이 잘 맞아떨어져야 하는 법이오. (5) 그래서 나는 적군이 당하게 될 여러 가지 어려움이 우리의 수가 적은 것을 상쇄하리라고 생각

하오. 아테나이인 여러분은 배를 타고 가서 적국의 해안에 상륙해본 경험이 있는지라, 방어하는 쪽이 부서지는 파도와 적선들의 위협적인 출현에 놀라 뒤로 물러서지 않고 꿋꿋이 버틴다면 강제로 상륙할 수 없다는 점을 잘 알고 있소. 그러니 이 점을 명심하고 꿋꿋이 버티시오. 그리고 다름 아닌 물가에서 적과 싸워 우리 자신과 여기 이곳을 동시에 지키도록 하시오!"

11 (1) 데모스테네스가 이런 말로 격려하자 아테나이인들은 더욱 자신감이 생겨서 아래로 내려가 바로 바닷가에서 전열을 갖추었다. (2) 이제 라케다이몬인들은 출동하여 지상군과 함선으로 동시에 요새를 공격하기 시작했다. 그들의 함선은 43척이었는데, 이 함대의 제독은 스파르테인 크라테시클레스의 아들 트라쉬멜리다스였다. 그가 공격한 지점은 정확히 데모스테네스가 예상한 곳이었다. (3) 그러자 아테나이인들이 육지에서도 바다에서도 저항했다. 라케다이몬인들은 한꺼번에 많은 함선을 댈 공간이 없어 함대를 소수 집단들로 나눈 다음 일부는 공격을 계속하고 일부는 쉬게 했는데, 이때 그들은 굳은 결의를 보이며 적군을 물리치고 들어가 요새를 함락하자고 서로 격려했다.

(4) 가장 눈부시게 활약한 것은 브라시다스였다. 그는 삼단노선의 지휘관이었는데, 지세가 워낙 험해 다른 삼단노선의 지휘관과 키잡이들이 상륙이 가능해 보이는 지점들에서도 자신들의 함선이 부서질까 봐 주춤거리는 것을 보자 소리쳤다. 그는 그들에게 선재(船材)를 아끼느라 적군이 그들의 영토에 요새를 지어놓은 것을 묵인하는 것은 옳지 못하며, 무리를 해서라도 상륙할 수 있다면 그들의 함선을 부수어버리라고 명령했다. 한편 동맹군에게는 그들이 라케다이몬인들의 크나큰 혜택을 입은 만큼 그 보답으로 지금 라케다이몬을 위해 그들의 함선을 제물로 바치되 함선을 바닷가로 밀어붙이며 어떻게든 상륙하여 적군을 물리치고 요새를 장

악하라고 호소했다.

12 (1) 브라시다스는 이런 말로 다른 사람들을 격려한 뒤 자신의 키잡이에게 배를 바닷가에 대라고 강요하며 상륙용 건널 판에 자리 잡고 섰다. 그러나 상륙하려는 순간 그는 아테나이인들에게 격퇴당해 여러 군데 부상을 입고 졸도하며 이물에 쓰러졌고 그의 방패는 바다에 떨어졌다. 그리고 나중에 방패가 바닷가로 떠내려가자 아테나이인들이 건져 올려 이번 공격을 기념하는 승전비로 사용했다. (2) 한편 다른 자들도 결의는 굳었지만 상륙할 수 없었으니, 지세가 험한 데다 아테나이인들이 버티고 서서 한 치도 물러서지 않았기 때문이다.

(3) 이때는 상황이 완전히 바뀌어 아테나이인들은 육지에서, 그것도 라코니케 땅에서 바다로부터 공격해오는 라케다이몬인들에 맞서 싸우고, 라케다이몬인들은 배를 타고 아테나이인들과 싸우며 자신들의 땅이었지만 이제는 적지가 되어버린 땅에 상륙하려고 했다. 당시 라케다이몬은 무적의 보병을 가진 최강의 내륙 국가이고, 아테나이는 최다 함선을 보유한 해양 국가로 간주되었으니 하는 말이다.

13 (1) 라케다이몬인들은 이날은 온종일, 그리고 이튿날은 대부분 공격을 되풀이했지만 결국 포기하고 말았다. 그리고 사흘째 되는 날 자신들의 함선 몇 척을 아시네로 보내 공성 무기를 제작할 목재를 가져오게 했는데, 항구 가까운 쪽의 성벽은 좀 높기는 해도 상륙하기에는 가장 적합한 곳인지라 공성 무기들을 사용하면 함락할 수 있으리라 생각한 것이다. (2) 그사이 아테나이 함대가 자퀸토스에서 도착했다. 이 함대는 지금은 50척의 함선으로 구성되었는데, 나우팍토스의 경비함 몇 척과 키오스 함선 4척이 합류했기 때문이다.

(3) 아테나이인들은 본토와 섬이 중무장보병으로 가득 차 있고 항구에 있는 적선들이 출동하지 않는 것을 보고 닻을 내릴 만한 곳을 찾지 못해

처음에는 그다지 멀지 않은 무인도 프로테로 항해해가서 그곳에 진을 쳤다. 이튿날 그들은 해전 준비를 하고 바다로 나갔다. 그들은 적이 싸우러 나오면 난바다에서 싸울 작정이었다. 그러지 않으면 자신들이 항만 안으로 쳐들어갈 참이었다. (4) 한편 라케다이몬인들은 바다로 나오지도 않고, 원래 의도한 대로 항만 어귀를 봉쇄하지도 않았다. 그들은 바닷가에 조용히 머무르며 함선에 선원을 태우고 준비에 몰두했는데, 아테나이인들이 쳐들어오면 결코 좁지 않은 항만 내에서 해전을 벌일 참이었다.

14 (1) 이를 본 아테나이인들은 공격하기 위해 양쪽 출입구를 통해 항해해 들어갔다. 그러자 라케다이몬인들의 함선은 벌써 대부분 바다로 나와 전열을 갖추었음에도 아테나이인들이 공격하자 달아나기 시작했다. 아테나이인들은 제한된 범위 내에서는 있는 힘을 다해 추격하며 여러 척의 적선을 손상하고 5척을 나포했는데, 그중 한 척은 선원이 탄 채로 나포했다. 그런 다음 바닷가로 도주한 함선들을 충각으로 들이받았고, 아직 선원이 타고 있는 함선들은 바다로 나오기 전에 망가뜨려놓았다. 그리고 다른 함선들은 선원이 도주한 뒤라 밧줄을 걸고 빈 배로 끌고 갔다.

(2) 이런 처참한 광경을 본 라케다이몬인들은 자신의 대원들이 이제 섬에 고립될까 두려워 구원하려고 무장한 채 바닷물로 뛰어들어 뒤로 잡아당기려고 함선을 움켜잡았다. 이 순간 각자는 자기가 몸소 개입하지 않으면 되는 일이 없다고 믿었다. (3) 그리하여 곳곳에서 일대 소동이 벌어졌는데, 이번 해전에서는 양쪽의 통상적인 역할이 뒤바뀌었다. 절망감에 사로잡힌 라케다이몬인들은 비장한 각오로 말하자면 뭍에서 해전을 벌였고, 승승장구하는 아테나이인들은 현재의 이점을 최대한 활용하기 위해 함선 위에서 지상전을 벌였으니 말이다.

(4) 서로 많은 고통과 피해를 안겨준 뒤에야 두 군대는 갈라섰는데, 라케다이몬인들은 처음에 나포된 함선을 제외하고 빈 함선은 구했다. (5) 두

군대는 자신들의 군영으로 돌아갔다. 아테나이인들은 승전비를 세우고 적군의 시신을 돌려주고 난파선들을 차지한 다음 지체 없이 섬 주위를 계속 항해하면서 사실상 그곳에 고립된 적군을 감시했다. 본토의 펠로폰네소스인들과 사방에서 도착한 증원부대는 필로스 맞은편에 그대로 머물러 있었다.

15 (1) 필로스 사태가 스파르테에 보고되자, 스파르테인들은 문제의 심각성을 깨닫고 정부 당국자들이 군영으로 내려가 직접 시찰하고는 어떻게 해야 할지 즉석에서 결정하게 했다. (2) 섬에 있는 대원들을 구하기는 불가능하다고 판단한 당국자들은 그들이 굶어 죽거나 또는 수적으로 우세한 적군에게 항복하는 위험을 감수하고 싶지는 않았기에, 아테나이 장군들이 응한다면 필로스에 관해 일단 휴전조약을 맺고, 아테나이로 사절단을 보내 평화조약에 관해 논의하고 대원들을 조속히 송환시키기 위해 노력하기로 결정했다.

16 (1) 장군들이 그들의 제안을 받아들여 다음과 같은 조건의 휴전조약을 맺게 되었다. 라케다이몬인들은 이번 전투에 참가한 모든 함선과 라코니케 지방에 있는 모든 전함을 필로스로 이끌고 와 아테나이인들에게 인도한다. 라케다이몬인들은 육지에서도 바다에서도 요새를 공격하지 않는다. 아테나이인들은 본토에 있는 라케다이몬인들이 섬에 있는 그들의 대원들에게 1인당 보릿가루 2앗티케 코이닉스, 포도주 2코튈레, 약간의 고기 등 일정량의 음식물을, 그리고 그들의 시종에게도 그 절반을 보내는 것을 허용해야 한다. 음식물은 아테나이인들의 감독 아래 보내져야 하며, 어떤 함선도 몰래 섬에 접근해서는 안 된다. 아테나이인들은 종전대로 섬을 순찰하되 섬에 상륙해서는 안 되며, 육지에서도 바다에서도 펠로폰네소스군을 공격해서는 안 된다.

(2) 어느 쪽이든 이 조건을 조금이라도 위반하면 휴전조약은 끝난 것으

로 간주한다. 휴전조약은 라케다이몬인 사절단이 아테나이에서 돌아올 때까지 유효하다. 라케다이몬인 사절단은 아테나이인들이 삼단노선에 태우고 갔다가 태우고 돌아온다. 사절단이 돌아오면 이번 휴전조약은 끝나며, 아테나이인들은 함선들을 인수했을 때와 똑같은 상태로 반환해야 한다. (3) 이런 조건으로 휴전조약이 이루어지자, 약 60척의 함선이 인도되고 사절단이 파견되었다. 아테나이에 도착하자 사절단은 다음과 같이 말했다.

17 (1) "아테나이인 여러분, 라케다이몬인들이 우리를 이곳으로 보내 섬에 있는 우리 대원들의 거취를 협상하게 한 것은, 여러분에게도 이롭고 우리도 지금의 난처한 처지에서 크게 체면을 구기지 않고 벗어날 수 있는 협정을 맺도록 여러분을 설득할 수 있으리라고 기대했기 때문입니다. (2) 우리가 말을 좀 길게 해도 우리의 관습에 어긋난다고 여기지 마십시오. 말을 짧게 해도 될 때는 분명 말을 많이 하지 않는 것이 우리의 관습입니다. 그러나 꼭 해야 하는 중대사를 설명하기 위해 말이 필요할 때는 말을 좀 많이 하는 것도 우리의 관습입니다. (3) 그러니 여러분은 우리가 하는 말을 적의를 품고 듣지 마시고, 우리가 여러분을 무식하다고 여기고 설교하려 든다고도 생각지 마시고, 유식한 자들에게 훌륭한 결정을 내리도록 촉구하는 조언으로 받아들이십시오. (4) 이미 얻은 것은 간직하고 거기에 명예와 영광을 덧붙임으로써 여러분의 현재의 성공을 잘 이용하는 것은 여러분에게 달려 있습니다. 여러분은 행운을 경험해본 적 없는 사람들이 범하는 실수도 피할 수 있습니다. 그런 사람들은 엄청난 행운을 만나 뜻밖의 성공을 거둔 까닭에 자신만만해져 자꾸 욕심을 부리게 마련이지요. (5) 그러나 부침(浮沈)이 심한 인생을 살아본 사람들은 당연히 행운이 오래 지속되리라고 믿지 않습니다. 이 점은 여러분의 도시도 우리 도시도 경험을 통해 잘 알고 있으리라 믿

습니다.

18 (1) 이를테면 지금 우리가 당한 재앙을 보십시오. 온 헬라스에서 명성이 자자하던 우리가 전에는 남들에게 우리가 줄 수 있다고 생각하던 것을 청하러 여러분을 찾아왔습니다. (2) 이런 수모를 당한 것은 우리 힘이 달려서도 아니고, 더 강력해져 오만해졌기 때문도 아니며, 당시 상황을 우리가 오판했기 때문인데, 이런 실수는 누구나 저지를 수 있습니다. (3) 따라서 여러분의 도시가 지금 번창하고 힘이 불어났다고 해서 행운도 늘 여러분과 함께하리라고 생각하는 것은 옳지 못합니다.

(4) 진실로 지혜로운 사람들은 만물이 변한다는 것을 알고 자신들의 이점을 조심스럽게 활용하며(이런 사람들은 재앙을 당해도 더 현명하게 처신합니다), 전쟁은 어느 한쪽이 원하는 범위 안에 머물지 않고 운이 이끄는 대로 따라간다는 것을 알고 있습니다. 이런 사람들은 성공적인 전투에 기고만장하다가 실수하는 일이 어느 누구보다도 드물 것이며, 십중 팔구 행운이 따라줄 때 협정을 맺으려 할 것입니다. (5) 그리고 아테나이인 여러분, 여러분에게는 지금 우리에게 그렇게 하는 것이 상책입니다. 여러분이 강력하면서도 지혜롭다는 명성을 안전하게 후세에 남길 수 있었음에도, 우리의 제안을 거절하다가 실패하면(그것은 충분히 가능합니다), 그때는 여러분의 현재의 성공마저 행운 덕분이었다고 생각될 것입니다.

19 (1) 라케다이몬인들은 여러분에게 휴전협정을 맺고 전쟁을 끝낼 것을 요청하며, 여러분에게 평화와 동맹과 선린 우호관계를 제의합니다. 대신 그들은 섬에 있는 대원들을 돌려줄 것을 요청합니다. 대원들이 무리를 해서라도 운 좋게 탈출에 성공하건 아니면 봉쇄당하다가 항복하건, 끝장을 보지 않는 것이 양쪽에 더 낫다고 생각하기 때문입니다.

(2) 우리가 보기에, 뿌리 깊은 적대감이 확실히 해소되려면 한쪽이 전쟁

에서 우세하다고 해서 복수심에서 다른 쪽에 불평등조약을 맺도록 강요해서는 안 되며, 한쪽이 그렇게 행동할 수 있는데도 불구하고 더욱 합리적인 견해를 갖고 관용에서 상대방을 능가하며 상대방의 예상보다 더 온건한 조건으로 평화조약을 맺어야 합니다. (3) 그럴 경우 다른 쪽은 강요당했을 때와 달리 저항할 필요를 느끼기는커녕 오히려 선의를 선의로 갚아야 한다는 의무감을 느껴 부끄러워서라도 합의된 조항들을 더 잘 지키려 할 것입니다. (4) 또한 인간은 사소한 일로 다투는 적에게보다는 중대한 일로 다투는 적에게 더 그렇게 행동하는 경향이 있습니다. 자진하여 양보하는 자에게는 기꺼이 고개를 숙이지만, 거만한 자에게는 그러면 안 되는 줄 알면서도 끝까지 저항하는 것이 사람의 본성이기 때문입니다.

20 (1) 여러분과 우리가 화해하는 것이 바람직하다면 양국 사이에 어떤 치유할 수 없는 불상사가 일어나기 전, 지금이야말로 양국이 서로 화해할 때입니다. 일단 불상사가 일어나고 나면 우리는 여러분을 거국적으로 개인적으로 두고두고 증오하게 될 것이며, 여러분은 지금 우리가 제안하는 혜택을 받지 못하게 될 것입니다.

(2) 아직 승패가 결정되기 전에, 여러분은 명예가 높아지고 우리의 친구가 될 수 있고, 우리는 치욕을 당하기 전에 합리적인 조건으로 문제를 해결할 수 있을 때 양국이 서로 화해하도록 합시다. 양국이 전쟁 대신 평화를 선택함으로써 다른 헬라스 국가들이 고통에서 숨을 돌릴 수 있게 합시다. 그러면 그들은 그것이 우리보다는 여러분 덕택이라고 생각할 것입니다. 그들은 어느 쪽이 먼저 전쟁을 시작했는지 확실하지 않을 때 전쟁에 휘말려들었지만, 지금은 평화가 여러분의 뜻에 더 달려 있는 만큼 평화가 찾아오면 여러분에게 감사하게 될 테니 말입니다.

(3) 여러분이 우리의 제안을 받아들인다면 라케다이몬인들의 확실한 친구가 될 것입니다. 그들은 여러분에게 요청하고, 여러분은 기꺼이 청을

들어주는 모양새가 될 테니까요. 여러분은 그에 수반될 것으로 기대되는 이점들도 생각해보십시오. 우리 두 나라가 같은 말을 하면, 다른 헬라스 국가들은 우리 양국을 상대할 힘이 없는 만큼 우리 두 나라에 최대의 경의를 표할 것입니다."

21 (1) 라케다이몬인들은 그렇게 말했다. 그들은 아테나이인들이 전에도 휴전조약을 맺기를 원했지만 자신들의 반대로 뜻을 이루지 못한 만큼 자신들이 평화를 제의하면 기꺼이 받아들이고 대원들을 돌려줄 것이라고 생각했다. (2) 그러나 아테나이인들은 라케다이몬인들을 스팍테리아 섬에 붙들어두고 있는 만큼 언제든지 자기들이 원할 때 휴전조약을 맺을 수 있다고 보고 더 많은 것을 얻으려 했다.

(3) 이런 태도를 고수하도록 아테나이인들을 부추긴 것은 누구보다도 당시 민중에게 가장 큰 영향력을 행사하던 민중 선동가 클레아이네토스의 아들 클레온이었다. 그는 다음과 같이 대답하도록 민중을 설득했다. 첫째, 섬에 있는 자들은 신병과 무구를 인도하고 아테나이로 호송되어야 한다. 그들이 도착한 뒤 라케다이몬인들은 자신들이 전쟁 중에 획득한 것이 아니라 아테나이인들이 어려울 때 평화조약이 필요해서 맺은 이전의 조약에 따라 획득한 니사이아, 페가이, 트로이젠, 아카이아를 반환해야 한다. 그렇게 하면 라케다이몬인들은 자신들의 대원들을 되찾고, 양쪽이 합의한 기간만큼 평화조약을 맺을 수 있다.

22 (1) 그렇게 대답하자 라케다이몬인들은 직접적인 답변을 회피하며 각 항목을 따로 논의하고 조용한 분위기에서 합의의 토대를 마련할 수 있도록 위원회를 구성해달라고 아테나이인들에게 요청했다. (2) 그러자 클레온이 자기는 전부터 라케다이몬인들의 의도가 불순하다는 것을 알고 있었는데, 그들이 지금 대중에게 발언하지 않고 소수와 회담하려는 것이 그 증거라고 말하며, 만약 그들의 의도가 건전하다면 모두 듣는 앞에서 말

하라고 윽박질렀다. (3) 그러나 라케다이몬인들은 설령 자신들이 이런 어려운 상황에 처해 양보하기로 결정한다 해도 대중 앞에서 말할 수는 없다고 보았다. 그들이 무슨 조건들을 제안했다가 원하는 것을 얻지 못하기라도 하면 동맹국들 사이에서 체면이 깎일까 두려웠기 때문이다. 그리고 어차피 아테나이인들이 자신들의 온건한 제안을 받아들일 것 같지 않아 목적을 이루지 못하고 아테나이를 떠났다.

23 (1) 그들이 귀국하자 퓔로스에서의 휴전협정은 즉시 끝났다. 라케다이몬인들은 협정에 따라 함선들의 반환을 요구했다. 그러나 아테나이인들은 라케다이몬인들이 협정을 위반하고 요새를 공격했다고 주장하는가 하면 다른 하찮은 핑계를 대며 함선 반환을 거절했고, 휴전협정은 조금이라도 위반하면 끝난다는 구절을 강조했다. 라케다이몬인들은 이에 항의하고 아테나이인들이 함선들을 점유하는 것은 불법이라고 비난한 뒤 돌아가 전쟁을 다시 시작할 준비를 했다.

(2) 그리하여 퓔로스에서 양쪽은 격전을 벌였다. 아테나이인들은 낮에는 함선 두 척이 서로 반대 방향으로 섬 주위를 쉴 새 없이 항해하게 하고, 밤에는 전 함대가 섬 주위에 닻을 내렸다. 그러나 바람이 불어오면 난바다 쪽에는 닻을 내리지 않았다. 이 봉쇄 작전을 돕기 위해 아테나이에서 함선 20척이 더 도착하여, 이제 그들의 함선은 모두 70척이 되었다. 한편 펠로폰네소스인들은 본토에 진을 치고 계속해서 요새를 공격하며 섬에 있는 대원들을 구원할 기회를 엿보았다.

24 (1) 그사이 시켈리아에서는 쉬라쿠사이인들과 그들의 동맹군이 나머지 함선의 의장을 마치고 멧세네를 지키던 함선들과 합류한 다음 멧세네를 거점 삼아 전쟁을 수행했다. (2) 이번 작전에서는 레기온인들을 향한 증오심 때문에 로크리스인들이 적극적으로 나섰는데, 그들은 전군을 동원하여 레기온의 영토를 침범한 바 있었다.

(3) 쉬라쿠사이인들도 해전을 시도해보고 싶었는데, 당장에는 아테나이 함선이 많지 않아 보였고, 시켈리아에 도착하게 되어 있는 아테나이의 주력함대는 스팍테리아 섬을 포위하고 있다는 것을 알았기 때문이다. (4) 그들은 자신들이 함대로 제해권을 장악하면 레기온을 바다와 육지에서 봉쇄하여 쉽게 손안에 넣을 수 있을 것이며, 그렇게 되면 자신들의 입지가 강화되리라고 생각한 것이다. 이탈리아의 레기온 곶과 시켈리아의 멧세네는 너무나 가까워 아테나이 함대가 레기온 앞바다에 정박하여 해협을 장악하기는 불가능할 것이기 때문이다. (5) 이 해협은 레기온과 멧세네 사이에 있는 바다로 시켈리아 섬이 본토에 가장 가까워지는 곳인데, 이곳이 바로 오뒷세우스가 배를 타고 통과했다는 이른바 카륍디스 해협이다. 이 해협은 위험하기로 소문이 자자했으니, 수로가 좁은 데다 양쪽의 넓은 바다, 즉 튀르레니아 해와 시켈리아 해에서 세찬 조수가 밀려든다는 점을 고려하면 당연하다 할 것이다.

25 (1) 그 뒤 이 좁은 바닷길에서 쉬라쿠사이인들과 그들의 동맹군은 자신들의 함선 한 척의 통행 문제로 오후 늦게 전투를 벌이지 않을 수 없게 되었다. 그들은 아테나이 함선 16척과 레기온 함선 8척에 맞서 30척이 조금 넘는 함선을 내보냈다. (2) 그들은 아테나이인들에게 패해 함선 한 척을 잃고 되는대로 각자 멧세네와 레기온에 있는 기지들로 허둥지둥 퇴각했다. 밤이 되자 전투행위는 중단되었다. (3) 그 뒤 로크리스인들은 레기온의 영토에서 철수했고, 쉬라쿠사이인들과 그들의 동맹군의 함선들은 멧세네 영토에 있는 펠로리스 곶 앞바다에 닻을 내렸는데, 보병 부대도 그들과 합류했다. (4) 아테나이인들과 레기온인들은 그곳으로 항해해가서 그들의 함선들에 선원이 타고 있지 않은 것을 보고 공격했으나, 적선 나포용 갈고랑쇠에 걸려 비록 선원들은 헤엄쳐 달아났지만 함선 한 척을 잃었다. (5) 그

뒤 쉬라쿠사이인들이 승선하여 바닷가를 따라 함선을 멧세네 방향으로 예인하자 아테나이인들이 재차 공격했다. 그러나 쉬라쿠사이인들이 갑자기 바다 쪽으로 방향을 틀며 먼저 공격하는 바람에 아테나이인들은 또 함선 한 척을 잃었다. (6) 이처럼 쉬라쿠사이인들은 바닷가를 따라 이동하며 앞서 말한 전투에서 패하지 않음으로써 멧세네 항으로 무사히 돌아갔다.

(7) 그 뒤 아테나이인들은 아르키아스와 그의 일당이 카마리나 시를 쉬라쿠사이인들에게 팔아넘기려 한다는 소식을 듣고 그곳으로 항해해갔다. 그 틈을 타 멧세네인들이 보병과 함선을 모두 동원하여 이웃 도시인 칼키스의 식민시 낙소스로 출동했다. (8) 그들은 첫날에는 낙소스인들을 성벽 안으로 몰아넣고 농촌을 약탈했으며, 이튿날에는 그들의 함대가 아케시네스 강으로 돌아가 그곳의 들판을 약탈하는 사이 그들의 보병은 도시를 공격하기 시작했다.

(9) 그러나 그사이 많은 시켈로이족이 멧세네인들을 막도록 도우려고 산에서 내려왔다. 그들을 본 낙소스인들은 자신감이 생겨 레온티노이인들과 다른 헬라스 동맹군이 자기들을 도우러 오는 중이라는 말로 서로 격려하며 갑자기 도시에서 달려나가 멧세네인들을 공격하여 격퇴하며 1천 명 이상을 죽였다. 살아남은 멧세네인들은 간신히 돌아갔다. 야만족이 길에서 공격하여 그들 대부분을 죽였기 때문이다.

(10) 그들의 함대는 멧세네에 도착했고, 그 뒤 그들은 각자 집으로 흩어졌다. 레온티노이인들과 그들의 동맹군은 아테나이인들과 함께 멧세네가 허약해졌다고 보고 곧바로 그곳을 공격했다. 아테나이인들의 함대는 항구를 공격하고, 보병은 도시로 진격했다. (11) 그러나 멧세네인들과 낙소스 전투에 패한 뒤 수비대로 남아 있던 데모텔레스 휘하의 로크리스인 부대가 갑자기 출동하여 레온티노이인 부대를 습격하더니 그들을 대

부분 격퇴하고 다수를 죽였다. 이를 본 아테나이인들이 배에서 내려 그들을 지원하러 갔다. 그들은 뒤죽박죽이 된 멧세네인들을 공격하여 도시로 몰아넣었다. 아테나이인들은 승전비를 세우고 레기온으로 철수했다. (12) 그 뒤 시켈리아의 헬라스인들은 서로 지상전을 되풀이했지만, 아테나이인들은 개입하지 않았다.

26 (1) 그사이 퓔로스에서 아테나이인들은 여전히 섬에 있는 라케다이몬인들을 포위하고 있었으며, 본토의 펠로폰네소스군은 그 자리에 진을 치고 있었다. (2) 아테나이인들은 식량과 물이 달려 봉쇄 작전을 계속하기가 힘들었다. 퓔로스의 아크로폴리스에 있는 것 말고는 샘이 없었는데, 그마저 작은 샘이었다. 그래서 식수를 구하기 위해 대부분 바닷가 자갈밭을 파야 했다. (3) 또한 좁은 곳에 진을 치다 보니 여유 공간이 없는 데다 배를 대어둘 항구도 없어 함선은 번갈아가며 육지에서 밥을 먹거나 난바다에 닻을 내렸다.

(4) 그러나 그들의 사기가 떨어진 주된 이유는, 무인도에 갇힌 데다 마실 물이라고는 소금기 있는 물밖에 없는 자들을 며칠 안으로 굴복시킬 수 있으리라고 생각했는데 예상외로 포위 기간이 길어지고 있기 때문이다. (5) 그 이유는 라케다이몬인들이 빻은 곡식, 포도주, 치즈 등 봉쇄당한 자들에게 도움이 될 만한 먹을거리를 섬으로 날라줄 자원자를 모집하고 먹을거리를 날라준 국가 노예들에게는 거액의 포상금을 내걸고 자유를 주겠다고 약속했기 때문이다.

(6) 실제로 위험을 마다하지 않고 먹을거리를 운반하는 데 성공한 자 중에서는 국가 노예들이 누구보다 돋보였는데, 그들은 펠로폰네소스 각지에서 바다로 나가 밤에 섬의 난바다 쪽 바닷가에 배를 댔다. (7) 그들은 특히 뒤에서 바람이 불어오는 때를 노렸다. 바람이 난바다 쪽에서 불어오면 순찰 중인 삼단노선의 감시를 피하기가 더 쉬웠는데, 그럴 경우 삼

단노선은 난바다 쪽에 닻을 내릴 수 없었기 때문이다. 그리고 국가 노예들은 파손되든 말든 거침없이 배를 바닷가에 댔는데, 그들의 배는 이미 보상금이 정해져 있고 중무장보병이 섬의 선착장 주변을 지켜주었기 때문이다. 그러나 바다가 잔잔한 날 이런 모험을 하는 자들은 모두 잡혔다. (8) 항구에서 물 밑을 잠수해가는 자들도 있었는데, 그들은 꿀을 친 양귀비 씨와 으깬 아마인(亞麻仁)이 든 가죽부대를 노끈에 매달고 갔다. 처음에는 발각되지 않았지만 나중에는 아테나이인들이 보초를 세웠다. 그리하여 한쪽은 식량을 보내주고, 다른 한쪽은 놓치지 않으려고 수단과 방법을 가리지 않았다.

27 (1) 아테나이인들은 자신들의 군대가 곤경에 빠져 있고 섬에 갇힌 자들에게 배로 식량이 운반된다는 소식을 전해 듣고는 난감해하며 겨울이 다가오면 봉쇄 작전을 중단해야 하는 것이 아닌지 우려했다. 그곳은 외딴 곳인지라 여름에도 생필품을 충분히 공급할 수 없는데 겨울이 되면 펠로폰네소스 반도를 돌아 생필품을 보급하는 것이 불가능한 만큼, 항구가 없는 지역에서 봉쇄 작전을 계속한다는 것은 말도 안 된다고 보았던 것이다. 그래서 그들이 보기에, 섬에 갇힌 자들은 봉쇄가 해제되어 도주하거나 아니면 날씨가 나빠지기를 기다렸다가 식량을 싣고 온 배들을 타고 떠날 것만 같았다.

(2) 아테나이인들이 무엇보다 우려한 것은, 라케다이몬인들이 더는 협상을 요청해오지 않는 것으로 미루어 그들이 자신감을 가질 만한 이유들이 있지나 않을까 하는 점이었다. 그러자 아테나이인들은 휴전조약을 맺자는 제안을 받아들이지 않은 것이 후회되었다. (3) 클레온은 휴전조약을 체결하는 것을 방해했다고 사람들이 자기를 원망한다는 것을 알고 퓔로스에서 소식을 전하러 온 사자들의 말은 사실이 아니라고 단언했다. 그래서 소식을 전하러 온 사자들이 제안하기를, 만약 자기들이 한 말이

믿기지 않는다면 감찰관들을 보내 직접 확인하게 하자고 하자, 아테나이인들은 감찰관으로 클레온 자신과 테아게네스를 선출했다.

(4) 그리하여 클레온은 자기가 앞서 반박한 사자들과 똑같은 보고를 하든지, 아니면 그와 반대되는 보고를 하여 거짓말쟁이로 드러나지 않을 수 없게 되었다. 그러자 그는 아테나이인들이 대체로 또 다른 원정대를 파견하고 싶어 한다는 것을 알고는 그들에게 감찰관들을 파견해 시간을 낭비하다가 기회를 놓칠 것이 아니라, 사자들의 보고가 사실이라고 생각한다면 배를 타고 가서 섬에 갇힌 자들을 공격하라고 말했다. (5) 또한 클레온은 자신의 정적으로 장군인 니케라토스의 아들 니키아스를 겨냥하여 장군들이 제대로 된 남자들이라면 함선을 의장해가서 섬에 있는 적군을 사로잡는 것은 쉬운 일일 것이라고 조롱하며, 만약 자기가 장군이었다면 틀림없이 그렇게 했을 것이라고 했다.

28 (1) 이때 그게 그렇게 쉬워 보이면 왜 그 자신이 출항하지 않느냐고 아테나이인들이 클레온을 야유하는 소리가 들리자, 니키아스는 클레온이 자기를 인신공격했음을 알고 장군들은 허락할 테니 원하는 만큼 군대를 인솔해가서 운을 시험해보라고 그에게 말했다. (2) 클레온은 처음에 니키아스가 괜히 해보는 소리쯤으로 여기고 그 제안을 기꺼이 받아들이려 했지만, 니키아스가 진심으로 지휘권을 넘기려는 것을 알고는 장군은 니키아스이지 자기가 아니라며 뒤로 물러섰다. 그는 니키아스가 설마 사임하리라고는 생각지 않았기에 덜컥 겁이 났던 것이다.

(3) 그러나 니키아스는 퓔로스의 사령관직을 사임하겠다고 다시 윽박지르며 아테나이인들에게 증인이 되어달라고 부탁했다. 그러자 아테나이인들은 군중심리가 발동해 클레온이 퓔로스로 항해하기를 회피하고 자기가 한 말을 철회하려고 할수록, 사령관직을 넘기라고 더욱더 니키아스를 격려하며 클레온에게는 항해하라고 고함을 질러댔다.

(4) 그래서 클레온은 자기가 한 말을 도저히 철회할 수 없게 되자 항해하기로 결심했다. 그는 앞으로 나서서 자기는 라케다이몬인들이 두렵지 않으며, 아테나이에서는 한 명도 더 데려가지 않고 당시 아테나이에 와 있던 렘노스인들과 임브로스인들, 아이노스와 다른 곳에서 원군으로 와 있던 경방패병들, 궁수 4백 명만 데리고 항해하겠다고 말했다. 이미 퓔로스에 가 있는 부대에 이들을 합친 군세로 20일 안에 라케다이몬인들을 아테나이로 사로잡아 오든지, 아니면 그곳에서 도륙하겠다고 단언했다. (5) 이런 경솔한 발언에 아테나이인들은 실소를 금하지 못했지만, 청중 가운데 지각 있는 자들은 그의 발언이 싫지 않았으니, 두 가지 이익 가운데 적어도 한 가지는 확실하다고 생각했기 때문이다. 말하자면 그들은 그럴 가능성이 더 많지만 앞으로는 클레온에게서 벗어나거나, 자신들이 오판했을 경우에는 라케다이몬인들을 사로잡을 수 있으리라 생각한 것이다.

29 (1) 그래서 클레온은 민회(民會)의 절차를 모두 마친 뒤, 아테나이인들이 투표로 원정대의 지휘권을 그에게 위임하자, 퓔로스에 가 있던 장군 가운데 데모스테네스를 동료 장군으로 택하고 나서 출발 준비를 서둘렀다. (2) 클레온이 데모스테네스를 동료 장군으로 택한 이유는 데모스테네스가 벌써 섬에 상륙할 계획을 세우고 있다는 것을 알았기 때문이다. 데모스테네스가 그런 계획을 세운 것은 군사들이 그곳에는 물자가 부족하여 고생이 막심하고 자신들이 봉쇄한다기보다 오히려 봉쇄당하고 있다는 느낌이 들어 승부를 결정짓고 싶어 했기 때문이다. 그리고 데모스테네스는 섬에 불이 났다는 사실에 더 자신감을 얻게 되었다. (3) 이 섬은 전에는 숲으로 덮여 있고 사람이 산 적이 없어 길이 없었는데, 그는 이 점이 적에게 유리할 것 같아 두려운 생각이 들었다. 그가 대군을 이끌고 상륙하면 적군이 눈에 띄지 않는 곳에서 공격해 아테나이인

들에게 큰 손해를 끼칠 수 있을 것이기 때문이다. 적군의 실수나 준비상황은 숲에 가려 아군의 눈에 띄지 않지만, 아군의 실수는 모두 드러나 주도권을 쥔 적군이 원하는 곳이면 어디에서나 아군을 기습할 수 있을 테니 말이다. (4) 그리고 숲이 우거진 곳에서 근접전이 벌어지면 지리에 밝은 소규모 병력이 지리에 어두운 대규모 병력보다 유리하며, 아군은 비록 대군이라 해도 서로 어느 쪽으로 지원하러 가야 하는지 시야가 확보되지 않아 그런 줄도 모르고 궤멸할 수도 있을 것이라고 생각했다.

30 (1) 데모스테네스가 그런 생각을 하는 것은 어느 정도는 숲 때문에 아이톨리아 지방에서 참패한 경험이 있었기 때문이다. (2) 그러나 공간이 협소해 아군 일부를 섬 끝자락에 보초를 세우고 밥을 먹을 수밖에 없었는데, 그들 중 누가 무심코 숲 한쪽에 불을 놓자 마침 바람이 일어 모르는 사이에 숲이 거의 불타버렸다. (3) 그래서 데모스테네스는 섬에 생각보다 많은 라케다이몬인들이 있다는 것을 볼 수 있었다. 그는 전에는 그들이 더 적은 인원수를 위해 먹을거리를 보내주는 줄 알았던 것이다. 그러나 이제는 섬에 상륙하기가 더 쉬워졌다는 것을 본 그는 지금이야말로 아테나이인들이 목적을 달성하기 위해 진지하게 노력할 때라고 생각하고 인근 동맹군에서 병력을 차출하는 등 필요한 준비를 서둘렀다.

(4) 클레온은 미리 사자를 보내 자기가 가고 있다고 전하게 했고, 이어서 데모스테네스가 요청한 병력을 인솔해 퓔로스에 도착했다. 두 장군은 협의한 뒤 먼저 본토에 있는 적진으로 전령을 보내, 그들이 원한다면 섬에 있는 자들에게 전투행위를 중단하고 무구와 신병을 아테나이인들에게 넘기도록 전해달라고 요청했다. 그럴 경우 더 포괄적인 합의가 이루어질 때까지 그들을 감금은 하되 심하게 다루지는 않겠노라고 했다.

31 (1) 라케다이몬인들이 이 제안을 거절하자, 아테나이인들은 하루를 기다렸다가 이튿날 밤 중무장보병을 모두 소수의 함선에 태우고 날이 새기

직전에 섬의 양쪽, 즉 난바다 쪽과 항만 쪽에 상륙했는데, 중무장보병이 모두 8백 명쯤 되었다. 그러고 나서 섬의 첫 번째 초소로 달려갔다.

(2) 적군은 다음과 같이 배치되어 있었다. 이 첫 번째 초소에는 중무장보병이 30명쯤 있었고, 급수원이 있는 중앙의 가장 평평한 곳은 에피타다스 휘하의 주력부대가 점유하고 있었다. 퓔로스 맞은편 섬의 맨 끝자락은 깎아지른 듯한 절벽이 솟아 있고 육지에서도 공격하기가 가장 어려운 곳이라 소수의 파견대가 지키고 있었다. 더군다나 그곳에는 다듬지 않은 돌로 지은 오래된 요새가 있어, 압박을 받아 퇴각하지 않을 수 없을 경우 그들은 그 요새가 자기들에게 유용할 것이라고 생각했다. 라케다이몬군은 그렇게 배치되어 있었다.

32 (1) 아테나이인들은 첫 번째 초소를 습격하여 그곳에서 자고 있거나 무장 중인 적군을 그 자리에서 죽였다. 라케다이몬인들은 그들이 상륙하는 줄 몰랐는데, 아테나이의 함선이 평소처럼 야간 정박소를 향하여 항해하는 줄 알았던 것이다. (2) 새벽에 나머지 부대도 상륙했다. 이들은 70척이 조금 넘는 함선의 각자 되는대로 무장한 선원(맨 아랫단에서 노 젓는 자들을 제외하고) 모두와 8백 명의 궁수, 같은 수의 경방패병, 멧세니아에서 온 증원부대, 그 밖에 성벽의 경비를 맡은 자들을 제외하고 퓔로스에 주둔하고 있던 다른 부대로 구성되어 있었다.

(3) 데모스테네스는 이들을 2백 명 안팎의 독립부대로 나누어 고지들을 점령하게 했는데, 적군을 궁지로 몰아넣기 위해서였다. 사방으로 포위된 적군은 어느 쪽으로 반격을 가해야 할지 모르고 어느 쪽으로든 많은 아군에게 노출되어, 앞쪽 아군을 공격하면 뒤쪽 아군에게 공격당하고, 한쪽 날개의 아군을 공격하면 다른 쪽 날개의 아군에게 공격당할 테니 말이다. (4) 적군이 어디로 이동하든 배후에는 아군의 경무장보병이 있을 것인데, 화살, 투창, 돌, 투석기를 멀리서 효과적으로 사용하는 이들

이야말로 상대하기가 가장 까다로웠다. 이들에게는 가까이 다가갈 수도 없었다. 도망치는 데에는 이들이 유리하고, 적군이 철수하면 되돌아왔기 때문이다. 이런 점을 염두에 두고 데모스테네스는 처음에 상륙 계획을 세웠고, 지금 계획대로 실행하고 있었다.

33 (1) 한편 섬에 있는 적군의 주력부대를 구성하고 있는 에피타다스 예하 부대는 첫 번째 초소가 궤멸되고 적군이 다가오는 것을 보자 대오를 정비하고 근접전을 벌일 의도로 아테나이의 중무장보병들에게 다가갔다. 중무장보병들이 앞에 포진해 있고, 경무장보병들은 그들의 옆과 뒤에 있었기 때문이다. (2) 그러나 그들은 중무장보병들과 맞붙어 자신들의 기술을 드러낼 수 없었다. 경무장보병들이 양쪽 측면에서 무기를 날려보내 그들을 방해하고, 아테나이의 중무장보병들은 그들을 향하여 나아가는 대신 제자리에 머물러 있었기 때문이다. 라케다이몬인들은 적군의 경무장보병들이 달려와 압박을 가하는 곳에서는 어디에서나 쫓아버릴 수 있었지만 이들은 되돌아와 다시 싸움을 걸곤 했다. 이들은 무장이 가벼워 지세가 험한 이곳에서는 추격을 쉽게 따돌릴 수 있었다. 그곳은 여태 사람이 살지 않아 땅이 울퉁불퉁한 데다, 중무장을 한 라케다이몬인들은 바싹 추격할 수가 없었기 때문이다.

34 (1) 두 군대는 잠시 동안 이렇게 멀리 떨어진 채 싸웠다. 그러나 라케다이몬인들이 자신들의 대열이 공격당하는 곳에서 더는 신속한 반격을 가하지 못하자, 경무장보병들은 그들이 이제는 자신을 방어하는 데 더 느려진 것을 보고 자신감이 생겼다.

그들은 자신들이 라케다이몬인들보다 몇 배나 더 많은 것을 볼 수 있었고, 겪어볼수록 라케다이몬인들이 생각한 것만큼 두렵지 않다고 여기게 되었다. 처음 섬에 상륙할 때만 해도 라케다이몬인들과 마주치면 어떡하나 하고 주눅이 들어 있었지만, 자신들의 우려를 확인해줄 만한 것을 아무엇도 경험하지 못했다. 그러던 그들이 이제는 깔보고 고함을 지르며 한 덩어리가 되어 라케다이몬인들을 향하여 진격했으며, 돌, 화살, 투창 등 아무 무기나 닥치는 대로 날려보냈다.

(2) 이런 종류의 전쟁에 익숙하지 않은 라케다이몬인들은 그들이 함성을 지르며 돌격해오자 당황했다. 더군다나 최근에 불타버린 숲에서 먼지가 구름처럼 이는 데다, 수많은 사람들이 쏘아대는 화살과 돌이 먼지 속을 날아다녀 라케다이몬인들은 앞이 보이지 않았다. (3) 이제 라케다이몬인들은 상황이 심각해졌다. 그들의 모전 투구는 화살을 막아주지 못했고, 창에 맞으면 부러진 창끝이 방패에 박혔다. 시야가 가려져 앞을 볼 수 없는 데다 아군의 명령은 더 요란한 적군의 함성에 묻혀 들리지 않는지라 속수무책이었다. 사방에서 위험이 에워싸자 그들은 자신을 지켜내거나 무사히 도주할 가망이 전혀 없었다.

35 (1) 같은 곳에서 빙빙 도느라 부상자가 속출하자 라케다이몬인들은 결국 대오를 좁히고는 자신들의 대원이 지키고 있는 그다지 멀지 않은 섬 끝자락의 요새로 퇴각했다. (2) 그들이 물러가는 것을 보자 경무장보병들이 더 요란하게 함성을 지르며 자신만만하게 밀어붙였다. 퇴각하다가 잡히는 라케다이몬인들은 도륙당했지만 대부분은 요새로 도망쳐 그곳을 지키던 수비대와 함께, 공격받을 수 있는 곳이면 어디든 지키기 위해 전열을 정비했다.

(3) 아테나이인들은 그들을 추격해갔으나, 지세가 험해 그곳을 사방에서 에워싸기가 힘들어지자 정면에서 공격하여 그들을 몰아내려고 했다.

(4) 오랫동안, 아니 거의 온종일 양쪽은 전투와 갈증과 햇볕에 시달리면서도 끝까지 참아냈는데, 아테나이인들은 고지에서 적군을 몰아내려 했고, 라케다이몬인들은 물러서지 않으려 했다. 그러나 라케다이몬인들은 이제 측면을 포위당하지 않아 전보다 방어하기가 더 쉬웠다.

36 (1) 전투가 끝날 것 같지 않자, 멧세니아인들의 장군이 클레온과 데모스테네스에게 다가가 공연히 헛수고할 필요 없이 자기에게 궁수와 경무장 보병을 좀 주면 길을 찾아내 적군의 배후로 돌아갈 것이며, 그렇게 하면 요새로 들어가는 길을 열 수 있을 것 같다고 했다. (2) 그들이 청을 들어주자 그는 군대를 이끌고 라케다이몬인들의 눈에 띄지 않는 지점에서 출발했다. 그는 그때그때 발을 붙일 수 있는 곳을 디디며 섬의 깎아지른 듯한 절벽을 타고 올라갔는데, 험한 지세를 믿고 라케다이몬인들이 그곳에는 파수병을 배치하지 않았다. 그는 들키지 않고 천신만고 끝에 배후로 돌아가 갑자기 그들 뒤쪽에 있는 고지에 모습을 드러냈다. 이 뜻밖의 사태에 라케다이몬인들은 당황했고, 아테나이인들은 자신들이 기다리던 것이 보이자 사기가 드높아졌다.

(3) 라케다이몬인들은 이제 양쪽에서 공격당하게 되었다. 그래서 작은 것을 큰 것과 비교하자면, 그들은 테르모퓔라이[1]에서 당한 것과 같은 처지가 되고 말았다. 그곳에서 페르시아인들이 산속 오솔길을 지나 배후로 돌아오는 바람에 그들은 양쪽으로 공격에 노출되어 더는 버틸 수 없었으니 말이다. 중과부적인 데다 먹을거리가 달려 체력도 약해진 터라 그들은 후퇴하기 시작했고, 이제는 아테나이인들이 진입로를 통제했다.

37 (1) 이때 클레온과 데모스테네스가 전투를 중지시키고 자신들의 군사들을 제지했으니, 라케다이몬인들이 조금만 더 물러서면 아테나이군에게 도륙당하리라는 것을 알았기 때문이다. 그들은 라케다이몬인들이 전령의 통고를 받고는 고집을 버려 무구를 넘겨주고 자신들의 절망적인 처지에 순응하는 경우 그들을 산 채로 아테나이로 데려가고 싶었다. (2) 그래서 그들은 원한다면 아테나이인들에게 신병과 무구를 인도하고 아테나이인들의 처분에 맡기라고 라케다이몬인들에게 전령을 통해 통고하게 했다.

38 (1) 라케다이몬인들은 전령의 말을 듣고 대부분 방패를 내리고 두 손을 흔들어 그 제의를 수락하겠다는 표시를 했다. 그리하여 전투행위가 중단되고, 클레온과 데모스테네스와 라케다이몬인들의 지휘관 파라스의 아들 스튀폰 사이에 회담이 시작되었다. 라케다이몬인들의 이전 지휘관들 중 맨 처음에 지휘하던 에피타다스는 전사했고, 그를 이어 두 번째로 지휘하던 힙파그레타스는 아직 살아 있기는 했지만 시신들 사이에 누워 있어서 전사자로 간주되었다. 스튀폰은 라케다이몬의 규정에 따라 전임자들에게 불상사가 일어날 경우 세 번째로 지휘를 맡기로 되어 있었다. (2) 스튀폰과 그의 참모들은 본토의 라케다이몬인들에게 전령을 보내 자신들이 어떻게 해야 하는지 묻고 싶다고 했다. (3) 그러나 아테나이인들은 그들 중 아무도 본토로 건너가는 것을 허용하지 않고 본토에서 전령들이 건너오게 했다. 그리고 두세 차례 질의응답이 오간 뒤 본토의 라케다이몬인들에게서 마지막으로 건너온 자가 다음과 같이 전했다. "라케다이몬인들은 여러분이 자결권을 행사하되 불명예스러운 행동은 하지 말라고 합니다." 그러자 그들은 자기들끼리 의논한 뒤 신병과 무구를 인도했다.

(4) 그날 낮과 밤에는 아테나이인들이 그들을 감시했지만, 이튿날에는 섬에 승전비를 세우고 출항을 위해 이런저런 준비를 서두르는가 하면 포로를 삼단노선 선장들에게 나누어 맡기며 감시하게 했다. 한편 본토의 라케다이몬인들은 전령을 보내 전사자들의 시신을 거두어갔다. (5) 섬에서 전사한 자들과 포로로 잡힌 자들의 수는 다음과 같다. 총 420명의

---

1 테르모퓔라이는 그리스 반도 중동부의 고갯길이다. 기원전 480년 이곳에서 스파르테 왕 레오니다스(Leonidas)가 이끌던 3백인 결사대가 페르시아 육군의 남하를 한동안 제지했지만, 배신자가 배후의 오솔길을 알려주어 앞뒤로 공격당한 끝에 모두 옥쇄했다.

중무장보병이 건너갔는데, 그중 292명이 포로로 잡혀가고, 나머지는 전사했다. 포로 가운데 120명은 스파르테인들이었다. 아테나이인들은 많이 죽지 않았는데, 백병전이 벌어지지 않았기 때문이다.

39 (1) 라케다이몬인들이 섬에 봉쇄된 기간은 해전부터 시작해 섬에서 전투가 끝날 때까지 모두 27일이었다. (2) 이 기간 중 사절단이 평화조약 협상차 아테나이에 가 있던 약 20일 동안에는 그들에게 식량이 공급되었지만, 나머지 기간에는 먹을거리가 밀반입되었다. 섬에는 곡식과 다른 먹을거리가 조금 남아 있었다. 지휘관 에피타다스가 대원들에게 실제로 배급할 수 있는 것보다 적은 분량을 나눠주었기 때문이다. (3) 이제 아테나이군과 펠로폰네소스군은 필로스에서 철수하여 각각 고국으로 돌아갔고, 미친 소리처럼 들리던 클레온의 약속은 이루어졌다. 그는 공언한 대로 20일 안에 적군을 아테나이로 끌고 왔기 때문이다.

40 (1) 이것은 이번 전쟁 기간 중에 실로 헬라스인들이 가장 예상하지 못한 사건이었다. 왜냐하면 라케다이몬인들은 기아나 다른 어떤 어려움에도 무기를 넘겨주기는커녕 무기를 들고 있는 힘을 다해 싸우다가 죽는다는 것이 일반적인 생각이었기 때문이다. (2) 그들은 무기를 넘겨준 자들이 전사한 자들과 같은 부류의 사람이라는 것이 도무지 믿기지 않았다. 그래서 얼마 뒤 아테나이의 동맹군 가운데 한 명이 약 올려주려고 섬에서 포로로 잡혀온 자 중 한 명에게 전사한 자들이야말로 진정한 용사가 아니냐고 물었다. 그러자 그가 "물레(화살을 두고 하는 말이다)야말로 진정한 용사를 구별해낼 수 있다면 참으로 값진 물건이겠지요"라고 대답했는데, 이는 돌과 화살을 맞으면 누구나 죽게 마련이라는 뜻으로 한 말이다.

41 (1) 포로가 호송되어오자 아테나이인들은 협정이 이루어질 때까지 그들을 감금하되 그전에 펠로폰네소스인들이 앗티케에 침입하면 끌어내 죽

이기로 결정했다. (2) 그들은 퓔로스에 수비대를 배치했다. 그러자 나우팍토스의 멧세니아인들이 자신들의 조국인 그곳으로(퓔로스는 이전에 멧세니아 땅의 일부였다) 자신들 가운데 이 목적에 가장 적합한 자들을 보내주었는데, 이들은 라코니케 지방을 계속 약탈하며 무엇보다도 그 지방 주민과 같은 방언을 사용한 까닭에 큰 피해를 주었다.

(3) 라케다이몬인들은 이런 유격전 경험이 없는 데다, 국가 노예들이 도주하기 시작한 까닭에 나라 전체로 혁명이 확산되지 않을까 전전긍긍했다. 그들은 아테나이인들에게 이런 속내를 드러내고 싶지 않았지만 아테나이로 계속 사절단을 보내 퓔로스와 포로들을 되찾으려 했다. (4) 그러나 아테나이인들은 더 많이 얻고 싶어 라케다이몬인들이 자주 찾아와도 빈손으로 돌려보냈다. 이상이 퓔로스 사건의 전말이다.

42 (1) 같은 해 여름 퓔로스 사건이 있은 직후 아테나이인들이 코린토스 영토에 침입했다. 이 원정대는 함선 80척, 아테나이의 중무장보병 2천 명, 군마 운송선에 탄 기병 2백 명으로 구성되어 있었고, 밀레토스 시, 안드로스 섬, 카뤼스토스 시에서 차출된 동맹군의 지원을 받고 있었다. 니케라토스의 아들 니키아스가 다른 두 명의 동료 장군과 함께 이들을 지휘했다. (2) 그들은 출항하여 새벽에 케르소네소스 곶과 레이토스 천(川)의 중간 솔뤼게이오스 언덕 아래 지역 바닷가에 상륙했다. 이 언덕은 먼 옛날 도리에이스족이 정착하여 아이올레이스족인 시내의 코린토스인들과 전쟁을 한 곳이다. 언덕에는 지금 솔뤼게이아라는 마을이 있다. 함대가 도착한 해안은 마을에서는 12스타디온, 코린토스에서는 60스타디온, 지협에서는 20스타디온 떨어져 있다.

(3) 코린토스인들은 아테나이군이 진격해온다는 말을 아르고스에서 미리 전해 듣고 모든 병력을 오래전에 지협에 집결시켜놓았다. 지협 북쪽에 사는 자들과 암프라키아와 레우카스에 가서 경비 임무를 맡고 있는 5

백 명은 제외되었다. 나머지는 모두 아테나이인들이 어디에 상륙하는지 보려고 감시하고 있었다. (4) 아테나이인들은 야음을 틈타 들키지 않고 입항했다. 그러나 이 사실이 횃불에 의해 알려지자 코린토스인들은 아테나이인들이 크롬뮈온으로 진격할 경우에 대비해 군대의 절반을 켕크레이아 항에 남겨두고 방어하기 위해 신속히 출동했다.

43 (1) 싸움터에 와 있는 코린토스의 지휘관 두 명 가운데 밧토스는 한 부대를 이끌고 성벽을 두르지 않은 솔뤼게이아 마을을 지키러 가고, 뤼코프론은 나머지 부대를 이끌고 공격하기 시작했다. (2) 처음에 코린토스인들은 케르소네소스 곶 앞에 상륙한 아테나이군의 오른쪽 날개를 공격하다가 나중에는 나머지 아테나이군도 공격했다. 전투는 치열한 백병전이었다. (3) 아테나이군의 오른쪽 날개와 그들 옆의 맨 오른쪽 끝에 배치된 카뤼스토스인들은 코린토스인들과 맞서 싸워 힘들기는 했지만 격퇴했다. 그러자 코린토스인들은 돌담 쪽으로 물러나 전체적으로 경사진 그곳의 높은 곳에서 아테나이인들에게 돌맹이를 던져대더니 파이안²을 부르고 나서 다시 공격하기 시작했다. 아테나이인들이 그들에게 맞서자 다시 백병전이 벌어졌다.

(4) 이때 코린토스인들의 다른 부대가 그들의 왼쪽 날개를 지원하러 오더니 아테나이군의 오른쪽 날개를 물리치며 바다 쪽으로 추격했다. 그러나 함선 곁에서 아테나이인들과 카뤼스토스인들이 되돌아섰다. (5) 양군의 나머지 부대도 전투를 계속했다. 특히 뤼코프론 휘하의 코린토스군 오른쪽 날개가 아테나이군의 왼쪽 날개를 막고 있는 곳에서 전투가 가장 치열했는데, 그러지 않으면 아테나이인들이 솔뤼게이아 마을을 공격할 것으로 예상되었기 때문이다.

44 (1) 두 군대는 오랜 시간 버티고 서서 물러서지 않았다. 그런데 아테나이인들은 기병대의 도움을 받을 수 있었지만, 코린토스인들에게는 기병대

가 없었다. 그리하여 마침내 코린토스인들이 등을 돌려 언덕 쪽으로 퇴각하더니 그곳에 전열을 갖추고 서서 다시는 아래로 내려오지 않고 그 자리에 가만히 머물러 있었다. (2) 이렇게 패주하다가 뤼코프론 장군을 포함하여 오른쪽 날개에 포진해 있던 자들은 대부분 전사했다. 코린토스인들의 나머지 군대도 그렇게 격퇴당했지만, 서둘러 도주하거나 멀리까지 추격당하지 않고 고지로 퇴각해 전열을 가다듬었다. (3) 코린토스인들이 더는 공격해오지 않자 아테나이인들은 적군 전사자들의 무구를 벗기고 아군 전사자들을 수습한 다음 바로 승전비를 세웠다.

(4) 한편 아테나이인들이 크롬뮈온으로 진격해올 경우에 대비해 켕크레이아 항에 주둔한 코린토스군의 나머지 반은 오네이온 산에 가려 전투 광경을 볼 수 없었지만, 먼지가 이는 것을 보고 무슨 일이 벌어졌는지 알아차리고는 당장 지원하러 갔다. 코린토스의 중늙은이들도 무슨 일이 일어나고 있는지 전해 듣고 도시에서 지원하러 갔다. (5) 아테나이인들은 이들이 모두 한꺼번에 진격해오는 것을 보자 인근 펠로폰네소스 국가들에서 증원부대가 다가오는 줄 알고 전리품과 아군 전사자들의 시신을 거두어 급히 함선들이 있는 곳으로 퇴각했다. 다만 행방불명된 아군 전사자의 시신 2구는 거두지 못했다. (6) 배에 오른 뒤 가까이 있는 섬들로 건너간 그들은 그곳에서 전령을 보내 휴전조약을 맺고, 두고 간 아군의 시신들을 거두어갔다. 이번 전투에서 코린토스인들은 212명이 목숨을 잃었고, 아테나이인들의 전사자는 50명이 조금 안 되었다.

45 (1) 그 뒤 아테나이인들은 섬들을 출발하여 그날로 코린토스 시에서 120 스타디온 떨어져 있는 코린토스령(領) 크롬뮈온으로 항해해가서 그곳에 닻을 내리고 일대를 약탈한 다음 야영했다. (2) 이튿날 그들은 먼저 바닷

---

2 1권 주63 참조.

가를 따라 에피다우로스 영토로 항해해가서 그곳에 상륙했다. 그런 다음 에피다우로스와 트로이젠 사이에 있는 메타나 시로 가서 지협을 가로질러 성벽을 쌓음으로써 반도를 차지하고는 수비대를 남겨두고 트로이젠, 할리아이, 에피다우로스의 영토를 약탈했다. 그곳에 성벽 쌓는 일이 끝나자 함대는 아테나이로 돌아갔다.

46 (1) 이런 일들이 일어난 것과 같은 시기에 에우뤼메돈과 소포클레스는 아테나이 함선을 이끌고 퓔로스를 떠나 시켈리아로 항해하던 중 케르퀴라 섬에 들러 시내의 케르퀴라인들과 손잡고 이스토네 산에 둥지를 튼 케르퀴라인들 토벌 작전에 나섰다. 이들은 내란이 일어난 뒤 본토에서 건너와 여러 농촌 지역을 차지하고는 큰 손해를 끼쳤다. 아테나이인들은 그들의 요새를 공격하여 함락했다.

(2) 그러자 높은 곳으로 떼 지어 달아나던 그들은 용병 부대를 넘겨주고 자신들의 무구를 인도하고 아테나이 민중의 처분을 기다린다는 데에 동의했다. (3) 장군들은 휴전협정을 맺고 그들을 아테나이로 호송할 수 있을 때까지 구금하기 위해 프튀키아 섬으로 태우고 가며, 만약 그들 중 한 명이라도 도주하려다 체포되는 날에는 휴전조약은 그들 모두에게 효력을 상실한다는 조건을 달았다. (4) 그러나 케르퀴라의 민중파 지도자들은 포로가 아테나이에 도착하면 아테나이인들이 죽이지 않을까 염려되어 다음과 같은 음모를 꾸몄다. (5) 그들은 섬에 있는 포로 가운데 몇 명에게 가까운 친구들을 들여보내, 아테나이 장군들이 지금 포로들을 케르퀴라의 민중파에게 넘겨주려 하니 되도록 속히 도주하는 것이 상책이며 자기들이 배를 대주겠다고 호의를 가장해 설득하게 한 것이다.

47 (1) 설득이 주효하여, 그들이 배를 대주자 포로들은 출항하려다 체포되었다. 그리하여 휴전조약은 효력을 잃었고, 포로들은 모두 케르퀴라인들에게 넘겨졌다. (2) 일이 이렇게 된 데에는 아테나이 장군들의 책임이

작지 않았다. 그들은 비록 자신들은 시켈리아로 가야 하지만 아테나이로 포로들을 호송하는 명예를 다른 사람들이 차지하는 것을 원하지 않는다는 점을 분명히 했는데, 이러한 태도가 음모자들을 대담하게 행동하도록 부추기고, 음모자들의 논리가 설득력 있게 들리도록 했으니 말이다.

(3) 포로들을 넘겨받자 케르퀴라인들은 큰 건물에 가두었다. 나중에 그들이 포로들을 20명씩 한데 묶은 채 데리고 나가 두 줄로 나란히 늘어선 중무장보병 사이를 지나가게 하니, 개인적으로 원한이 있는 자가 보일 때마다 이들이 치고 찔렀다. 그리고 채찍을 든 자들이 그들 옆에서 걸어가며 조금이라도 늑장을 부리면 몰아세웠다.

48 (1) 모두 60명이 건물에서 끌려나가 그렇게 살해되었지만, 건물 안에 있던 포로들은 그런 줄도 모르고 이들이 이감(移監)되는 줄로 알았다. 그러나 결국 누구에게 전해 듣고 사실을 알게 된 포로들은 아테나이인들에게 자기들이 죽기를 원한다면 손수 죽여달라고 간청했다. 이제 포로들은 건물 밖으로 나가기를 거부했고, 누가 들어오면 한사코 막겠다고 말했다.

(2) 케르퀴라인들 또한 억지로 문 안으로 밀고 들어가려 하지 않고, 건물 꼭대기로 올라가 지붕을 헐더니 아래로 기왓장을 던지고 화살을 쏘아대기 시작했다.

(3) 안에 있던 포로들은 할 수 있는 데까지 방어했다. 그러나 그들은 대부분 자신들을 향해 쏜 화살을 목구멍 안으로 밀어넣거나, 마침 건물 안에 있던 침대들에서 뜯어낸 끈이나 입고 있던 옷을 찢어 만든 띠로 목을 매달아 자살하기 시작했다. 이런 처참한 고통이 진행되는 사이 밤이 되어, 거의 밤새도록 그들은 온갖 방법으로 죽어갔는데, 더러는 자살하기도 하고 더러는 지붕 위에 있는 자들이 쏜 화살을 맞고 죽었다.

(4) 날이 밝자 케르퀴라인들은 짐마차들에 포로들의 시신을 아무렇게나 던져넣고 도시 밖으로 싣고 나갔다. 요새 안에서 사로잡힌 여자들은 노

예로 팔려갔다. (5) 산속 케르퀴라인들은 케르퀴라의 민중파에 의해 이렇게 몰살당했고, 그토록 격렬하던 내전도 적어도 이번 전쟁 동안에는 그렇게 막을 내렸다. 다른 정파에는 이렇다 할 만한 것이 아무것도 남지 않았기 때문이다. (6) 그사이 아테나이인들은 원래 목적지인 시켈리아로 항해해가서 그곳 동맹군과 힘을 모아 전쟁을 계속했다.

49 여름이 끝나갈 무렵 나우팍토스의 아테나이인들은 아카르나니아인들의 지원을 받아 암프라키아 만 어귀에 있는 코린토스인들의 식민시 아낙토리온 원정에 나서 이 도시를 계략으로 함락했다. 그러자 아카르나니아인들이 자신들의 나라 곳곳에서 이주민을 내보내 그곳을 점유했다. 여름은 그렇게 지나갔다.

50 (1) 겨울이 되자 동맹국들에서 세금을 거두도록 파견된 함선들의 지휘관 가운데 한 명인 아르킵포스의 아들 아리스테이데스가 스트뤼몬 강변의 에이온 시에서 페르시아 왕의 명을 받고 라케다이몬으로 여행 중이던 아르타페르네스라는 페르시아인을 붙잡았다. (2) 그자를 아테나이로 호송하여, 아테나이인들이 그자가 가진 서찰을 앗쉬리아 문자에서 번역해 읽어보니 여러 사안이 언급되어 있었다. 그런데 요점은, 라케다이몬에서 사절단이 많이 왔지만 모두 다른 말을 하는 까닭에 라케다이몬인들이 원하는 것이 무엇인지 페르시아 왕이 이해할 수 없다는 것이었다. 그러니 그들이 분명하게 말할 것이 있다면 이 페르시아인과 함께 사절단을 자기에게 보내달라는 것이었다.

(3) 나중에 아테나이인들은 아르타페르네스를 삼단노선에 태워 에페소스로 돌려보내면서 사절단도 보냈다. 그곳에서 그들은 크세르크세스의 아들 아르타크세르크세스가 최근에 죽었다는 것을 알고(아르타크세르크세스는 실제로 이때쯤 죽었다) 귀로에 올랐다.

51 같은 해 겨울 키오스인들도 새로 쌓은 성벽을 아테나이인들의 명령에 따

라 허물었는데, 아테나이인들은 그들이 반란을 일으키려는 것이 아닌지 의심한 것이다. 그러나 그전에 키오스인들은 아테나이인들도 대(對)키오스 정책을 바꾸지 않겠다는 확약과 보장을 받아두었다. 그해 겨울은 그렇게 지나갔고, 투퀴디데스가 기록한 이 전쟁의 일곱 번째 해도 그렇게 저물었다.

52 (1) 여름이 시작되자마자 새달 초승께 부분일식이 있었고,[3] 같은 달 상순에 지진이 일어났다. (2) 그리고 뮈틸레네와 레스보스 섬의 다른 곳에서 추방당한 자들이 펠로폰네소스 반도와 주변 지역에서 고용한 용병대를 이끌고 주로 대륙에서 출발하여 로이테이온 곳을 점령했지만 2천 포카이아 스타테르를 받고는 아무 해도 끼치지 않고 돌려주었다.

(3) 그 뒤 안탄드로스 시로 진격한 그들은 내응(內應)에 힘입어 그곳을 점령했다. 그들의 계획은 전에는 뮈틸레네가 다스렸지만 지금은 아테나이의 통제 아래 들어간 이른바 '해안도시들'을 해방하는 것이었는데, 특히 안탄드로스에 눈독을 들였다. 그곳은 목재가 풍부한 데다 근처에 이데 산이 있어서 함선을 건조하고 다른 장비를 마련하기가 쉬웠다. 그래서 일단 그곳에 요새를 지을 수 있다면 그곳을 거점 삼아 가까운 레스보스 섬을 약탈하고 대륙에 있는 아이올레이스족 도시들을 정복하기는 쉬울 것이었다. 그들은 이런 계획을 추진 하고 있었다.

53 (1) 같은 해 여름 아테나이인들은 함선 60척, 중무장보병 2천 명, 약간의 기병대, 밀레토스와 그 밖의 다른 곳에서 차출한 동맹군을 이끌고 퀴테라 원정에 나섰다. 이들을 지휘한 장군은 니케라토스의 아들 니키아스, 디에이트레페스의 아들 니코스트라토스, 톨마이오스의 아들 아우토클레스였다. (2) 퀴테라는 라코니케 지방 앞바다 말레아 곳 맞은편에 있는

---

3 기원전 424년 3월 21일.

섬이다. 그곳 주민은 라케다이몬인들 중에서 페리오이코스들이었다. 해마다 '퀴테라 판관(判官)'이라는 공직자가 스파르테에서 파견되었다. 그밖에 라케다이몬인들은 중무장보병으로 구성된 수비대를 항시 파견하는 등 그곳에 신경을 많이 썼다. (3) 그곳은 아이귑토스와 리뷔에⁴에서 오는 상선이 기항하는 항구이자, 해적들이 바다에서 라코니케 지방을 공격하기 어렵게 만들었는데, 바다는 라코니케 지방이 공격당할 수 있는 유일한 약점이었다. 라코니케 지방 전체가 시켈리아 해와 크레테 해 쪽으로 튀어나와 있기 때문이다.

54 (1) 아테나이인들은 그곳에 군대를 상륙시켰다. 그들은 함선 10척과 밀레토스인 중무장보병 2천 명으로 스칸데이아라는 해안도시를 함락했고, 나머지 군대는 섬의 말레아 곶 맞은편 쪽에 상륙시킨 다음 퀴테라 시로 진격했다. 그러나 그들이 가서 보니 주민 전체가 지체 없이 전열을 갖추고 있었다. (2) 그리하여 전투가 벌어지자 퀴테라인들은 얼마 동안은 버텼으나 결국 등을 돌려 도시의 높은 곳으로 달아나기 시작했다. 나중에 그들은 사형을 당하지 않는다는 조건으로 자신들을 아테나이인들의 처분에 맡긴다는 협정을 니키아스 및 그 동료 장군들과 맺었다. (3) 사실 그전에 니키아스와 몇몇 퀴테라인 사이에 벌써 협상이 진행되고 있었는데, 그래서 지금 당장에도 나중에도 퀴테라인들에게 유리한 조건으로 협정이 이루어질 수 있었다. 그러지 않았다면 아테나이인들은 퀴테라인들이 라코니케인들이고, 섬이 라코니케 지방에 가깝다는 이유로 섬 주민을 추방했을 것이다. (4) 협정이 이루어진 뒤 아테나이인들은 항구 옆의 소도시 스칸데이아를 점령하고 퀴테라에 수비대를 배치했다. 그리고 아시네와 헬로스와 그 밖에 대부분의 해안도시로 건너가 그곳에 상륙한 뒤 아무 데나 편리한 곳에 숙영하며 약 이레 동안 영토를 약탈했다.

55 (1) 라케다이몬인들은 아테나이인들이 퀴테라 섬을 점령한 것을 보고 그

들이 자신들의 영토에도 그렇게 상륙할 것으로 예상되자, 어느 곳에서도 군대를 한데 모아 대항하지 않고 방방곡곡 각 지역에 필요한 만큼 중무장보병 수비대를 파견했다. 그들은 대체로 수비에 치중했으니, 스팍테리아 섬에서 예상치 못한 참패를 당한 데다 퓔로스와 퀴테라가 적의 수중에 들어가고, 걷잡을 수 없이 재빨리 번지는 전쟁에 사면초가가 된 지금 반정부혁명이 일어나지 않을까 두려웠기 때문이다.

(2) 그래서 그들은 여느 때와는 달리 기병 4백 명으로 구성된 부대와 궁수 부대를 징발했으며, 군사작전에 관한 한 어느 때보다 신중했다. 그들은 자신들의 군편제와 맞지 않은 해전을, 그것도 시도해보지도 않는 것은 곧 성공 기회를 놓치는 것이라고 생각하는 아테나이인들을 상대로 수행하고 있었기 때문이다. (3) 또한 운이 따라주지 않아 단기간에 예상치 못한 타격을 그토록 많이 받게 되자 극도로 소심해져서, 또다시 스팍테리아에서와 같은 참패를 당하지 않을까 두려웠다. (4) 그래서 그들은 전투에 자신감을 잃었다. 이런 불운을 경험한 적이 없는 그들은 사기가 꺾여 자신들이 무슨 조치를 취하든 실패로 끝날 것만 같았다.

56 (1) 그래서 지금 아테나이인들은 해안지대를 유린해도 별로 저항에 부딪히지 않았다. 아테나이인들이 어디에 상륙하든 그 지역의 수비대는 반격을 가하기에는 자신들의 수가 충분하지 못하다고 생각했다. 그러나 코튀르타와 아프로디티아⁵ 일대를 지키던 수비대는 유일하게 반격을 가해 경무장보병들이 놀라 뿔뿔이 달아나게 했는데, 중무장보병들과 마주치자 몇 명이 죽고 무구를 조금 탈취당한 채 도로 퇴각했다. 그래서 아테나이인들은 승전비를 세우고 퀴테라 섬으로 회항했다.

---

4 북아프리카.
5 코튀르타와 아프로디티아는 둘 다 위치를 알 수 없다.

(2) 아테나이인들은 퀴테라에서 출항하여 에피다우로스 리메라 앞바다를 돌아다니며 영토 일부를 약탈한 다음, 아르고스의 영토와 라코니케 지방의 경계에 있는 이른바 퀴누리아 지역의 튀레아에 도착했다. 이곳은 라케다이몬령(領)이었지만 아이기나의 망명자들에게 거주하도록 내주었는데, 지진이 일어나고 국가 노예들이 반란을 일으켰을 때 아이기나인들이 라케다이몬인들을 도와주었을 뿐 아니라 아테나이에 종속되어 있으면서도 언제나 라케다이몬 편을 들었기 때문이다.

57 (1) 아테나이 함대가 다가오고 있을 때 아이기나인들은 바닷가에 축조 중이던 요새를 버리고 바다에서 10스타디온쯤 떨어진 자신들이 거주하던 위쪽 도시로 물러갔다. (2) 이곳에 파견되어 요새를 축조하는 일을 거들던 라케다이몬인들의 수비대는 봉쇄당하는 것이 위험해 보여 함께 위쪽 도시의 성벽 안으로 들어가자는 아이기나인들의 요청을 거절하였다. 그러고는 고지대로 철수하여 자신들은 아테나이인들의 적수가 못 된다고 보고 수수방관했다.

(3) 그사이에 상륙한 아테나이인들은 즉시 전군을 동원하여 튀레아를 함락했다. 도시에 불을 지르고 그 안에 있는 재물을 약탈한 다음 전사하지 않은 아이기나인들을 모두 아테나이로 데려갔다. 거기에는 부상을 당하고 포로가 된 라케다이몬인 총독 파트로클레스의 아들 탄탈로스도 포함되어 있었다. (4) 그들은 또 퀴테라에서도 안전상의 이유로 옮길 필요가 있다고 생각되는 몇 사람을 데려가 이들을 여러 섬에 분산 안치했다. 아테나이인들은 나머지 퀴테라인들은 4백 탈란톤의 공물을 바치고 자신들의 영토를 소유하게 하되, 포로로 잡은 아이기나인들은 양국 간의 해묵은 원한 때문에 모두 죽이고, 탄탈로스는 스팍테리아 섬에서 잡아온 다른 라케다이몬인들과 함께 구금하기로 결정했다.

58 같은 해 여름 시켈리아에서는 먼저 카마리나인들과 겔라인들 사이에 휴

전협정이 이루어졌다. 그 뒤 시켈리아의 다른 헬라스인 이주민의 도시들에서 파견된 사절들이 겔라에 모여 모두 전쟁을 끝낼 수 있는 방법을 논의하기 시작했다. 사절들이 저마다 자기가 불리하다 싶으면 반론을 펼치며 요구 조건을 제시하다 보니, 찬성하는 쪽도 반대하는 쪽도 의견이 분분했다. 그중에서 쉬라쿠사이인 헤르몬의 아들 헤르모크라테스가 가장 설득력 있는 연설을 했는데, 그는 모인 사람들에게 다음과 같이 말했다.

59 (1) "시켈리아의 헬라스인 이주민[6] 여러분, 내가 여러분에게 이런 건의를 드리는 것은 나의 도시가 시켈리아에서 가장 작은 나라여서도 아니고, 전쟁의 피해를 가장 많이 입어서도 아니며, 시켈리아 전체를 위해 최선의 정책이라고 생각되는 바를 공개적으로 말씀드리기 위해서입니다. (2) 전쟁이 비참하다는 것은 우리 모두 알고 있는 만큼, 전쟁의 참상을 일일이 열거하는 것은 무의미한 일일 것입니다. 몰라서 어쩔 수 없이 전쟁을 하는 사람은 없으며, 이득이 생길 성싶은데 두려워서 전쟁을 그만두는 사람도 없습니다. 공격하는 자들에게는 이익이 위험보다 커 보이고, 공격당하는 자들은 당장에 사소한 손해를 입으니 위험을 감수할 각오가 되어 있습니다.
(3) 그러나 이런 갈등이 양쪽의 오산에서 비롯된 것이라면 화해하도록 조언하는 것이 도움이 될 것입니다. (4) 그리고 그런 조언이야말로 우리가 받아들이기만 한다면 지금 상황에서 우리에게 가장 필요한 것입니다. 우리는 저마다 자신의 이익을 추구하기 위해 일단 전쟁을 시작했지만 지금은 협의를 통해 화해를 모색하게 되었는데, 만약 우리가 저마다 정당한 몫을 갖고 회의장을 떠나지 못한다면 우리는 다시 전쟁을 하게 될 것입니다.

6 Sikeliotai.

60 (1) 그리고 여러분이 현명하다면 우리가 이 자리에 모인 이유는 각각의 국가 이익만을 위해서가 아니라 내가 판단하건대 아테나이가 획책하고 있는 음모로부터 시켈리아 전체를 구할 수 있는지 논의하기 위해서라는 것을 알아야 합니다. 또한 우리는 아테나이인들이야말로 내가 하는 어떤 말보다 더 우리가 서로 화해하도록 강요한다는 점을 염두에 두어야 합니다. 헬라스에서 힘이 가장 강한 그들은 함선 몇 척을 이끌고 이곳에 와서는 우리가 실수하기만 호시탐탐 노리고 있으며, '동맹'이라는 미명 아래 우리 사이의 적대감을 자신들의 이익을 위해 교묘하게 이용하려 하고 있습니다. (2) 왜냐하면 우리가 우리끼리 전쟁을 하며 그들에게 도움을 청한다면(그들은 청하지 않아도 원정군을 파견하는 자들입니다), 그리고 우리가 우리의 비용으로 우리끼리 해코지함으로써 그들의 제국을 위해 길을 연다면, 십중팔구 그들은 우리가 지쳤다 싶을 때 어느 날 대군을 이끌고 와서 시켈리아 전체를 자신들의 지배 아래 두려 할 것이기 때문입니다.

61 (1) 우리가 현명하다면, 우리가 동맹군을 불러들이고 추가적인 위험을 감수하는 것은 이미 갖고 있는 것을 줄이기보다는 갖고 있지 않은 것을 얻기 위해서라야 합니다. 그리고 우리는 내란이 여러 도시와 시켈리아를 파괴하는 주범이라는 것을 알아야 합니다. 그 주민인 우리 모두를 공동의 적의 음모가 위협하고 있건만 우리는 도시끼리 서로 분열되어 있으니 말입니다. (2) 이 점을 알고 우리는 개인은 개인끼리, 도시는 도시끼리 화해해야 하며, 시켈리아 전체를 구하기 위해 서로 협력해야 합니다. 어느 누구도 우리 가운데 도리에이스족은 아테나이인들의 적이고, 칼키스인들은 이오네스족계(系)라서 안전하다고 생각해서는 안 됩니다. (3) 아테나이인들이 우리를 공격하는 것은 이곳에는 두 종족이 있고 그들이 그중 한 종족을 미워해서가 아니라 우리가 공동으로 소유하고 있는

시켈리아의 부(富)가 탐나서입니다. (4) 이 점은 그들이 최근 칼키스계 공동체의 요청을 어떻게 받아들였는지를 보면 분명히 알 수 있습니다. 칼키스계 도시들은 전에 조약에 따라 아테나이에 도움을 준 적이 없건만, 아테나이는 그들에게 조약에 명시된 것 이상을 제공하려고 남다른 열의를 보였으니 말입니다.

(5) 하지만 아테나이인들이 이렇듯 탐욕스럽고 계산적이라는 것은 용서해줄 수 있습니다. 내가 비난하는 것은 지배하려는 자들이 아니라 기꺼이 굴종하는 자들입니다. 저항하지 않는 자들은 지배하고, 공격하는 자들에게는 대항하는 것이 인간의 본성이기 때문입니다. (6) 우리가 이 점을 알면서도 적절한 예방책을 강구하지 않거나, 또는 공동의 위협에 대처하기 위해 우리 모두 힘을 모으는 것이 급선무라는 확신 없이 여기에 왔다면, 우리는 큰 실수를 하는 것입니다.

(7) 그런 위협에서 가장 빨리 벗어나는 길은 우리끼리 서로 화해하는 것입니다. 아테나이인들이 사용하는 거점들이 그들의 본국에 있지 않고, 그들을 불러들인 자들의 영토에 있기 때문입니다. (8) 그리하면 전쟁에 전쟁이 이어지는 대신, 우리 사이의 불화는 평화로운 가운데 조용히 해소될 것입니다. 그리고 초청받은 것을 기화로 불의한 짓을 저지르러 온 자들은 당연히 빈손으로 귀국하게 될 것입니다.

62 (1) 아테나이인들에 관한 한, 우리가 심사숙고해보면 이상이 상책입니다. (2) 그건 그렇고, 평화야말로 가장 큰 축복이라고 만인이 인정하는데, 왜 우리는 서로 평화조약을 맺어서는 안 되는 것입니까? 지금 여러분 가운데 한쪽은 번영을 누리고 다른 한쪽은 불이익을 감수한다면, 불이익을 끝내고 번영을 지속하게 하는 것은 전쟁보다는 평화라고 생각되지 않습니까? 그리고 평화는 위험이 덜 수반되는 명예와 영광을 제공하지 않습니까? 평화의 축복을 일일이 열거하자면 전쟁의 참상을 열거하

는 만큼이나 긴말이 필요할 것입니다. 여러분은 이 점을 명심하시어, 내가 한 말을 우습게보지 말고 저마다 살길을 찾도록 하시오.

(3) 그리고 누가 힘에 의지하든 의롭기 때문이든 자신이 하는 일이 성공할 것으로 확신하는 사람이 있다면, 예상과 달리 실패해도 너무 실망해서는 안 됩니다. 그는 이미 많은 사람들이 불의한 자들에게 복수하려다 실패하고 살아남지도 못했으며, 다른 사람들은 자신에게 힘이 있는 만큼 더 많은 것을 얻을 것이라고 기대했다가 더 많이 얻기는커녕 가진 것마저 잃고 말았다는 것을 알아야 합니다.

(4) 불의가 자행되었다고 해서 이를 응징하는 복수가 반드시 성공하는 것도 아니며, 힘에 자신감이 있다고 해서 그 힘이 반드시 믿음직한 것도 아니기 때문입니다. 일을 결정짓는 요인은 미래는 예측할 수 없다는 것입니다. 그 때문에 우리는 매사에 가장 잘 속기도 하지만, 가장 큰 덕을 볼 수도 있습니다. 우리 모두 똑같이 두려워한다면 서로 공격하기 전에 한 번 더 생각하게 되기 때문입니다.

63 (1) 지금 우리는 두 가지 이유로 두려움에 사로잡혀 있는데, 그중 한 가지는 미래는 예측할 수 없다는 것이고, 다른 한 가지는 아테나이인들이 지금 여기에 와 있다는 것입니다. 또한 우리가 저마다 계획하고 바라던 일이 이루어지지 않는 것도 따지고 보면 이 두 가지 요인 때문입니다. 그러니 우리를 위협하는 침입자들을 이 나라에서 내보내고 우리끼리 항구적인 평화조약을 맺되, 그것이 안 된다면 되도록 장기간의 휴전조약을 맺고서 사적인 다툼은 뒤로 미루도록 합시다.

(2) 간단히 말해, 내 조언을 따른다면 우리는 저마다 자기 도시에서 자유와 주권을 회복하고, 선은 선으로 악은 악으로 되갚을 수 있게 될 것이라는 점을 명심하도록 합시다. 그러나 우리가 내 조언을 듣지 않고 남의 지배를 받게 된다면, 누구에게 복수한다는 것은 불가능할 것이고, 기껏해

야 우리의 철천지원수들에게는 친구가 되고, 친구가 되어야 할 자들에게는 원수가 되도록 강요당할 것입니다.

64 (1) 그리고 첫머리에서 말했듯, 나는 가장 큰 도시를 대표하여 이 자리에 와 있고, 방어보다는 공격에 관심이 더 많습니다. 하지만 나는 앞서 말한 위험들을 고려해 남들에게 양보할 용의가 있습니다. 그리고 남에게 해를 끼치려다 되레 내가 해를 입고, 어리석은 야망에 사로잡혀 내 마음대로 할 수 없는 운이나 내 계획을 내가 지배할 수 있다고 생각하는 것은 옳지 않다고 봅니다. 대신 나는 가능한 한 타협할 용의가 있습니다. (2) 나는 여러분도 모두 적에게 강요당해서가 아니라 자발적으로 나처럼 하기를 요청합니다. (3) 도리에이스족이 도리에이스족에게 양보하건 칼키스인들이 같은 친족들에게 양보하건, 동족끼리 양보하는 것은 결코 부끄러운 일이 아닙니다. 중요한 것은 우리 모두 이웃이며, 바다로 둘러싸인 한 섬에 사는 동포이며, 시켈리아의 헬라스 이주민이라는 한 이름으로 부른다는 것입니다. 생각건대, 우리는 때가 되면 다시 전쟁을 하기도 하고, 우리끼리 협상하여 다시 휴전협정을 맺기도 할 것입니다.

(4) 그러나 우리가 현명하다면, 이곳에서 한 나라가 다치면 모든 나라가 위험해지므로 언제나 일치단결하여 외래 침입자들에게 대항하게 될 것입니다. 앞으로 우리는 두 번 다시 외부에서 동맹군이나 중재자를 불러들이지 않을 테니까요. (5) 그렇게 하면 우리는 지금 당장 아테나이인들로부터의 해방과 내전의 종식이라는 두 가지 이익을 시켈리아에 가져다주게 될 것입니다. 그리고 앞으로 외부의 음모에 덜 노출된 자유로운 나라에서 살아가게 될 것입니다."

65 (1) 헤르모크라테스는 그렇게 말했다. 그러자 시켈리아의 헬라스 이주민은 그의 조언을 받아들여 각국이 이미 차지하고 있는 것은 그대로 유지하되 카마리나인들은 쉬라쿠사이인들에게 일정 금액을 지불하고 모

르간티네 시를 차지한다는 조건으로 전쟁을 끝내기로 합의했다. (2) 아테나이의 동맹국들은 아테나이 지휘관들을 불러들여 자기들은 평화조약을 맺으려 하는데 평화조약은 아테나이인들에게도 적용된다고 말했다. 아테나이 지휘관들이 승인하자 평화조약이 이루어졌다. 그 뒤 아테나이 함대는 시켈리아를 떠났다.

(3) 장군들이 귀국하자 본국에 있던 아테나이인들은 그들 중 퓌토도로스와 소포클레스에게는 추방형을, 에우뤼메돈에게는 벌금형을 선고했다. 시켈리아 섬을 장악할 수 있었는데 장군들이 뇌물을 받고 철군했다고 생각했기 때문이다. (4) 아테나이인들은 이처럼 잘나가는 자신들의 행운을 믿고, 자신들에게 장애물은 없으며 가능한 일이든 거의 불가능한 일이든 대군이나 소수 병력을 이끌고 가서 똑같이 성취할 수 있다고 생각했다. 그 이유는 그들이 거의 매사에 예상외의 성공을 거두자 자신들이 할 수 있는 것과 자신들이 희망하는 것을 혼동했기 때문이다.

66 (1) 같은 해 여름 메가라 시내의 메가라인들은 양면으로 압박을 받았으니, 전쟁에서는 전군을 동원해 매년 두 번씩 영토를 침범하는 아테나이인들에게 시달리는가 하면, 내전 중에 민중파에게 쫓겨난 뒤 페가이를 거점 삼아 약탈 행위를 일삼는 자신들의 망명파에게도 시달렸다. 그래서 메가라인들은 망명파를 다시 받아들이고 협공으로 도시가 망하도록 내버려두어서는 안 된다는 제안을 자기들끼리 논의하기 시작했다. (2) 그러자 망명파의 동조 세력이 그러한 분위기를 감지하고 전보다 더 공공연히 그러한 제안을 지지하는 발언을 했다.

(3) 그러나 민중파의 지도자들은 지금처럼 고생이 심하면 민중이 자기들을 끝까지 지지해주지 않을 것이라 생각하고 겁이 나서 아테나이의 장군들인 아리프론의 아들 힙포크라테스와 알키스테네스의 아들 데모스테네스와 교섭하기 시작했는데, 메가라 시를 그들에게 넘길 참이었다. 그

들은 자신들에 의해 추방된 자들이 돌아오게 하느니 그렇게 해야만 자신들이 더 안전하다고 생각한 것이다. 그들은 아테나이인들이 먼저 메가라 시에서 니사이아 항까지 8스타디온쯤 뻗어 있는 긴 성벽을 점령하는 데 동의했다. 그것은 펠로폰네소스인들이 메가라인들을 자기편으로 묶어 두기 위해 유일하게 수비대를 배치한 니사이아 항에서 구원하러 오는 것을 미리 차단하기 위해서였다. 그러고 나서 그들은 위쪽 도시도 넘겨줄 참이었는데, 긴 성벽이 일단 점령되고 나면 메가라인들이 도시를 넘기는 데 더 쉽게 동의할 것이라고 생각했기 때문이다.

67 (1) 어떻게 행동하고 어떻게 말할 것인지 쌍방 간에 협의가 끝나자 아테나이인들은 밤에 힙포크라테스가 지휘하는 중무장보병 6백 명을 이끌고 메가라 앞바다에 있는 미노아 섬으로 항해해가서 성벽 쌓는 벽돌 만드는 데 쓰이곤 하던 근처 구덩이에 자리 잡았다. (2) 한편 다른 장군 데모스테네스와 함께하는 플라타이아이의 경무장보병과 아테나이의 국경 순찰대는 더 가까이 있는 에뉘알리오스[7]의 신전에 매복했다. 그날 밤 꼭 알아야 할 사람 말고는 이를 알아차린 사람은 아무도 없었다.

(3) 날이 새려 했을 때, 이 메가라인 반역자들은 다음과 같이 행동했다. 그들은 성문을 열어두기 위해 얼마 전부터 밤에 수비대장의 허가를 받고 약탈하러 간다는 핑계로 조정 경기용 보트 한 척을 사륜거에 싣고 해자를 건너 바닷가로 나가 출항했다가, 날이 새기 전에 보트를 사륜거에 싣고 성문을 지나 성벽 안으로 들여오곤 했는데, 새벽에 항구에는 배가 한 척도 보이지 않을 테니 미노아 섬을 봉쇄한 아테나이인들이 어리둥절할 것이라고 했다. (4) 그래서 이번에도 사륜거는 어느새 성문에 도착했고, 성문은 여느 때처럼 보트가 들어가도록 열려 있었다. 그것을 보자 아

---

7 전쟁의 신.

테나이인들이 각본대로 매복처에서 뛰쳐나와, 문이 도로 닫히기 전 사륜거가 문틈에 끼여서 문이 닫히는 것을 방해하는 사이 문에 도달하려고 재빠르게 달려갔다. 동시에 메가라인 반역자들이 문간에서 보초들을 죽이기 시작했다.

(5) 데모스테네스와 함께하는 플라타이아이인들과 국경 순찰대가 맨 먼저 안으로 뛰어들었는데, 그곳에는 지금도 승전비가 서 있다. 그들이 성문 안으로 들어오자마자 가장 가까운 곳에 있던 펠로폰네소스인들이 무슨 일이 벌어지고 있는지 알고서 구원하러 왔지만, 플라타이아이인들이 이들을 맞아 싸워 물리친 다음 아테나이 중무장보병들이 쏟아져 들어갈 수 있도록 성문을 확보하고 열어두었다.

68 (1) 아테나이인들은 성문 안으로 들어오는 족족 성벽 쪽으로 향했다. (2) 처음에 소수의 펠로폰네소스 경비대원이 버티고 서서 막으려 했지만, 그중 몇 명이 죽자 대부분 도주했다. 적군의 야습(夜襲)에 겁을 먹은 데다 메가라의 반역자들이 자기들에게 맞서 싸우는 것을 보고는 메가라 주민 전체가 자기들을 배신한 줄 알았던 것이다. (3) 게다가 아테나이인들의 전령이 메가라인들 중에 자진하여 그럴 의향이 있는 사람은 누구든 가서 아테나이인들 편에서 싸우라고 큰 소리로 외쳤다. 펠로폰네소스인들은 이 말을 듣자 더 버티지 못하고 자신들이 아테나이와 메가라 양군의 공격을 받는 줄 알고서 니사이아로 도주했다.

(4) 새벽녘에 성벽이 벌써 점령되고 시내의 메가라인들이 큰 혼란에 빠졌을 때, 아테나이에 협력하던 자들과 내막을 알고 있는 민중파가 성문을 열고 나가 싸워야 한다고 말했다. (5) 성문이 열리면 아테나이인들이 쇄도하기로 되어 있었기 때문이다. 그리고 친(親)아테나이파는 다치지 않도록 몸에 올리브유를 듬뿍 발라 표를 내게 되어 있었다. 그들에게는 성문을 여는 편이 더 안전했다. 아테나이의 중무장보병 4천 명과 기병 6

백 명이 협약에 따라 엘레우시스에서 밤새도록 행군하여 도착해 있었기 때문이다.

(6) 그러나 친아테나이파가 몸에 올리브유를 바르고 벌써 성문 옆에 서 있는데, 내막을 아는 자들 가운데 한 명이 반대파에게 음모를 폭로했다. 그러자 반대파가 떼 지어 몰려와서는 지금보다 힘이 더 강했을 때도 그런 모험을 하지 않았거늘 지금 출동하여 도시를 명백한 위험에 빠뜨려서는 안 된다고 주장했다. 그리고 그들의 조언이 받아들여지지 않는다면 그 자리에서 당장 싸움이 벌어질 것이라고 했다. 그러나 그들은 자기들이 음모를 알고 있다는 내색을 하지 않고 자신들의 조언이 상책이라고만 주장하며 성문 옆을 지키고 서서 반역자들이 계획대로 행동하지 못하게 했다.

69 (1) 계획에 차질이 생겼음을 알아차린 아테나이 장군들은 힘으로는 도시를 도저히 함락할 수 없다고 보고 곧장 니사이아를 봉쇄하기 시작했는데, 증원부대가 도착하기 전에 그곳을 함락한다면 메가라도 그만큼 더 일찍 항복할 것이라고 생각했기 때문이다. (2) (쇠, 석공, 그 밖에 필요한 물자가 아테나이에서 신속히 운반되었다.) 그들은 자신들이 점거하고 있는 성벽부터 시작해 그 앞에다 니사이아 항의 양쪽 바다로 이어지는 성벽을 쌓음으로써 그곳을 메가라에서 차단했으며, 해자와 성벽 쌓는 일을 부대별로 나누어 맡았다. 돌과 벽돌은 근교에서 가져다 썼고, 방책이 필요하면 과수와 관목을 베어왔다. 교외의 집들도 흉벽을 덧붙여 요새의 일부로 썼다.

(3) 그들은 그날 온종일 작업을 계속했다. 이튿날 오후 성벽이 완성되다시피 하자 니사이아에 있던 자들은 겁이 났다. 하루에 한 번씩 위쪽 도시에서 식량을 배급받던 터라 식량도 달리고, 펠로폰네소스에서 원군이 금세 오리라고 기대할 수도 없고, 메가라인들은 자신들에게 적대적이라고

믿었기 때문이다. 그래서 그들은 무구를 인도하되 각자 몸값을 내고 석방되며, 그곳에 와 있는 라케다이몬의 장군이나 그 밖의 다른 사람에 대해서는 아테나이인들이 처분권을 갖는다는 조건으로 항복했다. (4) 그들은 이런 조건에 찬성한 뒤 니사이아를 떠났고, 아테나이인들은 성벽이 메가라 시에 연결되는 부분을 허물고 니사이아를 점령한 다음 다른 준비를 서둘렀다.

70 (1) 이 무렵 라케다이몬인 텔리스의 아들 브라시다스는 트라케 지방 원정을 준비하느라 시퀴온 시와 코린토스 시 근처에 가 있었다. 성벽이 함락되었다는 소식을 듣자 그는 니사이아에 있는 펠로폰네소스인 수비대가 염려되고 메가라가 함락되지 않을까 두려워, 보이오티아인들에게 사람을 보내 당장 군대를 이끌고 와서 트리포디스코스(게라네이아 산기슭의 메가라 땅에 그런 이름을 가진 마을이 있다)에서 자기와 만나자고 요청했다. 그리고 그 자신은 코린토스인 중무장보병 2천7백 명, 플레이우스인 4백 명, 시퀴온인 6백 명 그리고 벌써 집결한 자기 휘하의 부대를 모두 이끌고 출동했다. 그는 니사이아가 함락되기 전에 그곳에 도착할 수 있으리라고 생각한 것이다.

(2) 그러나 그는 니사이아가 함락되었다는 것을 알게 되자(그는 벌써 밤에 트리포디스코스 마을을 향해 출발했다) 자신의 부대에서 3백 명의 대원을 뽑아 이들을 이끌고 자기가 왔다는 사실이 알려지기 전에, 바닷가에 있던 아테나이인들에게 들키지 않고 메가라 시에 도착했다. 그는 말로는 니사이아를 탈환하고 싶다고 했고, 가능하다면 실제로 시도해볼 작정이었지만, 그가 가장 바라는 것은 메가라 시에 들어가 그곳을 확보하는 것이었다. 그래서 그는 니사이아를 탈환할 희망이 있다며 자기 부대가 시내로 들어가게 해달라고 메가라인들에게 요청했다.

71 (1) 그러나 메가라의 두 정파는 전전긍긍했다. 한 정파는 브라시다스가

망명자들을 데리고 들어와 자기들을 몰아낼까 두려웠고, 다른 한 정파는 민중이 바로 그 점을 염려하여 자기들을 공격하지 않을까, 그리하여 아테나이인들이 근처에 매복해 있는 데다 내전까지 벌어진다면 도시가 망하지 않을까 두려웠다. 그래서 그들은 브라시다스를 안으로 들이지 않고, 두 정파 모두 은인자중하며 형세를 관망하기로 결정했다.

(2) 두 정파 모두 아테나이인들과 원군 사이에 전투가 벌어질 것이라고 예상했는데, 각 정파는 자기들이 좋아하는 쪽이 이기기 전에는 그쪽에 협력하지 않는 편이 자기들에게 더 안전할 것이라고 여겼기 때문이다. 브라시다스는 그들을 설득하는 데 실패하자 나머지 부대가 있는 곳으로 철수했다.

72 (1) 새벽녘에 보이오티아인들이 도착했다. 그들은 브라시다스가 사람을 보내기 전에도 메가라를 도우러 갈 작정이었고, 벌써 플라타이아이에 전군이 집결해 있었다. 그들은 메가라에 대한 위협이 자기들과 무관하지 않다고 보았던 것이다. 브라시다스의 전령이 도착하자 그들은 더욱 열의를 보이며 그에게 중무장보병 2천2백 명과 기병 6백 명을 보내주고, 자신들은 더 많은 군사를 이끌고 귀로에 올랐다.

(2) 브라시다스 휘하의 군사가 모두 모이니, 중무장보병만 6천 명이 넘었다. 아테나이의 중무장보병들은 니사이아 주위와 바닷가에 포진했지만 경무장보병들은 들판에 분산되어 있었다. 보이오티아 기병대가 이들 경무장보병을 공격하여 바닷가로 밀어냈는데, 이는 전혀 예상치 못한 기습이었다. (지금까지는 외부에서 원군이 메가라인들을 도우러 온 적이 없었기 때문이다.)

(3) 그러자 아테나이 기병대가 그에 맞서 그들과 싸우러 출동했다. 장시간 계속된 이 기병전에서 양쪽은 자기들이 이겼다고 주장했다. (4) 아테나이인들은 보이오티아인들의 기병대장과 니사이아까지 밀고 들어온

몇몇 다른 사람들을 죽이고 무구를 빼앗았다. 그리고 그들의 시신을 손에 넣었다가 휴전협정을 맺은 뒤 돌려주고 승전비를 세웠다. 그러나 전체적으로 볼 때 어느 쪽도 결정적인 승리를 거두지 못한 채 전투가 끝나, 보이오티아인들은 자신들의 부대가 있는 곳으로 돌아가고 아테나이인들은 니사이아로 돌아갔다.

73 (1) 그 뒤 브라시다스와 그의 부대는 바다와 메가라 시 쪽으로 더 가까이 이동하여 적당한 곳에 포진했는데, 그들은 아테나이인들이 공격해오리라 예상했고, 어느 쪽이 이기는지 메가라인들이 지켜보고 있다는 것을 알고 있었다. (2) 그들은 이런 작전이 두 가지 면에서 자신들에게 유리하다고 생각했다. 첫째, 그들이 먼저 싸움을 걸거나 위험을 무릅쓸 필요가 없었다. 또한 그들은 방어할 의사가 있음을 분명히 밝힌 만큼 수고하지 않고도 자신들이 승리했다고 당당하게 주장할 수 있을 것이다. 그것은 동시에 메가라와 관련해서도 그들의 이익에 부합할 것이다. (3) 그들이 이곳에 나타나지 않았더라면 기회조차 없었을 테고, 마치 전투에서 패한 양 틀림없이 도시를 잃었을 테니 말이다. 그런데 지금은 아테나이인들이 그들과 싸우기를 원치 않을 수도 있고, 그렇게 되면 브라시다스와 그의 군대는 싸우지 않고도 원정 목적을 달성할 수 있을 것이다. 그리고 실제로 그렇게 되었다.

(4) 아테나이인들은 밖으로 나가 긴 성벽 옆에 포진하고는 적이 공격해오지 않자 가만있었다. 그들의 장군들 판단에 따르면, 그들은 벌써 대부분의 목표를 달성한 만큼 수적으로 우세한 적군과 전투를 시작한다는 것은 무모한 모험이었다. 그들이 이기면 메가라를 점령하게 되겠지만, 지면 중무장보병의 정예부대를 잃게 된다는 것이었다. 반면에 적군은 여러 동맹국에서 파견한 부대로 구성되어 있어 각국은 패해도 전군의 일부만 잃을 뿐이니 당연히 더 대담하게 나올 수 있다는 것이었다. 그래서 두 군

대는 한동안 기다리다가 어느 쪽도 공격해오지 않자, 먼저 아테나이인들이 니사이아로 철수하고, 이어서 펠로폰네소스인들도 처음 출동한 곳으로 돌아갔다. 그러자 망명파에 동조하는 메가라인들은 브라시다스가 이겼고 아테나이인들은 더는 싸울 뜻이 없다고 보고는, 성문을 열어 브라시다스와 동맹군의 지휘관들을 맞아들인 뒤 친아테나이파가 주눅 든 가운데 그들과 협상하기 시작했다.

74 (1) 나중에 동맹군이 각자 자신의 도시로 흩어지자, 브라시다스도 코린토스로 돌아가 처음 계획대로 트라케 원정 준비를 계속했다. (2) 그사이 아테나이인들도 귀국하고, 시내에 있던 메가라인들 중 가장 적극적으로 친아테나이 활동을 하던 자들도 자신의 활동이 발각된 줄 알고 재빨리 도주했다. 그러자 나머지 메가라인들은 망명파의 동조 세력과 의논하여, 무슨 일이 있어도 복수하지 않고 오직 국가의 이익만 생각하겠다는 서약을 받은 뒤 페가이에서 망명파를 귀환시켰다.

(3) 그러나 이들은 일단 공직에 취임하자 도시 여기저기에 배치되어 있는 부대를 사열하면서 정적과 아테나이에 특히 협력한 것으로 생각되는 자들 가운데 1백 명을 골라냈다. 그들은 공개 투표로 이들에게 유죄판결을 내리도록 백성을 강요했고, 유죄가 선고되자 이들을 죽였다. 그러고 나서 그들은 도시에 엄격한 과두정부를 세웠다. (4) 이러한 정체 변혁은 비록 소수에 의해 주도되었지만 그 결과는 꽤 오래 지속되었다.

75 (1) 같은 해 여름 뮈틸레네인들은 계획대로 안탄드로스 시를 요새화하고자 했다. 이때 아테나이 징세선 지휘관 데모도코스와 아리스테이데스는 헬레스폰토스 해협에 있다가(세 번째 장군인 라마코스는 함선 10척을 이끌고 흑해로 가고 없었다) 그곳을 요새화한다는 말을 듣고 아나이아 시가 사모스 섬에 그랬듯 그곳이 렘노스 섬에 위협이 되지 않을까 두려웠다. 사모스 섬의 망명파는 아나이아에 둥지를 틀고는 함선들에 키잡이

들을 대줌으로써 펠로폰네소스인들을 도와주는가 하면, 섬에 있는 사모
스인들을 계속 선동하고 그곳을 떠난 망명자들을 받아주었던 것이다. 그
래서 동맹국들에서 군대를 모집하여 안탄드로스로 출항한 장군들은 대
항하러 나온 자들을 이기고 다시 그곳을 점령했다.

(2) 얼마 뒤 흑해로 항해해 들어갔던 라마코스는 헤라클레이아령 칼렉스
강변에 닻을 내리고 있다가 상류 지역에 폭우가 쏟아져 갑자기 홍수가
나는 바람에 함선들을 잃었다. 그래서 그와 그의 군대는 걸어서 해협 저
쪽 아시아에 사는 비튀니스 지방의 트라케인들 사이를 지나 흑해 어귀에
있는 메가라 식민시 칼케돈에 도착했다.

76 (1) 같은 해 여름 아테나이 장군 데모스테네스는 메가라 영토에서 철수
하자마자 함선 40척을 이끌고 나우팍토스에 도착했다. (2) 데모스테네
스와 힙포크라테스는 보이오티아 지방의 여러 도시 사람들과 교섭 중이
었는데, 이들은 기존 정부를 전복하고 아테나이에서처럼 민주정부를 도
입하기를 원했다. 이러한 움직임의 주동자는 테바이 망명자 프토이오도
로스였으며, 그들의 계획은 다음과 같았다. (3) 몇몇 사람은 크리사 만에
면한 테스피아이령 해안도시 시파이가 반기를 들게 하고, 오르코메노스
출신인 다른 사람들은 전에 '미뉘아이족의 오르코메노스'라고 불리다가
지금은 '보이오티아의 오르코메노스'라고 불리는 오르코메노스의 속국
코로네이아를 넘겨주게 한다는 것이었다. 그런데 오르코메노스의 망명
파는 이번 거사에 특히 적극적이며 펠로폰네소스에서 용병을 고용하고
있었다. 포키스인 몇 명도 가담했다. (카이로네이아는 보이오티아 지방
의 변경 도시로 포키스 지방의 파노테우스 시에 가깝다.)

(4) 아테나이인들은 에우보이아 섬과 마주 보는 타나그라 시의 영토에
있는 아폴론 신의 성역 델리온을 점령하기로 되어 있었다. 이 모든 일이
정해진 날 한꺼번에 일어나게 되어 있었는데, 보이오티아인들이 저마다

자기 지역에서 벌어진 분란에 전념하느라 델리온을 지키려고 한꺼번에 출동하지 못하게 하기 위해서였다. (5) 이런 시도가 성공하여 델리온을 요새화할 수 있을 경우, 보이오티아 도시들에서 당장 정체 변혁이 일어나지는 않는다 해도 그런 거점들을 기지 삼아 온 나라를 약탈하고 반기를 든 자들에게 피난처가 가까이 있다면 나라는 질서가 유지될 수 없을 것이며, 아테나이인들이 반란군을 계속 지원해주고 보이오티아 정부가 대항할 힘을 한데 모을 수 없다면 결국 자기들이 바라던 대로 되고 말 것이라는 것이 그들의 생각이었다.

77 (1) 이것이 그들의 거사 계획이었다. 힙포크라테스는 때가 되면 아테나이에서 군대를 이끌고 보이오티아로 진격할 작정이었다. 하지만 그전에 그는 함선 40척과 함께 데모스테네스를 나우팍토스로 보내 그 지역에서 아카르나니아인들과 다른 동맹군의 군사를 모아서 반기를 들 것으로 예상되는 시파이로 항해하게 했다. 두 사람은 두 가지 작전이 동시에 진행될 날을 정했다.

(2) 데모스테네스가 도착해보니 오이니아다이 시는 전 아카르나니아인들에 의해 강제로 아테나이 동맹에 편입되어 있었다. 그래서 그는 그곳에서 동맹군을 모두 소집한 다음 먼저 살륀티오스 왕과 아그라이오이족을 공격하여 아테나이 편이 되게 했다. 그런 다음 정해진 날짜에 시파이에 도착할 수 있도록 준비를 서둘렀다.

78 (1) 한편 브라시다스는 그해 여름 같은 시기에 중무장보병 1천7백 명을 이끌고 트라케 지방으로 가고 있었다. 트라키스 지역의 헤라클레이아 시에 도착했을 때 그는 파르살로스 시에 있는 친구들에게 전령을 보내 자신과 자신의 군대를 호송해달라고 요청했다. 그러자 몇 사람이 아카이아 프티오티스 지역의 멜리테이아 시로 그를 만나러 왔는데, 파나이로스, 도로스, 힙폴로키다스, 토뤼라오스, 칼키디케인들의 현지인 영사 스트

로파코스가 그들이다. 그래서 그는 여행을 계속했다. (2) 다른 텟살리아인들도 그를 호송해주었는데, 거기에는 페르딕카스의 친구인 라리사 시의 니코니다스도 있었다. 호송인 없이 텟살리아 지방을 통과하기는 어려운 일이었으며, 군대를 이끌고 통과하기란 더욱 어려운 일이었다. 다른 나라 사람들이 허가를 받지 않고 자기 나라를 통과하는 것을 모든 헬라스인이 똑같이 위협으로 간주하는 데다, 텟살리아의 대중은 언제나 아테나이에 우호적이었기 때문이다.

(3) 그래서 텟살리아인들이 전통적인 과두정부가 아니라 민주정부의 통치를 받았더라면, 브라시다스는 결코 앞으로 나아갈 수 없었을 것이다. 그때도 그는 행군 도중 에니페우스 강변에서 그를 호송해주는 자들과 대립하는 정파에 속하는 사람들과 마주쳤는데, 이들이 그의 길을 막으며 그가 주민 전체의 동의를 받지 않고 행군하는 것은 불법이라고 말했으니 말이다. (4) 그러자 그를 호송하던 자들이 자기들은 주민의 뜻에 반해 길을 안내하지는 않겠다며, 뜻밖에 찾아온 방문객을 친구로서 동행하고 있을 뿐이라고 대답했다. 브라시다스도 자기는 텟살리아와 그 주민의 친구로서 왔으며, 자기가 무기를 휴대한 것은 그들을 치려는 것이 아니라 교전 중인 아테나이인들을 치기 위해서라고 덧붙였다. 또한 자기는 텟살리아인들과 라케다이몬인이 서로 상대방의 영토를 통과하는 것을 금할 만큼 적대시한 적이 없다고 보며, 자기는 그들이 허가하지 않으면 더는 앞으로 나아가지 않겠지만(아니, 나아갈 수 없겠지만) 자기를 제지하지 말아달라고 부탁했다.

(5) 이 말을 듣고 그의 통행을 막던 자들은 그곳을 떠났다. 그러자 브라시다스는 자기를 호송해주던 자들의 조언에 따라, 더 많은 사람들이 그를 제지하려고 모여들기 전에 멈추지 않고 계속해서 속보로 행군했다. 그는 멜리테이아를 떠나던 그날로 파르살로스에 도착하여 아피다노스 강변

에 진을 쳤다. 그곳에서 그는 파키온 시로 갔고, 파키온에서 페르라이비아 지역으로 갔다. (6) 그곳에 이르자 그를 호송하던 텟살리아인들은 돌아가고, 텟살리아의 예속민인 페르라이비아인들이 페르딕카스 왕국에 있는 디온으로 그를 데려다주었다. 디온은 올륌포스 산 기슭에 있는 마케도니아 지방의 소도시로 텟살리아 지방과 마주 보고 있다.

79 (1) 이렇게 브라시다스는 누가 그를 막으려고 준비하기 전에 재빨리 텟살리아를 통과해 페르딕카스의 왕국과 칼키디케에 도착했다. (2) 아테나이에 반기를 든 트라케의 도시들과 페르딕카스가 아테나이의 성공에 놀라 이 군대가 펠로폰네소스 반도에서 행군해오도록 초청했기 때문이다. 칼키디케인들은 아테나이의 다음 공격 목표가 자기들이라고 생각했다. (아테나이에 반기를 들지 않은 이웃 도시들도 이번 초청에 은밀히 공조했다.) 페르딕카스는 공개적으로는 반기를 들지 않았지만 아테나이인들과의 해묵은 원한이 두려웠고, 륑코스인들의 왕 아르라바이오스를 굴복시키는 것이 그의 간절한 소원이었다.

(3) 당시 라케다이몬인들에게 불운이 겹친 까닭에 그들은 그만큼 쉽게 펠로폰네소스에서 이 군대를 초청할 수 있었다.

80 (1) 아테나이인들이 펠로폰네소스 반도, 특히 라케다이몬 영토를 유린하고 있는 지금, 라케다이몬인들은 그들의 공격을 딴 데로 돌릴 가장 좋은 방법은 무엇보다도 동맹국들이 반기를 들 작정으로 라케다이몬의 지원을 요청하면서 군대 유지에 필요한 비용을 부담하겠다고 자청할 경우 동맹국들에 군대를 파견하여 아테나이인들에게 앙갚음하는 것이라고 생각한 것이다. (2) 동시에 그들에게는 퓔로스가 적에게 점령당한 지금 덩달아 변혁을 꾀하지 못하도록 국가 노예들 가운데 일부를 국외로 내보낼 그럴듯한 핑계가 생긴 셈이었다.

(3) 국가 노예들에 대한 그들의 정책은 언제나 자신들의 안전에 주안점

을 두었는데, 실제로 그들은 건장하고 젊은 국가 노예들의 수가 늘어나는 것이 두려워 다음과 같은 조치를 취하기까지 했다. 라케다이몬인들은 전쟁터에서 라케다이몬을 위해 가장 훌륭하게 봉사했다고 주장하는 국가 노예들에게는 자유를 줄 테니 빠짐없이 출두하라고 포고했다. 그러나 그것은 책략이었다. 그들은 자신이 누구보다도 자유의 몸이 될 권리가 있다고 주장하는 자들이야말로 라케다이몬에 반기를 들 가능성이 가장 높은 자라고 생각한 것이다.

(4) 그리하여 약 2천 명이 뽑혔는데, 이들은 자신이 자유의 몸이 된 줄 알고 머리에 화관을 쓰고는 신전들 주위를 돌았다. 그러나 라케다이몬인들은 얼마 뒤 그들을 제거해버렸는데, 그들이 각자 어떻게 살해당했는지 아는 사람은 아무도 없었다. (5) 그래서 라케다이몬인들은 이번 기회에 7백 명의 국가 노예들을 기꺼이 내보내며 브라시다스 밑에서 중무장보병으로 복무하게 했다. 그의 원정대의 나머지 대원들은 펠로폰네소스에서 모집한 용병이었다.

81 (1) 브라시다스는 가기를 열망했고, 칼키디케인들은 그를 갖기를 열망했다. 그래서 라케다이몬인들은 그의 원정에 동의한 것이다. 그는 스파르테 내에서도 다방면에 정력적인 활동가라는 평판이 나 있었지만, 외국에 나가서는 라케다이몬인들에게 가장 값진 인물로 밝혀졌다.

(2) 그는 이번에 여러 도시에 합리적이고 온건한 태도를 보임으로써 대부분의 도시가 아테나이에 반기를 들도록 만들고 다른 곳들은 계략으로 함락할 수 있었다. 그리하여 라케다이몬인들이 (실제로 나중에 그랬듯) 평화협정을 맺고 빼앗거나 뺏긴 땅을 서로 교환할 때 마음대로 흥정할 수 있었고, 펠로폰네소스에 전쟁의 짐을 덜어줄 수 있었다. 그리고 시켈리아 사건 뒤 전쟁의 마지막 단계에서 아테나이의 동맹국들 사이에 친(親)라케다이몬적 감정을 불러일으킨 주된 요인은 브라시다스가 당시

보여준 훌륭한 태도와 지혜였는데, 그의 이런 자질을 어떤 사람들은 경험을 통해 알고 있었고, 다른 사람들은 남의 말을 전해 듣고 믿었다.

(3) 그는 그렇게 처음으로 외국에 파견된 라케다이몬인으로서 자신이 모든 면에서 훌륭한 인물임을 보여줌으로써 다른 라케다이몬인들도 그와 같으리라는 확신을 심어주었던 것이다.

82 아테나이인들은 그가 트라케 지방에 도착했다는 말을 전해 듣자마자 브라시다스가 통과할 수 있었던 것은 페르딕카스의 책임이라고 생각하고 그에게 선전포고를 하는 한편 그 지방의 동맹군을 더 엄중히 감시했다.

83 (1) 페르딕카스는 당장 자신의 군대와 함께 브라시다스와 그의 부대를 이끌고 이웃에 사는 마케도니아 륑코스인들의 왕 브로메로스의 아들 아르라바이오스를 치러 출동했는데, 그와 사이가 나빠 굴복시키고 싶었던 것이다. (2) 그러나 그가 군대를 이끌고 브라시다스와 함께 륑코스 왕국으로 들어가는 고갯길에 이르렀을 때 브라시다스가 말하기를, 전투가 시작되기 전에 자기가 먼저 들어가 협상을 통해 가능하다면 아르라바이오스를 라케다이몬인들의 동맹군으로 만들고 싶다고 했다.

(3) 아르라바이오스가 전령을 통해 이 문제를 브라시다스의 중재에 맡기고 싶다고 제의해왔기 때문이다. 브라시다스와 함께하던 칼키디케의 사절단도 페르딕카스가 자기들의 목표에도 더욱 열의를 보이도록 페르딕카스의 걱정거리들을 덜어주지 말라고 조언했다. (4) 그런가 하면 라케다이몬에 파견된 페르딕카스의 사절단은 그가 여러 이웃 지역을 라케다이몬의 동맹국으로 만들 수 있을 것이라고 암시한 적이 있었다. 그래서 브라시다스는 자기가 아르라바이오스 문제를 처리하는 것이 더 공동의 이익에 부합한다고 생각했다.

(5) 그러나 페르딕카스가 말하기를, 자기는 브라시다스를 지역 분쟁을 조정하라고 데려온 것이 아니라 자기가 적으로 지목하는 자들을 제거하

라고 데려온 것이며, 자기가 군대 유지비의 절반을 대는데 브라시다스가 아르라바이오스와 협상하는 것은 옳지 못하다고 했다. (6) 하지만 페르 딕카스가 이의를 제기하며 극구 반대하는데도 불구하고 아르라바이오 스와 협상에 들어간 브라시다스는 그의 말을 믿고는 그의 나라에 침입하 지 않고 부대를 이끌고 떠났다. 그 뒤 페르딕카스는 자신이 모욕당했다 고 믿고 군대 유지비의 절반이 아니라 3분의 1만 대주었다.

84 (1) 같은 해 여름 포도 수확기 직전에 브라시다스는 지체 없이 칼키디케 인들을 이끌고 안드로스 섬의 식민시인 아칸토스 원정에 나섰다. (2) 아 칸토스인들은 그를 받아들이느냐 여부를 놓고 의견이 엇갈려 두 파로 나 뉘었는데, 한 파는 칼키디케인들과 손잡고 그를 초청한 자들이고, 다른 한 파는 민중이었다. 하지만 민중은 아직도 성벽 밖에 있는 곡식이 염려 되어, 자기 혼자만 받아들여 자기가 하는 말을 들어보고 나서 결정하라 는 브라시다스의 제안을 받아들였다. 그렇게 받아들여지자 그는 대중 앞 에 서서(그는 라케다이몬인치고는 말을 못하는 편이 아니었다) 다음과 같이 말했다.

85 (1) "아칸토스인 여러분, 라케다이몬인들이 나와 내 부대를 이곳에 파견 한 것은 우리가 개전 초기에 선언한 명분을 실현하기 위해서인데, 그때 우리는 헬라스를 해방하기 위해 아테나이인들과 싸운다고 선언한 바 있 습니다. (2) 우리가 늦게 왔다면, 그것은 그곳의 전쟁이 예상치 못한 방 향으로 전개되었기 때문입니다. 우리는 여러분을 위험에 빠뜨리지 않고 도 자력으로 아테나이인들을 금세 쓰러뜨릴 수 있으리라고 기대했으니 까요. 그러니 여러분은 우리가 늦었다고 나무라서는 안 됩니다. 우리는 지금 기회가 닿는 대로 여기 왔고, 여러분과 힘을 모아 아테나이인들을 굴복시키려 애쓸 것이기 때문입니다.

(3) 그래서 나는 여러분이 나를 환영하는 대신 내가 들어가지 못하도록

성문을 닫아 건 것을 보고 놀라움을 금치 못했습니다. (4) 우리 라케다이 몬인들은 우리가 실제로 나타나기 전에도 정신적으로 우리의 동맹군이 며, 여기서 우리를 보면 반가워하게 될 백성에게 가고 있는 줄 알았으니 까요. 그래서 우리는 여러 날 동안 이국땅을 지나 행군하는 그런 위험을 감수하며 성의를 다한 것입니다.

(5) 만일 여러분 마음이 바뀌어 여러분 자신과 다른 헬라스인들의 해방 을 반대한다면 이는 실로 무서운 일일 것입니다. (6) 그러면 여러분의 반 대로 그치는 것이 아니라 우리가 다른 사람들에게 다가가도 그들은 우리 편이 되려 하지 않을 것입니다. 내가 맨 먼저 찾아간 여러분이, 큰 도시 를 갖고 있고 지혜롭기로 이름난 여러분이 나를 받아들이지 않은 것을 이상하게 여길 테니 말입니다. 그래도 나는 만족스러운 해명을 할 수가 없습니다. 그들은 내가 가져다주겠다는 자유가 불순한 것이라고 여기거 나, 나는 아테나이의 공격에서 자기들을 지켜줄 병력과 능력도 없이 이 곳에 왔다고 생각하게 될 것입니다.

(7) 하지만 내가 이곳으로 이끌고 온 부대는 내가 니사이아 항을 구원하 러 갔을 때 아테나이인들이 수적으로 우세함에도 불구하고 감히 공격하 지 못한 바로 그 부대입니다. 그러니 그들은 니사이아 항에 있던 부대만 큼 많은 병력을 바닷길로 보내 여러분을 공격하게 하지는 못할 것입니다.

86 (1) 나는 헬라스인들을 해코지하려고 여기 온 것이 아니라 그들을 해방 하려고 왔으며, 내가 동맹군으로 삼는 자들의 독립을 보장해주겠다는 라 케다이몬 정부 당국자들의 가장 엄숙한 맹세를 받아두었습니다. 내가 의 도하는 바는 무력이나 기만으로 여러분을 우리 동맹군으로 삼겠다는 것 이 아니라 오히려 여러분이 아테나이의 예속에서 벗어날 수 있도록 우리 가 여러분의 동맹군이 되겠다는 것입니다. (2) 내 의도를 여러분에게 충 분히 입증한 만큼 나는 여러분의 의심을 받거나 여러분을 보호해줄 능력

이 없는 것으로 간주될 이유는 없으며, 여러분은 자신감을 갖고 내 편이 되어야 한다고 생각합니다. (3) 여러분 가운데 누가 자신의 정적에 대한 두려움에서 내가 특정 집단에 도시를 넘겨주지 않을까 우려한다면, 그 점에 관한 한 나를 전적으로 믿어도 좋습니다.

(4) 나는 파쟁에 개입하려고 여기에 온 것이 아니며, 내가 우리 전통을 무시하고 다수파를 소수파에 예속시키거나 소수파를 다수파에 예속시킨 다면 그것은 진정한 자유를 가져다주는 것이라고 믿지 않습니다. (5) 그 것은 외국의 지배를 받는 것보다 가혹하고, 우리 라케다이몬인들도 수고 한 대가로 고맙다는 말은커녕 명예와 명성이 높아지는 대신 비난만 듣게 될 테니 말입니다. 우리가 아테나이인들과 전쟁을 하는 것은 그들의 악덕 때문이라고 비난하면서 우리 자신도 그런 악덕을 드러낸다면 처음부터 자신의 미덕을 과시하지 않은 자들보다 더 미움을 사게 될 것입니다. (6) 평판이 좋은 자들에게는 공개적인 무력보다 위선적인 기만으로 이익을 챙기는 것이 더 부끄러운 일이기 때문입니다. 전자의 경우 공격이 우연히 주어진 힘에 의해 자행되지만, 후자의 경우 악의적인 음모에 따라 진행되기에 하는 말입니다.

87 (1) 우리에게는 그런 원칙들이 매우 중요하며, 그래서 우리는 그런 원칙을 고수하려고 최대한 노력하고 있습니다. 그리고 우리는 이미 맹세한 바 있지만, 여러분이 우리의 말과 실제 행동을 비교해보면 내가 말한 대로 행동하는 것이 우리의 이익에 부합한다는 결론을 내릴 수밖에 없을 것인데, 그보다 확실하게 우리의 맹세를 뒷받침해줄 담보는 아마 없을 것입니다.

(2) 그러나 내가 이러한 제의를 하는데도 여러분이 내 제의를 받아들일 수는 없지만 내게 호의를 품고 있는 만큼 제의를 거절했다고 해서 해코지를 당해서는 안 되며, 내가 제의하는 자유란 위험한 것이어서 그것을

받아들일 수 있는 자들에게 제의하는 것은 옳지만 의사에 반해 누구에게 강요하는 것은 옳지 못하다고 주장한다면, 여러분 나라의 신들과 영웅들을 증인 삼아 나는 여러분을 도우러 이곳에 왔지만 여러분을 설득할 수 없으니 여러분의 나라를 유린함으로써 여러분을 억지로라도 우리 편이 되게 하겠다고 선언할 것이오.

(3) 일이 그 지경에 이르면, 나는 내가 잘못하고 있다는 생각 따위는 하지 않고, 내게는 그렇게 행동할 수밖에 없는 두 가지 이유가 있다고 생각할 것이오. 첫째, 여러분이 우리의 동맹군이 되기를 거부한다면 여러분이 우리에게 우호적이라 해도 아테나이인들에게 공물을 바침으로써 라케다이몬인들이 피해를 보는 것을 나는 막아야 합니다. 둘째, 여러분의 방해로 헬라스인들이 예속의 사슬에서 해방되지 못한다면 나는 이를 용납해서는 안 됩니다. (4) 그렇지 않다면 우리가 이렇게 행동할 이유가 없으며, 우리 라케다이몬인들에게는 공동 이익에 부합되지 않는다면 원하지 않는 자들을 해방할 권리가 없을 것입니다.

(5) 우리에게는 제국주의적 야심이 없으며, 오히려 우리가 추구하는 것은 제국주의를 끝내는 것입니다. 그러니 우리가 모두에게 독립을 가져다주겠다면서 여러분의 반대를 눈감아준다면 다수에게 불의를 저지르는 셈이 될 것입니다. (6) 이 점을 명심하시고 현명한 결정을 내리십시오. 헬라스를 해방하는 일에 여러분이 앞장섬으로써 불멸의 명성을 얻도록 노력하십시오. 그리고 스스로 여러분 자신의 이익을 해치는 일을 피하고, 도시 전체에 가장 영광스러운 이름을 안겨주도록 하십시오."

88 (1) 브라시다스는 그렇게 말했다. 두 정파 모두 많은 발언을 한 후 아칸토스인들은 비밀투표를 실시했는데, 브라시다스의 언변에 휘둘리기도 하고 곡식이 염려되기도 하여 다수가 아테나이에 반기를 들기로 결의했다. 그리고 그들은 브라시다스가 파견될 때 그가 동맹군으로 삼는 자들의 독

립을 보장해주겠다고 라케다이몬 정부 당국자들에게서 가장 엄숙한 맹세를 받아두었다는 말을 다짐하게 한 뒤 그의 부대를 받아들였다. (2) 그 뒤 오래지 않아 안드로스 섬의 식민시인 스타기로스도 덩달아 반기를 들었다. 이상이 그해 여름에 일어난 사건들이다.

89 (1) 그해 초겨울 보이오티아 지방의 여러 지역이 아테나이 장군 힙포크라테스와 데모스테네스에게 넘어갈 것으로 예상되었는데, 데모스테네스는 함대를 이끌고 시파이에 나타나고, 힙포크라테스는 델리온 시에 나타나기로 예정되어 있었다. 그러나 그들이 각각 출동할 날짜에 착오가 생겼다. 데모스테네스는 너무 일찍 시파이로 출항한 탓에 아카르나니아인들과 그곳의 수많은 동맹군을 배에 태우고 갔지만 아무것도 이룰 수 없었다. 그의 계획이 파노테우스 출신 포키스인 니코마코스에게 누설되자, 그가 라케다이몬인들에게 일러주고, 라케다이몬인들이 보이오티아인들에게 일러주었기 때문이다. (2) 그리하여 힙포크라테스가 교란작전을 펴기 위해 그곳에 나타나기도 전에 보이오티아 각지에서 증원부대가 모여들어 시파이와 카이로네이아를 먼저 확실히 지켰다. 그러자 음모에 가담한 자들은 계획에 차질이 생긴 것을 알고 더는 도시 안에서 내응하지 않았다.

90 (1) 힙포크라테스는 아테나이에서 시민, 재류외인, 그곳에 와 있던 외국인하며 전군을 동원해, 보이오티아인들이 벌써 시파이에 왔다가 간 뒤, 한발 늦게 델리온에 도착했다. 그는 그곳에 군대를 주둔시키고 다음과 같은 방법으로 그곳을 요새화하기 시작했다.

(2) 그들은 신전과 성역 주위에 빙 돌아가며 도랑을 판 다음 파낸 흙을 방벽 대신 쌓아올리고는 그 주위에 말뚝을 박았다. 그리고 성역 주위에서 베어온 포도나무와 함께 이웃의 집들을 허물고 날라온 돌과 벽돌을 집어넣어 어떻게든 요새를 높이려 했다. 그들은 중요한 지점마다, 그리고 신

전 건물이 남아 있지 않은 곳(전에는 주랑이 있었지만 허물어졌기 때문이다)에 목탑(木塔)들도 세웠다. (3) 그들은 아테나이를 떠난 지 사흘째 되는 날 작업을 시작하여 그날과 나흘째 되는 날과 닷새째 되는 날 점심때까지 작업을 계속했다. (4) 그 뒤 작업이 거의 완료되자 주력부대는 델리온에서 고향 쪽으로 10스타디온쯤 물러갔다. 경무장보병들은 대부분 그곳에서 곧장 행군을 계속했지만, 중무장보병들은 무구를 내려놓고 쉬었다. 힙포크라테스는 수비대를 구성하고 요새화의 남은 작업을 마무리하도록 독려하느라 아직 뒤에 남아 있었다.

91 그 닷새 동안 보이오티아인들은 타나그라에 집결했다. 각 도시에서 분견대가 속속 도착하여 아테나이인들이 고향으로 돌아가고 있는 것을 보았을 때, 보이오티아의 지휘관 11명 중 10명은 아테나이인들이 더는 보이오티아에 없었기 때문에(그들이 무구를 내려놓았을 때 아테나이인들은 오로포스 시의 영토와 맞닿은 국경지대에 가 있었다) 싸우는 것에 반대했다. 그러나 테바이 출신의 두 보이오티아군 지휘관 가운데 한 명으로 수석 지휘관인 아이올라다스의 아들 파곤다스(다른 한 명은 뤼시마키다스의 아들 아리안티다스였다)는 싸우기를 원했고, 이번 모험은 해볼 만하다고 생각했다. 그래서 그는 대원들이 한꺼번에 주둔지를 떠나지 못하도록 부대별로 앞으로 불러내며 과감하게 출동하여 아테나이인들을 공격하라고 다음과 같은 말로 격려했다.

92 (1) "보이오티아인 여러분, 우리가 아테나이인들을 보이오티아 영토 안에서 붙잡을 수 없다면 그들과 교전해서는 안 된다는 생각을 우리 장군 중 어느 한 분도 머리에 떠올려서는 안 됩니다. 그들은 보이오티아를 약탈할 의도로 국경을 넘어와 요새를 쌓았습니다. 그러니 그들은 우리에게 적대 행위를 하기 위해 출발한 나라를 포함하여 어느 곳에서 잡혀도 우리의 적입니다. (2) 지금 이 순간 여러분 중에 그들을 내버려두는 편이 더

안전하다고 생각하는 사람이 있다면 생각을 바꾸도록 하십시오. 공격을 받아 제 나라의 안전을 염려해야 하는 사람들은 무엇이 현명한 행동인지 따질 겨를이 없습니다. 그것은 제 나라가 안전하고 더 많이 갖고 싶어 남들을 공격하는 자들이나 할 수 있는 일입니다. (3) 여러분의 영토 내에서건 이웃나라의 영토 내에서건 침략군에 대항해 싸우는 것이 여러분의 전통입니다. 그리고 우리는 아테나이인들에게는 더더욱 대항해 싸워야 합니다. 그들은 우리와 국경을 맞대고 있기 때문입니다.

(4) 이웃해 있는 나라들 사이에서는 대개 결연한 의지만이 자유를 보장합니다. 하거늘 바로 옆에 있는 이웃나라들을 넘어 먼 나라들까지 노예로 삼으려는 아테나이인들과 우리가 어찌 끝까지 싸우지 않을 수 있단 말입니까? (아테나이인들이 어떻게 하는지는 해협 맞은편 에우보이아와 나머지 헬라스의 사정만 보아도 알 수 있습니다.) 그리고 우리는 다른 이웃나라들끼리는 국경 문제를 두고 서로 싸우겠지만 우리의 경우 우리가 일단 패하면 나라 전체에 이론의 여지없이 국경 문제 같은 것은 아예 사라지게 되리라는 점을 알아야 합니다. 그들은 쳐들어와서 우리가 가지고 있는 것을 강제로 빼앗아 가질 테니까요.

(5) 사실 아테나이인들이야말로 이웃해 살기에는 가장 위험한 자들입니다. 지금 아테나이인들이 그러하듯, 자신의 힘에 자신감을 갖고 이웃을 공격하는 자들은 대개 가만있거나 자기 영토에서만 대항하는 적에게는 더욱 대담하게 공세를 취하지만, 그들에 대항하러 국경 밖으로 출동하거나 기회가 닿으면 먼저 선제공격을 하는 자들에게는 압박을 가하기를 꺼리는 편입니다. (6) 우리는 아테나이인들과 관련하여 그런 경험이 있습니다. 우리의 내분을 틈타 그들이 우리나라를 점령하고 있을 때 우리는 코로네이아에서 그들에게 승리함으로써 지금까지 보이오티아의 안전을 확보할 수 있었던 것입니다.

(7) 우리는 이 점을 명심하고, 우리 가운데 연로한 사람들은 자신의 지난 날의 행적에 걸맞게 살아가고 젊은이들은 당시 훌륭한 아버지들의 아들로서 가족의 명예에 먹칠하지 않도록 노력해야 합니다. 그들은 아폴론 신전을 점령하여 불법적으로 요새를 쌓은 만큼 우리는 신께서도 우리 편이라고 믿어도 좋으며, 우리가 바친 제물 역시 좋은 전조를 보였습니다. 그러니 앞으로 나아가 그들과 싸웁시다. 그리고 그들이 원하는 것을 얻으려면 저항하지 않는 다른 사람들을 공격해야 한다는 것과, 우리로 말하면 조국의 자유를 위해 싸우되 부당하게 남의 나라를 예속시키지 않는 것을 항상 고상하게 여기는 만큼 싸우지 않고는 그들이 우리에게서 벗어나지 못한다는 것을 보여주도록 합시다."

93 (1) 파곤다스는 그런 말로 보이오티아인들을 격려하며 아테나이인들을 공격하도록 설득했다. 그는 신속히 출동하여(때는 늦은 오후였다) 군대를 앞으로 인솔했다. 그리고 아테나이군에 접근하여 중간에 있는 언덕 때문에 서로 보이지 않는 곳에다 군대를 세운 다음 전열을 갖추고 전투 준비를 했다. (2) 힙포크라테스는 델리온에 있다가 보이오티아인들이 진격한다는 보고를 받고 자신의 군대에 사람을 보내 전열을 갖추라는 명령을 하달했다. 얼마 뒤 적의 공격에 맞서 델리온을 지킬 겸 기회가 닿으면 보이오티아인들과의 전투에 개입하도록 그곳에 기병 3백 명 정도를 남겨놓고 그도 나타났다.

(3) 보이오티아인들은 이들에 맞설 몇 개 부대를 파견한 뒤 준비가 완료되자 계획대로 전열을 갖추고 언덕 위에 나타나니, 중무장보병이 7천 명에 경무장보병이 1만 명이 넘었고, 기병이 1천 명에 경방패병이 5백 명이었다. (4) 오른쪽 날개는 테바이와 그 주변 지역 출신자들이 맡고, 중앙에는 할리아르토스 시와 코로네이아 시와 코파이 시와 코파이스 호수 주변 지역 출신자들이 포진하고, 왼쪽 날개는 테스피아이 시와 타나그라

시와 오르코메노스 시 출신자들이 맡았다. 기병대와 경무장보병들은 양쪽 날개에 포진했다. 테바이인들은 25열로 늘어섰고, 다른 부대의 대오는 제각각이었다. (5) 이상이 보이오티아군의 규모이자 대열이었다.

94 (1) 아테나이의 중무장보병들은 전선 전체에 걸쳐 8열로 늘어섰는데, 그 수는 적군의 중무장보병과 엇비슷했다. 기병대는 양쪽 날개에 포진했다. 본격적으로 경무장한 부대는 이번에도 없었는데, 아테나이에는 그런 종류의 부대가 아예 없었다. 함께 침입한 자들의 수는 적군보다 몇 배나 많았지만, 아테나이에 있는 재류외인과 시민들을 전원 소집한 까닭에 제대로 무장도 하지 않고 따라왔다. 그리고 그들은 먼저 귀향길에 오른 까닭에 전투에 참가한 인원은 몇 명 안 되었다. (2) 전열이 갖춰지고 교전이 임박하자 장군 힙포크라테스는 아테나이인들의 대열을 따라 거닐며 다음과 같은 말로 그들을 격려했다.

95 (1) "아테나이인 여러분, 나는 짧은 말로 여러분을 격려하고자 합니다. 진정으로 용감한 사람에게는 짧은 말이 긴말 못지않기 때문입니다. 그래서 나는 훈시하지 않고 사실을 상기시키려 합니다. (2) 여러분 중 어느 누구도 우리가 남의 나라에서 이런 모험을 할 이유가 전혀 없다고 생각해서는 안 됩니다. 지금 이 나라의 전투에 우리나라의 미래가 걸려 있습니다. 우리가 이기면 펠로폰네소스인들은 보이오티아 기병대의 지원을 받지 못해 다시는 우리나라에 쳐들어오지 못할 것입니다. 이 한 번의 전투로 여러분은 이 나라를 얻고 우리나라를 더욱 자유롭게 할 것입니다.

(3) 그러니 우리 모두 헬라스에서 으뜸가는 도시라고 자부하는 도시의 시민답게, 그리고 전에 오이노퓌타 전투[8]에서 뮈로니데스 장군과 함께 저들을 이기고 보이오티아를 차지한 우리 아버지들의 아들답게 앞으로 나아가 저들에 맞서 싸웁시다!"

96 (1) 힙포크라테스는 그런 말로 격려하며 대열의 중간쯤에 이르렀지만 더

는 앞으로 나아가지 못했다. 이때 파곤다스가 그 자리에서 서둘러 격려하자 보이오티아인들이 파이안을 노래하며 언덕에서 진격해왔기 때문이다. 이에 아테나이인들도 진격하니, 양군이 구보로 달려와 서로 마주쳤다. (2) 양군의 맨 가장자리는 똑같이 급류의 방해를 받아 교전하지 못했다. 그러나 다른 곳에서는 방패가 방패를 밀며 격전이 벌어졌다.

(3) 보이오티아인들의 왼쪽 날개는 중앙에 이르기까지 아테나이인들에게 패했는데, 아테나이인들은 그들 중에서도 특히 테스피아이인들을 세차게 밀어붙였다. 양쪽에 서 있던 부대가 뒤로 물러나자 테스피아이인들은 좁은 공간에 포위되어 백병전을 벌이다 도륙되었다. 이때 몇몇 아테나이인들은 포위하느라 뒤죽박죽이 되는 바람에 실수로 아군을 죽이기도 했다.

(4) 그래서 그곳에 있던 보이오티아인들은 패하여 아직도 싸우고 있는 다른 부대 쪽으로 도주했다. 그러나 테바이인들이 포진한 오른쪽 날개는 아테나이인들보다 우세해지더니 처음에는 차츰차츰, 나중에는 집요하게 이들을 밀어붙이기 시작했다. (5) 게다가 이때 파곤다스가 자신의 왼쪽 날개가 고전하는 모습을 보고 아테나이인들의 눈에 띄지 않게끔 언덕을 돌아 2개 기병 부대를 내보냈다. 그리하여 그들이 언덕 위에 나타나자 승승장구하던 아테나이군 오른쪽 날개는 또 다른 군대가 자신들을 공격하는 줄 알고 겁에 질렸다.

(6) 이렇게 한쪽 날개는 겁에 질리고 다른 쪽 날개는 테바이인들이 계속 밀어붙이며 대열을 돌파하자 아테나이군 전체가 도주하기 시작했다.

(7) 그들 중 더러는 델리온과 바다 쪽으로, 더러는 오로포스 시 쪽으로, 더러는 파르네스 산이나 그 밖에 목숨을 건질 수 있을 것으로 보이는 방

8 기원전 456년.

향으로 도주했다. (8) 보이오티아인들, 특히 보이오티아의 기병대와, 패주가 시작할 때쯤 지원하러 나타난 로크리스인들이 뒤따라와서 그들을 도륙했다. 그러나 밤이 되자 추격은 중단되었다. 그리하여 대부분의 도망병은 그만큼 쉽게 목숨을 구했다. (9) 이튿날 오로포스와 델리온에 도착한 자들은 여전히 그들 수중에 있던 델리온에 수비대를 남겨두고 바닷길로 귀로에 올랐다.

97 (1) 보이오티아인들은 승전비를 세우고 아군의 시신을 거두고 적군의 시신에서 무구를 벗긴 다음 수비대를 남겨두고는 타나그라로 철수하여 델리온을 공격할 계획을 세우기 시작했다.

(2) 그사이 아테나이의 전령이 아테나이 전사자들의 시신을 돌려달라고 요구하기 위해 길을 가던 도중 보이오티아 전령을 만났는데, 보이오티아 전령은 자기가 임무를 완수하고 다시 돌아올 때까지는 아무것도 얻지 못할 것이라고 말하며 아테나이 전령을 돌려보냈다. 그 뒤 보이오티아 전령은 아테나이인들 앞에 나타나, 아테나이인들이 부당한 짓을 했고 헬라스인들의 관습을 어겼다는 보이오티아인들 쪽의 주장을 전했다. (3) 남의 나라에 침입해도 그곳 성역들에는 손대지 않는 것이 보편적인 관행이라고 했다. 그런데 아테나이인들은 델리온을 점령하여 그곳에 요새를 쌓아놓고, 사람들이 축성되지 않은 땅에서 하는 온갖 짓을 그곳에서 하고 있으며, 제물을 바치기 전에 손을 씻는 것 말고 다른 목적으로는 보이오티아인들도 손대서는 안 되는 신성한 물을 급수를 위해 끌어다 쓰고 있다고 했다. (4) 그래서 보이오티아인들은 신들과 자신들을 위해 아폴론 신과 그곳 제단에서 경배받는 모든 수호신들을 증인으로 부르며 아테나이인들이 먼저 성역을 떠나야만 그들의 것을 돌려받을 수 있다고 경고했다고 했다.

98 (1) 전령이 그렇게 말하자, 아테나이인들도 전령을 보이오티아인들에게

보내, 자기들은 성역에 나쁜 짓을 한 적이 없거니와 앞으로도 알면서 위해를 가하지 않을 것이며, 자기들이 신전을 점령한 원래 목적은 그런 것이 아니라 실제로 자기들을 공격하는 자들을 막기 위한 거점으로 사용하기 위해서였다고 말하게 했다.

(2) 헬라스의 관습에 따르면, 크든 작든 어떤 영토를 점령한 자는 그곳의 성역들도 점유하되 힘 닿는 데까지 종전대로 보살피게 되어 있다고 했다.

(3) 보이오티아인들 자신과, 지금 자신들이 차지하고 있는 나라에서 원주민을 쫓아낸 다른 부족도 대부분 원래는 남의 것인 성역들에 침입한 뒤 이제는 그곳을 자신들의 성역들로 간주한다고 했다. (4) 아테나이인들도 보이오티아 영토를 더 많이 점유할 수 있었다면, 그렇게 했을 것이라고 했다. 지금 아테나이인들은 자기들이 점유한 곳을 자기들 것으로 간주하는 만큼 자진하여 그곳을 떠날 의향이 없다고 했다.

(5) 물을 끌어온 것은 어쩔 수 없어 그렇게 한 것이지 경건한 마음이 없어서 그런 것은 아니며, 먼저 자기들 나라에 쳐들어온 보이오티아인들을 막기 위해서는 그 물을 쓸 수밖에 없었다고 했다. (6) 그리고 사람들이 전쟁이나 다른 위험에 직면하여 부득이한 사정으로 행할 수밖에 없는 행위는 신들께서도 용서해주실 것으로 믿어도 좋을 것이라고 했다. 본의 아니게 죄를 지은 자에게는 신들의 제단이 피난처가 되어주었으며, '범법자'라는 말은 그럴 필요도 없는데 악행을 저지른 자에게 적용되고, 불운에 쫓겨 대담한 짓을 감행할 수밖에 없는 자에게는 적용되지 않았기 때문이라고 했다.

(7) 전사자들의 시신에 관해 말하자면, 당연히 제 것인 것을 되찾고자 신전을 포기하기를 거부하는 아테나이인들보다 신전과 전사자의 시신을 맞바꾸려는 보이오티아인들이 더 불경하다고 했다. (8) 그리고 아테나이인들은 자기들이 보이오티아인들의 땅에 있는 것이 아니라 자신들이

무력으로 획득한 땅에 있는 만큼 자신들이 보이오티아인들의 땅에서 철수하라는 조건은 철회하고, 보이오티아인들은 관행에 따라 휴전조약을 맺고 전사자들의 시신을 되찾아가게 해줘야 한다고 명확히 요구한다고 했다.

99 그러자 보이오티아인들이 대답하기를, 아테나이인들이 보이오티아에 있다면 시신을 수습하기 전에 보이오티아인들의 나라를 떠나야 하고, 아테나이인들이 그들 자신의 나라에 있다면 어떻게 할 것인지 스스로 결정할 일이라고 했다. 보이오티아인들의 생각은, 국경지대에서 전투가 벌어진 까닭에 실제로 시신들이 누워 있는 오로포스 시의 영토는 아테나이의 속령(屬領)이지만 보이오티아인들의 허락 없이는 아테나이인들이 시신들을 수습할 수 없으리라는 것이었다. 게다가 그들은 아테나이의 영토에 관해 휴전협정을 맺을 이유가 없다고 보았다. 그래서 그들은 '먼저 보이오티아인들의 나라를 떠난 다음 요구하는 것을 가져가라!'고 말하는 것이 적절한 대답이라고 생각한 것이다. 아테나이의 전령은 이 말을 듣고 아무것도 이루지 못한 채 빈손으로 돌아갔다.

100 (1) 보이오티아인들은 지체 없이 멜리스 만에서 투창병과 투석병을 파견했다. 그들은 또 전투가 끝나고 합류한 코린토스의 중무장보병 2천 명과 니사이아 항에 남아 있던 수비대와 약간의 메가라인들에 의해 보강되었다. 그들은 이들 부대를 이끌고 델리온으로 진격하여 요새를 공격했고, 여러 가지 방법으로 공격을 시도하다가 결국 기계장치로 요새를 함락했는데 그 기계장치는 다음과 같이 만들어졌다.

(2) 그들은 큰 들보를 가져와 톱으로 둘로 자른 뒤 둘 다 속을 완전히 파내고 피리처럼 빈틈없이 도로 이어붙였다. 그러고 나서 대들보의 한쪽 끝에 쇠사슬로 솥을 매달고, 대들보 안의 속이 빈 부분으로 무쇠 관을 삽입하여 솥에 박아넣었다. 대들보의 표면에는 대부분 철판을 댔다.

(3) 그들은 멀찍이 떨어진 곳에서 그것을 사륜거에 싣고는 특히 포도나무와 다른 목재를 사용해 방벽을 쌓은 곳으로 다가갔다. 그리고 방벽에 접근하자 대들보 이쪽 끝에 큼직한 풀무를 집어넣고 바람을 불어넣었다. (4) 바람은 관을 지나 불타는 숯과 유황과 역청이 가득 든 솥으로 들어갔다. 그래서 큰 화염이 일며 방벽에 불이 옮겨 붙자 아무도 그 위에 서 있지 못하고 그곳을 떠나 도주했다. 그렇게 요새는 함락되었다. (5) 수비대원 가운데 몇 명은 죽고, 2백 명이 포로로 잡혔다. 나머지는 대부분 함선이 있는 곳으로 가서 배를 타고 귀로에 올랐다.

101 (1) 델리온은 교전 후 17일째 되는 날 함락되었다. 그런데 아테나이 전령이 얼마 뒤 무슨 일이 일어났는지도 모르고 시신 인도를 요구하려고 다시 찾아오자, 보이오티아인들은 이번에는 같은 대답을 하지 않고 시신을 인도했다. (2) 이번 전투에서 보이오티아인 전사자는 5백 명에 가까웠으나 아테나이인 전사자는 1천 명에 가까웠는데, 거기에는 장군 힙포크라테스를 비롯해 경무장보병과 짐꾼도 다수 포함되어 있었다.

(3) 이번 전투가 끝나고 얼마 안 되어 데모스테네스는 시파이가 반기를 들게 하려고 항해해갔다가 계획이 실패하자 함선에 태우고 있던 군대, 즉 아카르나니아인 부대와 아그라이오이족 부대와 아테나이 중무장보병 4백 명을 이끌고 시퀴온 시의 영토에 상륙했다. (4) 그러나 그의 함선들이 모두 바닷가에 닿기도 전에 시퀴온인들이 달려나와 벌써 상륙한 부대를 돌려세워 함선들이 있는 곳으로 추격하면서 더러는 죽이고, 더러는 포로로 잡았다. 그들은 승전비를 세운 뒤 휴전조약을 맺고 전사자들의 시신을 돌려주었다.

(5) 델리온 전투와 거의 같은 시기에 오드뤼사이족의 왕 시탈케스가 트리발로이족을 치러 출동했다가 전투에서 패해 죽었다. 그러자 그의 조카로 스파라도코스의 아들인 세우테스가 오드뤼사이족과 그 밖에 역시 시

탈케스의 지배를 받던 다른 트라케 지방의 왕이 되었다.

102 (1) 같은 해 겨울 브라시다스는 트라케 지방의 동맹군을 이끌고 스트뤼몬 강변에 있는 아테나이 식민시 암피폴리스로 출동했다. (2) 지금 이 도시가 자리해 있는 곳에 전에 밀레토스 출신 아리스타고라스[9]가 페르시아 왕 다레이오스에게서 도망치다가 식민시를 건설하려 한 적이 있었으나, 에도노이족에게 쫓겨난 바 있다. 그로부터 32년 뒤 아테나이인들이 자신들의 시민들과 다른 지방의 자원자들 중 1만 명의 이주민을 그곳으로 보냈지만, 그들은 드라베스코스 시에서 트라케인들에게 도륙당했다. (3) 29년 뒤 아테나이인들은 니키아스의 아들 하그논을 식민단장으로 파견하여 다시 식민시 건설을 시도한 끝에 에도노이족을 몰아내고 전에는 '아홉 갈래 길'[10]이라 부르던 이곳에 정착했다. 그들은 현재의 도시에서 25스타디온쯤 떨어진 강어귀의 항구이자 무역 거점인 에이온 시를 기지 삼아 출동했는데, 하그논이 현재의 도시를 암피폴리스[11]라고 명명한 것은 이 도시 양쪽이 스트뤼몬 강에 둘러싸여 있었기 때문이다. 그는 이 도시를 구불구불한 강을 따라 긴 성벽으로 에워쌈으로써, 바다에서도 내륙에서도 눈에 잘 띄게 했다.[12]

103 (1) 브라시다스는 군대를 이끌고 칼키디케 반도의 아르나이[13]를 출발해 이 도시로 향했다. 그리고 저녁때 아울론을 지나 볼베 호가 바다로 흘러드는 보르미스코스에 도착해 저녁을 먹고 밤에도 행군을 계속했다. 날씨가 험악해지면서 눈도 조금 내리기 시작했다. (2) 그래서 그는 내응하기로 한 자들 외에는 아무도 모르게 암피폴리스에 들어가려고 더욱더 서둘렀다. (3) 그곳에 있는 아르길로스(아르길로스는 안드로스 섬의 식민시이다)의 정착민들과 그 밖에 다른 자들이 더러는 페르딕카스의 사주를 받고, 더러는 칼키디케인들의 사주를 받아 이번 거사에 가담한 것이다. (4) 그러나 주동자는 이웃에 사는 아르길로스인들이었는데, 그들은 늘

아테나이인들의 의심을 사던 터라 암피폴리스를 해코지할 기회를 엿보고 있었다. 브라시다스가 도착하여 기회가 왔다 싶자, 그들은 도시를 넘겨주려고 시내에 있는 동포들과 한동안 음모를 꾸몄다. 그들은 브라시다스를 아르길로스 시내에 받아들이고 그날 밤으로 아테나이에 반기를 들었다. 그리고 이튿날 새벽이 되기 전에 그의 군대를 강 위에 놓인 다리로 인도했다.

(5) 강을 건너는 곳은 암피폴리스에서 조금 떨어져 있고, 성벽은 지금처럼 아래까지 내려와 있지 않았다. 그러나 다리에는 소규모 수비대만 배치되어 있었다. 브라시다스는 이들을 손쉽게 제압했는데, 수비대원 중에도 내응하는 자가 있었기 때문이기도 했고, 이런 험악한 날씨에 설마 그가 공격하리라고는 예상하지 못했기 때문이기도 했다. 그리하여 그는 다리를 건너가, 그 일대에 살던 암피폴리스인들이 성벽 바깥에 소유한 모든 것을 일거에 점거했다.

104 (1) 그가 다리를 건너는 것을 시내에 있던 사람들은 전혀 몰랐으며, 도시 밖에 있던 자들은 더러는 포로로 잡히고 더러는 성벽 안으로 도주했다. 그래서 암피폴리스 시내에서는 일대 소동이 벌어졌는데, 시민들이 서로를 의심했기 때문이다. (2) 그래서 브라시다스가 군대의 약탈 행위를 용인하지 않고 곧장 도시로 진격했더라면 그때 도시를 함락할 수 있었을 것이라고 말하는 사람들도 있다.

(3) 그러나 그는 성벽 바깥의 농촌을 유린한 다음, 기대한 대로 시내에서

---

9 헤로도토스, 『역사』 5권 124~126장 참조.
10 Ennea hodoi.
11 '양쪽 도시'라는 뜻.
12 도시가 언덕 위에 세워졌기 때문이다.
13 아르나이의 정확한 위치는 알 수 없다.

호응해오지 않자 군대를 주둔시키고 당장은 행동을 취하지 않았다. (4) 실제로 반기를 드는 데 반대하는 자의 수가 더 많아 곧장 성문을 열지 못하도록 제지할 수 있었다. 그리고 이들이 그곳을 지키기 위해 아테나이에서 와 있던 장군 에우클레스의 지원을 받아 트라케 지방에 와 있던 다른 장군인 이 책을 쓴 올로로스의 아들 투퀴디데스에게 사람을 보내 도움을 요청했다. 투퀴디데스는 암피폴리스에서 뱃길로 한나절 떨어진, 파로스 섬의 식민시 타소스에 와 있었다. (5) 그는 보고를 받자마자 그곳에 있던 함선 7척을 이끌고 서둘러 출항했는데, 그의 목적은 가능하다면 암피폴리스가 투항하기 전에 그곳에 도착하는 것이고, 그것이 안 되면 에이온이라도 먼저 차지하는 것이었다.

105 (1) 그사이 브라시다스는 타소스에서 해군 증원부대가 오지 않을까 우려되는 데다 투퀴디데스가 트라케의 그 지역에 금광 채굴권을 소유하고 있어 내륙의 유지들 사이에 큰 영향력을 행사한다는 것을 알고 되도록 먼저 암피폴리스를 차지하려고 있는 힘을 다했다. 브라시다스가 두려워한 것은, 투퀴디데스가 그곳에 먼저 도착하면 암피폴리스의 대중은 그가 해외에서도, 트라케 내륙에서도 동맹군을 모아와 자기들을 지켜줄 것이라고 확신하고는 이제 더는 항복하려 하지 않으리라는 것이었다. (2) 그래서 그는 암피폴리스인이든 아테나이인이든 시내에 있는 사람은 누구든 원한다면 자신의 재산을 소유하고 동등한 권리를 보장받으며 시내에 남을 수 있고, 남기를 원치 않는 사람은 재산을 갖고 닷새 안으로 떠날 수 있다고 포고하게 함으로써 온건한 조건을 제시했다.

106 (1) 대중은 이 포고령을 듣자 마음이 바뀌었는데, 무엇보다도 시민권을 가진 자 가운데 아테나이인들은 소수이고 다수는 각지에서 모여들었기 때문이다. 그리고 도시 바깥에서 포로로 잡힌 자 가운데 상당수가 시내에 친족이 있었다. 그들은 자신들이 두려워하던 것에 견주면 이 포고령

이 제시한 조건은 공정하다고 생각했다. 아테나이인들은 자신들이 남들보다 더 큰 위기에 놓여 있고 금세 원군이 오지는 못하리라 생각했기에 떠날 기회가 주어져 반가웠으며, 나머지 무리는 뜻밖에도 위험에서 벗어난 데다 동등한 권리를 박탈당하지 않아 환영했다.

(2) 그리하여 대중이 마음이 바뀌어 그 자리에 있는 아테나이 장군의 말에 더는 귀 기울이지 않는 것을 보자 브라시다스에게 협력하던 자들은 이제 공공연히 그의 제안을 옹호하고 나섰다. (3) 그렇게 협정이 맺어지자 그들은 브라시다스를 그가 제의한 조건으로 시내에 받아들였다. 그들은 그렇게 암피폴리스 시를 넘겨주었고, 투퀴디데스와 그의 함대는 같은 날 저녁 늦게 에이온에 입항했다. (4) 브라시다스는 이제 암피폴리스를 차지했으니, 하룻밤 안에 에이온도 차지했을 것이다. 함선들이 구원하러 서둘러 도착하지 않았다면 에이온은 새벽녘에 그의 수중에 들어갔을 테니 말이다.

107 (1) 그 뒤 투퀴디데스는 당장 있을 브라시다스의 공격으로부터 에이온을 지킬 겸 후일의 안전을 위해 그곳의 방어 시설을 정비했다. 또한 그는 휴전조약의 조건에 따라 암피폴리스를 떠나 에이온으로 이주하기를 원하는 자를 모두 받아들였다. (2) 그런데 브라시다스가 성벽에서 툭 튀어나온 곳을 점령하여 항만 어귀를 통제할 수 있을지 알아보려고 함선 몇 척을 이끌고 강물을 따라 에이온으로 내려왔다. 그는 동시에 육로로도 공격해보았지만, 두 전선에서 모두 뒤로 밀리자 암피폴리스로 돌아가 그곳 사태를 안정시키는 데 전념했다.

(3) 에도노이족의 왕 핏타코스가 고악시스의 아들들과 제 아내 브라우로의 손에 살해되자 에도노이족의 도시 뮈르키노스도 브라시다스에게 넘어갔다. 그 뒤 오래 지나지 않아 타소스 섬의 식민시인 갈렙소스와 오이쉬메도 그에게 넘어갔다. 암피폴리스가 함락된 직후 페르딕카스가 도착

하여 브라시다스가 이곳들을 합병하는 일을 도왔다.

108 (1) 암피폴리스의 함락은 아테나이인들에게 큰 충격을 안겨주었다. 그 곳은 아테나이에 선재(船材)와 세수의 보고였기 때문이다. 그리고 라케 다이몬인들은 텟살리아만 통과하면 스트뤼몬 강변에 있는 아테나이의 동맹국에는 접근할 수 있어도, 암피폴리스 위쪽은 강이 광대한 호수를 이루고 에이온 방면은 아테나이의 삼단노선들이 감시하고 있어서 다리 를 점거하지 못하면 더는 나아갈 수 없었는데, 이제 쉽게 건너갈 수 있게 되었다. 아테나이인들은 또 동맹국들이 이탈하지 않을까 두려웠다. (2) 브라시다스는 온건하게 처신했을 뿐 아니라 어디를 가건 자신은 헬라스 를 해방하기 위해 파견되었노라고 떠들고 다녔기 때문이다.

(3) 실제로 아테나이에 예속된 도시들은 암피폴리스가 함락되었다는 소 식과 브라시다스가 제시한 조건과 그의 온건한 태도에 관해 듣고는 더욱 더 변혁을 꾀하고 싶은 생각이 들어 어서 와서 자기들을 도와달라고 브라 시다스와 은밀히 교섭하며, 서로 먼저 동맹에서 이탈하려고 경쟁했다.

(4) 그들은 그렇게 해도 위험이 따르지 않을 것으로 생각했는데, 나중에 확연히 드러났듯 아테나이의 국력을 크게 오판했기 때문이다. 그들은 합 리적인 계산보다 막연한 소망에 근거하여 판단한 것이다. 인간은 누구나 싫은 것은 냉정한 논리로 거부하지만 바라는 것은 막연한 희망으로 포장 하기 때문이다.

(5) 게다가 최근에 아테나이인들이 보이오티아인들에게 패한 데다, 브 라시다스가 자신이 니사이아를 공격했을 때 아테나이인들은 증원부대 의 지원을 받지 못하는 자신의 군대와도 감히 교전하기를 꺼렸다는 그럴 싸하지만 사실이 아닌 말을 퍼뜨리는 바람에 그들은 점점 자신감이 생겼 고, 아테나이가 군대를 보내 자기들을 응징하지 못할 것이라고 믿었다. (6) 그러나 그들이 어떤 위험이라도 감수할 각오를 한 것은 무엇보다도

순간의 유혹을 이기지 못한 데다 처음으로 라케다이몬인들의 열의를 시험해보고 싶었기 때문이다. 아테나이인들은 이런 동향을 알아채고 각 도시에 겨울인데도 급히 수비대를 파견했다. 브라시다스는 라케다이몬으로 사람을 보내 증원부대를 보내달라고 요청하는 한편, 스트뤼몬 강변에서 삼단노선을 건조할 준비를 하기 시작했다. (7) 그러나 라케다이몬인들은 그를 지원해주지 않았으니, 유력 인사들의 시기 때문이기도 하지만, 그보다는 포로로 잡힌 자들[14]을 섬에서 되찾아오고 전쟁을 끝내고 싶었기 때문이다.

109 (1) 같은 해 겨울 메가라인들은 아테나이인들이 점유하고 있던 긴 성벽을 탈환하여 완전히 허물어버렸다. 브라시다스는 암피폴리스를 함락한 뒤 동맹군을 이끌고 악테라고 부르는 반도로 진격했다. (2) 이 반도는 페르시아 왕이 파놓은 운하에서 바다로 튀어나와 있고, 그 끝에 있는 높은 산 아토스는 아이가이온[15] 해에 면해 있다. (3) 이 반도에는 운하 바로 옆에서 에우보이아 쪽 바다를 향하고 있는, 안드로스 섬의 식민시 사네가 있고, 그 밖에도 튓소스, 클레오나이, 아크로토오이, 올로퓍소스, 디온 같은 도시가 있다.

(4) 나중에 언급한 도시들에는 헬라스어와 자신들의 방언을 사용하는 비(非)헬라스인들이 섞여서 살고 있다. 그곳에는 칼키디케적인 요소가 적고, 대부분은 펠라스고이족(이들은 한때 렘노스와 아테나이에 살던 튀르레노이족[16]의 후손들이다)이거나 비살티아인들이거나 크레스토니아인들이거나 에도노이족이다. 이들은 소도시들에서 살고 있다. (5) 이들

---

14 4권 31~39장 참조.
15 에게 해.
16 나중에 이탈리아의 에트루리아(Etruria) 지방에 정착한 부족.

도시는 대부분 브라시다스에게 넘어갔지만, 사네와 디온은 저항했다. 그래서 그는 군대와 함께 그들의 영토에 머무르며 나라를 약탈했다.

110 (1) 그래도 그들이 말을 듣지 않자 브라시다스는 바로 군대를 이끌고 아테나이인들이 점유하고 있던 칼키디케 반도의 토로네 시로 진격했다. 그곳에 사는 몇몇 사람이 도시를 넘길 준비를 하고 그를 불렀던 것이다. 그는 날이 새기 전 아직도 캄캄할 때 도착하여 시내에서 3스타디온쯤 떨어진 디오스쿠로이들[17] 신전 근처에 군대를 주둔시켰다.

(2) 대부분의 토로네 시 주민과 아테나이인 수비대는 그가 와 있는 것을 몰랐지만, 그와 내통하는 자들은 그가 온다는 것을 알고 있었고, 그중 몇 명은 몰래 마중 나가 그가 다가오는지 망을 보고 있었다. 그리고 그가 와 있는 것을 알게 되자 그들은 단검으로 무장한 일곱 명의 경무장보병을 데리고 시내로 돌아갔다. (원래는 그럴 목적으로 20명이 파견되었지만 일곱 명만이 시내에 들어가기를 두려워하지 않았다. 이들은 올륀토스 시 출신 뤼시스트라토스가 지휘했다.) 이들은 바다 쪽 성벽에 난 틈으로 들어간 다음 눈에 띄지 않게 가장 높은 곳에 있는 초소로 기어올라가(도시는 언덕 비탈에 세워져 있었다) 파수병을 죽이고, 카나스트라이온 곶과 마주 보는 성벽의 후문을 부수고 열었다.

111 (1) 한편 브라시다스는 나머지 군대를 이끌고 조금 진격한 뒤 멈추어 서더니 경방패병 1백 명을 보내 성문이 열리고 약속한 신호가 오르면 먼저 돌진해 들어가게 했다. (2) 이들은 시간이 지연되는 것을 이상하게 여기면서도 조금씩 도시에 다가갔다. 그사이 토로네 시내에서 내응하던 자들은 벌써 성안으로 잠입한 자들과 합세하여 후문을 부수어 열고 빗장을 잘라내 장터로 들어가는 문을 연 다음 먼저 경방패병의 일부가 측면을 돌아 후문으로 들어오게 했는데, 부대가 앞뒤에서 갑자기 출현함으로써 영문도 모르는 일반 주민을 주눅 들게 하기 위해서였다. 그런 다음 그들

은 약속대로 불로 신호를 올리고 나머지 경방패병도 장터 쪽 문으로 받아들였다.

112 (1) 브라시다스는 신호를 보자마자 자신의 군대에 출동 명령을 내리며 먼저 달려갔다. 그래서 그의 군대가 일제히 함성을 지르니 시내에 있던 주민은 크게 당황했다. (2) 대원들 가운데 일부는 곧장 성문을 지나 들어가고, 다른 자들은 무너진 성벽을 수리하는 데 쓸 돌을 끌어올리려고 마침 성벽에 기대놓은 네모난 목재를 타고 넘어갔다. (3) 브라시다스와 주력부대는 도시를 위아래로 완전히 점령하려고 곧장 도시의 높은 곳으로 향했다. 그의 나머지 병력은 온 도시에 사방으로 흩어졌다.

113 (1) 토로네 시가 함락되는 동안 영문도 모르는 대다수는 야단법석을 떨었지만, 내응한 자들과 동조하는 자들은 곧 침입자들과 함께했다. (2) 아테나이인들(약 50명의 중무장보병이 장터에서 자고 있었다)은 사태를 파악하자 몇 명은 싸우다 죽었지만, 나머지는 육로로 도망치거나 그곳을 순찰하던 2척의 함선이 있는 곳으로 달아났다가 그들이 빼앗아 점령하고 있던 레퀴토스 요새로 피신했다. 이 요새는 바다로 툭 튀어나온 곳인데, 좁은 지협으로 도시와 연결되어 있었다. (3) 토로네 주민 가운데 친아테나이파도 이곳으로 피신했다.

114 (1) 날이 새면서 도시가 완전히 자기 수중에 들어오자 브라시다스는 아테나이인들과 함께 도주한 토로네인들에게 전령을 보내, 원하는 자는 누구든 시민권을 잃을 위험 없이 사유재산이 있는 곳으로 돌아올 수 있다고 전하게 했다. 그는 또 아테나이인들에게도 전령을 보내 레퀴토스는 칼키디케인들의 영토인 만큼 휴전조약을 맺은 뒤 소지품을 챙겨 들고 그곳을 떠나라고 요구하게 했다. (2) 아테나이인들은 떠날 것을 거부하고

17 3권 주 16 참조.

전사자들의 시신 수습을 위해 하루 동안 휴전할 것을 요구했다. 브라시다스는 그들과 이틀 동안 휴전하고 그동안 레퀴토스 근처의 건물들을 요새화했으며, 아테나이인들도 자신들의 요새를 더 강화했다.

(3) 브라시다스는 토로네인들을 불러 모아놓고 아칸토스에서 행한 것과 비슷한 연설을 했는데, 도시가 함락되도록 자신에게 협조한 사람들을 나쁜 사람들이라거나 배반자라고 생각하는 것은 옳지 못하다고 했다. 그들이 그렇게 한 것은 도시를 노예로 만들기 위해서도 아니고, 뇌물을 받았기 때문도 아니며, 토로네 시의 이익과 자유를 위해서였다고 했다. 그런가 하면 거사에 가담하지 않은 사람들도 불이익을 당하지 않을까 두려워할 필요가 없다고 했다. 그는 도시나 개인을 해치러 온 것이 아니기 때문이라고 했다.

(4) 그래서 그는 전령을 시켜 아테나이인들에게로 피신한 사람들에게 그렇게 전하게 했다고 했다. 말하자면 그는 그들이 친(親)아테나이적이라고 해서 나쁜 사람들이라고 생각지 않는다는 것이었다. 그가 생각하기에 그들이 라케다이몬인들을 알게 되면 라케다이몬인들은 더 공정하게 행동하고, 그들이 라케다이몬인들을 두려워한 것은 몰라서 그랬던 만큼 라케다이몬인들과 더 친해지리라고 했다. (5) 그는 또 그들 모두에게 마음을 고쳐먹고 믿음직한 동맹군이 되라고 당부하며, 앞으로의 잘못에 대해서는 그들이 책임져야 할 것이라고 했다. 옛날에는 그들이 라케다이몬인들에게 부당한 짓을 했다고 볼 수 없다고 했다. 오히려 그들 자신이 더 강한 자들에게 부당한 짓을 당한 만큼, 그들이 그에게 대항했다 해도 용서받을 수 있다고 했다.

115 (1) 브라시다스는 이런 말로 그들을 격려한 다음 휴전조약이 만료되자 레퀴토스 공격에 나섰다. 아테나이인들의 방어 시설은 빈약한 성벽과 성가퀴가 있는 건물들로 이루어져 있었다. (2) 그들은 그날 하루는 적의 공

격을 막아냈다. 이튿날 적군은 나무로 된 흉벽에 불을 쏘려고 그들을 향하여 기계장치를 운반했다. 이미 적군은 그것이 가장 효력을 발휘할 수 있는 성벽의 취약 지점 가까이 끌어다놓고 있었다. 이에 대처하기 위해 아테나이인들은 어느 건물 꼭대기에 목탑을 세우고는 그 안으로 수많은 물 항아리와 물통과 굵은 돌멩이를 운반했고, 사람들도 다수 목탑으로 기어올라갔다.

(3) 그러나 건물이 하중을 견디지 못해 갑자기 요란한 소리를 내며 무너졌다. 가까이서 이를 보고 있던 아테나이인들은 놀라기보다 허탈감에 빠졌다. 그러나 멀리 떨어져 있는 자들, 특히 가장 멀리 떨어져 있던 자들은 그 지점에서 벌써 성채가 함락된 줄 알고 자신들의 함선들이 있는 바다 쪽으로 도주하기 시작했다.

116 (1) 브라시다스는 아테나이인들이 흉벽을 떠나는 것을 보자 무슨 일이 일어났는지 알고는 군대를 이끌고 진격하여 즉시 요새를 점령한 다음 그 안에서 잡히는 자들을 모조리 죽였다. (2) 아테나이인들은 이렇게 레퀴토스를 떠나 함선과 수송선들을 타고 팔레네 반도로 건너갔다. 브라시다스는 공격을 개시하기 전에 맨 먼저 성벽에 오르는 자에게 은화 30므나를 주겠다고 공언했다. 레퀴토스에는 아테나 여신의 성역이 있었는데, 그는 그곳을 함락한 것이 사람의 힘에 의해서라기보다 신의 도움 덕분이라고 여기고 그 30므나를 여신의 신전에 바친 다음, 레퀴토스를 완전히 허물고 그 지역 전체를 성역으로 봉헌했다. (3) 그는 그해 겨울 남은 기간을 자신이 획득한 도시들을 재정비하고 다른 도시들을 추가로 획득할 계획을 세우는 데 보냈다. 그리고 그해 겨울이 끝나면서 전쟁의 여덟 번째 해도 끝났다.

117 (1) 라케다이몬인들과 아테나이인들은 이듬해 초봄에 1년 동안 휴전조약을 맺었다. 아테나이인들의 속셈은 그렇게 하면 자기들이 대응 조치를

취하기 전에 브라시다스가 더는 자신들의 동맹국들을 이반시키지 못하
리라는 것이었다. 또한 그렇게 하는 것이 유리하다면 더 포괄적인 조약
을 맺을 참이었다. 라케다이몬인들은 아테나이인들이 자기들과 똑같은
두려움을 느끼고 있다고 보고, 그들이 이번 불운과 고통에서 숨을 돌리
게 되면 포로를 돌려주고 더 긴 기간의 휴전협정을 맺음으로써 더 기꺼
이 포괄적인 조약을 맺으려 할 것이라고 생각했다.

(2) 그들은 무엇보다도 브라시다스가 아직 성공을 거두고 있을 때 포로
들을 돌려받고 싶었다. 왜냐하면 브라시다스가 더 성공을 거두어 균형을
회복하면 포로들을 돌려받을 기회를 놓치고 승리한다는 보장도 없이 백
중지세의 전쟁을 계속하게 되리라고 생각했기 때문이다. (3) 그래서 라
케다이몬인들과 그들의 동맹국들은 다음과 같은 휴전조약에 동의했다.

118 (1) "퓌토[18]의 아폴론 신의 신전과 예언과 관련하여, 우리는 원하는 사람
은 누구든 관습법에 따라 기만과 두려움 없이 그곳에 접근할 수 있음을
결의한다. (2) 이것은 라케다이몬인들과 이 자리에 있는 그들의 동맹군
의 결의 사항으로, 그들은 전령을 보내 보이오티아인들과 포키스인들을
힘닿는 데까지 설득할 것을 약속한다.

(3) 신께 바쳐진 돈과 관련하여 우리는, 즉 우리와 귀측은 그 범인을 색출
하는 일에 우리의 관습법에 따라 적절하고 공평하게 성의를 보일 것을
결의한다. 그렇게 하기를 원하는 다른 사람들도 각자 자신의 관습법에
따라 그렇게 한다.

(4) 아테나이인들이 협정을 맺을 준비가 되어 있다면, 라케다이몬인들
과 그들의 동맹국들은 또 다음 사항도 결의한다. 즉 양쪽은 각각 자신의
영토에 머무르되 현재 갖고 있는 것을 그대로 점유한다. 코뤼파시온 곳
에 있는 아테나이인들은 부프라스 마을과 토메우스 산 사이에 머물고,
퀴테라 섬에 있는 아테나이인들은 펠로폰네소스의 동맹국들과 교통하

지 않는다. 우리도 그들과, 그들도 우리와 교통하지 않는다. 니사이아 항과 미노아 섬에 있는 아테나이인들은 니소스의 신전 문에서 포세이돈 신전에 이르는 도로와 포세이돈 신전에서 곧장 미노아 다리에 이르는 길을 건너서는 안 된다. (메가라인들과 그들의 동맹군도 이 길을 건너서는 안된다.) 아테나이인들은 자신들이 함락한 미노아 섬을 점유하되 그 섬과 교통해서는 안 되고, 그 섬도 아테나이인들과 교통해서는 안 된다. 트로이젠에서 아테나이인들은 트로이젠인들과 맺은 협정에 따라 현재 차지한 곳을 그대로 점유한다.

(5) 해로(海路)의 사용과 관련하여, 라케다이몬인들과 그들의 동맹국들은 자국과 동맹국의 앞바다를 화물 적재량이 5백 탈란톤[19] 미만인 노 젓는 배를 타고 항해하고, 전함을 타고 항해해서는 안 된다. (6) 전쟁 종식과 분쟁 해결을 다룰 전령과 사절단과 적정수의 시종은 육로나 바닷길을 이용해 펠로폰네소스나 아테나이로 안전하게 오갈 수 있도록 통행권을 보장받는다. (7) 휴전 기간에는 양쪽 모두 자유민이든 노예든 도망자를 받아들이지 않는다. (8) 양쪽 사이의 분쟁은 전쟁에 의지하지 않고 법정의 판결로 해결하며, 귀측은 우리 측에, 우리 측은 귀측에 관습법에 따라 보상금을 지불한다.

(9) 이상이 라케다이몬인들과 그들 동맹군의 결의 사항들이오. 만약 귀측에서 이보다 더 훌륭하거나 공정한 제안을 할 수 있다면 라케다이몬에 와서 설명하시오. 귀측의 제안이 옳다면, 라케다이몬인들도 그들의 동맹군도 거부하지 않을 것이오. (10) 그러나 귀측에서 사절단을 보낼 때는 귀측에서 우리에게 요구했듯, 전권(全權)을 갖고 오게 하시오. 휴전

---

18 델포이의 옛 이름.

19 1탈란톤은 약 26킬로그램이다.

조약은 1년 동안 유효할 것이오."

(11) 다음은 아테나이 민회의 결의 사항이다. "아카만티스 부족이 사회를 보고, 파이닙포스가 서기를 맡고, 니키아데스가 의장을 맡고, 라케스가 아테나이인들의 행운을 위하여 라케다이몬인들과 그들의 동맹군이 발의하여 민중의 승인을 받은 조건으로 휴전협정을 맺을 것을 발의한다. (12) 휴전조약은 엘라페볼리온[20] 달의 14일인 당일로 발효하여 1년간 유효하다.

(13) 휴전 기간에 전쟁 종식을 논의하기 위해 양쪽 사이에 사절단과 전령들이 왕래한다. (14) 장군들과 시의원들이 평화를 논의하기 위한 민회를 소집하면, 아테나이인들은 전쟁 종식을 위해 사절단이 어떤 조건을 제시하든 먼저 이를 심의한다. 지금 이 자리에 와 있는 사절단은 1년 동안 이 휴전조약을 준수하겠다고 당장 민중 앞에서 서약한다.

119 (1) 라케다이몬인들과 아테나이인들과 양국의 동맹국들은 라케다이몬 달력으로 게라스티오스 달 12일[21]에 이상과 같은 조건에 합의했다. (2) 협정을 맺고 조약을 비준한 자들 가운데 라케다이몬인은 에케티미다스의 아들 타우로스, 페리클레이다스의 아들 아테나이오스, 에뤽실라이다스의 아들 필로카리다스이고, 코린토스인은 오퀴토스의 아들 아이네아스, 아리스토뉘모스의 아들 에우파미다스이고, 시퀴온인은 나우크라테스의 아들 다모티모스, 메가클레스의 아들 오나시모스이다. 메가라인은 케칼로스의 아들 니카소스, 암피도로스의 아들 메네크라테스이고, 에피다우로스인은 에우파이다스의 아들 암피아스이고, 아테나이 장군은 디에이트레페스의 아들 니코스트라토스, 니케라토스의 아들 니키아스, 톨마이오스의 아들 아우토클레스이다."

(3) 이 휴전협정은 그렇게 체결되었고, 휴전 기간 내내 그들은 더 포괄적인 협정을 맺기 위해 협상을 계속했다.

120 (1) 협정을 맺으려고 서로 왕래하던 기간에 팔레네 반도에 있는 스키오 네 시가 아테나이에 반기를 들고 브라시다스에게 넘어갔다. 스키오네인 들에 따르면, 그들은 원래 펠로폰네소스 반도의 펠레네 시 출신으로 그 들의 선조가 트로이아에서 귀향하던 도중 아카이오이족[22]의 함대를 덮 친 폭풍에 떠밀려 그곳으로 표류해와서 정착했다고 한다.

(2) 그들이 아테나이에 반기를 들자 브라시다스는 밤에 배를 타고 스키 오네로 건너갔다. 이때 그는 자기에게 우호적인 삼단노선을 앞서가게 하 고 자신은 작은 배를 타고 조금 떨어져 뒤따라갔다. 그의 속셈은 그가 타 고 있는 배보다 더 큰 배와 마주치면 삼단노선이 자기를 지켜줄 것이고, 다른 삼단노선과 마주치면 그 삼단노선은 십중팔구 작은 배는 내버려두 고 더 큰 배를 공격할 텐데, 그사이에 자기는 안전하게 도주할 수 있다는 판단이었다.

(3) 스키오네로 건너간 그는 스키오네인들의 집회를 소집하고 아칸토스 와 토로네에서 행한 것과 같은 연설을 하며, 그들이야말로 누구보다 칭 찬받아 마땅하다고 덧붙였다. 그 이유인즉, 그들은 아테나이인들이 포 테이다이아를 점령함으로써 팔레네 반도가 지협에서 차단되어 사실상 섬 주민이나 다름없는데도 자신들에게 확실히 유익한 방향으로 가도록 외부에서 압력이 가해질 때까지 소심하게 기다리지 않고 자진하여 자유 를 향해 나아갔기 때문이라고 했다. 그것은 그들이 가장 큰 시련도 용감 하게 견뎌낼 수 있다는 증거라고 했다. 그리고 그가 의도한 대로 사태를 안정시킬 수 있다면 진실로 그들을 라케다이몬인들에게 가장 충실한 친

---

20 엘라페볼리온(Elaphebolion)은 지금의 3월 중순에서 4월 중순에 해당하는, 앗티케 달력의 아 홉 번째 달이다.

21 엘라페볼리온 달 14일과 같은 날이다.

22 여기서는 '그리스인들'과 같은 뜻이다.

구라 여기고 온갖 경의를 표할 것이라고 했다.

121 (1) 스키오네인들은 그의 말에 크게 고무되었고, 전에는 거사에 반대하던 자들을 포함하여 모두들 용기백배했다. 그래서 그들은 기꺼이 전쟁을 하기로 결심하고 브라시다스를 성대히 환영하며, 공적으로는 그에게 헬라스의 해방자로서 금관을 씌워주고 개인적으로는 마치 운동경기의 우승자인 양 그에게 다가가 화환을 걸어주었다. (2) 그는 우선 그들을 위해 약간의 수비대를 남겨두고 도로 건너갔다. 얼마 뒤 그는 더 많은 군대를 보냈는데, 이제는 그의 편이 된 스키오네인들의 도움을 받아 멘데 시와 포테이다이아 시를 공략하기 위해서였다. 그는 아테나이인들이 섬이나 다름없는 스키오네로 틀림없이 구원병을 파견하리라 생각하고 기선을 제압하고 싶었던 것이다. 그는 또 반기를 들게 하려고 이 도시들과 협상하기 시작했다.

122 (1) 브라시다스가 이 도시들을 공략하려 하고 있을 때 휴전 소식을 사방에 알리는 사절단이 삼단노선을 타고 도착했는데, 그들은 다름 아닌 아테나이의 아리스토뉘모스와 라케다이몬의 아테나이오스였다. (2) 그래서 군대는 토로네로 돌아가고, 사절단은 그에게 협정 조건을 통보했다. 트라케 지방의 라케다이몬 동맹국은 모두 결정을 받아들였다. (3) 아리스토뉘모스는 다른 것은 대부분 승인했지만, 날짜를 따져본 결과 스키오네인들이 반기를 든 것은 휴전조약이 비준된 이후임을 알고는 스키오네인들의 경우는 휴전조약의 보호를 받을 수 없다고 선언했다. 브라시다스는 그것은 휴전협정이 비준되기 전에 일어난 일이라고 강력히 항의하며 도시를 포기하기를 거부했다.

(4) 아리스토뉘모스가 아테나이에 사태를 보고하자 아테나이인들은 즉시 스키오네를 공략할 준비를 했다. 그러자 라케다이몬인들이 사절단을 보내 그것은 휴전조약 위반이라고 전하게 했다. 그들은 브라시다스의 말

을 믿고 그 도시의 영유권을 주장했지만, 이 문제를 중재에 맡길 각오가 되어 있었다.

(5) 그러나 아테나이인들은 이 문제를 중재에 맡기는 모험을 하고 싶지 않아 당장 원정군을 파견하기를 원했으니, 이제는 섬 주민들도 자기들에게 사실 아무 도움도 안 되는 라케다이몬 지상군의 힘을 믿고 아테나이에 감히 반기를 들 것이라는 생각에 분개한 것이다. (6) 실제 사실도 아테나이인들의 주장을 뒷받침해주었다. 스키오네인들은 휴전협정이 비준되고 이틀 뒤에 반기를 들었기 때문이다. 그리하여 클레온의 발의와 설득에 따라 아테나이인들은 스키오네를 파괴하고 그 주민을 도륙하기로 즉시 결의안을 통과시켰다. 그들은 다른 활동을 뒤로 미루고 이 결의안을 실행할 준비에 매달렸다.

123 (1) 그사이 팔레네 반도에 있는, 에레트리아 시의 식민시 멘데가 아테나이에 반기를 들었다. 브라시다스는 그곳 주민을 받아들였는데, 비록 그들이 명백히 휴전 기간에 자기에게 넘어오긴 했지만 아테나이인들도 어떤 의미에서는 휴전협정을 위반했다고 나름대로 불만이 있었기에 그렇게 해도 잘못이 아니라고 생각한 것이다.

(2) 그래서 멘데인들은 브라시다스가 스키오네를 포기하지 않았던 선례를 보면 알 수 있듯 자기들을 결연히 지원해줄 것으로 보고 더욱더 고무되었다. 그리고 그들 중 브라시다스에게 협력하는 자들의 압력도 있었다. 이들은 소수파에 불과했지만 일단 시작한 일을 포기하지 않고, 자신들의 음모가 드러날까 두려워 다수파를 본의 아닌 방향으로 가도록 다수파를 강요했기에 하는 말이다.

(3) 이 소식을 접한 아테나이인들은 더욱 분개하여 두 도시를 공략할 준비를 서둘렀다. (4) 그러자 브라시다스는 아테나이 해군이 공격해올 것을 예상하고 아이들과 여자들을 스키오네와 멘데에서 칼키디케 반도에

있는 올륀토스 시로 소개하고, 펠로폰네소스인들 중무장보병 5백 명과 칼키디케인 경방패병 3백 명을 그들에게 건너보내면서 폴뤼다미다스가 이들 모두를 통솔하게 했다. 그리고 두 도시는 아테나이인들이 곧 공격해올 것으로 예상하고 힘을 모아 방어태세를 갖추었다.

124 (1) 그사이 브라시다스와 페르딕카스는 아르라바이오스를 치러 륑코스로 두 번째 원정길에 올랐다. 페르딕카스의 군대는 그 휘하의 마케도니아인들과 마케도니아에 거주하는 헬라스인 중무장보병으로 꾸려졌다. 브라시다스와는 남아 있는 그의 휘하 펠로폰네소스인들 외에 칼키디케인들, 아칸토스인들 그리고 다른 동맹국에서 각자 능력에 맞춰 보내준 파견대가 함께했다. 헬라스인 중무장보병은 모두 3천 명쯤 되었고, 그들과 함께하는 마케도니아인들과 칼키디케인들로 구성된 기병대는 1천 명가까이 되었으며, 그 밖에 비(非)헬라스인 무리도 많았다.

(2) 아르라바이오스의 영토에 들어간 그들은 륑코스인들이 이미 진을 치고 자신들을 맞을 준비를 하는 것을 보고 전투태세를 갖추었다. (3) 양군의 보병은 언덕 위에 포진하고, 양군 사이에는 들판이 있었다. 먼저 양군의 기병대가 들판으로 달려 내려와 기병전을 벌였다. 이어서 륑코스인 중무장보병들이 언덕에서 내려와 자신들의 기병대와 합세하여 전투를 벌이려 하자, 브라시다스와 페르딕카스도 그들에게 맞서 자신의 대원들을 이끌고 나왔다. 교전 끝에 륑코스인들이 많은 전사자를 내고 패퇴했으며, 살아남은 자들은 고지대로 도주하여 그곳에 꼼짝 않고 있었다.

(4) 그 뒤 그들은 승전비를 세우고 나서 페르딕카스와 합세하게 되어 있는 일뤼리콘인 용병대가 오기를 기다리며 2~3일을 그곳에 머물렀다. 그러자 페르딕카스는 가만있는 것이 싫어 아르라바이오스의 마을로 진격하고 싶어 했다. 그러나 브라시다스는 아테나이인들이 자기보다 먼저 배를 타고 도착하지 않을까 멘데의 운명이 염려되는 데다 일뤼리콘인들의

지원 없이는 진격할 마음이 내키지 않아 오히려 철수하고 싶어졌다.

125 (1) 이처럼 두 사람의 주장이 엇갈리고 있을 때 일뤼리콘인들이 페르딕카스를 배신하고 아르라바이오스와 손잡았다는 보고가 들어왔다. 그러자 일뤼리콘인들은 전사(戰士) 부족인지라, 그들이 두려워 이제는 두 사람 모두 철군하기로 의견을 모았다. 그러나 의견이 맞지 않아 언제 철군을 시작할지 정할 수 없었다. 밤이 되자 마케도니아인들과 비헬라스인 무리가, 마치 대군(大軍)도 흔히 뚜렷한 이유 없이 겁에 질리듯, 갑자기 공포에 사로잡혔다. 그들은 실제로 도착한 것보다 몇 배나 더 많은 적군이 진격해오고 있으며 사실은 벌써 다 와 있다고 믿고는 갑자기 등을 돌려 고향 쪽으로 달아나기 시작했다. 페르딕카스는 처음에 무슨 일이 일어났는지 몰랐지만 이를 알게 되자 브라시다스를 만나보기 전에(두 사람의 군영은 멀리 떨어져 있었다) 먼저 출발하지 않을 수 없었다.

(2) 브라시다스는 새벽녘에 마케도니아인들은 이미 가고 없고 일뤼리콘인들과 아르라바이오스가 자기를 공격하려는 것을 보고 철수할 계획을 세웠는데, 중무장보병으로 밀집 방진을 구성한 다음 경무장보병을 가운데로 몰아넣었다. (3) 어느 쪽에서 적군이 공격해오든 출동할 수 있도록 가장 젊은 대원들을 배치한 뒤 그 자신은 정예병 3백 명을 이끌고 뒤따라가며 공격해오는 적군의 선두 대열을 격퇴할 작정이었다. (4) 적군이 다가오기 전에 그는 짧은 시간을 이용하여 다음과 같은 말로 군사들을 격려했다.

126 (1) "펠로폰네소스인 여러분, 생각건대 수많은 비헬라스인들이 공격해오려고 하는데 여러분은 고립되어 틀림없이 의기소침해 있을 것이오. 그렇지 않다면 나는 여러분에게 몇 마디 격려의 말이나 하고, 지금처럼 훈시를 덧붙이지는 않겠지요. 그러나 지금 동맹군이 우리를 버리고 수많은 적군이 우리와 대치하고 있는 만큼, 나는 몇 마디 말로 일깨우고 조언함

으로써 가장 중요한 일들에 관해 여러분을 설득할까 하오.

(2) 여러분의 전사로서의 자질은 동맹군의 유무와는 무관해야 하오. 그것은 여러분이 타고난 용기의 문제요. 여러분은 상대방의 수가 많다고 해서 놀라서는 안 되오. 여러분은 다수가 소수를 지배하는 것이 아니라 소수가 다수를 지배하며, 이들 소수파는 오직 탁월한 전투 능력에 의해서만 권력을 세습하는 그런 국가들의 시민들이기 때문이오.

(3) 여러분은 지금 경험이 없어 비헬라스인들을 두려워하고 있지만, 여러분이 그들 중에서도 마케도니아인들과 싸워본 경험과 내가 판단하고 남들에게 들은 바에 따르면, 그들은 그리 두려워할 만한 자들이 못 된다는 것을 알아야 하오. (4) 적군이 강한 척해도 사실은 허약한 경우, 상황을 제대로 아는 것이 대항하는 쪽에게 오히려 자신감을 갖게 해줄 것이오. 한편 어느 한쪽이 타고난 장점을 가진 경우, 상대방은 그것을 모를수록 더욱 대담하게 공격할 것이오.

(5) 경험이 없는 사람들에게는 이들 비헬라스인들이 무시무시해 보일 것이오. 그들은 수가 많아 보기에 무시무시하고, 그들의 요란한 함성은 견딜 수 없을 정도이고, 그들이 허공에 무기를 휘두르는 모습은 위협적이기 때문이오. 그러나 그 모든 것에도 불구하고 그들에게 맞서는 자들을 만나면 이야기는 달라지지요. 그들은 대오를 갖추고 싸우지 않는 만큼 적군에게 밀려 제자리를 떠나도 치욕으로 여기지 않으니 말이오. 전진도 후퇴도 그들에게는 똑같이 명예스러운 만큼, 사실은 그들의 용기를 떠볼 수도 없소. (각자가 자신의 지휘관일 경우 목숨을 건지기 위해 도주할 핑계는 얼마든지 댈 수 있기 때문이오.) 실제로 그들은 여러분과 백병전을 벌이느니 여러분을 겁주되 자신들은 위험을 무릅쓰지 않는 것이 더 안전하다고 생각하고 있소. 그렇지 않다면 그들은 여러분을 겁주는 대신 백병전을 벌였을 것이오.

⒃ 따라서 여러분은 그들이 미리 안겨주는 모든 두려움은 눈과 귀에는 위협적이지만 실제로는 별것 아니라는 점을 명확히 알아야 하오. 그러니 여러분은 그들의 공격을 굳건히 막아내며 기회가 닿는 대로 대오를 갖추고 질서정연하게 퇴각하도록 하시오. 그러면 여러분은 더 빨리 안전한 곳에 도달할 수 있으며, 앞으로 이런 오합지졸은 일단 예봉이 꺾이면 멀찌감치 떨어져서 온갖 위협을 하며 용감한 체하지만, 그들 앞에서 일단 물러서면 신속히 여러분을 바싹 뒤쫓으며 위험이 수반되지 않을 때는 그들이 얼마나 용감한지 보여준다는 것을 알게 될 것이오."

127 ⑴ 브라시다스는 그런 말로 격려한 뒤 군대를 철수하기 시작했다. 비헬라스인들은 이것을 보자 그가 도망치는 줄 알고 그를 잡아 죽이려고 요란한 함성을 지르며 떠들썩하게 몰려왔다. ⑵ 그러나 공격하는 곳마다 돌격대가 달려나와 그들을 맞았고, 브라시다스는 정예군을 이끌고 그들의 주력부대에 맞섰다. 그리하여 예상과는 달리 그들의 예봉이 꺾였다. 그 뒤에도 그들은 공격할 때마다 저항에 부딪쳤고, 그들이 공격을 중단하는 사이 퇴각은 계속되었다.

비헬라스인들의 주력부대는 브라시다스와 함께하는 헬라스인들을 탁 트인 곳에서 공격하기를 포기했으니, 일부만 남겨 그들을 추격하고 공격하게 하고는 나머지는 도주하는 마케도니아인들을 뒤쫓아가 잡히는 족족 도륙했다. 그리하여 그들은 브라시다스보다 먼저 아르라바이오스의 영토로 통하는 두 언덕 사이의 고갯길에 이르러, 브라시다스에게는 다른 퇴로가 없음을 알고 그곳을 점령했다. 그리고 그가 되돌아갈 수 없는 지점에 이르렀을 때 그들은 그의 퇴로를 차단하기 위해 포위하기 시작했다.

128 ⑴ 이를 본 브라시다스는 자신의 대원 3백 명에게 더 쉽게 점령할 수 있을 것 같은 언덕으로 대오를 짓지 말고 각자 되는대로 빨리 달려가서, 자

신을 포위한 주력부대가 행동을 개시하기 전에, 그곳을 점령한 비헬라스인들을 몰아내보라고 명령했다. (2) 3백 명은 공격을 개시하여 언덕 위에 있던 비헬라스인들을 제압했다. 그러자 헬라스인 주력부대가 더 쉽게 언덕으로 나아갔다. 비헬라스인들은 자신들의 대원들이 그곳 언덕에서 쫓겨나는 모습을 보고 겁이 났기 때문이다. 그래서 그들은 헬라스인들이 벌써 국경에 이르러 도주한 줄 알고 더는 추격하지 않았다.

(3) 언덕들을 장악한 브라시다스는 더 안전하게 행군하여 같은 날 페르딕카스 영토의 첫 번째 도시 아르니사에 도착했다. (4) 그리고 그의 부대원들은 마케도니아인들이 자기들을 버리고 먼저 떠난 것에 분개하여, 길에서 소달구지를 만나거나 겁에 질려 야반도주할 때 흔히 그러하듯 화물이 굴러떨어진 것을 보면, 소를 멍에에서 풀어 도륙하고 화물을 착복하느라 여념이 없었다. (5) 그때부터 페르딕카스는 브라시다스를 적으로 여기고 그의 반(反)아테나이 정책과는 맞지 않지만 펠로폰네소스인들에게 증오심을 품기 시작했다. 그래서 그는 이해관계를 떠나 어떻게든 되도록 빨리 아테나이인들과 협정을 맺고 펠로폰네소스인들에게서 벗어날 준비를 했다.

129 (1) 마케도니아에서 토로네로 돌아온 브라시다스는 아테나이인들이 벌써 멘데를 점령하고 있음을 알았다. 현재로서는 팔레네 반도로 건너가 멘데인들을 도울 수 없다고 보고 그는 토로네를 잘 지키며 그곳에 그대로 머물러 있었다. (2) 그의 륑코스 원정과 거의 같은 시기에 준비를 끝낸 아테나이인들이 키오스 함선 10척을 포함하여 함선 50척, 자신들의 시민들로 구성된 중무장보병 1천 명, 궁수 6백 명, 트라케인 용병 1천 명과 그곳의 동맹국들에서 온 약간의 경방패병을 이끌고 멘데와 스키오네를 공략하러 출항했기 때문이다. 그들의 지휘관은 니케라토스의 아들 니키아스와 디에이트레페스의 아들 니코스트라토스였다.

(3) 포테이다이아에서 출항하여 포세이돈 신전 옆에 도착한 그들은 멘데를 향하여 진격했다. 멘데인들은 자신들을 도우러 온 3백 명의 스키오네인들과 펠로폰네소스인 증원부대와 함께(모두 합하니 중무장보병이 7백 명이나 되었다) 폴뤼다미다스의 지휘 아래 도시 밖의 바위투성이 언덕에 진을 쳤다.

(4) 니키아스는 메토네에서 온 경무장보병 120명과 아테나이인 중무장보병 중에서 선발한 60명과 궁수 전원을 이끌고 오솔길을 지나 언덕에 접근하려 했지만, 그들에게 부상을 당해 뜻을 이룰 수가 없었다. 한편 니코스트라토스는 남은 군대를 이끌고 더 멀리 떨어진 다른 곳에서 언덕에 접근했지만, 언덕에 오르기가 힘들어 부대가 일대 혼란에 빠지는 바람에 하마터면 아테나이군 전체가 패퇴할 뻔했다. (5) 그날은 멘데인들과 그들의 동맹군이 항복하지 않아 아테나이인들은 물러나 진을 쳤고, 밤이 되자 멘데인들은 시내로 돌아갔다.

130 (1) 이튿날 아테나이인들은 스키오네 쪽으로 회항해 교외를 점거한 뒤 온종일 농촌 지역을 약탈했지만 그들에게 대항하는 사람은 아무도 없었다. (시내에 파쟁이 벌어졌기 때문이다.) 그날 밤 스키오네인 3백 명이 돌아왔다. (2) 이튿날 니키아스는 군대의 반을 이끌고 멘데와 스키오네의 국경으로 출동하여 영토를 약탈했고, 그와 동시에 니코스트라토스는 남은 군대를 이끌고 가 포테이다이아로 통하는 북쪽 성문 옆에서 도시를 포위하기 시작했다.

(3) 그런데 마침 그곳은 멘데인들과 그들의 펠로폰네소스인 동맹군이 성 안쪽에 무구를 쌓아둔 곳인지라 폴뤼다미다스가 자기 부대원들에게 전투 대형을 갖추라고 명령하며 멘데인들더러 나가서 싸우라고 독촉했다.

(4) 그러나 민중파 가운데 한 명이 당파심에서 자기들은 나가지 않을 것이며 전쟁을 할 필요가 없다고 대꾸했다. 그가 그렇게 대꾸하자, 폴뤼다

미다스는 그를 붙잡아 거칠게 다루었고, 그러자 민중이 격노하여 곧장 무기를 들고 펠로폰네소스인들과 그들에 협력하는 반대파를 공격했다. (5) 민중이 공격하자 그들은 완전히 패주했는데, 불시에 공격당한 데다 아테나이인들에게 성문이 열리는 것을 보고는 이번에 민중은 그들과 미리 짜고 공격하는 것이라고 믿었기 때문이다. (6) 그 자리에서 죽지 않은 자들은 전부터 점령하고 있던 아크로폴리스로 도주했다. 그러자 이때쯤에는 니키아스도 돌아와 도시 가까이 와 있던 터라, 아테나이군 전체가 멘데 시로 쏟아져 들어갔다. 그리고 협정에 따라 성문이 열린 것이 아닌지라 아테나이인들은 도시를 마치 함락한 도시인 양 약탈했다. 그래서 장군들은 그들이 주민을 도륙하지 못하도록 가까스로 막을 수 있었다. (7) 그 뒤 아테나이인들은 멘데인들에게 종전의 정체를 그대로 유지하고 이번 반란에 책임이 있는 것으로 간주되는 자들을 재판에 회부할 것을 요구한 뒤, 아크로폴리스에 있는 자들은 바다에 이르기까지 양쪽에 담을 쌓아 봉쇄하고 수비대를 배치했다. 아테나이인들은 멘데를 장악한 뒤 스키오네로 향했다.

131 (1) 그러자 스키오네인들과 펠로폰네소스인들이 마중 나와 도시 앞에 있는 바위투성이 언덕에 진을 쳤다. 적군은 이 언덕을 점령하지 않고는 방벽을 쌓아 도시를 봉쇄할 수 없었다. (2) 아테나이인들은 전면에서 언덕을 맹공격하여 그곳을 점령한 자들을 몰아냈다. 그리고 진을 치고 승전비를 세운 다음 도시에 방벽을 두를 준비를 했다. (3) 얼마 뒤 그들이 이 작업에 전념하고 있는 사이, 멘데의 아크로폴리스에 봉쇄되어 있던 부대가 밤에 바다 쪽 수비대 옆을 지나 스키오네에 도착했다. 그들은 대부분 포위군을 피해 시내로 들어갔다.

132 (1) 스키오네 주위에 방벽을 쌓는 작업이 진행되는 동안, 페르딕카스는 아테나이 장군들에게 전령을 보내 아테나이와 평화협정을 맺었다. 그것

은 그가 링코스에서 후퇴할 때 브라시다스에게 품은 반감 때문이었다. 그래서 그는 그 직후 바로 아테나이인들과 협상을 시작한 것이다. (2) 그때 마침 라케다이몬인 이스카고라스가 브라시다스와 합류하려고 육로로 군대를 이끌고 오고 있었다. 이제는 평화협정을 맺은 만큼 그가 신뢰할 수 있는 인물임을 아테나이인들에게 입증하라고 니키아스가 요구하기도 했지만, 페르딕카스 자신도 펠로폰네소스인들이 더는 자기 나라에 들어오는 것을 원치 않았던 까닭에 텟살리아인 친구들에게 영향력을 행사하여(그는 그곳 유력자들과 늘 우호적인 관계를 유지했다) 라케다이몬인 원정대의 진로와 작전을 방해함으로써 이들이 텟살리아에 접근조차 할 수 없게 했다.

(3) 하지만 이스카고라스와 아메이니아스와 아리스테우스는 브라시다스가 있는 곳에 도착했다. 업무를 감독하도록 라케다이몬인들에 의해 파견된 이들은 관행과 달리 각 도시의 통치자로 임명되도록 스파르테에서 젊은이 몇 명을 데려왔는데, 통치자 업무가 아무에게나 맡겨지는 것을 원치 않았기 때문이다. 그래서 브라시다스는 클레오뉘모스의 아들 클레아리다스를 암피폴리스의 통치자로, 헤게산드로스의 아들 파시텔리다스를 토로네의 통치자로 임명했다.

133 (1) 같은 해 여름 테바이인들은 테스피아이 시가 친(親)아테나이적이라는 이유로 그곳의 성벽을 허물었다. 테바이인들은 늘 그러기를 바랐지만, 아테나이인들과의 전투에서 테스피아이의 꽃다운 젊은이들이 전사한[23] 지금이 적기였기 때문이다. (2) 같은 해 여름 아르고스의 헤라 신전이 불탔다. 여사제 크뤼시스가 불 켜진 램프를 화환들 옆에 두고 잠드는 바람에 그녀가 모르는 사이 화환들에 불이 옮겨 붙어 신전 전체가 불타

---

23 4권 96장 3절 참조.

버렸다. (3) 크뤼시스는 아르고스인들이 두려워 그날 밤 플레이우스 시로 도주했다. 그래서 아르고스인들은 관행에 따라 파에이니스라는 다른 여사제를 임명했다. 크뤼시스는 이번 전쟁의 8년 이상을 여사제로 봉사하다가 9년째 되던 해 중간에 도주했다. (4) 여름이 끝나갈 무렵 스키오네가 완전히 방벽으로 봉쇄되자, 아테나이인들은 그곳에 수비대를 남겨둔 채 남은 군대를 이끌고 철수했다.

134 (1) 그해 겨울에는 휴전협정에 따라 아테나이인들과 라케다이몬인들 사이가 평온했다. 그러나 만티네이아인들과 테게아인들은 각각 자신들의 동맹군과 함께 오레스테이온령(領) 라오도케이온[24]에서 서로 싸웠다. 이 전투에서 승패는 가려지지 않았다. 양군 모두 맞선 적군의 한쪽 날개를 패퇴시키고 승전비를 세운 다음 델포이로 전리품을 보냈으니 말이다. (2) 그러나 양군 모두 많은 전사자를 내며 서로 우열을 가리기 어려운 가운데 밤이 다가와 전투가 중단되었을 때 테게아인들은 들판에서 밤을 보내며 승전비를 세웠지만, 만티네이아인들은 일단 부콜리온 시로 철수했다가 나중에야 승전비를 세웠다.

135 (1) 같은 해 겨울이 끝나고 봄이 이미 시작될 무렵 브라시다스는 포테이다이아를 함락하려 했다. 그는 밤에 그곳에 도착하여 사다리를 걸쳤는데 그때까지는 발각되지 않았다. 종소리가 지나가고 나서 종을 전달하는 파수병이 제자리로 돌아오기 전의 짧은 순간에 사다리를 걸쳤기 때문이다. 그러나 그가 성벽에 기어오르기 전에 파수병에게 발각되자 날이 밝기를 기다리지 않고 서둘러 군대를 철수했다. (2) 겨울은 그렇게 지나갔고, 투퀴디데스가 기록한 이 전쟁의 아홉 번째 해도 그렇게 저물었다.

---

24 라오도케이온의 위치는 알 수 없다.

V

HO POLEMOS TON PELOPONNESION KAI ATHENAION

1 이듬해 여름, 1년간의 휴전조약은 퓌토 경기가 개최될 무렵 끝났다.¹ 휴전하는 동안 아테나이인들은 델로스에서 델로스인들을 이주시켰는데, 그들이 사제가 되도록 축성되었을 때 전에 저지른 죄가 있어 충분히 정결하지 못했다고 여겼기 때문이다. 앞서 말한 정화의식 때 아테나이인들은 사자(死者)들의 무덤을 옮기면 요건을 충족시키는 줄 알았는데 그 점을 고려하지 못한 것이다.² 파르나케스³가 그들에게 아시아의 아트라뮛티온 시를 주자 원하는 자는 가서 그곳에 정착했다.

2 (1) 휴전조약이 끝나자 클레온은 아테나이인들의 동의를 받아 중무장보병 1천 2백 명, 기병 3백 명, 많은 동맹군을 30척의 함선에 태우고 트라케 지방으로 원정길에 올랐다. (2) 그는 먼저 여전히 포위 공격당하고 있던 스키오네에 들러 수비대 중에서 일부 중무장보병을 차출해 자신의 군대에 합류시킨 다음 시내에서 멀지 않은 스키오네령(領) 코포스 항으로 들어갔다. (3) 클레온은 도망병들한테서 브라시다스가 토로네에 있지 않고 그곳에 있는 수비대는 자신의 적수가 되지 못한다는 사실을 듣고 그곳에서 보병을 이끌고 도시로 진격하는 한편, 함선 10척을 보내 바닷가를 따라 항해하여 토로네 항으로 들어가게 했다. (4) 클레온은 먼저 브라

시다스가 교외를 도시에 편입시킬 목적으로 옛 성벽 일부를 허물고 도시 앞에 쌓아놓은 성벽으로 다가갔다.

3 (1) 그러자 라케다이몬인 통치자 파시텔리다스와 지원하러 와 있던 수비대가 달려나와 아테나이인들의 공격을 물리치려 했다. 그러나 그들이 고전을 면치 못하는 데다 파견된 함선이 바닷가를 따라 항해하여 항구로 들어오는 것을 보자, 파시텔리다스는 함선이 도시에 도착해 아무도 지키는 사람이 없는 것을 보고 도시를 함락하면 자신이 성벽과 도시 사이에 갇힐까 두려워 성벽을 버리고 도시로 달려갔다. 그러나 한발 늦었다.

(2) 배에서 내린 아테나이인들이 어느새 토로네를 함락하자, 보병 부대가 아무 저항도 받지 않고 곧장 뒤따라와서는 옛 성벽의 일부를 허문 자리를 지나 시내로 쏟아져 들어왔기 때문이다. 일부 펠로폰네소스인들과 토로네인들은 백병전을 벌이다 그 자리에서 전사하고, 통치자 파시텔리다스를 포함하여 일부는 생포당했다. (3) 브라시다스는 토로네를 구원하러 출발했지만, 목적지까지 약 40스타디온을 남겨두고 그곳이 함락되었다는 소식을 접하고 도중에 돌아갔다.

(4) 클레온과 아테나이인들은 두 개의 승전비를 세웠는데, 하나는 항구에 하나는 성벽 옆에 세웠다. 그들은 토로네의 여자들과 아이들은 노예로 삼고, 토로네의 남자들과 펠로폰네소스인들과 그곳에 와 있던 다른

---

1 퓌토 경기는 7~8월에 열렸고, 1년간의 휴전조약은 1년 전 3~4월에 체결되었다. 휴전조약이 몇 달 동안 연장되었거나 휴전조약이 만료되고 난 뒤에도 한동안 적대 행위가 다시 시작되지 않은 것 같다. 퓌토 경기는 올륌피아 경기, 이스트모스 경기, 네메아 경기와 더불어 고대 그리스의 4대 경기 중 하나로 아폴론 신전이 있는 델포이에서 개최되었다. 퓌토(Pytho)는 델포이의 옛 이름이다.

2 3권 104장 참조.

3 헬레스폰토스 해협 일대를 다스리는 페르시아 왕의 태수.

칼키디케인들은 아테나이로 보냈다. 이들은 모두 7백 명이었는데, 그중 펠로폰네소스인들은 나중에 평화조약이 이루어지자 귀국했고, 나머지는 일대일로 포로 교환을 할 때 올륀토스인들이 고향으로 데려갔다.

(5) 이 무렵 보이오티아인들이 아테나이의 변경 요새 파낙톤[4]을 계략으로 함락했다. (6) 그사이 클레온은 토로네에 수비대를 배치한 다음 출항하여 아토스 산 앞바다를 돌아 암피폴리스로 향했다.

4 (1) 이 무렵 에라시스트라토스의 아들 파이악스가 아테나이인들의 사절로서 다른 두 명의 동료와 함께 함선 2척을 이끌고 이탈리아와 시켈리아로 출항했다. (2) 그 이유는 다음과 같다. 협정이 이루어지고 아테나이인들이 시켈리아에서 철수한 뒤[5] 레온티노이인들이 새 시민들을 많이 등록하자 그곳의 민중파가 토지의 재분배를 기도했다. (3) 그러자 유력자들이 이를 알고 쉬라쿠사이인들을 불러들여 민중파를 추방했다. 그리하여 민중파는 뿔뿔이 흩어졌지만, 유력자들은 쉬라쿠사이인들과 협정을 맺고 자신들의 도시를 버리고 떠난 다음 쉬라쿠사이에서 그곳 시민으로 살았다. (4) 그중 일부는 나중에 자신들의 행동을 후회하고 쉬라쿠사이를 떠나 레온티노이 시의 일부로 포카이아이라고 부르는 곳과 레온티노이령(領) 브리킨니아이 요새를 점거했다. 추방당한 민중파도 대부분 그들과 합류했는데, 이들은 일단 정착하자 그곳들을 거점 삼아 전쟁을 하기 시작했다.

(5) 아테나이인들은 이 소식을 전해 듣고 파이악스를 파견했는데, 쉬라쿠사이가 패권주의를 추구한다는 이유로 레온티노이의 동맹군과 가능하다면 그 밖의 다른 시켈리아의 헬라스인 이주민이 대(對)쉬라쿠사이 연합전선을 구축하도록 설득하여 레온티노이의 민중파를 구원하기 위해서였다. (6) 파이악스는 시켈리아에 도착해 카마리나 시와 아크라가스 시는 설득했지만, 겔라 시에서는 반대에 부딪히자 다른 곳에 가봤자

성공할 수 없음을 알고 다른 도시들에는 가지 않았다. 대신 그는 시켈로이족의 나라를 지나 카타네 시로 가는 도중 브리킨니아이에 들러 그곳 수비대를 격려한 뒤 아테나이로 회항했다.

5 (1) 파이악스는 시켈리아로 갈 때도 그곳에서 돌아올 때도 아테나이와의 우호조약 체결에 관해 이탈리아[6]의 몇몇 도시와 협상을 벌였다. 그는 또 멧세네 시에서 추방된 로크리스[7] 정착민도 몇 명 만나보았다. (시켈리아의 헬라스인 이주민 사이에 포괄적인 협정이 체결된 뒤 멧세네 시에서 파쟁이 일어나, 그중 한 정파가 로크리스인들을 불러들인 까닭에 이들이 이주민으로 파견되었고, 멧세네 시는 한동안 로크리스인들의 수중에 있었다.)

(2) 이들은 로크리스로 돌아가던 길에 파이악스와 만났는데, 그는 아테나이와 조약을 맺기로 로크리스인들과 이미 합의한 터라 이들을 해코지하지 않았다. (3) 시켈리아의 헬라스인 이주민이 포괄적인 협정을 맺었을 때 동맹국 중에서 유일하게 로크리스인들만이 아테나이와의 평화조약을 비준하지 않았고, 그들의 이웃나라로 그들의 식민시들인 힙포니온과 메드마와의 전쟁에 시달리지 않았더라면 이때도 비준하지 않았을 것이다. 그 뒤 파이악스는 아테나이에 도착했다.

6 (1) 그때 클레온은 토로네에서 출항해 바닷가를 따라 암피폴리스로 항해하고 있었다. 그는 에이온을 거점 삼아 안드로스 섬의 식민시 스타기로스를 공격했으나 함락하지 못하고, 타소스 섬의 식민시 갈렙소스를 무력으로 점령했다. (2) 그는 페르딕카스에게 사절단을 보내 동맹조약에 따

---

4 위치는 알 수 없다.
5 4권 65장 참조.
6 남부 이탈리아.
7 시켈리아의 로크리스. 1권 주7 참조.

라 군대를 이끌고 출동하도록 요구하는 한편, 트라케 지방의 오도만토이족 왕 폴레스에게도 사절단을 보내 되도록 많은 트라케인 용병을 보내달라고 요청했다. 그리고 그 자신은 그들이 도착하기를 기다리며 에이온에 조용히 머물러 있었다.

(3) 이 사실을 알고 브라시다스는 그에 맞서 케르될리온에 진을 쳤다. 이곳은 아르길로스 시의 영토로 강 건너 고지에 위치해 있고 암피폴리스에서 멀지 않은 데다 모든 것이 환히 보여 클레온이 군대를 움직일 경우 눈에 띄지 않을 수 없었다. 브라시다스는 클레온이 적군의 수가 적은 것을 우습게보고 현재의 병력을 이끌고 암피폴리스로 진격해오리라고 예상한 것이다.

(4) 그사이 브라시다스는 준비를 게을리하지 않았으니, 그는 트라케인 용병 1천5백 명과 에도노이족의 경방패병과 기병대 전부를 동원했다. 그는 또 암피폴리스에 있는 경무장보병 말고도 뮈르키노스인과 칼키디케인 경무장보병 1천 명을 벌써 확보해놓고 있었다. (5) 그가 동원한 중무장보병은 2천 명쯤 되었고, 헬라스인 기병대는 3백 명이었다. 브라시다스는 이들 가운데 약 1천5백 명을 거느리고 케르될리온에 진을 쳤으며, 나머지는 클레아리다스와 함께 암피폴리스에 배치되어 있었다.

7 (1) 클레온은 한동안 움직이지 않았지만 결국 브라시다스가 예상한 대로 하지 않을 수 없었다. (2) 그곳에 가만있는 것에 싫증 난 군사들이 브라시다스의 경험과 용기를 자기들 지휘관의 무지와 비겁함과 비교하게 되고, 마지못해 그를 따라 고향을 떠나왔다고 생각하기 시작했기 때문이다. 군사들이 그렇게 투덜댄다는 것을 알게 된 클레온은 한곳에 계속 머물다가 군사들의 사기가 저하될까 봐 군대를 이끌고 출동했다.

(3) 그는 필로스에서 성공을 거두었을 때와 같은 마음가짐으로 행동했고, 자신이 현명하다고 자신했다. 그래서 자기와 대적하러 출진하는 사

람은 아무도 없을 것이라고 생각하고는, 자기가 출동하는 것은 정찰하기 위해서이며, 자기가 증원부대를 기다리는 것은 전투를 해야 할 경우 안전을 확보하기 위해서가 아니라 도시를 포위하여 힘으로 함락하기 위해서라고 말했다.

(4) 그리하여 클레온은 행군해가서 암피폴리스 앞에 있는 전망 좋은 언덕에 진을 치고 스트뤼몬 강의 늪지대와 도시의 트라케 쪽 지형을 살펴보았다. (5) 그는 자기가 원할 때 언제든 싸우지 않고 철수할 수 있으리라고 생각했다. 성벽 위에는 사람이라고는 얼씬도 않고, 성문들은 모두 굳게 닫힌 채 아무도 밖으로 나오지 않았기 때문이다. 그래서 지키는 자가 아무도 없어 도시를 당장이라도 함락할 수 있을 것만 같아, 그는 출동할 때 공성 무기를 가져오지 않은 것을 후회했다.

8 (1) 브라시다스는 아테나이인들이 움직이는 것을 보자마자 케르뒬리온에서 내려와 암피폴리스로 들어갔다. (2) 그러나 아테나이인들에 맞서 전열을 갖추고 출동하지는 않았으니, 자신의 군대를 신뢰하지 않았고, 자신의 군대가 수적으로가 아니라(수적으로는 비슷했다) 질적으로 열등하다고 판단한 것이다. 이번 원정에 나선 아테나이인들은 정예부대인 데다 렘노스인과 임브로스인 최강 부대가 그들과 함께하고 있었기 때문이다. 그래서 브라시다스는 계략으로 그들을 공격할 준비를 했다. (3) 말하자면 적군에게 자신의 병력과 기본 무장을 미리 보여주느니, 적군이 그것을 실제로 보고는 우월감을 가질 수 없다고 판단하기 전에 적군을 기습하는 편이 성공할 가망이 더 많다고 생각한 것이다.

(4) 그래서 그는 손수 150명의 중무장보병을 선발하고 나머지는 클레아리다스가 지휘하도록 맡긴 뒤 아테나이인들이 철수하기 전에 기습하기로 결정했다. 증원부대가 도착하면 다시는 지금처럼 고립된 상태로 그들을 붙잡을 수 없다고 생각했기 때문이다. 그래서 그는 전군을 불러 모아

놓고 격려도 할 겸 자신의 의도를 설명도 할 겸 다음과 같이 말했다.

9 (1) "펠로폰네소스인 여러분, 나는 여러분에게 우리가 용기로 자유를 지켜온 나라에서 왔으며, 여러분은 도리에이스족으로서 여러분에게 늘 지곤 하던 이오네스족과 싸우려 한다는 사실 말고 더는 언급할 필요가 없을 것이오. (2) 그렇지만 여러분이 전군이 아니라 우리 가운데 일부만 공격하면 불리하리라 믿고 사기가 떨어지지 않도록, 내가 어떻게 공격하려는지 설명하겠소.

(3) 생각건대, 적군은 우리를 얕보고는 아무도 밖으로 출동해 자기들과 대적하지 않으리라 자신하고 지금 우리를 우습게보며 대오를 흩뜨린 채 주위를 둘러보고 있소. (4) 그러나 성공은 적군의 이런 과오를 재빨리 간파하고 자신의 힘에 맞는 전략을 선택하는 장군의 몫이며, 그럴 경우 반드시 전열을 정비하여 공개적으로 공격할 필요는 없고, 실제 상황에 가장 잘 맞는 방법으로 공격해야 하오. (5) 이런 것들이 전쟁의 계략이며, 적군을 완전히 속여 아군의 이익을 극대화할 때 큰 명성을 얻게 되는 법이오.

(6) 그래서 적군이 아무 준비도 없이 자신감이 넘치고, 보아하니 버티기보다는 줄행랑을 놓을 의도를 품고 있는 동안 기강이 해이해진 틈을 타그들이 전의를 가다듬기 전에 군대를 이끌고 가서 먼저 그들의 중심부에 돌격을 감행할까 하오. (7) 그리고 나중에 클레아리다스여, 그대는 내가 적군을 공격하여 십중팔구 공황 상태에 빠뜨리는 것을 보면 바로 성문들을 열고 암피폴리스인들과 그대 휘하의 다른 동맹군을 이끌고 출동하되, 되도록 빨리 적군 속으로 뛰어드시오. (8) 그렇게 되면 적군은 완전히 공황 상태에 빠질 것이오. 두 번째 파상공세는 실제로 교전하는 군대보다 적군을 더 공포에 떨게 하기 때문이오.

(9) 클레아리다스여, 그대는 사람들이 스파르테인에게 기대하는 자질을

보여주어야 하오. 그리고 동맹군 여러분은 용감하게 그를 따르되, 훌륭한 전사가 되려면 전의(戰意), 명예심, 상관에 대한 복종심을 겸비해야 한다는 점과, 여러분의 미래가 오늘 이날에 달려 있음을 명심하도록 하시오. 여러분이 사내대장부임을 보여주면 여러분은 자유의 몸이 되고 라케다이몬인들의 동맹군이라고 불리게 될 것이나, 그러지 않으면 아테나이인들의 노예라고 불려야 할 것이오. 여러분은 잘해야 노예로 팔려가거나 죽임을 당하는 것을 면할 수 있을 테지만, 전보다 더 가혹한 노예생활을 하게 될 것이며, 헬라스가 해방되는 것을 막는 훼방꾼이 될 것이오. (10) 여러분은 이번 전쟁에 무엇이 걸려 있다는 것을 아는 만큼 나약한 모습을 보이지 않도록 하시오. 나도 남들을 격려만 하는 것이 아니라 내가 말한 것을 실천하는 사람임을 보여주겠소."

10 (1) 브라시다스는 그렇게 말하고 스스로 출동할 준비를 마친 뒤 클레아리다스와 함께하는 나머지 부대는 앞서 말한 대로 출동할 수 있도록 이른바 트라케 문 옆에 배치했다. (2) 그사이 아테나이인들은 그가 케르딜리온에서 내려와 시내로 들어가더니(도시는 바깥에서 환히 들여다보였다) 아테나 여신의 신전 옆에 제물을 바치고 나서 이런 준비를 하는 모습을 볼 수 있었다. 이때 클레온은 정찰하러 더 앞으로 나아갔다가 적군이 모두 시내에 모여 있는 것이 보이고, 출동하려는 듯 성문 밑으로 수많은 인마(人馬)의 다리가 보인다는 보고를 받았다.

(3) 이런 보고를 받고 현장으로 달려간 클레온은 상황을 살핀 뒤 증원부대가 도착하기 전에는 결전을 벌이고 싶지도 않고 아직은 철수할 시간이 있다고 보고 퇴각하라는 명령을 내렸다. 그리고 부대가 떠날 준비를 마치자 먼저 왼쪽 날개부터 유일한 퇴로인 에이온 쪽 길로 철수하라는 명령을 내려보냈다. (4) 그리고 나서 그는 아직도 시간적인 여유가 많다고 보고 오른쪽 날개를 돌려세운 뒤 방패로 가려지지 않은 쪽을 적군에게

드러낸 채 몸소 군대를 인솔하기 시작했다.

(5) 바로 이때 브라시다스는 아테나이군이 움직이는 것을 보고 기회가 왔다 싶어 자신의 부대원들과 다른 대원들에게 말했다. "저들은 우리에게 대항하지 못할 것이오. 창과 머리의 움직임을 보면 알 수 있소. 저렇게 되면 군사들이 대개 공격자들에게 대항하지 못하는 법이오. 그러니 누가 내가 지정해둔 성문을 열도록 하시오. 그리고 우리는 자신감을 갖고 되도록 신속히 공격합시다." (6) 그리고 나서 그는 목책으로 통하는 성문(이것이 전에 있었던 긴 성벽의 첫 번째 문이었다) 밖으로 나가 한길을 따라 내달았다. 그 한길에는 지금 그곳의 가장 가파른 곳에 이르면 승전비가 서 있다. 그리하여 그가 아테나이군의 중앙을 공격하니, 그들은 이미 자신들의 무질서 때문에 불안감에 휩싸여 있는 데다 그의 대담무쌍한 행동에 놀라 패주하기 시작했다.

(7) 그러자 이번에는 클레아리다스가 지시받은 대로 트라케 문에서 출동하여 동시에 아테나이군을 공격했다. 아테나이인들은 양쪽에서 불의의 기습을 당하자 큰 혼란에 빠졌다. (8) 에이온 쪽으로 향하던 왼쪽 날개는 벌써 꽤 나아간 터라 곧장 본대를 이탈하여 계속 도주했다. 일단 왼쪽 날개가 물러가자 브라시다스는 오른쪽 날개를 공격하다가 부상당했다. 그러나 아테나이인들은 그가 넘어진 것을 알지 못했으니, 가까이 있던 자들이 그를 들어올려 밖으로 날라갔기 때문이다.

(9) 아테나이군의 오른쪽 날개는 비교적 잘 버텼다. 한편 클레온은 처음부터 대항할 뜻이 없던 터라 곧장 도주하다가 뮈르키노스에서 온 어느 경방패병에게 따라잡혀 죽었다.[8] 그러나 그와 함께하던 중무장보병은 언덕 위에 재집결하여 클레아리다스의 공격을 두세 번 막아냈지만 뮈르키노스와 칼키디케의 기병대와 경방패병이 에워싸고 멀리서 투창을 던져대자 결국 물러서서 도주했다. (10) 그리하여 이제는 아테나이군 전체

가 도주하기 시작했다. 그러다가 많은 군사들이 당장 백병전에서 죽거나 칼키디케 기병대와 경방패병들에게 쫓기다가 나중에 죽었다. 그리고 살아남은 자들은 여러 경로로 산을 넘어 구사일생으로 에이온에 도착했다. (11) 브라시다스를 들어올려 싸움터 밖으로 구출한 자들은 아직 숨을 쉬고 있는 그를 시내로 옮겼다. 그는 자신의 부대가 승리했다는 소식을 들었지만 얼마 뒤 죽었다. (12) 나머지 군대는 클레아리다스와 함께 추격에서 돌아와 적군 전사자들의 무구를 벗기고 승전비를 세웠다.

11 (1) 그 뒤 국비로 브라시다스의 장례식이 치러졌는데, 동맹군 전원이 완전무장하고 호송하는 가운데 지금 장터 있는 곳 앞에 그를 묻어주었다. 암피폴리스인들은 그의 무덤 주위에 담을 쌓고 그 뒤로 그를 영웅으로 모시며 제물을 바쳤고, 그의 명예를 높이고자 경기대회를 창설하고 해마다 제사를 지내주었다. 또한 그에게 자신들의 식민시 창건자라는 칭호를 부여하며 하그논을 위해 세운 건물들을 허물고, 하그논이 그곳을 창건했다는 사실을 상기시키는 것은 모조리 없애버렸다. 그들은 브라시다스를 자신들의 구원자라고 여겼을뿐더러, 동시에 지금으로서는 아테나이가 두려워 라케다이몬과의 동맹관계를 심화할 필요를 느꼈다. 지금은 아테나이와 적대관계에 있는 만큼 그들은 하그논에게 이전처럼 경의를 표하는 것은 유익하지도 즐겁지도 않다고 생각한 것이다.

(2) 그들은 또 아테나이인들에게 전사자의 시신을 돌려주었다. 아테나이인들은 약 6백 명이 전사했지만, 상대편은 7명밖에 죽지 않았다. 그 이유는 전투가 대열을 갖춘 정규전 형태가 아니라, 앞서 말했듯 한쪽이 겁에 질린 가운데 불의의 선제공격 형태로 진행되었기 때문이다. (3) 아테

---

8 도망치다가 적군의 경방패병 한 명의 손에 죽는다는 것은 장군으로서는 더없이 수치스러운 죽음이다.

나이인들은 시신을 돌려받은 뒤 배를 타고 귀국했고, 클레아리다스와 함께하는 자들은 뒤에 남아 암피폴리스에 관한 업무를 처리했다.

12 (1) 같은 시기, 여름이 끝나갈 무렵 라케다이몬인 람피아스, 아우토카리다스, 에피퀴디다스가 9백 명의 중무장보병으로 구성된 증원부대를 트라케 지방의 도시들로 인솔하고 있었다. 도중에 트라키스 지역 헤라클레이아 시에 도착한 그들은 그곳의 제도 가운데 잘못되었다고 생각되는 것들을 시정했다. (2) 그리고 그들이 그런 일로 얼마 동안 지체하는 중에 암피폴리스 전투가 벌어졌고, 여름은 그렇게 지나갔다.

13 (1) 겨울이 시작되자 람피아스와 함께하는 자들은 텟살리아 지방을 지나 피에리온 산으로 나아갔다. 그러나 텟살리아인들이 통행을 방해하는 데다 그들이 증원부대를 데려다주려던 브라시다스가 죽자 그들은 귀로에 올랐다. 그들은 아테나이인들이 패하여 떠나버린 지금 자신들이 사건에 개입할 여지는 없으며, 브라시다스가 구상 중이던 계획들을 실천에 옮길 능력이 자신들에게는 없다고 생각했기 때문이다. (2) 그러나 그들이 귀국한 주된 이유는 그들이 떠나올 때 라케다이몬인들의 마음이 평화 쪽으로 기우는 것을 알았기 때문이다.

14 (1) 실제로 암피폴리스 전투가 끝나고 람피아스가 텟살리아에서 철수한 직후부터 어느 쪽도 전투를 다시 시작하지 않았고, 양쪽 다 마음이 평화에 가 있었다. 아테나이인들은 델리온에서 타격을 입은 데다 얼마 뒤 암피폴리스에서도 타격을 입은 터라, 이전에 운이 따라줄 때는 최후의 승리를 거둘 수 있다고 믿고 자신감에서 화평 제의를 거부했지만, 이제는 그런 자신감이 없었다. (2) 동시에 그들은 자신들의 잇단 실패에 고무되어 동맹국이 대거 반기를 들지 않을까 두려워했고, 퓔로스 사건 뒤 유리한 환경에서 평화조약을 맺지 못한 것이 후회스러웠다.

(3) 라케다이몬인들도 나름대로 그럴 이유가 있었으니, 전쟁이 그들의

계획대로 진행되지 않았던 것이다. 아테나이의 영토를 유린하면 몇 년 안에 아테나이의 힘을 꺾을 수 있으리라고 믿었다. 그러나 대신 스팍테리아 섬에서 스파르테로서는 전대미문의 재앙을 당했고, 퓔로스와 퀴테라를 거점으로 그들의 영토에 대한 약탈 행위가 자행되었으며, 국가 노예들은 계속해서 도주했다. 또한 남아 있는 자들도 국외에 있는 친구들의 사주를 받아 과거에 그랬듯 현재 상황을 이용해 반란을 일으킬 가능성을 안고 있었다.

(4) 게다가 아르고스와의 30년 휴전조약도 만료를 앞두고 있었는데, 아르고스인들은 퀴누리아 지역을 반환하지 않으면 조약을 갱신하지 않겠다고 했다. 그렇게 되면 아르고스인들과 아테나이인들을 상대로 동시에 전쟁을 해야 하는데, 그것은 불가능해 보였다. 그들은 또 일부 펠로폰네소스 국가들이 아르고스 편으로 이탈할 것이라고 의심했는데, 실제로 그런 일이 일어났다.

15 (1) 그런 점들을 고려하여 양쪽은 평화조약을 맺기로 결심했다. 라케다이몬인들이 그러기를 더 열망했는데, 섬에서 포로로 잡힌 자들을 돌려받아야 했던 것이다. 이들 포로 가운데 스파르테인들은 정부 요인들이거나 요인들의 친족이었기 때문이다. (2) 라케다이몬인들은 이들이 포로로 잡힌 직후부터 협상하기 시작했으나, 아테나이인들이 잘나가던 때라 온당한 조건으로 전쟁을 끝내기를 원치 않았다. 델리온에서 아테나이인들이 패한 뒤 라케다이몬인들은 이제는 그들이 평화조약을 맺을 의향이 있다는 것을 알고 당장 1년간의 평화조약을 맺었으며, 그 기간에 양쪽은 회동하여 평화조약 기간을 연장하는 문제를 논의하기로 했다.

16 (1) 그 뒤 아테나이인들은 암피폴리스에서 또다시 패배를 당했고, 양쪽에서 각각 평화조약에 가장 반대하던 두 사람 브라시다스와 클레온이 죽었다. 브라시다스가 반대한 이유는 전쟁 덕분에 성공하고 명성을 얻었기

때문이고, 클레온이 반대한 이유는 평화 시에는 자신의 비행이 쉽게 드러날 것이며 자신이 남을 모함해도 사람들이 믿어주지 않을 것이라고 생각했기 때문이다.

이때 두 도시에서 가장 큰 영향력을 행사할 수 있던 인물은 각각 라케다이몬인들의 왕 파우사니아스의 아들 플레이스토아낙스와 당시 아테나이의 장군 가운데 가장 잘나가던 니케라토스의 아들 니키아스였는데, 이들은 전쟁을 끝내는 일에 남다른 열의를 보였다. 니키아스가 그렇게 한 것은 아직 패배를 당하지 않아 존경받는 동안 자신의 행운을 보전하고, 자신의 노고와 시민들의 노고를 당장 끝내고, 한 번도 국가에 실패를 안긴 적이 없는 인물로 후세에 알려지고 싶었기 때문이다. 그러기 위해서는 반드시 모든 위험을 피하고, 자신을 되도록 운에 적게 맡겨야 하는데, 위험은 평화에 의해서만 피할 수 있다고 그는 생각했다. 한편 플레이스토아낙스가 그렇게 한 것은 정적들이 그의 복권과 관련해 그를 비난하며 나라에 불상사가 생길 때마다 그의 이름을 들먹이면서 그것은 그의 불법적인 복권 탓이라고 라케다이몬인들을 설득하려 했기 때문이다.

(2) 그들이 비난하는 것은 그와 그의 아우 아리스토클레스가 델포이의 예언녀를 매수하여 라케다이몬의 사절단이 내방할 때마다 제우스의 반신(半神) 아들⁹의 씨를 타국에서 고국으로 모셔가야 하며, 그렇게 하지 않으면 그들은 은으로 된 쟁깃날로 밭을 갈게 되리라고 대담하게 했다는 것이었다. (3) 결국 그녀는 라케다이몬인들을 설득하는 데 성공했다. 플레이스토아낙스는 뇌물을 받고 앗티케 지방에서 철군했다는 혐의를 받고는 뤼카이온 산으로 망명하여 라케다이몬인들이 두려워 절반이 제우스의 성역에 포함된 집에서 살았는데, 망명한 지 19년째 되던 해에 라케다이몬인들이 라케다이몬을 창건하고 왕들을 임명할 때처럼 춤추고 제물을 바치며 그를 모셔갔으니 말이다.

17 (1) 이런 비난에 지친 플레이스토아낙스는 평화 시에는 실패하는 일도 없을 것이며, 일단 라케다이몬인들이 포로들을 돌려받게 되면 정적들이 자기를 공격할 근거가 없어질 테지만 전쟁 상태에서는 불상사가 일어나기만 하면 가장 높은 자리에 있는 사람들이 비난받게 마련이라고 생각했다. 그래서 그는 평화조약 성사에 열의를 보였던 것이다.

(2) 그리하여 그해 겨우내 협상이 진행되었다. 봄이 다가오자 라케다이몬인들은 주변 동맹국들에 사람을 보내 앗티케 땅에 보루를 쌓을 준비를 하라고 명령했는데, 이렇게 위협함으로써 자신들이 제시한 조건을 아테나이인들이 받아들이게 하기 위해서였다. 여러 차례 만나 교섭을 거듭한 끝에 양쪽이 각각 전쟁 기간 중 획득한 것은 반환하되 니사이아 항은 아테나이가 보유한다는 조건으로 평화조약을 맺기로 합의했다. (아테나이인들이 플라타이아이를 돌려달라고 요구하자, 테바이인들이 자신들은 그곳을 무력으로 점령한 것이 아니라 그곳 시민들이 속임수를 쓰지 않고 자발적으로 자신들에게 넘어왔다고 대답했다. 그러자 아테나이인들은 자신들이 니사이아를 점령한 것도 같은 경우라고 주장했다.) 이 문제가 타결되자 라케다이몬인들이 동맹국 회의를 소집했는데, 협상 결과에 불만이 많던 보이오티아인들, 코린토스인들, 엘리스인들, 메가라인들을 제외한 모든 동맹국이 전쟁을 끝내는 쪽에 투표했다. 그리하여 라케다이몬인들과 아테나이인들은 합의에 이르러 평화조약을 비준하고 이를 준수하겠다고 서로 서약했다. 평화조약의 전문은 다음과 같다.

18 (1) "아테나이인들과 라케다이몬인들과 그들의 동맹국들은 다음과 같은 조건으로 평화조약을 맺고 이를 지키겠다고 도시별로 서약했다. (2) 범(汎)헬라스 신전들에 관해 말하자면, 그곳에서 고국의 관행에 따라 제물

---

9 헤라클레스. 스파르테의 왕족은 헤라클레스의 자손들이다.

을 바치고 그곳으로 여행하고, 신탁에 문의하고, 사절로 방문하기를 원하는 사람은 누구나 바닷길로 가든 육로로 가든 안전이 보장된다. 델포이의 성역과 아폴론 신전과 델포이인들은 자신들이 제정한 법의 지배를 받으며, 자신들의 국가에 의해 과세(課稅)되며, 주민도 영토도 그곳 관례에 따라 자신들이 뽑은 재판관들에게 재판받는다. (3) 이 조약은 아테나이인들과 그들의 동맹국들과 라케다이몬인들과 그들의 동맹국들 사이에 50년간 유효하며, 어느 쪽도 기만하거나 육로 또는 바닷길로 이를 위반해서는 안 된다.

(4) 라케다이몬인들과 그 동맹국들은 아테나이인들과 그들의 동맹국들에 대해, 아테나이인들과 그들의 동맹국들은 라케다이몬인들과 그 동맹국들에 대해 어떤 계략이나 책략에 의해서든 해를 끼칠 목적으로 무기를 들어서는 안 된다. 양쪽 사이에 분쟁이 발생할 때는 서로 합의한 대로 법적 절차와 선서 진술로 해결한다.

(5) 라케다이몬인들과 그들의 동맹국들은 아테나이인들에게 암피폴리스를 반환한다. 라케다이몬인들이 아테나이인들에게 반환하는 도시들에서는 주민이 자신의 재물을 갖고 자신이 원하는 곳으로 가는 것이 허용된다. 다음 도시들은 아리스테이데스가 정한 공물을 바치고 독립을 유지한다. 일단 평화조약이 성사된 이상, 이 도시들이 공물을 바치는 한 아테나이인들이나 그 동맹국들은 해를 끼칠 목적으로 무기를 들어서는 안 된다. 이 도시들이란 아르길로스, 스타기로스, 아칸토스, 스콜로스, 올륀토스, 스파르톨로스이다. 이 도시들은 중립을 지키며, 라케다이몬 편도 아니고 아테나이 편도 아니다. 그러나 아테나이인들이 이 도시들을 설득할 수 있다면, 이 도시들이 동의하는 한 아테나이인들은 이 도시들을 자신들의 동맹국으로 삼을 수 있다. (6) 메퀴베르나와 사네와 싱고스의 주민은 올륀토스와 아칸토스 주민과 마찬가지로 자신들의 도시에서

거주한다.

(7) 라케다이몬인들과 그들의 동맹국들은 아테나이인들에게 파낙톤을 반환한다. 아테나이인들은 라케다이몬인들에게 코뤼파시온, 퀴테라, 메타나, 프텔레온과 아탈란테를 반환하고, 아테나이의 감옥이나 아테나이인들이 지배하는 다른 곳의 감옥에 억류되어 있는 라케다이몬인들을 모두 송환한다. 아테나이인들은 또 스키오네에 포위되어 있는 펠로폰네소스인들과, 스키오네에 있는 라케다이몬인들의 모든 동맹군과, 브라시다스가 그곳으로 파견한 모든 자들과, 아테나이의 감옥이나 아테나이인들이 지배하는 다른 곳의 감옥에 억류되어 있는 라케다이몬인들의 모든 동맹군을 석방한다. 라케다이몬인들과 그들의 동맹국들은 자신들이 억류하고 있는 아테나이인들과 그들의 동맹군을 모두 송환한다. (8) 스키오네, 토로네, 세르뮐레와 그 밖에 현재 아테나이인들이 점유하고 있는 도시들과 그 주민에 관해서는 아테나이인들이 적절히 처리한다.

(9) 아테나이인들은 라케다이몬인들과 그 동맹국들에 도시별로 평화조약을 지킬 것을 서약한다. 각각 17명이 양쪽을 대표하여 그 지역에서 가장 엄숙한 서약을 한다. 서약의 문구는 다음과 같다. '나는 이 합의사항과 평화조약을 기만하지 않고 성실히 지킬 것이오.' 라케다이몬인들과 그들의 동맹국들도 아테나이인들에게 같은 방법으로 서약한다. 양쪽은 매년 서약을 갱신한다.

(10) 이 평화조약문을 새긴 돌비석을 올륌피아, 퓌토, 코린토스 지협, 아테나이의 아크로폴리스, 라케다이몬의 아뮈클라이 시에 있는 아폴론 신전에 세운다. (11) 아테나이인들과 라케다이몬인들 중 어느 한쪽이 어떤 조항에서 간과한 점이 있다면, 쌍방 간의 서약을 유지하는 범위 내에서 적절한 협의를 거쳐 서로 합의에 이르면 고칠 수 있다.

19 (1) 이 평화조약은 라케다이몬에서는 플레이스톨라스가 감독관이던 해

의 아르테미시온 달 27일부터, 아테나이에서는 알카이오스가 아르콘이던 해의 엘라페볼리온[10] 달 25일부터 발효된다. 서약을 하고 평화조약을 비준하기 위해 헌주한 사람은 다음과 같다.

(2) 라케다이몬 쪽 대표자는 플레이스토아낙스, 아기스, 플레이스톨라스, 다마게토스, 키오니스, 메타게네스, 아칸토스, 다이토스, 이스카고라스, 필로카리다스, 제욱시다스, 안팁포스, 텔리스, 알키나다스, 엠페디아스, 메나스, 라필로스이다. 아테나이 쪽 대표자는 람폰, 이스트미오니코스, 니키아스, 라케스, 에우튀데모스, 프로클레스, 퓌토도로스, 하그논, 뮈르틸로스, 트라쉬클레스, 테아게네스, 아리스토크라테스, 이올키오스, 티모크라테스, 레온, 라마코스, 데모스테네스이다."

20 (1) 이 평화조약이 성사된 것은 겨울이 막 끝나가고 봄이 시작되던 시기로 도시 디오뉘소스 제(祭)가 끝난 직후[11]였는데, 첫 번째로 앗티케 지방에 침입하여 전쟁이 시작된 지 만 10년하고도 며칠이 더 지났을 때였다. (2) 지난 사건들은 계절별로 계산해야지, 이곳저곳의 집권자들 이름이나 누구의 공직 임기를 열거하는 것에 의존해서는 안 된다. 이런 방법으로는 정확성을 기할 수 없는데, 사건은 공직 임기의 초반에도, 중반에도, 그 밖에 어느 때라도 일어날 수 있기 때문이다. (3) 그러나 내가 이 책에서 그랬듯, 여름과 겨울로 나누어 계산하면 여름과 겨울은 각각 1년의 절반에 해당하는 만큼 이 첫 번째 전쟁 기간에 열 번의 여름과 같은 수의 겨울이 지나갔음을 알 수 있을 것이다.

21 (1) 추첨 결과 획득한 것을 먼저 반환하게 된 라케다이몬인들은 억류하고 있던 전쟁 포로를 바로 석방하는 한편, 이스카고라스, 메나스, 필로카리다스를 트라케 지방에 사절로 보내 클레아리다스에게는 암피폴리스를 아테나이인들에게 반환하라고 지시하고, 다른 동맹군에게는 그들 각자에게 해당하는 평화조약의 조항들을 받아들이라고 명령했다. (2) 그

러나 이들은 평화조약이 자신들의 이익에 반한다고 보고 그렇게 하기를 거부했다. 클레아리다스도 칼키디케인들의 환심을 사기 위하여 그들의 의향에 반해 암피폴리스를 반환하기는 불가능하다며 그곳을 반환하지 않았다.

(3) 그리고 그는 곧장 사절들과 함께 암피폴리스를 떠나 라케다이몬으로 갔는데, 이스카고라스와 그의 동료들이 명령 불복종 죄로 고발할 경우 자신을 변호도 할 겸 아직도 평화조약을 수정할 여지가 있는지 알아보기 위해서였다. 그러나 그는 라케다이몬인들이 꼼짝없이 조약에 묶여 있는 것을 발견하고는, 되도록 암피폴리스를 반환하되 여의치 않으면 그곳에 있는 펠로폰네소스인들을 데리고 나오라는 지시를 받고 곧장 되돌아 갔다.

22 (1) 이때 동맹국들 대표들이 또다시 라케다이몬에 모여 있었는데, 라케다이몬인들은 그들 중 평화조약을 받아들이기를 거부한 자들에게 이제는 받아들이라고 촉구했다. 그러나 이들은 처음에 거부했을 때와 같은 이유를 대면서, 더 공정한 조약이 아니면 받아들일 수 없다고 말했다.

(2) 동맹국들을 설득할 수 없자 라케다이몬인들은 그 대표들을 돌려보낸 뒤 아테나이와 독자적으로 동맹을 맺고자 협상하기 시작했다. 암펠리다스와 리카스가 평화조약을 연장하려고 라케다이몬인들의 사절로 아르고스인들을 방문했을 때 이들은 이를 거부했지만, 만약 라케다이몬과 아테나이가 서로 동맹을 맺는다면 아테나이의 도움을 받지 못하는 아르고스는 더는 위협이 될 수 없을 것이며, 펠로폰네소스의 다른 곳들도 가능했다면 아테나이 편에 붙었겠지만 이제는 가만있으리라는 것이 라케다

---

10 지금의 3월 중순에서 4월 중순에 해당한다.

11 '도시 디오뉘소스 제', 일명 '대(大)디오뉘소스 제'는 엘라페볼리온 달 13일에 끝났다.

이몬인들의 생각이었다. (3) 그리하여 라케다이몬에 와 있던 아테나이인 사절단과 몇 차례 회담 끝에 합의에 이르자 양쪽은 서약하고 다음과 같이 동맹을 맺었다.

23 (1) "라케다이몬인들과 아테나이인들은 다음과 같은 조건으로 50년간 서로 동맹을 맺는다. 그들이 누구든 라케다이몬인들의 영토에 침입하여 라케다이몬인들에게 적대 행위를 하면, 아테나이인들은 총력을 기울여 가장 효과적인 방법으로 라케다이몬인들을 돕는다. 또한 그들이 영토를 약탈하고 나서 떠나면, 그들의 도시는 라케다이몬과 아테나이 양국에 의해 적국으로 선포되어 양국에 의해 응징된다. 양국 중 어느 나라도 먼저 적대 행위를 중단하지 않는다. 이런 조치는 정직하고 신속하고 진지하게 강구된다.

(2) 그리고 그들이 누구든 아테나이인들의 영토에 침입해 아테나이인들에게 적대 행위를 하면, 라케다이몬인들은 총력을 기울여 가장 효과적인 방법으로 아테나이인들을 돕는다. 또한 그들이 영토를 약탈하고 나서 떠나면, 그들의 도시는 라케다이몬과 아테나이 양국에 의해 적국으로 선포되어 양국에 의해 응징된다. 양국 중 어느 나라도 먼저 적대 행위를 중단하지 않는다. 이런 조치는 정직하고 신속하고 진지하게 강구된다. (3) 노예들이 반란을 일으키면 아테나이인들은 총력을 기울여 힘껏 라케다이몬인들을 돕는다.

(4) 양쪽에서 이전의 평화조약을 준수하겠다고 서약한 자들이 이 동맹조약도 준수하겠다고 서약한다. 양쪽은 매년 서약을 갱신하되, 라케다이몬인들은 디오뉘소스 제 때 아테나이에 가서 갱신하고, 아테나이인들은 휘아킨토스 제[12] 때 라케다이몬에 가서 갱신한다. (5) 양쪽은 이 동맹조약의 협정문을 새긴 돌비석을 세우되, 라케다이몬에서는 아뮈클라이에 있는 아폴론 신전 안에, 아테나이에서는 아크로폴리스에 있는 아테나 신

전 안에 세운다. (6) 라케다이몬인들과 아테나이인들이 이 동맹조약에 무엇을 덧붙이거나 삭제하기로 결정할 경우 쌍방 간의 서약을 유지하는 범위 내에서 합의하여 처리한다.

24 (1) 라케다이몬인들을 대표하여 서약한 사람은 플레이스토아낙스, 아기스, 플레이스톨라스, 다마게토스, 키오니스, 메타게네스, 아칸토스, 다이토스, 이스카고라스, 필로카리다스, 제욱시다스, 안팁포스, 텔리스, 알키나다스, 엠페디아스, 메나스, 라필로스이다. 아테나이인들을 대표하여 서약한 사람은 람폰, 이스트미오니코스, 라케스, 니키아스, 에우튀데모스, 프로클레스, 퓌토도로스, 하그논, 뮈르틸로스, 트라쉬클레스, 테아게네스, 아리스토크라테스, 이올키오스, 티모크라테스, 레온, 라마코스, 데모스테네스이다."

(2) 이 동맹조약은 평화조약이 성사된 직후 이루어졌다. 아테나이인들은 스팍테리아 섬에서 생포한 포로들을 라케다이몬인들에게 송환했고, 열한 번째 여름이 시작되었다. 지난 10년 동안 계속된 첫 번째 전쟁은 이상으로 모두 기술되었다.

25 (1) 10년 전쟁이 끝나고 라케다이몬에서는 플레이스톨라스가 감독관으로 재직하고 아테나이에서는 알카이오스가 아르콘으로 재직하던 해에 라케다이몬인들과 아테나이인들이 평화조약과 동맹조약을 맺은 뒤 이 조약들을 받아들인 자들은 평화를 누렸다. 그러나 코린토스인들과 펠로폰네소스의 몇몇 다른 도시의 주민은 합의 사항을 침해하려 했다. 그래서 곧 라케다이몬과 그 동맹국들 사이에 또다시 분쟁이 발생했다. (2) 동시에 시간이 지나면서 라케다이몬인들은 아테나이인들에게도 의심받았

---

12 아폴론이 잘못 던진 원반에 맞아 죽은 미소년 휘아킨토스(Hyakinthos)를 기리는 축제. 매년 여름 스파르테 근처에 있는 아뮈클라이(Amyklai) 시에서 치러졌다.

는데, 조약에 명시된 몇몇 조항을 이행하지 않았기 때문이다.

(3) 6년 10개월 동안 양쪽은 서로 상대편의 영토에 침입하기를 삼갔으나, 바깥에서는 이 불안정한 휴전 기간 동안 서로 상대편에게 최대한 피해를 입혔다. 그러다가 결국 양쪽은 10년 뒤에 맺은 평화조약을 파기하지 않을 수 없게 되어 또다시 공개적으로 교전했다.

26 (1) 아테나이인 투퀴디데스는 그 이후 역사도, 사건이 발생한 순서대로 배열하되 여름과 겨울로 나누며, 라케다이몬인들과 그 동맹군이 아테나이인들의 제국에 종지부를 찍고 긴 성벽들과 페이라이에우스 항을 점령할 때까지 기록했다. 그때까지 전쟁은 모두 합쳐 27년 동안 지속되었다.

(2) 누가 중간의 평화조약 기간을 전쟁에 포함시키려 하지 않는다면 그것은 분명 판단착오이다. 그는 사실을 직시하기만 하면, 어느 쪽도 약속한 것을 돌려주거나 돌려받지 못하는 상황에서 '평화'라는 표현을 쓰는 것은 거의 불가능하다는 것을 발견하게 될 것이다. 그 밖의 다른 것은 차치하고라도 만티네이아 전쟁과 에피다우로스 전쟁과 관련해서 양쪽은 조약을 위반했고, 트라케 지방의 동맹국은 여전히 아테나이에 적대적이었으며, 보이오티아인들은 휴전조약을 열흘마다 갱신해야 했다.

(3) 따라서 처음 10년간의 전쟁, 그 후의 의심스러운 휴전 기간, 그 후의 전쟁을 계절별로 나누어 더해보면 정확히 내가 말한 햇수에서 며칠이 남는다는 것을 발견하게 될 것이다. 신탁을 믿는 사람들도 이런 주장만이 사실과 일치한다고 믿을 것이다. (4) 내가 기억하기에, 시작해서 끝날 때까지 전쟁은 삼구 이십칠, 27년 내내 지속되리라고 예언한 사람이 한둘이 아니었기 때문이다.

(5) 나는 사건의 의미를 이해할 만한 나이에 정확히 알려고 주의를 기울이며 전쟁을 처음부터 끝까지 체험했으며, 또 암피폴리스에서 군대를 지휘하다가 20년 동안 조국에서 추방되기도 했다. 그래서 양쪽 사정을, 추

방된 사람의 입장에서 특히 펠로폰네소스 쪽 사정을 잘 볼 수 있었는데, 그런 여가는 내가 본 것을 냉정하게 고찰할 기회도 주었다. 그래서 나는 지금 10년 전쟁 뒤에 불화를 겪고 조약이 파기되고 뒤이어 전쟁이 시작된 경위를 기술하려 한다.

27 (1) 50년간의 평화조약과 뒤이어 동맹조약이 체결되자, 이 목적으로 소환된 펠로폰네소스 각국의 사절단은 라케다이몬을 떠나 귀로에 올랐다.
(2) 다른 사람들은 모두 귀국했지만, 코린토스인들은 먼저 아르고스에 들러 그곳 정부 요인 몇 명과 회담을 열었다. 그들의 주장에 따르면, 펠로폰네소스를 이롭게 하기 위해서가 아니라 노예로 삼기 위해서 라케다이몬인들이 전에는 불구대천의 원수였던 아테나이와 이렇게 평화조약과 동맹조약을 체결한 만큼, 아르고스인들은 어떻게 하면 펠로폰네소스를 구할 수 있을지 생각해야 할 때가 되었다는 것이다.
그러므로 주권을 행사하며 다른 국가와 대등한 조건으로 협상할 권한을 가진 헬라스의 모든 국가는 원할 경우 아르고스와 상호방위동맹을 맺을 수 있다는 결의안을 통과시켜야 한다고 그들은 주장했다. 그리고 민중을 설득하려다 실패해 비밀이 새지 않도록 그러한 결의안을 민회에 회부하는 것보다는 몇 사람을 임명하여 그들에게 전권을 위임하는 편이 나을 것이라고 했다. 코린토스인들은 많은 사람들이 라케다이몬인들이 싫어서라도 상호방위동맹에 가담할 것이라고 덧붙였다. (3) 그렇게 하도록 권한 뒤 그들은 귀로에 올랐다.

28 (1) 그들과 접촉한 아르고스인들이 그러한 제안을 당국자들과 민중에게 보고하자, 아르고스인들은 결의안을 통과시킨 뒤 12명을 선출하여 아테나이와 라케다이몬을 제외한 모든 헬라스 국가와 그 국가가 원할 경우 상호방위동맹을 맺을 수 있는 권한을 위임했다. 아테나이와 라케다이몬과는 아르고스 민중의 동의 없이는 조약을 맺지 못하게 했다.

(2) 아르고스인들이 그 제안을 기꺼이 받아들인 까닭은, 라케다이몬과의 평화조약 기간이 끝나가고 있어 라케다이몬인들과의 전쟁은 피할 수 없다고 보았기 때문이기도 하지만, 동시에 펠로폰네소스의 패권을 쥐고 싶었기 때문이기도 했다. 이 시기 라케다이몬의 명성은 땅에 떨어지고 거듭된 불운으로 멸시받았지만, 아르고스는 앗티케 전쟁에 참가하지 않고 중립을 지킴으로써 큰 재미를 보았고 뜻대로 모든 일이 이루어졌기 때문이다. (3) 그래서 아르고스인들은 어떤 헬라스 국가든 가입을 희망하면 상호방위동맹에 받아들이려 한 것이다.

29 (1) 만티네이아인들과 그 동맹국들이 맨 먼저 그들에게 넘어왔는데, 라케다이몬인들에 대한 두려움 때문이다. 만티네이아인들은 아테나이와의 전쟁이 진행되는 동안 아르카디아 지방의 상당 부분을 정복해 차지했는데, 이제 한숨 돌리게 된 라케다이몬인들이 자신들이 계속 그곳을 점유하는 것을 용인하지 않으리라 생각하고는 기꺼이 아르고스로 향했다. 그들이 보기에 아르고스는 큰 도시이고, 라케다이몬의 숙적(宿敵)이며, 자기들처럼 민주국가였기 때문이다.

(2) 만티네이아가 동맹을 이탈하자 펠로폰네소스의 다른 국가들은 크게 동요하며 모두들 만티네이아의 선례를 따라야 하는 것이 아닌지 웅성거리기 시작했다. 만티네이아가 특별한 정보를 가지고서 우군을 바꾼 것이라 믿었던 것이다. 동시에 그들은 라케다이몬인들에게, 무엇보다도 라케다이몬인들과 아테나이인들이 조약에 무엇을 덧붙이거나 삭제하기로 결정할 경우 쌍방 간의 서약을 유지하는 범위에서 합의하여 처리한다는 조항 때문에 분개하고 있었다.

(3) 바로 이 조항 때문에 펠로폰네소스 전역이 웅성거리기 시작했고, 라케다이몬인들이 아테나이인들과 합세해 그들을 노예로 삼으려 한다는 의혹을 샀다. 조약을 수정하려면 반드시 모든 동맹국의 동의를 받아야

한다고 명기하는 것이 옳다고 그들은 생각한 것이다. (4) 펠로폰네소스의 국가들은 대부분 이런 불안감에서 저마다 아르고스와 동맹을 맺으려 했다.

30 (1) 라케다이몬인들은 펠로폰네소스 전역이 웅성거리기 시작했고, 그 주모자인 코린토스인들도 아르고스와 동맹을 맺으려 한다는 사실을 알아차리고 이를 막기 위해 코린토스에 사절단을 보냈다. 사절단은 이 모든 음모의 주모자는 코린토스인들이라고 나무라며, 만약 코린토스가 라케다이몬을 저버리고 아르고스와 동맹을 맺는다면 서약을 어기는 것이 될 것이고, 동맹국들이 다수결로 결의한 것은 신들과 영웅들이 막지 않는 한 모든 동맹국에 구속력을 갖는다고 명시되어 있는 만큼, 코린토스인들이 아테나이와의 조약을 받아들이지 않는 것은 그 자체가 이미 불의한 짓을 저지르는 것이라고 항의했다.

(2) 코린토스인들은 역시 아테나이인들과의 조약을 받아들이기를 거부한 동맹국들의 대표단을 미리 소집해두었다가 이들 면전에서 라케다이몬인들에게 대답했다. 그들은 솔리온 시와 아낙토리온 곳을 아테나이한테서 돌려받지 못한 것과 같은 사실상의 불만 원인이나 그 밖에 자신들이 손해 보았다고 생각하는 점들은 터놓고 말하지 않고, 트라케 지방의 동맹국을 배신할 수 없었다는 핑계를 대며, 자기들은 포테이다이아가 처음 반기를 들었을 때, 그리고 나중에 다른 기회에도 이 동맹국에 따로 지원을 서약했다고 했다. (3) 따라서 그들은 자기들이 아테나이와의 조약을 받아들이기를 거부해도 동맹의 서약을 어기는 것이 아니라고 주장하며, 자기들은 트라케 지방의 동맹국들에 신들의 이름으로 서약한 만큼 자기들이 그들을 배신하면 거짓 맹세를 한 셈이 되기 때문이라고 했다. 그리고 조약에는 "신들과 영웅들이 막지 않는다면"이라는 문구가 있는데, 이번 경우야말로 그들이 보기에 신들이 막는 것 같다고 했다. (4) 코

린토스인들은 이전 서약에 관해서는 그쯤 말했고, 아르고스와의 동맹에 관해서는 친구들과 의논해서 옳다고 생각되는 대로 처리하겠다고 했다. (5) 그러자 라케다이몬인 사절단은 귀로에 올랐다. 때마침 아르고스인 사절단도 코린토스에 도착해 코린토스인들에게 더는 머뭇거리지 말고 동맹에 가입하라고 재촉했다. 그러나 코린토스인들은 그들에게 코린토스에서 다음 집회가 열릴 때 참석해달라고 통보했다.

31 (1) 그 뒤 곧 엘리스에서 사절단이 도착해 먼저 코린토스와 동맹을 맺은 다음, 지시받은 대로 그곳에서 아르고스로 가서 아르고스와도 동맹을 맺었다. 레프레온 시를 두고 엘리스와 라케다이몬 사이에 마침 분쟁이 벌어졌기 때문이다.

(2) 전에 레프레온인들과 일부 아르카디아인들 사이에 전쟁이 일어나자, 레프레온인들은 자신들 영토의 절반을 주기로 약속하고 엘리스인들을 동맹군으로 끌어들였다. 전쟁을 끝낸 뒤 엘리스인들은 레프레온인들이 모든 영토를 경작하도록 허용하는 대가로 올림피아의 제우스에게 1탈란톤의 소작료를 바치게 했다. (3) 앗티케 전쟁이 터질 때까지는 레프레온인들이 이 소작료를 지불했지만, 그 뒤 전쟁을 기화로 소작료 바치기를 중단했다. 그래서 엘리스인들이 압력을 가하자, 그들은 라케다이몬인들에게 호소했다. 그리하여 사건이 라케다이몬의 중재에 맡겨지자, 엘리스인들은 공정한 판결을 기대하기 어렵다고 보고 중재를 거부하고는 레프레온인들의 영토를 약탈했다.

(4) 그럼에도 라케다이몬인들은 레프레온은 독립국이며 엘리스는 침략자라는 판결을 내리고는, 엘리스가 중재를 거부했다는 이유로 레프레온에 중무장한 수비대를 파견했다. (5) 엘리스인들은 그것을 자기들에게 반기를 든 도시를 라케다이몬인들이 받아들인 것으로 간주하고, 협정문에는 앗티케 전쟁에 참가한 모든 동맹국은 전쟁이 터졌을 때 소유한 영

토를 전쟁이 끝났을 때도 그대로 소유한다고 명시되어 있는데도 자기들은 부당한 대우를 받았다고 주장하며 아르고스인들에게로 넘어가, 앞서 말한 것처럼 동맹을 맺었던 것이다.

(6) 그들 바로 다음에는 코린토스인들과 트라케의 칼키디케인들이 아르고스의 동맹군이 되었다. 그러나 보이오티아인들과 메가라인들은 공동보조를 취하며 잠자코 있었는데, 라케다이몬인들의 감시를 받기도 했지만 자기들의 과두정체에는 아르고스의 민주정체가 라케다이몬의 정체보다 더 유익할 게 없다고 생각했기 때문이다.

32 (1) 그해 여름 같은 시기에 아테나이인들은 스키오네를 함락한 다음 어른 남자들은 죽이고 아이들과 여자들은 노예로 삼았으며, 영토는 플라타이아이인들에게 거주하라고 내주었다. 아테나이인들은 또 델로스인들을 도로 델로스로 이주시켰는데, 거듭된 패전과 델포이 신의 신탁에 마음이 움직였던 것이다. (2) 이 무렵 포키스와 로크리스 사이에 전쟁이 시작되었다.

(3) 이제 동맹군이 된 코린토스인들과 아르고스인들은 테게아가 라케다이몬에 반기를 들게 하려고 그곳으로 갔는데, 테게아처럼 중요한 나라가 자기편이 되면 펠로폰네소스 전체를 통제할 수 있다고 믿었기 때문이다.

(4) 그러나 테게아인들이 자기들은 라케다이몬인들에게 어떤 적대 행위도 하지 않겠다고 말하자, 지금까지 적극적이던 코린토스인들이 어떤 나라도 이제 자기들에게로 넘어오지 않을까 두려워 열성이 많이 식었다.

(5) 그럼에도 그들은 보이오티아인들을 찾아가 코린토스와 아르고스의 동맹국이 되어 모든 정책에서 공동보조를 취하기를 요청했다. 코린토스인들은 또 보이오티아인들에게 자기들과 함께 아테나이에 가서, 자기들도 50년 평화조약 직후 아테나이인들과 보이오티아인들 사이에 맺은 것과 같은 10일간씩의 휴전조약을 맺게 해달라며, 만약 아테나이인들이

거절하면 보이오티아인들이 휴전조약의 실효를 통고하고 앞으로는 코린토스인들을 배제하고는 어떤 조약도 맺지 말라고 요구했다.

(6) 코린토스인들이 이런 요구들을 해오자 보이오티아인들은 아르고스와 동맹을 맺는 문제는 시간을 달라고 요청하며 코린토스인들과 함께 아테나이에 갔지만, 코린토스인들을 위해 10일간씩의 휴전조약을 성사시키는 데에는 실패했다. 아테나이인들은 코린토스인들이 진정 라케다이몬인들의 동맹국이라면 이미 휴전협정을 맺은 것이라고 대답했다. (7) 그러나 보이오티아인들은 코린토스인들이 아무리 호소하고 그렇게 하기로 약속하지 않았느냐며 항의해도 자신들의 10일간씩의 휴전조약의 실효를 통보하지 않았다. 그래서 코린토스와 아테나이 사이의 휴전협정은 비준을 받지 못한 상태였다.

33 (1) 같은 해 여름 라케다이몬인들은 라케다이몬 왕 파우사니아스의 아들 플레이스토아낙스의 지휘 아래 아르카디아 지방의 일부로 만티네이아 령(領)인 파르라시아 지역으로 전군을 이끌고 출동했는데, 그곳의 한 정파가 라케다이몬인들을 불러들였기 때문이다. 라케다이몬인들도 만티네이아인들이 구축한 뒤 자신의 수비대를 배치한 큅셀라 요새를 가능하면 허물고 싶었는데, 파르라시아 영토에 있는 이 요새가 라코니케 지방의 스키리티스 지역에 위협이 되었기 때문이다.

(2) 라케다이몬인들이 파르라시아 영토를 약탈하기 시작하자, 만티네이아인들은 자신들의 도시를 아르고스인 수비대에 맡기고 직접 동맹국의 영토를 수호하러 출동했지만, 큅셀라 요새와 파르라시아 지역의 도시들을 구원할 수 없자 귀로에 올랐다. (3) 그러자 라케다이몬인들도 파르라시아인들을 독립시켜주고 요새를 허문 뒤 귀로에 올랐다.

34 (1) 같은 해 여름 브라시다스를 따라 트라케 지방으로 출동한 군사들은 평화조약이 이루어진 뒤 클레아리다스의 인솔로 귀로에 올랐다. 라케다

이몬인들은 브라시다스 휘하에서 싸운 국가 노예들을 해방시키고 원하는 곳에 살도록 결의했다. 그 뒤 얼마 안 되어 그들은 이들을 이미 해방된 국가 노예들과 함께 라코니케 지방과 엘리스 지방의 경계에 있는 레프레온에 정착시켰는데, 라케다이몬과 엘리스의 사이가 이미 나빠지기 시작했기 때문이다.

(2) 그리고 라케다이몬인들은 섬에서 투항하고 무기를 넘겨준 라케다이몬인들이 자신들이 당한 불행 때문에 큰 불이익을 당할 것이라 생각하고는 시민권을 그대로 유지할 경우 반란을 일으킬까 두려워, 이미 요직에 있던 자들을 포함해 이들의 시민권을 박탈했다. 그것은 공직에 취임하거나 재물을 사고파는 모든 권리를 박탈하는 것을 뜻했다. 그러나 얼마 뒤 이들에게 그런 권리들이 회복되었다.

35 (1) 같은 해 여름 디온인들이 아토스 산이 있는 악테 반도에 자리 잡은 튓소스를 점령했는데, 이 도시는 아테나이의 동맹국이었다.

(2) 이해 여름 내내 아테나이인들과 펠로폰네소스인들 사이에 공개적인 접촉이 계속되었지만, 평화조약 체결 직후 반환하기로 한 곳들을 반환하지 못해 아테나이인들과 라케다이몬인들은 서로 상대편을 의심했다.

(3) 제비뽑기에 따라 라케다이몬인들이 먼저 암피폴리스와 다른 도시들을 반환해야 했다. 그러나 그들은 그렇게 하지 못했으며, 트라케 지방의 동맹국들과 보이오티아인들과 코린토스인들이 조약을 받아들이게 하는 데 실패했다. 그들은 계속 거부하면 아테나이인들과 힘을 모아 조약을 받아들이도록 강요할 것이라는 말을 되풀이하면서, 비록 서면으로 명기하지는 않았지만 날짜를 정해 그때까지 조약에 가입하지 않는 자들은 양쪽의 적으로 선언된다고 했다.

(4) 그러나 이 가운데 어느 것도 실행되지 않자 아테나이인들은 라케다이몬인들의 의도가 불순한 것이 아니었는지 의심하기 시작했다. 그래서

그들은 필로스를 돌려달라는 라케다이몬인들의 요구를 거부했으며 섬에서 잡은 포로들을 석방한 것이 후회되어 라케다이몬인들이 약속을 이행하기를 기다리며 다른 곳들은 그대로 붙들고 있었다.

(5) 한편 라케다이몬인들은 자기들이 할 수 있는 것은 다했다고 주장했다. 자기들이 붙들고 있던 포로들을 아테나이인들에게 송환하고 트라케 지방에서 군대를 철수했으며, 그 밖에도 할 수 있는 것은 다 했다고 했다. 그들의 말에 따르면, 암피폴리스를 넘겨주는 것은 자기들 능력 밖의 일이지만, 자기들은 아테나이인들에게 파낙톤[13]을 반환하고 보이오티아에 잡혀 있는 아테나이인 포로를 모두 송환하기 위해 보이오티아인들과 코린토스인들을 조약에 가입시키도록 노력하겠다고 했다. (6) 그러나 그들은 여전히 필로스의 반환을 요구하며 그것이 안 되면 자기들이 트라케 지방에서 군대를 철수했듯 멧세니아인들과 국가 노예들이라도 철수시켜달라고 요구했는데, 그럴 경우 아테나이인들이 원한다면 그곳에 자신들의 수비대를 유지해도 좋다고 했다.

(7) 그해 여름 여러 차례 협상을 거듭한 끝에 라케다이몬인들은 필로스에서 멧세니아인들과 그 밖에 국가 노예들과 라코니케 지방에서 그곳으로 도주한 자들을 철수시키도록 아테나이인들을 설득하는 데 성공했다. 아테나이인들은 이들을 케팔레니아 섬의 크라니오이 시에 정착시켰다.

(8) 그해 여름에는 아테나이와 라케다이몬 사이에 이렇듯 휴전 상태와 외교적인 노력이 이어졌다.

36 (1) 겨울이 되자 평화조약이 체결되었을 때와는 다른 감독관들이 라케다이몬에 취임했는데, 그중 일부는 이 조약에 반대했다. 그해 겨울 라케다이몬의 동맹국들에서 사절단이 도착하고, 아테나이와 보이오티아와 코린토스의 대표단도 참석한 가운데 서로 많은 말이 오갔지만 의견 일치를 본 것은 아무것도 없었다.

그래서 사절단들이 귀로에 올랐을 때, 평화조약을 가장 파기하고 싶었던 감독관들인 클레오불로스와 크세나레스가 보이오티아인 사절단과 코린 토스인 사절단과 사적으로 회담하면서, 되도록 정책적으로 공동보조를 취하여 보이오티아가 먼저 아르고스의 동맹국이 되고, 그런 다음 보이오 티아와 함께 아르고스도 라케다이몬의 동맹국이 되게끔 설득해보자고 했다. 그렇게 되면 보이오티아는 굳이 아테나이와의 조약을 받아들일 필 요가 없을 것이며, 라케다이몬도 아르고스와의 친선과 동맹을 위해서라 면 아테나이의 적대감과 조약 파기를 감수할 것이라고 했다. 두 감독관 은 그렇게 되면 펠로폰네소스 반도 밖에서 전쟁하기가 더 수월하므로 라 케다이몬인들이 아르고스와의 우호친선관계를 늘 바란다고 확신한 것이 다. (2) 그러나 그들은 보이오티아인들에게 파낙톤을 넘겨주기를 요 청하며, 만약 라케다이몬인들이 그곳을 필로스와 교환하게 된다면 전쟁 을 다시 시작하기가 더 쉬워질 것이라고 했다.

37 (1) 보이오티아인 사절단과 코린토스인 사절단은 크세나레스와 클레오 불로스와 라케다이몬인 지지자들한테서 그런 지시를 받은 뒤 이를 각국 정부에 보고하려고 귀로에 올랐다. (2) 돌아가는 도중에 그들은 길에서 자기들을 기다리고 있던 두 명의 아르고스 정부 요인을 만났다. 이들은 보이오티아도 코린토스, 엘리스, 만티네이아와 마찬가지로 아르고스의 동맹국이 되기를 요청했는데, 그렇게 힘을 모은다면 자기들은 필요한 경 우 라케다이몬에 대해서든 그 밖의 다른 세력에 대해서든 마음대로 전쟁 을 하거나 평화조약을 맺을 수 있을 것이라고 생각한 것이다.

(3) 보이오티아인 사절단은 그러한 제의를 듣고 기뻐했으니, 요행히도 다름 아니라 라케다이몬인 친구들이 요청한 바를 행하도록 이들에게서

13　아테나이의 변경 요새로, 기원전 422년 보이오티아인들에게 함락되었다.

요청받았기 때문이다. 두 아르고스인은 자신들의 제의가 받아들여진 것을 보고는 보이오티아에 사절단을 보내겠다고 약속한 뒤 그곳을 떠났다. (4) 보이오티아인 사절단은 귀국하자 자기들이 라케다이몬에서 들은 것과, 도중에 만난 아르고스인들에게서 들은 것을 보이오티아 연맹 장관[14]들에게 보고했다. 보이오티아 연맹 장관들은 이 소식을 듣고 기뻐하며 라케다이몬인 친구들이 요청하는 것이 아르고가 원하는 것과 정확히 일치한다는 사실에 더욱 고무되어 계획을 세웠다. (5) 그 뒤 얼마 안 되어 아르고스에서 사절단이 도착하여 앞서 말한 것을 정식으로 제의했다. 보이오티아 연맹 장관들은 그러한 제의에 사의를 표한 뒤 동맹에 관해 협상하기 위해 자신들의 대표단을 아르고스에 보내겠다고 약속하며 그들을 돌려보냈다.

38　(1) 이 무렵 보이오티아 연맹 장관들과 코린토스인들, 메가라인들, 트라케 지방에서 온 사절단이 한데 모여 먼저 도움이 필요한 경우 언제든 서로 돕고, 전체의 찬성 없이는 개별적으로 전쟁을 시작하거나 평화조약을 맺지 않기로 서로 서약하고, 다음에는 공동보조를 취하는 보이오티아와 메가라가 아르고스와 동맹을 맺기로 결의했다. (2) 그런데 서로 서약하기 전에 보이오티아 연맹 장관들은 이 계획을 국가에서 최고 권위를 가진 보이오티아인들의 네 위원회[15]에 알리며 보이오티아와 상호방위동맹을 맺고 싶어 하는 모든 도시와 연대의 서약을 주고받아야 한다고 건의했다.

(3) 그러나 네 위원회 위원들은 그 건의를 받아들이지 않았으니, 라케다이몬 동맹을 이탈한 코린토스와 같은 동맹에 가입함으로써 라케다이몬에 적대 행위를 하는 것이 두려웠기 때문이다. 이는 보이오티아 연맹 장관들이 위원들에게 라케다이몬에서 있었던 일과, 두 감독관 클레오불로스와 크세나레스와 그 밖의 다른 지지자들이 먼저 아르고스 및 코린토스

와 동맹을 맺고 그다음 라케다이몬과 동맹을 맺기를 권한 것을 말하지 않아서인데, 그런 말을 하지 않더라도 자신들이 결정하여 건의하는 대로 위원회들이 결의할 것이라고 생각한 것이다. (4) 이처럼 계획이 무산되자 코린토스인들과 트라케 지방의 사절단은 빈손으로 돌아갔다. 보이오티아 연맹 장관들은 전에는 추진할 수만 있다면 아르고스와 동맹을 맺으려 했지만, 이제는 아르고스 문제를 위원회들에 상정하기를 포기하고 약속대로 아르고스에 사절단을 보내지 않았다. 그리하여 계획 전체가 방치되고 지연되었다.

39 (1) 같은 해 겨울 올륀토스인들이 아테나이인 수비대가 지키던 메퀴베르나 시를 공격하여 점령했다.

(2) 그러는 동안에도 내내 양쪽이 아직도 점령하고 있는 상대편 영토 문제를 놓고 아테나이인들과 라케다이몬인들 사이에 협상이 계속되었다. 이번에 라케다이몬인들은 만약 아테나이인들이 보이오티아인들한테서 파낙톤을 돌려받으면 자기들도 퓔로스를 돌려받을 것이라 믿고는 보이오티아로 사절단을 보내 퓔로스와 교환할 수 있도록 파낙톤과 아테나이인 포로들을 자기들에게 넘겨주기를 요구했다.

(3) 그러나 보이오티아인들은 라케다이몬인들이 아테나이와 맺은 것과 같은 개별 동맹을 자기들과도 맺지 않으면 넘겨줄 수 없다고 했다. 라케다이몬인들은 어느 쪽도 상대편 동의 없이는 평화조약을 맺거나 전쟁을 할 수 없다고 조약에 명시되어 있는 만큼, 그것이 아테나이인들에게 불의한 짓이라는 것을 알면서도, 파낙톤을 받아 퓔로스와 교환하고 싶기도 하고, 평화조약을 무효화하려는 정파가 보이오티아와의 관계 증진을 촉구

---

14 Boiotarches. 모두 11명이며 1년 임기로 선출되었다.
15 자세한 설명이 없어서 어떤 위원회들을 가리키는지 알 수 없다.

하는 바람에 겨울이 끝나고 봄이 시작될 무렵 보이오티아인들과 동맹을 맺었다. 그러자 보이오티아인들은 파낙톤의 요새를 즉시 허물어버렸다. 전쟁의 열한 번째 해는 그렇게 저물었다.

40 (1) 여름이 막 시작될 무렵 아르고스인들은 점점 불안해지기 시작했다. 약속된 사절단이 보이오티아에서 오지 않은 데다 파낙톤의 요새는 허물어지고, 보이오티아와 라케다이몬 사이에 개별 동맹이 체결되었음을 알았기 때문이다. 그래서 자신들은 고립되고 자신들의 동맹국은 모두 라케다이몬 편이 되지 않을까 두려웠다. (2) 그들은 보이오티아가 라케다이몬의 권유로 파낙톤을 허물고 아테나이와 동맹을 맺었으며, 아테나이도 이 모든 것을 알고 있다고 믿었다. 그래서 그들은 전에는 아테나이와 라케다이몬이 반목하는 한 라케다이몬과의 평화조약이 갱신되지 않는다 해도 아테나이와는 언제든 동맹을 맺을 수 있다고 여겼는데 이제는 아테나이와의 동맹도 기대할 수 없게 되었다고 생각했다.

(3) 이처럼 처지가 난처해진 아르고스인들은 여태껏 라케다이몬과의 조약 갱신을 거부하며 펠로폰네소스에서 패권을 쥐겠다는 야망을 품다가 결국 라케다이몬, 테게아, 보이오티아, 아테나이를 상대로 동시에 전쟁을 하게 되지 않을까 겁이 나서, 라케다이몬인들 사이에서 가장 인기 좋은 에우스트로포스와 아이손을 사절로 뽑아 서둘러 라케다이몬으로 보냈다. 현재 상황에서는 어떤 조건에 합의하든 라케다이몬과 평화조약을 맺고 잠자코 있는 것이 상책이라고 여겼기 때문이다.

41 (1) 라케다이몬에 도착한 아르고스인 사절단은 어떤 조건으로 조약을 체결할지 라케다이몬인들과 협상하기 시작했다. (2) 아르고스인들은 무엇보다도 중재자가 도시든 개인이든 퀴누리아 문제가 중재에 부쳐지기를 요구했다. 양국의 국경지대인 이 지역을 둘러싸고 분쟁이 끊이지 않았는데, 튀레아와 안테네 시를 포함하는 이 지역은 라케다이몬인들이 점유하

고 있었다. 그러나 라케다이몬인들은 퀴누리아에 관해 논의하는 것조차 거부하며, 아르고스가 원할 경우 지난번 조약과 같은 조건이면 받아들일 용의가 있다고 했다.

그럼에도 아르고스인 사절단은 라케다이몬인들한테서 다음과 같은 양보를 얻어내는 데 성공했다. 말하자면 지금 당장은 양쪽이 50년간의 평화조약을 맺지만, 라케다이몬이든 아르고스든 도전받는 쪽이 역병과 전쟁에서 자유로울 때 한쪽이 다른 쪽에게 도전하여, 이전에 양쪽이 서로 자기가 이겼다고 주장했을 때처럼 분쟁 지역 문제를 전투로 결판낼 권리가 있으며, 다만 아르고스 또는 라케다이몬의 국경을 넘어 추격하는 것은 허용되지 않는다는 것이었다.

(3) 처음에 라케다이몬인들은 그런 제안은 말도 안 된다고 생각했지만, 나중에는 어떻게든 아르고스인들과 우호관계를 유지하고 싶어서 그들의 요구를 받아들여 그렇게 조문을 작성하게 했다. 그러나 조문이 발효되기 전에 라케다이몬인들은 아르고스인 사절단에게 먼저 아르고스로 돌아가 민회에 회부해 민회가 동의하면 휘아킨토스 제(祭) 때 라케다이몬으로 돌아와 비준 서약을 하자고 요청했다. 그래서 사절단은 귀로에 올랐다.

42 (1) 아르고스인들이 그렇게 협상을 벌이는 동안 안드로메네스, 파이디모스, 안티메니다스로 구성된 라케다이몬인 사절단은 보이오티아인들에게서 파낙톤과 포로들을 넘겨받아 아테나이인들에게 넘겨주라는 지시를 받았다. 그들이 가서 보니 파낙톤은 이미 보이오티아인들 자신에 의해 허물어져 있었다. 그 이유인즉 먼 옛날 아테나이인들과 보이오티아인들 사이에 이 요새를 둘러싸고 분쟁이 발생했을 때, 양쪽은 어느 쪽도 그곳에 거주하지는 못하지만 양쪽 다 방목(放牧)의 권리를 가지기로 합의하고 서약을 주고받았다는 것이었다. 그러나 보이오티아인들이 붙들

고 있던 아테나이인 포로들은 안드로메네스와 그의 동료들이 넘겨받아서 아테나이로 데려가 아테나이인들에게 넘겨주었다. 그들은 또 아테나이인들에게 파낙톤이 허물어진 사실도 보고했는데, 앞으로는 아테나이에 적대적인 세력이 그곳에 살 수 없는 만큼 그곳을 허무는 것이 넘겨주는 것과 사실상 같다고 여겼던 것이다.

(2) 그런 보고를 받자 아테나이인들은 격노했다. 아테나이인들은 원상대로 반환하기로 한 파낙톤을 허문 것은 라케다이몬인들이 자기들을 모욕한 것이라고 생각했으며, 평화조약을 거부하는 국가들에 라케다이몬과 아테나이가 공동으로 압력을 행사하기로 전에 확약해놓고는 라케다이몬인들이 개별적으로 보이오티아인들과 동맹을 맺었다는 것을 알았기 때문이다. 아테나이인들은 라케다이몬인들이 이행하지 않은 그 밖의 다른 조항들도 일일이 재검토한 뒤 자신들이 속았다고 믿고는 거친 대답을 한 뒤 라케다이몬인 사절단을 돌려보냈다.

43 (1) 아테나이와 라케다이몬의 관계가 그처럼 악화되자, 평화조약을 파기하기를 바라던 아테나이의 정파도 즉시 행동을 개시했다. (2) 이 정파의 주도자는 클레이니아스의 아들 알키비아데스였다. 그는 헬라스의 여느 도시에서나 아직 젊다고 여길 만큼 앳된 나이였지만[16] 명문가 출신인지라 아테나이에서는 명망이 높았다. 그는 사실 아르고스와 동맹을 맺는 것이 아테나이에 상책이라고 확신하기도 했지만, 라케다이몬과의 평화조약에 반대하는 것은 자존심이 상했기 때문이기도 했다. 말하자면 그는 라케다이몬인들이 평화조약에 관해 니키아스나 라케스와 협상하고 자기를 나이 젊다고 무시하는 것이 못마땅한 것이다. 그들은 또 그의 가족이 옛날부터 아테나이에서 라케다이몬인들의 이익을 대변하는 현지인 영사 노릇을 해왔는데도 그에 상응하는 대접을 하지 않았다. 그의 조부는 이 직책을 사임했지만 그 자신은 이 직책에 다시 취임하기 위해 섬

에서 잡힌 포로들을 각별히 보살펴주었으니 말이다.

(3) 그는 자기가 이처럼 여러모로 경시당한다고 여기고 처음부터 평화조약을 반대했는데, 그의 주장인즉 라케다이몬인들은 믿을 수 없으며, 그들이 평화조약을 맺는 유일한 목적은 아르고스를 먼저 분쇄한 다음 고립된 아테나이를 다시 공격하기 위해서라는 것이었다. 그러다가 이제 라케다이몬과의 관계가 악화되자 그는 즉시 개인적으로 아르고스에 사람을 보내 만티네이아인들과 엘리스인들을 데리고 되도록 일찍 와서 아테나이에 동맹을 제의하기를 권하며, 지금 좋은 기회가 왔으니 자기도 전폭적인 지원을 아끼지 않겠다고 했다.

44 (1) 그 말을 전해 들은 아르고스인들은 라케다이몬과 보이오티아 동맹은 사실 아테나이인들이 배제된 가운데 이루어졌으며, 그래서 아테나이와 라케다이몬의 관계가 오히려 크게 악화되었음을 알고는 협상차 라케다이몬에 간 자신들의 사절단에는 주의를 기울이지 않고 아테나이 쪽에 관심을 쏟기 시작했다. 그들은 아테나이는 오랫동안 우방이었고 아르고스처럼 민주국가이며 막강한 해군력을 보유하고 있어 전쟁이 터질 경우 자기들을 도와줄 것이라고 생각한 것이다. (2) 그래서 그들은 즉시 사절단을 파견하여 아테나이인들과 동맹에 관해 협상하게 했는데, 엘리스와 만티네이아의 사절단도 이들과 합류했다.

(3) 그러자 라케다이몬에서도 아테나이인들에게 인기 있는 필로카리다스, 레온, 엔디오스로 구성된 사절단이 서둘러 아테나이에 도착했다. 그들이 사절단을 급파한 이유는 아테나이인들이 분개한 나머지 아르고스와 동맹을 맺지 않을까 두려웠기 때문이다. 사절단은 또 파낙톤을 돌려받는 대신 필로스를 돌려줄 것을 요구하고, 라케다이몬이 보이오티아와

---

16 이때 알키비아데스는 30대 중반이었다고 한다.

동맹을 맺은 것은 아테나이에 해를 끼치기 위해서가 아니라고 변명할 참이었다.

45 (1) 라케다이몬인 사절단이 의회에서 자기들은 그 밖의 모든 쟁점에 대해서도 합의할 수 있는 전권(全權)을 위임받아 왔다고 말하자, 알키비아데스는 그들이 민회에서 그런 말을 하면 대중이 그들 편이 되어 아르고스와의 동맹을 거부하지 않을까 겁이 났다. (2) 그래서 그는 라케다이몬인 사절단에게 다음과 같이 계략을 꾸몄다. 말하자면 라케다이몬인 사절단이 민회에서 자기들이 전권을 위임받아 왔다는 말을 하지 않는다면, 자기는 그들에게 퓔로스를 돌려주겠다고 다짐했다. 그러면서 그는 지금은 자기가 퓔로스 반환을 반대하지만 그곳을 반환하도록 아테나이인들을 능히 설득할 수 있다고 했다. 또한 그 밖의 다른 쟁점도 해결되도록 해주겠다고 약속했다.

(3) 그의 의도는 그들과 니키아스를 떼어놓은 다음 민회에서 그들은 진정성이 없고 자꾸만 말을 바꾼다고 비난함으로써 아테나이가 아르고스, 엘리스, 만티네이아와 동맹을 맺게 하는 것이었다. (4) 그리고 실제로 그렇게 되었다. 민회에 나타난 라케다이몬인 사절단은 전권을 위임받았느냐는 질문에 그렇지 않다고 대답했는데, 그것은 그들이 의회에서 한 것과는 상반되는 말이었다. 그래서 아테나이인들은 화가 났다. 그리고 알키비아데스가 전보다 심하게 라케다이몬인들을 비난하자, 그들은 그의 말에 귀가 솔깃해져서 아르고스인 사절단과 그들 일행을 당장 불러들여 동맹을 맺으려 했다. 그러나 이 사안이 비준되기 전에 지진이 일어나 이번 민회는 휴회되었다.

46 (1) 이튿날 열린 민회에서 니키아스는, 라케다이몬인 사절단이 자신들도 속았지만 전권을 위임받지 않았다고 말함으로써 그를 속였음에도 불구하고, 라케다이몬과 우호관계를 유지하는 것이 바람직하다고 주장하

며, 아르고스와의 협상은 일단 연기하고 라케다이몬으로 사절단을 보내 그들의 의도를 알아보자고 제안했다. 그러면서 그는 전쟁을 계속 회피하면 아테나이는 위신이 서지만, 라케다이몬은 위신이 실추된다고 했다. 잘나가고 있는 아테나이는 이러한 행운을 되도록 오래 유지하는 것이 상책이지만, 운이 따라주지 않는 라케다이몬은 되도록 빨리 전쟁의 모험을 감행하는 것이 뜻밖의 횡재가 될 수 있기 때문이라고 했다.

(2) 니키아스는 자신도 포함된 사절단을 라케다이몬인들에게 보내, 그들의 뜻이 진심이라면 본디 상태의 파낙톤과 암피폴리스를 반환하고, 보이오티아가 평화조약에 서명하지 않는 한 어느 쪽도 다른 쪽의 동의 없이는 제3자와 따로 조약을 맺어서는 안 된다는 조항에 따라 보이오티아와의 동맹을 파기할 것을 요구하라고 아테나이인들을 설득했다. (3) 사절단은 또 만약 아테나이가 라케다이몬에 불의한 짓을 하려 했다면 바로 그런 목적으로 지금 아테나이에 와 있는 아르고스인들과 벌써 동맹을 맺었을 것이라고 말하라는 지시도 받았다. 그 밖의 다른 쟁점에 관해서도 충분히 지시를 받은 다음 니키아스와 그의 동료들은 사절단으로 파견되었다.

(4) 사절단은 라케다이몬에 도착하자 전하러 온 말을 전한 뒤 마지막으로 보이오티아가 평화조약에 가입하지 않는 한 라케다이몬은 보이오티아와의 동맹을 파기해야 하며, 그러지 않으면 아테나이도 아르고스와 그 동맹국과 동맹을 맺겠다고 말했다. 감독관 크세나레스의 동지들과 정치적 동지들의 영향을 받아 라케다이몬인들은 보이오티아와의 동맹을 파기하기를 거부했지만, 니키아스의 요구에 따라 이전의 약속을 지키겠다고 다시 서약했다. 니키아스가 그런 요구를 한 것은 완전히 빈손으로 귀국하면 라케다이몬과의 평화조약 주동자로 간주되어 공격받게 되리라고 우려했기 때문인데, 실제로 그런 일이 일어났다.

(5) 그가 귀국하여 빈손으로 돌아왔다고 보고하자, 아테나이인들은 그에게 분통을 터뜨리며 이것은 라케다이몬의 배신행위라고 생각했다. 그래서 아직도 아테나이에 남아 있던 아르고스인들과 그들의 동맹군을 알키비아데스가 민회에 불러내자 아테나이인들은 그들과 다음과 같은 평화조약과 동맹조약을 맺었다.

47 (1) "아테나이인들, 아르고스인들, 만티네이아인들, 엘리스인들은 그들 자신과 그들 각자가 지배하는 동맹국들의 이익을 위하여 1백 년 동안 평화조약을 맺되, 기만하거나 육로 또는 바닷길로 침해하는 일 없이 이를 준수한다. (2) 아르고스인들, 엘리스인들, 만티네이아인들과 그들의 동맹국들은 아테나이인들과 아테나이인들이 지배하는 동맹국들에, 아테나이인들과 아테나이인들이 지배하는 동맹국들은 아르고스인들, 엘리스인들, 만티네이아인들과 그들의 동맹국들에 해를 끼칠 목적으로 어떤 수단이나 계략에 의해서든 무기를 들지 않는다.

(3) 아테나이인들, 아르고스인들, 만티네이아인들, 엘리스인들은 다음과 같은 조건으로 1백 년 동안 동맹조약을 체결한다. 적군이 아테나이인들의 영토를 침입하는 경우, 아르고스인들, 만티네이아인들, 엘리스인들은 아테나이인들의 요청에 따라 모든 능력을 총동원하여 아테나이를 구원하러 간다. 그러나 적군이 영토를 약탈하고 나서 철수한 경우, 그들의 도시는 아테나이인들뿐 아니라 아르고스인들, 만티네이아인들, 엘리스인들의 적국으로 선언되어 이 도시 모두에 의해 응징된다. 이 가운데 어느 도시도 전부의 동의 없이 그 도시에 대해 적대 행위를 중지해서는 안 된다.

(4) 마찬가지로 아테나이인들도 적군이 아르고스인들, 만티네이아인들, 엘리스인들의 영토에 침입할 경우 이들의 요청에 따라 모든 능력을 총동원하여 아르고스, 만티네이아, 엘리스를 구원하러 간다. 그러나 적군이

이들의 영토를 약탈하고 나서 철수한 경우, 그들의 도시는 아르고스인들, 만티네이아인들, 엘리스인들뿐 아니라 아테나이인들의 적국으로 선언되어 이 도시들 모두에 의해 응징된다. 이 가운데 어느 도시도 전부의 동의 없이 그 도시에 대해 적대 행위를 중지해서는 안 된다.

(5) 조약 서명국인 아테나이, 아르고스, 만티네이아, 엘리스는 어떤 군대도 전쟁을 목적으로 자신들의 육로나 바닷길, 또는 자신들이 지배하는 동맹국들의 육로나 바닷길을 통과하는 것을 허용해서는 안 된다. 단, 조약 서명국인 아테나이, 아르고스, 만티네이아, 엘리스가 모두 통과를 허용하는 쪽으로 표결하는 경우는 예외로 한다.

(6) 이 중 어떤 도시가 다른 도시를 구원하기 위해 군대를 파견할 경우 구원을 요청한 도시에 도착한 날부터 30일 동안은 파견한 도시가 식량을 지급하며, 이는 그 군대가 귀국할 때도 마찬가지이다. 그러나 구원을 요청한 도시가 그 군대를 더 오래 사용하기를 원할 때는 중무장보병, 경무장보병, 궁수에게는 1인당 3아이기나 오볼로스의 일당을, 기병에게는 1인당 1아이기나 드라크메의 일당을 지급한다.[17]

(7) 구원을 요청한 도시의 영토 내에서 전쟁이 일어날 경우 군대의 지휘권은 구원을 요청한 도시가 갖는다. 그러나 이 도시들이 공동으로 출병할 경우, 지휘권은 모든 도시가 대등하게 나누어 갖는다.

(8) 아테나이인들은 자신들과 자신들의 동맹국들을 위하여 이 조약을 준수할 것을 서약하고, 아르고스인들, 만티네이아인들, 엘리스인들과 그들의 동맹국들은 도시별로 따로 서약한다. 각국은 다 자란 제물을 바치

---

17 당시 그리스에서는 아이기나 섬에서 찍은 주화가 가장 널리 사용되어 국가 간의 거래에 사용되었는데, 아이기나 주화는 앗티케 주화보다 4할 정도 더 값어치가 나갔다고 한다. 1드라크메는 6오볼로스에 해당한다.

며 각국의 관습에 따라 가장 엄숙히 서약하되, 서약문은 다음과 같다. '나는 규정에 따라 정직하고 성실하고 진지하게 조약을 준수할 것이며 어떤 수단이나 계략에 의해서든 조약을 위반하지 않겠소.'

(9) 아테나이에서는 의회와 도시 공직자들이 서약을 하고, 시의회 의원들[18]이 서약을 받아둔다. 아르고스에서는 의회와 80인 위원회와 아르튀나이들[19]이 서약을 하고, 80인 위원회가 서약을 받아둔다. 만티네이아에서는 데미우르고스[20]들과 의회와 다른 공직자들이 서약을 하고, 축제 사절단[21]과 폴레마르코스[22]들이 서약을 받아둔다. 엘리스에서는 데미우르고스들과 장관들과 6백 인 위원회가 서약을 하고, 데미우르고스들과 테스모필라케스들[23]이 서약을 받아둔다.

(10) 서약의 갱신을 위해 아테나이인들은 올륌피아 경기 30일 전에 엘리스, 만티네이아, 아르고스에 가고, 아르고스인들, 엘리스인들, 만티네이아인들은 대(大)판아테나이아[24] 제(祭) 10일 전에 아테나이에 가야 한다.

(11) 조약과 동맹의 조문과 서약문을 아테나이인들은 아크로폴리스에 있는 비석에, 아르고스인들은 아고라에 있는 아폴론 신전 내의 비석에, 만티네이아인들은 아고라에 있는 제우스 신전 내의 비석에 새긴다. 그리고 서명국들은 다가오는 올륌피아 축제 때 청동 기둥을 올륌피아에 공동으로 건립한다. (12) 서명국들이 위 조항들에 새로운 조항을 첨가하는 것이 더 좋겠다고 생각하는 경우, 서명국들이 함께 논의한 뒤 만장일치로 가결한 것은 구속력을 갖는다."

48 (1) 그렇게 조약과 동맹은 맺어졌다. 그럼에도 라케다이몬과 아테나이 사이의 조약과 동맹은 어느 쪽에 의해서도 파기되지 않았다. (2) 코린토스는 아르고스의 동맹국이었지만 새 조약에 가입하지 않았다. 코린토스는 전에 엘리스, 아르고스, 만티네이아 사이에 맺은 공수동맹에도 가입하지 않고, 서로 도와주기는 하되 공격에는 가담하지 않는다는 방어적

성격을 띤 첫 번째 동맹으로 만족한다고 말했다. (3) 그렇게 코린토스인들은 동맹국과는 거리를 두며 다시 라케다이몬 쪽에 관심을 기울이기 시작했다.

49 (1) 그해 여름 올림피아 축제가 개최되었을 때, 아르카디아인 안드로스테네스가 처음으로 팡크라티온[25]에서 우승했다. 엘리스인들이 성역에 접근하는 것을 막는 바람에 라케다이몬인들은 제물을 바치지도, 경기에 참가하지도 못했다. 그 이유는 엘리스인들이 올림피아 법에 따라 부과한 벌금을 라케다이몬인들이 내지 않았서였는데, 엘리스인들에 따르면 라케다이몬인들이 올림피아 경기 휴전 기간[26] 동안 퓌르코스 요새를 공격하고 자신들의 레프레온 시로 중무장보병들을 보냈다는 것이었다. 그래서 법에 명시된 대로 중무장보병 1명당 2므나[27]씩 2천 므나의 벌금이 부과되었다. (2) 이에 라케다이몬인들은 사절단을 보내 자신들에게 벌금

---

18 prytaneis.

19 artynai. 이들에 관해서는 알려진 것이 거의 없다.

20 demiourgos('민중의 일꾼'). 도리에이스족이 거주하는 펠로폰네소스 국가의 최고 공직자.

21 theoroi.

22 polemarchos. 만티네이아의 폴레마르코스('전쟁 지휘관')에 관해서는 알려진 것이 거의 없다. 그러나 아테나이에서는 9명의 아르콘(archon) 중 한 명으로 처음에는 군대를 지휘하다가, 나중에 아르콘들이 추첨에 의해 임명되고 군 지휘권이 '장군'(strategos)들에게 넘어가자 주로 축제를 관장하고 외국인이 연루된 송사를 처리하는 역할을 했다.

23 thesmophylakes('법률 수호자들'). 이들에 관해서는 알려진 것이 없다.

24 판아테나이아(Panathenaia) 제는 아테나이의 수호여신 아테나 여신을 위해 해마다 헤카톰바이온(Hekatombaion 지금의 7월) 달 28일과 29일 이틀 동안 열렸는데, 이를 소(小)판아테나이아 제라고 한다. 4년에 한 번씩은 각종 경기와 경마와 음악경연을 곁들인 대규모 축제가 같은 달 21일부터 28일까지 열렸는데, 이를 대(大)판아테나이아 제라고 한다.

25 pankration. 권투와 레슬링을 합친 것 같은 격투기.

26 올림피아 축제 때는 모든 교전국이 일단 휴전하게 되어 있었다.

27 1므나(mna)는 100드라크메이다.

이 부과된 것은 부당하다며 자신들이 중무장보병들을 파견했을 때는 라케다이몬에 휴전이 선포되지 않았다고 항의했다.

(3) 그러자 엘리스인들이 대답하기를, 자기들이 맨 먼저 휴전을 선포한 까닭에 엘리스 지방에서는 이미 휴전이 발효 중이어서, 평화 시처럼 공격을 예상하지 않고 평온하게 지내다가 라케다이몬인들에게 불의의 기습을 당했다고 했다. (4) 이에 대해 라케다이몬인들은, 만약 엘리스인들이 진실로 라케다이몬인들을 침략자로 간주했다면 라케다이몬에 휴전을 통고하지 않았을 것이니, 엘리스인들이 휴전을 통고한 것은 라케다이몬인들을 침략자로 간주하지 않았기 때문이라며, 휴전이 통고되자마자 공격이 중단되었다고 이의를 제기했다.

(5) 엘리스인들은 같은 주장을 되풀이하면서 라케다이몬인들이 침략하지 않았다는 것은 어불성설이라고 했다. 그러나 라케다이몬인들이 레프레온을 반환한다면, 자기들은 벌금 가운데 그들 몫은 면제해주고, 신의 몫은 라케다이몬인들을 위해 자기들이 대신 내주겠다고 했다.

50 (1) 라케다이몬인들이 이 제안도 받아들이지 않자 엘리스인들은 다른 제안을 했다. 만약 라케다이몬인들이 레프레온을 반환하기 싫다면 반환하지 않아도 좋다며 대신 성역에 꼭 접근하고 싶다면 올륌피아의 제우스 신전 제단이 있는 곳으로 올라가 헬라스인들 앞에서 훗날 반드시 벌금을 내겠다고 맹세하라는 것이었다.

(2) 라케다이몬인들은 이 제안도 받아들이려 하지 않은 까닭에 신전과 제물과 경기에 접근하는 것이 금지되어 본국에서 제물을 바쳤고, 한편 레프레온인들을 제외한 다른 헬라스인들은 모두 축제에 참가했다. (3) 그럼에도 엘리스인들은 라케다이몬인들이 폭력을 써서라도 제물을 바치려 하지 않을까 두려워 이를 막기 위해 젊은이들을 무장시켰다. 그들은 1천 명의 아르고스인들과 1천 명의 만티네이아인들과 약간의 아테나

이 기병의 지원을 받았는데, 아테나이 기병대는 엘리스 지방의 도시 하르피네에서 축제가 열리기를 기다리고 있었다.

⑷ 그러나 축제에 참가한 사람들은 라케다이몬인들이 무장을 하고 나타나지 않을까 두려움에 휩싸였고, 특히 라케다이몬인 아르케실라오스의 아들 리카스가 경기 도중 심판들에게 구타당하자 더욱 그러했다. 리카스가 구타당한 이유는, 그의 전차와 한 쌍의 말이 경주에서 우승을 했는데 라케다이몬인인 그에게는 출전권이 없어서 우승이 보이오티아인들에게 돌아가자, 그 전차가 자기 것임을 보여주기 위해 그가 경주로로 내려가 마부에게 화관을 씌워주었기 때문이다. 그래서 모두들 더욱더 두려움에 휩싸였고, 무슨 일이 일어날 것 같은 예감이 들었다. 그러나 라케다이몬인들은 은인자중하며 축제가 무사히 끝나게 내버려두었다.

⑸ 올림피아 경기가 끝난 뒤 아르고스인들과 그들의 동맹군은 코린토스로 가서 코린토스가 자기편에 가담해주기를 요청했다. 그곳에는 마침 라케다이몬인 사절단도 와 있었다. 그래서 여러 차례 논의가 거듭되었지만 결국 아무런 성과도 나오지 않는 데다 마침 지진이 일어나자 모두들 귀로에 올랐다. 여름은 그렇게 지나갔다.

51 ⑴ 겨울이 되자 아이니아네스족과 돌로피아인들과 멜리스인들과 일부 텟살리아인들이 트라키스 지역의 헤라클레이아인들을 공격하기 시작했다. ⑵ 헤라클레이아 인접 지역에 사는 이들 부족은 모두 헤라클레이아를 적대시했는데, 이 요새가 특히 그들에게 위협이 되었기 때문이다. 이 도시가 처음 창건될 때부터 이를 적대시해오던 이들 부족은 가능한 온갖 해코지를 다 하다가 이번 전쟁에서 헤라클레이아인들에게 승리를 거두었다. 죽은 헤라클레이아인들 중에는 라케다이몬인 지휘관 크니디스의 아들 크세나레스도 포함되어 있었다. 겨울은 그렇게 지나갔고, 전쟁의 열두 번째 해도 그렇게 저물었다.

52 (1) 여름이 시작되자마자 보이오티아인들은 전쟁으로 완전히 파괴된 헤
라클레이아를 장악하고 잘못 다스린 책임을 물어 라케다이몬인 아게십
피다스를 내쫓았다. 보이오티아인들이 그곳을 장악한 것은 라케다이몬
인들이 펠로폰네소스에서 분쟁에 휘말린 사이 아테나이인들이 그곳을
점령하지 않을까 두려웠기 때문이다. 그럼에도 라케다이몬인들은 그들
에게 분개했다.

(2) 같은 해 여름 클레이니아스의 아들 알키비아데스는 아테나이 장군
가운데 한 명으로서 아르고스인들과 다른 동맹군의 지원을 받으며 펠로
폰네소스로 들어갔다. 그는 아테나이인 중무장보병과 궁수는 소수만 이
끌고 가고 도중에 그곳의 동맹국에서 병력을 차출했다. 그는 이 군대를
이끌고 펠로폰네소스를 통과하면서 동맹을 강화하기 위해 여러 조치를
취했으며, 파트라이인들에게는 그들의 성벽을 바닷가까지 연장하도록
설득했다. 그는 또 아카이아 지방의 리온 곶에 또 다른 요새를 건설하려
했다. 그러나 코린토스인들, 시퀴온인들, 그 밖에 그곳에 요새가 건설되
면 자기들이 불리할 것이라고 생각한 다른 사람들이 군대를 이끌고 달려
와 그가 그렇게 하는 것을 막았다.

53 같은 해 여름 에피다우로스와 아르고스 사이에 전쟁이 일어났다. 아르고
스 쪽이 내세우는 핑계는 에피다우로스인들이 그곳의 목초지를 사용하
는 대가로 아르고스인들이 주로 관리하는 아폴론 퓌타에우스[28]에게 제
물을 바치는 의무를 이행하지 않았다는 것이었다. 그러나 그러한 불평불
만을 떠나 알키비아데스와 아르고스인들이 가능하다면 에피다우로스를
장악하기로 결정한 이유는, 코린토스가 손을 쓰지 못하게 할 겸 아테나
이인들이 스퀼라이온 곶[29]을 돌아서 항해할 필요 없이 더 짧은 항로를 이
용해 아이기나 섬에서 아르고스로 증원부대를 파견하기 위해서였다. 그
래서 아르고스인들은 제물을 바치라고 강요하기 위해 단독으로라도 에

피다우로스에 침입할 준비를 했다.

54 (1) 바로 이 무렵 라케다이몬인들은 아르키다모스의 아들 아기스 왕의 지휘 아래 전군을 이끌고 뤼카이온 산에 면한 변경도시 레욱트라³⁰로 출동했다. 이 군대가 어디로 출동하는지 아는 사람은 아무도 없었고, 병력이 차출된 도시들도 몰랐다. (2) 그러나 국경을 넘기 전에 바친 제물이 좋은 전조를 보여주지 않자 라케다이몬인들은 귀로에 오르면서, 다음 달(다음 달은 도리에이스족에게는 신성한 카르네이오스³¹ 달이었다)이 지나면 출동할 준비를 하라는 지시를 동맹군에게 돌렸다.

(3) 라케다이몬인들이 일단 철수하자 아르고스인들은 카르네이오스 달이 시작되기 나흘 전에 출동하여 원정 기간 내내 그날그날을 카르네이오스 달이 시작되기 나흘 전이라고 부르며 에피다우로스의 영토로 쳐들어가 그곳을 약탈했다. (4) 에피다우로스인들이 동맹국들에 도움을 청하자, 동맹국 가운데 더러는 지금은 신성한 달이라는 핑계를 댔고, 더러는 에피다우로스 국경까지 나아가서는 더는 움직이지 않았다.

55 (1) 아르고스인들이 에피다우로스의 영토에 가 있는 동안 여러 도시의 사절단이 아테나이인들의 주선으로 회담차 만티네이아에서 만났다. 회의가 시작되자 코린토스인 에우파미다스가 그들의 언행이 일치하지 않는다며, 자기들은 여기 앉아 평화를 논의하고 있는데, 에피다우로스인들 및 그들의 동맹군과 아르고스인들은 싸움터에서 서로 대치하고 있다

28 Pythaeus. 델포이의 옛 이름 퓌토에서 따온 별명이다.
29 아르골리스 지방 동쪽 끝에 있는 곳.
30 여기에 나오는 레욱트라의 위치는 확인되지 않고 있다. 참고로, 보이오티아 지방에도 레욱트라라는 도시가 있는데, 이곳에서 기원전 371년 보이오티아군이 스파르테군에 결정적인 승리를 거둠으로써 그리스에서의 스파르테 패권에 사실상 종지부를 찍었다.
31 지금의 8~9월.

고 말했다. 따라서 그들은 먼저 양 진영으로 가서 전쟁을 끝낸 뒤 다시 평화에 관한 논의를 시작해야 할 것이라고 했다.

(2) 그들은 그가 제안한 대로 가서 아르고스인들에게서 에피다우로스에서 철수하겠다는 확약을 받았다. 그 뒤 그들은 같은 곳에서 다시 만났지만 여전히 합의에 이를 수 없었고, 아르고스인들은 다시 에피다우로스에 쳐들어가 그곳을 약탈했다. (3) 라케다이몬인들도 카뤼아이까지 출동했지만, 이번에도 국경을 넘기 전에 바친 제물이 좋은 전조를 보여주지 않아 도로 돌아갔다. (4) 아르고스인들은 에피다우로스 영토의 3분의 1을 약탈한 다음 귀로에 올랐다. 알키비아데스 휘하의 아테나이인 중무장보병 1천 명이 그들을 지원하러 갔지만, 알키비아데스는 라케다이몬인 원정대가 돌아갔다는 것을 알고는 자기 대원들이 더는 필요하지 않을 것으로 보고 철수했다. 그해 여름은 그렇게 지나갔다.

56 (1) 겨울이 되자 라케다이몬인들은 아게십피다스 휘하의 3백 인 수비대를 아테나이인들의 눈에 띄지 않도록 바닷길로 에피다우로스에 보냈다. (2) 그러자 아르고스인들이 아테나이에 가서, 조약 서명국은 어느 쪽도 적군이 자국의 영토를 통과하는 것을 허용해서는 안 된다고 조약에 명시되어 있는데도 아테나이인들은 적군이 에피다우로스로 항해하는 것을 막지 못했다고 불평했다. 그러면서 아르고스인들은 만약 아테나이인들이 멧세니아인들과 국가 노예들로 구성된 부대를 필로스에 투입해 라케다이몬인들을 공격하게 하지 않는다면 자기들이 부당한 대우를 받은 것으로 간주하겠다고 말했다. (3) 아테나이인들은 알키비아데스의 사주를 받아 라케다이몬인들과의 조약문을 새긴 돌비석의 아랫부분에 라케다이몬인들이 서약을 지키지 않았다는 글귀를 새겨넣은 다음, 국가 노예들을 크라니오이에서 필로스로 돌려보내 그곳을 약탈하게 했다. 그러나 그들은 그 이상의 조치는 취하지 않았다.

(4) 그해 겨울 아르고스인들과 에피다우로스인들 사이에 전투가 계속되었다. 그러나 백병전이 아니라 매복전과 유격전이 벌어져 양쪽 모두 상당수 사상자를 냈다. (5) 겨울이 끝나고 봄이 가까워졌을 때 아르고스인들은 사다리들을 들고 에피다우로스로 갔는데, 전쟁 때문에 도시를 지킬 사람들이 모자라 힘으로 점령할 수 있을 것이라고 믿었던 것이다. 그러나 그들은 아무 성과도 올리지 못하고 귀로에 올랐다. 겨울은 그렇게 지나갔고, 전쟁의 열세 번째 해도 그렇게 저물었다.

57 (1) 이듬해 여름이 반쯤 지났을 무렵, 라케다이몬인들은 국가 노예들도 포함된 전군을 아르키다모스의 아들 아기스 왕의 지휘 아래 아르고스로 출동시켰다. 그들은 동맹군인 에피다우로스인들이 곤경에 빠져 있고, 다른 펠로폰네소스 국가들도 더러는 반기를 들고 더러는 라케다이몬에 등을 돌리는 것을 보고는 만약 이를 제지할 대응책을 신속히 강구하지 않으면 상황이 더 악화되리라고 생각한 것이다.

(2) 테게아인들과, 라케다이몬인들의 동맹군인 다른 아르카디아인들도 그들과 함께 출동했다. 펠로폰네소스의 다른 곳에서 왔거나 펠로폰네소스 밖에서 온 동맹군은 플레이우스에 집결했다. 보이오티아에서는 중무장보병 5천 명, 경무장보병 5천 명, 기병 5백 명이 왔는데, 기병마다 보병 한 명씩을 시종으로 대동했다. 코린토스에서는 중무장보병 2천 명이 왔다. 다른 동맹국도 각각 능력대로 군대를 파견했다. 그러나 플레이우스인들은 자기 나라에 군대가 집결해 있었기에 전군을 동원했다.

58 (1) 아르고스인들은 라케다이몬인들의 이러한 준비 상황을 처음부터 알고 있었지만, 라케다이몬인들이 다른 동맹군과 합류하기 위해 플레이우스로 이동할 때까지 기다리다가 그제야 군대를 출동시켰다. 그들은 동맹군을 데려온 만티네이아인들과 3천 명의 엘리스인 중무장보병의 지원을 받았다.

(2) 그들은 앞으로 나아가다가 아르카디아 지방의 메튀드리온 시에서 라케다이몬인들과 맞닥뜨렸다. 두 군대는 언덕에 진을 쳤고, 아르고스인들은 라케다이몬인들이 그들의 동맹군에게서 떨어져 있는 것을 보고 전투준비를 했다. 그러나 아기스는 밤에 몰래 군대를 움직여 플레이우스로 가서 동맹군과 합류했다. (3) 새벽녘에야 이를 알게 된 아르고스인들은 먼저 아르고스로 행군하다가 나중에는 라케다이몬인들과 그들의 동맹군이 산에서 내려올 것으로 예상되는 네메아 길 쪽으로 향했다.

(4) 그러나 아기스는 그들이 예상한 쪽으로 향하지 않고, 라케다이몬인들, 아르카디아인들, 에피다우로스인들에게 출동 명령을 내린 뒤 다른 험한 길을 택해 아르고스 들판으로 내려갔다. 코린토스인들, 펠레네인들, 플레이우스인들은 또 다른 가파른 길로 행군했다. 보이오티아인들, 메가라인들, 시퀴온인들은 아르고스인들이 주둔해 있는 네메아 길을 지나 내려오라는 명령을 받았다. 아르고스인들이 아기스와 그의 부대에 맞서기 위해 들판으로 내려올 경우, 그들이 기병대로 아르고스인들의 후미를 엄습하게 하려는 것이었다. (5) 아기스는 그렇게 명령을 내리고 나서 들판으로 쳐들어가 사민토스와 다른 곳들을 약탈하기 시작했다.

59 (1) 날이 샌 뒤에야 이를 알게 된 아르고스인들은 네메아를 떠나 구원하러 갔다. 그들은 도중에 플레이우스인들과 코린토스인들과 마주쳐 플레이우스인들을 몇 명 죽였지만, 그들 자신도 코린토스인들 손에 조금 더 많이 죽었다. (2) 한편 보이오티아인들, 메가라인들, 시퀴온인들은 지시받은 대로 네메아를 향해 나아갔다. 그들이 그곳에 가서 보니 아르고스인들은 벌써 떠나고 없었다. 아르고스인들은 들판으로 내려갔다가 자신들의 재산이 약탈당하는 모습을 보고 전열을 갖추었다. 그러자 라케다이몬인들도 그들에게 맞설 준비를 했다.

(3) 아르고스인들은 사방이 모두 적으로 둘러싸인 형국이었다. 들판에

서는 라케다이몬인들과 그들의 동맹군이 그들이 도시에 접근하지 못하게 차단했고, 배후의 언덕 위에는 코린토스인들, 플레이우스인들, 펠레네인들이 있고, 네메아 쪽에는 보이오티아인들, 시퀴온인들, 메가라인들이 있었으니 말이다. 그들에게는 기병대도 없었다. 동맹군 가운데 유일하게 아테나이인들만이 아직 도착하지 않았기 때문이다.

(4) 대부분의 아르고스인들과 그들의 동맹군은 자신들의 처지가 얼마나 위험한지 모르고, 라케다이몬인들을 도시에서 가까운 자신들의 영토에 고립시켜놓았으니 싸우기에 유리한 위치에 있는 것은 자신들이라고 생각했다. (5) 그러나 아르고스인들 가운데 두 명, 즉 다섯 장군 중 한 명인 트라쉴로스와 라케다이몬인들의 아르고스 현지인 영사 알키프론은 생각이 달랐다. 양군이 전투를 시작하려 했을 때 그들은 앞으로 나가 아기스와 담판하면서 전투를 하지 말라고 촉구했으며, 아르고스인들은 라케다이몬인들이 자기들에게 불만이 있다면 공정하고 공평한 중재를 받아들여 조약을 맺고 앞으로는 평화롭게 살 용의가 있다고 했다.

60 (1) 두 아르고스인은 순전히 자의적으로 그런 제안을 했고 대다수의 동의를 얻은 것은 아니었다. 아기스도 그런 제안을 자의적으로 받아들였고, 군대와 동행한 고위 공직자 한 명에게만 알렸지 여러 사람들과 상의하지 않고 4개월 동안의 휴전조약에 동의하면서, 그동안 아르고스인들에게 약속한 조항들을 이행할 것을 촉구했다. 그러고 나서 그는 다른 동맹국들에게 설명도 하지 않고 군대를 이끌고 떠났다.

(2) 라케다이몬인들과 그들의 동맹군은 규정에 따라 그의 명령을 따랐지만 자기들끼리 있을 때는 아기스를 몹시 비난했다. 아르고스인들은 사방이 모두 기병과 보병으로 둘러싸여 자기들이 그들을 공격할 절호의 기회를 잡았는데도 준비한 병력 규모에 걸맞은 것을 아무것도 보여주지 못하고 떠난다고 생각한 것이다. (3) 실제로 그 군대는 일찍이 헬라스에서 한

데 모인 최강의 군대였다. 그 점은 전군이 해산하기 전 네메아에 집결했을 때 확연히 드러났다. 그 군대는 라케다이몬인들의 모든 병력과 보이오티아, 코린토스, 시퀴온, 펠레네, 플레이우스, 메가라에서 차출된 정예부대로 이루어져 있었는데, 아르고스 동맹뿐 아니라 거기에 다른 동맹을 합쳐도 능히 감당할 수 있을 것 같았다. (4) 군대는 아기스에게 그런 비난을 퍼부으며 철수했고, 여러 파견 부대는 각자 그들의 고국으로 돌아갔다.

(5) 아르고스인들도 다중의 동의 없이 휴전조약을 맺은 사람들에게 더 심하게 비난을 퍼부었는데, 그들 또한 수많은 훌륭한 동맹군의 지원을 받는 가운데 자신들의 도시 옆에서 전투가 벌어졌을 것이기에 절호의 기회를 잡았는데도 라케다이몬인들이 도망치게 내버려두었다고 생각했다. (6) 그래서 아르고스로 돌아가는 길에 그들은 시내로 들어가기 전 군사재판을 하는 곳인 카라드로스 강의 하상(河床)에서 트라쉴로스에게 돌을 던지기 시작했다. 그는 제단으로 달아나 목숨을 건졌지만, 그의 재산은 몰수되었다.

61 (1) 그 뒤 라케스와 니코스트라토스가 지휘하는 1천 명의 중무장보병과 3백 명의 기병이 그들을 지원하러 아테나이에서 도착했다. 그럼에도 아르고스인들은 라케다이몬과의 휴전조약을 파기하고 싶지 않아 아테나이인들에게 돌아가라고 말하며, 이 문제를 민회에 상정하게 해달라는 아테나이인들의 요구를 들어주지 않았다. 그러나 아직도 그곳을 떠나지 않고 있던 만티네이아인들과 엘리스인들이 결국 아테나이인들의 요구를 들어주도록 아르고스인들에게 압력을 넣었다.

(2) 그래서 그곳에 사절로 온 알키비아데스가 아테나이인들을 대표하여, 아르고스인들과 그들의 동맹군 앞에서 동맹국의 동의 없이 조약을 맺는 것은 불법이며, 때마침 아테나이인들이 도착했으니 이제야말로 전

투를 시작할 때라고 말했다. (3) 동맹군은 모두 이러한 주장에 설득되어 바로 아르카디아 지방의 오르코메노스를 공격하러 떠났다. 그러나 아르고스인들은 그러한 주장에 찬성하지 않은 것은 아니지만 처음에는 뒤에 처져 있다가 나중에는 가서 원정군과 합류했다. (4) 그리하여 그들은 모두 오르코메노스 앞에 진을 친 다음 그곳을 포위하고는 계속 공격했다. 그들이 특히 오르코메노스를 점유하고자 한 이유는 아르카디아의 인질들이 라케다이몬인들에 의해 그곳에 구금되어 있었기 때문이다.

(5) 오르코메노스인들은 자신들의 성벽이 취약하고 적군의 수가 많은 것에 겁을 먹은 데다 원군이 올 기미가 보이지 않자 그전에 자신들이 죽게 되지 않을까 두려웠다. 그래서 그들은 동맹국이 된다는 조건으로 항복하고는 자신들의 인질들을 만티네이아인들에게 맡기고, 라케다이몬인들에 의해 그곳에 구금되어 있던 인질들을 넘겨주었다.

62 (1) 오르코메노스를 점령한 뒤 동맹군은 다음에는 적의 도시들 중 어느 곳을 먼저 공격할 것인지 의논했다. 엘리스인들은 레프레온을, 만티네이아인들은 테게아를 공격하자고 했다. 아르고스인들과 아테나이인들이 만티네이아인들의 편을 들자, 엘리스인들은 그들이 레프레온을 공격하는 쪽에 투표하지 않은 것에 화가 나 귀로에 올랐다. 다른 동맹군은 만티네이아에서 테게아로 행군할 준비를 했다. 그리고 테게아 시내에도 그들에게 도시를 넘길 준비를 하는 자들이 더러 있었다.

63 (1) 4개월간의 휴전조약을 맺고 아르고스에서 귀국한 라케다이몬인들은 절호의 기회를 잡고서도 아르고스를 정복하지 못했다고 아기스를 맹비난했는데, 그처럼 우수한 군대를 그처럼 많이 모으기란 결코 쉬운 일이 아니라는 것이었다. (2) 그런데 오르코메노스가 함락되었다는 소식이 전해지자, 분노가 극에 달한 그들은 그들답지 않게 격정에 사로잡혀 아기스의 집을 허물고 그에게 10만 드라크메의 벌금을 물리자고 했다.

(3) 그러나 아기스는 그러지 말라고 간청하며 자기가 다시 출정하면 용감한 행동으로 자신의 과오를 보상하겠다고 약속했다. 그러지 못하면 그들이 원하는 대로 하라고 했다. (4) 그래서 그들은 벌금을 물리고 그의 집을 허무는 것은 뒤로 미루고 앞날을 위해 그들의 역사상 선례가 없는 규정을 만들었다. 말하자면 그들은 그에게 조언하도록 10명의 스파르테인을 뽑은 다음 이들의 동의 없이는 그가 적국에서 군대를 철수하지 못하게 한 것이다.

64 (1) 그사이 그들은 테게아에 있는 친구들한테서 전갈을 받았는데, 그들이 속히 오지 않으면 테게아가 그들에게서 이탈하여 아르고스인들과 그들의 동맹군 편으로 넘어갈 것이며, 벌써 넘어간 것이나 다름없다는 것이었다. (2) 그러자 라케다이몬인들이 시민들과 국가 노예들로 구성된 전군을 이끌고 전에 없이 날쌔게 테게아를 구원하러 갔다.

(3) 그들은 마이날리아[32] 지역에 있는 오레스테이온 시로 행군해가서 자신들과 동맹을 맺고 있는 아르카디아인들에게 군대를 소집하여 테게아로 곧장 뒤따라오라고 명령했다. 그들은 전군을 이끌고 오레스테이온까지 행군해가서는 가장 나이 많은 사람들과 가장 나이 적은 사람들로 구성된 군대의 6분의 1을 그곳에서 돌려보내 고향을 지키게 했다. 그런 다음 그들은 나머지 병력을 이끌고 테게아에 도착했으며, 그 뒤 그곳에서 아르카디아인 동맹군도 곧 그들과 합류했다.

(4) 그들은 또 코린토스, 보이오티아, 포키스, 로크리스로 사람을 보내되도록 빨리 만티네이아로 원군을 보내달라고 했다. 이들은 급박하게 통보받은 데다, 서로 기다렸다가 전군이 합류하기 전에는 자신들과 만티네이아 사이의 적 점령 지역을 통과하기가 쉽지 않았음에도 불구하고 부지런히 서둘렀다. (5) 그사이 라케다이몬인들은 그곳에 도착한 아르카디아인 동맹군과 합세하여 만티네이아의 영토로 쳐들어가 헤라클레스 신

전 옆에 진을 치고는 그곳을 약탈하기 시작했다.

65 (1) 아르고스인들과 그들의 동맹군은 그들을 보자 접근하기 어려운 가파른 언덕을 차지하고는 전투 대형을 갖추었다. (2) 라케다이몬인들은 곧바로 그들을 향해 진격하여 돌이나 창이 날아가 닿을 거리까지 접근했다. 그때 그들이 그토록 가파른 곳을 공격하는 것을 본 어느 노병(老兵)이 아기스에게 악을 악으로 치료할 셈이냐고 소리쳤는데, 그것은 지난번에 비난받은 아르고스로부터의 철군을 지금의 시의적절하지 못한 열성으로 보상할 셈이냐는 뜻이었다.

(3) 노병의 고함 소리 탓이었는지 아니면 갑자기 생각이 바뀌었는지, 아기스는 양군이 맞붙어 싸우기 전에 재빨리 군대를 철수했다. (4) 그는 테게아 영토로 가서 강의 물길을 그곳에서 만티네이아 영토로 돌리기 시작했다. 강물이 어느 나라로 흘러들어가든 그 나라에는 큰 피해가 발생하는 탓에 이 강물을 둘러싸고 테게아인들과 만티네이아인들 사이에 분쟁이 끊이지 않았다. 아기스의 계획은 아르고스인들과 그들의 동맹군이 무슨 일이 일어나고 있는지 듣고는 자기가 물길 돌리는 것을 막기 위해 언덕에서 내려와 평지에서 싸우게 하는 것이었다.

(5) 그는 그날 그곳에 머무르며 남은 시간을 물길 돌리는 데 썼다. 아르고스인들과 그들의 동맹군은 적군이 그렇게 가까이까지 왔다가 갑자기 철수해서 놀라움을 금치 못했고, 처음에는 어떻게 생각해야 할지 몰랐다. 그러나 그 뒤 적군이 철수하며 시야에서 사라지는데도 추격 명령도 받지 못하고 수수방관한 꼴이 되자 또다시 자신들의 장군들에게 비난을 퍼부었다. 전에도 사실상 아르고스 앞에 가두어놓은 라케다이몬인들이 달아나게 그냥 두더니, 이번에도 아무런 추격도 받지 않는 가운데 라케다이

---

32 마이날론(Mainalon) 산 인근 지역.

몬인들이 달아나게 내버려두고 있다고 비난하며, 이러한 직무유기는 라케다이몬인들에게는 구원이고 자기들에게는 배신행위라고 했다. (6) 처음에 당황하던 장군들이 나중에는 군대를 이끌고 언덕에서 들판으로 내려가 적군을 향해 진격하려고 그곳에 진을 쳤다.

66 (1) 이튿날 아르고스인들과 그들의 동맹군은 적군과 마주치면 전투를 개시하려고 전투 대형을 갖추었다. 라케다이몬인들은 물길 돌리는 일을 하다가 헤라클레스 신전 근처의 원래 기지로 돌아오던 중, 적군이 이제 언덕에서 내려와 벌써 가까운 곳에 전원이 전투 대형을 갖춘 채 자기들에 맞서 포진한 것을 발견했다. (2) 그들이 기억하기에 라케다이몬인들이 이때처럼 놀란 적은 일찍이 없었다. 그들은 대처할 시간이 별로 없었지만 신속히 맞섰는데, 지체 없이 각자 위치로 돌아가고 그들의 왕 아기스는 법에 따라 필요한 명령들을 내렸다. (3) 왕이 군대를 인솔할 때는 모든 명령을 왕이 내린다. 왕이 필요한 명령을 직접 결정해 사령관들에게 하달하면, 사령관들은 연대장들에게, 연대장들은 중대장들에게, 중대장들은 소대장들에게, 소대장들은 소대원들에게 하달한다. (4) 한마디로 모든 명령은 같은 경로를 거쳐 신속히 예하 부대에 하달된다. 실제로 거의 모든 라케다이몬인 군대는 다른 장교 밑에서 근무하는 장교들로 구성되어 있어, 명령 이행의 책임을 여럿이 지게 되어 있기 때문이다.

67 (1) 이번 전투에서 왼쪽 날개는 스키리티스인들이 맡았는데, 라케다이몬 군대에서 그들만이 유일하게 늘 왼쪽 날개를 맡았다. 그 다음에는 트라케 지방에서 온 브라시다스의 대원들과 해방된 국가 노예들이 섰다. 그다음에는 라케다이몬인들이 부대별로 배치되었다. 그다음에는 헤라이아 시 출신 아르카디아인들이, 그다음에는 마이날리아인들이 배치되었다. 오른쪽 날개는 테게아인들이 맡았다. 맨 끝에는 약간의 라케다이몬인들이 배치되었고, 기병대는 양쪽 날개에 배치되었다.

(2) 라케다이몬인들은 그렇게 전투 대형을 갖추었다. 그들에게 맞서 만티네이아인들이 오른쪽 날개를 차지했는데, 그들의 영토가 전장이 되었기 때문이다. 그다음은 아르카디아에서 온 동맹군이, 그다음은 국가가 국비로 장기간 군사훈련을 시킨 아르고스인 1천 명으로 구성된 정예부대가 배치되었다. 그다음은 나머지 아르고스인들이, 그다음은 클레오나이 시와 오르네아이 시에서 온 그들의 동맹군이 배치되었다. 마지막으로 아테나이인들이 자신들의 기병대와 함께 왼쪽 날개의 맨 끝을 맡았다.

68 (1) 이상이 양군의 전투 대형과 배치 상태였다. 라케다이몬군의 규모가 더 커 보였다. (2) 그러나 나는 양군 전체 또는 양군의 부대별 인원수를 정확하게 말할 수 없다. 라케다이몬인들의 수를 알 수 없는 이유는 그들의 국정이 비밀에 싸여 있기 때문이고, 다른 자들이 말하는 것을 믿을 수 없는 이유는 자신들의 병력 규모를 부풀려 말하는 것이 인지상정이기 때문이다. 그러나 다음과 같은 방법으로 계산하면 이번 전투에 참가한 라케다이몬군의 수를 산출해낼 수 있을 것이다. (3) 모두 6백 명인 스키리티스인들을 제외하고, 이번 전투에는 7개 연대가 참가했는데, 각 연대에는 4개 중대가 있고, 각 중대에는 4개 소대가 있다. 각 소대의 선두 대열에서는 4명이 싸운다. 종대가 몇 열 횡대로 이루어지는지는 일정한 규정이 없고 연대장의 재량에 달려 있지만 대개 8열 횡대로 이루어진다. 따라서 선두 대열은 스키리티스인들을 제외하고 전선 전체에 걸쳐 448명으로 구성되어 있었다.[33]

---

33 8열 횡대일 경우 8×448=3,584명이다. 그 밖에 5권 64장에서 고향을 지키도록 돌려보낸 가장 나이 많은 사람들과 가장 나이 적은 사람들로 구성된 전군의 6분의 1, 72장에서 언급된 3백 명의 '기사들', 6백 명의 스키리티스인들, 헤라이아와 마이날리아 지역과 테게아에서 파견된 동맹군을 모두 합칠 경우, 동맹군의 수가 라케다이몬군의 수와 비슷하다고 보면 9천 명 정도가 된다. 아르고스 쪽은 동맹군까지 합쳐도 8천 명을 넘지 않았을 것으로 보는 이들도 있다.

69 (1) 양군이 맞붙어 싸우기 직전 양쪽 장군들은 각기 예하 부대원들에게 격려의 말을 했다. 만티네이아인들에게는 그들이 단순히 조국을 위해 싸우는 것이 아니라 그들이 주권을 회복하느냐 노예가 되느냐가 이번 전투에 달려 있는 만큼, 그들이 찾은 주권을 지키고 예전의 노예 생활로 되돌아가는 것을 막는 것이 임무임을 상기하라는 격려의 말이 주어졌다.

아르고스인들에게는 옛날의 패권과 펠로폰네소스의 권력 분점을 상기하고는 그들이 이런 것들을 영원히 박탈당하는 것을 허용하지 말고, 아울러 국경을 맞대고 있는 적국에게 당한 온갖 수모를 되갚아주라는 격려의 말이 주어졌다. 아테나이인들에게는 그토록 많은 훌륭한 동맹군과 싸우며 그들이 어느 누구 못지않다는 점을 보여주는 것은 영광이며, 만약 펠로폰네소스에서 라케다이몬인들에게 이기면 그들의 제국은 더 안전해지고 더 확장될 것이며, 아무도 감히 다시는 그들의 영토에 침입하지 못할 것이라는 격려의 말이 주어졌다.

(2) 아르고스인들과 그들의 동맹군에게 주어진 격려의 말은 이상과 같다. 한편 라케다이몬인들은 군가를 부르며 자신들은 훌륭한 전사인 만큼 전에 배운 것을 기억하라고 대원들끼리 격려했는데, 오랜 훈련이 허둥지둥 그럴듯한 연설을 늘어놓는 것보다 더 효과적이라는 것을 알고 있었기 때문이다.

70 그리고 나서 양군이 서로 다가가기 시작했다. 아르고스인들과 그들의 동맹군은 흥분하여 노기를 띠고 나아갔으며, 라케다이몬인들은 대열 속의 수많은 피리 주자들의 곡조에 맞춰 천천히 나아갔다. 그들의 이러한 관습은 종교와는 관계없는 것으로, 전진할 때 보조를 맞춰 일정하게 나아가고, 대군이 진격할 때 흔히 그러하듯 대열이 무너지는 것을 막기 위한 것이다.

71 (1) 양군이 아직도 서로 다가가는 동안 아기스 왕은 다음과 같이 하기로

결정했다. 모든 군대는 교전하려고 진격할 때 오른쪽 날개가 지나치게 늘어나서, 양군이 오른쪽 날개로 적군의 왼쪽 날개를 에워싸게 마련이다. 이것은 두려운 나머지 각자가 자신의 노출된 쪽[34]을 오른쪽 옆 사람의 방패에 되도록 밀착시키기 때문인데, 바짝 밀착시킬수록 자신이 더 안전하다고 믿는 것이다. 이런 문제는 선두 대열의 오른쪽 맨 끝에 배치된 대원에게서 비롯되는데, 그는 노출된 부분을 언제나 적군에게서 멀리 떨어지게 만든다. 그러면 다른 대원들 역시 같은 두려움에서 그를 따라 한다. (2) 이번 전투에서도 그러했다. 오른쪽 날개에 배치된 만티네이아인들은 스키리티스인들 밖으로 멀찍이 벗어나 있었고, 라케다이몬인들과 테게아인들은 왼쪽 날개에 배치된 아테나이인들 밖으로 더 벗어나 있었다. 라케다이몬군의 규모가 더 컸기 때문이다.

(3) 아기스는 자신의 왼쪽 날개가 포위될까 두려웠다. 그는 만티네이아인들이 자신의 왼쪽 날개 밖으로 너무 벗어나 있다는 결론을 내리고 스키리티스인들과 브라시다스 밑에서 근무한 부대원들에게 왼쪽으로 이동하라는 신호를 보내 그들의 대열이 만티네이아인들의 대열과 정면으로 맞서게 했다. 그리고 두 장군 힙포노이다스와 아리스토클레스에게 그 빈자리로 행군해가서 오른쪽 날개에서 인솔해온 2개 연대로 그곳을 메우라고 명령했다. 그렇게 하면 만티네이아인들과 맞서는 대열이 강화되는 한편, 그의 오른쪽 날개도 여전히 수적 우위를 점하게 되리라고 생각한 것이다.

72 (1) 그러나 이 명령이 공격 도중 갑작스레 내려진 까닭에 아리스토클레스와 힙포노이다스는 명령 이행을 거부했다. 그들은 이 일 때문에 훗날 비겁한 행동을 했다는 이유로 스파르테에서 추방당했다. 그래서 이때 적

---

34 오른쪽. 방패를 왼손에 들기 때문이다.

군이 진격해왔다. 아기스는 2개 연대가 오지 않은 것을 보자 스키리티스인들에게 다시 주력부대와 합류하라고 명령했지만 스키리티스인들은 그 빈자리를 메울 시간이 없었던 것이다.

(2) 이 전투에서 라케다이몬인들은 작전상 완전히 실패했음에도 용기에서는 그들을 당할 자가 아무도 없다는 것을 확실히 보여주었다. (3) 전투가 시작되자 오른쪽 날개의 만티네이아인들이 스키리티스인들과 브라시다스 밑에서 근무한 대원들을 패주하게 만들었다. 그러자 만티네이아인들과 그들의 동맹군과 1천 명의 아르고스인 정예부대가 아직도 메워지지 않은 빈자리로 쳐들어가서 그곳에서 라케다이몬인들을 에워싸고는 그중 일부를 죽이고 그들의 사륜거들이 있는 곳까지 추격하여 그곳을 지키던 일부 노병을 죽였다.

(4) 이곳에서는 라케다이몬인들이 패했다. 그러나 그들의 나머지 군대, 특히 아기스 왕이 3백 명의 이른바 '기사들'[35]과 함께하는 중군은 아르고스인 노병들, 이른바 '5개 중대', 클레오나이인들, 오르네아이인들 그리고 그들 옆에 배치된 아테나이인들을 공격하여 모두 패주시켰다. 이들은 대부분 대항하지 않고 라케다이몬인들이 공격하자 바로 물러섰는데, 실제로 그중에는 생포되지 않으려다가 밟혀 죽은 자들도 더러 있었다.

73 (1) 중앙에서 아르고스인들과 그들의 동맹군이 뒤로 물러서자 전열은 두 동강이 났다. 동시에 오른쪽 날개를 맡은 라케다이몬인들과 테게아인들은 적군의 대열 밖으로 벗어난 부대로 아테나이인들을 에워싸고 있었다. 그래서 아테나이인들은 양쪽에서 위협을 받았으니, 왼쪽에서는 포위당하고, 중앙에서는 이미 패하고 있었던 것이다. 실제로 그들은 동행한 기병대의 도움을 받지 못했더라면 동맹군 중에서 가장 큰 타격을 받았을 것이다.

(2) 그리고 마침 아기스는 아군의 왼쪽 날개가 만티네이아인들과 1천 명

의 아르고스인 정예부대를 맞아 고전하는 모습을 보고 전군에 명을 내려, 지고 있는 아군을 도우러 가게 했다. (3) 그 와중에 아테나이인들은 적군이 방향을 바꿔 자신들 옆을 지나가자 패배한 아르고스인들과 함께 유유히 도망칠 수 있었다. 한편 만티네이아인들과 그들의 동맹군과 아르고스인 정예부대는 더는 추격하기를 그만두었고, 아군이 패하고 라케다이몬인들이 공격해오는 것을 보자 돌아서서 도망치기 시작했다. (4) 그래서 만티네이아인들은 상당수가 전사했지만, 아르고스인 정예부대는 대부분 목숨을 건졌다. 그러나 그들은 심하게 추격당하지도 않았고, 오랫동안 후퇴하지도 않았다. 라케다이몬인들은 적군이 돌아서서 달아날 때까지는 굳건히 버티고 서서 오랫동안 싸우지만, 일단 적군이 돌아서서 달아나기 시작하면 멀리 또는 오래 추격하지 않기 때문이다.

74 (1) 이 전투는 그렇게, 또는 그와 비슷하게 진행되었고, 분명 오랫동안 헬라스의 주요 국가들 사이에 벌어진 최대 규모의 전투였다. (2) 라케다이몬인들은 적군의 전사자들 앞에 자리 잡고 서자마자 승전비를 세우더니 적군의 전사들에게서 무구를 벗기기 시작했다. 그들은 또 아군의 전사자를 들어올려 테게아로 운구한 다음 그곳에 매장했고, 적군의 전사자들은 휴전협정을 맺고 돌려주었다. (3) 전사자 수는 아르고스인, 오르네아이인, 클레오나이인이 7백 명, 만티네이아인이 2백 명, 아테나이인과 아이기나인이 두 명의 장군을 포함하여 2백 명이었다. 라케다이몬 쪽에서는 동맹군이 별로 고전하지 않아 이렇다 할 인명 피해가 없었다. 라케다이몬인들 자신의 인명 피해가 얼마나 많았는지는 진상을 파악하기가 어렵지만, 대략 3백 명이 전사했다고 한다.

75 (1) 전투가 벌어지기 직전 또 한 명의 왕인 플레이스토아낙스가 가장 나

---

35 친위대.

이 많은 대원들과 가장 나이 적은 대원들로 구성된 증원부대를 이끌고 테게아까지 갔다가 아군이 이겼다는 소식을 듣고 돌아갔다. (2) 라케다이몬인들은 또 사람들을 보내 코린토스와 지협 밖에서 파견된 동맹군도 돌려보냈다. 그러고 나서 그들은 귀국하여 동맹군을 돌려보내고 마침 카르네이아 축제 기간인지라 축제를 개최했다. (3) 그때 라케다이몬인들은 섬에서의 재앙으로 인해 비겁하다는 비난을 듣고 그 밖에도 우유부단하고 느리다는 비난을 들었지만, 이 한 번의 전투로 그런 비난에서 벗어났다. 이제 그들은 그동안 운이 따르지 않아 의기소침했었지만 기백은 예나 지금이나 변함없다고 생각되었기 때문이다.

(4) 이 전투가 벌어지기 바로 전날 에피다우로스인들은 아르고스 영토를 지키는 사람이 부족한 틈을 타 전군을 이끌고 그곳에 침입하여 아르고스의 주력부대가 떠나면서 남기고 간 경비병을 다수 죽였다. (5) 전투가 끝난 뒤 엘리스인 중무장보병 3천 명이 만티네이아인들을 도우러 왔고, 아테나이인 1천 명도 전에 파견된 부대를 지원하러 왔다. 그리고 이 동맹군은 라케다이몬인들이 카르네이아 축제를 개최하는 동안 모두 에피다우로스로 곧장 진격하여 자기들끼리 구역을 분담해서 도시를 포위할 방벽을 쌓기 시작했다. (6) 남들은 다 포기했지만, 아테나이인들은 자신들에게 할당된 헤라이온 곶 요새화 작업을 신속히 완료했다. 그들은 모두 일부 대원들을 남겨 이 요새를 지키게 하고는 각자 고국으로 돌아갔다. 여름은 그렇게 지나갔다.

76 (1) 축제가 끝나고 겨울이 시작되자마자 다시 출동한 라케다이몬인들은 테게아에 이르러 아르고스로 강화 협상을 하자는 제안을 보냈다. (2) 아르고스에는 전에도 민주정체를 전복하려는 친(親)라케다이몬파가 있었지만, 이번 전투가 끝난 뒤 이 정파는 라케다이몬 쪽의 제안을 받아들이도록 대중을 훨씬 쉽게 설득할 수 있었다. 그들은 먼저 라케다이몬과 평

화조약을 맺고 이어서 동맹을 맺게 한 다음 마지막으로 민중파를 공격할 참이었다.

(3) 아르고스의 라케다이몬 현지인 영사 아르케실라오스의 아들 리카스가 라케다이몬에서 두 가지 제안을 갖고 아르고스에 도착했는데, 하나는 그들이 전쟁을 계속하기를 바라는 경우에 해당하는 것이고, 다른 하나는 그들이 평화를 바라는 경우에 해당하는 것이었다. 마침 알키비아데스도 아르고스에 와 있던 터라 토론이 거듭되었다. 그러나 이제는 더욱 공공연히 손쓸 수 있게 된 친라케다이몬파가 평화조약을 받아들이도록 아르고스인들을 설득했다. 평화조약의 내용은 다음과 같다.

77 (1) "라케다이몬인들의 민회는 다음과 같은 조건으로 아르고스인들과 평화조약을 맺기로 결의한다. 아르고스인들은 오르코메노스인들에게는 아이들을, 마이날리아인들에게는 남자들을 그리고 라케다이몬인들에게는 만티네이아에 억류하고 있는 남자들을 송환한다. 아르고스인들은 에피다우로스를 떠나고 그곳의 방벽을 허문다.

(2) 아테나이인들이 에피다우로스를 떠나기를 거부할 경우 아르고스인들, 라케다이몬인들, 라케다이몬의 동맹군과 아르고스의 동맹군에 의해 적으로 간주된다. (3) 라케다이몬인들이 아이들을 인질로 붙잡고 있는 경우 각각 그들의 도시로 돌려보낸다. (4) 신에게 제물을 바칠 때,[36] 아르고스인들은 원한다면 에피다우로스인들로 하여금 서약하게 할 수도 있고, 원하지 않는다면 스스로 서약할 수도 있다. (5) 펠로폰네소스의 모든 도시는 대소를 불문하고 관습에 따라 주권을 행사한다. (6) 누가 펠로폰네소스 밖에서 적의를 품고 펠로폰네소스 영토에 침입하면 이 조약 당사국들은 어떻게 해결하는 것이 펠로폰네소스인들에게 상책인지 함께 결

---

36 5권 53장 참조.

정한 다음 물리친다.

(7) 펠로폰네소스 바깥의 라케다이몬 동맹국들은 라케다이몬인들과 같은 조건으로 이 조약에 포함되고, 아르고스의 동맹국들은 아르고스와 같은 조건으로 이 조약에 포함되며, 그들은 현재의 영토를 그대로 보유한다. (8) 이 조약은 동맹국들에 공개된 뒤 그들의 동의를 받아 이루어진다. 동맹국들은 수정이 필요하다고 생각할 경우 문건을 라케다이몬으로 반송한다."

78 아르고스인들이 일단 이 제안을 받아들이자, 라케다이몬군은 테게아를 떠나 귀로에 올랐다. 그 뒤 양국 사이에 교섭이 진행되었고, 그 뒤 오래지 않아 아르고스의 앞서 말한 것과 같은 정파가 아르고스인들이 만티네이아, 아테나이, 엘리스와 동맹을 파기하고 라케다이몬과 평화조약 및 동맹조약을 맺게 하는 데 성공했다. 평화조약의 조문은 다음과 같다.

79 (1) "라케다이몬인들과 아르고스인들은 다음과 같은 조건으로 50년간 평화조약과 동맹조약을 맺기로 결의한다. 모든 분쟁은 관습에 따라 공정하고 공평한 중재로 해결한다. 펠로폰네소스의 다른 도시들은 자주독립 국가로서 영토를 그대로 보유하며 모든 분쟁을 관습에 따라 공정하고 공평한 중재로 해결할 권리를 가지면서 이 평화조약과 동맹조약에 가입할 수 있다. (2) 펠로폰네소스 바깥의 라케다이몬 동맹국들은 라케다이몬인들과 같은 조건으로 이 조약에 포함되고, 아르고스의 동맹국들은 아르고스와 같은 조건으로 이 조약에 포함되며, 그들은 현재의 영토를 그대로 보유한다.

(3) 어디로든 연합 원정군을 파견할 필요가 있을 경우, 라케다이몬인들과 아르고스인들은 어떻게 하는 것이 동맹국들에 가장 공정한지 상의하여 결정한다. (4) 펠로폰네소스 안에 있든 바깥에 있든 어떤 도시가 국경 문제나 다른 문제로 분쟁에 휘말릴 경우 분쟁은 스스로 해결한다. 그러

나 어떤 동맹국이 다른 동맹국과 다툴 경우 분쟁은 양 당사자가 공정하다고 생각하는 다른 도시에 의해 조정된다. 개인 간의 분쟁은 관습법에 따라 조정된다."

80 (1) 그렇게 평화조약과 동맹조약이 체결되자, 양쪽 모두 전쟁이나 그 밖의 방법으로 상대편에서 취득한 것을 서로 돌려주었다. 양국은 정책적으로 공조하며, 만약 아테나이인들이 요새들을 비우고 펠로폰네소스를 떠나지 않는다면 아테나이에서 보낸 전령이나 사절단을 받지 않고, 또 평화조약을 맺어도 함께 맺고 전쟁을 해도 함께 하기로 결의했다. (2) 양국은 다른 일들에도 정책적으로 열심히 공조했지만 트라케 지방의 도시들과 페르딕카스에게 사절단을 보내, 자신들과 동맹을 맺도록 페르딕카스를 설득하는 데 성공했다. 페르딕카스는 당장에는 아테나이와 관계를 단절하지 않았지만 그렇게 할 작정이었는데, 아르고스가 그렇게 하는 것을 보았고, 그의 가족이 원래 아르고스 출신이었기 때문이다. 양국은 또 칼키디케인들과의 예전 동맹조약을 새 동맹조약으로 갱신했다.

(3) 이와 별도로 아르고스인들은 아테나이인들에게 사절단을 보내 에피다우로스 요새를 떠날 것을 요구했다. 아테나이인들은 자신들의 대원들이 수비대를 구성하고 있는 다른 나라 대원들보다 훨씬 적다는 것을 알고 데모스테네스를 보내 자신들의 대원들을 철수시키게 했다. 그는 그곳에 도착하자 성벽 밖에서 육상경기를 개최하자고 했는데, 그것은 핑계에 불과했다. 나머지 수비대원들이 경기에 참가하려고 밖으로 나오자마자 그는 뒤에서 성문들을 닫아버렸다. 훗날 아테나이인들은 에피다우로스인들과의 조약을 갱신하고 자진하여 요새를 돌려주었다.

81 (1) 아르고스가 동맹을 이탈한 뒤, 만티네이아인들은 처음에는 버텨보았지만 아르고스 없이는 무력하다는 것을 알고는 역시 라케다이몬과 협정을 맺고 아르카디아 지방의 도시들에 대한 지배권을 포기했다. (2) 라케

다이몬인들과 아르고스인들은 각각 1천 명씩 차출하여 연합 원정군을 파견했다. 라케다이몬인들은 먼저 단독으로 시퀴온에 가서 그곳 정부를 더욱더 과두제적인 성격을 띠도록 재정비했다. 그런 다음 양군이 합류하여 아르고스의 민주정체를 끝내고 이를 친(親)라케다이몬적인 과두정체로 대치했다. 이런 일들은 겨울이 끝나고 봄이 시작되기 직전에 일어났다. 전쟁의 열네 번째 해는 그렇게 저물었다.

82 (1) 여름이 되었을 때 아토스 반도의 디온 시 주민이 아테나이 동맹을 이탈하여 칼키디케 동맹에 가입했다. 라케다이몬인들은 아카이아 지방의 정치 상황을 전보다 더 자신들의 이익에 부합되도록 다시 조정했다.

(2) 그사이 다시 집결하여 차츰 자신감을 회복한 아르고스의 민중파는 라케다이몬에서 귐노파이디아이[37] 축제가 열리기를 기다렸다가 과두제 지지자들을 공격했다. 시내에서 벌어진 싸움에서 민중파가 이겨, 과두제 지지자들은 더러는 죽고 더러는 추방당했다. (3) 라케다이몬인들은 아르고스의 친구들이 도움을 요청해도 나타나지 않다가 결국 축제를 연기하고 그들을 도우러 갔다. 그러나 테게아에서 과두제 지지자들이 패했다는 소식을 접한 그들은 살아서 도망쳐온 과두제 지지자들이 간절히 호소하는데도 더는 나아가지 않고 귀로에 올라 귐노파이디아이 축제를 속행했다.

(4) 나중에 시내에 있는 아르고스인들과 추방당한 아르고스인들한테서 사절단이 도착해, 동맹군이 모인 앞에서 갑론을박했다. 그러나 라케다이몬인들은 시내에 있는 자들이 잘못했다는 결론을 내리고 아르고스로 출병하기로 결의했지만, 출병이 자꾸 지연되고 연기되었다. (5) 그사이 아르고스의 민중파는 라케다이몬이 두려워 다시 아테나이와 동맹을 맺으려 했는데, 그것이 자신들에게 가장 유리하다고 생각했기 때문이다. 그래서 그들은 바닷가까지 긴 성벽을 쌓기 시작했는데, 자신들의 육로가

봉쇄당할 경우 아테나이인들의 도움을 받아 바닷길로 생필품을 수입할 수 있도록 하기 위해서였다. (6) 펠로폰네소스의 몇몇 도시는 그들이 성벽을 쌓는 것을 알고도 눈감아주었다. 아르고스인들은 남자, 여자, 노예 할 것 없이 전 주민이 성벽 쌓는 일에 참가했다. 그리고 목수들과 석공들이 그들을 도우러 아테나이에서 왔다. 여름은 그렇게 지나갔다.

83 (1) 겨울이 되자 라케다이몬인들은 성벽을 쌓는다는 말을 듣고 코린토스인들을 제외한 전 동맹군과 함께 아르고스로 출동했다. 아르고스 시내에도 그들과 협력하는 세력이 있었다. 원정군은 라케다이몬인들의 왕 아르키다모스의 아들 아기스가 지휘했다. (2) 기대한 시내로부터의 내응은 가시화하지 않았지만, 그들은 축조 중인 성벽을 점령하여 허물고, 아르고스 영토에 있는 소도시 휘시아이를 점령하고, 사로잡은 자유민들을 모두 도륙했다. 그런 다음 그들은 귀로에 올라 각자 자기 도시로 흩어졌다. (3) 그 뒤 아르고스인들도 플레이우스로 출동하여 그곳을 약탈하고는 귀로에 올랐다. 플레이우스가 아르고스에서 추방당한 자들을 받아주어, 이들 대부분이 플레이우스에 정착했기 때문이다.

(4) 같은 해 겨울 아테나이인들은 마케도니아를 봉쇄했다. 페르딕카스에 대한 아테나이인들의 불만은, 그가 아르고스 및 라케다이몬과 동맹을 맺고, 아테나이인들이 니케라토스의 아들 니키아스의 지휘 아래 트라케 지방의 칼키디케인들과 암피폴리스를 치기 위해 원정대를 준비할 때 페르딕카스가 아테나이의 동맹군으로서의 의무를 이행하지 않아, 무엇보다도 그가 제 역할을 하지 않은 탓에 원정이 중단되었다는 것이었다. 그래서 그는 아테나이의 적으로 선언되었다. 그해 겨울은 그렇게 지나갔

---

37 Gymnopaidiai. 튀레아(Thyrea) 지역에서의 라케다이몬인 전사자들을 추모하기 위해 매년 지금의 7월에 개최하던 축제로, 이때는 소년들이 춤추고 노래하며 육상경기에 참가했다.

고, 전쟁의 열다섯 번째 해도 그렇게 저물었다.

84 (1) 여름이 되자 알키비아데스는 함선 20척을 이끌고 아르고스에 가서 여전히 친(親)라케다이몬파라는 혐의가 있는 아르고스인 3백 명을 체포했다. 아테나이인들은 이들을 아테나이의 지배를 받는 이웃 섬들에 구금했다. 아테나이인들은 멜로스 섬으로도 병력을 파견했는데, 이 원정대는 그들 자신의 함선 30척과 키오스 함선 6척, 레스보스 함선 2척 그리고 그들 자신의 중무장보병 1천2백 명, 궁수 3백 명, 기마사수 20명과 여러 섬의 동맹국에서 파견한 중무장보병 약 1천5백 명으로 구성되어 있었다.

(2) 멜로스인들은 라케다이몬의 이주민이다. 그들은 다른 섬 주민처럼 아테나이에 복종하기를 원하지 않아 처음에는 어느 쪽에도 가담하지 않고 중립을 지키다가, 나중에는 아테나이인들이 그들의 영토를 약탈함으로써 압력을 가하자 아테나이의 공공연한 적이 되었다. (3) 그래서 아테나이의 장군들인 뤼코메데스의 아들 클레오메데스와 테이시마코스의 아들 테이시아스가 앞서 말한 병력을 이끌고 가서 멜로스 섬에 진을 쳤지만, 나라에 해를 입히기 전에 먼저 사절단을 보내 협상하게 했다. 멜로스인들은 사절단을 대중 앞으로 인도하지 않고, 정무를 맡아보는 자들과 소수의 특권층 앞에서 용건을 말하게 했다. 아테나이인 사절단은 다음과 같이 말했다.

85 "아마도 우리가 제지받지 않고 잇달아 그럴듯하고 반박할 수 없는 논리로 대중을 현혹하지 못하게 하려고(그것이 우리를 소수자들 앞으로 인도한 이유라는 것을 우리는 잘 알고 있소) 여러분이 우리한테 군중에게 말할 기회를 주지 않으니, 이 자리에 모인 여러분은 더욱 신중을 기해주시기 바랍니다. 여러분은 우리가 일장 연설을 하게 내버려두지 말고, 항목마다 따지며 우리가 한 말이 마음에 들지 않는다면 그때그때 우리의

제안에 대답해주시오. 여러분은 먼저 우리의 이 제안이 마음에 드는지 말해주시오."

86 멜로스인 의원들은 다음과 같이 대답했다. "조용하게 서로 의견을 교환하자는 여러분의 합리적인 제안에 우리는 이의가 없습니다. 그렇지만 여러분이 위협에 그치지 않고 실제로 군대를 이끌고 와 있다는 것은 그런 제안과 명백히 모순됩니다. 보아하니 여러분은 이 논의의 재판관으로 여기에 와 있는 것 같습니다. 그래서 결국 우리가 옳다는 것을 증명하며 양보하지 않으면 전쟁이 벌어지고, 우리가 양보하면 여러분에게 예속되겠지요."

87 아테나이인 사절단 : 여러분이 눈앞의 현실에 근거하여 여러분의 도시를 구할 방법을 강구하기 위해서가 아니라 여러분의 장래에 관해 제멋대로 억측을 늘어놓기 위해 여기서 우리를 만난 것이라면, 우리는 회담을 중단할 것이오. 그러나 여러분이 우리가 권하는 대로 한다면 우리도 회담을 계속할 것이오.

88 멜로스인 의원들 : 사람들이 우리처럼 곤경에 빠지면 무슨 말인들 못하고, 무슨 생각인들 못하겠습니까? 그건 당연하고도 이해할 수 있는 일입니다. 그러나 우리가 만난 것이 우리 도시를 구원하기 위해서라는 여러분의 주장이 옳은 만큼, 우리는 여러분 제안대로 회담이 진행되는 것에 동의합니다.

89 아테나이인 사절단 : 우리는 지금 이를테면 우리가 페르시아인들을 물리쳤으니 우리에게는 지배할 권리가 있다든가, 또는 여러분이 우리에게 불의한 짓을 해서 응징하러 왔다든가 하는 따위의 그럴듯한 말을 늘어놓지 않을 것이오. 그런 말을 아무리 장황하게 늘어놓아도 여러분을 설득하지 못할 테니까요. 마찬가지로 여러분도 여러분은 라케다이몬의 이주민이지만 이 전쟁에서 라케다이몬 편을 들지 않았다든가, 우리를 해롭게 한

적이 없다는 말로 우리를 설득할 수 있다고 기대하지 마시오. 대신 여러분은 우리 양쪽이 의도하는 바가 무엇인지를 감안하여 여러분이 얻을 수 있는 것을 얻도록 해보시오. 인간관계에서 정의란 힘이 대등할 때나 통하는 것이지, 실제로는 강자는 할 수 있는 것을 관철하고, 약자는 거기에 순응해야 한다는 것쯤은 여러분도 우리 못지않게 아실 텐데요.

90 멜로스인 의원들 : 여러분이 정의를 도외시하고 득실에 관해서만 논의하자고 하니 하는 말인데, 우리가 보기에는 보편적인 선(善)이라는 원칙을 지키는 것이 여러분에게 이익이 될 것입니다. 말하자면 위기에 처한 사람은 누구나 공정한 처우를 받아야 하며, 다소 타당성이 결여된 소명에 의해서도 도움을 받을 수 있어야 합니다. 이러한 원칙이 여러분에게도 이익이 될 것입니다. 귀국이 넘어졌을 때, 어떻게 하는 것이 가장 심하게 보복하는 것인지 당신들이 남들에게 본보기가 되어줄 날이 올 테니 말입니다.

91 아테나이인 사절단 : (1) 설령 우리 제국이 종말을 고한다 해도 우리는 나중에 일어날 일 때문에 의기소침하지 않을 것이오. 라케다이몬인들처럼 남을 지배하는 자들에게 정복당하는 것은 그다지 두려운 일이 아니오. (게다가 지금 상대하고 있는 것은 라케다이몬인들도 아니지 않소.) 두려운 것은 오히려 피지배자들이 반란을 일으켜 지배자들을 제압하는 것이오. (2) 하지만 그런 위험이라면 우리에게 맡겨두시오. 지금 우리가 원하는 바는, 우리가 여기 온 이유는 우리 제국의 이익을 위해서이며, 우리가 말하고자 하는 것은 여러분의 도시를 구하기 위해서라는 점을 분명히 하는 것이오. 우리는 힘들이지 않고 여러분을 우리 제국에 편입시키고 싶소. 양쪽의 이익을 위해 여러분이 살아남기를 바라오.

92 멜로스인 의원들 : 여러분이 우리의 주인이 되는 것이 여러분에게 이익이 되듯 우리가 여러분의 노예가 되는 것이 어떻게 우리한테 이익이 될

수 있다는 말입니까?

93 아테나이인 사절단 : 여러분은 항복함으로써 무서운 재앙을 면하고, 우리는 여러분을 살육하지 않고 살려두는 것이 이익이니까요.

94 멜로스인 의원들 : 여러분은 우리가 어느 쪽에도 가담하지 않고 적대적이 아니라 호의적인 중립 국가로 남는 것을 용인할 수 없단 말입니까?

95 아테나이인 사절단 : 용인할 수 없소. 여러분의 호의가 여러분의 적대감보다 우리에게 더 위험하오. 여러분의 호의는 우리가 무력하다는 징표로, 여러분의 증오심은 우리가 강력하다는 증거로 우리 속국들에게 받아들여질 테니까요.

96 멜로스인 의원들 : 귀국과 전혀 무관한 우리를 대부분 여러분의 이주민이거나 반란을 일으켰다가 진압된 자들과 구별 없이 다스리는 것을 여러분 속국의 백성이 공정하다고 생각할까요?

97 아테나이인 사절단 : 옳고 그름의 관점에서 보면 서로 피장파장이라고 그들은 생각하겠지요. 그리고 아직 독립을 지키는 자들이 있다면 그들이 강하기 때문이라 생각할 것이고, 우리가 그들을 공격하지 않고 있으면 우리가 두려워한다고 생각할 것이오. 우리는 여러분을 정복함으로써 제국의 영토를 확장할 뿐 아니라 제국의 안전을 확인하는 셈이 될 것이오. 우리는 해양 세력이고 여러분은 섬 주민, 그것도 다른 섬 주민보다 허약한 섬 주민이오. 따라서 여러분이 우리에게서 벗어나지 못하는 것이 우리에게는 무엇보다 중요하오.

98 멜로스인 의원들 : 여러분은 여러분에게 안전을 보장하는 다른 방법은 없다고 생각하십니까? 여러분은 우리더러 정의는 말하지 말고 여러분의 이익을 위해 말하라고 하시니, 우리는 다시 무엇이 우리에게 이익인지 말하고, 그것이 여러분의 이익에도 부합한다는 것을 설득해야겠기에 하는 말입니다. 지금 중립국이 몇 나라 있는데, 그들을 모두 적국으로 만

들기를 원합니까? 그들이 여기서 벌어지는 일을 보고 나면 머지않아 여러분이 자신들에게도 쳐들어올 것이라고 생각할 것입니다. 그것은 곧 여러분이 기존의 적국 수를 더 늘리고, 그럴 의도가 없던 나라들을 본의 아니게 여러분의 적국이 되게 강요하는 결과가 되지 않을까요?

99 아테나이인 사절단 : 우리는 사실 내륙의 국가들은 그리 두렵지 않소. 자유를 누리는 그들이 우리를 경계하기까지는 오랜 시일이 걸릴 것이오. 우리에게 위협이 되는 것은 여러분처럼 아직도 굴복하지 않은 섬 주민이나, 우리 제국의 억압에 이미 분개한 자들이오. 그런 자들이야말로 무모한 행동으로 그들 자신과 우리를 모두 명백한 위험에 빠뜨릴 가능성이 가장 많은 자들이오.

100 멜로스인 의원들 : 그렇다면 여러분이 제국을 유지하기 위해, 여러분의 속국들은 거기에서 벗어나기 위해 그런 극단적인 모험을 하는데, 아직 자유를 누리는 우리가 노예가 되기 전에 온갖 수단과 방법을 강구해보지 않는다면 그야말로 야비하고 비겁한 짓이겠지요.

101 아테나이인 사절단 : 잘 생각해보면 그렇지만도 않소. 여러분은 대등한 상대와 싸우는 것이 아니므로, 체면을 세운다든가 치욕을 면하는 따위의 문제와는 아무 상관이 없소. 이것은 여러분이 살아남느냐 하는 문제이며, 그러기 위해서 여러분은 여러분보다 압도적인 강자에게 저항해서는 안 되오.

102 멜로스인 의원들 : 하지만 때로 승패는 수의 많고 적음보다 운에 따라 결정된다는 것을 알고 있소. 그리고 우리가 항복하면 우리의 희망은 모두 사라지지만, 우리가 행동하는 동안에는 우리가 바로 설 수 있다는 희망이 남아 있겠지요.

103 아테나이인 사절단 : 위기를 맞으면 희망이 위안이 되겠지요. 다른 재원을 충분히 갖고 희망에 기댄다면 희망 때문에 해를 입기는 해도 파멸하

지는 않겠지요. 그러나 가진 것을 한판에 모두 거는 사람은 망한 뒤에야 희망이 무엇인지 알게 되지요(희망은 본시 낭비벽이 심하다오). 그래서 희망이 무엇인지 알고 조심할 수 있을 때는 이미 그에게 남은 것이라고 는 아무것도 없지요. 여러분은 미약하고 백척간두에 서 있는 만큼 스스로 그런 함정에 빠지지 않도록 조심하시오. 그 밖에도 여러분은 다급해진 자들의 흉내를 내지 마시오. 그들은 인간적인 수단으로 아직 자신을 구할 수 있는데도 눈에 보이는 희망이 사라지면 눈에 보이지 않는 것들, 이를테면 예언이나 신탁처럼 희망을 품게 하여 파멸로 인도하는 온갖 것들에 의지하지요.

104 멜로스인 의원들 : 여러분도 아시겠지만, 우리가 귀국의 힘과 아마도 월등한 행운에 맞서 싸우기는 어렵다는 것을 물론 잘 압니다. 하지만 우리는 불의에 대항해 정의의 편에 서 있는 만큼, 신들께서 우리에게도 여러분 못지않은 행운을 내려주시리라 확신합니다. 그리고 우리의 미약한 힘은 라케다이몬과의 동맹이 보충해주리라 믿습니다. 다른 이유가 없다 해도 그들은 우리의 친족인 만큼 명예를 위해서라도 우리를 도울 수밖에 없겠지요. 따라서 우리의 자신감은 여러분이 생각하듯 전혀 근거 없는 것이 아닙니다.

105 아테나이인 사절단 : (1) 신들의 호의를 말하자면, 우리도 여러분 못지않게 거기에 참여할 자격이 있다고 생각하오. 우리의 목표와 행위는 신들에 대한 인간의 믿음과 인간 상호 간의 행동 원칙에 대한 신념에 전혀 배치되지 않기 때문이오. (2) 우리가 이해하기에, 신에게는 아마도, 인간에게는 확실히, 지배할 수 있는 곳에서는 지배하는 것이 자연의 변하지 않는 법칙이오. 이 법칙은 우리가 제정한 것도 아니고, 이 법칙이 만들어지고 나서 우리가 처음으로 따르는 것도 아니오. 우리는 이 법칙을 하나의 사실로 물려받았고, 후세 사람들 사이에 영원히 존속하도록 하나의 사실

로 물려줄 것이오. 우리는 이 법칙에 따라 행동할 뿐이며, 우리가 알기에 여러분이나 다른 누구도 우리와 같은 권력을 잡게 되면 우리처럼 행동할 것이오. (3) 따라서 우리가 신들에게 불이익을 당할 것이라고 두려워할 아무런 이유가 없는 듯하오. 라케다이몬인들이 명예심에서라도 여러분을 도우러 올 것이라는 여러분의 기대에 관해서 말하자면, 우리는 여러분의 순진함에 감탄하면서도 여러분의 어리석음에 동정을 금할 수 없소. (4) 라케다이몬인들은 자신들에 관계되는 일이나 자신들의 정체(政體)에 관한 한, 아주 탁월한 사람들이오. 그러나 다른 사람들을 대하는 그들의 태도는 전혀 판판이오. 한마디로 알기 쉽게 요약해 말하면, 그들은 우리가 아는 사람들 중에서 자기 마음에 드는 것은 고상하고, 자기에게 이익이 되는 것은 옳다고 생각하는 경향이 가장 강한 편이오. 그리고 이런 태도는 지금 근거 없이 구원을 기대하는 여러분에게 별로 도움이 되지 못할 것이오.

106 멜로스인 의원들 : 하지만 우리가 그들을 믿는 것은 바로 그들의 자기 이익 추구 때문입니다. 그래서 그들은 자신들의 식민지인 멜로스를 포기하지 않을 테니까요. 그러다가는 그들이 헬라스 내의 친구들에게는 신용을 잃고, 적들에게는 도움을 주게 될 테니 말입니다.

107 아테나이인 사절단 : 자기 이익에는 안전이 따르지만, 정의와 명예에는 위험이 따른다는 점을 여러분은 잊고 있는 것 같소. 하지만 라케다이몬인들은 대체로 가능하면 위험을 감수하려 하지 않지요.

108 멜로스인 의원들 : 그렇지만 라케다이몬인들은 아마도 우리를 위해서라면 남들을 위해서보다 더 위험을 무릅쓰려 할 것입니다. 우리는 그들이 작전하기 쉽게 펠로폰네소스 가까이 자리 잡고 있고, 그들과 동족인지라 더 신뢰할 만하니까요.

109 아테나이인 사절단 : 도움을 요청받은 국가가 믿는 것은 도움을 요청한

나라의 호의가 아니라 월등한 실력이오. 라케다이몬인들은 특히 그 점을 중요시하오. 아무튼 그들은 자국의 군사력도 불신하여 이웃나라를 공격할 때 수많은 동맹군을 데려가지요. 따라서 우리가 제해권을 장악하고 있는 한 그들이 섬으로 건너오는 일은 아마 없을 것이오.

110 멜로스인 의원들 : (1) 그렇다면 그들은 다른 사람들을 보내줄 것입니다. 크레테 해는 넓어서, 도망치려는 자들이 몰래 빠져나가기보다 그곳을 통제하는 자들이 그들을 붙잡기가 더 어렵습니다. (2) 설령 라케다이몬인들이 이에 실패해도 여러분의 영토나 아직 브라시다스의 발길이 닿지 않은 여러분의 동맹국들 영토로 향할 것입니다. 그러면 여러분은 여러분과 무관한 나라가 아니라 여러분 자신이나 여러분의 동맹국들 영토를 위해 싸우게 될 것입니다.

111 아테나이인 사절단 : (1) 그럴 수도 있겠지요. 전에도 그런 일이 있었으니까요. 그러나 여러분도 잘 알겠지만, 남들이 두려워 아테나이인들이 포위 작전을 포기한 적은 한 번도 없었소. (2) 하지만 여러분이 살아남기 위해 협상하겠다고 해놓고는 이토록 긴 논의를 하면서도 그렇게 말하면 살아남을 수 있겠구나 싶은 것은 한마디도 말하지 않은 것에 놀라움을 금할 수 없소. 여러분의 주된 논거는 미래의 희망과 관계가 있는 데 반해, 여러분의 현재 실력은 지금 여러분과 대치할 세력에 맞서기에는 너무 미약하기 때문이오. 따라서 여러분이 우리더러 나가달라고 요청한 뒤에 더 현명한 결론을 내리지 않는다면 그것은 곧 여러분이 어리석다는 것을 의미할 것이오.

(3) 설마 사람들이 명백하고 수치스러운 위험에 직면할 때 차리는 체면 따위에 여러분이 구애받는 것은 아니겠지요. 그 결과는 거의 언제나 파멸이니까요. 많은 사람들이 다가올 위험을 내다볼 수 있으면서도 이른바 체면의 마력에 현혹되는데, 그럴 때 그들은 한마디 말의 제물이 되어 돌

이킬 수 없는 화를 자초하며, 그들의 수치는 불운보다는 어리석음에서 비롯된 까닭에 더 수치스러운 것이 되지요.

(4) 잘 생각해본다면 여러분은 그것을 피하고, 공물을 바치는 대신 동맹국이 되고 영토를 보전한다는 온건한 조건을 제시하는 헬라스 최대 도시에 굴복하는 것이 결코 수치가 아니라는 사실을 알게 되겠지요. 그리고 전쟁과 안전 둘 중 하나를 선택할 수 있는데 굳이 나쁜 쪽을 선택하지는 않겠지요. 대등한 자에게는 양보하지 않고, 강자는 존중하고, 약자는 온건하게 대하는 자들이 대개 성공하는 법이오. (5) 우리가 밖에서 기다리는 동안 이 점을 숙고하시어, 여러분은 여러분 조국의 운명을 논의하고 있으며, 여러분의 조국은 하나뿐이며, 여러분 조국의 존망은 여러분의 단 한 번의 결정에 달려 있다는 점을 명심하도록 하시오.

112 (1) 그리고 나서 아테나이인들은 회의장을 떠났다. 그러자 멜로스인들은 뒤에 남아 앞서 항변한 것과 같은 결론을 내리고 다음과 같이 답변했다. (2) "아테나이인들이여, 우리의 결정은 처음과 똑같습니다. 우리는 우리가 7백 년을 살아온 이 도시의 자유를 이토록 짧은 순간에 박탈하지 않을 것입니다. 여태껏 우리 도시를 지켜주신 신들의 호의와 인간, 즉 라케다이몬인들의 도움을 믿고 우리는 이 도시를 구원해보겠습니다. (3) 그러나 우리도 조건을 제시하겠습니다. 우리는 여러분이 우리를 친구로, 중립국 시민으로 받아들이고 양국의 이해에 가장 부합하는 조약을 맺은 다음 우리나라를 떠나기를 요청하는 바입니다."

113 멜로스인들은 그렇게 답변했다. 아테나이인들은 회의장을 떠나며 다음과 같이 말했다. "여러분의 결정으로 미루어 짐작하건대, 미래사를 눈앞에 있는 것보다 더 확실한 것으로 간주하고, 단지 그렇게 되기를 바라기 때문에 불확실한 것을 현실로 보는 사람들은 세상에 여러분밖에 없는 듯하오. 하지만 여러분이 라케다이몬인들, 신들의 호의, 희망, 이 세 가지

를 믿고 거기에 더 많이 걸수록 그만큼 더 깊이 추락하게 될 것이오."

114 (1) 그리고 나서 아테나이인 사절단은 군영으로 돌아갔다. 그러자 아테나이 장군들은 멜로스인들이 항복하지 않을 것을 알고 곧장 적대 행위에 돌입해 여러 도시에 작업을 분담시키며 방벽을 쌓아 멜로스 시를 완전히 포위했다. (2) 나중에 그들은 자국 군대와 동맹군으로 구성된 수비대를 남겨 그곳을 해륙 양면으로 봉쇄하게 하고는 주력부대를 이끌고 귀로에 올랐다. 뒤에 남은 부대는 그곳에 주둔한 채 포위 공격을 계속했다.

115 (1) 이 무렵 아르고스인들은 플레이우스의 영토에 침입했지만, 플레이우스인들과 아르고스의 망명자들로 구성된 복병을 만나 약 80명의 전사자를 냈다. (2) 퓔로스에 있던 아테나이인들도 라케다이몬인들의 영토에서 많은 전리품을 약탈해갔다. 그래도 라케다이몬인들은 조약을 파기하고 아테나이와 교전하지는 않았지만, 자기편 가운데 누구든지 원하는 사람은 아테나이인들의 재물을 약탈해도 좋다고 선포했다. (3) 코린토스인들도 개별적인 분쟁 때문에 아테나이인들을 공격했다. 그러나 그 밖의 다른 펠로폰네소스인들은 잠자코 있었다.

(4) 한편 멜로스인들은 야습을 감행해 장터 맞은편 쪽 아테나이인들의 방벽을 함락하고는 수비대원 몇 명을 죽이고 곡식과 다른 생필품을 들 수 있는 만큼 들고 시내로 철수했으며, 그 이상의 행동은 취하지 않았다. 한편 아테나이인들은 더 효과적인 봉쇄를 위해 필요한 조치를 취했다. 여름은 그렇게 지나갔다.

116 (1) 겨울이 되자 라케다이몬인들이 아르고스의 영토에 침입하려 했지만 국경을 넘기 전에 바친 제물이 불길한 전조를 보이자 귀로에 올랐다. 라케다이몬인들이 침입하려 한 이 사건 때문에 아르고스인들은 자신들의 몇몇 시민을 의심해 그중 더러는 체포했지만, 더러는 간신히 도주했다. (2) 이 무렵 멜로스인들은 아테나이인들의 방벽 중 지키는 보초병이 많

지 않은 쪽을 또다시 함락했다.

(3) 그 결과 나중에 데메아스의 아들 필로크라테스 휘하의 증원부대가 아테나이에서 파견되었다. 아테나이인들이 포위 공격을 강화한 데다 멜로스 내부에 배신자가 생겨 멜로스인들은 아테나이인들에게 무조건 항복했다. (4) 아테나이인들은 멜로스 주민 가운데 성인 남자를 잡히는 족족 다 죽이고, 여자들과 아이들은 노예로 팔았다. 아테나이인들은 훗날 5백 명의 이주민을 보내 그곳을 자신들의 식민지로 만들었다.

VI

HO POLEMOS TON PELOPONNESION KAI ATHENAION

I (1) 같은 해[1] 겨울 아테나이인들은 전에 라케스와 에우뤼메돈이 지휘하던 것[2]보다 더 규모가 큰 병력을 또다시 시켈리아로 파견하여 가능하다면 그곳을 정복하려 했다. 그러나 대부분의 아테나이인들은 그 섬의 크기와 헬라스인들과 비(非)헬라스인들을 포함한 인구를 모르고 있었으며, 자신들이 대(對)펠로폰네소스 전쟁과 거의 맞먹는 대규모 전쟁을 시작하려 한다는 사실을 알지 못했다. (2) 상선을 타고 시켈리아를 일주하는 데에는 여드레 가까이 걸린다. 그렇게 큰 섬이지만 본토에서 뱃길로 20스타디온밖에 떨어져 있지 않다.

2 (1) 처음에 사람들이 이곳에 거주하게 된 경위와, 이곳에 거주한 부족들은 다음과 같다. 섬 전체를 통틀어 이곳에 맨 먼저 거주한 것은 퀴클로페스족과 라이스트뤼고네스족이라고 한다. 하지만 나는 그들이 어떤 부족이며, 어디에서 와서 어디로 갔는지 말할 수 없다. 이 점에 관해서는 시인들이 말해주는 것이나 그 밖의 다른 사람이 알고 있는 것으로 만족할 수밖에 없을 것이다. (2) 그다음으로 시카노이족이 정착한 것 같은데, 그들의 주장에 따르면 그들이 이 섬의 최초 주민이자 원주민이었다고 한다. 하지만 사실 그들은 이베리아[3] 지방의 시카노스 강 유역에서 리귀에

스족에게 쫓겨난 이베레스족이었다. 당시 이 섬은 그들의 이름을 따 시카니아라고 불렸지만 전에는 트리나크리아라고 불렸다. 지금도 시카노이족은 시켈리아의 서부 지방에 살고 있다.

(3) 일리온[4]이 함락된 뒤 일부 트로이아인들이 아카이오이족[5]을 피하여 배로 시켈리아에 도착해 시카노이족과 경계를 맞대고 정착했는데, 이들은 엘뤼모이족이라 통칭되었고, 에뤽스와 에게스타가 그들의 도시였다. 일부 포키스인들도 그들과 함께 정착했는데, 이들은 트로이아에서 귀국하던 도중 폭풍을 만나 먼저 리뷔에[6]로 표류했다가 거기에서 시켈리아로 표류한 자들이었다. (4) 원고향이 이탈리아인 시켈로이족은 오피코이족을 피해 이탈리아에서 시켈리아로 건너왔다. 신빙성 있는 전설에 따르면, 그들은 본토 쪽에서 순풍이 불어오기를 기다리다가 뗏목을 타고 건넜다고 하는데, 다른 방법으로 건넜을 수도 있다. 이탈리아에는 지금도 시켈로이족이 살고 있는데, 이탈리아라는 지명은 시켈로이족의 왕 이탈로스에게서 유래한 것이다.

(5) 시켈로이족은 대군을 이끌고 시켈리아에 들어와 전투에서 시카노이족을 이긴 다음 이들을 섬의 남부와 서부 지방으로 몰아냈다. 그래서 섬은 이제 시카니아 대신 시켈리아라고 불리게 된 것이다. 그들은 섬으로 건너왔을 때부터 헬라스인들이 시켈리아에 올 때까지 약 3백 년 동안 이 섬의 노른자위를 차지하고 살았고, 지금도 섬의 중심부와 북부를 차지하고 있다.

---

1   기원전 416~415년.
2   3권 86장과 4권 2장 참조.
3   동(東)에스파냐.
4   트로이아의 다른 이름.
5   트로이아 전쟁 때 그리스의 가장 강력한 부족. 대개 '그리스인들'이라는 뜻으로 쓰인다.
6   북아프리카.

(6) 포이니케[7]인들도 한때 시켈리아 섬 주변 일대의 여러 곳이나 앞바다의 작은 섬들에 정착했는데 시켈로이족과의 무역 거점으로 삼기 위해서였다. 그러나 그 뒤 수많은 헬라스인들이 뱃길로 들어오기 시작하자[8] 그들은 대부분의 정착지를 포기하고 엘뤼모이족과 가까운 모튀에, 솔로에이스, 파노르모스[9]에 모여 살았는데, 엘뤼모이족과의 동맹이 믿음직하기도 했지만 그 지역에서는 시켈리아와 카르케돈[10]을 잇는 항로가 가장 짧기 때문이기도 하다. 이상이 시켈리아에 정착한 비헬라스인들과 그들이 정착한 지역의 목록이다.

3 (1) 헬라스인들 중에서는 에우보이아 섬의 칼키스인들이 맨 먼저 식민시 창건자인 투클레스와 함께 뱃길로 건너왔다. 그들은 낙소스[11] 시를 창건하고 아폴론 아르케게테스[12]의 제단을 세웠는데, 지금도 도시 바깥에 있는 이 제단에서 모든 축제 사절단은 시켈리아를 출발하기 전에 제물을 바친다. (2) 이듬해 헤라클레스의 후손들 중 한 명인 코린토스의 아르키아스가 쉬라쿠사이 시를 창건했다. 그는 먼저 시켈로이족을 오르튀기아 섬에서 쫓아냈다. 지금은 완전히 바다로 둘러싸여 있지 않은 이곳에 도심부가 자리 잡고 있다. 얼마 뒤 교외도 성벽 안에 포함되면서 인구가 크게 늘어났다. (3) 쉬라쿠사이가 창건된 지 5년째 되던 해에 투클레스와 칼키스인들은 낙소스를 떠나 무력으로 시켈로이족을 쫓아내고 레온티노이 시를 창건했다. 그 뒤 그들은 카타네 시를 창건했다. 한편 카타네인들 자신은 에우아르코스를 자신들의 식민시 창건자로 선언했다.

4 (1) 이 무렵 라미스도 메가라에서 이민단을 이끌고 시켈리아에 도착하여, 판타퀴아스 강가의 트로틸로스라는 곳에 정착했다. 그러나 훗날 그는 그곳을 떠나 레온티노이의 칼키스인들과 잠시 함께했지만, 그들에게 쫓겨나자 탑소스 시를 창건하고 나서 죽었다. 그의 이민단은 탑소스에서 쫓겨나자 메가라의 휘블라라는 도시를 창건했다. 시켈로이족의 왕 휘블

론이 그들에게 땅을 주고 그곳으로 인도했기 때문이다. (2) 그곳에서 그들은 245년을 살다가 쉬라쿠사이의 참주 겔론에 의해 자신들의 도시와 영토에서 쫓겨났다. 그러나 그런 일이 일어나기 전, 그곳에 정착한 지 1백 년째 되던 해에 그들은 파밀로스를 파견하여 셀리누스 시를 창건했는데, 그는 그들이 이 새로운 식민시를 창건하는 일을 돕기 위해 그들의 모국 메가라에서 왔던 것이다.

(3) 겔라 시는 쉬라쿠사이 시가 창건된 지 45년째 되던 해에 로도스 출신 안티페모스가 창건했는데, 크레테 출신 엔티모스도 이민단을 이끌고 와서 이에 합류했다. 도시 이름은 겔라스 강에서 따온 것이다. 그러나 지금 아크로폴리스가 자리 잡고 있고 맨 먼저 요새화한 지역은 린디오이라고 부른다. (4) 그리고 그들은 도리에이스족의 정체(政體)를 받아들였다. 겔라인들은 그들의 도시가 창건된 지 대략 108년째 되던 해에 아크라가스 시를 창건했는데, 이 이름은 아크라가스 강에서 따온 것이다. 그들은 아리스토누스와 퓌스틸로스를 창건자로 지명했고, 정체는 겔라 시와 같았다. (5) 장클레[13]는 원래 칼키스인들이 오피키아[14] 지방에 세운 도시 퀴

---

7 페니키아.

8 기원전 8세기 후반.

9 지금의 팔레르모(Palermo). 모튀에는 시칠리아 섬 서단 앞바다의 섬이고, 솔로에이스는 지금의 솔룬토(Solunto)이다.

10 카르타고의 그리스어 이름. 카르타고는 페니키아인들이 세운 식민시이다.

11 여기서는 에게 해의 섬이 아니라 기원전 733년경 시칠리아의 쉬라쿠사이 시 북쪽에 창건된 식민시이다.

12 Archegetes('첫 번째 길라잡이'). 식민시를 건설하기 전에 먼저 그에게 문의한 데서 붙여진 별명인 듯하다.

13 지금의 메시나(Messina).

14 이탈리아 반도 중부지방.

메에서 온 해적들이 창건했지만, 훗날 칼키스와 에우보이아 섬의 다른 지역에서 수많은 사람들이 몰려와 식민시 건설에 참여했다. 이 도시의 창건자는 퀴메 출신 페리에레스와 칼키스 출신 크라타이메네스였다. 처음에 시켈로이족은 이곳이 낫처럼 생겼다고 해서 장클레라고 불렀다(시켈로이족은 낫을 장클론[15]이라고 부른다). 그러나 훗날 최초 정착민들은 페르시아인들을 피해 시켈리아에 상륙한 사모스인들과 그 밖의 다른 이오니아인들[16]에게 쫓겨났다. (6) 그리고 얼마 뒤 레기온[17]의 참주 아낙실라스가 이들 사모스인을 쫓아낸 다음 혼성 주민들로 도시를 다시 창건하고 자신의 옛 고향 이름을 따 멧세네[18]라고 개명했다.

5 (1) 히메라 시는 장클레 출신인 에우클레이데스, 시모스, 사콘에 의해 창건되었다. 이주민의 대부분은 칼키스계(系)이지만, 뮐레티다이 정파라고 일컫는 쉬라쿠사이의 망명자들도 당파싸움에서 패한 뒤 도시 창건에 참가했다. 그곳의 말은 칼키스어와 도리에이스족의 말이 섞인 혼합어이고, 정체는 대체로 칼키스형(型)이었다. (2) 아크라이 시와 카스메나이 시는 쉬라쿠사이인들이 창건했는데, 아크라이는 쉬라쿠사이가 창건된 지 70년째 되던 해에, 카스메나이는 아크라이가 창건된 지 약 20년째 되던 해에 창건되었다. (3) 카마리나는 쉬라쿠사이가 창건된 지 135년쯤 되던 해에 쉬라쿠사이인들에 의해 처음 창건되었는데, 창건자는 다스콘과 메네콜로스였다. 그러나 카마리나인들은 반란을 일으키고 쉬라쿠사이와 전쟁을 한 탓에 자신들의 도시에서 쫓겨났다. 그리고 얼마 뒤 겔라의 참주 힙포크라테스[19]가 쉬라쿠사이 전쟁 포로들의 몸값으로 카마리나인들의 영토를 넘겨받은 다음, 스스로 창건자가 되어 카마리나를 다시 창건했다. 그 뒤 그곳 주민은 또다시 겔론에게 쫓겨났고, 도시는 겔라인들에 의해 세 번째로 창건되었다.

6 (1) 시켈리아에는 헬라스인들과 비헬라스인들을 포함하여 이토록 많은

사람들이 살고 있었건만, 아테나이인들은 이토록 큰 섬을 공격하고자 했다. 그들의 속셈은 그곳을 완전 정복하는 것이었지만, 겉으로는 그곳의 동족들과 새로 구한 그곳의 동맹국들에 원군을 파견한다는 그럴듯한 핑계를 내세웠다.

(2) 아테나이에 와서 도움을 간절히 호소하던 에게스타의 사절단이 아테나이인들을 특히 부추겼다. 에게스타인들은 이웃에 사는 셀리누스인들과 혼인 문제와 영토 분쟁으로 교전 중이었는데, 셀리누스인들이 쉬라쿠사이인들을 동맹군으로 끌어들여 해륙 양면으로 에게스타에 압박을 가하고 있었다. 그래서 에게스타 사절단은 아테나이인들에게 라케스가 지휘한 지난번 원정 때 그들이 레온티노이와 동맹을 맺었던 일[20]을 상기시키며 함대를 파견해 자신들을 지켜달라고 간청했다. 그들이 내세운 수많은 주장의 요지는, 만약 쉬라쿠사이인들이 레온티노이인들을 쫓아내고도 벌 받지 않고 아테나이의 나머지 동맹국들을 계속 파괴하여 결국 시켈리아를 완전히 장악하게 된다면, 도리에이스족이 도리에이스족 친족을 돕고 이주민들이 자신들을 파견한 자들을 돕는다는 뜻에서 언젠가는 그들이 대규모 병력을 이끌고 와서는 펠로폰네소스인들과 합세해 아테나이 제국을 무너뜨릴 위험이 있다는 것이었다. 따라서 아테나이로서는 에게스타가 충분한 군자금을 대줄 준비가 되어 있을 때 남은 동맹국들을 규합하여 쉬라쿠사이에 맞서는 것이 현명할 것이라고 했다.

---

15 Zanklon.

16 헤로도토스, 『역사』 6권 21~24장 참조.

17 남이탈리아의 도시. 지금의 레조 칼라브리아(Reggio Calabria).

18 펠로폰네소스 반도 남서부지방 멧세니아에서 따온 이름이라는 뜻이다.

19 재위기간은 기원전 498~491년이다.

20 3권 86장 참조. 에게스타 사절단이 왜 아테나이가 레온티노이와 맺은 동맹을 자기들과 맺은 동맹인 것처럼 말하는지 이해할 수 없다.

(3) 아테나이인들은 에게스타인들과 그들의 지지자들이 민회에서 여러 차례 이런 주장을 되풀이하는 것을 듣고는 일단 에게스타로 사절단을 파견했다. 그리하여 군자금이 그들 말처럼 금고와 신전들에 마련되어 있는지 시찰하는 동시에 셀리누스인들과의 전쟁이 어떻게 진행되고 있는지 알아보게 하기로 결의했다.

7 (1) 그래서 아테나이의 사절단이 시켈리아로 파견되었다. 같은 해 겨울 라케다이몬인들과, 코린토스인들을 제외한 그들의 동맹군은 아르고스의 영토로 진격하여 그중 일부를 약탈하고 짐수레 몇 채를 몰고 가서 곡식을 날라갔다. 또한 아르고스의 망명자들을 오르네아이에 정착시키고 약간의 부대원을 남겨 그들을 보호하게 했다. 그러고 나서 오르네아이인들과 아르고스인들이 서로 상대편 영토를 침범하지 않는다는 휴전조약을 일정 기간 맺게 한 뒤 군대를 이끌고 귀로에 올랐다.

(2) 그 뒤 곧 아테나이인들이 30척의 함선과 6백 명의 중무장보병을 이끌고 나타나자, 아르고스인들은 전군을 이끌고 아테나이인들과 함께 진격해 오르네아이에 있는 자들을 하루 동안 포위했다. 그러나 밤에 오르네아이에 있는 자들은 탈출에 성공했는데, 포위군이 도시에서 조금 떨어진 곳에 진을 쳤기 때문이다. 이튿날 아르고스인들은 이를 발견하고 오르네아이를 약탈한 다음 귀로에 올랐으며, 아테나이인들도 나중에 함대를 이끌고 귀국했다.

(3) 아테나이인들은 또 마케도니아 변경에 있는 메토네로 자신들의 기병대와 아테나이에 와 있던 마케도니아인 망명자들을 뱃길로 태워 날라 페르딕카스의 영토를 약탈했다. (4) 그래서 라케다이몬인들이 아테나이와 10일간씩의 휴전조약을 맺던 트라케 지방의 칼키디케인들에게 사람을 보내 페르딕카스의 편에서 싸우기를 요구했지만 거절당했다. 겨울은 그렇게 지나갔고, 투퀴디데스가 기술한 이 전쟁의 열여섯 번째 해도 그렇

게 저물었다.

8　(1) 이듬해 초봄에 아테나이의 사절단이 시켈리아에서 돌아왔다. 에게
스타의 사절단도 함께 왔는데, 그들은 자신들이 아테나이인들에게 파견
해달라고 요청한 60척 함선의 한 달 치 비용으로 주조하지 않은 은 60탈
란톤을 가져왔다.

(2) 아테나이인들은 민회를 열고 에게스타의 사절단과 자신들의 사절단
이 하는 말에 귀를 기울였다. 그들의 보고는 매우 고무적이었다. 그러나
무엇보다 금고와 신전들에 군자금이 넉넉히 마련되어 있다는 보고는 사
실과 달랐다. 그래서 그들은 60척의 함선을 시켈리아로 보내기로 결의
하고 클레이니아스의 아들 알키비아데스, 니케라토스의 아들 니키아스,
크세노파네스의 아들 라마코스를 전권(全權) 장군으로 임명하여, 셀리
누스에 맞서 에게스타를 돕고, 전투가 유리하게 전개되면 레온티노이가
재건되도록 돕고, 그 밖에 시켈리아에서 아테나이의 이익에 가장 부합된
다고 생각되는 조치들을 취하게 했다. (3) 나흘 뒤에 다시 민회가 개최되
었는데, 함대를 의장할 가장 빠른 방법을 논의하고 장군들이 출항하는
데 필요하다고 한 추가 요구 사항들을 결의하기 위해서였다.

(4) 니키아스는 자신의 의향에 반해 지휘관으로 선출되었는데, 그의 생
각은 아테나이가 실수를 하고 있고, 그럴듯해 보이는 사소한 핑계를 대
며 시켈리아 전체를 정복한다는 엄청난 과업을 떠맡고 있다는 것이었다.
그래서 그는 아테나이인들의 마음을 바꿔보려고 앞으로 나서서 다음과
같이 조언했다.

9　(1) "이번 민회는 우리가 시켈리아로 항해하려면 어떤 준비가 필요한지
논의하기 위해 소집되었습니다. 하지만 나는 함대를 파견하는 것이 과연
바람직한 일인지 재고할 필요가 있다고 생각합니다. 우리는 이런 중대사
를 심사숙고해보지도 않고 이방인들의 말만 믿고는 우리와 무관한 전쟁

에 말려들지 말아야 합니다.

(2) 내게 전쟁은 명예를 얻는 길입니다. 나는 또 어느 누구 못지않게 일신의 안전 따위는 염려하지 않습니다. 그렇다고 해서 자신의 생명과 재산을 염려하는 사람이 훌륭한 시민이 아니라는 말은 아닙니다. 그런 사람은 자신을 위해서라도 도시가 번창하기를 바랄 것이기 때문입니다. 지금까지 나는 명예를 얻기 위해 신념에 배치되는 발언을 한 적이 없지만, 오늘도 그렇게 하지 않고 상책이라고 여기는 바를 말하고자 합니다. (3) 내 언변이 여러분의 성향을 바꿀 수 있을 만큼 강력하지 못하고, 여러분에게 이미 가진 것을 지키고, 불확실한 미래 때문에 현재의 이익을 위험에 내맡기지 말라고 조언해도 소용없으리라는 것을 알고 있습니다. 그래서 나는 지금은 그런 모험을 할 때가 아니며, 여러분이 지금 추구하는 것은 쉽게 얻어질 수 있는 것이 아니라는 점만 지적할까 합니다.

10 (1) 내가 말하고자 하는 바는, 여러분이 시켈리아로 항해해가면 여기에 수많은 적들을 남겨두고 갈 뿐 아니라 그에 덧붙여 새로운 적들을 이곳으로 불러들이게 되리라는 것입니다. (2) 여러분이 맺은 평화조약이 여러분을 지켜줄 것이라고 생각하는 것 같은데, 그 평화조약은 여러분이 가만있는 동안에는 이름뿐인 평화조약이 되겠지만(우리 쪽 몇몇 사람과 라케다이몬 쪽 몇몇 사람이 그렇게 되도록 만들었기 때문입니다), 우리나라의 대규모 군대가 어디에서건 패하면 적군은 당장 우리를 공격할 것입니다. 첫째, 그들은 재난을 당해 마지못해 우리보다 더 불명예스러운 조건으로 평화조약을 맺었고, 둘째, 평화조약에는 아직도 쟁점이 많이 남아 있기 때문입니다.

(3) 게다가 몇몇 도시는 조약을 그대로 받아들이기를 계속 거부하고 있는데, 그들은 결코 허약한 도시들이 아닙니다. 그중 더러는 우리와 공개적으로 전쟁을 하고 있고, 더러는 라케다이몬인들이 아직은 가만있기 때

문에 우리와 열흘마다 휴전조약을 갱신하고 있습니다. (4) 여러분이 바라는 대로 우리 군대가 둘로 나뉘는 것을 보면, 그들은 십중팔구 전부터 다른 어떤 동맹군보다 높이 평가한 시켈리아의 헬라스인 이주민과 힘을 모아 우리를 공격하려 할 것입니다. (5) 우리는 이런 점들을 고려해야 합니다. 그리고 지금은 우리 도시가 난처한 입장에 처해 있는데 이미 가진 제국을 확고히 하기 전에 새 제국을 잡으려고 모험을 할 때가 아닙니다. 실제로 트라케의 칼키디케인들은 여러 해 전 우리에게 반기를 들었지만 여전히 복속되지 않았고, 본토에도 우리에게 고분고분 복종하지 않는 자들이 더러 있습니다. 우리는 우리 동맹국 중 하나인 에게스타가 해를 입었다고 서둘러 달려가면서도, 우리 자신에게 그토록 오랫동안 해를 입힌 반란군에 대한 응징은 아직도 망설이고 있습니다.

11 (1) 그런데 이 모반자들은 우리가 일단 제압하면 예속시킬 수나 있지만 시켈리아처럼 인구가 많고 멀리 떨어져 있는 섬은 설령 정복한다 해도 지배하기가 몹시 어렵습니다. 정복한다 해도 지배할 수 없고, 실패하면 공격하기 전보다 우리를 더욱 난처하게 만들 사람들을 공격한다는 것은 무의미합니다.

(2) 내가 보기에, 지금 시켈리아의 헬라스인 이주민은 설령 에게스타인들이 계속 우리에게 겁주고 있듯 쉬라쿠사이의 지배를 받게 된다 해도 우리에게 별 위협이 되지 않습니다. (3) 지금 그들은 라케다이몬인들을 위해 각각의 국가로서 우리를 공격할 수는 있어도, 쉬라쿠사이 제국의 일부로서 우리 제국을 공격하는 일은 없을 것입니다. 그들이 펠로폰네소스인들과 합세해 우리 제국을 파괴할 경우 자신들의 제국도 같은 자들에 의해 같은 방법으로 파괴되리라고 생각할 것이기 때문입니다.

(4) 우리가 시켈리아의 헬라스인들을 겁주려면, 그곳에 아예 가지 않는 것이 상책이고, 무력시위를 한 다음 바로 그곳을 떠나는 것이 차선책입

니다. 다 알고 있듯, 가장 멀리 떨어져 있어 그 명성이 검증되지 않은 것이 무엇보다 두려움의 대상이 되기 때문입니다. 그러나 우리가 실패하면 두려움이 경멸로 변해 그들은 당장 이곳의 적들과 합세해 우리를 공격할 것입니다. (5) 아테나이인 여러분, 그것은 다름 아니라 여러분이 라케다이몬인들과 그들의 동맹군한테서 경험한 것입니다. 처음에는 그들이 두려웠습니다. 그러나 여러분이 처음에 두려워한 것과는 달리 뜻밖에도 그들에게 성공을 거두자 이제는 그들을 우습게보고 시켈리아를 정복하려 하고 있습니다.

(6) 그러나 적의 불운에 너무 고무되어서는 안 되고, 작전이 더 훌륭할 때 자신감을 가져야 합니다. 우리는 라케다이몬인들이 수모를 당한 만큼 어떻게 하면 우리에게 일격을 가함으로써 자신들의 명성을 되찾을 수 있을까 하고 지금도 절치부심하고 있음을 알아야 합니다. 그들에게는 용감하다는 명성이 오랫동안 가장 큰 관심사였던 만큼 더욱 그러할 것입니다. (7) 따라서 우리가 현명하다면, 비(非)헬라스인들인 시켈리아의 에게스타인들을 위해 싸울 것이 아니라 우리에게 늘 음모를 꾸미는 라케다이몬의 과두정부에 대해 엄중한 경계 태세를 유지해야 합니다.

12 (1) 우리는 또 우리가 큰 역병과 전쟁에서 잠시 숨을 돌려 인명 손실과 금전적 손실을 만회하기 시작한 것은 최근 일이라는 점을 명심해야 합니다. 그리고 이런 재원은 이곳에서의 우리 자신의 이익을 위해 사용돼야 마땅하며, 그때그때 그럴싸한 거짓말을 늘어놓으며 도움을 요청하는 이 망명자 무리를 위해 낭비되어서는 안 됩니다. 말 외에는 아무것도 기여하는 것이 없는 그들은 위험을 남에게 떠넘기며, 성공해도 사례하지 않고 실패하면 자신들의 후원자들에게도 재앙을 안겨주는 자들입니다.

(2) 이 자리에 장군으로 선출된 것을 좋아하며 무엇보다도 장군이 되기에는 아직은 너무 젊은 까닭에[21] 이기적인 이유에서 원정을 가야 한다고

사주하는 자가 있다면, 그리고 그가 자신이 먹이는 경주마들 때문에 사람들에게 경탄받기를 원하고 또 그런 일에는 많은 비용이 드는 까닭에 장군직에서 이익을 얻기를 바란다면, 여러분은 그런 사람이 혼자 멋 부리느라 도시를 위험에 빠뜨리도록 내버려두어서는 안 됩니다. 또한 그런 사람들은 개인의 사치를 위해 공금을 횡령한다는 점과, 이번 일은 젊은 사람에 의해 결정되거나 서둘러 행동에 옮기기에는 너무나 중대하다는 점을 여러분은 명심하십시오.

13 (1) 나는 지금 젊은 지지자들이 그 사람의 요청을 받고 그와 나란히 이 회의장에 앉아 있는 모습을 보고 두려워하지 않을 수 없습니다. 그래서 나는 여러분 가운데 나이 많은 분들의 지지를 호소하는 바입니다. 만약 여러분 중에 누가 그의 지지자들 옆에 앉아 있다면, 비겁해 보이더라도 창피하게 여기지 말고 전쟁에 반대표를 던지시고, 그들처럼 있지도 않은 것에 대한 치명적인 욕망에 사로잡히지 마십시오. 여러분도 아시다시피 대개 욕심은 실패하고 선견지명은 성공하는 법입니다. 그러니 여러분은 지금 백척간두에 서 있는 조국을 위해 이번 발의에 반대표를 던지시고, 시켈리아의 헬라스인 이주민이 효과적인 장벽인 자신들과 우리 사이의 경계를 계속해서 존중하는 한 자신들의 나라에 살며 스스로 자신들의 업무를 처리하는 쪽으로 결의하십시오. 그들과 우리 사이의 경계란 바닷가를 따라 항해할 경우에는 이오니오스 만[22]을, 난바다를 지나 곧장 항해할 경우에는 시켈리아 해를 말합니다.

(2) 그리고 에게스타인들에게는 무엇보다도 그들이 아테나이와 상의하지 않고 셀리누스와 전쟁을 시작한 만큼 전쟁을 끝내는 것 또한 그들 몫

21 알키비아데스는 당시 30대 중반이었다. 5권 43장 참조.
22 지금의 아드리아 해 남부.

이라고 답변하십시오. 앞으로는 어려울 때 우리의 도움을 받으면서도 정작 우리가 도움이 필요할 때는 우리를 위해 아무것도 해줄 수 없는 그런 사람들과 동맹을 맺는 습관을 버려야 합니다.

14 그러니 의장[23]님, 도시의 이익을 보살피는 것이 그대의 업무라고 생각하고, 그대가 진정한 애국자임을 보이고자 한다면, 이 안건을 다시 표결에 부쳐 아테나이인들이 이 안건을 다시 토론하게 해주십시오. 다시 표결에 부치기가 마음에 걸리신다면, 이토록 많은 증인이 있는 만큼 그대는 절차를 어겼다는 비난을 받을 수 없다는 점을 생각하십시오. 그리고 그런 점에서 그대는 오도된 조국을 위해 의사 노릇을 하고 있으며, 훌륭한 공직자는 조국을 위해 최선을 다하거나, 알면서 조국에 해를 끼치지 않는다는 점을 명심하십시오."

15 (1) 니키아스는 그렇게 말했다. 그러나 연설하려고 앞으로 나온 아테나이인들은 대부분 지난번 결의를 취소하는 것을 반대하고 원정을 지지하는 발언을 했다. 하지만 반대 의견을 말하는 자들도 더러 있었다.

(2) 원정의 가장 열렬한 지지자는 클레이니아스의 아들 알키비아데스였다. 그는 늘 자신과 정견을 달리하며 방금 행한 연설에서 자신을 인신공격한 니키아스에게 반대하고 싶기도 했지만, 무엇보다도 장군이 되기를 열망했다. 그럴 경우 그는 시켈리아와 카르케돈을 정복하게 될 테고, 또 그런 성공에 힘입어 개인적으로도 부와 명예를 얻게 되리라고 생각한 것이다. (3) 그는 시민들 사이에 인기가 있었고, 그래서 경주마들을 먹이는 일과 다른 사치에 대한 열정이 그의 재력으로는 감당할 수 없을 정도였다. 실제로 그의 이러한 사치는 훗날 아테나이 시가 몰락한 주요 요인이었다. (4) 대중은 관습에 얽매이지 않는 그의 쾌락주의적 생활 방식이 지나치고, 무슨 일에 개입하든 그가 번번이 엄청난 야망을 드러내는 것에 두려움을 느낀 나머지, 그가 참주가 되려는 줄 알고 그를 적대시했다. 그

래서 그가 공인(公人)으로서는 탁월한 전략가였음에도 시민들은 개인적
으로 그의 생활 방식에 혐오감을 느끼고 그를 다른 사람들로 대치함으로
써 오래지 않아 도시가 몰락하게 한 것이다. (5) 이때 알키비아데스는 앞
으로 나와 아테나이인들에게 다음과 같이 조언했다.

16 (1) "아테나이인 여러분, 나는 누구 못지않게 장군이 될 권리가 있으며
나야말로 그럴 자격이 있다고 생각합니다(니키아스의 인신공격 때문에
이렇게 연설을 시작할 수밖에 없습니다). 내가 비난받고 있는 일들이 내
선조들과 나 자신에게는 명예를, 우리 도시에는 이익을 가져다주기 때문
입니다. (2) 헬라스인들은 우리 도시가 전화를 입어 피폐한 줄 알았는데,
올림피아 축제[24]에서 내가 사절로서 훌륭한 연출을 한 덕분에 우리 도시
의 실력을 실제 이상으로 평가했으니 말입니다. 그때 나는 지금까지 어
느 개인이 출전시킨 것보다 더 많은 전차 7대를 출전시켜 1등, 2등, 4등을
차지했고, 그 밖의 다른 일도 내 성적에 어울리게 연출했습니다. 그러한
성공은 통상적으로 명예를 안겨줄 뿐 아니라 그런 일을 해낼 수 있었다
는 사실은 그럴 만한 실력이 있다는 인상을 주게 마련입니다.
(3) 나는 또 아테나이에서는 코로스의 비용을 대는 등 공적 의무[25]를 수
행하고서 '우쭐댄다'고 당연히 동료 시민들의 시기를 샀지만, 그것도 이
방인들에게는 우리에게 힘이 있다는 인상을 줍니다. 누가 자신의 비용으
로 자신뿐 아니라 도시에까지 이익을 가져다준다면 그러한 '어리석음'
은 아주 쓸모 있는 것입니다.
(4) 그리고 자부심을 느낄 이유가 있는 사람이 남들을 자신과 대등한 사

---

23 prytanis. 의회(boule)의 의장을 말한다.

24 1년 전인 기원전 416년에 개최된 경기를 말한다.

25 당시 아테나이에서는 연극 경연에 참가하는 코로스의 의상비와 훈련 비용, 함대의 의장 비용
은 국가에서 지정하는 부자들이 도맡았다.

람들로 대하지 않는 것은 결코 부당한 일이 아닙니다. 그것은 마치 불운한 사람이 그 불운을 남들이 나눠 가지리라고 기대할 수 없는 것과 같습니다. 우리가 불운할 때는 아무도 우리를 거들떠보지 않듯, 마찬가지로 우리는 성공한 사람에게 멸시받더라도 이를 감수해야 합니다. 아니면 남이 자신을 대등한 사람으로 대해주기를 요구하기 전에, 자신도 남을 대등한 사람으로 대할 준비가 되어 있어야겠지요.

(5) 내가 알기로 그런 사람들은, 아니 조금이라도 탁월한 업적을 남긴 사람은 누구나 살아생전에는 특히 대등한 사람들에게 그리고 그들이 접촉하게 되는 다른 사람들에게 인기가 없습니다. 그러나 그들이 죽고 나면 후세 사람들은 아무 근거도 없이 그들의 친척이라고 주장하는가 하면, 그들이 태어난 나라들은 그들이 이방인이나 낙오자가 아니라 훌륭한 일을 해낸 자신들의 아들인 양 자랑거리로 여깁니다.

(6) 나는 그런 목표를 추구하고 있으며, 그래서 내 사생활이 비판의 대상이 되고 있습니다. 하지만 여러분, 공무(公務)를 나보다 더 훌륭하게 처리하는 사람이 있는지 살펴보십시오. 나는 여러분을 큰 위험에 빠뜨리거나 비용을 지우지 않고 펠로폰네소스의 강대국들을 한데 규합하여, 라케다이몬인들로 하여금 만티네이아에서 치른 단 하루의 전투 결과에 자신들의 모든 것을 걸게 했습니다. 그리고 그들은 비록 전투에서 이기기는 했지만 아직도 자신감을 완전히 회복하지 못했습니다.

17 (1) 그것은 내 '젊음'과 '지나친 어리석음'이 펠로폰네소스인들의 힘을 상대로 성공적인 외교를 펼친 결과, 내가 보여준 열정을 믿고 그들이 내 조언을 따라준 덕분입니다. 그러니 지금 내가 상대적으로 젊다고 해서 불안해하지 마시고, 내게 아직 젊음의 활력이 남아 있고 니키아스에게 행운이 따르는 동안 우리 두 사람이 각각 제공할 수 있는 것을 최대한 이용하십시오.

(2) 여러분은 이미 시켈리아 원정을 단행하기로 결의한 만큼 우리가 그곳에서 강대국을 상대하게 되리라고 믿고 마음을 바꾸지 마십시오. 시켈리아에는 큰 도시들이 있지만 그 도시들에는 온갖 잡종이 넘쳐나고, 끊임없이 주민이 바뀌거나 새로 유입됩니다. (3) 그 결과 자신의 조국을 위해 싸운다는 감정이 없어서, 아무도 자신의 안전을 위해 무장하거나 시골에 적절한 영농 시설을 유지하려 하지 않습니다. 대신 저마다 그럴듯한 언변이나 당파싸움으로 어떻게든 국고(國庫)를 축내거나, 여의치 않으면 다른 나라로 이주할 생각을 합니다.

(4) 그런 무리는 아마도 계획할 때 하나의 의견에 귀를 기울이지 못하고, 행동할 때 공동보조를 취하지 못할 것입니다. 그들은 십중팔구 우리가 매력적인 제안을 하면 우리와 따로따로 조약을 맺을 것입니다. 우리가 보고받은 대로 그들이 내분에 휘말려 있다면 특히 그러할 것입니다.

(5) 그들의 중무장보병도 그들이 자랑하듯 그렇게 많지 않습니다. 그들의 경우도 다른 헬라스 국가들의 경우와 마찬가지입니다. 이들 국가는 저마다 자국의 실제 병력을 과대평가한 탓에, 이번 전쟁에서 충분한 병력을 간신히 조달했으니 말입니다.

(6) 내가 들은 바에 따르면, 이상이 그곳 사정입니다. 아니, 그보다 더 수월합니다. 우리가 쉬라쿠사이인들을 공격하면 그들을 미워하는 수많은 비(非)헬라스인들이 우리 편에 가담할 테니 말입니다. 또한 이곳 헬라스에서의 상황은 여러분이 잘 생각해보면 우리에게 방해가 되지 못합니다.

(7) 사람들은 우리가 출항하면 적을 뒤에 남겨두고 떠나는 것이라고 말하는데, 우리 선조도 똑같은 적을 뒤에 남겨두고 페르시아인들과 대적했지만 오직 해군력의 우위에 힘입어 우리의 제국을 건설했으니 말입니다.

(8) 그리고 펠로폰네소스인들이 우리 앞에서 지금처럼 이렇게 의기소침한 적은 없었습니다. 설령 자신감을 회복한다 해도 우리나라에 육로로만

침입할 수 있는데, 그것은 우리가 시켈리아로 출항하지 않더라도 그들이 얼마든지 할 수 있습니다. 그러나 바닷길로는 우리에게 전혀 해를 끼칠 수 없습니다. 우리는 그들의 함대에 맞설 우리 함대를 뒤에 남겨둘 것이기 때문입니다.

18 (1) 하거늘 우리가 무슨 그럴듯한 핑계를 대며 주춤거릴 것이며, 우리가 돕지 않는 것을 시켈리아의 우리 동맹국들에 어떻게 이해시킬 수 있겠습니까? 그들과 동맹을 맺은 이상 그들이 우리를 돕지 않았다고 이의를 제기하지 말고 마땅히 그들을 도와야 합니다. 우리가 그들과 동맹을 맺은 것은 그들이 이곳으로 원군을 보내주기를 바라서가 아니라 그들이 그곳의 우리 적들을 괴롭혀 우리를 공격하러 이곳으로 오지 못하게 하기 위해서였습니다.

(2) 다른 제국들의 경우도 마찬가지겠지만, 우리가 이만한 제국을 세울 수 있었던 것은 헬라스인들이든 비헬라스인들이든 우리에게 도움을 요청하면 우리가 언제나 적극적으로 도와주었기 때문입니다. 만약 우리 모두 잠자코 있거나 원조를 제공할 때 종족 차별을 한다면, 제국을 늘리기는커녕 지금 이 제국조차 다 잃게 될 것입니다. 여러분은 강대국이 공격해올 때만 막을 것이 아니라 공격하지 못하도록 미리 조치를 취해야 합니다.

(3) 그리고 우리는 우리 제국이 얼마나 커지기를 원하는지 딱 잘라서 말할 수 없습니다. 현 단계에서 우리는 지금 우리에게 예속된 자들은 통제하고 다른 자들은 예속시킬 계획을 세울 수밖에 없습니다. 우리가 남을 지배하지 않으면 남이 우리를 지배할 위험이 있기 때문입니다. 잠자코 있는 것은 여러분이 선택할 수 있는 일이 아닙니다. 다른 사람들은 그렇게 할 수 있어도, 여러분은 그럴 수 없습니다. 여러분이 그에 맞춰 생활 방식을 완전히 바꾸기 전에는 말입니다.

⑷ 그러니 그곳에서의 전쟁이 이곳에서의 우리 힘을 증강시켜준다고 확신하고 출항합시다. 우리가 현재의 평화 상태에 집착하지 않고 시켈리아로 항해하는 것을 보면 펠로폰네소스인들은 콧대가 꺾일 것입니다. 동시에 우리는 아마도 시켈리아에서 얻은 것에 힘입어 헬라스의 패권을 쥐게되거나 아니면 적어도 쉬라쿠사이를 약화시킬 텐데, 그것은 우리 자신과우리 동맹국들에 이익이 될 것입니다. ⑸ 우리의 함대가 우리의 안전을보장해주는 만큼 우리는 일이 잘되면 그곳에 머물 수도 있고, 아니면 그곳을 떠날 수도 있습니다. 우리는 해군력에서 시켈리아의 헬라스인 이주민을 모두 합친 것보다 더 우세해질 테니 말입니다.

⑹ 니키아스는 개입하지 말자고 주장하며 청년층과 장년층을 구별 짓는데, 여러분은 이에 넘어가지 마십시오. 우리 선조는 젊었을 때 노소가 함께 결정에 참여하는 검증된 체제를 유지하며 우리 도시를 지금처럼 위대하게 만들어놓았거늘, 지금 여러분도 같은 방법으로 도시를 더 위대하게만들고자 노력해야 할 것입니다. 게다가 젊음도 노년도 서로 함께하지않으면 아무것도 해낼 수 없으며, 가장 효과적인 정책은 경박하거나 평범하거나 알찬 의견 등 온갖 종류의 의견을 뒤섞는 것이라는 점을 명심하십시오. 여러분은 또 다른 것도 마찬가지지만 도시도 가만있으면 저절로 질이 떨어지고 그 기술도 낡아버리는데, 계속해서 전쟁을 하다 보면경험이 자꾸 축적되어 말이 아닌 행동으로 자신을 지키는 데 익숙해질것이라는 점도 명심하십시오. ⑺ 결론적으로 말해, 본성적으로 활동적인 도시가 그 본성을 바꿔 나태해지면 금세 망하지만, 설령 본성과 제도가 완전하지 못해도 사람들이 되도록 거기에서 벗어나지 않을 때 나라의안전이 가장 확실히 담보되는 것입니다."

19 ⑴ 알키비아데스는 그렇게 말했다. 그에 이어 에게스타인들과 레온티노이의 망명자들도 앞으로 나와 서로 간의 서약을 상기시키며 도움을 호

소했다. 이들 모두의 말을 듣고 난 아테나이인들은 전보다 원정에 훨씬 더 열의를 보였다. (2) 니키아스는 앞서 내세운 논리로는 그들의 마음을 돌릴 가망이 없다고 보고, 필요한 병력을 과장해서 말하면 혹시 그들이 마음을 바꿀까 싶어 앞으로 나와 다음과 같이 말했다.

20 (1) "아테나이인 여러분, 여러분은 출정하기로 마음을 굳힌 것 같으니, 나는 만사가 우리 뜻대로 되기를 바랍니다. 하지만 나는 지금 상황에 관한 내 의견을 여러분에게 말하고자 합니다. (2) 듣자 하니, 우리가 공격하려는 도시들은 강력하고, 서로 종속되어 있지 않으며, 억압에서 벗어나 더 쾌적한 상태로 나아가기를 바라는 사람들이 반길 만한 정체 변혁의 필요성도 느끼지 않는다고 합니다. 그러니 그들은 아마 우리의 지배를 받기 위해 자신들의 자유를 포기하지 않을 것입니다. 그리고 단 하나의 섬인데도 시켈리아에는 수많은 헬라스인 도시들이 있습니다. (3) 레온티노이인들과 동족이기에 우리 편에 가담할 것으로 예상되는 낙소스 시와 카타네 시[26] 말고도 다른 도시가 일곱이나 있는데,[27] 그들의 군대는 모든 면에서 우리 군대와 비슷하게 무장하고 있습니다. 우리 원정의 주요 표적인 쉬라쿠사이와 셀리누스가 특히 그러합니다.

(4) 그들은 수많은 중무장보병과 궁수와 투창병뿐 아니라 수많은 삼단노선과 거기에 승선시킬 인력을 보유하고 있습니다. 그들은 개인들의 사유재산도 많지만 셀리누스의 신전들에도 돈이 있으며, 쉬라쿠사이는 몇몇 비헬라스인들 국가에서 십일조를 거둬들이고 있습니다. 그러나 그들이 우리보다 특히 유리한 것은, 마필의 수가 많고 식량을 자급자족해 외부에서 수입하지 않는다는 것입니다.

21 (1) 그런 세력을 상대하려면 단순히 함대와 얼마 안 되는 군대만 필요한 것이 아니라 대규모 보병이 함께해야 합니다. 우리가 실제로 우리의 의도에 상응하는 바를 이루고, 그들의 수많은 기병대에 의해 행동의 제약

을 받지 않기를 바란다면 말입니다. 특히 도시들이 우리를 두려워하여 서로 똘똘 뭉치고, 그래서 에게스타인들 외에는 그들에게 맞설 기병대를 대줄 우군을 찾을 수 없을 경우, 우리는 행동의 제약을 받게 될 테니 말입니다.

(2) 처음 계획을 잘못 세운 탓에 패하여 철수하거나, 증원부대를 파견해달라고 요청하는 것은 창피한 일입니다. 그러므로 충분히 준비한 뒤 과업을 감당할 만한 병력을 이끌고 출발해야 합니다. 또한 우리는 우리나라에서 멀리 떨어진 곳으로 배를 타고 출정하는 것이며, 전투 양상도 이쪽에서 속국들의 도움을 받으며 적군과 맞닥뜨릴 때와는 판이하다는 점을 명심해야 합니다. 이곳에서는 우방으로부터 쉽게 보급을 받을 수 있지만, 그곳에서는 전혀 생소한 나라에 갇혀, 겨울에는 그곳에서 본국으로 보고하는 데 4개월도 더 걸립니다.

22 그래서 우리는 아테나이에서도, 그리고 우리의 속국이든 아니면 우리가 설득하거나 비용을 대고 우리와 합류하게 할 수 있는 펠로폰네소스 국가든 우리의 동맹국에서든 많은 중무장보병을 데려가야 한다는 것이 내 생각입니다. 우리는 적군의 기병대와 맞서기 위해 궁수와 투석병도 다수 필요합니다. 또한 원활한 보급을 위해 해군력의 우위를 확보해야 합니다. 또 밀과 볶은 보리 같은 곡식을 이곳에서 실어 나를 상선들도 있어야 하고, 제분소에서 상당수의 제빵사를 강제로 고용해야 합니다. 그래야만 폭풍이 불어 출항하지 못할 경우에도 원정군의 급식 문제가 해결될 것입니다. 우리 같은 대군을 받을 수 있는 도시는 많지 않을 테니 말입니다.

26 그곳 주민은 아테나이인들과 마찬가지로 이오네스족이다.
27 쉬라쿠사이, 셀리누스, 겔라, 아크라가스, 멧세네, 히메라, 카마리나. 이들 도시는 도리에이스족의 식민시이다. 6권 4~5장, 7권 58장 참조.

다른 점에서도 우리는 남들에게 의존하지 않으려면 되도록 완전하게 준비해가야 하며, 특히 군자금은 되도록 많이 가져가야 합니다. 에게스타인들이 여러분을 위해 준비해놓았다는 돈은 십중팔구 지어낸 이야기로 보아야 할 테니 말입니다.

23 (1) 그러니 우리는 그들의 강점인 중무장보병의 수를 제외하고는 그들과 대등한 병력을 이끌고 떠나야 하며 모든 면에서 그들보다 훨씬 우세해야 합니다. 그렇다 해도 우리가 적을 정복하고 무사히 귀환하기가 쉽지 않을 것입니다. (2) 우리는 적대적인 이방인들 사이에 도시를 건설하러 가는 길이며, 그렇게 하는 사람들은 상륙하는 첫날 대번에 그곳을 제압하거나, 그러지 못할 경우 사면초가가 될 각오를 해야 한다는 가정 아래 행동해야 합니다.

(3) 나는 그 점이 두렵습니다. 우리는 훌륭한 계획과 행운이 많이 필요한데, 그것을 구비하기란 인간인 우리로서는 쉬운 일이 아닙니다. 그래서 나는 이번 원정에서 되도록 요행을 덜 바라고, 과업을 능히 감당할 만한 군대를 이끌고 출항하고 싶은 것입니다. 나는 그것이 도시 전체의 이익과 우리 가운데 원정에 참가하는 이들의 안전을 보장해주는 최선의 방법이라고 믿습니다. 나와 생각을 달리하는 사람이 있다면, 나는 그에게 기꺼이 사령관직을 넘기겠습니다."

24 (1) 니키아스가 그렇게 말한 것은, 엄청난 규모의 무장이 필요하다고 주장함으로써 아테나이인들이 원정을 포기하게 하거나, 그가 꼭 출정해야 하는 경우 이렇듯 가장 안전하게 출항하고 싶었기 때문이다. (2) 그러나 아테나이인들은 준비 과정이 힘들다고 해서 원정에 대한 열정이 식기는커녕 원정에 더 열을 올렸으니, 그의 연설은 역효과를 내고 말았다. 그들은 니키아스의 조언이 훌륭하다고 생각했지만 이제는 원정이 아주 안전하다고 믿었던 것이다.

(3) 그래서 모두들 출항하고 싶은 욕망에 사로잡혔다. 장년층은 자신들이 공격하러 가는 도시들을 정복하거나, 적어도 그런 대군이 해를 입지는 않을 것이라고 생각했다. 청년층은 먼 나라들을 보고 겪고 싶었으며, 자신들은 무사히 귀환하리라고 확신했다. 일반 병사들은 당장에는 일당을 받고, 제국을 키워놓으면 앞으로도 항구적으로 일당을 받고 근무하게 되리라고 생각했다. (4) 이렇듯 다수가 원정에 열을 올리자, 원정에 반대하는 소수는 반대표를 던지다가는 비(非)애국적인 인사로 낙인찍힐까 두려워 함구무언했다.

25 (1) 마침내 아테나이인 한 명이 앞으로 나오더니 니키아스를 향하여, 더는 핑계를 대거나 꾸물거리지 말고 아테나이인들이 그를 위해 얼마나 많은 병력을 내주기로 결의하기를 원하는지 만인이 보는 앞에서 당장 말하라고 했다. (2) 니키아스는 마지못해 이 문제에 관해서는 동료 장군들과 더 차분하게 논의해봐야겠지만, 지금 생각으로는 1백 척 이상의 삼단노선이 아테나이를 출발해야 하는데, 그중 일부는 아테나이인들의 결정에 따라 수송선이어야 할 것이며, 동맹국들에도 사람을 보내 다른 삼단노선들을 보내달라고 요청해야 할 것이라고 했다. 중무장보병은 아테나이인들과 동맹군을 모두 합쳐 5천 명 이상이어야 하며, 나머지 병력, 즉 아테나이와 크레테의 궁수와 투석병과 그 밖에 필요하다고 생각되는 것은 장군들이 적절히 배분해서 차출해야 한다고 했다.

26 (1) 이 말을 듣고 아테나이인들은 당장 병력과 원정 전반에 관해 아테나이의 이익에 가장 부합한다고 생각하는 대로 처리하도록 장군들에게 전권을 위임하기로 결의했다. (2) 그런 다음 준비가 시작되었으니, 동맹국들에는 지시가 내려지고 아테나이에서는 징집 대상 명부가 작성되었다. 아테나이는 마침 역병과 지속적인 전쟁에서 회복되어 청년층의 수가 늘어나고, 휴전 덕분에 자본이 축적된 터라 그만큼 모든 준비가 순조롭게

진행되었다.

27 (1) 이런 준비들이 한창 진행되고 있을 때 아테나이 시내에 있던 거의 모든 헤르메스 석주상(石柱像)들[28](이 지역 전통에 따라 네모지게 제작되어 사삿집이나 신전들의 문간에 주로 안치되었다)의 얼굴이 하룻밤 사이에 훼손되는 사건이 일어났다. (2) 누가 그런 짓을 했는지 아는 사람은 아무도 없었다. 그러나 국가에서는 범인들을 찾기 위해 거액의 현상금을 거는가 하면, 그 밖의 다른 신성모독 사건을 신고하는 자는 시민이든 이방인이든 노예이든 소추를 면제해주겠다는 결의안을 통과시켰다. 아테나이인들이 이 사건을 매우 심각하게 받아들인 이유는, 이 사건을 원정의 전조로 그리고 변혁을 통해 민주정부를 전복하려는 음모의 서곡으로 보았기 때문이다.

28 (1) 그러자 실제로 몇몇 재류외인과 노예들이 신고를 해왔다. 그러나 그들은 헤르메스 석주상 훼손사건에 관해서는 아는 것이 없었고, 이전에 젊은이들이 술에 취해 장난삼아 석상들을 훼손한 다른 사건들을 언급하며, 그들이 사삿집에서 비의(秘儀)[29]도 흉내 냈다고 주장했다. 그들이 고발한 자 중에는 알키비아데스도 포함되어 있었다. (2) 그러자 자신들이 민중의 지도자가 되는 데 걸림돌이 된다 하여 알키비아데스를 특히 미워하던 자들이 이를 문제 삼기 시작했다. 알키비아데스를 내쫓기만 하면 자신들이 일인자가 되리라고 생각한 것이다. 그래서 그들은 사건을 침소봉대하여 비의와 헤르메스 석주상 훼손사건은 민주정부를 전복하려는 음모의 일부이고, 이 사건들에는 알키비아데스가 연루되어 있다고 아우성치며, 그의 생활 방식이 대체로 비민주적이고 방종하다는 점을 증거로 내세웠다.

29 (1) 알키비아데스는 즉시 이런 고발들을 반박했고, 출항하기 전에(출항 준비는 이미 완료되어 있었다) 유무죄를 가리기 위해 재판받을 각오가

되어 있었다. 자기가 유죄로 밝혀지면 벌을 받겠지만, 무죄방면되면 사령관직을 맡을 것이라고 했다. (2) 그는 또 그들에게 자신이 떠나고 없는 사이에 모함하는 자들의 말에 귀 기울이지 말라고 간청하면서, 그런 중대한 문제로 고발당한 사람을 재판이 끝나기도 전에 그런 대군을 지휘하도록 파견하는 것은 현명하지 못한 처사라고 지적했다.

(3) 그러나 그의 정적들은 그를 즉시 재판에 회부할 경우 군대가 그를 지지하게 되고, 아르고스인들과 일부 만티네이아인들을 원정에 참가하도록 설득한 공로를 인정하여 백성이 그에게 관대해지지 않을까 두려웠다. 그래서 그들은 재판을 미루고 막기 위해 수단과 방법을 가리지 않았으며, 몇몇 연설가를 내보내 그가 지금은 원정군의 출발을 미루지 말고 일단 출항했다가 정해진 기간 내에 귀국하여 재판을 받아야 한다고 말하게 했다. 그들의 의도는 더 중대한 죄를 덮어씌운 다음(그가 떠나고 없는 사이에 그렇게 조작하는 것은 더 쉬운 일이었다) 그를 소환해 재판에 회부하는 것이었다. 그래서 알키비아데스는 출항해야 한다고 결의되었다.

30 (1) 그 뒤 한여름이 되어서야 그들은 시켈리아로 출항했다. 대부분의 동맹군과 군량 운반선들과 소형 선박들과 그 밖의 다른 장비들에는 케르퀴라에 집결하라는 지시가 내려졌는데, 그곳에서 다 함께 이아퓌기아 곶[30]을 향하여 이오니오스 해를 건너기 위해서였다. 그러나 아테나이인들 자

---

28 헤르메스 석주상들(Hermai)은 네모난 기둥에 두상이 얹히고 남근이 발기되고 수염이 난 헤르메스 신의 모습으로 네거리나 공공건물 옆 또는 집 앞에 안치되었는데, 더러는 이정표 노릇도 했다고 한다. 옛날에 경계표지로 쓰이던 돌무더기를 대신하게 된 헤르메스 석주상들의 발기된 남근은 액막이 구실을 하는 것으로 믿어져 경외의 대상이었다고 한다.

29 아테나이 서쪽에 있는 엘레우시스(Eleusis) 시에서 해마다 곡식의 여신 데메테르(Demeter)와 그녀의 딸 페르세포네(Persephone)를 위해 치러지던 비밀 의식을 말한다.

30 이탈리아 반도를 장화에 비긴다면 굽에 해당하는 부분. 이오니오스 해는 지금의 이오니아 해이다.

신과 그때 아테나이에 와 있던 일부 동맹군은 정해진 날 새벽에 페이라이에우스 항으로 내려가서 출항하기 위해 승선하기 시작했다.

(2) 그 밖의 다른 사람들도 시민이건 재류외인이건 가릴 것 없이 사실상 아테나이의 전 주민이 그들과 함께 페이라이에우스로 내려갔다. 아테나이 토박이들은 착잡한 마음으로 더러는 친구를, 더러는 친척을, 더러는 아들을 전송했는데, 이들이 그곳을 정복하리라 기대하면서도 본국을 떠나 이토록 먼 길을 간다고 생각하면 다시는 만나지 못할까 봐 걱정되었기 때문이다.

31 (1) 이제 그들이 위험을 앞두고 실제로 서로 헤어질 때가 되자 원정을 결의했을 때보다 더 큰 두려움에 휩싸였다. 그럼에도 그들은 자신들의 힘과 엄청난 양의 각종 장비를 보고 다시 안심이 되었다. 그러나 재류외인과 나머지 무리들이 모여든 이유는 볼 만하고 도무지 믿어지지 않는 볼거리를 구경하기 위해서였다. 먼저 출항하는 이번 원정군은 확실히 그때까지 헬라스의 한 도시가 파견한 군대치고는 가장 비용이 많이 들고 가장 볼 만한 것이었다. (2) 함선과 중무장보병의 수만 따진다면 이번 원정군은 페리클레스가 에피다우로스로 이끌고 간 군대[31]나 나중에 하그논이 포테이다이아로 이끌고 간 군대[32]보다 규모가 더 크지 않았는데, 당시의 군대는 아테나이인 중무장보병 4천 명과, 기병 3백 명과, 삼단노선 1백 척과, 그에 덧붙여 레스보스와 키오스에서 온 함선 50척과 수많은 동맹군으로 구성되어 있었다.

(3) 그러나 그때의 군대는 항해 거리가 짧고 평범한 장비를 갖추고 있었지만, 이번 원정군은 장기전을 염두에 둔 것으로 그때그때의 필요에 따라 해전과 지상전을 치를 장비를 갖추고 있었다. 함선들은 함장[33]들과 국가가 부담하는 많은 비용으로 효율성이 제고되었다. 이때 국고는 선원 한 명당 1드라크메의 일당을 지급하고 빈 함선들을 제공했다. 그중 60척

은 전함이고 40척은 중무장보병 수송선이었는데, 이들 함선에는 가장 우수한 승무원들이 배정되었다. 한편 함장들은 국가에서 지급하는 일당 외에 맨 상단에서 노를 젓는 자들과 나머지 승무원들에게 상여금을 지급했으며, 그 밖에도 선수상(船首像)과 다른 장비를 갖추는 데 많은 비용을 들였다. 그들은 저마다 자신의 함선이 미관과 속도에서 다른 함선을 능가하게 하려고 서로 치열하게 경쟁했다. 보병은 최근 징집 명부에서 선발되었으며, 우수한 무구와 개인 장비를 갖추려고 치열하게 경쟁했다. (4) 이렇듯 아테나이인들은 여러 분야에서 서로 경쟁하고 있었지만, 나머지 헬라스인들에게는 그것이 원정 준비라기보다는 힘과 부를 과시하는 것으로 보였다.

(5) 누가 이번 원정에 소요된 공적 지출과 사적 지출을 계산해본다면 거액의 돈이 도시에서 유출되고 있음을 발견했을 것이다. 공적 지출에는 국가가 이미 지출한 비용뿐 아니라 장군들과 함께 송금되는 자금도 포함된다. 사적 지출에는 개인이 자신의 장비에 들인 돈과, 함장들이 자신의 함선에 이미 들인 돈과 앞으로 들일 돈이 포함된다. 거기에다 각자가 국가에서 받는 일당 외에 오랜 원정 기간에 쓰려고 가지고 나갔을 용돈과 병사들과 장사꾼들이 장사 목적으로 가지고 나간 돈을 합해보라.

(6) 그리고 이번 원정이 널리 사람의 입에 오르내리는 까닭은 그것이 보여준 대담성과 놀라운 광경뿐 아니라 공격 목표에 대한 압도적인 군사적

---

31 기원전 430년. 2권 56장 참조.

32 역시 기원전 430년. 2권 58장 참조.

33 국가는 함선을 제공하고 선원의 일당을 지급하며, 함장(trierarchos)들은 공공 봉사의 일환으로 함선을 의장하고 그 유지비를 자담했다고 한다. 당시 아테나이에서는 연극에 등장하는 코로스의 의상비와 훈련 비용, 함대를 의장하는 비용을 대는 따위의 공공 봉사는 국가에서 지정하는 부자들이 도맡았는데, 이들은 그런 봉사 활동을 명예로 여겼다.

우위와, 또 이번 항해는 지금까지 본국에서 시도한 가장 먼 원정길이며, 공격하는 쪽의 현재 처지를 고려할 때 가장 야심찬 기도였다는 사실 때문이었다.

32 (1) 승선이 끝나고 휴대하려고 한 것들이 모두 배에 실리자 나팔 소리가 침묵을 명했다. 그러자 그들은 출발하기 전에 으레 올리는 기도를 함선별로 따로 올리지 않고 전령의 구령에 따라 다 함께 올렸다. 그리고 전군이 빠짐없이 포도주를 물로 희석하자 승무원들과 대장들이 금잔과 은잔으로 헌주했다. (2) 그러자 해변의 시민들과 원정군의 무운을 비는 다른 무리들도 그들과 함께 기도했다. 그리고 찬가를 다 부르고 헌주를 마친 뒤 닻을 올리고 처음에는 대오를 지어 항해하다가, 나중에는 아이기나 섬에 이를 때까지 남보다 먼저 나아가려고 서로 다투었다. 그곳에서 그들은 자신들의 나머지 동맹군이 집결하고 있는 케르퀴라로 서둘러 항해했다.

(3) 그사이 함대가 공격해온다는 소문이 사방에서 쉬라쿠사이로 전해졌다. 그러나 한동안 그것을 믿는 사람은 아무도 없었다. 마침내 민회가 개최되어 아테나이인들이 쳐들어온다는 보고를 믿는 자들과 그렇지 않다고 주장하는 자들이 설왕설래했다. 헤르몬의 아들 헤르모크라테스도 그중 한 명이었는데, 그는 이 일에 관해서는 자기가 확실히 알고 있다고 믿고 앞으로 나와 다음과 같이 조언했다.

33 (1) "함대가 공격해온다는 소문이 사실이라고 내가 말하면, 여러분은 아마 나도 다른 사람들처럼 믿을 수 없는 말을 한다고 생각할 것입니다. 그리고 나는 얼핏 듣기에 믿을 수 없는 말을 하거나 전하는 사람들은 남들을 설득하지 못할 뿐 아니라 바보 취급 당한다는 것을 잘 알고 있습니다. 그렇지만 도시가 위태롭고 내가 남들보다 더 믿을 만한 정보를 갖고 있다고 확신하는 만큼 그것이 두려워 입 다물고 가만있지는 않을 것입니다.

(2) 믿어지지 않겠지만, 실제로 아테나이인들은 여러분을 공격하도록 해군과 보병을 망라한 대군을 벌써 파견했습니다. 그들은 에게스타의 동맹군을 돕고 레온티노이를 재건하기 위해서라고 핑계를 대지만, 그들이 진실로 원하는 것은 시켈리아, 특히 우리 도시입니다. 쉬라쿠사이만 정복하면 시켈리아의 다른 곳들은 쉽게 손에 넣을 수 있다고 생각하는 것입니다.

(3) 그러니 여러분은 그들이 곧 여기 도착할 것을 생각하고, 여러분의 가용 자원으로 어떻게 그들을 물리치는 것이 상책인지 잘 생각해보십시오. 경고하건대, 적을 과소평가하다가 허를 찔리거나, 공격이 임박했다는 소문을 불신하고 아무 대책도 강구하지 않는 일이 있어서는 안 됩니다.

(4) 내 말을 믿는 사람들은 아테나이인들의 대담성과 힘에 당황하지 않을 것입니다. 그들은 우리가 그들에게 해를 끼치는 것 이상으로 우리에게 해를 끼칠 수 없을 것이며, 그들이 그런 대군을 이끌고 온다는 것은 우리에게 전혀 불리하지 않습니다. 오히려 훨씬 유리합니다. 다른 시켈리아의 헬라스인 이주민이 겁을 먹고 기꺼이 우리 동맹군이 될 테니 말입니다. 또한 우리가 아테나이인들을 제압하거나 그들이 목적을 달성하지 못한 채로(나는 그들이 바라는 것을 달성하리라고는 조금도 우려하지 않기 때문입니다) 내쫓게 되면, 그것은 우리에게 더없이 영광스러운 업적이 될 것이며, 내가 보기에 그것은 전혀 가망 없는 일도 아닙니다.

(5) 헬라스인들이든 비(非)헬라스인들이든 본국에서 멀리 파견된 대군이 성공한 예는 드뭅니다. 침략군이 현지 주민과 그들의 이웃보다 수가 더 많은 경우는 없으며(위협을 느끼고 모두가 똘똘 뭉치기 때문입니다), 침략군이 이국에서 보급이 잘 이루어지지 않아 실제로 그 때문에 자멸해도 승리의 영광은 그들이 공격하려 한 자들에게 돌아가기 때문입니다.

(6) 아테나이인들 자신의 경우가 그렇습니다. 페르시아 침략군이 뜻밖

에도 대패한 뒤 그들이 강국으로 떠오른 이유는, 페르시아인들이 아테나이를 목표로 출정했다고 믿어졌기 때문입니다. 하거늘 우리의 경우에도 같은 일이 일어나지 말란 법이 어디 있습니까.

34 (1) 그러니 우리는 자신감을 갖고 나름대로 준비해야 합니다. 또한 시켈로이족에게 사절단을 보내 경우에 따라 기존의 동맹을 공고히 하기도 하고, 우호조약이나 동맹을 맺도록 노력해야 합니다. 우리는 또 시켈리아의 다른 지역에도 사절단을 보내 이번 위험은 우리 모두를 위협하는 것이라고 지적하고, 이탈리아의 도시들에도 사절단을 보내 우리와 동맹을 맺거나 아테나이인들을 받아들이지 못하게 해야 합니다.

(2) 카르케돈에도 사절단을 보내는 것이 아마 더 좋을 것입니다. 아테나이의 위협은 그들에게 예상치 못한 일이 아닙니다. 오히려 그들은 언젠가 아테나이인들이 다가와 자신들의 도시를 공격하지 않을까 늘 우려했습니다. 그러니 그들은 십중팔구 우리를 외면하면 자신들이 어려움을 당할 수 있다고 보고 은밀히 또는 공개적으로 어떻게든 도우려 할 것입니다. 그들은 원하기만 하면 지금 어느 누구보다 우리를 도울 능력이 있습니다. 그들은 엄청난 양의 금과 은을 보유하고 있는데, 전쟁과 그 밖에 다른 일의 성공 여부는 거기에 달렸습니다. (3) 우리는 또 라케다이몬과 코린토스에도 사절단을 보내 이곳으로 신속히 원군을 파견하고 그곳 헬라스에서의 전쟁을 재개하도록 촉구합시다.

(4) 지금 이 순간 내가 상책이라고 생각하는 바를 말하겠습니다. 여러분은 평소 가만있는 것을 좋아하기에 선뜻 받아들이기 어렵겠지만 그럼에도 말하겠습니다. 만약 시켈리아의 헬라스인 이주민이 보유한 함선을 모두 또는 되도록 많이 바닷물에 띄운 후 2개월 치 군량을 싣고 가서 타라스 시와 이아퓌기아 곶 앞바다에서 아테나이인들을 맞을 준비를 하고, 그렇게 함으로써 그들이 시켈리아를 위해 싸우기 전에 먼저 이오니오스

해를 건너기 위해 싸워야 한다는 것을 보여주면, 십중팔구 그들은 몹시 당황하며 우리의 전위대는 우방에 기지를 두고 있지만(타라스는 우리를 받아줄 테니까요) 자신들은 원정군을 전부 이끌고 난바다를 멀리 항해해야 하며, 자신들은 항해 기간이 길어 전열을 갖추기가 어려운 반면 자기들이 흩어져 천천히 다가오면 우리는 공격하기가 쉬울 것이라는 점을 생각하지 않을 수 없을 것입니다.

(5) 만약 그들이 무거운 함선은 뒤에 남겨두고 날랜 전함을 총동원하여 공격해온다면, 우리는 그들이 노를 저어야 할 경우 그들이 지치기를 기다려 공격할 수도 있고, 원한다면 타라스로 철수할 수도 있습니다. 그러나 그들은 해전에 필요한 군량만 싣고 온 까닭에 군량이 달려 인적이 드문 외딴 바닷가에서 진퇴유곡에 빠질 것입니다. 그들이 그곳에 머무르면 봉쇄당할 것이고, 자신들의 보급선들을 뒤에 남겨둔 채 우리를 지나쳐 바닷가를 따라 항해하려 한다면 어떤 해안도시도 반가이 맞아준다는 보장이 없어 사기가 꺾일 테니 말입니다.

(6) 그래서 확신하건대, 그들은 이런 점들을 고려해 케르퀴라에서 출항하려고도 하지 않을 것입니다. 그들이 전략을 세우고 첩자들을 내보내 우리 수와 위치를 파악하느라 시간을 보내는 사이 어느덧 세월이 흘러 겨울이 시작되거나, 우리의 이러한 예상치 못한 방해에 충격을 받아 그들은 원정을 완전히 포기할 것입니다. 무엇보다도 내가 입수한 정보에 따르면 가장 경험 많은 장군이 마지못해 장군직을 맡는다 하니, 우리 쪽에서 야무지게 대항할 기미를 보이면 대번에 이를 핑곗거리로 삼을 것입니다.

(7) 우리의 인원수는 분명 과장되어 있습니다. 그러나 사람들은 자신이 들은 바에 따라 결정합니다. 그리고 공격하려는 자들은 오히려 먼저 공격하거나 방어 의지를 분명히 하는 자들을 더 두려워합니다. 어느 한쪽

만 위험해지는 것이 아니기 때문입니다. (8) 지금 아테나이인들의 처지가 그렇습니다. 우리가 방어하지 않는다 가정하고 우리를 공격하고 있습니다. 그들이 우리를 얕보는 것은 어쩌면 당연합니다. 라케다이몬인들이 그들을 멸하도록 우리가 돕지 않았기 때문입니다. 그러나 우리가 예상외로 대담하게 나오는 것을 보면, 그들은 우리의 실력보다는 오히려 우리의 예상치 못한 행동에 더 놀랄 것입니다.

(9) 그러니 여러분은 부디 내 조언에 따라 대담한 조치를 취하십시오. 그렇게 하지 않겠다면, 모든 전쟁 준비를 신속히 마쳐야 합니다. 그리고 여러분은 저마다, 적의 공격에 대한 경멸감은 실제로 서로 맞부딪쳤을 때 드러나는 것이며, 현재는 지금이 위기라는 가정 아래 행동하고 빈틈없이 준비하는 것이 가장 안전하다고 생각하는 자세가 더 유익하다는 점을 명심하십시오. 아테나이인들은 오고 있습니다. 아테나이인들은 분명 항해 중이며, 바로 가까이 와 있습니다."

35 (1) 헤르모크라테스는 그렇게 말했다. 그러자 쉬라쿠사이인들 사이에 격렬한 논쟁이 벌어졌다. 더러는 아테나이인들이 온다는 것은 불가능하며, 따라서 그가 한 말은 사실이 아니라고 생각했다. 더러는 그들이 온다 해도 해를 입히기는커녕 오히려 해를 입게 되리라고 반박했다. 이 일을 대수롭지 않게 여기고 일소에 부치는 자들도 있었다. 헤르모크라테스의 말을 믿고 앞일을 걱정하는 사람들은 극소수에 불과했다. (2) 그러자 민중파 지도자로 그 무렵 대중에게 가장 신임을 받던 아테나고라스가 앞으로 나와 다음과 같이 말했다.

36 (1) "아테나이인들이 그렇게 정신이 나가 여기 와서 곧장 우리의 예속민이 되기를 바라지 않는 자가 있다면, 그는 겁쟁이이거나 애국심이 없는 사람일 것입니다. 그러나 그런 소문을 퍼뜨려 여러분을 놀라게 하려는 자들에게 내가 놀라는 것은, 그들이 대담해서가 아니라 사람들이 그 속셈을

꿰뚫어보지 못할 것이라고 생각할 만큼 그들이 어리석기 때문입니다.
(2) 그들은 나름대로 두려워할 이유들이 있기 때문에, 전체의 두려움으로 자신들의 두려움을 숨기고자 도시 전체를 공황 상태에 빠뜨리려는 것입니다. 지금 그런 소문들이 노리는 것도 바로 그것입니다. 그런 소문들은 저절로 생겨나는 것이 아니라 그런 종류의 선동을 일삼는 특정인들이 일부러 지어내는 것입니다.
(3) 양식 있는 사람이라면, 그런 소문을 근거로 개연성을 계산하지 않고, 대신 아테나이인들처럼 현명하고 경험 많은 사람들이(나는 아테나이인들이 그렇다고 생각합니다) 어떻게 할 것 같은지 심사숙고할 것입니다.
(4) 그들이 펠로폰네소스인들을 뒤에 남겨두고 헬라스에서의 전쟁도 아직 마무리 짓지 않은 채 규모가 더 작지 않은 새로운 전쟁을 하러 자진해서 국외로 나간다는 것은 개연성이 없습니다. 오히려 그들은 큰 도시들이 많은 우리가 자기들을 공격하지 않는 것을 천만다행으로 여기리라는 것이 내 소견입니다.

37 (1) 설령 소문대로 아테나이인들이 온다 해도, 아마도 시켈리아가 펠로폰네소스보다 전쟁을 더 잘 감당해낼 것이라고 나는 생각합니다. 시켈리아가 모든 면에서 더 훌륭한 장비를 갖추고 있기 때문입니다. 우리 도시하나만 해도 아마 지금 쳐들어오고 있다고 전해지는 군세보다, 아니 그 두 배가 온다 해도 훨씬 더 강합니다. 내가 알기로, 그들은 기병을 데려오지도 않을 것이고, 이곳에서는 에게스타에서 차출한 소수를 제외하면 달리 구하지도 못합니다. 또한 그들은 뱃길로 와야 하는 만큼 우리에게 필적할 정도로 많은 중무장보병을 데려오지도 못할 것입니다. (사실 아무리 짐을 적게 싣는다 해도 이토록 먼 거리를 항해하는 것 자체가 만만찮은 도전일 것입니다.) 그런데 우리 도시처럼 강력한 도시를 공격하려면 엄청난 양의 다른 보급품과 장비가 필요할 것입니다.

(2) 그래서 확신하건대, 그들이 이곳으로 쉬라쿠사이만큼 큰 도시를 가져와 접경 지역에 세워놓고 그것을 기지 삼아 우리와 전쟁을 벌인다 해도 완전한 파멸을 면하기는 어려울 것입니다. 시켈리아 전체가 적지가 되고(시켈리아는 그들에 맞서 단결할 테니까요), 우리 기병대가 지키기에 그들이 함선과 막사들로 이루어진 군영에서 어느 쪽으로도 움직이지 못해 최소한의 생필품밖에 보급받지 못한다면 더욱 그러할 것입니다. 간단히 말해, 그들은 아마 뭍에 오르지도 못할 것입니다. 그만큼 우리의 군세가 그들의 군세보다 더 강하다고 생각되기 때문입니다.

38 (1) 하지만 내가 말했듯이, 아테나이인들도 그 점을 알고 있는 만큼, 분명 자신들의 이익을 위태롭게 할 모험은 하지 않을 것입니다. 그런데 이곳 사람들이, 있지도 않고 있지도 않을 이야기들을 지어내고 있습니다. (2) 그런 일은 이번이 처음이 아니며, 그들이 노리는 것이 무엇인지 나는 전부터 알고 있습니다. 그들이 원하는 것은, 이런 종류의 소문과 더 악랄한 소문을 포함해 무슨 말을 하고 무슨 짓을 해서라도 대중을 겁주어 자신들이 시정(市政)을 장악하는 것을 받아들이게 하려는 것입니다. 그래서 그들의 지속적인 음모가 언젠가는 성공을 거두지 않을까 두렵습니다. 그러나 우리는 너무 무능하여 화를 당하기 전에 대비책을 세우지도 못하고, 위험을 탐지해낸다 해도 응징하지를 못합니다. (3) 그래서 우리 도시는 평온한 날이 드물고, 외부의 적에 대한 투쟁보다는 우리끼리의 끊임없는 내분에 휘말리는 때가 더 많으며, 참주나 유력자들이 불법으로 정권을 장악한 경우도 더러 있었습니다.

(4) 여러분이 지지해준다면 나는 우리 도시에 다시는 그런 일이 일어나지 않도록 노력할 것입니다. 말하자면 나는 여러분 대중을 설득하여 그런 음모를 꾸미는 자들은 현행범뿐 아니라(현행범을 체포하기란 어렵기는 하지만) 미수범까지 엄벌에 처하겠다는 것입니다. 적을 상대할 때는

그의 행동뿐 아니라 의도에도 대비해야 합니다. 먼저 행동하지 않으면 먼저 당하기 때문입니다. 또한 나는 과두제 지지자들을 더러는 고발하고, 더러는 감시하고, 더러는 가르칠 것입니다. 그것이 그들을 나쁜 길에서 벗어나게 하는 최선의 방법이라고 생각하기 때문입니다.

(5) 가끔 자문(自問)해보곤 하는 질문이 하나 있습니다. 젊은이들이여, 여러분이 원하는 것이 대체 무엇입니까? 벌써 공직자가 되는 것입니까? 그러나 그것은 법으로 금지되어 있습니다. 그리고 그런 법이 제정된 것은 유능한 인물들을 배제하기 위해서가 아니라 여러분 또래는 아직 공직에 부적합하기 때문입니다. 여러분은 법 앞에 만인이 평등하기를 원하지 않는 것입니까? 하지만 같은 사람들이 같은 권리를 누리지 못한다면, 이를 어찌 옳다고 할 수 있겠습니까?

39 (1) 민주정체는 현명하지도 공정하지도 못한 체제이며, 재산가가 통치자로서는 최적임자라고 말하는 사람들도 있을 것입니다. 그러나 내가 말하고자 하는 바는, 첫째, '민중'[34]은 국가 전체를 뜻하는 반면 소수자에 의한 정부인 '과두정체'는 국가의 일부를 의미할 뿐이며, 둘째, 국고를 관리하는 데는 부자들이 최적임자이고 조언자로는 지성인들이 최적임자이며, 여러 가지 논의를 듣고 결정하는 데는 대중이 최적임자인데 민주정체에서는 이들이 개별적으로도 집단적으로도 동등한 지분을 갖는다는 것입니다.

(2) 그러나 과두정체는 위험은 대중에게 분담시키면서도 이익은 소수자가 대부분 차지하거나 독차지합니다. 그리고 바로 그것이 여러분 중에 유력자들과 젊은이들이 노리는 것입니다. 그러나 대도시에서는 그렇게 될 수가 없습니다.

---

34 demos.

지금 이 순간 마지막으로 그들에게 일러두겠습니다. 만약 여러분이 나쁜 것을 추구하고 있다는 사실을 모른다면 여러분은 내가 아는 헬라스인들 가운데 가장 멍청한 사람들이고, 만약 여러분이 그런 줄 알면서도 감행한다면 여러분은 가장 부도덕한 사람들입니다.

40 (1) 후회하지 않으려면 지금이야말로 배우고 도시 전체의 공동 이익을 증진할 때입니다. 그렇게 해야 여러분 가운데 훌륭한 사람들은 공정한 몫뿐 아니라 그 이상을 받게 되겠지만, 여러분이 다른 것을 추구하면 모든 것을 잃을 위험이 있다는 점을 명심하십시오. 여러분은 그런 소문을 퍼뜨리지 마십시오. 우리는 그 저의를 아는 만큼 결코 용납하지 않을 것입니다.

(2) 설령 아테나이인들이 오고 있다 해도 우리 도시는 당당하게 그들을 물리칠 것입니다. 그리고 우리에게는 그렇게 할 수 있는 장군들이 있습니다. 또한 내 생각대로 그 소문들이 사실이 아니라면, 우리 도시가 여러분이 퍼뜨린 소문만 듣고 놀라 여러분을 통치자로 선출함으로써 자진하여 노예의 멍에를 짊어지는 일은 없을 것입니다. 우리 도시는 독자적인 견해를 가질 것이며, 여러분의 경우에는 말이 곧 행동이라고 판단할 것입니다. 우리 도시는 소문만 듣고 지금의 자유를 빼앗기기는커녕 그런 일이 일어나는 것을 예방하기 위해 실질적인 조치를 취함으로써 지금의 자유를 지키려 할 것입니다."

41 (1) 아테나고라스는 그렇게 말했다. 그러자 장군들 가운데 한 명이 일어서서 다른 사람들이 연설하러 나오는 것을 막으며 지금 상황에 대해 다음과 같이 말했다.

(2) "말하는 사람들이 이처럼 서로 공박하는 것도, 듣는 사람들이 그들의 말을 듣고만 있는 것도 현명한 일이 아닙니다. 오히려 우리는 우리가 받은 보고들을 검토해보고, 각 개인과 국가 전체가 어떻게 하면 침략자들

을 성공적으로 물리칠 수 있을지 필요한 조치를 강구해야 할 것입니다. (3) 설령 나중에 그럴 필요가 없었던 것으로 드러난다 해도, 거국적으로 군마와 무구, 그 밖의 다른 전쟁 장비를 동원하는 것은 해로운 일이 아닙니다. (4) 그것을 배치하고 검열하는 일은 우리 장군들이 맡을 것입니다. 그리고 여러 도시에 사절단을 파견하여 분위기를 탐색하고 그 밖에 적절하다고 생각되는 일을 수행하게 하는 것도 해롭지 않습니다. 우리는 그중 몇 가지를 벌써 처리했는데, 그 결과를 여러분에게 보고할 것입니다." 장군이 그렇게 말한 뒤 쉬라쿠사이인들은 회의를 파했다.

42 (1) 그때쯤 이미 아테나이인들과 그들의 모든 동맹군은 케르퀴라에 집결해 있었다. 장군들은 먼저 전군을 최종 사열한 뒤 닻을 내릴 곳과 진을 칠 장소를 정해주었다. 그들은 함대를 셋으로 나눈 뒤 제비뽑기로 각 장군에게 배정해주었다. 그렇게 한 것은 한꺼번에 항해하는 것을 피하기 위해서였는데, 그럴 경우 식수가 달리고, 상륙할 때마다 정박소와 보급품이 모자라 어려움을 겪기 때문이다. 또한 각 부대마다 장군이 한 명씩 배정되면 군율을 지키기가 더 좋고 통솔하기가 더 쉽다고 생각되었다. (2) 그러고 나서 그들은 이탈리아와 시켈리아로 함선 세 척을 선발대로 내보내 어떤 도시들이 자신들을 받아주는지 알아보게 했다. 주력부대가 상륙하기 전에 상황을 파악할 수 있도록, 이 선발대는 돌아오다가 그때는 이미 항해 중일 주력부대와 합류하라는 지시를 받았다.

43 그 뒤 아테나이인들은 케르퀴라를 뒤로하고 시켈리아로 건너가기 시작했는데 그들의 군사력 규모는 다음과 같다. 삼단노선은 로도스 섬에서 파견한 오십노선 2척을 포함해 모두 134척이었다. 그중 1백 척이 아테나이에서 온 것인데, 그중 60척은 전함이고 나머지는 병력 수송선이었다. 나머지 함선은 키오스 섬과 다른 동맹국에서 파견한 것이었다. 중무장보병은 모두 5천1백 명이었다. 그중 1천5백 명은 징집 명단에서 선발한 아

테나이 시민이고, 7백 명은 가장 낮은 재산 등급에서 선발한 자들로 해군으로 복무했다. 나머지는 동맹군이었는데 그중 일부는 아테나이의 예속민이었다. 그 밖에도 아르고스인 5백 명과 만티네이아인 250명과 다른 용병 부대도 함께했다. 궁수는 모두 480명이었는데 그중 80명은 크레테에서 파견되었다. 그 밖에도 로도스에서 파견된 투석병 7백 명과 경무장한 메가라 망명자 120명이 함께했고, 기병 30명을 나르는 마필 운반선 1척이 동행했다.

44 (1) 이상이 전쟁을 향하여 바다를 건너간 첫 번째 원정군의 전투력 규모였다. 이들을 위한 군량은 30척의 화물선이 운반했는데, 거기에는 제빵사들, 석공들, 목수들도 타고 있었고, 요새를 건설하는 데 필요한 장비도 빠짐없이 실려 있었다. 화물선들과 같이 항해하도록 징발된 소형 선박 1백 척도 함께했다. 그 밖에도 수많은 소형 선박들과 화물선들이 장사할 목적으로 자진하여 따라나섰다. 이들이 한꺼번에 케르퀴라를 뒤로하고 이오니오스 해를 건너갔다.

(2) 전 함대는 이아퓌기아 곶이나 타라스나 그 밖에 저마다 편리한 곳에 상륙한 뒤 이탈리아 해안을 따라 항해했다. 그러나 이탈리아 반도 서남단에 있는 레기온 시에 이를 때까지, 이탈리아 도시들은 그들에게 시장(市場)에 접근하거나 시내에 들어오지 못하게 하고 식수를 대주며 정박할 권한만 부여했고, 타라스와 로크리스는 이마저 거절했다.

(3) 레기온에 다시 집결한 그들은 시내에 들어가는 것이 허용되지 않아 시외에 있는 아르테미스 여신의 성역에 진을 치고(그곳에서 레기온인들이 그들을 위해 시장을 열어주었다), 함선을 뭍으로 끌어올린 뒤 쉬었다. 아테나이인들은 레기온인들과 교섭하며 칼키스계인 레기온인들에게 같은 칼키스계인 레온티노이인들을 돕기를 요청했다. 그러나 레기온인들이 대답하기를, 자기들은 어느 편에도 가담하지 않고 이탈리아의 다른

헬라스인 이주민이 상의해서 결정을 내리기를 기다렸다가 그 결정에 따르겠다고 했다. (4) 그러자 아테나이인들은 시켈리아 원정을 어떻게 추진하는 것이 상책이겠는지 심사숙고하면서 에게스타에 파견한 함선이 돌아오기를 기다렸다. 에게스타의 사절단이 아테나이에서 말한 군자금이 과연 그곳에 있는지 알고 싶었던 것이다.

45 그사이 쉬라쿠사이인들은 아테나이 함대가 레기온에 와 있다는 확실한 보고가 자신들의 첩자들로부터는 물론이고 사방에서 들어오자 더는 의심하지 않고 사태에 대처하기 위해 전력을 다해 준비하기 시작했다. 시켈로이족의 도시들에 상황에 따라 더러는 부대를, 더러는 사절단을 파견하는가 하면, 지방의 요새에는 수비대를 배치하고 시내에서는 군마와 무구의 상태를 점검하기 위해 검열을 실시했다. 한마디로 그들은 지금 당장이라도 전쟁이 벌어질 것처럼 모든 필요한 조치를 취했다.

46 (1) 그사이 먼저 파견된 함선 세 척이 에게스타에서 돌아와 레기온에 있던 아테나이인들에게 약속된 군자금은 겨우 30탈란톤밖에 없더라고 보고했다. (2) 그러자 장군들은 당장 낙담했는데, 처음 계획이 무산된 데다 레기온인들이 합류를 거부했기 때문이다. 레기온인들은 그들이 맨 먼저 설득하려 했고, 또 레온티노이인들과 동족이고 늘 아테나이에 호의적인 만큼 십중팔구 자신들의 요청을 받아들일 줄 알았던 것이다. 니키아스에게는 에게스타에서 날아온 소식이 놀랍지 않았지만, 다른 두 장군에게는 전혀 예상치 못한 일이었다.

(3) 아테나이에서 첫 번째 사절단이 군자금을 확인하려고 왔을 때 에게스타인들은 다음과 같은 술수를 썼다. 그들은 사절단을 에뢱스에 있는 아프로디테의 신전으로 데려가 그곳에 있던 술잔, 술 주전자, 향로 같은 봉헌물과 그 밖에 은제(銀製)여서 값이 나가 보이지만 실제로는 별로 값어치가 없는 다른 물건들을 많이 보여주었다. 그들은 또 삼단노선들의

승무원들을 위해 사삿집에서 연회를 베풀어주었는데, 그러기 위해 에게스타에 있는 금잔과 은잔을 한데 모으고, 다른 것들도 이웃에 있는 포이니케인들과 헬라스인들의 도시에서 빌려와 마치 자기 것인 양 저마다 손님을 환대하는 데 사용했다.

(4) 사실은 모두 같은 집기를 사용했지만, 어디에서나 이런 물건이 지천으로 보이자 삼단노선들에서 내린 아테나이인들은 깊은 감명을 받았고, 아테나이로 돌아가자 누구에게나 엄청난 양의 재물을 보았다고 전했다.

(5) 그리하여 에게스타에 군자금이 실재하지 않는다는 소문이 퍼지자, 부대원들은 자신도 속고 남도 속인 그들에게 비난을 퍼부었으며, 장군들은 지금 상황에서 어떤 조치를 취해야 할지 상의했다.

47 니키아스의 의견은 이번 원정의 주된 목표 지점인 셀리누스로 전군을 이끌고 갔다가 에게스타인들이 전군을 위해 군자금을 대면 재고해보고, 그러지 못하면 그들이 요청한 60척의 함선 유지비를 요구하며, 힘에 의해서든 합의에 의해서든 에게스타와 셀리누스 사이에 평화조약이 성사될 때까지 기다려보자는 것이었다. 그런 다음 바닷가를 따라 다른 도시들 앞을 항해하며 아테나이의 국력을 과시하고 우방과 동맹국을 적극 돕겠다는 결의를 보이다가, 레온티노이인들을 돕거나 다른 도시를 우군으로 끌어들일 뾰족한 수가 당장 보이지 않으면 귀로에 오르자는 것이었다. 아무튼 그들 자신의 재원을 낭비함으로써 아테나이를 위태롭게 해서는 안 된다는 것이었다.

48 알키비아데스는 이런 대군을 이끌고 출정했다가 아무것도 이루지 못한 채 빈손으로 귀국하는 것은 창피한 일이라며, 셀리누스와 쉬라쿠사이를 제외한 모든 도시에 전령을 파견하고, 시켈로이족에게도 접근하여 더러는 쉬라쿠사이에 반기를 들게 하고 더러는 아테나이인들에게 군량과 병력을 대줄 수 있도록 우군으로 삼으려고 시도해야 한다고 주장했다. 멧

세네는 시켈리아로 들어가는 관문으로 해협 바로 옆에 자리 잡고 있어 훌륭한 항구이자 전략적 요충지인 만큼, 멧세네인들을 설득하는 것이 급선무라고 했다. 도시들을 설득한 뒤 누가 어느 편인지 알게 되면 그때는, 만약 셀리누스가 에게스타와 평화조약을 맺지 않고 쉬라쿠사이가 레온티노이의 재건을 받아들이지 않을 경우 쉬라쿠사이와 셀리누스를 공격하자고 했다.

49 (1) 라마코스의 주장은 곧장 쉬라쿠사이로 항해해가서 주민들이 아직 준비가 되지 않아 전전긍긍하고 있을 때 되도록 신속히 도시를 공격해야 한다는 것이었다. (2) 모든 군대는 처음에 가장 두려운 법이며, 모습을 드러내는 데 시간이 걸리면 사람들은 사기가 되살아나서 나중에 실제로 군대를 봐도 우습게보인다고 했다. 자기들이 올 것이라 예상하고 적이 아직 두려워하고 있을 때 기습 공격해야만 아테나이인들은 승리할 가능성이 가장 많으며, 쉬라쿠사이인들은 처음 보았을 때 가장 수가 많을 아테나이인들을 보고는, 또 자기들이 당할 모든 고통을 예상하고는, 그리고 무엇보다도 갑자기 들이닥친 전쟁 위험에 주눅이 들어 전의를 상실할 것이라고 했다.

(3) 또 아테나이인들이 오지 않을 것이라고 믿다가 수많은 쉬라쿠사이인들이 퇴로가 끊겨 농촌에 남을 텐데, 아테나이군이 승리하여 도시 앞에 진을 치기만 하면 이들이 재물을 시내로 운반하려고 하는 동안 군자금이 달리는 일은 없을 것이라고 했다. (4) 또 그렇게 되면 다른 시켈리아의 헬라스인 이주민도 이제는 쉬라쿠사이와 동맹을 맺기는커녕 어느 쪽이 이길 것인지 기다리지 않고 아테나이 편이 되리라고 했다. 라마코스는 또 함대를 메가라에 있는 정박소로 이동시켜 그곳을 해군기지로 삼자고 주장했는데, 그곳은 사람이 살지 않고 바닷길로도 육로로도 쉬라쿠사이에서 멀리 떨어져 있지 않았다.

50 (1) 말은 그렇게 했지만 라마코스는 알키비아데스의 계획을 지지했다. 알키비아데스는 자신의 배를 타고 멧세네로 건너가 동맹국이 되어달라고 설득했지만 실패하고, 멧세네인들에게서 아테나이인들을 시내로 받아들이지는 않겠지만 도시 바깥에 시장을 열겠다는 대답을 듣고 레기온으로 회항했다. (2) 그래서 아테나이 장군들은 즉시 전 함대 가운데 60척의 함선에 선원을 배치하고 군량을 실은 뒤 바닷가를 따라 낙소스로 항해했고, 나머지 부대는 한 명의 장군과 함께 레기온에 남았다.

(3) 낙소스인들이 그들을 시내로 받아들이자 그들은 카타네로 항해했다. 카타네인들이 받아들이지 않자(그곳에는 친쉬라쿠사이파가 있었기 때문이다), 그들은 테리아스 강으로 이동하여 그곳에 진을 쳤다. (4) 이튿날 그들은 함선을 모두 일렬종대로 세우고 쉬라쿠사이로 항해했다. 그러나 그중 10척을 먼저 파견해 '큰 항구'로 들어가서 쉬라쿠사이인들이 함대를 진수시켰는지 정찰하게 했다. 이 함선들은 또한 가까이 다가가 갑판에서 아테나이인들이 동맹과 동족 관계를 고려하여 레온티노이인들을 고향 땅으로 복귀시키려 왔으니 쉬라쿠사이에 와 있는 레온티노이인들은 두려워 말고 도시를 떠나 친구이자 구원자인 아테나이인들에게 합류하라고 선언하라는 지시를 받았다. 이 함선들은 그렇게 선언한 뒤 도시와 항구들과 전시에 그들의 작전기지가 될 만한 곳의 지형을 정탐한 다음 카타네로 회항했다.

51 (1) 카타네인들은 민회를 개최하고 군대가 시내에 진입하는 것은 허용하지 않지만 장군들은 들어와 할 말이 있으면 하라고 했다. 그래서 알키비아데스가 연설하고 그곳 주민들이 민회에 정신이 쏠려 있는 사이, 아테나이 병사들은 허술한 출입문을 몰래 허물고 시내로 들어와서 장터로 몰려들었다. (2) 수가 그리 많지 않던 카타네의 친쉬라쿠사이파는 아테나이군이 시내에 들어와 있는 것을 보자 당장 질겁하여 도망쳤지만, 나머

지는 아테나이와의 동맹에 찬성표를 던지고 그들의 나머지 부대도 레기온에서 옮겨오라고 했다. (3) 그 뒤 아테나이인들은 레기온으로 건너가 이번에는 전군을 이끌고 카타네로 출항했고, 카타네에 도착하자 진을 치기 시작했다.

52 (1) 이어서 그들은 카마리나 시로부터, 그들이 오면 그곳 주민들이 그들 편이 되겠다는 전갈과, 쉬라쿠사이인들이 함대에 선원을 태우고 있다는 보고를 받았다. 그래서 그들은 전군을 이끌고 바닷가를 따라 먼저 쉬라쿠사이로 항해했다. 그곳에서 함대에 선원을 태우는 기미가 전혀 보이지 않자 해안을 따라 카마리나로 가서 바닷가에 배를 대놓고 시내로 전령 한 명을 보냈다. 그러나 카마리나인들은 그들을 받아들이지 않으면서, 자기들 쪽에서 더 많이 요청하지 않는 한, 함선 한 척에 탄 아테나이인들만 받아들이기로 서약한 바 있다고 했다. (2) 그래서 그들은 아무것도 이루지 못하고 빈손으로 회항하다가 쉬라쿠사이 영토에 상륙해 약탈하기 시작했지만, 쉬라쿠사이 기병대가 나타나 여기저기 흩어진 그들의 경무장보병 몇 명을 죽이자 카타네로 돌아갔다.

53 (1) 그들이 카타네에 와서 보니 관용선 살라미니아호(號)가 알키비아데스더러 귀국하여 동료 시민들에 의한 고발에 답변하라는 통지서를 갖고 와 있었다. 알키비아데스와 함께 비의(秘儀) 모독과 헤르메스 석주상 훼손과 관련하여 불경죄로 고발당한 군대 내의 몇몇 다른 사람들도 출석 통보를 받았다.

(2) 원정군이 출항한 뒤에도 아테나이인들은 계속 비의와 헤르메스 석주상들에 관한 사건을 엄중히 조사했다. 그들은 고발인의 됨됨이는 문제 삼지 않고 어떤 고발이든 의혹의 근거로 삼으며 완전한 악당들이 제시하는 증거에 따라 가장 훌륭한 시민들을 체포하여 투옥했다. 그들은 그렇게라도 사건을 철저히 파헤치는 것이, 피고인이 아무리 명망이 있기로서

니 고발인의 됨됨이가 불량하다고 해서 조사도 받지 않고 넘어가는 것보다 더 낫다고 생각했다. (3) 민중은 페이시스트라토스와 그의 아들들의 참주정이 후기로 갈수록 더 압제적이었다는 것과, 그 참주정이 끝난 것은 그들 자신이나 하르모디오스 덕분이 아니라 라케다이몬인들 덕분이라는 것을 들어서 알고 있었다.[35] 그래서 민중은 늘 전전긍긍하며 매사를 의심스러운 눈으로 보았다.

54 (1) 아리스토게이톤과 하르모디오스의 대담무쌍한 행동은 사실 연애사건에서 비롯된 것이었다. 나는 이 사건을 자세히 기술함으로써 다른 사람들과 마찬가지로 아테나이인들도 자신들의 참주들과 문제의 사건을 정확히 전하지 못하고 있음을 지적하려 한다. (2) 페이시스트라토스가 여전히 참주직에 있으면서 늙어 죽었을 때, 그의 뒤를 이어 권력을 장악한 것은 대부분의 사람들이 생각하듯, 힙파르코스가 아니라 형인 힙피아스였다. 그 무렵 하르모디오스는 한창나이의 아름다운 젊은이였는데, 그를 자기 애인이라고 주장하는 사람은 아리스토게이톤이라는 중산층 시민이었다.

(3) 페이시스트라토스의 아들 힙파르코스가 하르모디오스를 유혹하려 했지만, 하르모디오스가 그의 구애를 거절하고 아리스토게이톤에게 일러바쳤다. 그러자 걷잡을 수 없이 질투가 난 아리스토게이톤은 힙파르코스가 권력을 이용하여 애인을 빼앗아갈까 두려워 자신의 사회적 지위가 허락하는 범위에서 어떻게든 참주제를 뒤엎으려고 음모를 꾸미기 시작했다. (4) 그사이 힙파르코스가 또다시 하르모디오스를 유혹하려 했지만 역시 실패하자, 폭력은 사용하지 않고, 속셈이 드러나지 않는 은밀한 방법으로 그를 모욕할 계획을 세웠다.

(5) 사실 그는 권력을 사용하되 대중을 억압하지는 않았고, 다스리되 미움을 사지는 않았다. 이들 참주들은 실제로 다른 참주들보다 더 원칙과

양식에 따라 다스렸다. 그들이 아테나이인들에게 부과하는 조세는 수입의 20분의 1이었지만, 그들은 그 돈으로 도시를 아름답게 꾸미고, 전비(戰費)를 충당하고, 여러 신전에서 제물을 바쳤다.

(6) 그 밖의 다른 점에서도 도시는 전부터 있던 법의 지배를 받았지만, 참주들 가운데 한 명은 언제나 고위 공직에 취임하도록 배려했다는 점이 예외라면 예외였다. 아테나이에서 1년 임기의 아르콘직에 취임한 그들의 가족 중에는 참주 힙피아스의 아들로 할아버지의 이름을 딴 페이시스트라토스도 있었는데, 그가 바로 임기 중에 아고라에 있는 12신의 제단과 퓌티온[36] 신전에 있는 아폴론의 제단을 봉헌한 사람이다. 훗날 아테나이 민중이 아고라에 있는 제단을 확장할 때 거기 새겨져 있던 명문(銘文)은 지워졌지만, 퓌티온 신전의 제단에 새겨진 명문은 어렴풋하지만 지금도 읽을 수 있는데 그 내용은 다음과 같다.

힙피아스의 아들 페이시스트라토스가 여기 아폴론의 퓌티온 신전 성역에
  자신의 아르콘 취임을 기념하여 이 제단을 세웠노라.

55   (1) 힙피아스가 장남으로서 아버지의 뒤를 이어 참주가 되었다는 나의 주장은 남들보다 더 정확한 정보에 근거한 것으로, 다음과 같은 사실들

---

35 페이시스트라토스는 아테나이에서 두 번이나 추방당했다가 기원전 546년 아테나이의 참주가 된다. 그가 기원전 528/7년에 죽자 그의 장남 힙피아스가 그의 뒤를 이어 참주가 되었지만 기원전 510년에 추방된다. 힙피아스는 아우 힙파르코스가 기원전 514년 하르모디오스와 아리스토게이톤의 손에 죽자 더욱 포악해진다. 헤로도토스, 『역사』 5권 55~56장, 62~65장 참조. 라케다이몬인들이 참주제를 폐지하고 우호적인 과두정부를 세우려 한 것에 관해서는 1권 18~19장 참조.

36 퓌티온(Pythion)은 아폴론의 신전으로 아테나이 시 남동부에 있었던 것으로 추정된다.

에서도 추론할 수 있다. 페이시스트라토스의 적자(嫡子)들 가운데 힙피아스에게만 자식이 있었던 것이 분명하다. 제단에 새겨진 명문을 봐도 알 수 있고, 참주들의 범죄행위를 일깨우기 위해 아크로폴리스에 세운 비석을 봐도 알 수 있다. 그 비석에서는 텟살로스나 힙파르코스의 자식은 언급되지 않고, 휘페로키데스의 아들인 칼리아스의 딸 뮈르리네가 힙피아스에게 낳아준 다섯 아이만 언급되고 있다. 그리고 대개는 장남이 먼저 결혼했을 것이다.

(2) 또한 같은 비석에서 아버지의 이름 다음으로 힙피아스의 이름이 나오는데, 이 역시 그가 아버지 다음으로 연장자이고 아버지에 이어 참주가 된 만큼 당연하다 할 것이다. (3) 만약 힙파르코스가 참주로서 살해되고 힙피아스가 그날로 참주가 되려 했다면, 힙피아스는 아마 그렇게 쉽게 그렇게 빨리 권력을 잡을 수 없었을 것이다. 사실 힙피아스는 오래전부터 시민들이 자신을 두려워하도록 만들고 호위대가 자신에게 복종하도록 만들었던 만큼 별다른 어려움 없이 사태를 장악했지만, 만약 그가 차남이어서 전에 권력을 행사해본 경험이 없었다면 자신감이 없어 망설였을 것이다. (4) 그러나 힙파르코스는 불행하게도 암살당함으로써 유명해졌고, 후세에는 참주였다는 평판이 자자했다.

56 (1) 본론으로 돌아가, 아무튼 힙파르코스는 하르모디오스에게 거절당하자 계획대로 그를 모욕했다. 하르모디오스에게는 미혼인 누이가 있었는데, 힙파르코스는 그녀더러 와서 어떤 축제 행렬에서 바구니를 들라고 초청해놓고는 그녀가 오자 그녀는 그럴 자격이 없는 만큼 처음부터 아예 초청한 적이 없다며 그녀를 돌려보냈던 것이다.[37]

(2) 이에 하르모디오스가 분개하자, 아리스토게이톤 역시 그를 위해 더욱 분통을 터뜨렸다. 그래서 두 사람은 거사에 가담할 동지들과 만반의 준비를 마치고 나서 대(大)판아테나이아 제(祭)[38]가 다가오기만을 기다

렸는데, 이날만은 행렬에 참가하는 시민들이 의심받지 않고 무장한 채 모일 수 있었기 때문이다. 두 사람이 먼저 행동을 개시하면, 행렬에 참가한 동지들이 즉시 경호대에 맞서 그들을 돕게 되어 있었다. (3) 보안상의 이유 때문에 실제로 거사에 가담한 자들은 많지 않았다. 그러나 그들은 소수라 해도 과감하게 행동하면 실제로 거사에 가담하지 않은 사람들도 자진해서 합세하여, 무기를 소지하고 있는 만큼 자신들의 자유를 되찾기 위해 앞으로 나설 것이라고 생각했다.

57 (1) 축제일이 다가오자 힙피아스는 경호대를 데리고 도시 밖의 이른바 케라메이코스 구역으로 나가 행렬이 어떤 순서로 진행될지 지시하고 있었다. 하르모디오스와 아리스토게이톤은 단검으로 무장한 채 행동을 개시할 준비를 하고 있었다. (2) 그때 두 사람은 거사에 가담한 동지들 중 한 명이 힙피아스와 친근하게 대화를 나누는 것을 보고는(사실 힙피아스에게는 누구나 어렵지 않게 다가갈 수 있었다) 깜짝 놀랐는데, 자신들이 이미 배신당해 체포되기 직전이라고 생각한 것이다.

(3) 그렇게 되기 전에 두 사람은 자신들을 모욕하고 이런 모든 위험을 감수하게 만든 자에게 가능하다면 먼저 복수하고 싶었다. 그래서 두 사람은 그대로 성문 안으로 돌진하여 이른바 레오코레이온 사당[39] 옆에서 힙파르코스와 마주치자 다짜고짜로 덤벼들며 찔러 죽였는데, 한 명은 질투심 때문에 격분해서 그랬고, 다른 한 명은 자존심이 상해서 그랬던 것이다. 이어서 군중이 몰려들자 아리스토게이톤은 당장에는 경호대를 피할 수 있었지만 그 뒤 체포되어 편안하지 못한 최후를 맞았고, 하르모디오스는

---

37 당시 아테나이에서 축제가 열리면 명문가의 소녀들이 제물에 뿌릴 보리와 제물을 해체하는 데 쓸 칼 등이 담긴 신성한 바구니를 들고 행렬의 선두에서 걸었다.

38 5권 주 24 참조.

39 별로 알려지지 않은 앗티케 지방의 영웅 레오스(Leos)에게 바쳐진 사당이라고 한다.

그 자리에서 죽었다.

58 (1) 케라메이코스 구역에 가 있던 힙피아스는 소식을 접하자 사건 현장으로 가지 않고, 무장을 하고 행렬에 참가한 자들이 무슨 일이 일어났는지 알기 전에(그들은 사건 현장에서 좀 떨어져 있었다) 그들에게 다가가 사건에 관해 전혀 모르는 척 시치미를 떼며 그들더러 정해준 장소에 무기를 소지하지 말고 모이라고 지시했다. (2) 그가 무슨 말을 하려는 줄 알고 그들이 시키는 대로 하자 그는 자신의 경호대에게 무기들을 치우라고 명령하더니, 유죄라고 생각되는 자들과 단검을 소지하고 있다가 발각된 자들을 지체 없이 모두 가려냈다. 행렬에는 방패와 창만 들고 참가하는 것이 관행이었기 때문이다.

59 (1) 이렇듯 하르모디오스와 아리스토게이톤의 거사는 상처받은 사랑에서 비롯되었고, 그들의 무모한 행동은 순간적인 두려움이 낳은 결과였다. (2) 그러나 그 뒤 참주정은 아테나이인들을 더욱 억압했고, 힙피아스는 이제 정말로 두려움에 사로잡혀 수많은 시민을 처형했으며, 그와 동시에 혁명이 일어날 경우 피신할 곳을 찾으려고 외국으로 시선을 돌리기 시작했다. (3) 아무튼 그는 그 뒤 람프사코스 시의 참주였던 힙포클로스의 아들 아이안티데스에게 자신의 딸 아르케디케를 주었는데, 그가 아테나이인이면서도 람프사코스인에게 딸을 준 것은 힙포클로스 일족이 페르시아 왕 다레이오스[40]와 잘 통하는 사이라는 것을 알았기 때문이다. 람프사코스에 있는 아르케디케의 무덤에는 다음과 같은 글귀가 새겨져 있다.

당시 헬라스에서 제일인자였던 힙피아스의 딸
　아르케디케가 여기 땅속에 묻혀 있노라.
그녀는 아버지도, 남편도, 오라비들도, 아들들도
　참주였건만 마음이 오만불손한 적은 한 번도 없었노라.

(4) 힙피아스는 3년 더 아테나이에서 참주 자리에 있다가 4년째 되던 해 라케다이몬인들과 추방당한 알크메오니다이가(家)[41] 사람들에 의해 면 직되었다. 그러자 그는 호송을 받으며 시게이온 곳으로 갔다가 람프사코 스의 아이안티데스를 찾아갔고, 거기에서 다레이오스 왕의 궁전으로 갔 다. 그리고 20년 뒤 늘그막에 거기에서 페르시아 원정군을 이끌고 마라 톤으로 돌아왔다.[42]

60 (1) 아테나이 민중은 이런 사건들에 관하여 들은 것을 잊지 않고 명심하 고 있던 터라 이번에 비의 모독 사건으로 고발당한 자들을 몹시 의심스 러운 눈빛으로 바라보았고, 그 모든 것을 과두정부나 참주정부를 세우려 는 음모의 일단으로 보았던 것이다. (2) 민중이 이처럼 분개하자, 명망 있는 사람들이 많이 투옥되었다. 하지만 사건이 진정될 기미는 보이지 않고, 날마다 만행이 심해져 더 많은 사람이 체포되었다. 그러자 마침내 같이 투옥된 자들 중 한 명이 혐의를 가장 많이 받는 자에게 가서 사실이 든 아니든 무얼 좀 자복하라고 설득했다. 사실 양방향으로 추측만 무성 할 뿐, 누가 무슨 짓을 했는지 정확히 말할 수 있는 사람은 당시에도 나중 에도 아무도 없었기 때문이다.

(3) 그런데도 그 수감자를 같이 투옥된 다른 수감자가 설득하는 데 성공 했으니, 그 논리는 설령 그런 짓을 하지 않았더라도 소추를 면제받음으 로써 자신을 구하고 도시가 지금과 같은 혐의를 벗는 것이 더 유리할 것 인즉, 그가 혐의를 부인하고 재판을 받을 때보다는 소추를 면제받고 혐 의를 시인할 때 살아남을 가망이 더 크다는 것이었다. (4) 그래서 그 수감

---

40 크세르크세스의 아버지.

41 아테나이의 명문가였던 알크메오니다이가와 페이시스트라토스 일족의 대립에 관해서는 헤 로도토스, 『역사』 5권 62장 참조.

42 페르시아인들은 전쟁에서 이기면 그를 아테나이의 참주로 복귀시키려 했다.

자는 헤르메스 석주상 훼손사건은 자신과 몇몇 이들이 저지른 범행이라고 자백했다. 그러자 아테나이 민중은 전에는 대중에 대해 음모를 꾸민 자들이 발각되지 않을 줄 알고 전전긍긍하다가 이제야 사실을 알아낸 줄 알고 기뻐했다. 그들은 즉시 죄를 자백한 자를 석방하고, 그가 지목하지 않은 자들도 모두 풀어주었다. 그 밖의 다른 피고인들은 재판에 회부하여 체포된 자들에게는 모두 사형을 집행했고, 도주한 자들에게는 사형을 선고하고 그들의 목에 현상금을 걸었다. (5) 이 와중에서 희생자들이 과연 정당한 벌을 받았는지는 확실하지 않지만, 도시가 전체적으로 잠시 안도의 숨을 내쉰 것만은 분명했다.

61 (1) 알키비아데스의 경우, 그가 원정군과 함께 출항하기 전부터 그를 공격하던 바로 그 정적들이 다시 그를 공격해대자 아테나이인들은 이를 심각하게 받아들였다. 이제는 헤르메스 석주상들 훼손사건에 관한 진실이 밝혀졌다고 생각한 그들은 그가 혐의를 받고 있는 비의 모독 사건도 같은 맥락에서 민주제에 대한 음모의 일환으로 그가 저질렀다고 믿었던 것이다.

(2) 그런데 아테나이 안이 이렇게 소란스럽던 시기에 마침 라케다이몬인들의 작은 부대가 보이오티아인들에게 볼일이 있어 코린토스 지협까지 행군하는 사건이 일어났다. 그러자 아테나이인들은 그들이 나타난 것은 보이오티아인들과는 아무 관계도 없고 알키비아데스와의 약조와 주선에 따른 것이며, 자신들이 밀고에 따라 신속하게 혐의자들을 미리 체포하지 않았다면 도시가 배신당했을 것이라고 생각했다. 실제로 그들은 무장한 채 시내에 있는 테세우스 신전에서 하룻밤을 잤다. (3) 또한 이 무렵 알키비아데스의 아르고스인 친구들은 아르고스의 민주정부에 음모를 꾸미고 있다는 혐의를 받았으며, 그래서 아테나이인들은 여러 섬에 붙잡아두고 있던 아르고스인 인질들[43]을 처형하라고 아르고스 민중에게 넘

겨주었다.

(4) 이렇듯 알키비아데스는 도처에서 의심받았다. 그래서 그를 재판에 회부해 처형하려고 아테나이인들은 관용선 살라미니아호를 시켈리아에 파견하여 그를 비롯해 밀고자가 지목한 사람들을 데려오게 한 것이다.

(5) 그러나 그 배의 승무원들은 그에게 귀국하여 법정에서 해명하라고 하되 체포하지는 말라는 지시를 받았는데, 시켈리아에 가 있는 아군에게 혼란을 야기하고 적군의 사기를 드높이는 일을 피하고, 특히 알키비아데스의 영향력에 따라 원정에 참가한 것으로 믿어지는 만티네이아인들과 아르고스인들[44]이 철수하는 것을 막기 위해서였다.

(6) 그리하여 알키비아데스와, 함께 고발당한 사람들은 그의 배를 타고 마치 아테나이로 가는 것처럼 살라미니아호와 나란히 항해했다. 그러나 투리오이 시에 도착한 뒤로 그들은 더는 함께 항해하지 않았으니, 귀국하여 그곳에서의 선입견을 무릅쓰고 재판받기가 두려워 배를 떠나 종적을 감춰버렸던 것이다. (7) 살라미니아호 승무원들은 얼마 동안 알키비아데스와 그 일행을 찾다가 그들이 아무 데도 보이지 않자 결국 배를 타고 떠났다. 이제 망명자가 된 알키비아데스는 얼마 뒤 배를 타고 투리오이에서 펠로폰네소스로 건너갔고, 아테나이인들은 결석재판에서 그와 그 일행에게 사형을 선고했다.

62 (1) 그 뒤 시켈리아에 남아 있던 아테나이 장군들은 군대를 둘로 나누어 제비뽑기로 각자 한쪽씩 지휘권을 맡은 다음 전군을 이끌고 셀리누스와 에게스타로 출항했다. 그들의 목적은 에게스타가 군자금을 댈 수 있는지 알아보고, 셀리누스의 상황을 정탐하며, 셀리누스와 에게스타 사이의

---

43 5권 84장 참조.
44 6권 29장 참조.

쟁점들을 알아내는 것이었다. (2) 그들은 육지를 왼쪽에 끼고 튀르레니아 해와 마주 보는 시켈리아의 북안(北岸)을 따라 항해하다가 시켈리아의 이 지역에서는 유일한 헬라스인 도시 히메라에 멈추어 섰다. 그곳 시민들이 받아주지 않자 그들은 항해를 계속했다.

(3) 도중에 그들은 시카노이족의 도시인데도 에게스타와 교전 중이던 해안도시 휙카라를 함락했다. 그곳 주민을 노예로 삼고 도시는 에게스타인들에게 넘겨주었는데, 이들의 기병대가 도와주었기 때문이다. 그러고 나서 그들의 보병은 육로로 시켈로이족의 나라를 지나 카타네로 돌아가고, 노예들을 태운 함선은 바닷가를 따라 항해했다.

(4) 니키아스는 곧장 해안을 따라 휙카라에서 에게스타로 항해해가서 그곳에서 30탈란톤을 받고 다른 볼일을 본 다음 주력부대와 합류했다. (5) 그들은 노예들을 팔아 120탈란톤을 마련했다. 그들은 또 동맹에 가담한 시켈로이족 사이로 배를 타고 다니며 군대를 보내달라고 촉구했다. 그리고 그들은 자기들 군대의 반을 이끌고 겔라 영토에 있는 휘블라 시를 공격하러 출동했지만 함락하지 못했다. 여름은 그렇게 지나갔다.

63 (1) 겨울이 시작되자마자 아테나이인들은 쉬라쿠사이를 공격할 준비를 했고, 쉬라쿠사이인들도 나름대로 아테나이인들에게 공세를 취할 준비를 했다. (2) 쉬라쿠사이인들은 처음에 두려워하고 예상한 것과 달리 아테나이인들이 즉시 공격해오지 않자 날이 갈수록 자신감이 생겼던 것이다. 또한 그들은 아테나이인들이 시켈리아의 다른 쪽으로 항해해가서 멀리 떨어진 곳에 모습을 드러낼 뿐 아니라 휘블라를 공격하다가 그곳을 함락하지 못하는 것을 보자 아테나이인들을 더욱 얕잡아보고는, 군중이 자신감이 생기면 흔히 그러듯, 아테나이인들이 자기들을 공격하러 오지 않으니 장군들더러 자기들을 카타네로 인도하라고 재촉했다. (3) 쉬라쿠사이 기병대는 정찰하러 계속 아테나이군 진영으로 말을 타고 와서는

놀려대며, 그들이 온 것은 레온티노이인들을 그들의 땅에 다시 정착시키기 위해서가 아니라 사실은 쉬라쿠사이인들과 함께 이역 땅에 정착하기 위해서가 아닌지 물었다.

64 (1) 상황을 파악한 아테나이 장군들은 쉬라쿠사이의 전군을 도시에서 되도록 멀리 유인한 뒤 밤에 바닷가를 따라 배를 타고 가서 진을 치기에 적당한 장소를 느긋하게 점령할 참이었다. 그들은 배에서 내려 이미 대비하고 있는 적군을 향하여 상륙하거나, 육로로 행군하다가 적군에게 발각되면 그것이 쉽지 않다는 것을 알고 있었다. 그럴 경우 그들은 기병이 없는데 쉬라쿠사이인들은 기병이 많아 그들의 경무장보병과 비전투원들이 쉬라쿠사이의 기병대한테 큰 손실을 입을 테니 말이다. 그러나 계획대로 한다면 이렇다 할 피해를 입지 않고 그런 장소를 점령할 수 있을 것이다. 그리고 동행한 쉬라쿠사이의 망명자들이 올륌피에이온[45] 근처에서 그런 장소를 가리켜주어 그들은 실제로 그곳을 점령했다.

(2) 그래서 장군들은 계획을 추진하기 위해 다음과 같은 계략을 꾸몄다. 그들은 자신들의 심복 가운데 쉬라쿠사이 장군들도 자기편이라고 생각하는 자를 쉬라쿠사이로 보냈다. 카타네인인 그는 쉬라쿠사이 장군들이 카타네에 남아 있는 친쉬라쿠사이파로 알고 있는 자들의 이름을 대며 자기는 그들이 보내서 왔다고 했다. (3) 그가 말하기를, 아테나이인들은 무구를 놓아둔 곳에서 조금 떨어져 밤에는 시내에서 잠을 자곤 하는데, 만약 쉬라쿠사이인들이 날짜를 정해 전군을 이끌고 와서 새벽에 아테나이 원정군을 공격한다면, 카타네의 친쉬라쿠사이파가 아테나이군을 시내에 봉쇄하고 그들의 함선에 불을 지를 것이며, 그렇게 되면 쉬라쿠사이인들이 손쉽게 방책(防柵)을 공격해 그 안에 있는 적군을 제압할 수 있을

---

45 '올륌포스 제우스의 신전'이라는 뜻.

것이라고 했다. 또한 카타네에는 이에 호응할 사람이 많으며, 자기는 벌써 만반의 준비를 갖추고 있는 그들이 보내서 왔다고 했다.

65 (1) 그러잖아도 자신감이 넘치던 쉬라쿠사이 장군들은 그런 제의를 받지 않았어도 카타네를 공격하기로 작정한 터라 그자의 말을 맹신하고는 즉시 출동할 날짜를 정해주며 그자를 돌려보냈다. 그사이 셀리누스와 다른 곳에서 동맹군이 도착하자, 그들은 쉬라쿠사이인들에게 전군이 출동할 날짜를 정해주었다. 준비가 끝나고 그들이 도착하기로 약속한 날짜가 다가오자 그들은 카타네로 행군했고, 밤이 되자 레온티노이의 영토에 있는 쉬마이토스 강변에 진을 쳤다.

(2) 그들이 진격해오는 것을 알게 된 아테나이인들은 진(陣)을 거두고 시켈로이족과 그 밖에 자신들에게 가담한 다른 자들을 포함해 전군을 크고 작은 함선에 태운 다음 밤에 쉬라쿠사이로 출동했다. (3) 이튿날 새벽 아테나이인들은 진을 칠 곳을 점령하려고 올륌피에이온 근처에 상륙하기 시작했다. 한편 앞장서서 카타네로 말을 달렸던 쉬라쿠사이의 기병대는 아테나이군이 전원 함선을 타고 있는 것을 발견하고는 되돌아가서 보병부대에 전했다. 그러자 그들은 모두 되돌아서서 도시를 지키기 위해 돌아갔다.

66 (1) 그들이 먼 길을 돌아오는 사이, 아테나이인들은 그 틈을 이용해 자신들이 원할 때 전투를 개시할 수 있고 전투 중이든 전투 개시 전이든 쉬라쿠사이 기병대로 인한 피해를 최소화할 수 있는 유리한 장소에 느긋하게 진을 쳤다. 그곳에는 한쪽에 담과 집과 나무와 늪이 있고, 다른 쪽에는 가파른 벼랑이 있었기 때문이다. (2) 그들은 또 근처의 나무를 베어 그 밑동들을 바닷가로 날라가서는 죽 늘어선 함선들 맞은편에 방책을 세웠다. 그들은 또 적군의 공격에 가장 취약한 지점인 다스콘에 주워온 돌과 통나무로 서둘러 요새를 지었고, 아나포스 강의 다리를 부숴버렸다.

(3) 그들이 이렇게 준비하는 동안 시내에서 나와 방해하는 자는 아무도 없었다. 맨 먼저 나타난 것은 쉬라쿠사이의 기병대였고, 이어서 전 보병이 그들과 합류하려고 모여들었다. 그들은 처음에 아테나이군의 진지에 다가갔지만, 이들이 출동하지 않자 돌아서서 헬로로스로 가는 길을 건넌 다음 그곳에 진을 치고 숙영했다.

67 (1) 이튿날 아테나이인들과 그들의 동맹군은 전투 태세를 갖추었는데, 그 전열은 다음과 같았다. 오른쪽 날개는 아르고스인들과 만티네이아인들이, 중앙은 아테나이인들이, 나머지 전열은 다른 동맹군이 맡았다. 그들 군대의 반은 앞쪽에 8열 횡대로 정렬하고, 나머지 반은 막사들 옆에 장방형을 이루며 역시 8열 횡대로 서 있었는데, 앞쪽 부대 가운데 일부가 곤경에 빠진 것이 보이면 출동하여 도와주라는 지시를 받았다. 비전투원들은 이 장방형 안에 배치되었다.

(2) 쉬라쿠사이인들은 중무장보병을 모두 16열 횡대로 정렬했는데, 거기에는 쉬라쿠사이군 전부 이외에도 그들을 지원하러 온 동맹군이 포함되어 있었다. 이들은 주로 셀리누스에서 왔지만, 겔라의 기병대가 2백 명이나 되었고, 카마리나에서도 기병 약 20명과 궁수 약 50명이 왔다. 그들은 1천2백 명을 밑돌지 않는 기병대를 오른쪽 날개 옆에 배치하고 그 옆에는 투창수들을 배치했다. (3) 아테나이군이 먼저 공격하려고 하자, 니키아스가 대열 앞을 걸어가며 군대 전체와 그것을 구성하고 있는 부족들을 다음과 같은 말로 격려했다.

68 (1) "전사 여러분, 우리는 모두 같은 전투를 하려고 여기 모였거늘, 격려의 말을 길게 늘어놓을 필요가 어디 있겠소? 생각건대, 미사여구가 허약한 군대에 자신감을 불어넣어주는 것보다는 여기 모인 우리의 강력한 군대가 여러분에게 더 많은 자신감을 불어넣어줄 테니 말입니다. (2) 아르고스인들, 만티네이아인들, 아테나이인들 그리고 가장 훌륭한 섬 주민

이 여기 모였는데, 이런 훌륭한 동맹군을 이처럼 많이 갖고도 우리가 어찌 승리하리라는 자신감을 갖지 않을 수 있겠소? 더군다나 우리가 대적하는 자들은 우리처럼 정예부대가 아니라 방어하기 위해 소집된 의용군이오. 게다가 그들은 시켈리아의 헬라스인 이주민이오. 그들은 우리를 얕잡아보지만 우리의 적수가 되지 못할 것이오. 그들은 무모할 뿐 전사로서 경험이 부족하기 때문이오.

(3) 여러분은 또 다음과 같은 점도 명심하시오. 우리는 고국에서 멀리 떨어져 있고, 가까이에는 어디에도 우방이 없소. 여러분이 싸워서 얻지 않는다면 말이오. 그래서 내가 여러분에게 하는 말은, 적장들이 자신들의 부대원들을 격려하는 말과는 분명 정반대요. 그들은 그들 앞에서 벌어질 전투가 그들의 조국을 위한 것이라고 말하겠지요. 그러나 나는 이곳은 여러분의 조국이 아니며, 여러분이 이곳을 정복하지 못하면 수많은 기병의 추격을 받으며 힘겹게 후퇴하게 되리라고 여러분에게 말하지 않을 수 없소. (4) 그러니 여러분은 모두 자신의 명성을 떠올리며, 또한 지금 우리가 처한 곤경과 어려움은 적군보다 더 무섭다고 생각하며 과감하게 적군을 공격하시오."

69 (1) 니키아스는 그런 말로 격려한 뒤 군대를 곧장 앞으로 인솔했다. 이때 쉬라쿠사이인들은 그렇게 금세 전투가 벌어지리라고는 예상하지 않았고, 그들 중 일부는 실제로 얼마 떨어져 있지 않은 도시로 가버렸다. 그러나 이들은 황급히 되돌아왔고, 비록 늦게 도착했지만 주력부대에 합류하여 대원들과 함께 자리 잡고 섰다. 이번 전투에서도, 그 뒤 벌어진 여러 전투에서도 쉬라쿠사이인들은 결코 투지나 용맹이 부족한 적이 없었다. 전술에서 지지 않는 한 그들은 용기에서 아테나이인들에 뒤지지 않았지만, 전술에서 질 때는 어쩔 수 없이 결의를 포기하지 않을 수 없었다. 그래서 지금 그들은 아테나이인들이 먼저 공격하리라고 예상하지 않다가

서둘러 응전하지 않을 수 없었지만 즉시 무구를 들고 반격에 나섰던 것이다.

(2) 전투는 먼저 양군의 투석병과 궁수 사이의 전초전으로 시작되었는데, 경무장보병의 전투가 흔히 그러하듯 일진일퇴를 거듭했다. 이어서 예언자들이 통상적인 제물을 바치고, 나팔수들이 전투에 가담하라고 중무장보병을 불렀다.

(3) 그래서 그들이 앞으로 나아가, 쉬라쿠사이인들은 자신들의 조국을 위해 그리고 그들 각자는 자신의 생명과 앞으로의 자유를 위해 싸웠다. 한편 아테나이인들은 남의 나라를 정복하고, 패배시킴으로써 자신들의 나라에 해를 끼치지 못하게 하려고 싸웠다. 아르고스인들과 그 밖의 다른 자치 동맹군은 아테나이인들이 목표로 한 것을 정복하도록 도와줌으로써 그 대가로 두고 온 조국을 다시 볼 수 있기 위해 싸웠다. 종속된 동맹군은 주로 당장 목숨을 구하려고 최선을 다해 싸웠는데(그것은 이기지 않으면 기대할 수 없었다), 그 밖에도 그들은 자신들이 아테나이가 계속해서 정복하도록 도와주면 자신들에 대한 억압이 줄어들 것이라는 희망도 품었다.

70 (1) 이제 두 군대는 백병전을 벌였고, 한동안 어느 쪽도 물러서지 않았다. 때마침 천둥 번개가 치는 가운데 비가 억수같이 쏟아지자 처음 전투에 참가하고 전쟁 경험이 적은 쉬라쿠사이인들은 더욱 두려움에 사로잡힌 반면, 경험 많은 아테나이인들은 폭풍우는 이 계절에 예상할 수 있는 일로 여기며, 오히려 쉬라쿠사이인들이 저항을 계속하는 것에 놀랐다.

(2) 그러나 먼저 아르고스인들이 쉬라쿠사이군의 왼쪽 날개를 밀어내고 이어서 아테나이인들도 자신들과 맞선 부대를 돌파하자, 나머지 쉬라쿠사이인 부대도 대열이 무너지며 전군이 도주했다.

(3) 아테나이인들은 그들을 멀리 추격하지 않았다. 아직 패하지 않은 수

많은 쉬라쿠사이 기병대가 아테나이의 중무장보병 한 명이 대열을 앞질러 추격하는 모습을 보면 덤벼들어 뒤로 쫓아냄으로써 추격을 방해했기 때문이다. 그럼에도 아테나이인들은 한 덩어리가 되어 그렇게 하는 것이 안전한 범위 내에서 멀리 뒤따라가다가 되돌아서서 승전비를 세웠다. (4) 쉬라쿠사이인들은 헬로로스로 가는 도로에 다시 집결해 상황이 허락하는 한 대오를 갖추고 나서 올륌피에이온으로 수비대를 파견했는데, 아테나이인들이 그곳에 있는 보물들을 가져갈까 걱정되었기 때문이다. 그들의 나머지 군대는 시내로 철수했다.

71 (1) 그러나 아테나이인들은 신전으로 다가가지 않고 자신들의 전사자들 시신을 모아 장작더미에 얹고 나서 그곳에서 야영했다. 그리고 이튿날 그들은 휴전조약을 맺고 쉬라쿠사이인들에게 그들의 전사자들 시신을 돌려주고 자신들의 전사자들 시신을 장작더미에서 수습했는데, 쉬라쿠사이인들과 그들의 동맹군은 260명쯤 전사하고, 아테나이인들과 그들의 동맹군은 50명쯤 전사했다. 그리고 나서 그들은 적군에게 빼앗은 무구를 챙겨 카타네로 회항했다. (2) 때는 이제 겨울인지라 그들은 쉬라쿠사이 앞 기지에서는 전쟁을 계속할 수 없다고 생각했기 때문이다. 쉬라쿠사이 기병대에 완전히 압도당하지 않으려면 우선 아테나이에서 기병대가 파견되고, 시켈리아의 동맹국에서 기병대를 차출해야 했다. 군자금도 현지에서 조달하는 한편 아테나이에서 송금받아야 했고, 또 몇몇 도시를 자기편으로 끌어들이기를 원했는데, 전투가 승리로 끝난 지금 그럴 가망성이 더 많아 보였다. 그 밖에도 봄에 쉬라쿠사이를 공격하려면 군량과 필요한 물자를 조달해야 했다.

72 (1) 그래서 그런 계획을 품고 아테나이인들은 겨울을 나기 위해 낙소스와 카타네로 회항하고, 쉬라쿠사이인들은 자신들의 전사자들을 매장한 다음 민회를 개최했다. (2) 그러자 헤르몬의 아들 헤르모크라테스가 말

하기 위해 앞으로 나섰는데, 그는 누구 못지않게 총명하고 전쟁에서는 남다른 경험과 용기로 두각을 나타냈다. 그는 쉬라쿠사이인들이 이번 사건으로 낙담하지 않도록 그들의 사기를 드높이려 했다.

(3) 그가 말하기를, 그들은 사기가 부족해서 패한 것이 아니라 군기가 문란해서 피해를 본 것이라고 했다. 그렇다 해도 전쟁에 미숙한 그들이 헬라스에서 전쟁 경험이 가장 많은 군대를 상대로 싸웠다는 점을 감안하면 예상한 것만큼 압도당하지는 않았다고 했다.

(4) 가장 큰 문제점은 장군 수가 많다는 것과(그들에게는 장군이 15명이나 있었다), 명령하는 사람은 너무 많은데 대원들은 명령에 체계적으로 대응하지 못한 것이라고 했다. 만약 장군의 수를 경험 많은 소수로 제한하고 이번 겨울에 무구를 갖지 못한 대원들에게 무구를 지급하여 그 수를 최대한 늘림으로써 중무장보병을 강화하고 맹훈련을 시킨다면 적군에게 이길 승산이 충분히 있다고 했다. 그들에게는 이미 용기가 있고, 규율은 훈련을 하면 저절로 생기게 마련이라고 했다. 이 두 가지 자질은 함께 계발되는데, 규율은 위험 속의 단련을 통해 더욱 계발되고, 용기는 자신의 능력에 대한 확신을 통해 더욱 대담한 형태를 취한다고 했다.

(5) 장군은 소수만 선출하되 전권을 부여해야 하며, 백성은 그들이 좋다고 판단하는 대로 지휘하게 해주겠다고 서약하고 맹세해야 한다고 했다. 그래야만 비밀 유지가 필요한 사안들은 더 쉽게 비밀이 지켜질 것이고, 다른 조치들도 효과적으로 지체 없이 강구할 수 있을 것이라고 했다.

73 (1) 쉬라쿠사이인들은 그의 말을 듣고 모든 것을 그가 요구하는 대로 결의했다. 그리고 세 명의 장군을 선출했는데, 헤르모크라테스와 뤼시마코스의 아들 헤라클레이데스와 엑세케스토스의 아들 시카노스가 그들이다. (2) 이들은 또 코린토스와 라케다이몬에 사절단을 보내 동맹국인 그들의 도움을 요청하는 한편, 자기들을 위해 대(對)아테나이 전투를 더

강화해달라고 라케다이몬인들에게 간청하게 했으니, 아테나이인들이 시켈리아에서 철군하게 하거나 이미 시켈리아에 와 있는 군대에 증원부대를 파견할 여력을 줄이기 위해서였다.

74 (1) 카타네로 회항한 아테나이군은 멧세네 시가 반기를 들고 자기편으로 넘어올 줄 알고 곧장 그곳으로 출항했다. 그러나 그들의 음모는 실패로 돌아갔다. 소환받고 장군직에서 면직된 알키비아데스가 자신이 추방당할 것을 알고는 음모에 관해 알고 있는 바를 멧세네의 친(親)쉬라쿠사이 파에게 알려주었기 때문이다. 그래서 그들은 아테나이인들이 도착하기 전에 음모의 주모자들을 처형했고, 이제는 혼란한 틈을 타 무장집단으로 시내에서 주도권을 잡고는 아테나이인들이 들어오지 못하게 했다.

(2) 아테나이인들은 그곳에 13일쯤 머물다가 날씨는 추워지고 보급은 달리는데 아무런 진척이 없자, 낙소스로 돌아가 진을 치고 방책을 두르며 그곳에서 겨울을 날 준비를 했다. 그들은 또 아테나이로 삼단노선 한 척을 파견하여 봄이 되자마자 도착하게끔 군자금과 기병대를 보내달라고 했다.

75 (1) 겨울 동안 쉬라쿠사이인들도 도시에 붙여 테메니테스 성역을 집어넣고 에피폴라이[46] 언덕 맞은편 지역을 죽 따라가며 방벽을 쌓았는데, 자신들이 패할 경우 좁은 곳에 봉쇄되는 것을 막기 위해서였다. 또 메가라와 올륌피에이온에도 요새를 쌓았으며, 상륙할 만한 곳은 모두 바다에다 말뚝을 박았다. (2) 그들은 또 아테나이인들이 낙소스에서 겨울을 난다는 것을 알고는 전군을 이끌고 카타네로 출동하여 그 영토의 일부를 유린하고 아테나이인들의 군영과 막사들을 불태운 뒤 귀로에 올랐다.

(3) 그들은 또 아테나이인들이 라케스가 지휘관일 때 맺은 동맹을 내세워 카마리나의 지지를 얻어내려고 그곳으로 사절단을 보낸다는 말을 듣고, 이를 막기 위해 자신들도 사절단을 보냈다. 카마리나인들이 첫 번째

전투 때 원군을 보내기는 했지만 그다지 열성을 보이지 않은 데다, 아테나이인들이 전투에서 이기는 것을 보았으니 앞으로는 이제 돕기를 거절하고 이전의 우호조약에 따라 아테나이 편이 되리라고 의심한 것이다.

(4) 그리하여 쉬라쿠사이에서는 헤르모크라테스 일행이, 아테나이 쪽에서는 에우페모스 일행이 도착했다. 그리고 카마리나인들이 회의를 개최하자 헤르모크라테스가 아테나이인들을 먼저 공격하려고 다음과 같이 말했다.

76 (1) "카마리나인 여러분, 우리가 사절로 온 것은 여러분이 여기 와 있는 아테나이군에게 주눅 들까 우려해서가 아니라 우리 쪽에서 하는 말을 들어보기도 전에 저들이 하려는 말에 설득당할까 염려되었기 때문입니다. (2) 그들은 여러분도 잘 아는 핑계를 대고 여기 시켈리아에 와 있지만, 우리 모두 그 저의를 의심하고 있습니다. 내 생각에 그들은 레온티노이인들을 다시 정착시키기 위해서가 아니라 우리를 다른 곳으로 이주시키려고 와 있는 것 같습니다. 그들의 주장에는 일관성이 없습니다. 그들은 헬라스에서는 주민을 내쫓으면서 시켈리아에서는 주민을 제자리로 복귀시키니 말입니다. 말하자면 그들은 동족이라는 이유로 레온티노이의 칼키스계 주민에게는 온갖 호의를 보이면서도 정작 레온티노이의 모국인 에우보이아의 칼키스 주민은 예속시켜 노예로 삼았습니다.

(3) 아니, 그들은 헬라스에서 제국을 건설한 것과 똑같은 방법으로 지금 이곳에서도 제국을 건설하려 합니다. 그들은 페르시아인들을 응징하기 위한 전쟁에서 이오네스족과 다른 식민지 동맹국 주민의 뜻에 따라 일단 주도국이 된 후에는 더러는 부대를 파견하지 않는다고, 더러는 서로 싸운다고, 그때그때 그럴듯한 핑계를 대며 그들을 모두 예속시켰습니다.

---

46 Epipolai.

그러니 대(對)페르시아 전쟁에서 아테나이인들은 헬라스의 자유를 위해, 헬라스인들은 자신들의 자유를 위해 싸운 것이 아니라 아테나이인들은 페르시아 제국을 자신들의 제국으로 대치하기를 원했고, 헬라스인들은 전(前)주인을 더 영리하기는 하지만 더 나쁜 일에 영리한 새 주인으로 바꾸기 위해 싸운 꼴이 되고 말았습니다.

77 (1) 그러나 우리가 여기 온 이유는 아테나이처럼 비난받기 쉬운 도시가 저지른 잘못을 알 만큼 이미 알고 있는 여러분에게 그것을 열거하기 위해서가 아닙니다. 더 비난받아 마땅한 것은 우리 자신입니다. 우리는 아이가이온 해의 헬라스인들이 서로 돕지 않아 노예가 된 선례를 보았고, 아테나이인들이 지금 우리에게 레온티노이의 동족을 복귀시키느니 에게스타의 동맹군을 돕느니 하며 똑같은 술수를 쓰고 있음에도 일치단결하여, 여기 있는 우리는 이오니아인들이나 헬레스폰토스 해협 해안 주민들이나, 페르시아인들이든 다른 사람들이든 끊임없이 새 주인을 섬기는 섬 주민들이 아니라 자유로운 펠로폰네소스에서 시켈리아로 건너와 사는 자유민인 도리에이스족임을 분명히 보여주고 싶어 하지 않으니 말입니다.

(2) 아니면 우리는 그렇게 하는 것이 우리를 정복하는 유일한 방법임을 뻔히 알면서도 우리 도시들이 하나씩 하나씩 따로따로 정복되기를 기다리는 것입니까? 그들이 설득 작전으로 우리 사이에 이간을 붙이고, 원조를 제공함으로써 우리 사이에 전쟁을 부추기고, 다른 나라들에는 그때그때 감언이설로 해악을 끼치는데도 말입니다. 그리고 먼 곳에 사는 같은 시켈리아인들이 먼저 파멸해도 우리에게는 위험이 미치지 않을 것이며, 불운은 우리에게 미치기 전에 먼저 고통당하는 자들에 국한되리라고 생각하는 것입니까?

78 (1) 여러분 가운데 누가 아테나이의 적은 쉬라쿠사이이지 카마리나가 아

니라고 생각하고 우리나라를 위해 위험을 무릅쓰는 것에 이의를 제기한다면, 이 점을 명심하십시오. 그가 우리나라에서 싸운다면 우리나라를 위해서 싸우는 만큼 자기 나라를 위해서도 싸우는 것이며, 우리가 먼저 쓰러지지 않으면 그는 혼자 싸우지 않고 우리를 동맹군으로 삼을 테니 더 안전할 것입니다. 그는 또 아테나이인들이 노리는 것은 쉬라쿠사이의 적대감을 응징하는 것 못지않게 쉬라쿠사이인들을 핑계 삼아 카마리나인들의 '우정'을 확보하는 것임을 알아야 합니다.

(2) 그리고 만약 누가 우리를 시기하거나 두려워하여(강대국은 시기와 두려움의 대상이 되게 마련입니다) 이 때문에 쉬라쿠사이가 덜 교만하도록 약화되기를 원하면서도 자신의 안전을 위해 쉬라쿠사이가 살아남기를 바란다면, 그는 인간의 능력을 넘어서는 것을 원하는 것입니다. 인간은 자신의 소망에 맞게 운명을 조절할 수 없기 때문입니다. (3) 또한 그의 예상이 빗나간다면 그는 곧 자신의 불행을 탄식하며 십중팔구 한 번 더 우리의 행운을 시기할 수 있었으면 할 것입니다. 그러나 그가 우리를 버리고, 말이야 어떻게 하든 실제로는 우리에게나 그에게나 똑같이 위협이 되는 이번 위험들을 분담하기를 거절한다면 그것은 불가능합니다. 말로는 그가 우리의 힘을 유지하기 위해 싸우는 것이 되겠지만, 사실은 그 자신이 살아남기 위해 싸우는 것입니다.

(4) 그리고 카마리나인 여러분, 여러분은 우리와 국경을 맞대고 있고 우리 다음으로 위험선상에 올라 있는 만큼, 누구보다도 이런 일들을 미리 내다보고 우리를 지금처럼 이렇게 미온적으로 지원할 것이 아니라 우리가 여러분에게 오는 대신 여러분이 우리에게 왔어야 할 것입니다. 또한 아테나이인들이 카마리나를 먼저 공격했더라면 여러분은 우리에게 도와달라고 간청했을 텐데, 그처럼 여러분도 우리더러 적군에게 항복하지 말라고 격려했어야 할 것입니다. 그러나 지금은 여러분도 다른 사람들도

그런 열성을 보이지 않는군요.

79 (1) 여러분은 아마 겁이 나서 우리에 대해서도 침략자들에 대해서도 공정한 태도를 취하려 하며 아테나이와의 동맹조약을 내세우겠지요. 그러나 그 동맹조약은 여러분의 친구들을 겨냥하고 맺은 것이 아니라 여러분이 적의 공격을 받을 때에 대비하여 맺은 것이며, 아테나이가 지금처럼 이웃나라들을 공격할 때가 아니라 피해를 입을 때에 대비하여 아테나이를 돕고자 맺은 것입니다.

(2) 하지만 칼키스계인 레기온인들조차 레온티노이의 같은 칼키스계 주민을 재정착시키는 데 아테나이인에게 돕기를 거부하고 있습니다. 레기온인들은 그럴듯한 핑계 뒤에 감춰진 저의를 의심하고 논리보다 원칙을 택하는데, 여러분은 논리를 핑계로 내세우며 타고난 적을 돕고, 우리의 불구대천의 원수와 힘을 모아 여러분의 타고난 친족들을 멸하려 한다면 이 어찌 놀라운 일이 아니겠습니까? (3) 그것은 분명 옳은 일이 아닙니다. 여러분은 그들을 물리쳐야 하며 그들의 병력 규모에 주눅 들면 안 됩니다. 우리가 단결한다면 두려워할 것이 하나도 없습니다. 다만 그들의 의도대로 우리가 단결하지 못하고 뿔뿔이 흩어지면 그때는 두렵겠지요. 그들은 우리 쉬라쿠사이인들만을 공격하여 전투에서 이겼을 때도 목적을 달성하지 못하고 서둘러 철수했습니다.

80 (1) 그러니 우리가 모두 단결한다면 낙담할 이유가 없으며, 오히려 더 흔쾌히 동맹에 가입해야 합니다. 무엇보다도 펠로폰네소스로부터 군사 기술에서 어느 모로 보나 아테나이인들보다 더 우수한 원군이 오고 있기 때문입니다. 그리고 어느 누구도 여러분이 양쪽과 동맹을 맺고 있는 만큼 어느 편에도 가담하지 않는 조심스러운 조치를 취하는 것이 우리에게는 공정하고 여러분에게는 안전하다고 생각해서는 안 됩니다. (2) 이론상으로는 공정해 보일지 몰라도 실제로는 그렇지 않습니다. 만약 여러분

이 함께 싸우지 않은 까닭에 패자는 망하고 승자는 살아남는다면, 결국 여러분은 이러한 불개입 때문에 희생자가 살아남도록 지켜주지 못하고, 공격자가 범죄를 저지르지 못하도록 제지하는 데 실패한 셈이 아닌가요? 분명 더 고상한 행동은, 여러분의 동족으로 부당하게 박해받는 자들 편이 되어 시켈리아의 공동 이익을 수호하고 여러분의 아테나이인 친구들이 과오를 저지르지 않게 하는 것입니다.

(3) 간단히 말해 우리 쉬라쿠사이인들의 주장인즉, 여러분도 잘 알고 있는 일을 우리가 여러분이나 다른 사람들에게 세세히 설명할 필요가 없다는 것입니다. 우리는 설명하러 온 것이 아니라 호소하러 온 것입니다. 그러나 우리가 여러분을 설득하는 데 실패하면 우리는 숙적인 이오네스족에게 공격당하고 있으며, 도리에이스족인 우리가 같은 도리에이스족인 여러분에게 배신당하고 있다고 엄중히 항의할 것입니다.

(4) 만약 아테나이인들이 우리를 정복하면, 그들이 승리한 것은 여러분의 결정 덕분이지만 자신들의 공로로 돌릴 것이며, 그들이 받게 될 승리의 상(賞)은 다름 아니라 그들이 승리하도록 도와준 바로 그 사람들이 될 것입니다. 반면 우리가 승리하면, 여러분은 우리를 그런 위험에 빠뜨린 벌을 면치 못할 것입니다. (5) 그러니 심사숙고하여 선택하십시오. 위험은 모면하되 당장 노예가 될 것인지, 아니면 우리와 함께 적을 막아냄으로써 아테나이에 예속되는 수모와 금세 사그라지지는 않을 우리의 원한을 사는 일을 피할 것인지 말이오."

81 헤르모크라테스가 그렇게 말하자 이어서 아테나이 사절 에우페모스가 다음과 같이 말했다.

82 (1) "우리가 온 것은 종전의 동맹조약을 갱신하기 위해서였지만, 쉬라쿠사이인이 우리를 비방하니 우리가 제국을 유지할 수밖에 없는 이유들을 말하지 않을 수 없습니다. (2) 그런데 실은 이오네스족이 도리에이스족

의 숙적이라고 말함으로써 그는 가장 중요한 증언을 해준 셈입니다. 그것은 사실입니다. 우리는 이오네스족이고 펠로폰네소스인들은 도리에이스족입니다. 그들은 우리보다 수가 더 많고 우리 가까이에 삽니다. 그래서 우리는 그들에게 예속되지 않으려고 늘 조심했습니다.

(3) 페르시아 전쟁 때 해군을 양성한 뒤에야 우리는 라케다이몬인들의 제국과 지휘권에서 벗어났습니다. 당시 그들이 우리보다 더 강력했다는 이유 말고는 우리가 그들에게 명령할 권한이 없는 것만큼이나 그들도 우리에게 명령할 권한이 없었습니다. 그 뒤 우리 도시는 자진하여 페르시아 왕의 속국이 된 나라들의 지도국이 되었는데, 자신을 지킬 힘을 가진 지금 그렇게 해야만 펠로폰네소스인들에게 예속될 가능성이 가장 적다고 생각했기 때문입니다. 또 엄밀히 말해 쉬라쿠사이인들의 말처럼 우리의 억압받는 동족들인 이오네스족과 섬 주민들을 예속시킨 것은 부당한 처사라 할 수 없습니다. (4) 이들 동족은 페르시아인들에게 붙어 자신들의 모국인 아테나이를 공격했으며, 도시를 버리고 떠났을 때의 우리처럼 재산을 잃는 한이 있더라도 페르시아에 반기를 들 용기가 없어서 스스로 노예가 되고, 우리까지 노예로 만들려 했기 때문입니다.

83 (1) 그래서 우리는 지금의 제국을 가질 자격이 있습니다. 첫째, 우리는 최강의 해군력을 제공하고 거리낌 없는 용기로 헬라스를 위해 봉사한 반면, 지금 우리에게 예속된 자들은 우리를 망치려고 페르시아에 적극적으로 부역했기 때문입니다. 둘째, 펠로폰네소스인들에게 대항할 힘을 갖추는 것이 우리의 소망이기 때문입니다. (2) 우리는 혼자 힘으로 비(非)헬라스인 침입자를 타도했으니 우리가 제국을 가지는 것은 정당하다거나, 우리가 위험을 무릅쓴 것은 우리를 포함한 만인(萬人)의 자유를 위해서가 아니라 이들 우리에게 예속된 자들의 자유를 위해서였다는 따위의 미사여구를 늘어놓지는 않겠습니다. 누가 나름대로 자신의 안전을 추구

한다 해서 나무랄 일이 아닙니다. 그래서 우리는 지금 우리의 안전을 위해 여기 시켈리아에 와 있으며, 보아하니, 여러분과 우리는 이해관계가 일치하는 것 같습니다.

(3) 우리는 이를 쉬라쿠사이인들이 우리를 비난한 말과 여러분이 지나치게 주눅 들어 틀림없이 우리에게 품고 있을 의혹을 통해 밝히겠습니다. 우리가 알기에, 사람들은 겁이 나거나 의혹이 생길 때는 감정에 영합하는 논리에 잠시 귀가 솔깃하지만 나중에 행동할 때가 되면 자신의 이해관계를 따르는 법입니다. (4) 앞서 말했듯 우리가 헬라스에 제국을 유지하는 것은 두려움 때문이며, 우리가 친구들과 함께 이곳의 사태를 안정시키려고 여기 온 것도 두려움 때문입니다. 여러분을 노예로 만들기 위해서가 아니라 여러분이 노예가 되는 것을 막기 위해서라는 말입니다.

84 (1) 어느 누구도 우리가 여러분에게 관심을 두는 것을 남의 일에 참견하는 것이라고 생각해서는 안 됩니다. 왜냐하면 여러분이 안전하고 쉬라쿠사이에 대항할 수 있을 만큼 강력하다면, 쉬라쿠사이인들이 우리를 해치기 위해 펠로폰네소스에 원군을 파견할 가능성은 줄어들 것이기 때문입니다. (2) 그런 맥락에서 여러분은 우리에게 중차대한 관심사입니다. 같은 이유에서 우리가 레온티노이인들의 독립을 되찾아주고, 에우보이아에 있는 그들의 동족처럼 우리의 속국으로 만들기는커녕 되도록 그들이 강력해지도록 돌보아주는 것은 자가당착이 아닙니다. 그래야만 그들이 우리를 위해 자신들의 변경지역에서 쉬라쿠사이에 골탕을 먹일 수 있을 것이기 때문입니다.

(3) 헬라스에서는 우리가 자력으로 적을 상대할 수 있을 만큼 충분히 강력합니다. 그래서 헬라스에서는 우리가 칼키스계 주민을 노예로 삼으면서 시켈리아에서는 그들을 해방하는 것은 자가당착이라고 헤르모크라테스가 주장한다면, 그는 헬라스에서는 그들이 무장하지 않고 공물만 바

치는 것이 우리 이익에 부합하지만 여기 시켈리아에서는 레온티노이인들과 다른 우방이 완전 독립하는 것이 우리 이익에 부합한다는 점을 알아야 합니다.

85 (1) 참주나 도시가 절대 권력을 행사하는 경우에는 이익이 되는 것이면 무엇이든 불합리하지 않으며, 신뢰할 수 없으면 혈연 같은 것도 없습니다. 친구도 적도 그때그때 상황에 따라 결정됩니다. 그리고 여기 시켈리아에서는 우리 우방들을 약화시키지 않고, 그들이 가진 힘을 우리 적국들을 무력화하는 데 이용하는 것이 우리 이익에 부합합니다.

(2) 여러분은 그 점을 믿어야 합니다. 헬라스에서는 우방들이 저마다 우리에게 가장 쓸모 있도록 우리가 조종합니다. 이를테면 키오스인들과 메튐나인들은 함선을 제공하고 독립을 유지합니다. 대부분의 우방들은 공물을 바치도록 더 가혹하게 강요받고, 다른 우방들은 섬 주민들인지라 우리가 쉽게 정복할 수 있지만 펠로폰네소스 주위의 전략적 요충지에 자리 잡고 있어 완전한 자유를 누리고 있습니다.

(3) 여기 시켈리아에서도 우리의 정책은 당연히 우리의 이익과, 앞서 말했듯 쉬라쿠사이인들에 대한 우리의 두려움에 맞춰 조정되어야 합니다. 쉬라쿠사이인들의 목표는 여러분을 지배하는 것이며, 그들의 정책은 우리에 대한 여러분의 의심을 이용해 여러분을 단결시킨 후 힘으로 또는 아무것도 이루지 못하고 우리가 철수할 경우 여러분이 고립무원의 처지가 된 것을 이용해 시켈리아의 지배자가 되는 것입니다. 여러분이 그들과 단결하면 그런 일은 불가피합니다. 그토록 강력한 연합군을 우리가 상대하기란 쉽지 않을 테니 말입니다. 또한 우리가 사라지고 없으면 쉬라쿠사이인들은 여러분이 감당하기에는 너무 강할 것입니다.

86 (1) 누가 이와 다르게 생각한다면 사실 자체가 그를 반박합니다. 여러분이 처음에 우리의 도움을 요청했을 때 여러분이 우리에게 내세운 것은,

만약 우리가 여러분이 쉬라쿠사이인들의 수중에 떨어지게 내버려둔다면 우리 자신이 위험해진다는 위협이었습니다.

(2) 이제 와서 여러분이 우리를 설득할 수 있을 것이라고 믿었던 논리를 거부하거나, 우리가 쉬라쿠사이에 맞서기 위해 여러분이 예상한 것보다 더 많은 병력을 이끌고 왔다고 해서 우리를 의심한다면 이는 옳지 못합니다. 여러분은 오히려 쉬라쿠사이인들을 더 불신해야 합니다.

(3) 우리는 여러분의 도움 없이는 여기 머무를 수 없습니다. 설령 우리가 비열하게도 여러분의 독립을 박탈한다 해도, 여기까지는 뱃길이 멀고 대륙 세력 수준으로 무장한 대도시들에 수비대를 배치하기가 어려워 여러분을 통제할 수가 없을 것입니다. 하지만 쉬라쿠사이인들은 여러분의 가까운 이웃으로, 군영에서 살지 않고 우리가 이끌고 온 군대보다 규모가 더 큰 도시에 살면서 여러분에게 끊임없이 음모를 꾸미고 있습니다.

(4) 또한 그들은 예컨대 레온티노이를 처리한 것을 보면 알 수 있듯, 기회를 잡으면 절대 놓치지 않습니다. 그런 그들이 지금 뻔뻔스럽게도 그들의 의도를 제지하며 여태껏 시켈리아가 그들에게 예속되는 것을 막아준 사람들에 대항해 자기편이 되어달라고 여러분에게 간청합니다. 이는 여러분을 바보로 보는 것이 아니고 무엇이겠습니까!

(5) 우리는 여러분에게 훨씬 더 실질적인 안전을 권합니다. 그것은 우리 양국의 상호관계에 이미 내재하며, 여러분은 부디 그것에 등을 돌리지 마십시오. 그리고 쉬라쿠사이인들은 수가 많아서 동맹군 없이도 언제든 여러분을 공격할 수 있는 길이 열려 있지만, 여러분에게는 지금 우리가 제공하는 것과 같은 강력한 군대의 도움을 받아 자신을 지킬 기회가 자주 주어지지 않으리라는 점을 명심하십시오. 만약 여러분이 우리의 저의를 의심하기 때문에 우리가 아무것도 이루지 못하고 또는 패배하여 시켈리아를 떠날 경우, 여러분이 우리 군대의 일부라도 다시 보고 싶어질 때

가 올 것입니다. 그러나 그때는 군대가 돌아와도 여러분을 도울 수 없을 것입니다.

87 ⑴ 그러니 카마리나인 여러분, 여러분도 다른 사람들도 쉬라쿠사이인들의 모함에 휘둘리지 마십시오. 우리는 여러분에게 우리가 의심받고 있는 부분에 관한 진실을 남김없이 말했으며 지금 그 요점들을 한 번 더 상기시키겠습니다. 그러면 여러분도 이해할 것입니다.

⑵ 우리의 주장인즉, 우리가 헬라스에서 지배하는 것은 남에게 지배당하지 않기 위해서이며, 우리가 시켈리아에서 주민을 해방하는 것은 우리를 해코지하는 데 그들이 이용당하는 것을 막기 위해서입니다. 우리가 여러 가지 일에 개입하지 않을 수 없는 이유는 우리가 지켜야 할 것이 많기 때문입니다. 우리는 이전이나 지금이나 여러분 중에 핍박받는 이들의 동맹군으로서 여기 온 것이며, 자청해서 온 것이 아니라 도와달라는 요청을 받고 왔습니다.

⑶ 그러니 여러분은 우리의 태도에 대해 재판관이나 단속관 노릇을 하며 그것을 바꾸려 하지 마십시오. 지금 와서 그것은 쉬운 일이 아닙니다. 대신 우리의 활동적인 성격 가운데 여러분의 목적에도 이바지하는 것이 있다면 이를 택하여 이용하도록 하십시오. 그리고 여러분은 우리의 그런 특징이 모든 사람들에게 언제나 해를 끼치기는커녕 많은 헬라스인들에게 유익하다는 점을 명심해야 합니다.

⑷ 그것은 우리가 현장에 가 있지 않는 곳을 포함하여 어떤 장소에서도, 어떤 사람들에게도 효과가 있습니다. 공격당할까 두려워하는 사람들도, 실제로 공격을 계획하는 사람들도 우리의 개입 가능성을 항상 염두에 두어야 하기 때문입니다. 전자는 우리의 도움을 기대할 수 있고, 후자는 우리가 개입하면 자신의 모험에는 위험이 따른다는 점을 고려해야 합니다. 그리하여 둘 다 우리의 힘을 의식하고는 후자는 어쩔 수 없이 재고하게

되고, 전자는 애쓰지 않고도 구원받게 되는 것입니다. (5) 여러분은 청하는 사람은 누구나 가질 수 있으며 지금 이 순간 여러분에게 제공되고 있는 그러한 안전을 거부하지 마십시오. 여러분도 남들처럼 우리와 함께하십시오. 그리고 언제나 쉬라쿠사이인들을 경계하는 대신 태도를 바꾸어 그들에게 위협당하면 그들을 위협하십시오."

88 (1) 에우페모스는 그렇게 말했다. 카마리나인들은 난처했다. 그들은 아테나이인들에게는 시켈리아를 예속시키려 한다고 의심하는 것 말고는 호의적이었고, 국경을 맞대고 있는 쉬라쿠사이인들에게는 늘 적대적이었다. 그러나 그들은 자신들의 도움 없이도 이길 수 있는 이웃나라 쉬라쿠사이가 두렵기도 하여 원래 소규모 기병대를 보내주었지만, 앞으로는 되도록 규모는 작게 하되 쉬라쿠사이에 실질적인 도움을 주는 것이 상책이라고 생각했다. 하지만 지금 당장은 무엇보다도 아테나이인들이 전투에서 이긴 만큼 아테나이인들에게 불공평하다는 인상을 주지 않으려고 양쪽에 똑같은 답변을 하기로 결의했다. (2) 그런 방침에 따라 그들은 자기들이 지금 교전 중인 양쪽 모두와 동맹을 맺고 있는 만큼 자신들의 서약을 지킬 수 있는 유일한 방법은 어느 편도 돕지 않는 것이라고 답변했다. 그러자 양쪽 사절단 모두 그곳을 떠났다.

(3) 쉬라쿠사이인들이 자체적으로 전쟁 준비를 하는 동안 아테나이인들은 낙소스에 진을 치고 되도록 많은 시켈로이족을 우군으로 삼으려고 협상했다. (4) 그들 중 바닷가 평야에 모여 사는 자들은 쉬라쿠사이에 예속된 자들로 반기를 드는 자가 많지 않았지만, 내륙에 살며 전부터 늘 독립을 유지해온 자들은 소수의 예외를 제외하고는 바로 아테나이 편에 가담해 군대를 위해 군량을 갖고 내려오는가 하면, 더러는 돈도 가져왔다.

(5) 아테나이인들은 자기편에 가담하기를 거부하는 자들이 있으면 출동하여 그들 중 일부를 억지로 예속시켰다. 다른 곳에서는 쉬라쿠사이인들

이 수비대나 증원부대를 파견하여 그렇게 하는 것을 방해했다. 아테나이인들은 해군기지를 낙소스에서 카타네로 옮긴 다음 쉬라쿠사이인들 손에 불타버린 군영을 재건하고 거기에서 남은 겨울을 났다. (6) 그들은 혹시 도움을 받을 수 있을까 해서 친선을 도모하고자 카르케돈에 삼단노선한 척을 파견했고, 몇몇 도시가 군사원조를 제공하겠다고 자청하고 나선 튀르레니아[47] 지방에도 사람을 보냈다. 시켈로이족과 에게스타에도 사자들을 파견하여 되도록 많은 기병을 요구하게 했고, 봄이 되자마자 전투를 개시할 요량으로 벽돌 찍는 틀과 무쇠 등 공성 작전에 필요한 모든 물자를 준비하느라 여념이 없었다.

(7) 한편 코린토스와 라케다이몬에 파견된 쉬라쿠사이 사절단은 가는 길에 이탈리아의 헬라스인 이주민 도시들에 들러 그들도 똑같이 위협받고 있으니, 아테나이인들의 활동에 관심을 기울이도록 설득했다. 그리고 그들은 코린토스에 도착하자 코린토스인들은 동족인 만큼 자기들을 도와달라고 했다. (8) 그러자 코린토스인들은 그들을 전폭 지원하기로 결의하고는 쉬라쿠사이 사절단에 자신들의 사자들을 딸려 라케다이몬으로 보냈다. 이들이 사절단과 힘을 모아 헬라스에서 아테나이인들에게 더 적극적으로 공세를 취하고 시켈리아에 군대를 파견하도록 라케다이몬인들의 마음을 바꾸게 하기 위해서였다.

(9) 사절단이 코린토스에서 도착한 것과 때를 같이하여 알키비아데스와 그의 동료 망명자들도 라케다이몬에 도착했다. 그는 짐배를 타고 투리오이에서 곧장 건너와 먼저 엘리스 지방의 퀼레네 항으로 갔다가 거기에서 나중에 라케다이몬인들의 초청을 받아 호위를 받으며 라케다이몬에 왔는데, 만티네이아 사건에 가담한 전력이 있어서 라케다이몬인들을 두려워할 이유가 있었기 때문이다.

(10) 그런데 라케다이몬인들의 민회에서 코린토스인들과 쉬라쿠사이인

들과 알키비아데스는 이구동성으로 그들에게 같은 요청을 했다. 감독관들과 다른 당국자들은 쉬라쿠사이인들이 아테나이인들과 평화조약을 맺는 것을 막기 위해 쉬라쿠사이로 사절단을 파견할 용의는 있었지만 군사원조는 제공하고 싶지 않았다. 그래서 알키비아데스가 앞으로 나와 라케다이몬인들을 자극하고 격려하고자 다음과 같이 말했다.

89 (1) "나는 먼저 여러분이 내게 품고 있을 편견에 관해 말씀드려야 할 것 같습니다. 그래야만 내가 공동의 관심사를 말할 때 나를 의심해 귀 밖으로 듣는 일이 없을 테니까요. (2) 내 선조는 무언가 오해가 있어 여러분의 아테나이 현지인 영사직을 사퇴했습니다. 그러나 나는 그 직책에 취임하여 특히 여러분이 퓔로스에서 재앙을 당했을 때 여러분을 위해 성실히 봉사했습니다. 나는 열심히 여러분을 돕고 싶었지만, 아테나이와 평화조약을 맺을 때 여러분은 내 정적들을 통해 협상을 진행함으로써 그들의 영향력은 키워주고 내게는 불명예를 안겨주었습니다.

(3) 따라서 내가 아르고스와 만티네이아 편이 되어 여러 방법으로 여러분과 대립했을 때 여러분이 해를 입었다 해도 나를 비난할 권리가 없습니다. 그러니 여러분이 고통받던 그때 여러분 가운데 누가 부당하게 내게 분개한 적이 있다면 이제야말로 여러분이 사실을 직시하고 생각을 바꿔야 할 때입니다. 그리고 내가 민중 편에 섰다고 해서 나를 얕잡아보는 사람이 있다면, 이 역시 나를 모욕할 이유가 되지 않는다는 것을 알아야 합니다.

(4) 우리 가족은 언제나 참주들에 반대했습니다. (민주정치란 절대 권력에 반대하는 모든 세력에 붙여진 이름입니다.) 그래서 우리는 계속해서 대중의 지도자 노릇을 해왔던 것입니다. 게다가 우리는 민주국가에서 살

---

47 이탈리아 에트루리아 지방의 그리스어 이름.

앉던 만큼 어쩔 수 없이 대체로 일반적인 상황에 순응할 수밖에 없었습니다. (5) 하지만 우리는 더욱 온건한 형태의 정치를 함으로써 민주주의에 내재한 무책임성을 완화하려 했습니다. 그런데 예나 지금이나 대중을 나쁜 길로 인도하는 자들이 있으니, 나를 추방한 자들도 바로 그런 자들입니다.

(6) 그러나 우리는 국가 전체의 지도자였던 만큼, 도시가 가장 위대했고 가장 자유로웠던, 선조한테서 물려받은 정부 형태를 유지하는 데 모두 협력하는 것이 옳다고 생각했습니다. 우리 가운데 조금이라도 지각 있는 사람은 민주주의가 무엇을 뜻하는지 알았고, 그 점은 나도 마찬가지였습니다. 나는 민주주의의 피해자였기에 누구보다도 민주주의를 비판할 이유가 있습니다. 그러나 불합리한 정부 형태라고 누구나 동의하는 민주주의에 관해서는 새로운 말을 할 것이 없습니다. 그리고 우리는 여러분이 우리와 교전하는 동안에는 민주주의를 바꾸는 것이 안전하지 못하다고 생각했습니다.

90 (1) 나에 대한 편견에 관해서는 이쯤 해둡시다. 이제부터는 여러분이 논의해야 할 주제와 관련해 내가 하는 말에 귀를 기울이도록 하십시오. 그에 관해서는 아마 내가 더 잘 알고 있을 테니 말입니다.

(2) 우리가 시켈리아로 배를 타고 간 것은, 첫째, 가능하다면 시켈리아의 헬라스인 이주민을 정복하고, 둘째, 그들에 이어 이탈리아의 헬라스인 이주민을 정복하고, 끝으로 카르케돈 제국과 카르케돈 자체를 공격하기 위해서였습니다. (3) 그리고 이러한 계획들이 모두 아니면 대부분 성공하면 우리는 그다음으로 펠로폰네소스를 공격할 계획이었습니다. 우리는 그쪽에서 추가로 얻게 될 모든 헬라스인 군대뿐 아니라 이베리아인들과 그 밖에 지금 그쪽에서는 비(非)헬라스인들 가운데 가장 훌륭한 전사로 인정받는 다른 부족들을 포함하여 수많은 비헬라스인 용병을 데려오

게 될 테니까요. 또한 우리는 이탈리아의 풍부한 목재로 더 많은 삼단노선을 건조할 것이며, 그렇게 증강된 함대로 펠로폰네소스 반도 해안을 효과적으로 포위하고 봉쇄할 수 있을 것입니다. 동시에 우리 보병은 여러분의 도시들에 지상 작전을 전개함으로써 더러는 직접 공격하여, 더러는 방벽을 쌓고 포위하여 함락할 것입니다. 그렇게 하면 여러분을 쉽게 제압해 헬라스 세계 전체의 지배자가 되리라고 생각했습니다. (4) 군자금과 군량은 우리가 여기 헬라스에서 거두어들이는 세수에는 손대지 않고도 그쪽에서 획득한 것만으로도 넉넉히 댈 수 있을 것입니다.

91 (1) 여러분은 지금 진행되고 있는 원정의 목표를 가장 잘 알고 있는 사람한테서 들었습니다. 그리고 그곳에 남아 있는 장군들은 가능하다면 그런 계획들을 실행하게 될 것입니다. 여러분이 돕지 않으면 시켈리아는 버티지 못합니다. 그 까닭을 설명하겠습니다.

(2) 시켈리아의 헬라스인 이주민은 경험이 미숙하기는 해도 일치단결하기만 하면 지금도 살아남을 수 있습니다. 그러나 벌써 모든 병력을 투입하고도 전투에서 패한 데다 해상봉쇄를 당하고 있는 쉬라쿠사이만으로는 지금 시켈리아에 파견된 아테나이군을 감당하지 못할 것입니다.

(3) 또한 쉬라쿠사이가 함락되면 시켈리아의 다른 도시들도 함락될 것이며, 이탈리아도 곧 그렇게 될 것입니다. 그렇게 되면 그쪽에서 여러분에게 닥칠 것이라고 방금 내가 말한 위험이 곧 여러분에게 닥칠 것입니다.

(4) 그러니 지금 논의 중인 이 문제가 시켈리아만의 문제라고 생각하지 마십시오. 만약 여러분이 신속하게 다음과 같은 조치들을 취하지 않으면 그것은 펠로폰네소스의 문제가 될 것입니다. 여러분은 손수 노를 저을 수 있고 도착하자마자 중무장보병으로 복무할 수 있는 부대를 시켈리아로 보내십시오. 그리고 나는 이것이 군대보다 더 중요하다고 보는데, 스파르테인 사령관을 파견하여 기존의 병력을 조직화하고 기피자들에게

병역 의무를 다하도록 강요하게 하십시오. 그렇게 하면 여러분의 기존 친구들은 용기가 생길 것이고, 망설이는 자들은 더욱더 두려움 없이 여러분에게 가담하게 될 것입니다. (5) 동시에 여러분은 헬라스에서도 공개적으로 치열한 전투를 벌여, 여러분이 관심을 갖고 있다는 확신을 쉬라쿠사이인들에게 심어줌으로써 그들의 저항을 격화시키고, 아테나이인들이 시켈리아에 가 있는 자신들의 병력에 증원부대를 파견하기 더 어렵게 만드십시오.

(6) 그리고 여러분은 앗티케 지방의 데켈레이아를 요새화해야 합니다. 그것은 아테나이인들이 늘 가장 두려워하던 일로, 이번 전쟁에서 자신들이 겪어보지 못한 유일한 재앙으로 간주하고 있습니다. 적에게 타격을 가하는 가장 효과적인 방법은 적이 가장 두려워하는 급소를 확실히 알아내 곧장 그곳을 공격하는 것입니다. 적은 자신의 급소를 누구보다 정확히 알고 있고, 그래서 두려워하는 것입니다.

(7) 여러분이 데켈레이아를 요새화하면 여러분은 무엇을 얻고 아테나이는 무엇을 잃게 될 것인지, 다른 것들은 생략하고 가장 중요한 것들만 요약해서 말하겠습니다. 그 주변 일대의 모든 재물이 더러는 노획되어, 더러는 제 발로 여러분 수중에 들어올 것입니다. 아테나이는 라우레이온 산의 은광에서 들어오는 세수와 지금 영토와 법정들에서 들어오는 수입을 당장 **빼앗길** 것입니다. 무엇보다도 동맹국들에서 들어오는 공물이 줄어들 것입니다. 여러분이 마침내 적극적으로 전쟁을 한다 싶으면 아테나이에 대한 그들의 경외심이 줄어들 테니 말입니다.

92 (1) 그런 일들이 얼마나 신속하고 적극적으로 실행되느냐는 여러분에게 달려 있습니다, 라케다이몬인 여러분! 나는 그런 일들이 실행될 수 있다고 확신하며, 내가 잘못 판단했으리라고는 생각하지 않습니다.

(2) 청컨대, 여러분 가운데 어느 누구도 한때 애국자로 명성이 자자하던

내가 철천지원수들과 힘을 모아 내 조국을 적극적으로 공격한다고 해서 나를 가볍게 보지 마십시오. 여러분은 또 내가 추방자의 복수심에서 그렇게 말하는 것이라고 의심하지 마십시오. (3) 내가 추방자가 된 이유는 나를 내쫓은 자들이 비열했기 때문이지, 여러분이 내 건의를 받아들이면 내가 여러분을 도울 능력이 있기 때문이 아닙니다. 그리고 아테나이의 가장 고약한 적은 여러분처럼 전쟁에서 타격을 가하는 자들이 아니라 아테나이의 친구들을 아테나이의 적이 되도록 강요하는 자들입니다.

(4) 내가 사랑하는 아테나이는 지금 내게 부당한 짓을 하는 아테나이가 아니라 내가 안전하게 시민으로서의 권리를 누리게 해주던 아테나이입니다. 내가 지금 공격하고 있는 나라는 더는 내 조국으로 보이지 않습니다. 아니, 나는 더는 내 조국이 아닌 조국을 되찾으려는 것입니다. 그리고 진정한 애국자는 조국에서 부당하게 쫓겨났는데도 조국을 공격하기를 망설이는 사람이 아니라, 조국을 사랑하기 때문에 조국을 되찾기 위해 수단과 방법을 가리지 않는 사람입니다.

(5) 그러니 라케다이몬인 여러분, 청컨대 여러분은 위험한 일이나 힘든 일에 주저 없이 나를 이용하십시오. 여러분은 내가 아테나이의 실정을 알고 있고 여러분의 실정을 짐작하는 만큼 "최악의 적이 최선의 친구가 된다"는 속담이 내게도 적용된다는 점을 명심하십시오. 여러분은 부디 여러분의 가장 중요한 이해관계가 지금 논의되고 있음을 알고, 시켈리아와 앗티케에 원정군을 파견하기를 망설이지 마십시오. 여러분의 군대 가운데 일부만 시켈리아에 주둔해도 그곳의 주요 도시들을 구할 수 있으며 아테나이의 현재와 미래의 힘을 모두 분쇄하게 될 것입니다. 그러고 나면 여러분은 안전하게 살면서 헬라스 세계 전체의 패권을 쥐게 될 것입니다. 헬라스 세계는 강요에 의해서가 아니라 감사하는 마음에서 자발적으로 여러분을 따를 테니 말입니다."

93 (1) 알키비아데스는 그렇게 말했다. 라케다이몬인들은 전부터 아테나이로 진격할 뜻이 있었지만 여전히 망설이며 조심스럽게 사태를 주시하고 있었다. 그러나 누구보다 실정을 잘 안다고 생각되는 알키비아데스가 상세히 설명하는 것을 듣자 그들은 더욱더 조치를 취하고 싶은 마음이 동했다.

(2) 그래서 그들은 데켈레이아를 요새화하고 시켈리아인들에게도 원군을 파견하기로 마음을 굳혔다. 그들은 클레안드리다스의 아들 귈립포스를 쉬라쿠사이의 사령관으로 임명하면서, 쉬라쿠사이인들과 코린토스인들과 의논하여 지금 상황에서 시켈리아로 증원부대를 파견할 수 있는 가장 효과적이고 가장 신속한 방법을 찾도록 지시했다. (3) 귈립포스는 코린토스인들에게 당장 아시네로 함선 두 척을 보내고, 그들이 파견하려는 함선들을 의장하여 때가 되면 출발할 수 있도록 준비해두라고 요청했다. 그렇게 하기로 합의하고 쉬라쿠사이와 코린토스 사절단은 라케다이몬을 떠났다.

(4) 그러는 동안 군자금과 기병대를 요청하도록 장군들이 시켈리아에서 보낸 삼단노선이 아테나이에 도착했다. 요구 사항을 듣고 나서 아테나이인들은 원정군에 군량과 기병대를 보내기로 결의했다. 겨울은 그렇게 지나갔고, 투퀴디데스가 기록한 이 전쟁의 열일곱 번째 해도 그렇게 저물었다.

94 (1) 이듬해 봄이 되자마자 시켈리아의 아테나이인들은 카타네를 뒤로하고 바닷가를 따라 시켈리아의 메가라로 항해했다. 앞서 말했듯,[48] 메가라인들은 참주 겔론 치하의 쉬라쿠사이인들에 의해 쫓겨났고, 그들의 나라는 여전히 쉬라쿠사이인들이 차지하고 있었다. (2) 그곳에 상륙한 그들은 농토를 약탈하고 쉬라쿠사이의 요새를 공격했지만 함락하지 못하자 육로와 바닷길로 테리아스 강을 향해 나아갔다. 그곳에서 그들은 내

륙으로 들어가 들판을 약탈하며 곡식을 불태웠고, 쉬라쿠사이인 소부대를 만나 그 일부를 죽인 다음 승전비를 세우고 자신들의 함선이 있는 곳으로 돌아갔다.

(3) 그들은 카타네로 돌아가 다시 군량을 보급받은 뒤 전군을 이끌고 시켈로이족의 소도시인 켄토리파로 갔다. 그리고 그곳 주민들의 항복을 받은 다음 귀로에 이넷사인들과 휘블라인들의 곡식을 불태웠다. (4) 그들이 카타네에 돌아가서 보니 아테나이에서 기병대가 도착해 있었다. 기병 250명이 장비를 갖춘 채 와 있고 군마는 없었는데, 군마는 시켈리아 현지에서 조달하라는 것이었다. 그 밖에 기마사수 30명과 은 3백 탈란톤이 도착해 있었다.

95 (1) 같은 해 봄, 라케다이몬인들이 아르고스로 진격하여 클레오나이 시까지 갔지만 그곳에 지진이 일어나는 바람에 철수했다. 그 뒤 아르고스인들이 이웃에 있는 튀레아 시의 영토로 쳐들어가 라케다이몬인들의 재산을 많이 약탈했는데, 그것을 판매하니 자그마치 250탈란톤이나 되었다. (2) 같은 해 여름, 그 얼마 뒤 테스피아이의 민중이 정부를 전복하려 했지만 테바이인들의 개입으로 실패했다. 반란자들 가운데 일부는 체포되고, 일부는 아테나이로 망명했다.

96 (1) 같은 해 여름, 쉬라쿠사이인들은 아테나이 기병대가 벌써 도착했고 공격이 임박한 것을 알았다. 그러나 그들은 만약 아테나이인들이 도시 바로 위로 가파르게 솟아 있는 언덕인 에피폴라이를 장악하지 못하면 설령 전투에서 이긴다 해도 방벽을 쌓아 도시를 봉쇄하기는 어려울 것이라고 생각했다. 그래서 에피폴라이에 다다르는 통로들을 지키기로 결정했는데, 적군이 몰래 그 통로들을 지나 올라가는 것을 막기 위해서였다.

(2) 다른 방법으로는 그곳에 접근할 수 없었다. 왜냐하면 다른 곳은 가파른 데다 시내까지 비탈져 있어 시내에서는 다 보였기 때문이다. 쉬라쿠사이인들이 그곳을 에피폴라이라고 부르는 것은 주변 일대보다 우뚝 솟아 있기[49] 때문이다.

(3) 그들은 날이 새자 전군을 이끌고 아나포스 강변의 풀밭으로 가서 무구 검열을 받았다. 새로 장군으로 임명된 헤르모크라테스와 그의 동료들이 사령관직을 이미 수락한 것이다. 또한 그들은 먼저 중무장보병 가운데 6백 명의 정예병을 가려내 안드로스 출신 망명자인 디오밀로스 휘하에서 에피폴라이를 지키되, 그 밖에도 위급한 경우에는 즉시 함께 대령하게 했다.

97 (1) 한편 쉬라쿠사이인들이 검열받던 이날 새벽 아테나이인들은 전군을 이끌고 카타네를 뒤로하고 레온이라는 곳에 쉬라쿠사이인들 몰래 상륙했다. 그곳은 에피폴라이에서 6~7스타디온쯤 떨어져 있다. 보병은 그곳에 상륙하고 함대는 탑소스에 정박했는데, 그곳은 바다 쪽으로 튀어나온 목이 잘록한 반도로 육로로도 바닷길로도 쉬라쿠사이에서 멀지 않다.

(2) 아테나이 해군은 지협을 가로질러 말뚝을 박아놓고는 탑소스에 가만있었지만 보병은 당장 달려가 에피폴라이에 접근하여, 쉬라쿠사이인들이 무슨 일이 벌어지고 있는지 알고 검열받던 풀밭에서 병력을 이끌고 오기 전에 에우뤼엘로스 요새로 가는 통로를 지나 언덕에 올랐다. (3) 디오밀로스 휘하의 6백 명을 포함하여 그들은 모두 되도록 빨리 구원하러 올라갔지만, 풀밭에서 자그마치 25스타디온이나 가서야 적과 마주칠 수 있었다. (4) 그래서 쉬라쿠사이인들은 다소 무질서하게 공격하다가 에피폴라이 전투에서 패하여 시내로 퇴각했는데, 디오밀로스를 포함해 약 3백 명이 전사했다.

(5) 그 뒤 아테나이인들은 승전비를 세우고 휴전조약을 맺은 다음 쉬라

쿠사이인들에게 그들의 전사자들 시신을 돌려주었다. 이튿날 아테나이인들은 시내까지 내려갔지만 쉬라쿠사이인들이 대항하러 나오지 않자 되돌아가 메가라 쪽을 향하고 있는 에피폴라이 절벽들의 가장자리에 자리 잡은 랍달론에 요새를 구축했다. 전투하러 나가거나 방벽을 쌓으러 나갈 때마다 장비와 군자금을 보관해두기 위해서였다.

98 (1) 그 뒤 곧 에게스타에서 파견한 기병 3백 명과, 시켈로이족과 낙소스인들과 다른 곳에서 보내준 기병 약 1백 명이 아테나이인들과 합세했다. 아테나이인들에게는 이미 자신들의 기병 250명이 있던 터라(그들이 탈군마는 더러는 사들이고, 더러는 에게스타와 카타네에서 보내주었다), 이제 기병은 모두 650명이었다. (2) 아테나이인들은 랍달론에 수비대를 남겨두고 쉬케로 가서 진을 치고는 '둥근 요새'[50]라고 부르는 요새를 신속히 구축했다. 그들이 요새를 빠르게 구축하자 쉬라쿠사이인들은 깜짝 놀라 교전하려고 출동했는데, 수수방관할 일이 아니었기 때문이다.

(3) 그래서 양군이 교전하려고 전열을 갖추었을 때, 쉬라쿠사이 장군들은 자신들의 군대가 무질서하며 전열을 갖추느라 애를 먹는 모습을 보고 기병만 일부 남겨두고 군대를 시내로 철수시켰다. 이들 기병은 뒤에 남아 아테나이인들이 돌을 나르거나 주력부대에서 멀리 벗어나지 못하게 방해했다. (4) 그러나 아테나이의 중무장보병 한 부대가 기병대 전체와 합세한 다음 쉬라쿠사이 기병대를 공격하여 달아나게 만들며, 그중 일부를 죽이고 기병전을 위해 승전비를 세웠다.

99 (1) 이튿날 아테나이인들의 일부는 둥근 요새의 북쪽에 방벽을 쌓기 시작했고, 일부는 돌과 나무를 날라 계속해서 이른바 트로길로스 쪽으로

---

49 그리스어로 epipoles.
50 kyklos.

쌓아 나갔다. '큰 항구'에서 맞은편 바다로 봉쇄 방벽을 쌓으려면 그곳에서 쌓아야 가장 거리가 짧았기 때문이다.

(2) 쉬라쿠사이인들은 장군들, 특히 헤르모크라테스의 조언에 따라 더는 아테나이인들과 전면전을 감행하지 않고, 대신 아테나이인들이 방벽을 쌓으려는 방향으로 대응 방벽을 쌓기로 결정했다. 만약 그들이 제때에 대응 방벽을 완성하면 아테나이인들을 막는 효과가 있을 것이고, 쌓고 있을 때 아테나이인들이 공격해오면 이미 자신들을 지켜줄 목책을 쌓은 터라 병력의 일부만 보내 대항하게 하면 되겠지만, 아테나이인들은 건설 작업을 중단하고 그들과 맞서기 위해 모든 병력을 동원해야 할 것이라고 생각했기 때문이다.

(3) 그래서 쉬라쿠사이인들은 밖으로 나가 자신들의 도시 성벽에서 시작하여 아테나이인들의 '둥근 요새' 밑에다 아테나이인들이 쌓는 방벽과 직각을 이루는 대응 방벽을 쌓기 시작했다. 그들은 테메니테스 성역의 올리브나무들을 베어와 그것을 이용해 군데군데 목탑을 세웠다. (4) 아직은 아테나이 함대가 탑소스를 출발해 바닷가를 따라 큰 항구로 들어오지 않았기에 해안지대는 여전히 쉬라쿠사이인들이 통제하고 있었고, 아테나이인들은 필요한 물자를 탑소스에서 육로로 운반해왔다.

100 (1) 이제 쉬라쿠사이인들은 목책과 대응 방벽 쌓는 일이 충분히 진척되었다고 생각했다. 아테나이인들은 그들의 작업을 방해하러 나오지 않았는데, 군대를 둘로 나누면 전투력이 약화될까 겁이 나기도 하고 서둘러 자신들의 방벽을 쌓고 싶었기 때문이다. 그래서 쉬라쿠사이인들은 자신들의 건조물을 지키도록 일부 부대만 남겨두고 시내로 철수했다.

한편 아테나이인들은 지하로 해서 쉬라쿠사이에 식수를 공급하는 수도관들을 파괴했다. 그러고 나서 쉬라쿠사이 경비병이 대부분 한낮에 막사 안에서 쉬고(몇몇은 시내로 돌아가기도 했다) 목책 지키는 경비가 허술해지기를 기다렸다가, 자신들의 중무장보병 가운데 3백 명의 정예병과 중무장한 경무장보병 가운데 특수부대를 뽑아서는 달려나가 대응 방벽을 기습하게 했다. 남은 군대는 두 패로 나뉘어, 한 패는 증원부대가 출격할 때에 대비해 장군들 가운데 한 명의 지휘 아래 도시로 향했고, 다른 한 패는 다른 장군과 함께 작은 문 옆의 목책으로 향했다.

(2) 3백 명은 공격을 감행하여 자신들 쪽의 목책을 점령했다. 수비대는 그곳을 버리고 테메니테스 성역을 에워싸고 있는 성벽 안으로 도주했다. 추격자들은 바싹 뒤쫓아가 성벽 안으로 쳐들어갔지만 쉬라쿠사이인들에게 도로 쫓겨났는데, 그 와중에 아르고스인 몇 명과 소수의 아테나이인들이 전사했다. (3) 그러자 아테나이군 전체가 퇴각하며 대응 방벽을 허물고 목책을 무너뜨리고 자신들이 쓰려고 말뚝을 가져가며 승전비를 세웠다.

IOI (1) 이튿날 아테나이인들은 둥근 요새에서 시작하여, 에피폴라이의 이쪽에서는 늪지를 지나 큰 항구가 바라보이는 절벽 가장자리까지 방벽을 쌓았다. 방벽은 그곳에서 절벽으로 내려가 평지와 늪지를 가로질러 항구로 이어지는 것이 최단거리였다. (2) 그러자 쉬라쿠사이인들도 밖으로 나와 도시부터 늪지 한가운데를 가로질러 목책을 세우면서 해자도 곁들여 팠는데, 아테나이인들이 바닷가까지 방벽을 쌓아 내려가지 못하게 하려는 것이었다.

(3) 아테나이인들은 방벽이 절벽까지 완성되자 다시 쉬라쿠사이인들의 목책과 해자를 공격했다. 그들은 자신들의 함대에 탑소스에서 쉬라쿠사이의 큰 항구로 바닷가를 따라 들어오라는 지시를 보냈고, 꼭두새벽에 에피폴라이에서 평지로 내려와 진흙이 가장 걸죽하고 단단한 곳에 문짝과 널빤지를 걸치고 늪을 건넜다. 그리고 새벽에 해자와 대부분의 목책을 점령했고, 나머지 목책은 나중에 점령했다. (4) 이어서 전투가 벌어져

아테나이인들이 이기고, 쉬라쿠사이인들의 오른쪽 날개는 시내 쪽으로, 왼쪽 날개는 강[51] 쪽으로 달아났다. 그들이 강을 건너지 못하게 하려고 3백 명의 아테나이 정예병은 다리 쪽으로 전속력으로 달려갔다.

(5) 그러자 겁에 질린 쉬라쿠사이인들이 자신들의 기병이 대부분 그곳에 있기도 하여 이들 3백 명을 집중 공격해 패주시키고 아테나이군 오른쪽 날개로 쳐들어갔다. 그들이 그렇게 공격해오자 아테나이군 오른쪽 날개의 선두 대열이 혼란에 빠졌다. (6) 이 광경을 본 라마코스가 약간의 궁수와 아르고스인들을 데리고 왼쪽 날개에서 도우러 갔다. 그는 해자를 건넌 뒤 같이 해자를 건넌 몇 명과 그곳에 고립되었다가 자신의 대원 대여섯 명과 함께 전사했다. 쉬라쿠사이인들은 지체 없이 서둘러 이들의 시신을 먼저 낚아채어 강 건너 안전한 곳으로 옮겼다가 나머지 아테나이군이 다가오자 퇴각했다.

102 (1) 한편 처음에 시내 쪽으로 달아났던 쉬라쿠사이인들은 이 광경을 보고 자신감을 회복하여 다시 도시에서 나와 아테나이인들에게 맞서 전열을 가다듬며 에피폴라이 위의 둥근 요새에 일부 부대를 보냈는데, 혹시 지키는 자들이 없으면 그곳을 점령하기 위해서였다. (2) 그들은 실제로 아테나이인들의 바깥쪽 방벽을 10플레트론이나 점령하여 파괴했지만, 둥근 요새는 마침 병이 나서 남아 있던 니키아스가 구했다. 니키아스는 군영에서 시중드는 자들에게 명하여 성벽 앞에 던져져 있던 장비들과 목재에 불을 지르게 했는데, 부대원이 부족해서 다른 방법으로는 그곳을 구할 수 없다고 생각한 것이다.

(3) 그의 생각은 옳았다. 쉬라쿠사이인들은 불 때문에 더 가까이 다가오지 못하고 되돌아갔다. 그리고 밑에 있던 아테나이인들도 그곳에서 대항하던 적군은 쫓아버린 다음 둥근 요새를 구원하러 올라오고 있었고, 동시에 아테나이 함대도 지시받은 대로 탑소스에서 큰 항구로 들어오고 있

었다. (4) 그것을 보자 언덕 위의 쉬라쿠사이인들은 황급히 퇴각하고 쉬라쿠사이군 전체가 시내로 들어갔으니, 자신들의 지금 병력으로는 아테나이인들이 바닷가까지 방벽을 쌓아 내려가는 것을 막을 수 없다고 확신한 것이다.

103 (1) 그 뒤 아테나이인들은 승전비를 세운 다음 휴전조약을 맺고 쉬라쿠사이인들에게 그들의 전사자들 시신을 돌려주고, 라마코스와 그와 함께 전사한 자들의 시신을 되찾았다. 이제 아테나이의 해군과 보병이 한곳에 모두 집결하자, 그들은 쉬라쿠사이를 봉쇄하려고 에피폴라이의 절벽 가장자리부터 시작하여 바닷가까지 이중의 방벽을 쌓았다. (2) 이제 군대를 위해 이탈리아 각지에서 보급품이 도착했다. 전에는 사태의 추이를 살피던 수많은 시켈로이족도 이제는 자진하여 아테나이의 동맹군이 되었고, 튀르레니아에서도 오십노선 세 척이 왔다. 그 밖의 다른 일도 모두 그들의 뜻대로 되었다.

(3) 쉬라쿠사이인들은 펠로폰네소스에서조차 아무런 도움을 받지 못하자 자신들이 전쟁에서 이길 승산이 더는 없다고 생각하고, 자기들끼리 그리고 라마코스가 죽은 뒤 유일 장군이 된 니키아스와의 교섭에서 항복 조건을 논의하기 시작했다. (4) 그러나 어떤 결말도 나지 않았고, 궁지에 몰리고 전보다 더 엄중하게 포위된 자들에게서 예상할 수 있듯 그들은 니키아스에게 수많은 제안을 했으며, 시내에서는 더 격렬한 토론이 벌어졌다. 그런 불행을 당하자 그들은 서로 의심하기 시작했다. 그리고 자기들이 이 지경이 된 것은 자신들을 지휘하던 장군들의 불운 또는 음모 탓이라며 장군들을 해임하고 대신 새 장군들을 선출했으니, 헤라클레이데스, 에우클레스, 텔리아스가 그들이다.

---

51 아나포스.

104 (1) 그 사이 라케다이몬인 귈립포스와 코린토스에서 파견한 함선들은 되도록 신속히 시켈리아를 도와주려고 벌써 레우카스 섬 부근에 가 있었다. 그곳에서 그들은 쉬라쿠사이가 이제 방벽으로 완전히 봉쇄되었다는 취지의 하나같이 잘못된 소식을 잇달아 접했다. 그래서 귈립포스는 시켈리아에 대한 기대는 접고 이탈리아라도 구하고 싶었다. 그러기 위해 그와 코린토스인 퓌텐이 라케다이몬 함선과 코린토스 함선 2척씩을 이끌고 타라스 항을 향하여 서둘러 이오니오스 해를 건넜다. 코린토스인들은 자신들의 함선 10척에 덧붙여 레우카스 함선 2척과 암프라키아 함선 3척에 선원을 태운 뒤 그를 뒤따라가게 되어 있었다.

(2) 귈립포스는 타라스에서 먼저 투리오이 시에 사절을 보내 자신의 아버지가 갖고 있던 그곳 시민권을 갱신했지만, 투리오이의 지지를 얻어내는 데 실패하자 다시 바다로 나가 이탈리아 해안을 따라 항해했다. 그러나 그는 테리나 만에 이르러 이 지역 해안에서 세차게 불어오는 북풍을 만나 난바다로 표류하다가 폭풍 속을 힘들게 항해한 끝에 타라스로 되돌아와서 가장 심하게 훼손된 함선을 뭍으로 끌어올려 수리했다. (3) 니키아스는 그가 온다는 말을 들었지만 투리오이인들이 그랬듯, 그의 함선 수가 적은 것을 깔보고는 그런 정도의 함선이라면 해적 노릇이나 할 수 있을 것이라 생각하고 당분간 파수병을 배치하지 않았다.

105 (1) 이해 여름 비슷한 시기에 라케다이몬인들과 그들의 동맹군은 아르고스로 쳐들어가 영토의 대부분을 약탈했다. 아테나이인들은 함선 30척을 이끌고 아르고스를 도우러 갔다. 이것은 라케다이몬인들과의 평화조약을 명백히 위반하는 행위였다.

(2) 전에 그들은 퓔로스를 거점 삼아 약탈 행위를 하고 라코니케 지방이 아닌 펠로폰네소스의 다른 지점에 상륙함으로써 아르고스인들과 만티네이아인들의 동맹군으로서 싸웠다. 그러나 그들은 군대를 조금 보내 라

코니케 지방에 함께 상륙하여 최소한의 피해만 입히고 떠나가달라고 아르고스인들이 종종 요구해도 늘 거절했다. 그러나 이번에는 퓌토도로스, 라이스포디아스, 데마라토스의 지휘 아래 그들은 에피다우로스 리메라, 프라시아이, 그 밖의 다른 공격 목표 지점에 상륙하여 그곳의 영토를 약탈했고, 그렇게 함으로써 라케다이몬인들에게 자신들은 아테나이에 대해 자기방어를 한다는 명분을 주었다. (3) 그 뒤 아테나이 함대와 라케다이몬인들이 아르고스를 떠나자, 아르고스인들은 플레이우스 지역에 침입하여 영토의 일부를 약탈하고 주민을 일부 죽인 다음 귀로에 올랐다.

VII

I (1) 귈립포스와 퓌텐은 함선들을 수리한 뒤 타라스를 뒤로하고 바닷가를 따라 에피제퓌리오이 로크리스인들을 향하여 항해했다. 그곳에서 그들은 쉬라쿠사이가 아직은 완전히 봉쇄되지 않았고, 군대가 에피폴라이를 지나 여전히 시내로 진입할 수 있다는 더욱 정확한 정보를 입수했다. 그래서 그들은 위험해도 시켈리아의 동안을 오른쪽에 끼고 곧장 쉬라쿠사이 항으로 들어갈 것인지, 아니면 북안을 따라 히메라에 가서 히메라 자체와 그 밖에 그들이 설득할 수 있는 다른 도시에서 군대를 모은 뒤 육로로 쉬라쿠사이에 들어갈 것인지 의논했다.

(2) 그들은 히메라로 항해하기로 결정했는데, 무엇보다도 그들이 로크리스에 있다는 소식을 접한 니키아스가 드디어 생각을 바꿔 파견한 아테나이 함선 네 척이 해협을 지키기 위해 아직은 레기온에 도착하지 못했기 때문이다. 그래서 그들은 이들 함선이 도착하기 전에 해협을 건너 레기온과 멧세네에 들렀다가 히메라에 도착했다.

(3) 일단 그곳에 도착하자 그들은 히메라인들이 자신들의 동맹군이 되어 원정대에 합류할 뿐 아니라 무장하지 않은 선원들에게(선원들은 히메라에서 함선을 뭍으로 끌어올려놓았다) 중무장을 지급하도록 설득했다.

그리고 셀리누스인들에게 사람을 보내, 지정한 날에 전군을 이끌고 합류하도록 요청했다. (4) 겔라인들도 그들에게 소규모 병력을 파견하겠다고 약속했고 일부 시켈로이족도 그렇게 했는데, 이들은 친아테나이파로 그 지역에서 강력한 영향력을 행사하던 아르코니데스 왕이 최근에 죽자 더 흔쾌히 그들 편이 되었다. 그 밖에도 이들은 라케다이몬에서 도착한 귈립포스가 자신감이 넘친다는 사실에도 영향을 받았다.

(5) 귈립포스는 이제 중무장보병으로 무장한 자신이 데려온 선원들과 해군 약 7백 명, 히메라에서 파견된 중무장보병과 경무장보병 1천 명과 기병 1백 명, 셀리누스에서 파견된 약간의 경무장보병과 기병 그리고 약간의 겔라인, 모두 합쳐 약 1천 명의 시켈로이족을 이끌고 쉬라쿠사이로 나아갔다.

2 (1) 그사이 레우카스에 있던 코린토스 함선들은 이들을 지원하려고 최대한 빨리 항해했다. 그래서 코린토스 장군들 중 한 명인 공귈로스는 마지막으로 배 한 척을 타고 출발했지만 귈립포스보다 한발 앞서 쉬라쿠사이에 도착했다. 그는 쉬라쿠사이인들이 전쟁의 종결에 관해 논의하려고 민회를 개최하려는 움직임을 발견하고는 이를 제지하고, 더 많은 함선이 오고 있으며 클레안드리다스의 아들 귈립포스가 라케다이몬인들에 의해 사령관으로 파견되었다고 말함으로써 그들의 용기를 북돋워주었다. (2) 그러자 자신감을 회복한 쉬라쿠사이인들은 귈립포스가 이제는 가까이 왔다는 것을 알고는 곧바로 전군을 이끌고 그를 맞으러 나갔다.

(3) 귈립포스는 도중에 이에타이에서 시켈로이족의 요새를 함락한 다음 완전히 전열을 갖추고 에피폴라이로 다가가고 있었다. 그는 처음에는 아테나이인들이 이용한 에우뤼엘로스 통로를 통해, 다음에는 쉬라쿠사이인들과 함께 아테나이인들의 요새를 향하여 진격했다. (4) 그가 도착했을 때, 아테나이인들은 큰 항구에 이르는 이중 방벽을 이미 7~8스타디

온이나 완성하고 바닷가까지는 얼마 남겨두지 않았는데, 이 부분도 그들은 축조 중이었다. 그리고 둥근 요새에서 트로길로스를 지나 바닷가에 이르는 북쪽의 다른 방벽에도 대부분 돌이 놓여 있었으며, 일부는 완성되고 일부는 반쯤 완성되어 있었다. 이렇듯 쉬라쿠사이는 백척간두에 서 있었다.

3 (1) 귈립포스와 쉬라쿠사이인들이 느닷없이 나타나자 아테나이인들은 처음에 당황했지만 그들에게 대항하려고 곧 전열을 가다듬었다. 귈립포스는 가까이 다가가 군대를 멈추어 세우고 전령을 내보내, 만약 그들이 소지품을 챙겨 닷새 안에 시켈리아를 떠나겠다면 자기는 휴전조약을 맺을 용의가 있다고 말하게 했다. (2) 아테나이인들은 그런 제안을 무시한 채 답변도 하지 않고 전령을 돌려보냈다. 그래서 양쪽은 전투준비를 하기 시작했다. (3) 그러나 귈립포스는 쉬라쿠사이인들이 혼란에 빠져 대열을 가다듬느라 애를 먹는 모습을 보고 더 넓은 곳으로 군대를 이끌고 갔다. 니키아스는 아테나이인들을 이끌고 추격하는 대신 방벽 옆에 그대로 세워두었다. 그러자 귈립포스는 아테나이인들이 공격하러 오지 않는 것을 보고 테메니테스 성역의 언덕배기로 군대를 이끌고 가서 그곳에서 야영했다.

(4) 이튿날 귈립포스는 군대를 이끌고 나가, 아테나이인들이 다른 곳에서 원군을 보내지 못하도록 주력부대는 아테나이인들의 방벽 맞은편에 배치하고, 군대의 일부는 아테나이인들의 시야에서 벗어나 있는 랍달론 요새로 파견했다. 그는 그곳을 함락하고 그 안에서 사로잡힌 자들을 모두 죽였다. 같은 날 작은 항구를 봉쇄 중이던 아테나이의 삼단노선 한 척이 쉬라쿠사이인들에게 나포되었다.

4 (1) 그 뒤 쉬라쿠사이인들과 그들의 동맹군은 도시부터 시작하여 에피폴라이를 가로질러 적군의 북쪽 방벽과 직각이 되도록 홑겹의 방벽을 쌓아

나갔는데, 아테나이인들이 이를 막지 못할 경우 더는 도시를 봉쇄하는 방벽을 완성하지 못하게 하려는 것이었다. (2) 아테나이인들은 이때 이미 바닷가에 이르는 방벽을 완성하고 위로 올라와 있었다. (3) 그들의 방벽에는 한 군데 약점이 있었는데, 귈립포스는 군대를 이끌고 나가 밤에 그곳을 공격했다. 그러나 아테나이인들은 마침 방벽 바깥에서 진을 치고 있던 터라 그런 줄 알고 그에게 대항하려고 출동했다. 그러자 귈립포스는 재빨리 군대를 철수시켰다. 아테나이인들은 방벽의 그 부분을 더 높이 쌓아 자신들이 지켰고, 방벽의 나머지는 동맹군에게 할당하여 각각 맡은 부분을 지키게 했다.

(4) 니키아스는 플렘뮈리온이라는 곳에 요새를 쌓기로 결정했다. 그곳은 도시 바로 맞은편에 있는 곳으로 바다 쪽으로 툭 튀어나와 큰 항구로 드나드는 어귀를 좁히고 있다. 니키아스는 그곳을 요새화하면 보급품을 반입하기가 더 쉬워질 것이고, 아테나이인들은 더 가까운 거리에서 쉬라쿠사이의 작은 항구를 계속 감시할 수 있으며, 쉬라쿠사이 해군이 움직이는 기미가 보일 때마다 지금처럼 큰 항구의 깊숙한 곳에서 출동할 필요가 없을 것이라고 생각했다. 그는 이미 해전 쪽에 더 주의를 기울이기 시작했는데, 귈립포스가 도착한 뒤로 지상전에서는 별로 승산이 없다고 보았던 것이다.

(5) 그래서 그는 부대와 함대를 플렘뮈리온으로 옮겨와 그곳에 보루 세 개를 구축했다. 그리고 대부분의 장비는 그곳에 보관하고, 대형 수송선들과 전함들도 이제는 그곳을 기지로 삼았다. (6) 그때부터 선원들은 어려움을 겪기 시작했는데, 그것이 그들의 사기가 꺾인 주된 원인이었다. 용수는 달리는데 수원지는 가까이 없었고, 선원들이 땔나무를 모으러 나갔다가도 들판을 장악한 쉬라쿠사이 기병대에 의해 사상자가 생겼다. 쉬라쿠사이인들은 아테나이인들이 플렘뮈리온에서 나와 약탈 행위를 일

삼는 것을 막기 위해 자신들 기병대의 3분의 1을 올륌피에이온이 있는 요새화한 마을에 주둔시켰다. (7) 니키아스는 이때 나머지 코린토스 함선이 다가오고 있다는 보고를 받고 그들을 감시하도록 함선 20척을 내보내며 로크리스, 레기온, 시켈리아로 들어오는 길목에 매복해 있으라고 명령했다.

5 (1) 귈립포스는 그동안 내내 아테나이인들이 자신들의 방벽을 위해 일렬로 늘어놓은 돌을 이용하여 에피폴라이를 가로지르는 방벽을 쌓았다. 동시에 그는 언제나 쉬라쿠사이인들과 그들의 동맹군을 인솔해 나가 방벽 앞에서 전열을 갖추게 했다. 그러자 아테나이인들도 그에 맞서 전열을 갖추었다. (2) 드디어 때가 왔다고 생각되자 귈립포스는 먼저 공격하기 시작했다. 두 방벽 사이에서 백병전이 벌어졌지만, 그곳에서는 쉬라쿠사이의 기병대가 아무 쓸모가 없어 쉬라쿠사이인들과 그들의 동맹군이 패했다.

(3) 그들은 휴전조약을 맺고 전사자들의 시신을 되찾아갔으며, 아테나이인들은 승전비를 세웠다. 귈립포스는 군대를 불러 모아놓고 잘못은 그들이 아니라 자기에게 있다고 말했다. 그는 자기가 요새화된 지역 안으로 대열을 너무 멀리 인솔해감으로써 그들이 기병대와 투창수들의 도움을 받을 기회를 차단했다는 것이었다. 그러면서 그는 이번에 또 그들을 인솔하겠다고 했다. 또한 그는 그들이 병력에서는 결코 적군에 뒤지지 않지만, 펠로폰네소스인들이자 도리에이스족인 그들이 이들 이오네스족과 섬 주민들과 오합지졸을 분쇄하여 이 나라에서 과감히 몰아낼 각오가 되어 있지 않다면 사기에서는 도저히 참을 수 없는 정도임을 명심해야 할 것이라고 말했다.

6 (1) 그 뒤 또 기회가 왔다고 생각되자 귈립포스는 군대를 이끌고 나갔다. 니키아스와 아테나이인들은 설령 쉬라쿠사이인들이 싸움을 걸어오지

않더라도 그들의 대응 방벽을 용납해서는 안 된다고 생각했다. 이 대응 방벽은 아테나이 쪽 방벽의 끝부분을 거의 넘어서려고 했는데, 일단 넘어서버리면 아테나이 쪽으로서는 연전연승하든 전혀 싸우지 않든 결과는 마찬가지일 것이다. 그래서 아테나이인들은 쉬라쿠사이인들을 향하여 진격했다.

(2) 귈립포스는 중무장보병을 방벽에서 지난번보다 더 멀찍이 인솔해 나가 교전하게 하는 한편, 기병대와 투창병은 양쪽 방벽이 완공되지 못하고 중단되어 있는 공터에 배치해 아테나이인들의 측면을 향하게 했다.

(3) 이어서 벌어진 전투에서 기병대가 맞은편에 있는 아테나이인들의 왼쪽 날개를 공격하여 패퇴시키자 아테나이군 전체가 쉬라쿠사이인들에게 패해 방벽 안으로 쫓겨 들어갔다. (4) 그날 밤 쉬라쿠사이인들은 자신들의 방벽을 꾸준히 쌓아서 아테나이 쪽 방벽의 끝부분을 넘어서게 하는 데 성공했다. 아테나이인들은 더는 쉬라쿠사이인들을 제지할 수 없었고, 설령 전투에서 이긴다 해도 쉬라쿠사이를 봉쇄할 기회를 완전히 놓쳐버렸다.

7 (1) 그 뒤 코린토스, 암프라키아, 레우카스에서 파견된 나머지 함선 12척도 코린토스인 에라시니데스의 지휘 아래 항구로 들어왔다. 이 함선들은 아테나이 쪽 순시선들에 들키지 않았고, 그 선원들은 이제 대응 방벽의 남은 부분을 쌓도록 쉬라쿠사이인들을 도왔다. (2) 그사이 귈립포스는 모병을 위해 시켈리아의 다른 곳으로 갔는데, 보병과 해군을 모집하는 한편 도울 의향이 없었거나 전쟁에서 멀찍이 벗어나 있던 도시들을 우군으로 끌어들이기 위해서였다.

(3) 쉬라쿠사이인들과 코린토스인 사절단이 라케다이몬과 코린토스로 파견되었는데, 화물선이나 상선이나 그 밖에 어떤 수송 수단을 이용하든 더 많은 병력을 파견해주기를 요청하기 위해서였다. 아테나이인들도 사

람을 보내 증원부대를 요청했기 때문이다. (4) 그사이 사기가 드높아진 쉬라쿠사이인들은 바다에서도 적을 공격할 작정으로 선원을 함선들에 태우고 훈련시켰다.

8 (1) 상황을 알게 된 니키아스도 적군의 힘은 날로 강해지는데 아테나이인들은 점점 곤경에 빠지는 것을 보고 아테나이에 몇 차례 사자를 보냈다. 그는 전에도 자세한 경위를 보고하곤 했지만 이번에는 특히 상세하게 보고했는데, 본국 정부가 이런 위급한 상황에서 원정군을 철수시키든 아니면 상당 규모의 증원부대를 파견하든 신속하게 대처하지 않으면 모든 것이 끝장난다고 생각했기 때문이다.

(2) 그러나 그는 파견된 사자들이 언변이 부족해서든, 기억이 나지 않아서든, 대중의 환심을 사고 싶어서든 사실대로 보고하지 않을까 봐 염려되어 서찰을 썼다. 그래야만 전달 과정에서 왜곡되지 않고 자신의 견해가 무엇인지 정확히 알고 아테나이인들이 사실에 근거하여 결정을 내릴 수 있다고 생각한 것이다. (3) 그래서 그가 보낸 사자들은 이 서찰을 지참한 채 그 밖의 지시를 받은 후 길을 떠났고, 그는 군무에 전념했다. 그는 이제 군대가 방어에 치중하며 불필요한 모험을 피하게 했다.

9 같은 해 여름이 끝나갈 무렵 아테나이 장군 에우에티온이 페르딕카스와 힘을 모아 대규모 트라케인 병력을 이끌고 암피폴리스로 진격했다. 그는 그곳을 함락하지 못했지만, 자신의 삼단노선들이 스트뤼몬 강으로 들어오게 하여 히메라이온[1]을 기지 삼아 강에서 도시를 봉쇄했다. 여름은 그렇게 지나갔다.

10 겨울이 되자 니키아스가 보낸 사자들이 아테나이에 도착하여 전하도록 지시받은 바를 구두로 전하고 질문에 답변한 다음 니키아스의 서찰을 전달했다. 그러자 시 서기(書記)가 앞으로 나와 아테나이인들에게 읽어주었는데, 그 내용은 다음과 같다.

11 (1) "아테나이인 여러분, 여러분은 지금까지 일어난 사건들은 내가 보낸 수많은 서찰을 통해 알고 있을 것입니다. 하지만 지금이야말로 여러분이 우리의 현재 상황을 알고 거기에 따라 조치를 취해주어야 할 때입니다. (2) 여러분은 쉬라쿠사이인들을 공격하도록 우리를 파견했고, 우리는 대부분의 전투에서 그들을 이겼으며, 현재 우리가 주둔하고 있는 요새들을 구축했습니다. 그러나 그때 라케다이몬인 귈립포스가 펠로폰네소스와 시켈리아의 일부 도시들에서 차출한 부대를 이끌고 도착했습니다. 첫 번째 전투에서는 그가 우리에게 패했지만, 이튿날 전투에서는 우리가 적군의 수많은 기병과 투창병에 밀려 방벽 뒤로 물러나지 않을 수 없었습니다.

(3) 지금은 수적으로 우세한 적군을 맞아 우리는 도시를 봉쇄할 방벽 쌓는 일을 포기하고 가만있을 수밖에 없습니다. 상당수의 중무장보병은 방벽을 지켜야 하기 때문에 사실 모든 병력을 투입할 수도 없습니다. 그사이 적군은 자신들의 홑겹 방벽을 계속해서 쌓아 우리 쪽 방벽의 끝부분을 넘어서게 하는 데 성공했으며, 그래서 대규모 병력을 동원해서 이 대응 방벽을 공격하여 점령하지 않는 한, 우리가 도시를 봉쇄한다는 것은 이제 불가능합니다. (4) 따라서 적군을 포위 공격할 줄 알았던 우리가 적어도 육지에서는 오히려 포위 공격당하는 형국이 되어버렸습니다. 적군의 기병 때문에 우리는 주변 일대로 멀리 나갈 수 없으니 말입니다.

12 (1) 적군은 또 증원부대를 요청하고자 펠로폰네소스로 사절단을 파견했고, 귈립포스는 시켈리아의 도시들을 순방 중인데, 그의 의도는 중립을 지키던 도시들을 우군으로 참전하도록 설득하고, 다른 도시들로부터는 가능하다면 더 많은 보병과 해군을 차출하려는 것입니다. (2) 내가 알기

---

1 위치는 알 수 없다.

로, 그들의 계획은 우리의 요새들을 보병으로 공격하는 동시에 바다에서도 함대로 우리를 공격하는 것입니다.

(3) 여러분 중에 어느 누구도 내가 '바다에서도'라는 말을 사용하는 것을 이상하게 여기지 마십시오. 적군도 알겠지만, 우리 함선은 처음에는 최상의 상태였습니다. 선재는 잘 말라 있고, 선원은 다 충원되어 있었습니다. 그러나 지금은 함선이 오랫동안 바닷물에 떠 있어 선재에 물이 배었고, 선원은 다 충원되지 않았습니다. (4) 적선이 수적으로 우리와 맞먹거나 더 우세하여 항상 적군의 공격을 예상하고 있어야 하는 만큼 우리가 함선을 바닷가로 끌어올려 선재를 말리고 거풍(擧風)할 수 없기 때문입니다. (5) 적군은 보란 듯이 훈련하고 있고, 공격 개시일을 스스로 결정할 수 있습니다. 게다가 그들은 우리처럼 봉쇄당하지 않아 마음대로 자신들의 함선을 말릴 수 있습니다.

13 (1) 그러나 우리는 설령 함선 수가 더 많고 지금처럼 우리를 지키기 위해 모든 함선을 다 투입할 필요가 없다 해도 그렇게 할 수는 없습니다. 지금도 쉬라쿠사이를 지나 보급품을 반입하기가 어려운데, 우리가 경비를 조금이라도 소홀히 하면 보급품을 잃게 될 테니 말입니다.

 (2) 우리 선원이 줄어들었고 지금도 계속해서 줄어드는 이유는 땔나무나 약탈물이나 물을 구하러 멀리 나갔다가 종종 적군의 기병대에게 살해되기 때문입니다. 적군이 우리와 대등해진 지금은 우리 노예들[2]이 탈영하고 있으며, 마지못해 우리 함선에 동승하게 된 이방인 용병들은 기회가 닿는 대로 각자 자신들의 도시로 돌아가고 있습니다. 그리고 처음에 높은 일당(日當)에 끌려 전쟁터에 간다기보다는 돈벌이하러 간다고 생각한 자들은 예상과 달리 적군이 완강하게 저항할 뿐 아니라 바다에서도 대항하는 모습을 보고는 탈영병으로 도주하거나 이런저런 방법으로 종적을 감추고 있는데, 시켈리아의 땅덩이가 큰 점을 고려하면 그것은 어

려운 일도 아닙니다. 그런가 하면 휙카라 시에서 노예들을 산 다음 자기들 대신 이들 노예를 태우도록 함장을 설득한 자들도 더러 있습니다. 이모든 것이 함대의 능률을 떨어뜨렸습니다.

14 (1) 선원 노릇을 할 수 있는 한창때는 잠깐뿐이어서, 배를 제대로 출발시키고 계속 박자에 맞춰 노를 저을 수 있는 선원은 소수라는 사실은 내가 말하지 않더라도 여러분은 이미 알고 있을 것입니다. (2) 그리고 가장 좌절감을 느끼는 것은, 여러분은 다루기 만만치 않은 사람들인지라 장군인 내가 이런 폐해들을 막을 수 없고, 다른 데서는 선원을 충원할 수 없다는 것입니다. 적군은 충원할 인적 자원이 넉넉하지만 우리에게는 처음에 아테나이에서 데려간 대원들밖에 없기 때문에, 함선을 운항하는 데도, 결원을 보충하는 데도 이들을 써야 합니다. 지금 이곳에서 우리의 동맹국인 낙소스와 카타네가 우리를 도울 능력이 없기 때문입니다.

(3) 지금 적군이 이기기 위해 필요한 것은 딱 한 가지입니다. 말하자면 우리에게 보급품을 판매하는 이탈리아의 몇몇 지역이 우리가 이런 곤경에 빠져 있는데도 여러분이 증원부대를 파견하지 않는 것을 보고 적군 편으로 넘어가게 되면, 우리는 포위 공격당하다가 항복하지 않을 수 없을 것이고, 그렇게 되면 쉬라쿠사이인들은 더 싸우지 않고도 전쟁에서 이기게 될 것입니다.

(4) 나는 여러분에게 더 듣기 좋은 다른 보고를 올릴 수도 있었겠지만, 여러분에게 필요한 것이 이곳 상황을 정확히 알고 나서 결정을 내리는 것이라면 그런 보고는 별로 도움이 되지 못할 것입니다. 나는 여러분의 성향을 잘 알고 있습니다. 여러분은 반가운 소식을 듣기 좋아하지만 나중

---

2 당시 전쟁터에서는 노예들이 주인을 위해 방패나 창처럼 무거운 무기를 비롯해 무거운 짐을 들고 다녔다.

에 예상과 다른 결과가 나오면 보고자를 비난합니다. 그래서 나는 사실대로 보고하는 것이 더 안전하다고 생각했습니다.

15 (1) 우리 원정군의 본래 목적과 관련하여 여러분은 군대에도, 장군들에게도 아무런 잘못이 없었다고 확신해도 됩니다. 그러나 지금 시켈리아 전체가 우리에게 대항해 단결하고, 펠로폰네소스에서는 또 다른 군대를 파견할 것으로 예상되는데, 이곳 시켈리아에 와 있는 우리 군대는 현재의 적군을 감당하기도 어렵습니다. 그러니 여러분은 우리를 소환하든지, 아니면 지난번과 같은 규모의 해군과 보병과 함께 거액의 군자금은 물론이고 내 후임자도 보내주어야 합니다. 나는 콩팥에 병이 생겨 이곳에 머무를 수 없기 때문입니다.

(2) 나는 몸이 건강할 때 몇 차례 장군직을 맡아 여러분을 위해 훌륭하게 봉사한 만큼 여러분은 나의 이러한 요청을 너그러이 용서해주시기 바랍니다. 여러분이 어떻게 할 작정이든 봄이 되자마자 바로 시행하십시오. 적군은 곧 시켈리아에서 증원부대를 받게 됩니다. 펠로폰네소스에서 파견될 증원부대는 오는 데 시간이 더 걸리겠지만, 여러분이 방심하면 시켈리아의 증원부대는 우리가 대비하기 전에 눈앞에 나타날 것이고, 펠로폰네소스의 증원부대는 지난번처럼 들키지 않고 여러분 옆을 빠져나갈 것입니다."

16 (1) 이상이 니키아스가 보낸 서찰의 내용이다. 아테나이인들은 듣고 나서 니키아스를 장군직에서 해임하지 않고 새로 선출된 다른 장군들이 그와 합류하기 전까지 시켈리아에 가 있는 두 명의 대장 메난드로스와 에우튀데모스가 그를 지원하게 했는데, 몸이 쇠약한 그가 혼자서 모든 짐을 지지 않게 하기 위해서였다. 아테나이인들은 또 자신들의 시민 중에서 징병 명부에 따라 징집하고 동맹군 중에서 차출된 다른 해군 부대와 보병 부대를 파견하기로 표결했다.

(2) 알키스테네스의 아들 데모스테네스와 투클레스의 아들 에우뤼메돈이 니키아스의 동료 장군으로 선출되었다. 에우뤼메돈은 동지 무렵 함선 10척과 은 1백 탈란톤과 함께 즉시 시켈리아로 파견되었는데, 그는 그곳의 아테나이군에게 원군이 오고 있으며 본국에서 그들을 돌볼 것이라고 전하게 되어 있었다.

17 (1) 데모스테네스는 뒤에 남아 원정군이 초봄에 출항할 수 있도록 준비를 서두르며 동맹국들에 사람을 보내 부대를 차출하는 한편 아테나이에서는 군자금과 함선들과 중무장보병을 징발했다. (2) 아테나이인들은 또 함선 20척을 보내 펠로폰네소스 해안을 돌게 했는데, 아무도 코린토스나 펠로폰네소스의 다른 곳에서 시켈리아로 건너가지 못하도록 감시하기 위해서였다.

(3) 코린토스인들은 자신들의 사절단이 시켈리아에서 돌아와 그곳 사태가 호전되었다고 전하자, 자신들이 첫 번째 함대를 적기에 보냈다고 확신하고는 더욱 자신감이 생겨 이번에는 중무장보병을 화물선들에 태워 시켈리아로 보낼 준비를 했고, 라케다이몬인들도 펠로폰네소스의 다른 지역에서 차출한 중무장보병들을 같은 방법으로 보내려고 준비했다.

(4) 코린토스인들은 또 나우팍토스에 주둔하고 있는 아테나이 순찰선들에 싸움을 걸려고 25척의 함선에 선원을 태웠는데, 그들이 자기들에게 맞서 전열을 갖춘 코린토스 삼단노선들을 감시하느라 코린토스 화물선들이 항해하는 것을 봉쇄하지 못하게 하기 위해서였다.

18 (1) 라케다이몬인들도 앗티케 지방에 침입할 준비를 했다. 그들 자신이 이미 그렇게 하기로 결정한 데다, 아테나이인들이 시켈리아로 증원부대를 파견한다는 말을 들은 쉬라쿠사이인들과 코린토스인들이 라케다이몬인들의 침입으로 이를 제지할 수 있을 것이라 생각하고 그렇게 하기를 요청했기 때문이다. 알키비아데스도 그들에게 데켈레이아를 요새화하

고 전쟁을 적극 수행하라며 거듭 조언했다.

(2) 그러나 라케다이몬인들에게 새로운 힘이 솟아난 것은 무엇보다도 아테나이인들이 라케다이몬인들과 시켈리아의 헬라스인 이주민을 상대로 두 전선에서 전쟁을 하고 있어 더 쉽게 제압될 수 있으며, 이번에는 아테나이가 먼저 평화조약을 위반했다는 생각 때문이었다. 그들은 이전의 전쟁에서는 자신들에게 잘못이 있다고 생각했다. 테바이인들이 평화 시에 플라타이아이로 쳐들어가는가 하면, 그들도 누가 중재 요청을 해오면 무력에 호소해서는 안 된다고 이전 조약에 명시되어 있는데도 아테나이인들의 중재 요청을 거부했기 때문이다. 그래서 그들은 자신들이 당한 불행을 그에 대한 벌이라고 해석했고, 필로스와 그 밖의 다른 곳에서 일어난 재앙을 심각하게 받아들였다.

(3) 그런데 이번에는 아테나이인들이 아르고스에서 함선 30척을 이끌고 와서 에피다우로스와 프라시아이의 일부와 다른 곳들을 약탈하곤 했을 뿐 아니라 필로스를 거점 삼아 약탈 행위를 일삼았고, 조약의 해석을 놓고 의견이 엇갈릴 때마다 라케다이몬 쪽은 중재를 요청하고 아테나이 쪽은 중재 요청을 거부한 터라, 라케다이몬인들은 자신들이 전에 저지른 것과 똑같은 과오를 아테나이인들이 저지르고 있다고 생각하고 더 열심히 전쟁에 임했다.

(4) 그래서 그들은 이해 겨울 사방의 동맹국들에 사람을 보내 무쇠를 대달라고 요청했으며, 요새를 구축하는 데 필요한 도구를 모두 구비했다. 동시에 그들은 증원부대를 화물선들에 태워 시켈리아로 보내기 위해 자신들도 준비를 하고 다른 펠로폰네소스인들에게도 그렇게 하도록 요청했다. 겨울은 그렇게 지나갔고, 투퀴디데스가 기록한 이 전쟁의 열여덟 번째 해도 그렇게 저물었다.

19 (1) 이듬해 봄이 되자마자 라케다이몬인들과 그들의 동맹군은 라케다이

몬인들의 왕 아르키다모스의 아들 아기스의 지휘 아래 일찌감치 앗티케 지방에 침입했다. 그들은 먼저 평야지대를 약탈한 뒤 도시별로 분담해서 데켈레이아를 요새화하기 시작했다. (2) 데켈레이아에서 아테나이 시까지의 거리는 120스타디온[3]쯤이고, 보이오티아 지방까지는 같거나 조금 더 떨어져 있다. 요새는 평야와 영토의 가장 중요한 곳을 위협할 목적으로 구축되었고, 아테나이 시에서도 보였다.

(3) 펠로폰네소스인들과 그들의 동맹군이 앗티케에서 요새를 구축하는 동안 본국에 있는 펠로폰네소스인들은 거의 같은 시기에 중무장보병 부대를 화물선들에 태워 시켈리아로 보냈다. 라케다이몬인들은 국가 노예들과 해방노예들 중에서 모두 6백 명의 중무장보병을 가려 뽑아 파견하면서 스파르테인 엑크리토스에게 지휘를 맡겼다. 보이오티아인들은 3백 명의 중무장보병을 파견하며 테바이 출신들인 크세논과 니콘, 테스피아이 출신 헤게산드로스에게 지휘를 맡겼다.

(4) 이들이 맨 먼저 출발하여 라코니케 지방의 타이나론 곶에서 난바다로 나갔다. 그 뒤 곧 코린토스인들이 5백 명의 중무장보병을 파견했는데, 그중 일부는 코린토스인들이고 일부는 아르카디아 출신 용병이었다. 이 부대는 코린토스인 알렉사르코스가 지휘했다. 시퀴온인들도 코린토스인들과 같은 시기에 시퀴온인 사르게우스의 지휘 아래 중무장보병 2백 명을 파견했다.

(5) 한편 겨우내 선원을 승선시킨 코린토스 함선 25척은 이들 중무장보병이 화물선들을 타고 무사히 펠로폰네소스를 떠날 때까지 나우팍토스에 있는 아테나이 함선 20척 맞은편에 포진하고 있었다. 그들은 아테나이인들이 화물선들보다는 이들 삼단노선들에 주의를 기울이게 하려고

---

3 약 21.5킬로미터.

함선들에 선원을 태웠는데, 그리하여 그들은 소기의 목적을 달성한 것이다.

20 (1) 이런 일들이 진행되고 데켈레이아가 요새화되는 동안, 아테나이인들은 이른 봄에 아폴로도로스의 아들 카리클레스의 지휘 아래 함선 30척을 보내면서 펠로폰네소스 해안을 따라 항해하다가 아르고스에 들러 동맹조약에 따라 중무장보병을 요청한 다음 함선들에 태우고 가라고 지시했다. (2) 아테나이인들은 또 계획한 대로 데모스테네스도 시켈리아에 파견했는데, 그의 함대는 아테나이 함선 60척, 키오스 함선 5척, 징집 명단에서 뽑은 아테나이인 중무장보병 1천 2백 명, 각 섬에서 최대한 차출한 섬 주민들로 구성되어 있었다. 그는 또 그 밖의 다른 속국에서도 전쟁에 도움이 될 만한 것이면 무엇이든 가져갔다. 데모스테네스는 무엇보다도 카리클레스의 함대와 합류해 라코니케 지방의 해안을 공격하라는 지시를 받았다. (3) 그래서 그는 아이기나 섬으로 항해해가서, 자신의 나머지 병력이 도착하고 카리클레스가 아르고스에서 중무장보병들을 배에 태우고 오기를 기다렸다.

21 (1) 한편 시켈리아에서는 이해 봄 같은 시기에 귈립포스가 설득에 성공한 여러 도시에서 최대한 많은 군사들을 모집하여 쉬라쿠사이로 돌아왔다. (2) 그리고 그는 쉬라쿠사이인들을 불러 모아놓고 그들이 되도록 많은 함선에 선원을 태워 해전을 감행해야 한다고 주장하면서, 해전은 전쟁의 결과에 중대한 영향을 끼칠 것이므로 그 위험은 감수할 만하다고 했다.

(3) 그러자 헤르모크라테스가 그를 강력하게 지지하고 나서며 바다에서 아테나이인들과 맞서게 된다고 해서 주눅 들지 말라고 했다. 그의 주장에 따르면 아테나이인들의 해군 경험은 타고난 것도 항구적인 것도 아니며, 실은 아테나이인들도 전에는 쉬라쿠사이인들 이상으로 농부들이었

는데 페르시아인들이 침공해오자 어쩔 수 없이 선원이 되지 않을 수 없었다는 것이었다. 아테나이인들처럼 대담한 자들에게는 상대편의 대담성이 가장 큰 위협이 될 것이며, 아테나이인들은 경우에 따라서는 군사적으로 우월하지 않아도 대담한 공격으로 상대편을 주눅 들게 했는데, 이러한 전술을 지금 쉬라쿠사이인들이 그들에게 써먹을 수 있을 것이라고 했다.

(4) 또한 쉬라쿠사이인들이 대담하게도 아테나이인들의 함대에 예상치 못한 공격을 가하면 그러한 기습 효과는 틀림없이 아테나이인들의 전문지식이 쉬라쿠사이인들의 무경험에 줄 수 있는 피해를 상쇄하고도 남을 것이라고 했다. 그러니 쉬라쿠사이인들은 주눅 들지 말고 자신들의 함대로 무엇을 할 수 있는지 생각해봐야 한다고 촉구했다.

(5) 그래서 쉬라쿠사이인들은 귈립포스와 헤르모크라테스와 다른 사람들에게 설득되어 바다에서 싸우기로 결심하고 함선들에 선원을 태우기 시작했다.

22 (1) 함대가 출동 준비를 마치자, 귈립포스는 플렘뮈리온에 있는 요새들을 육지에서 공격하려고 밤에 휘하의 보병을 모두 이끌고 나가고, 쉬라쿠사이 쪽 삼단노선들은 미리 정해놓은 신호에 따라 출항했다. 35척은 큰 항구에서 직접 출동하고, 45척은 큰 항구 안의 함선들과 합류하여 플렘뮈리온을 함께 공격하려고 조선소가 있던 작은 항구에서 돌아나왔는데, 아테나이인들이 해륙 양면에서 적을 맞아 정신을 차리지 못하게 하기 위해서였다.

(2) 아테나이인들도 이에 맞서 60척의 함선에 재빨리 선원을 태웠다. 그중 25척으로는 큰 항구에 있는 쉬라쿠사이 쪽 함선 35척과 싸우고, 나머지는 조선소에서 돌아나오는 함선을 상대하도록 내보냈다. 이어서 큰 항구 어귀에서 해전이 벌어졌는데, 한쪽은 억지로 밀고 들어가려 하고 다

른 쪽은 이를 제지하는 가운데 한동안 어느 쪽도 물러서지 않았다.

23 (1) 플렘뮈리온의 아테나이인들이 바닷가로 내려가 해전을 지켜보고 있
는 사이에 귈립포스가 그 틈을 이용해 먼동이 틀 무렵 요새들을 기습했
다. 그는 먼저 가장 큰 보루를 점령한 다음 이어서 더 작은 보루 두 군데
도 점령했는데, 가장 큰 보루가 쉽게 점령당하는 모습을 보고 그곳의 수
비대가 대항하지 않았기 때문이다.

(2) 먼저 함락된 보루에 있던 파수병 중 화물선이나 각종 소형 선박이 있
는 곳으로 뛰어갈 수 있었던 자들은 천신만고 끝에 간신히 본진에 도착
할 수 있었다. 이때 큰 항구의 해전에서 우세하던 쉬라쿠사이인들이 빨
리 달리는 삼단노선 한 척을 보내 그들을 추격하게 했기 때문이다. 그러
나 다른 두 보루가 함락되었을 무렵에는 쉬라쿠사이인들이 이미 해전에
서 지고 있어 이들 보루에서 도주한 아테나이인들은 더 쉽게 바닷가를
따라 항해하여 본진에 다다랐다. (3) 큰 항구 어귀 밖에서 밀어붙이던 쉬
라쿠사이 쪽 함선들이 아테나이 쪽 함선들의 대열을 돌파하고 항구로 들
어왔지만 질서를 지키지 않아 자기들끼리 뒤죽박죽이 되는 바람에 아테
나이인들에게 승리를 갖다 바치자, 아테나이인들이 이들 함선뿐 아니라
앞서 큰 항구에서 우세하던 그들의 다른 함선들까지 패주시켰기 때문이
다. (4) 아테나이인들은 쉬라쿠사이 쪽 함선 11척을 침몰시키고, 포로로
잡힌 함선 3척의 선원을 제외하고는 선원을 모두 죽였다. 그들은 함선 3
척을 잃었다. 그들은 쉬라쿠사이 쪽 함선들의 잔해를 해안으로 끌고 가
플렘뮈리온 앞바다의 작은 섬에 승전비를 세우고 나서 군영으로 돌아갔
다.

24 (1) 쉬라쿠사이인들은 해전에서는 이기지 못했지만 플렘뮈리온에 있는
요새들을 점거하고 세 개의 승전비를 세웠다. 나중에 함락된 두 요새 중
에 한 곳은 허물고 나머지 두 요새는 보수한 다음 수비대를 주둔시켰다.

(2) 이들 요새가 함락될 때 많은 사람들이 죽거나 생포되고, 많은 물자가 고스란히 적의 손에 넘어갔다. 아테나이인들은 이들 요새를 창고로 이용하던 터라 상인들의 물건과 곡식 말고도 선장들의 소유물이 보관되어 있었기 때문이다. 실제로 바닷가에 끌어올려놓은 삼단노선 3척 말고도 그곳에 보관되어 있던 삼단노선 40척분의 돛과 다른 장비들이 적에게 노획되었다.

(3) 플렘뮈리온의 함락이야말로 아테나이군의 사기가 꺾인 결정적인 계기가 되었다. 이제는 쉬라쿠사이인들이 도중에서 가로채려고 항구 어귀에 함선들을 배치해두어 보급품도 안전하게 들여올 수 없었고, 보급품을 들여오려면 반드시 싸워야만 했기 때문이다. 대체로 이번 사건으로 인해 군대는 주눅이 들고 사기가 꺾였다.

25 (1) 그 뒤 쉬라쿠사이인들은 쉬라쿠사이인 아가타르코스의 지휘 아래 함선 12척을 파견했다. 그중 사절단을 태운 함선은 펠로폰네소스로 갔는데, 이들 사절단은 쉬라쿠사이에서의 전황이 고무적이라고 보고하며 펠로폰네소스인들이 헬라스에서 전쟁을 더욱 적극적으로 추진하도록 촉구할 참이었다. 나머지 11척은 이탈리아로 항해했는데, 보급품을 잔뜩 실은 함선이 아테나이인들에게로 오고 있다는 정보를 입수했기 때문이다. (2) 그들은 이 함선들을 습격하여 대부분 파괴한 뒤 카울로니아 시의 영토로 가서 아테나이인들을 위해 그곳에 준비되어 있던 선재(船材)를 불살랐다. (3) 그런 다음 그들이 로크리스에 가서 그곳에 닻을 내리고 있는데 화물선 한 척이 펠로폰네소스에서 테스피아이의 중무장보병을 태우고 왔다. (4) 그러자 쉬라쿠사이인들이 이들 중무장보병을 자신들의 함선에 태우고 바닷가를 따라 귀로에 올랐다. 아테나이인들은 함선 20척을 이끌고 가서 메가라 앞바다에서 그들이 나타나기를 기다렸지만, 그들의 함선 가운데 한 척만 그 선원들과 함께 나포하고 나머지는 쉬라쿠사

이로 달아나는 것을 막을 수 없었다.

(5) 항구 안에서도 쉬라쿠사이인들이 자신들의 함선은 그 뒤에서 안전하게 닻을 내리고 아테나이인들은 노를 저어 와서 충각으로 들이받지 못하도록 옛 조선소들 앞 해저에 박아놓은 말뚝들을 둘러싸고 소규모 충돌이 벌어졌다. (6) 아테나이인들은 목탑들과 양현에 차벽이 설치된 1만 탈란톤[4]의 짐을 실을 수 있는 배 한 척을 조선소들 맞은편에 가져다놓고는 소형 선박들에서 말뚝들에 밧줄을 고정시킨 뒤 말뚝들을 뽑아 올리거나, 꺾어버리거나, 잠수해 내려가 톱으로 잘라버렸다. 쉬라쿠사이인들이 조선소들에서 날아다니는 무기를 계속 날려 보냈지만 큰 화물선의 아테나이인들은 이에 맞서며 결국 대부분의 말뚝을 제거하는 데 성공했다.

(7) 그러나 이 방책의 가장 다루기 어려운 문제점은 숨은 말뚝들이었다. 어떤 말뚝들은 눈에 보이지 않게 수면 아래 박혀 있어서, 그쪽으로 다가가는 배는 숨은 암초에 걸려 좌초되는 것과 같은 낭패를 보기 십상이기에 하는 말이다. 그런데 그런 말뚝들마저 잠수부가 품삯을 받고 내려가 톱으로 잘라버렸다. 하지만 쉬라쿠사이인들은 다른 말뚝들을 박았다.

(8) 양군이 가까이 대치하고 있을 때 예상할 수 있듯, 그들은 서로 온갖 재주를 동원했다. 그리하여 소규모 충돌이 계속되고 이런저런 여러 가지 전술이 시도되었다.

(9) 쉬라쿠사이인들은 또 코린토스인들, 암프라키아인들, 라케다이몬인들을 여러 도시에 사절단으로 파견해 플렘뮈리온을 함락했다는 소식을 전하고, 해전에서 자신들이 패한 원인은 적군의 힘이 우세해서라기보다는 자신들이 무질서했기 때문이라고 설명하게 했다. 사절단은 또 전세가 대체로 낙관적이라고 말하고 적군에 대항할 해군과 보병의 증원부대를 요청하되, 지금 아테나이에서 증원부대가 올 것으로 예상되는 만큼 만약 증원부대가 도착하기 전에 이미 쉬라쿠사이에 와 있는 적군을 궤멸하지

못한다면 전쟁은 끝난 것이나 다름없다고 보고하게 했다. 시켈리아에서 양군의 활동 상황은 그러했다.

26 (1) 한편 데모스테네스는 시켈리아로 데려갈 증원부대가 모두 집결하자 아이기나를 출발해 펠로폰네소스로 항해해가서 그곳에서 카리클레스와 30척의 아테나이 함선과 합류했다. 그러고 나서 그들은 아르고스의 중무장보병들을 배에 태우고 라코니케 지방으로 항해했다. (2) 그곳에서 그들은 먼저 에피다우로스 리메라의 일부를 약탈한 뒤 퀴테라 섬 맞은편, 아폴론 신전이 있는 라코니케 지방에 상륙했다. 그들은 영토의 일부를 약탈한 뒤 반도처럼 생긴 곳에 요새를 구축했는데, 탈주해오는 라케다이몬의 국가 노예들에게는 안전한 피난처를, 약탈조에게는 퓔로스 같은 작전기지를 제공하려는 것이었다.

(3) 데모스테네스는 카리클레스가 그곳을 점령하도록 도와주고 나서 지체 없이 바닷가를 따라 케르퀴라로 항해했는데, 그곳에서 동맹군을 배에 태우고 되도록 빨리 시켈리아로 건너가기 위해서였다. 카리클레스는 보루가 완성될 때까지 뒤에 남아 있다가 그곳을 지킬 수비대를 남겨두고 30척의 함선을 이끌고 귀로에 올랐으며, 아르고스인들도 귀국했다.

27 (1) 같은 해 여름 단검으로 무장한 트라케의 디오이족 경방패병 1천3백 명이 아테나이에 도착했는데, 아테나이인들은 그들을 데모스테네스와 함께 시켈리아로 파견할 작정이었다. (2) 그러나 너무 늦게 도착하는 바람에 아테나이인들은 그들이 떠나온 트라케로 돌려보내기로 결정했다. 각자에게 1드라크메의 일당이 지급되었기에 데켈레이아로부터의 공격을 막기 위해 그들을 붙들어두는 것은 비용이 너무 많이 든다고 생각되었기 때문이다.

4 약 260톤.

(3) 이해 여름 처음에는 전 펠로폰네소스군이 덤벼들어 데켈레이아를 요새화했지만, 나중에는 아테나이 영토에 항구적인 위협이 되도록 여러 도시에서 파견된 수비대가 일정 기간을 두고 서로 번갈아가며 계속해서 그곳을 점거했는데, 이것이 아테나이인들에게 큰 피해를 주었고, 그로 인한 재산 손실과 인명 피해는 아테나이의 국력이 기우는 주된 이유 중 하나가 되었다. (4) 이전에는 침입 기간이 길지 않아 아테나이인들은 남은 기간에는 방해받지 않고 농지를 이용할 수 있었다. 그러나 지금은 적군이 계속 점거하고는 때로는 병력을 추가로 투입하는가 하면, 때로는 통상적인 수비대라 해도 보급품을 확보하기 위해 영토를 휩쓸며 약탈을 일삼았고, 라케다이몬인들의 왕 아기스가 몸소 와서 전쟁에 전력을 기울이고 있어 아테나이인들의 피해가 컸다.

(5) 아테나이인들은 전 영토를 빼앗기고, 2만 명 이상의 노예들이 탈주했는데, 대부분이 숙련노동자들이었다. 양 떼와 짐 나르는 가축들도 모두 잃었다. 또 기병대가 데켈레이아를 공격하거나 지방을 순찰하느라 날마다 말을 타고 나가는 바람에 말들은 딱딱한 땅바닥과 지속적인 과로 때문에 또는 적군에게 부상당해 절름발이가 되었다.

28 (1) 에우보이아 섬에서 식량을 반입할 때도 전에는 오로포스 시에서 출발하여 데켈레이아를 경유하는 더 짧은 경로가 이용되었지만, 지금은 수니온 곶을 도는 바닷길을 이용해야 하기에 경비가 많이 들었다. 아테나이는 모든 물자를 반입하지 않을 수 없어 도시라기보다는 요새 같았다. (2) 그들은 낮에는 보루 위에서 교대로 파수를 보고, 밤에는 기병대를 제외한 전 시민이 더러는 성벽 위에서, 더러는 무장한 채 다른 곳에서 경비를 섰다. 그리하여 여름이든 겨울이든 그들의 노고는 끝이 없었다. (3) 그러나 그들을 가장 괴롭히는 것은 동시에 두 전쟁을 치르는 것이었다. 그래서 그들은 나중에 직접 목격하지 않았다면 아무도 가능하다고

믿지 않았을 필승 의지를 다졌던 것이다. 그들이 자기들 나라에서 펠로폰네소스인들의 요새에 의해 포위 공격당하면서도 여전히 시켈리아를 포기하지 않고 그곳에서 그 자체만으로도 아테나이만큼이나 큰 도시인 쉬라쿠사이를 똑같은 방법으로 포위 공격함으로써 헬라스인들이 예상한 것 이상으로 자신들의 힘과 대담성을 과시하고 있기에 하는 말이다. 전쟁 초기에 헬라스인들 가운데 어떤 이들은 만약 펠로폰네소스인들이 앗티케 땅에 침입한다면 아테나이가 1년을, 다른 이들은 2년을 버텨낼 것이라고 예상했고, 3년을 버텨낼 것이라고 예상한 사람은 아무도 없었다. 그런데 첫 번째 침입이 있은 지 17년째 되는 해에 이제는 전쟁 때문에 극도로 피폐해진 아테나이인들이 시켈리아에 가서 펠로폰네소스인들과의 오랜 전쟁만큼이나 힘겨운 전쟁을 새로 시작한다는 것이 어찌 놀라운 일이 아니겠는가!

(4) 게다가 데켈레이아가 점령되어 큰 손실이 발생하고 막대한 경비가 드는 일이 자꾸 생겨 그들은 돈이 달렸다. 그래서 이 무렵 그들은 그렇게 하면 돈이 더 많이 들어올 줄 알고, 속국들에 공물 대신 바닷길을 통한 모든 수입품과 수출품에 대해 5푼의 관세를 부과했다. 그들이 지출하는 경비는 전쟁의 규모가 커짐에 따라 제자리걸음을 하지 않고 더 늘어나는데, 세입은 줄어들었기 때문이다.

29 (1) 그래서 이렇듯 재정적인 어려움을 겪고 있던 아테나이인들은 추가 지출을 줄이기 위해, 너무 늦게 도착하여 데모스테네스와 동행할 수 없게 된 트라케인들을 바로 돌려보냈던 것이다. 귀국하는 그들을 인솔하는 책임은 디에이트레페스가 맡았는데, 그는 에우리포스 해협을 통과하게 되어 있는 만큼 바닷가를 따라 항해하면서 적군에게 되도록 많은 피해를 입히라는 지시를 받았다. (2) 그는 먼저 그들을 타나그라 시의 영토에 상륙시켜 신속히 약탈하게 한 뒤, 밤이 되자 에우보이아 섬의 칼키스 시를

뒤로하고 에우리포스 해협을 건너 보이오티아 지방에 상륙한 다음 그들을 뮈칼렛소스 시로 인솔해갔다.

(3) 그는 뮈칼렛소스에서 16스타디온쯤 떨어져 있는 헤르메스 신전에서 몰래 숙영하고 날이 새자 그다지 크지 않은 도시를 공격하여 함락했다. 주민들은 설마 자기들을 공격하러 바닷가에서 그토록 멀리 내륙으로 들어오리라고는 생각하지 않았기에 경비도 세우지 않았다. 성벽도 허술하여 어떤 곳은 무너지고 어떤 곳은 높이 쌓지 않았다. 그들은 자신들이 안전하다고 믿었기에 성문들도 열려 있었다.

(4) 트라케인들은 시내로 쳐들어가 집과 신전을 약탈하고 노소 불문하고 주민을 도륙하기 시작했다. 그들은 아이든 여자든 만나는 족족 죽였고, 짐 나르는 가축과 다른 생명체도 보이는 족족 죽였다. 이들 트라케인은 두려워할 것이 없을 때는 야만족 중에서도 가장 피에 굶주린 부족이기 때문이다. (5) 그래서 그들은 이때 사방이 아비규환이고 온갖 형태의 죽음이 널브러져 있는 것으로도 모자라, 그곳에서 가장 큰 학교로 쳐들어가 막 교실에 들어간 아이들을 모조리 도륙했다. 그리하여 지금까지 겪은 어떤 재앙보다 더 크고 더 갑작스럽고 더 무시무시한 재앙이 온 도시를 덮쳤다.

30 (1) 그사이 테바이인들이 이 소식을 듣고 구원하러 달려와서는 트라케인들이 멀리 가기 전에 따라잡아 약탈품을 되찾고 그들을 싣고 온 함선이 정박한 에우리포스 해협의 바닷가로 겁에 질린 그들을 추격했다. (2) 그들 가운데 죽은 자들은 대부분은 헤엄칠 줄 몰라 배에 오르려다가 죽었고, 배를 탄 자들은 육지에서 무슨 일이 벌어지고 있는지 보고는 화살의 사정거리 밖에다 함선을 정박시켰다. 퇴각할 때 트라케인들은 질서정연했는데, 그들은 먼저 공격해오는 테바이 기병대에 맞서 갑자기 달려나갔다가 밀집대형을 이루고 후퇴하는 트라케 특유의 작전을 펼침으로써 자

신들을 잘 지켜냈던 것이다. 그래서 이 과정에서 죽은 자들은 많지 않았지만, 상당수가 약탈하려고 시내에 남아 있다가 잡혀 죽었다. 트라케인들은 1천3백 명 중에서 모두 250명이 죽었다.

(3) 테바이인들과 다른 동맹군으로 구성된 구원 부대에서는 테바이의 보이오티아 연맹 지휘관 중 한 명인 스키르폰다스를 포함하여 약 20명의 기병과 중무장보병이 죽었다. 뮈칼렛소스는 인구의 대다수를 잃었다. 뮈칼렛소스는 그런 재앙을 당했다. 도시의 규모를 고려할 때 그것은 전쟁 중에 발생한 어떤 재앙보다 더 동정을 살 만한 사건이었다.

31 (1) 그 무렵 데모스테네스는 라코니케 지방에 요새를 구축한 뒤 케르퀴라로 항해하다가 화물선 한 척이 코린토스의 중무장보병을 시켈리아로 건네주려고 엘리스 지방의 페이아 항 앞바다에 정박해 있는 것을 발견했다. 그래서 그는 이 배는 파괴했지만, 타고 있던 자들은 달아났다가 나중에 다른 배를 타고 바다를 건넜다. (2) 그 뒤 그는 자퀸토스 섬과 케팔레니아 섬으로 가서 그곳에서 약간의 중무장보병을 배에 태우고, 사람을 보내 나우팍토스의 멧세니아인들 가운데 중무장보병을 차출하게 했다. 그런 다음 맞은편 본토에 있는 아카르나니아 지방의 알뤼제이아 시와 당시 아테나이의 지배를 받던 아낙토리온 곶으로 건너갔다.

(3) 그곳에 머무르는 동안 데모스테네스는 지난겨울 아테나이인들을 위한 군자금을 갖고 시켈리아로 파견되었다가 귀국 중이던 에우뤼메돈을 만났다. 에우뤼메돈은 무엇보다도 자신이 출항한 뒤에 플렘뮈리온이 쉬라쿠사이인들에게 함락되었다는 소식을 들었다고 보고했다. (4) 이어서 나우팍토스의 사령관 코논이 그곳으로 그들을 찾아와 코린토스 함선 25척이 맞은편에 포진하고는 적대 행위를 중단할 기미를 보이지 않고 사실상 해전을 개시할 의향이 있음을 분명히 한다고 보고했다. 그러면서 그는 자신의 18척 함선으로는 적선 25척을 상대하기 어려우니 함선 몇 척

을 더 보내달라고 했다.

(5) 그래서 데모스테네스와 에우뤼메돈은 자신들의 함선 가운데 가장 빠른 함선 10척을 내주며 코논과 함께 가서 나우팍토스의 선단(船團)과 합류하게 하고는 자신들은 군대를 집결시킬 준비를 했다. 에우뤼메돈은 케르퀴라로 가서 그곳에서 15척의 함선에 선원을 태우도록 명령하며 중무장보병을 모집했다. 그는 이제 귀국을 중도에 포기하고 원래 지명받은 대로 데모스테네스와 함께 공동 장군이 된 것이다. 한편 데모스테네스는 아카르나니아 지방에서 투석병과 투창병을 모집했다.

32 (1) 이 무렵 플렘뮈리온이 함락된 뒤 여러 도시로 파견된 쉬라쿠사이의 사절단은 임무를 성공적으로 수행하고 자신들이 모병한 군대를 데리고 돌아가려던 참이었다. 그러나 니키아스가 미리 정보를 입수하고는 아테나이와 동맹을 맺고 있고 이들이 반드시 통과해야 할 지역을 통제하고 있던 시켈로이족, 즉 켄토리파인들과 알리퀴아이인들과 그 밖의 다른 부족에게 사람을 보내 힘을 모아서 이들을 제지해달라고 요청했다. 아크라가스인들은 이들이 자신들의 영토를 통과하지 못하게 할 것이므로 이들이 다른 길을 지나갈 가능성은 없다는 것이었다.

(2) 그래서 시켈리아의 헬라스인 이주민이 행군하기 시작했을 때 시켈로이족은 아테나이인들의 요청을 받아들여 세 개 부대로 나뉘어 매복해 있다가 경계를 소홀히 한 이들을 기습하여 약 8백 명을 죽였는데, 거기에는 목숨을 건진 한 명을 제외하고 사절단 전원이 포함되어 있었다. 이 한 명의 사절은 코린토스 출신으로 살아남은 자들 약 1천 5백 명을 데리고 쉬라쿠사이로 돌아갔다.

33 (1) 이 무렵 카마리나에서도 쉬라쿠사이를 위해 중원부대가 도착했는데, 중무장보병이 5백 명이고 투창병과 궁수가 각각 3백 명이었다. 겔라인들도 함선 5척으로 구성된 선단 외에 투창병 4백 명과 기병 2백 명을

파견했다. (2) 이때는 중립을 지키던 아크라가스를 제외하고는 여태껏 사태의 추이를 지켜보던 도시들을 포함해 시켈리아 전체가 벌써 쉬라쿠사이 편이 되어 아테나이에 대항했기 때문이다.

(3) 시켈로이족의 나라에서 재앙을 당한 뒤 쉬라쿠사이인들은 아테나이인들을 직접 공격하기를 포기했다. 한편 데모스테네스와 에우뤼메돈은 케르퀴라와 본토에서 모병 업무가 끝나자 전군을 이끌고 이오니오스 해를 건너 이아퓌기아 곶으로 갔다. (4) 그리고 그곳을 뒤로하고 그들은 코이라데스라는 이아퓌기아 지방의 섬들에 도착하여 이아퓌기아의 멧사피아인들로 구성된 약 150명의 투창병을 배에 태우고 이 투창병을 제공한 지역 실권자 아르타스와의 이전 친선관계를 갱신하고 나서 이탈리아의 메타폰티온에 도착했다. (5) 그곳에서 그들은 주민을 설득하여 동맹 조약에 따라 투창병 3백 명과 삼단노선 두 척을 원정대에 파견해달라고 설득하여 이들을 합류시킨 다음 바닷가를 따라 투리오이로 항해했다. 그곳에 가서 보니 얼마 전 혁명이 일어나 반(反)아테나이파가 추방당하고 없었다. (6) 그곳에서 그들은 전군을 모아놓고 혹시 빠진 것이 없는지 알아보기 위해 사열하고 싶었다. 동시에 그들은 투리오이가 원정군을 적극 지원하도록 설득하고 싶었으며, 현재 상황을 이용해 투리오이가 아테나이와 공수동맹을 맺게 하고 싶었다. 그래서 그들은 그런 일들을 추진하려고 한동안 투리오이에 머물렀다.

34 (1) 이 무렵 화물선들이 시켈리아로 안전하게 항해할 수 있도록 25척의 함선에 나눠 타고 아테나이 선단 맞은편에 포진해 있던 펠로폰네소스인들은 전투준비를 서둘렀다. 그들은 자신들의 인원수가 아테나이인들의 인원수에 근접하도록 몇 척의 함선에 선원을 더 태우고는 아카이아 지방의 뤼페스령(領) 에리네오스 항 앞바다로 정박소를 옮겼다. (2) 그들이 닻을 내린 만(灣)은 반달 모양을 하고 있어, 코린토스에서 파견된 보병

부대와 그 지역 동맹군은 툭 튀어나온 양쪽 곶에 포진하고, 함대는 그 사이의 공간을 차지하여 입구를 봉쇄했다. 해군 사령관직은 코린토스인 폴뤼안테스가 맡았다. (3) 아테나이인들은 디필로스가 지휘하는 33척의 함선을 이끌고 나우팍토스에서 그들을 향해 출동했다. (4) 처음에 코린토스인들은 가만있다가 때가 되었다고 생각되자 신호기(信號旗)를 올리며 아테나이인들에 맞서기 위해 출동했다. 어느 쪽도 물러서지 않고 한동안 백중지세가 계속되었다. (5) 코린토스 함선은 3척이 침몰했다. 아테나이 함선은 한 척도 침몰하지는 않았지만 7척이 운항 불능 상태가 되었는데, 그럴 목적으로 이물 양쪽의 닻 걸이를 강화한 코린토스 함선이 이물을 들이받아 노를 걸어두는 횡목들이 부러졌기 때문이다.

(6) 양쪽이 서로 이겼다고 주장했지만 전투는 무승부로 끝났다. 그러나 아테나이인들은 바람에 난바다로 떠밀려온 난파선의 잔해를 차지했고, 코린토스인들은 그들을 공격하려고 더는 출동하지 않았다. 그래서 두 함대는 서로 추격 없이 갈라섰으며, 어느 쪽에도 포로로 잡힌 대원은 없었다. 코린토스인들과 펠로폰네소스인들은 육지 가까이에서 싸운 까닭에 선원이 쉽게 육지로 도주할 수 있었고, 아테나이 쪽은 함선이 한 척도 침몰하지 않았기 때문이다.

(7) 아테나이인들이 나우팍토스로 회항하자마자 코린토스인들은 승전비를 세웠다. 그들은 자신들이 더 많은 적선을 운항 불능 상태로 만든 만큼 자신들이 이겼다고 주장했고, 적군 쪽에서 자기들이 이겼다고 주장하지 않는 만큼 자신들이 지지 않았다고 생각했다. 그도 그럴 것이, 코린토스인들은 자신들이 완패하지 않으면 이긴 것으로 간주했고, 아테나이인들은 자신들이 완승하지 못하면 진 것으로 간주했기 때문이다. (8) 그럼에도 아테나이인들은 펠로폰네소스인들이 배를 타고 떠나고 보병 부대가 해산하자 자신들이 이겼다고 주장하며 코린토스인들이 닻을 내리고

있던 에리네오스에서 20스타디온 남짓 떨어진 아카이아 땅에 승전비를 세웠다. 해전은 그렇게 끝났다.

35 (1) 데모스테네스와 에우뤼메돈은 이제 투리오이인들이 중무장보병 7백 명과 투창병 3백 명을 이끌고 자신들의 원정대에 합류하자, 함대에는 바닷가를 따라 크로톤 영토로 항해하라고 명령한 뒤 자신들은 먼저 쉬바리스 강변에서 전 보병을 사열한 다음 이들을 이끌고 투리오이 영토를 통과했다. (2) 그들이 휠리아스 강에 도착했을 때, 크로톤인들이 사자를 보내 군대가 자신들의 영토를 통과하는 것을 허용할 수 없다는 뜻을 전했다. 그래서 아테나이인들은 바닷가로 내려가 휠리아스 강어귀에서 야영하다가 그곳에서 함대와 합류했다. 이튿날 그들은 배에 올라, 레기온 령 페트라 곶에 도착할 때까지 로크리스를 제외한 모든 도시에 들르며 바닷가를 따라 항해했다.

36 (1) 한편 쉬라쿠사이인들은 그들이 다가오고 있다는 말을 듣고 이들 중 원부대가 도착하기 전에 선제공격을 하려고 집결시켜놓았던 다른 보병부대와 함선들로 재차 공격을 시도하기로 했다. (2) 그들은 지난번 해전 경험에 근거하여 자신들에게 유리할 것으로 생각되는 쪽으로 함선들을 약간 개조했다. 말하자면 이물을 톱으로 잘라 짧고 단단하게 만들고, 이물 양쪽의 닻 걸이들을 강화하고, 닻 걸이들에서 뱃전을 뚫고 지지대를 댔는데 그 길이가 안쪽과 바깥쪽이 각각 6페퀴스⁵쯤 되었다. 이것은 코린토스인들이 나우팍토스에서 아테나이인들과 해전을 벌이기 전에 자신들의 이물을 개조한 것과 같은 방식이다.

(3) 쉬라쿠사이인들은 그렇게 하면 자기들이 아테나이 함대보다 더 유리할 것이라고 생각했다. 아테나이 함선은 대개 적선의 이물을 들이받는

---

5 1페퀴스(pechys)는 약 45센티미터이다.

것이 아니라 노를 저어 돌아와 적선의 옆구리를 들이받는 전술을 쓰고 있어 그들의 함선처럼 건조되지 않고 이물 쪽이 가벼웠기 때문이다. 그들은 또 좁은 곳에서 많은 배가 복작댈 큰 항구에서 해전이 벌어지는 것도 자신들에게 유리하다고 생각했다. 그들은 이물끼리 충돌할 때 굵고 단단한 충각을 이용해 아테나이 함선의 얇고 허약한 이물을 박살 낼 수 있지만, (4) 아테나이인들은 적선의 대열을 돌파한 다음 되돌아와서 공격한다는 나름대로 가장 자신만만한 작전을 좁은 곳에서는 구사할 수 없을 테니 말이다. 쉬라쿠사이인들은 그들에게 대열을 돌파할 기회를 주지 않으려고 최선을 다할 것이고, 그들은 공간이 협소하여 회전할 수 없을 테니 말이다.

(5) 그래서 쉬라쿠사이인들은 주로 전에는 키잡이의 경험 미숙 탓이라고 비하되었던 이물끼리 들이받는 전술을 쓰기로 했는데, 그것이 자신들에게 가장 유리하다고 생각했기 때문이다. (6) 왜냐하면 아테나이인들이 뒤로 밀리면 육지 쪽으로 후진할 수밖에 없고, 그 육지란 얼마 떨어져 있지 않은 그들 군영 앞의 협소한 공간에 불과하기 때문이다. 항구의 나머지는 쉬라쿠사이인들이 장악하게 될 테니, 아테나이인들은 압박을 받으면 모두 좁은 곳에서 복닥대다가 서로 부딪쳐 혼란에 빠질 것이다. (실제로 모든 해전에서 아테나이인들에게 가장 불리한 것은 쉬라쿠사이인들처럼 항구의 어느 곳으로도 후진할 수 없다는 것이었다.) 쉬라쿠사이인들은 난바다에서 자유자재로 다시 들어올 수 있고 원할 때는 언제든 후진할 수 있어, 아테나이인들이 난바다로 돌아 나간다는 것은 불가능했다. 무엇보다도 플렘뮈리온이 아테나이인들에게는 적지가 되고 항구 어귀가 넓지 않았기 때문이다.

37 (1) 쉬라쿠사이인들은 자신들의 기량과 군사력에 맞춰 그런 작전 계획을 세웠다. 그래서 지난번 해전 이후로 전보다 더 자신감을 얻은 그들은 아

테나이인들을 육지와 바다에서 동시에 공격하려고 출동했다. (2) 한발 앞서 퀼립포스는 시내에 주둔하고 있는 보병 부대를 이끌고 아테나이인들의 방벽이 쉬라쿠사이 시와 마주하고 있는 곳으로 나갔다. 한편 올륌피에이온에 주둔하고 있던 부대, 말하자면 그곳의 중무장보병들과 기병들과 쉬라쿠사이의 경무장보병들은 다른 쪽에서 방벽을 공격했다. 그 뒤 곧바로 쉬라쿠사이인들과 동맹군의 함선이 출동했다.

(3) 아테나이인들은 처음에 적군이 육지에서만 공격해오는 줄 알고 있다가 적선들도 기습해오는 것을 보고 당황했다. 더러는 공격해오는 적군을 막기 위해 방벽 위나 방벽 앞에 정렬했고, 더러는 올륌피에이온과 시 외곽에서 재빠르게 다가오는 수많은 기병과 투창병을 막기 위해 달려나갔고, 또 더러는 함선에 오르거나 아니면 그들을 지원하기 위해 바닷가로 내려갔다. 일단 승선하자 그들은 75척의 함선을 이끌고 80척쯤 되는 쉬라쿠사이 함대를 공격하러 출동했다.

38 (1) 두 군대는 일진일퇴를 거듭하며 서로 상대편의 힘을 시험하다가 쉬라쿠사이인들이 아테나이 함선 한두 척을 침몰시킨 것 말고는 어느 쪽도 이렇다 할 성과를 올리지 못한 채 날이 저물어서야 갈라섰다. 그러자 아테나이인들의 방벽을 공격하던 쉬라쿠사이 쪽 보병도 물러갔다.

(2) 이튿날 쉬라쿠사이인들이 아무런 움직임을 보이지 않아 그들이 어떻게 할 작정인지 알 수 없었다. 그러나 니키아스는 전날의 해전이 무승부로 끝나 적군이 또다시 공격해올 것으로 예상하고 선장들에게 손상된 함선을 모두 수리하라고 명령했다. 그는 또 아테나이인들이 자신들의 함선을 보호하려고 해저에 고정한 목책 앞에 화물선들을 정박시키게 했다.

(3) 그는 이들 화물선을 2플레트론[6] 간격으로 배치하게 했는데, 삼단노

---

6 1플레트론(plethron)은 약 30미터이다.

선이 곤경에 빠지면 안전하게 퇴각했다가 아무 방해도 받지 않고 다시 출동할 수 있게 하기 위해서였다. 아테나이인들은 해가 질 때까지 온종일 그런 준비를 하느라 여념이 없었다.

39 (1) 이튿날 쉬라쿠사이인들은 전보다 이른 시간에 똑같은 작전 계획을 갖고 해륙 양면에서 아테나이인들을 공격했다. (2) 이날도 전날처럼 양쪽 함대가 서로 마주 보고 일진일퇴를 거듭하며 하루의 대부분을 보냈다. 그러자 마침내 코린토스인으로 쉬라쿠사이 쪽 함대에서 가장 우수한 키잡이인 퓌르리코스의 아들 아리스톤이, 시내의 담당 공직자들에게 사람을 보내 시장(市場)을 당장 바닷가로 옮기고 먹을거리를 파는 상인들은 모두 바닷가로 나와 장사를 하게 하라고 요청하자며 쉬라쿠사이 쪽 선장들을 설득했다. 그의 의도는 선원을 하선시켜 자신들의 함선 바로 옆에서 이들 상인들에게서 점심을 사 먹이고는 잠시 쉬게 한 뒤, 적군이 공격해오리라고 전혀 예상하지 않고 있는 아테나이인들을 같은 날 또다시 공격하는 것이었다.

40 (1) 선장들이 그의 조언을 받아들여 사자를 파견하자 시장이 열렸다. 그러자 쉬라쿠사이인들이 갑자기 후진하여 도시 쪽으로 되돌아가더니 신속히 하선하여 바닷가에서 밥을 먹었다. (2) 아테나이인들은 쉬라쿠사이인들이 철수한 것을 패배를 자인한 것으로 여기고는 느긋하게 하선하여, 적어도 그날은 더는 전투가 벌어지지 않을 것이라 믿고 식사 준비를 포함해 이런저런 일을 보느라 여념이 없었다.

(3) 그런데 별안간 쉬라쿠사이인들이 다시 승선하더니 재차 공격해왔다. 혼란에 빠진 아테나이인들은 대부분 밥도 먹지 못한 채 허둥지둥 배에 올라 어렵사리 출동했다. (4) 한동안 양쪽은 서로 지켜보기만 할 뿐 공격하지는 않았다. 그러나 곧 아테나이인들은 더 기다리다가는 대원들이 지쳐 패할 수 있다고 보고 일시에 공격하기로 결정하고는, 서로 격려하

며 앞으로 치고 나가 싸우기 시작했다. (5) 쉬라쿠사이인들은 그들과 맞
서면 계획대로 이물끼리 들이받는 작전을 구사했다. 그들은 개조한 충각
으로 아테나이 함선의 노를 걸어두는 횡목들을 꽤 많이 부수었고, 갑판
위의 투창병도 아테나이인들에게 큰 피해를 주었다. 그러나 더 큰 피해
는 쉬라쿠사이인들이 작은 배들을 타고 적선 사이를 누비면서 적선의 노
젓는 의자들 밑으로 기어들거나 그 옆을 노 저어 다니며 선원들을 향해
창을 던짐으로써 발생했다.

41 (1) 이런 작전을 철저히 구사한 끝에 드디어 쉬라쿠사이인들이 승리하자
아테나이인들은 등을 돌려 화물선들 사이의 수로를 지나 자신들의 정박
소로 달아났다. (2) 쉬라쿠사이 쪽 함선들은 그들을 화물선들이 있는 곳
까지 추격했지만, 화물선 사이를 통과하지 못하도록 화물선에 매달아놓
은 돌고래 모양의 무쇠덩이들[7] 때문에 더는 나아갈 수 없었다. (3) 쉬라
쿠사이 쪽 함선 두 척이 승리감에 도취하여 너무 가까이 다가갔다가 파
괴되었는데, 그중 한 척은 선원과 함께 나포되었다.

(4) 쉬라쿠사이인들은 아테나이 함선 7척을 침몰시키고 여러 척을 운항
불능 상태로 만들었으며, 선원은 대부분 생포하고 일부는 죽였다. 그러
고 나서 물러가 두 차례의 해전을 기념해 승전비를 세웠다. 이제 그들은
바다에서 자신들이 월등히 우세하다는 자신감을 가졌고, 지상에서도 적
군을 제압할 수 있다고 생각했다.

42 (1) 그리하여 쉬라쿠사이인들이 육지와 바다에서 다시 공격할 준비를 하
고 있을 때, 데모스테네스와 에우뤼메돈이 아테나이에서 증원부대를 이
끌고 도착했다. 이들은 우군의 것을 포함해 약 73척의 함선, 아테나이 자
체와 동맹국들에서 파견한 중무장보병 약 5천 명, 상당수의 비헬라스인

---

7 이 납덩이들은 그 아래로 지나가는 배 위에 떨어져 파손하도록 매달려 있었다고 한다.

과 헬라스인 투창병, 투석병, 궁수, 각종 필요 장비로 구성되어 있었다.

(2) 쉬라쿠사이인들과 그들의 동맹군은 당장에는 적잖이 놀랐다. 데켈레이아를 요새화했음에도 불구하고 아테나이가 지난번과 거의 같은 규모의 원정군을 파견해 모든 면에서 막강한 국력을 과시하는 것을 보자, 그들은 자신들이 언제쯤 위험에서 벗어날지 기약이 없어 보였기 때문이다. 그리하여 아테나이의 첫 번째 원정군은 어려운 가운데서도 이제는 다소 자신감을 회복했다.

(3) 데모스테네스는 상황을 파악하자 자기에게는 시간을 낭비하거나 니키아스의 전철을 밟을 여유가 없다는 것을 알았다. 니키아스가 처음 도착했을 때는 두려운 상대였지만, 도착하자마자 당장 쉬라쿠사이를 공격하지 않고 카타네에서 겨울을 나면서 이러한 두려움은 경멸로 바뀌었다. 그러자 귈립포스가 펠로폰네소스에서 군대를 이끌고 와 먼저 공격하기 시작했는데, 만약 니키아스가 곧바로 공격했다면 쉬라쿠사이인들은 펠로폰네소스로 사람을 보내 군대를 파견해달라고 요청하지도 않았을 것이다. 쉬라쿠사이인들은 자력으로 아테나이인들을 상대할 수 있다고 믿다가 더 우세한 적의 방벽에 의해 완전히 봉쇄당한 뒤에야 자신들의 열세를 깨닫게 되었을 것이고, 그러면 설령 원군을 요청한다 해도 원군이 지금처럼 위력을 드러낼 수 없었을 것이다. 데모스테네스는 이런 점들에 생각이 미치자 자신의 경우도 도착한 첫날인 바로 지금이 적군에게 가장 위압감을 준다는 것을 알고 이 순간 그의 군대가 불어넣은 공포감을 당장 충분히 이용하고 싶었다.

(4) 그는 쉬라쿠사이인들이 아테나이인들에게 봉쇄당하는 것을 막기 위해 구축한 대응 방벽이 홑겹인 것을 보고, 만약 에피폴라이로 올라가는 길을 확보하여 그곳의 파수병을 몰아낸다면 아무도 대항하지 못할 테니 이 방벽이 쉽게 함락되리라고 생각했다. (5) 그래서 그는 이 계획을 바로

실행에 옮겼고, 그렇게 하면 전쟁이 곧 끝나리라 생각했다. 그는 성공해서 쉬라쿠사이를 점령하거나 아니면 종군한 아테나이인들이 그곳에서 무익하게 목숨을 잃고 도시의 모든 자원이 소모되는 일이 없도록 군대를 이끌고 귀로에 오를 작정이었다.

(6) 그리하여 아테나이인들은 우선 밖으로 나가 아나포스 강변의 쉬라쿠사이 영토를 약탈했다. 그리고 쉬라쿠사이인들이 올륌피에이온에서 기병대와 투창병을 출동시킨 것 말고는 육지에서도 바다에서도 저항해오지 않아, 아테나이인들은 당분간 처음에 육지와 바다에서 누리던 우위를 되찾았다.

43 (1) 그런 다음 데모스테네스는 공성 무기들을 사용하여 대응 방벽을 공격하기로 결정했다. 그러나 그가 갖고 올라간 공성 무기들은 방벽을 지키고 있던 적군에 의해 불태워졌고, 그 밖의 여러 지점에서도 아테나이군이 공격을 시도해보았지만 모두 격퇴당했다. 더는 지체해서는 안 된다고 생각한 그는, 니키아스와 동료 장군들의 동의를 받아 계획대로 에피폴라이를 공격하기 시작했다.

(2) 낮에는 눈에 띄지 않고 다가가 그곳에 오르기는 불가능해 보였다. 그래서 그는 닷새 치 식량을 준비하게 하고 석공과 목수를 모두 모이게 한 다음 화살과 그 밖에 승리할 경우 방벽 쌓는 데 필요한 온갖 도구를 준비해 한밤중에 전군을 이끌고 에피폴라이로 출발했다. 에우뤼메돈과 메난드로스는 그와 동행했지만, 니키아스는 방벽 안에 남아 있었다.

(3) 그들은 첫 번째 원정군이 지난번에 올랐던 에우뤼엘로스 통로를 지나 적군의 파수병 몰래 쉬라쿠사이인들이 그곳에 지어놓은 초소로 다가가 그것을 함락하고 파수병 몇 명을 죽였다. (4) 그러나 대부분의 파수병은 에피폴라이에 있던 전초기지들로 달아났다. 요새화한 이들 기지는 세 곳에 있었는데, 한 곳은 쉬라쿠사이인들을, 다른 곳은 시켈리아의 헬라

스인 이주민을, 또 다른 곳은 동맹군을 위한 것이었다. 그들은 아테나이인들이 공격해왔다고 이 기지들에 알리는 한편, 에피폴라이의 이 부분을 원래부터 지키던 쉬라쿠사이인 6백 명에게도 전해주었다.

(5) 그러자 이들 6백 명이 즉시 적군을 향해 출동했지만, 데모스테네스와 아테나이인들은 격렬히 저항하던 그들을 패주시켰다. 아테나이인들은 공격 목표를 달성하려고 승리한 여세를 몰아 세차게 밀어붙였다. 다른 대원들은 수비대가 저항하지 않자 당장 쉬라쿠사이인들의 대응 방벽을 점령하고는 성가퀴를 허물기 시작했다.

(6) 그러자 쉬라쿠사이인들과 그들의 동맹군과 귈립포스와 그의 부대가 이를 막기 위해 진지에서 출동했지만, 아테나이인들의 이 느닷없는 대담한 야습에 어리둥절해 처음에는 퇴각하지 않을 수 없었다. (7) 그리하여 아테나이인들은 승리감에 도취되어 무질서하게 계속 진격했는데, 자신들이 공세의 고삐를 늦추는 틈을 타 적군이 다시 뭉치는 것을 막으려고, 아직 전투에 투입되지 않은 나머지 적군을 되도록 빨리 돌파하려는 것이었다. 맨 먼저 보이오티아인들이 그들에게 대항했다. 그들은 반격에 나서 아테나이인들이 등을 돌려 달아나게 만들었다.

44 (1) 이때부터 걷잡을 수 없는 혼란에 빠진 아테나이인들은 어느 쪽에서 무슨 일이 벌어지는지 정확히 알 수 없었다. 대낮이라도 작전에 참가한 자들은 무슨 일이 벌어지고 있는지 더 명확히 알긴 하지만 전체를 개관할 수는 없고 다만 주위에서 벌어지는 일을 막연하게 알 뿐이다. 하거늘 야간 전투에서(이 전투는 이번 전쟁 중 대군 사이에 벌어진 유일한 야간 전투였다) 무슨 일이 벌어지고 있는지 누가 정확히 알 수 있겠는가?

(2) 달은 밝았다. 그러나 달빛 속에서 흔히 그러하듯, 그들은 앞에 보이는 것이 사람의 형상인 것만 알 수 있었을 뿐, 아군인지 적군인지 분간할 수 없었다. 게다가 양쪽의 수많은 중무장보병이 좁은 공간에서 복닥거리

고 있었다.

(3) 아테나이인들 가운데 일부는 벌써 패퇴했지만, 나머지는 패퇴하기는커녕 계속해서 공격해댔다. 그런데 이들 나머지 아테나이군의 대부분은 이제 막 올라왔거나 아직도 올라오는 중이어서 어느 쪽으로 진격해야 할지 몰랐다. 선두 부대가 패퇴하는 바람에 이제 모든 것이 뒤죽박죽이 되었고, 요란한 소음 탓에 누가 어느 편인지 분간할 수 없었다.

(4) 쉬라쿠사이인들과 그들의 동맹군은 자신들이 우세하다는 것을 알고는 함성을 질러 서로 격려하며(어둠 속에서 다른 교신 방법은 없었다) 공격해오는 자들에게 맞섰다. 아테나이인들은 자신들의 대원들을 알아내려고 하면서, 맞은편에서 다가오는 자는 설령 패주해오는 아군이라 해도 적군으로 간주했다. 달리 식별할 방법이 없어서 그들은 자꾸 암호를 묻곤 했는데, 모두 한꺼번에 묻는 바람에 이것이 그들을 혼란에 빠뜨렸고 동시에 적군에게 암호를 노출시켰다.

(5) 그들이 쉬라쿠사이 쪽 암호를 알기는 쉽지 않았는데, 이들은 전투에서 우세해지자 똘똘 뭉친 까닭에 아군을 알아보는 데 별로 어려움을 겪지 않았기 때문이다. 그래서 아테나이인들이 자기들보다 약한 적군 부대를 만나면 이들은 아테나이 쪽 암호를 알고 있어 도주했지만, 반대로 아테나이인들 자신은 암호를 대지 못해 살해되었다.

(6) 그러나 그들에게 가장 큰, 또는 어느 것 못지않게 큰 피해를 준 것은 파이안[8] 노래였다. 양쪽에서 부르는 노래가 사실상 똑같아 혼란이 가중되었기 때문이다. 그리하여 아르고스인들과 케르퀴라인들과, 그 밖에 아테나이 편에서 싸우는 도리에이스족이 파이안을 부를 때마다 그것은 적군의 파이안 못지않게 아테나이인들을 주눅 들게 했다. (7) 그리하여

---

8 1권 주 63 참조.

한번 혼란에 빠지자 그들은 결국 싸움터 여기저기서 친구가 친구끼리, 시민이 시민끼리 충돌하며 단순히 겁주는 데 그치지 않고 서로 치고받다 가 간신히 갈라서곤 했다.

(8) 에피폴라이에서 내려오는 길은 좁다란 길 하나뿐이라 많은 대원들이 적군에게 쫓기자 낭떠러지에서 뛰어내리다가 목숨을 잃었다. 일단 안전 하게 평지로 내려온 자들은 대부분 군영으로 도주했지만, 이들은 주로 첫 번째 원정대와 함께 도착하여 주변 지리에 밝은 자들이었다. 나중에 도착한 자들 가운데 일부는 길을 잃고 평지에서 헤매다가 날이 새자 순 찰 중이던 쉬라쿠사이 기병대에게 살해되었다.

45 (1) 이튿날 쉬라쿠사이인들은 두 군데에 승전비를 세웠는데, 한 군데는 에피폴라이로 올라가는 길목이었고, 또 한 군데는 보이오티아인들이 처 음 반격에 나선 지점이었다. 아테나이인들은 휴전조약을 맺고 전사자들 의 시신을 돌려받았다. (2) 아테나이인들과 그들의 동맹군은 전사자도 많았지만, 전사자의 시신보다 더 많은 수의 무구를 노획당했다. 낭떠러 지에서 뛰어내려야 한 자들이 나중에야 살든 죽든 간에 일단 자기들이 갖고 있는 무기를 버리지 않을 수 없었기 때문이다.

46 그 뒤 이 뜻밖의 승리 덕분에 이전의 자신감을 되찾은 쉬라쿠사이인들은 내전 상태에 있는 아크라가스에 15척의 함선과 함께 시카노스를 파견했 는데, 그곳을 자기편으로 끌어들이기 위해서였다. 그리고 귈립포스는 시켈리아의 다른 곳에서 모병하려고 다시 육로로 출발했는데, 에피폴라 이 전투 이후 아테나이인들의 방벽들을 돌파할 수 있다는 확신이 섰기 때문이다.

47 (1) 그사이 아테나이 장군들은 최근의 참패와 군대의 무기력에 관해 토 의했다. 그들은 자신들의 작전 계획이 실패했음을 인정했고, 대원들이 그곳에 머무르는 것을 싫어한다는 것을 알았다. (2) 많은 대원들이 병에

걸렸는데, 그때는 질병이 연중 가장 많이 발생하는 시기이기도 하거니와 군영이 건강에 좋지 않은 습지에 자리 잡고 있기 때문이기도 했다. 게다가 전망도 암울해 보였다.

(3) 그래서 데모스테네스는 더는 그곳에 머물러서는 안 되며, 에피폴라이에 공격을 감행할 때 세운 계획대로 공격이 실패로 돌아간 지금은 아직 난바다를 건널 수 있고 두 번째 함대가 도착했으니 적어도 해군력에서는 우위를 확보할 수 있는 동안 지체 없이 출발해야 한다고 생각했다. (4) 그는 이제는 쉽게 정복할 수 없게 된 쉬라쿠사이에 맞서 싸우기보다는 아테나이 본국에서 보루를 쌓고 있는 적군과 싸우는 편이 아테나이의 국익에 더 부합한다고 주장했다. 그리고 무익한 포위 공격작전에 엄청난 군자금을 낭비하는 것은 옳지 않다고 했다.

48 (1) 이상이 데모스테네스의 주장이었다. 니키아스도 자신들의 사정이 좋지 않다고 생각했지만, 자신들의 약점을 인정하거나 또는 아테나이인들이 철군하기로 공개 투표를 했다는 사실이 적군에게 보고되기를 원하지 않았다. 그렇게 되면 그들이 철군하기로 결정할 경우 몰래 철군하기가 더 어려워질 테니 말이다.

(2) 그 밖에도 쉬라쿠사이 쪽 상황에 관해 동료 장군들보다 더 정확히 알고 있던 그는 만약 포위 공격이 계속되면 쉬라쿠사이인들이 아테나이인들보다 더 어려워질 것이라는 희망을 품고 있었는데, 아테나이인들이 현재 보유한 함선들로 지금 제해권을 장악하고 있는 만큼 쉬라쿠사이인들의 군자금이 바닥날 것이라고 보았던 것이다. 그 밖에 쉬라쿠사이에는 아테나이인들에게 도시를 넘기려는 정파도 있었는데, 이 정파가 계속해서 그에게 사람을 보내 철군하지 말라고 부탁했다.

(3) 이런 정보를 갖고 있던 니키아스는 사실 두 가지 가능성을 다 열어두고 여전히 저울질하며 기다리면서도, 당시 공개석상에서는 철군은 없다

며, 아테나이인들은 재가를 얻지 않고 철군하는 것을 용서하지 않을 것이라고 했다. 그들의 행위를 심판하는 자들은 현장에서 직접 체험하고 심판하는 것이 아니라 적대적 비판자들의 보고를 듣고 결정을 내릴 것이므로 달변가의 모함에 쉽게 넘어갈 것이라고 했다.

(4) 또한 시켈리아에 와 있는 군사들의 상당수는, 아니 대부분은 이게 무슨 고생이냐고 아우성을 치고 있지만, 일단 아테나이로 돌아가면 그와는 정반대로 장군들이 뇌물을 받아먹고는 자기들을 배신하고 철수시켰다고 나팔을 불어댈 것이라고 했다. 그래서 그로서는 아테나이인들의 성격을 잘 아는 만큼 부당하게 불명예스러운 죄를 뒤집어쓰고 아테나이인들에 의해 처형당하느니 꼭 그래야 한다면 용전분투하다가 적군의 손에 죽고 싶다고 했다.

(5) 니키아스는 또 그 모든 것에도 불구하고 쉬라쿠사이인들이 아테나이인들보다 처지가 더 어렵다고 했다. 그들은 용병들에게 급료를 지급하고, 보루들을 지키느라 경비를 지출하고, 1년이 다 되도록 대함대를 유지하느라 벌써 군자금이 달리는데 이제 곧 바닥이 날 것이라고 했다. 그들은 벌써 2천 탈란톤을 지출한 데다 큰 빚을 지고 있다고 했다. 만약 급료를 지급하지 못해 지금 병력의 일부라도 잃게 되면, 그들의 군사력은 아테나이인들과 달리 병역 의무가 없는 용병에 의존하는 만큼 걷잡을 수 없이 와해되리라고 했다. 그러므로 포위 공격을 계속하여 적군을 피폐하게 만들어야 하며, 적군보다 돈이 훨씬 더 많으면서도 돈이 모자라서 전쟁에 패해 철군해서는 안 된다고 그는 결론을 내렸다.

49 (1) 니키아스가 고집스레 그렇게 주장한 까닭은, 쉬라쿠사이의 실정에 관한 정확한 정보가 있었기 때문이다. 그래서 그는 쉬라쿠사이 쪽에 돈이 달린다는 것과, 그곳에 유력한 친아테나이 정파가 있다는 것을 알았는데, 이들이 계속 사람을 보내 철군하지 말라고 부탁한 것이다. 그 밖에

도 그는 적어도 바다에서는 전보다 더 이길 자신이 있었다. (2) 그러나 데모스테네스는 이유 여하를 막론하고 포위 공격을 더 계속해서는 안 된다고 주장했다. 만약 아테나이인들의 재가를 얻지 않고는 철군할 수가 없어 시켈리아에 머물러야 한다면, 탑소스나 카타네로 이동해야 한다고 했다. 그곳에서라면 아군의 보병 부대가 넓은 지역을 공격하여 적군의 비용으로 생필품을 조달하고 적군에게 피해를 줄 수 있을 것이며, 함대도 난바다에서 싸울 수 있을 테니 적에게 더 유리하도록 좁은 곳에 갇히지 않고 충분한 작전 공간을 확보함으로써 전문 기술을 충분히 발휘할 수 있을 것이며, 좁고 한정된 기지에 들락거릴 필요 없이 공격도 하고 퇴각도 할 수 있다고 했다.

(3) 간단히 말해 지금 그들이 머물고 있는 곳에 더 머무르는 것은 절대 반대라며 지체하지 말고 당장 떠나야 한다고 주장했다. 에우뤼메돈도 그의 주장에 동조했다. (4) 그래도 니키아스는 반대했다. 그러자 그들은 혹시 니키아스가 그토록 완강한 것을 보니 더 정확한 정보를 갖고 있는 것이 아닌가 싶어 주저하며 머뭇거렸다. 그리하여 아테나이인들은 여전히 결단을 내리지 못하고 그대로 눌러앉았다.

50 (1) 그사이 귈립포스와 시카노스가 쉬라쿠사이로 돌아왔다. 시카노스는 아크라가스를 아군으로 끌어들이는 데 실패했다. 그가 아직 겔라에 있는 동안 아크라가스의 친쉬라쿠사이파가 추방당했기 때문이다. 그러나 귈립포스는 시켈리아에서 대군을 이끌고 왔을 뿐 아니라 봄에 펠로폰네소스에서 화물선들에 실려 파견되었다가 리뷔에[9]에서 셀리누스에 도착한 중무장보병들도 데려왔다.

(2) 그들은 풍랑을 만나 리뷔에로 표류했는데, 그곳의 퀴레네인들이 그

---

9 북아프리카.

들에게 삼단노선 두 척과 수로 안내인들을 내주었다. 그래서 그들은 바닷가를 따라 항해하던 중 리뷔에인들에게 포위 공격당하던 에우에스페리데스인들을 도와 리뷔에인들을 패퇴시켰다. 그런 다음 그들은 바닷가를 따라 카르케돈인들의 무역 거점인 네아폴리스로 항해했는데, 그곳은 시켈리아와 가장 가까운 지점으로 이틀 낮과 하룻밤이면 배를 타고 건널 수 있다. 그곳에서 그들은 바다를 건너와 셀리누스에 도착했다.

(3) 그들이 도착하자마자 쉬라쿠사이인들은 해륙 양면에서 다시금 아테나이인들을 공격할 준비를 했다. 아테나이 장군들은 적군에게는 새로운 증원부대가 도착하고 있는데 자신들의 처지는 나아지기는커녕 모든 점에서 나날이 나빠지는 것을 보자, 무엇보다도 대원들 사이에 환자가 속출하여 어려움을 겪게 되자 더 일찍 기지를 옮기지 않은 것을 후회했다. 이제는 니키아스조차 심하게 반대하지 않자(다만 공개 표결에 부치는 것에는 반대했다), 그들은 각자에게 신호가 주어지면 배를 타고 군영을 떠날 준비를 하라고 되도록 은밀히 명령을 내려보냈다.

(4) 모든 준비가 끝나 그들이 막 출항하려고 하는데 마침 만월이던 달이 어둠에 가렸다.[10] 대부분의 아테나이인들은 이 일을 심각하게 받아들여 장군들에게 작전을 연기할 것을 요구했다. 예언 같은 것을 중시하던 니키아스도 예언자가 정해준 대로 아흐레가 세 번 경과하기 전에는 철군을 논의조차 하지 않겠다고 했다. 그래서 아테나이인들은 월식에 발목을 잡혀 그 뒤에도 눌러앉았다.

51 (1) 쉬라쿠사이인들은 이를 알고 아테나이인들에게 더욱더 압력을 가하기로 작정했다. 쉬라쿠사이인들은 아테나이인들의 철수 작전을 육지와 바다에서 우위를 상실했음을 자인한 것으로 보았던 것이다. 그리고 맞서 싸우기가 더 어려운 시켈리아의 다른 곳에 아테나이인들이 자리 잡지 못하게 하려고 지금 당장 자기들에게 유리한 곳에서 해전을 벌이도록 강요

하려 했다. (2) 그들은 함선들에 선원을 태우고 필요하다고 생각되는 날수만큼 훈련시켰다. 그리고 때가 되자 그들은 첫날 아테나이인들의 방벽들을 공격하기 시작했다. 소규모 중무장보병 부대와 기병대가 보루들의 성문에서 출격해 나오자 쉬라쿠사이인들은 중무장보병 몇 명의 퇴로를 차단하고 패주하는 자들을 추격했다. 문으로 들어가는 통로가 좁아서 아테나이인들은 군마 70필과 약간의 중무장보병을 잃었다.

52 (1) 그날은 쉬라쿠사이인들이 철군했지만, 이튿날에는 76척의 함선을 이끌고 출격하는 동시에 보병 부대는 방벽들 쪽으로 진격하게 했다. 이에 맞서 아테나이인들은 86척이 출동해 교전했다. (2) 아테나이 함대의 오른쪽 날개를 지휘하던 에우뤼메돈이 적군의 함대를 에워싸려고 전열을 육지 쪽으로 너무 멀리 늘어뜨리자, 쉬라쿠사이인들과 그들의 동맹군이 먼저 아테나이 함대의 중앙을 패퇴시킨 다음 퇴로를 차단하고 항만 안쪽에 가두고는, 그를 죽이고 그의 함대도 파괴했다. 그러고 나서 그들은 남은 아테나이 함선을 모조리 추격하여 육지로 밀어붙였다.

53 (1) 귈립포스는 적선들이 패하여 아테나이인들의 목책과 군영 바깥쪽으로 밀려오는 것을 보자 군대의 일부를 이끌고 방파제가 있는 곳으로 내려갔는데, 상륙하는 자들을 죽이고 이제는 아군의 땅에 와 있는 적선들을 쉬라쿠사이인들이 쉽게 끌고 갈 수 있도록 해주기 위해서였다. (2) 그러나 그곳에서 아테나이인들을 위해 경비를 서던 튀르레니아인들이 귈립포스 부대가 무질서하게 다가오는 모습을 보고 출동하여 그들의 선두 대열을 패퇴시키며 뤼시멜레이아라는 늪으로 몰아넣었다.

(3) 그 뒤 곧 쉬라쿠사이인들과 그들의 동맹군이 더 많이 나타났지만, 이번에는 아테나이인들도 자신들의 함선이 염려되어 튀르레니아인들을

---

10 기원전 413년 8월 27일.

구원하려고 출동하여 적군과 싸웠다. 그들은 쉬라쿠사이인들을 패퇴시키고 추격하다가 중무장보병 몇 명을 죽였고, 함선도 대부분 구출하여 기지로 끌고 갔다. 그러나 18척이 쉬라쿠사이인들과 그들의 동맹군에게 나포되었고, 그 선원은 모두 살해되었다. (4) 쉬라쿠사이인들은 또 아테나이인들의 나머지 함선도 불사르려고 낡은 상선 한 척에 섶나무와 소나무 장작을 가득 채워 불을 붙인 뒤, 마침 바람이 아테나이인들 쪽으로 불자 그쪽으로 떠내려 보냈다. 그러자 아테나이인들은 자신들의 함선이 염려되어 불을 끄려고 대응 조치를 취하는 한편 화염에 싸인 상선이 다가오지 못하게 하며 위기를 모면했다.

54 그 뒤 쉬라쿠사이인들은 해전에서 승리하고 아테나이인들의 위쪽 방벽 옆 전투에서 중무장보병들의 퇴로를 차단하고 군마들을 노획하는 데 성공한 것을 기념해 승전비를 세웠다. 아테나이인들도 튀르레니아인들이 싸움에 이겨 적군의 보병 부대를 늪으로 몰아넣은 것과, 나머지 군대를 이끌고 가서 자신들이 이긴 것을 기념하여 승전비를 세웠다.

55 (1) 지금까지는 데모스테네스가 이끌고 온 증원함대를 두려워하던 쉬라쿠사이인들이 해전에서도 결정적인 승리를 거두자, 아테나이인들은 온통 절망감에 휩싸였다. 그들은 자신들이 참패했다는 것이 믿어지지 않았고, 원정에 나선 것을 더욱더 후회했다. (2) 그들이 지금 공격하고 있는 이들 도시는 유일하게 아테나이와 성격이 비슷한 도시들로, 그들처럼 민주정체를 유지하고 있는가 하면 해군력과 기병대도 막강하고 인구도 많은 편이었다. 그래서 아테나이인들은 그들의 항복을 받아내기 위해 정체 변혁을 약속하거나 더 강력한 군사력을 동원하는 따위의 뾰족한 수를 쓸 수가 없었다. 그들은 몇 차례 실패 끝에 전에도 어찌할 바를 몰랐는데, 예상외로 해전에서도 패하자 이제는 더욱더 사기가 꺾였다.

56 (1) 이제 쉬라쿠사이인들은 아무 두려움 없이 항만 주위를 돌아다니기

시작했으며, 설령 아테나이인들이 원한다 해도 더는 뱃길로 몰래 빠져나가지 못하도록 항만 어귀를 봉쇄할 참이었다.

(2) 그들에게 이제 초미의 관심사는 더는 자신들이 위기를 모면하는 것이 아니라 어떻게 하면 적군이 도주하지 못하게 막느냐는 것이었다. 그들은 이제 자신들이 강자라고 정확하게 판단했으며, 만약 해륙 양면에서 아테나이인들과 그들의 동맹군에게 이긴다면, 자신들이 다른 헬라스인들의 눈에 영웅적인 승리를 쟁취한 것으로 보일 것이라고 생각했다. 그리고 남은 아테나이 병력으로는 앞으로 전쟁을 감당할 수 없을 것이므로, 헬라스 전체가 예속에서 해방되거나 위협에서 벗어날 수 있으리라고 생각했다. 이 모든 공로가 쉬라쿠사이인들에게 돌아갈 것이고, 그리하여 그들은 현재에도 미래에도 세상 사람들에게 찬탄의 대상이 되리라고 생각했다.

(3) 이번 투쟁이 가치 있는 또 다른 이유는, 그들은 아테나이인들뿐 아니라 그들의 수많은 동맹군에게도 이긴 것이 될 것이기 때문이다. 그리고 혼자서 싸운 것이 아니라 동맹군도 지원하러 왔지만, 그들은 다른 도시들을 구하기 위해 자신들의 도시를 위험에 내맡기고 해군력을 강화함으로써 코린토스 및 라케다이몬과 나란히 지도적인 국가가 될 것이기 때문이다. (4) 확실히 한 도시 앞에 이토록 많은 사람들이 모인 적은 단 한 번도 없었다. 물론 이번 전쟁에서 아테나이나 라케다이몬을 위해 집결한 인원을 모두 합치면 그보다 더 많았지만 말이다.

57 (1) 시켈리아를 공격하거나 방어하려고 와서는 섬을 정복하거나 지키는데 한몫 거들려고 쉬라쿠사이에서 싸운 나라들의 명단은 다음과 같다. 그들이 두 편으로 나뉜 것은 도덕적 원칙이나 혈연관계에 따른 것이 아니라 저마다의 이해관계나 어쩔 수 없는 사정 때문이었다.

(2) 이오네스족인 아테나이인들은 도리에이스족인 쉬라쿠사이인들을

공격하러 자진해서 왔다. 렘노스인들, 임브로스인들, 아이기나인들(당시 아이기나를 점유하고 있던 자들),[11] 에우보이아 섬의 헤스티아이아에 정착한 헤스티아이아인들이 그들과 동행했는데, 이들은 모두 아테나이인들과 같은 방언을 쓰고 같은 정체를 유지하는 아테나이의 이주민이었다. (3) 원정에 참가한 다른 대원들 중 일부는 아테나이의 예속민으로, 일부는 독립국가의 동맹군으로, 일부는 용병으로 왔다. 공물을 바치는 예속민은 에우보이아의 에레트리아인들, 칼키스인들, 스튀라인들, 카뤼스토스인들, 케오스와 안드로스와 테노스의 섬 주민들, 이오니아 지방의 밀레토스인들, 사모스인들, 키오스인들이었다. (4) 나중 세 주민 가운데 키오스인들은 공물을 바치는 대신 함선을 제공했고, 독립국가의 동맹군 자격으로 왔다. 이들은 대개 이오네스족이었고, 드뤼오페스족인 카뤼스토스인들 말고는 아테나이계였다. 이들은 예속민으로서 마지못해 참전했지만, 그래도 이오네스족으로서 도리에이스족에게 맞서 싸웠다. (5) 아이올레이스족도 있었다. 공물을 바치는 대신 함선을 제공하는 예속민인 메튐나인들과 테네도스인들과 아이노스인들이 그들인데, 나중 두 주민은 공물을 바쳤다. 이들 아이올레이스족은 마지못해 같은 아이올레이스족과 싸웠는데, 쉬라쿠사이 편에 선 보이오티아인들은 아이올레이스족으로 자신들이 떠나온 식민시의 창건자들이기 때문이다. 플라타이아이인들만이 보이오티아인들이면서 보이오티아인들과 싸웠는데, 서로 원수지간이라 당연한 일이었다.

(6) 둘 다 도리에이스족인 로도스인들과 퀴테라인들도 동족에게 맞서 싸워야 했다. 퀴테라인들은 라케다이몬의 이주민으로 아테나이인들 편에 서서 귈립포스 휘하의 라케다이몬인들과 싸웠고, 아르고스계인 로도스인들은 도리에이스족인 쉬라쿠사이인들뿐 아니라 자신들의 이주민으로서 쉬라쿠사이 편에 서서 싸우는 겔라인들과 싸우도록 강요받았다.

(7) 펠로폰네소스 주변 섬 주민들 중에서는 케팔레니아인들과 자퀸토스 인들이 독립국가로서 원정에 참가했지만, 아테나이가 제해권을 장악하고 있어서 섬 주민들인 그들에게는 사실 선택의 여지가 별로 없었다. 케르퀴라인들은 도리에이스족일 뿐 아니라 분명 코린토스인들이었다. 이렇듯 그들은 코린토스인들의 이주민이고 쉬라쿠사이인들과 동족인데도 이들에 맞서 아테나이 편에서 싸웠다. 그들은 그럴 수밖에 없었노라고 주장할 수도 있겠지만, 사실은 코린토스에 대한 증오심에서 자원하여 그렇게 한 것이다.

(8) 나우팍토스와 당시에도 여전히 아테나이인들이 점령하고 있던 퓔로스에서 온 이른바 멧세니아인들도 전쟁에 휩쓸렸다. 그 밖에 메가라의 망명자들도 약간 있었는데, 그들은 같은 메가라인들인 셀리누스인들과 싸우는 처지가 되었다.

(9) 나머지 대원들이 원정에 참가한 것은 자발적인 성격이 더 강했다. 도리에이스족인 아르고스인들이 같은 도리에이스족과 싸우기 위해 이오네스족인 아테나이인들과 동행한 것은, 아테나이와의 동맹관계보다는 라케다이몬을 향한 증오심과 개인적인 이익을 취할 수 있으리라는 기대 때문이었다. 만티네이아인들과 다른 아르카디아인들도 용병으로 왔다. 그들은 싸움터에 들어가라면 언제든지 들어갈 준비가 되어 있었고, 이번에도 일당이 지급되므로 코린토스인들 편에서 싸우는 같은 아르카디아인들을 거리낌 없이 적으로 간주했다. 크레테인들과 아이톨리아인들도 용병으로 참가했다. 그래서 크레테인들은 로도스인들과 힘을 모아 겔라를 건설했건만 자신들의 이주민을 돕기는커녕 일당을 받고 그들을 공격할 각오가 되어 있었다.

---

11 아테나이의 이주민.

(10) 아카르나니아인들도 동맹군으로 참가했는데, 일당을 받기로 하고 온 자들도 있었지만 대부분 데모스테네스에 대한 충성심과 아테나이에 대한 호감에서 참가했다. 이들은 모두 이오니오스 만의 동쪽에 살았다. (11) 이탈리아의 헬라스인 이주민 가운데 투리오이인들과 메타폰티온인들은 당시 내전에 휘말린 국내 정세 때문에 어쩔 수 없이 아테나이 편에 가담했다. 시켈리아의 헬라스인 이주민 중에서는 낙소스인들과 카타네인들이 아테나이 편에 섰다. 비(非)헬라스인들 중에서는 아테나이의 개입을 요청한 에게스타인들과 대부분의 시켈로이족이, 시켈리아 바깥에서는 쉬라쿠사이인들을 증오하던 일부 튀르레니아인들과 약간의 이아퓌기아 출신 용병이 아테나이 편이 되었다. 이상이 아테나이 편에서 싸운 부족이다.

58 (1) 한편 쉬라쿠사이인들을 도우러 온 것은 국경을 맞대고 있는 카마리나인들, 그 영토가 그 옆에 위치한 겔라인들, 중립을 지키는 아크라가스인들을 건너뛰어 섬 끝에 사는 셀리누스인들이었다. (2) 이들은 모두 리뷔에와 마주 보는 남(南)시켈리아에 살고 있다. 북쪽으로 튀르레니아 해(海)와 마주 보고 있는 히메라인들은 그 지역에 거주하는 유일한 헬라스인들로, 그 지역에서는 유일하게 쉬라쿠사이를 도우러 왔다. (3) 이상이 쉬라쿠사이 편에서 싸우는 시켈리아의 헬라스계 주민들로 모두 도리에이스족이고 독립해 있었다.

비(非)헬라스인들 중에서는 아테나이 편으로 넘어가지 않은 시켈로이족만이 그들과 함께했다. 시켈리아 바깥의 헬라스인들 가운데 라케다이몬인들은 스파르테 출신 장군 외에도 해방노예들과 국가 노예들로 구성된 부대를 보내주었고, 코린토스인들은 유일하게 함선과 보병 부대를 모두 이끌고 왔다. 레우카스인들과 암프라키아인들은 코린토스인들과 동족이기 때문에 왔으며, 아르카디아인 용병들은 코린토스인들이 파견한 것이고, 시퀴온인들은 징집된 부대였다. 그리고 펠로폰네소스 바깥에서는 보이오티아인들이 함께했다.

(4) 그러나 이들 외부에서 온 원군에 견주면 대도시들에 사는 시켈리아의 헬라스인 이주민 자신이 모든 면에서 더 크게 기여했으니, 그들은 수많은 중무장보병, 함선, 군마 외에도 다른 용도의 병력을 거의 무제한 대주었다. 그리고 그중에서도 쉬라쿠사이인들이 나머지를 다 합한 것보다 더 많은 것을 대주었는데, 그들의 도시가 큰 까닭도 있지만 그들이 가장 큰 위기에 놓여 있었기 때문이다.

59 (1) 양쪽을 지원하러 온 부대들은 이상과 같다. 당시 두 군대는 전원 집결했고, 어느 쪽도 더는 원군이 없었다.

(2) 쉬라쿠사이인들과 그들의 동맹군은 당연한 일이지만 만약 자신들이 최근에 해전에서 승리한 데 이어 이 엄청난 규모의 아테나이군을 모두 포획하고 바다나 육지로 달아나지 못하게 한다면 위업(偉業)을 남기게 되리라고 생각했다. (3) 그래서 그들은 삼단노선들과 크고 작은 함선을 가로로 늘어세우고 닻을 내리게 하여 8스타디온[12]쯤 되는 큰 항구의 어귀를 지체 없이 봉쇄하기 시작했고, 아테나이인들이 해전을 감행할 경우에 대비해 필요한 준비를 모두 갖추었다. 그들은 원대한 포부를 품고 있었다.

60 (1) 항구가 봉쇄된 것을 본 아테나이인들은 적군의 의도를 알아차리고 결단을 내리지 않을 수 없었다. (2) 장군들과 대장들은 함께 모여 현재의 어려운 상황에 관해 논의했는데, 가장 어려운 점은 당장 군량이 부족하다는 것과(쉬라쿠사이를 떠날 요량으로 카타네에 사람을 보내 군량을

---

12 약 1,440미터. 그러나 플렘뮈리온 곶에서 큰 항구와 작은 항구 사이로 튀어나와 있는 오르튀기아(Ortygia) 섬까지의 최단거리는 약 1킬로미터라고 한다.

보내지 말라고 전한 것이다), 앞으로도 제해권을 장악하지 못하는 한 군량을 구하지 못하리라는 것이었다. 그래서 그들은 위쪽 방벽들은 포기하고, 함선 바로 옆에 대응 방벽을 쌓아 장비와 환자를 수용할 최소한의 공간만 확보하여 이를 지키도록 수비대를 남기고, 나머지 보병은 쓸 만한 함선이든 항해하기에 덜 적합한 함선이든 모두 승선시킨 뒤 바다에서 결전을 벌이기로 결정했다. 그들이 이기면 카타네로 이동하고, 그러지 않으면 전열을 갖춘 채 육로로 헬라스인들의 나라든 비헬라스인들의 나라든 가장 가까이 있는 우방으로 후퇴할 참이었다.

(3) 그렇게 하기로 일단 결정하자 그들은 실행에 옮겼다. 위쪽 방벽들에서 내려와 모든 함선에 올랐고, 조금이라도 쓸모가 있어 보이면 누구든 배에 태웠다. (4) 선원을 태운 함선이 모두 110척쯤 되었다. 또 아카르나니아인들과 다른 외인부대의 궁수와 투창병을 다수 갑판에 태웠고, 피할 수 없는 이 절망적인 작전에 필요한 모든 조치를 취했다. (5) 준비가 거의 끝나자, 니키아스는 병사들이 지난번 해전에서 예상외로 참패하여 사기가 꺾이고, 군량이 부족하여 되도록 속히 결판을 내고 싶어 하는 것을 보고 그들 모두를 부르며 먼저 다음과 같은 말로 격려했다.

61 (1) "아테나이인과 동맹군 전사 여러분, 이번 전투는 우리 모두에게 중요한 일전이오. 우리는 모두 목숨과 조국을 위해 싸우게 될 것이고, 그 점은 적군도 마찬가지요. 우리가 이번 해전에서 이기면, 각자는 그곳이 어디든 자신의 고향 도시를 보게 될 것이오. (2) 우리는 낙담해서는 안 되며, 처음 몇 번을 지고 나면 차후에는 주눅이 들어 번번이 패배를 예상하는 신참병처럼 처신해서는 안 되오. (3) 오히려 수많은 전쟁을 경험한 아테나이인 여러분과 늘 우리 곁에서 싸운 동맹군 여러분은 모두 전쟁은 예측할 수 없는 측면이 있다는 점을 명심하시오. 그리고 행운이 우리 편도 될 수 있다는 희망을 안고 다시 싸움터로 들어가 여러분이 직접 보고

있는 이 대군의 일원답게 당당하게 싸울 준비를 하시오.

62 (1) 항만 안이 비좁아 함선끼리 서로 충돌하게 될 테고, 적선들은 갑판에 부대를 싣고 다닐 텐데, 이 두 가지로 인해 우리는 지난번 해전 때 피해를 보았소. 그러나 우리는 이번에 키잡이들과 의논하여 그에 대처하기 위해 필요한 조치를 모두 강구했소. (2) 우리 함선에는 많은 궁수와 투창병과 대원이 타게 될 것이오. 우리가 난바다에서 진짜 해전을 한다면 그렇게 하지 않겠지요. 함선들이 너무 무거워져서 작전 능력이 떨어질 테니 말이오. 그러나 우리가 배를 타고 보병처럼 싸울 수밖에 없는 이곳에서는 그렇게 하는 편이 유리하다는 사실이 밝혀질 것이오.

(3) 우리는 또 우리에게 큰 피해를 준 적선들의 강화된 이물들에 맞서 갈고랑쇠들을 부착하는 등 우리 함선을 어떻게 개조해야 할지 알아냈는데, 갑판 위의 우리 대원들이 제 몫을 다한다면 적선이 일단 공격했다가 후퇴하지는 못할 것이오. (4) 그러한 상황에서 우리는 배를 타고 보병처럼 싸울 수밖에 없을 테고, 특히 우리 대원들이 점유하고 있는 구역을 제외하고는 바닷가가 모두 적지인 만큼 우리에게는 우리 자신이 후진하지도 않고 적군도 후진하지 못하게 하는 것이 상책이라고 생각될 테니 말이오.

63 (1) 여러분은 이 점을 명심하고 있는 힘을 다해 싸우시오. 바닷가로 밀리지 말고, 함선끼리 충돌하면 적선의 갑판에서 중무장보병을 쓸어버릴 때까지는 절대 갈라서지 마시오. (2) 내가 하는 이 말은 선원보다는 중무장보병을 위한 것이오. 그것은 갑판 위의 대원들이 할 일이며, 아직도 우리는 보병이 있어서 전체적으로 더 우위를 유지하기 때문이오.

(3) 선원들에게 격려하노니, 아니 간청하고 부탁하노니, 지나간 불상사에 너무 상심하지 마시오. 지금 우리 갑판에는 더 훌륭한 대원들이 타고 있고, 우리의 함선은 수가 더 많소. 여러분 가운데 일부는 아테나이인이 아니지만 아테나이 말을 사용하고 아테나이 문화를 수용함으로써 아테

나이의 명예시민으로 간주되었고, 온 헬라스 세계에서 경탄의 대상이 되었소. 그러한 특권은 여러분에게 잃어버리기에는 너무나 귀중한 즐거움이었다는 점을 명심하시오.

여러분도 우리처럼 우리 제국이 제공하는 모든 혜택을 누렸소. 아니, 우리 예속민이 여러분에게 경의를 표하고, 여러분은 학대로부터 자유롭다는 점에서 여러분은 여러분의 몫 이상을 누린 것이오. 여러분만이 우리 제국에서 동반자가 되는 자유를 누린 만큼 여러분이 우리 제국을 배신한다는 것은 옳지 못하오. 그러니 여러분은 몇 차례 우리에게 패한 적이 있는 코린토스인들과, 우리 함대가 강성할 때는 아무도 감히 대항할 엄두를 내지 못하던 이들 시켈리아의 헬라스인 이주민을 무시하시오. 그리고 그들을 몰아내, 비록 여러분이 몇 차례 실패 때문에 약해졌어도 여러분에게는 상대편의 힘과 행운을 합친 것조차 제압할 기량이 있다는 것을 분명히 보여주시오.

64 (1) 이번에는 여러분 가운데 아테나이인들에게 한마디 일러두겠소. 이제 고국의 조선소에는 더는 이런 함선들이 남아 있지 않으며, 중무장보병으로 싸울 수 있는 젊은이들도 없소이다. 만일 여러분이 이번 전투에서 승리하지 못한다면, 여기 있는 여러분의 적군은 당장 아테나이로 항해할 것이며, 고국에 남아 있는 우리 동포들은 지금 그곳에 있는 적들과 이들 새 침입자들의 연합군을 막아내지 못할 것이오. 그러면 여러분은 당장 쉬라쿠사이인들의 처분에 맡겨질 것이고(여러분이 어떤 의도로 그들을 먼저 공격했는지는 여러분이 알 것이오), 고국의 동포들은 라케다이몬인들의 처분에 맡겨질 것이오.

(2) 따라서 여러분과 고국의 동포들 운명은 이 한 번의 전투에 달려 있소. 그러니 지금이야말로 여러분이 반드시 이겨야 하오. 그리고 지금 곧 배에 오를 여러분이 아테나이의 보병이자 해군이며, 여러분이 아테나이의

전부이며, 여러분이 아테나이의 위대한 명성임을 너나없이 명심하시오. 누가 기량과 용기에서 남들을 능가한다면 지금이야말로 그것을 보여줄 때요. 지금이야말로 그가 자신에게 도움이 되고 나라를 구할 더할 나위 없이 좋은 기회이기 때문이오."

65 (1) 니키아스는 그렇게 연설하고 나서 바로 승선 명령을 내렸다. 귈립포스와 쉬라쿠사이인들은 그런 준비 상황을 보고 아테나이인들이 해전을 하려 한다는 것을 알 수 있었고, 아테나이인들이 갈고랑쇠를 사용하려 한다는 말도 들었다. (2) 그래서 그들은 여러 가지 대응 조치에 덧붙여 무엇보다도 각 함선의 이물과 윗부분을 가죽으로 덮어 갈고랑쇠를 던져도 걸리지 않고 미끄러지게 함으로써 이에 맞섰다. 준비가 다 끝나자 귈립포스와 장군들은 다음과 같은 말로 대원을 격려했다.

66 (1) "쉬라쿠사이인과 그들의 동맹군 여러분, 여러분은 이미 위업을 달성했지만 이번 전투에서도 위업을 달성하게 될 것이오. 여러분도 대부분 그런 줄 알고 있는 듯하오. 그렇지 않다면 여러분이 그런 열의를 보이지 않았겠지요. 하지만 그 점을 충분히 인식하지 못하는 사람을 위해 내가 설명해주겠소. (2) 아테나이인들은 과거에도 현재에도 헬라스인들이 갖지 못한 거대 제국을 갖고 있건만, 그것도 모자라 먼저 시켈리아를 노예로 삼고, 그것에 성공하면 다음에는 펠로폰네소스와 헬라스의 다른 곳을 노예로 삼으려고 이 나라에 온 것이오. 여러분은 모든 것을 정복하는 그들의 해군에 처음으로 대항한 사람들이오. 그리고 여러분은 해전에서 벌써 몇 차례 이겼으니 이번에도 십중팔구 그들에게 이길 것으로 예상되오. (3) 사람들은 자신들의 장기(長技)라고 생각하던 분야에서 지면 처음부터 자신들이 우월하다고 생각하지 않았을 때보다 더 자신감을 잃게 되며, 뜻밖에도 자존심에 충격을 받으면 사실은 저항할 힘이 아직 남아 있는데도 쉽게 굴복하는 경향이 있기 때문이오. 이것이 지금 아테나이인들

의 처지가 아닌가 싶소.

67 (1) 그러나 우리는 경험이 미숙한데도 타고난 용기를 믿고 과감하게 적군을 공격함으로써 이제는 더 강해졌고, 거기에 최강자를 이겼으니 우리가 최강자라는 자신감이 더해져 우리는 저마다 희망이 배가되었소. 그리고 무슨 일을 하건 희망이 클수록 더욱 적극적이게 마련이오.

(2) 그들은 우리의 전투 장비를 모방하려 하지만 우리는 그것에 익숙한 만큼 쉽게 대비책을 강구하게 될 것이오. 만약 그들이 평소 관행과 달리 수많은 중무장보병을 갑판에 태우고 대부분이 산골 사람들인 아카르나니아 투창병 무리들과 다른 부대를 태운다면, 그들은 가만히 서 있기도 어려울 텐데 어떻게 무기를 던질 수 있을지 난감할 것이오. 그들은 함선의 효율을 떨어뜨릴 것이고 생소한 방법으로 싸우느라 저들끼리 혼란에 빠질 것이오.

(3) 여러분 중 더 많은 수의 적군과 싸우는 것이 두려운 사람이 있소? 함선의 수가 더 많다는 것도 그들에게는 도움이 되지 않을 것이오. 좁은 공간에 놓인 대규모 함대는 그들이 원하는 작전을 신속히 수행하지 못할 것이며, 우리가 준비한 공격 방법에 특히 취약할 것이오. (4) 우리는 믿음직한 정보를 갖고 있으니 여러분은 그에 근거해 실상을 알아두도록 하시오. 그들은 너무나 괴로워 지금 상황에 절망한 나머지 작전보다는 요행을 믿고는 될 대로 되라 식으로 뱃길을 돌파하든지, 그게 실패하면 육로로 퇴각하려고 모든 것을 걸고 모험을 하는 것이오. 그들은 무슨 일이 일어나더라도 자신들의 처지가 지금보다 더 나빠지지 않을 것을 알기 때문이오.

68 (1) 그러니 우리는 이토록 혼란에 빠져 있고 운이 다한 원수들을 분연히 공격합시다. 그리고 침략자를 응징함으로써 분풀이하는 것은 정당하고 허용된 일이며, 가능하다면 우리의 원수들에게 복수하는 것이야말로 사

람들 말처럼 가장 큰 기쁨이라는 점을 명심해야 하오. (2) 여러분도 다 알다시피 아테나이인들은 우리에게 단순한 원수가 아니라 철천지원수들이오. 그들은 여러분의 나라를 노예로 삼기 위해 왔소. 그들이 뜻을 이루었다면 우리 남자들에게는 가장 쓰라린 고통을, 우리 아이들과 아내들에게는 극심한 모욕을 안겨주고, 모든 도시에 가장 치욕스러운 이름을 덮어씌웠을 것이오.

(3) 그러니 마음이 누그러져서는 안 되며, 그들이 더는 우리를 위협하지 않고 떠나면 다행이라고 생각해서도 안 되오. 그들은 우리를 이기더라도 어차피 그렇게 할 것이오. 그러나 우리가 예상대로 뜻을 이루어 적군을 응징하고 전 시켈리아에 예전부터 누리던 자유를 더 확고하게 만들어 돌려주게 된다면, 그것은 한번 해볼 만한 싸움일 것이오. 실패해도 크게 손해 볼 것 없고 성공하면 가장 큰 이익이 생기니, 그런 모험이야말로 천재일우의 기회라 할 것이오."

69 (1) 쉬라쿠사이의 장군들과 귈립포스는 그런 말로 군사들을 격려한 뒤 아테나이인들이 승선하는 것을 보고 자신들도 지체 없이 그렇게 했다.

(2) 한편, 지금 상황에 너무 긴장한 나머지 제정신이 아닌 니키아스는 얼마나 큰 위험이 얼마나 가까이 다가왔는지 보고는(함선은 출발 직전이었다), 큰 전투를 앞둔 장군이 흔히 그러하듯 아직도 못다 한 일이 있고 못다 한 말이 있는지 고민했다. 그래서 그는 삼단노선의 선장들의 이름과 그들의 아버지 이름과 그들의 부족 이름을 또다시 일일이 부르며, 빛나는 명성을 얻은 자들은 그 명성을 저버리지 말고, 선조가 유명한 자들은 선조의 위업에 먹칠하지 말자고 호소했다. 그는 또 그들에게 그곳에 사는 사람들은 누구나 무제한의 자유를 누리며 자기 삶을 살아갈 수 있는, 세상에서 가장 자유로운 국가인 그들의 조국을 상기시켰다. 그 밖에도 그는 상투적인 표현을 사용한다는 인상을 피하려 하지 않을 경우 그

런 위기의 순간에 사용할 법한 말을 계속했다. 그런 순간 사람들은 아내나 자식이나 조국의 신들에 호소하며 어떤 경우에도 두루 사용할 수 있는 표현을 사용하게 마련인데, 위급한 순간에는 그런 표현이 도움이 되리라고 믿기 때문이다.

(3) 니키아스는 그렇게 성에 차지는 않지만 필요하다고 생각되는 만큼 격려했다. 그런 다음 그는 돌아가 보병 부대를 바닷가로 인솔해와서 승선한 전우들에게 최대한 자신감을 심어주려고 길게 늘어세웠다. (4) 그러자 아테나이 장군들인 데모스테네스, 메난드로스, 에우튀데모스가 함선에 오른 뒤 기지를 출발하여 항만 어귀를 가로지른 장벽의 빈 곳을 향해 곧장 나아갔으니, 바깥으로 나가는 길을 열기 위해서였다.

70 (1) 쉬라쿠사이인들과 그들의 동맹군은 지난번과 비슷한 수의 함선을 이끌고 나가 포진하고 있었다. 그중 일부는 출구를 지키고 다른 일부는 항구의 나머지 부분을 완전히 에워싸고 있어, 사방에서 한꺼번에 아테나이인들을 공격할 수 있었다. 동시에 함선을 바닷가에 댈 수 있을 만한 곳이면 어디든 보병 부대를 배치하였다. 쉬라쿠사이인들의 함대는 시카노스와 아가타르코스가 지휘했는데, 이들은 전 함대의 양쪽 날개를 한쪽씩 맡았다. 퓌텐과 코린토스인들은 중앙을 맡았다.

(2) 아테나이인들의 첫 번째 선단은 장벽에 도착하자 공격의 여세를 몰아 그곳에 배치된 적선들을 압도하며 장애물을 돌파하려 했다. 그러나 곧 쉬라쿠사이인들과 그들의 동맹군이 사방에서 반격을 가하자 전투는 이제 장벽에 국한되지 않고 항구 전체로 확산되었다. 이어서 이전의 어떤 전투보다 규모가 큰 치열한 전투가 벌어졌다. (3) 양쪽의 선원은 명령이 떨어질 때마다 적선에 돌진하려고 최선을 다했고, 키잡이들도 서로 기량을 겨루며 치열한 경쟁을 했기 때문이다. 함선끼리 마주치면 승선한 병사들은 갑판에서의 전투 기술도 다른 기술에 뒤지지 않는다는 것을 보

여주려고 최선을 다했다. 그들은 저마다 자기가 맡은 분야에서 남들을 능가하려고 분발했다.

(4) 수많은 함선이 좁은 공간에서 복닥댔다. 이렇게 많은 함선이 좁은 공간에서 싸운 적은 일찍이 없었다. 양군의 함선을 합쳐 2백 척에 가까웠다. 그래서 충각으로 선체의 한복판을 공격하는 경우는 많지 않았다. 후진하거나 적선의 대열을 돌파할 기회가 없었기 때문이다. 그보다는 함선이 도주하거나 다른 함선을 공격하려다가 함선끼리 우발적으로 충돌하는 경우가 더 많았다.

(5) 함선이 공격해오면 갑판 위의 대원들은 투창과 화살과 돌을 쉴 새 없이 던지거나 쏘아댔다. 그리고 일단 함선끼리 마주치면 병사들은 서로 상대편 함선에 오르려고 애쓰며 백병전을 벌였다. (6) 공간이 좁은 까닭에 때로는 한 함선이 충각으로 다른 함선을 들이받으면서 또 다른 함선의 충각에 들이받히는가 하면, 함선 한 척이 두 척이나 때로는 그 이상의 함선과 얽히고설키는 바람에 키잡이들이 그때그때 방어만 생각하거나 공격만 생각하는 것이 아니라 동시에 여러 가지 일을 처리해야 했다. 그리고 이렇게 서로 충돌하는 함선의 요란한 소음은 그 자체가 두렵기도 하거니와 갑판장들의 명령을 들을 수 없게 했다.

(7) 실제로 양쪽 갑판장들은 고함을 지르며 기술적인 지시만 내리는 것이 아니라 물러서지 말고 승리를 위해 싸우라고 격려했다. 아테나이인들에게 그들은 지금이야말로 통로를 열어 무사히 귀국할 수 있는 기회를 꽉 잡고 절대 놓치지 말라고 격려했다. 그리고 쉬라쿠사이인들과 그들의 동맹군에게 갑판장들은 적군이 도망가지 못하게 막는 것은 영광스러운 일이며, 전쟁에서 이기면 각자가 조국의 명예를 드높이게 되리라고 외쳤다.

(8) 그리고 양쪽의 장군들도 함선이 그럴 만한 이유도 없이 후진하는 것

을 보면 선장의 이름을 부르며, 아테나이인들의 경우에는 그들이 후퇴하는 것은 아테나이가 그토록 많은 노력을 들여 자기 영역으로 만든 바다보다 적군이 득실대는 육지가 더 편할 것 같아서냐고 물었고, 쉬라쿠사이인들의 경우에는 아테나이인들이 어떻게든 달아나려고 기를 쓰는 줄 번연히 알면서도 도망치는 적군 앞에서 도망치고 있느냐고 물었다.

71 (1) 해전이 백중지세를 이루는 동안 바닷가에 있던 양쪽의 보병 부대는 마음이 초조하고 괴로웠으니, 쉬라쿠사이인들은 전보다 더 큰 승리를 거두기를 갈망했고, 침입자들은 상황이 지금보다 더 어려워지지 않을까 겁이 났다. (2) 아테나이인들은 모든 것을 해군에 걸었기에, 해전의 결과에 대한 그들의 두려움은 말로는 다 표현할 수 없을 정도였다. 해전이 일진일퇴를 거듭하자, 바닷가에서 지켜보는 위치에 따라 그들의 인상도 바뀔 수밖에 없었다.

(3) 전투는 그들이 보는 앞에서 벌어졌지만 모두 동시에 같은 장소를 볼 수가 없어, 어떤 자들은 어느 한 곳에서 아군이 이기고 있는 모습을 보고는 용기백배하여 자신들에게서 구원의 희망을 앗아가지 말아달라고 신들을 부르는가 하면, 다른 자들은 아군이 지는 쪽을 보고는 큰 소리로 비명을 지르며 탄식했으며, 싸우는 것을 보기만 하고 실제로 싸우는 자들보다 더 낙담했다. 또 다른 자들은 해전이 백중지세를 이루는 곳을 응시하고 있었다. 그들은 전투가 승부를 가리지 못하고 계속되자 마음이 이리저리 동요함에 따라 몸도 이리저리 요동치는 가운데 극심한 고뇌를 견뎌내야 했으니, 금세라도 구원받거나 파멸할 것 같았기 때문이다.

(4) 그래서 승부가 가려지지 않는 동안에는 아테나이인들의 대열에서 신음 소리, 응원 소리, "우리가 이기고 있어", "우리가 지고 있어", 그 밖에 큰 위기에 처한 대군이 자기도 모르게 질러대는 온갖 고함 소리가 들려왔다. (5) 함선에 타고 있는 자들의 감정도 대동소이했다. 그러나 장시간

의 전투 끝에 마침내 쉬라쿠사이인들과 그들의 동맹군이 아테나이인들을 패퇴시키고 결정적인 승리를 거둔 다음 함성을 지르고 큰 소리로 서로 격려하며 육지 쪽으로 추격하기 시작했다.

(6) 그러자 배를 타고 있다가 바다에서 생포되지 않은 모든 대원들이 아무 곳에나 배를 대고는 함선에서 쏟아져 나오더니 군영이 있는 곳으로 달려갔다. 육지에 있던 보병 부대도 다를 바 없었으니, 믿기지 않는 이런 변을 당하자 그들도 모두 한 가지 감정에 휩쓸려 고함을 지르고 신음하며 더러는 함선을 도우러 내려가고 더러는 남은 방벽을 지키러 달려갔다. 그러나 다른 자들은(이들이 다수였다) 어떻게 하면 살아남을 수 있을지 생각하기 시작했다. (7) 아테나이인들은 실제로 지금 이 순간과 같은 공황 상태에 빠진 적이 없었다. 그들은 지금 퓔로스에서 라케다이몬인들이 당한 것과 비슷한 변을 당한 것이다. 그때는 라케다이몬인들이 자신들의 함대를 잃음으로써 섬으로 건너간 대원들도 잃었는데, 이번에는 기적이 일어나지 않는 한 아테나이인들이 육로로 안전하게 탈출할 가망이 없었으니 말이다.

72 (1) 양쪽에서 수많은 함선들이 파괴되고 수많은 전사자가 생긴 치열한 해전이 끝난 뒤 승리를 거둔 쉬라쿠사이인들과 그들의 동맹군은 파괴된 함선의 잔해와 전사자들의 시신을 수습한 뒤 도시로 회항하여 승전비를 세웠다. (2) 하지만 아테나이인들은 현재의 재앙의 무게에 짓눌려 전사자들의 시신이나 파괴된 함선의 잔해를 돌려달라고 요청할 생각도 하지 못했다. 대신 그들은 그날 밤 당장 출발할 계획을 세웠다.

(3) 그러나 데모스테네스가 니키아스를 찾아가 남은 함선들에 다시 대원들을 태운 다음 새벽에 최선을 다해 출구를 열어보자고 제안하며, 사용할 수 있는 함선이 적군보다는 아군에게 더 많이 남아 있다고 지적했다. 아테나이인들에게는 약 60척이 남아 있었고, 적군에게는 50척도 채 남

지 않았다. ⑷ 니키아스도 이 제안에 찬성했다. 그러나 장군들이 함선들에 선원을 태우려 하자 선원이 승선을 거부했으니, 지난번 패배에 완전히 주눅이 들어 싸워보았자 승산이 없다고 확신했기 때문이다.

73 ⑴ 그래서 아테나이인들은 이제 육로로 철수하기로 의견을 모았다. 쉬라쿠사이인 헤르모크라테스는 그들의 의도를 알아채고는, 만약 그런 대군이 육로로 탈주하여 시켈리아의 어느 한군데에 둥지를 틀고는 또다시 전쟁을 걸어온다면 위험한 일이라고 생각했다. 그래서 당국자들을 찾아가 아테나이인들이 밤에 도주하도록 수수방관해서는 안 되며, 쉬라쿠사이인들과 그들의 동맹군이 지금 모두 출동하여 도로들을 봉쇄하고 고갯길들을 먼저 점령하여 수비대를 배치해야 한다고 주장했다.

⑵ 당국자들도 그 의견에 동조하며 그의 계획이 실행에 옮겨져야 한다고 생각했다. 그러나 그들은 사람들이 힘겨운 해전을 치르고 나서 휴식을 즐기고 있고 더욱이 그날은 축제일인지라(마침 그날은 헤라클레스에게 제물을 바치는 날이었다) 그런 명령을 쉽게 받아들이지 않을 것이라고 생각했다. 실제로 대부분의 사람들은 승리감에 도취해 축제일에 술을 마시기 시작했고, 그들더러 무기를 들고 지금 출동하라고 명령해도 결코 복종하지 않을 듯했다.

⑶ 그래서 당국자들은 그러한 계획은 실행에 옮길 수 없다는 결론을 내렸고, 그러자 헤르모크라테스도 그들의 마음을 바꿀 수 없었다. 그러나 그는 아테나이인들이 밤에 출발하여 지형이 가장 험한 곳들을 저항도 받지 않고 통과할까 염려되어 나름대로 자신의 계획을 실행에 옮길 묘안을 생각해냈다. 말하자면 그는 날이 어두워지자마자 동조자 몇 명을 호송하는 약간의 기병과 함께 아테나이인들의 군영으로 보냈다. 이들은 가청 거리 안으로 말을 타고 가서 친(親)아테나이파인 척하며(실제로 쉬라쿠사이에는 시내에서 일어나는 일을 니키아스에게 전해주던 정보원이 몇

명 있었다) 병사들을 몇 명 불러내, 쉬라쿠사이인들이 도로들을 지키고 있으니 밤에는 군대를 철수시키지 말고, 대신 시간의 여유를 갖고 필요한 준비를 마친 다음 낮에 철수하란다고 니키아스에게 전해달라고 했다. ⑷ 그렇게 말한 뒤 그들은 떠나갔고, 그들의 말을 들은 자들은 아테나이 장군들에게 보고했다.

74 ⑴ 그러자 장군들은 그 정보를 믿고 밤 동안에는 움직이지 않았으니, 그 정보가 계략인 줄 몰랐던 것이다. 그들은 의도와는 달리 아침에도 신속히 출발하지 못하게 되자 이튿날을 기다리기로 했는데, 병사들이 시간의 여유를 갖고 가장 필요한 짐만 잘 꾸린 다음 그 밖의 다른 것은 모두 뒤에 남겨두고 생명 유지에 필요한 것만 가지고 출발할 수 있게 하기 위해서였다.

⑵ 그사이 쉬라쿠사이인들과 귈립포스는 보병 부대를 이끌고 먼저 출동하여 아테나이인들이 통과할 법한 지역의 도로들을 봉쇄하고 시내와 강의 여울들에 수비대를 배치했으며, 자신들에게 유리한 지점들에서 퇴각하는 아테나이군을 만나 제지할 수 있도록 포진했다. 그들은 또 함선들을 타고 아테나이인들의 함선들에 다가가 해안에서 끌고 갔다. 함선 일부는 아테나이인들 자신이 계획대로 불살랐지만, 나머지 함선들은 바닷가로 떠밀려오는 대로 쉬라쿠사이인들이 견인용 밧줄을 걸어 아무런 방해나 저항도 받지 않고 자신들의 도시로 끌고 갔다.

75 ⑴ 그 뒤 니키아스와 데모스테네스는 준비가 완료됐다고 생각되었을 때 드디어 군대를 출발시켰는데, 해전이 있은 지 사흘째 되는 날이었다. ⑵ 어느 모로 보나 처참한 광경이었다. 함선을 모두 잃고 퇴각하는 중이었고, 큰 포부를 품고 왔건만 지금은 자신들도 아테나이 시도 위기에 빠져 있었다. 그러나 막상 군영을 떠나자니 눈에 보이는 것은 슬픈 장면이요, 마음에 떠오르는 것은 슬픈 생각뿐이었다. ⑶ 시신은 묻히지 못했

고, 친구 중 한 명이 시신 사이에 누워 있는 모습이 보이면 슬픔과 두려움을 동시에 느꼈다. 그리고 환자든 부상자든 산 채로 뒤에 남겨진 자들은 살아남은 전우들에게 죽은 자들보다 더 큰 고통을 안겨주었다. (4) 그들이 "나 좀 데리고 가요!"라고 큰 소리로 간청할 때마다 다른 사람들은 절망감에 휩싸였는데, 그들은 친구나 친척이 보일 때마다 도와달라고 소리쳤다. 그들은 같은 천막을 쓰던 전우들이 떠나가는 것을 보면 목에 매달려 따라가다가 체력이 소진되면 뒤에 처져 신음과 욕설을 내뱉었다. 그리하여 전군은 눈물바다가 되었고, 이런 절망과 연민 때문에 그들은 이미 눈물을 흘리기에는 너무나 큰 고통을 당했고 또 불확실한 미래에 더 많은 고통을 당할 것으로 예상되는 가운데 적국을 떠나고 있는데도 좀처럼 발이 떨어지지 않았다.

(5) 그들은 또 자괴감과 심한 자책감도 느꼈다. 그들은 꼭 포위군에게 항복한 도시, 그것도 대도시에서 도망치는 피난민 행렬처럼 보였다. 함께 무리 지어 행군하는 그들은 모두 4만 명이나 되었으니 말이다. 각자 필요한 물건들을 운반할 수 있는 만큼 가져갔고, 중무장보병과 기병은 관행과는 달리 무기 외에 식량까지 들었는데, 더러는 시중드는 노예를 잃어서, 더러는 시중드는 노예가 있어도 믿을 수 없어서 그랬다. 노예들은 전에도 탈주했고, 지금도 탈주하고 있었기 때문이다. 그러나 군영에 식량이 바닥나 그들은 충분히 휴대하지는 못했다.

(6) 너나없이 치욕을 당하고 다 같이 수난을 당하면 조금은 위로가 되는 법이건만, 그때는 무엇보다도 처음의 찬란함과 자긍심이 비참한 굴욕으로 끝났다는 생각이 들어 별로 위안이 되지 않았다. (7) 헬라스의 군대가 이런 반전(反轉)을 경험한 적은 일찍이 없었다. 그들은 남들을 노예로 삼기 위해 왔다가 이제는 자신들이 노예가 되지 않을까 두려워하는 처지가 되었으니 말이다. 그들은 파이안을 부르고 무운을 비는 기도 소리를 들

으며 출항했건만 지금은 그와 정반대되는 불길한 전조의 말을 들으며 귀로에 올랐다. 배를 타는 대신 걸어서, 함대 대신 중무장보병을 믿으며. 하지만 그들에게 임박한 엄청난 위험에 견주면 이 모든 것도 견딜 만해 보였다.

76 니키아스는 군대가 낙담하고 크게 변한 것을 보고는 대열을 따라 걸어가며 그들을 격려하고 위로하려고 최선을 다했다. 그리고 대열 사이를 누비며 자신의 말이 되도록 멀리 들리게 하는 것이 도움이 되리라 기대하며 좋은 뜻에서 점점 목청을 돋우었다.

77 (1) "아테나이인들과 동맹군 여러분, 지금도 우리는 희망을 버려서는 안 되오. 전에 여러분은 이보다 더한 곤경에서도 살아남았소. 여러분은 졌다고 해서, 그리고 지금 부당한 고통을 당한다 해서 지나치게 자책감에 시달려서는 안 되오. (2) 나로 말하면 여러분 가운데 어느 누구보다도 체력이 강하지 못하지만(여러분도 보다시피 나는 병이 들어 허약해져 있소), 사생활이나 그 밖의 다른 점에서 누구 못지않게 복 받은 사람으로 여겨졌소. 하지만 나는 지금 여러분 가운데 가장 미천한 자와 같은 곤경에 빠져 있소. 그러나 나는 평생 동안 한결같이 신들에게 헌신적이었고, 한결같이 사람들을 올바르고 공정하게 대했소.

(3) 그래서 나는 여전히 우리의 미래를 낙관하오. 우리는 이러한 불운을 지나치게 두려워하고 있소. 우리의 불운도 아마 끝날 것이오. 우리의 적들은 너무 운이 좋았소. 우리가 출발할 때 어떤 신의 시새움을 샀다면 우리는 이미 충분히 벌 받았소.

(4) 다른 사람들도 전에 이웃들을 공격했지만, 사람이면 저지를 법한 짓을 저지르고 나서 사람이면 견뎌낼 수 있는 고통을 당했소. 신들께서 우리에게 더 자애로워지실 것이라고 바라는 것은 당연하다 할 것이오. 지금 우리는 신들의 시기가 아니라 동정을 살 만하기 때문이오. 그리고 여

러분 자신을 보시오, 얼마나 많은 훌륭한 중무장보병이 여러분의 대열 속에서 함께 행군하고 있는지! 그리고 너무 놀라지 마시오! 여러분이 어디에 정착하든 여러분 자신이 이미 도시이며, 여러분이 일단 정착하면 시켈리아의 어느 도시도 쉽게 여러분의 공격에 맞서거나 여러분을 쫓아내지 못할 것이라는 점을 명심하시오.

(5) 여러분은 안전하고 질서 있게 행군하도록 유의하되, 어디에서 전투를 치르건 여러분이 이기는 곳이 곧 조국이요 성벽이 될 것임을 저마다 명심하시오. (6) 우리는 식량이 달려 밤이나 낮이나 서둘러 행군할 것이오. 그리고 우리가 일단 우호적인 시켈로이족의 나라에 도착하면 그때는 여러분이 안전하다고 믿어도 좋소(그들은 쉬라쿠사이인들이 두려워 변함없이 우리를 지원해주고 있소). 우리는 그들에게 미리 사람을 보내 우리를 영접하고 더 많은 식량을 가져오라고 일러두었소.

(7) 간단히 말해 전사들이여, 지금은 용감한 것이 유일한 선택이라는 점을 명심해두시오. 가까이에는 겁쟁이가 달아나 숨을 만한 곳이 어디에도 없기 때문이오. 또 만약 여러분이 지금 적군에게서 벗어난다면, 여러분 가운데 비(非)아테나이인들은 마음에 그리던 고향에 돌아가게 될 것이고, 여러분 가운데 아테나이인들은 추락한 아테나이의 위대한 힘을 다시 일으켜 세우게 되리라는 점도 명심해두시오. 도시를 만드는 것은 사람들이지, 사람이 없는 빈 성벽이나 함선이 아니기 때문이오."

78 (1) 니키아스는 그런 말로 군대를 격려하며 대열을 따라 걸어가다가 대원들이 밀집대형을 이루지 않거나 대오가 흐트러진 곳이 보일 때마다 그들을 원위치로 복귀시켰다. 데모스테네스도 예하 부대를 비슷한 말로 격려하며 그렇게 했다.

(2) 군대는 방진(方陣)을 이루고 행군했는데, 니키아스의 부대가 앞장서고 데모스테네스의 부대가 뒤따랐다. 중무장보병은 방진의 테두리를 이

루었고, 짐꾼들과 대부분의 다른 대원들은 그 안에 있었다. (3) 그들이 아나포스 강을 건너는 여울에 이르러 보니 한 무리의 쉬라쿠사이인들과 그들의 동맹군이 그곳을 지키기 위해 포진해 있었다. 그들은 이들을 물리치고 여울을 장악한 다음 행군을 계속했다. 그러나 쉬라쿠사이의 기병대가 양쪽 측면을 공격하고, 경무장보병은 투창을 던져대며 그들을 계속 괴롭혔다.

(4) 이날 아테나이인들은 40스타디온쯤 행군하여 어느 언덕에서 숙영하려고 진을 쳤다. 이튿날 그들은 아침 일찍 출발해 20스타디온쯤 행군하다가 평지로 내려와 진을 쳤다. 그곳에는 사람이 살고 있어 인가에서 먹을거리도 구하고 물도 길어오기 위해서였다. 그들이 나아가려는 쪽에는 여러 스타디온을 가도 물이 넉넉하지 않았기 때문이다. (5) 그사이 쉬라쿠사이인들이 먼저 가서 그들 앞에 있는 고갯길을 봉쇄하려고 방벽을 쌓고 있었다. 그곳은 양쪽에 협곡을 낀 가파른 언덕으로 아크라이온 절벽이라고 불렸다.

(6) 이튿날 아테나이인들이 앞으로 나아가자 쉬라쿠사이의 기병대와 투창병과 그들의 동맹군이 양쪽에서 수없이 나타나더니 투창을 마구 던져대고 말을 달려 양쪽 측면을 공격함으로써 그들의 행군을 방해했다. 아테나이인들은 한참 동안 싸우다가 결국 전에 진을 쳤던 곳으로 돌아갔다. 그러나 그들은 저번처럼 생필품을 구할 수 없었으니, 적의 기병대 때문에 진영 밖으로 나갈 수 없었기 때문이다.

79 (1) 아침 일찍 출발한 아테나이인들은 고갯길이 방벽으로 봉쇄된 언덕으로 행군을 강행했다. 그곳에 가서 보니 그들 앞에 적군의 보병 부대가 방벽을 지키려고 좁은 고갯길에 여러 겹으로 포진해 있었다. (2) 그래서 아테나이인들이 돌격하며 방벽을 공격했다. 그러나 가파른 언덕 위에 자리잡은 수많은 적군이 쏘거나 던져대는 무기가 비 오듯 쏟아지는 바람에

(위쪽에서 표적을 조준하기는 한결 쉬웠다) 돌파할 수 없다고 보고 물러가 쉬었다. (3) 그때 마침 가을 초입에 흔히 그러하듯, 우렛소리 요란한 가운데 비가 쏟아지자 아테나이인들은 더욱 사기가 꺾였다. 그들은 이 모든 사건을 자신들의 파멸을 암시하는 전조로 여겼던 것이다. (4) 그들이 쉬고 있는 동안 귈립포스와 쉬라쿠사이인들은 군대의 일부를 보내 그들이 왔던 길로 후퇴하지 못하도록 그들의 배후에 방벽을 쌓게 했다. 그러나 아테나이인들은 이에 대처하도록 대원들 일부를 보내 이런 움직임을 막는 데 성공했다. (5) 나중에 그들은 전군을 평야 쪽으로 더 물러나게 하고 그곳에서 숙영했다.

이튿날 아테나이인들은 다시 행군을 시작했다. 그러자 이번에는 쉬라쿠사이인들이 그들을 에워싸고 사방에서 공격해 다수에게 부상을 입혔는데, 아테나이인들이 공격하면 물러났다가 아테나이인들이 철수하면 다시 공격하곤 했다. 그들은 특히 후미를 공격했으니, 적군을 일부씩 패주시키다 보면 나중에는 적군 전체가 공황 상태에 빠질 것으로 기대한 것이다. (6) 아테나이인들은 한참을 그런 식으로 싸우다가 5~6스타디온쯤 진격한 다음 쉬기 위해 평야에 멈추어 섰다. 그러자 쉬라쿠사이인들도 그들 곁을 떠나 자신들의 군영으로 돌아갔다.

80 (1) 밤에 니키아스와 데모스테네스는 모든 생필품이 부족하고 적군의 잇단 공격으로 부상자가 속출하는 등 군대의 사정이 좋지 않아 계획을 바꾸기로 의견을 모았다. 말하자면 그들은 되도록 불을 많이 피우고 군대를 원래 계획한 길이 아니라 쉬라쿠사이인들이 지키는 쪽과는 반대 방향에 있는 바닷가로 인솔하기로 결정했다. (2) 군대가 이 새로운 길로 행군하면 카타네로 가는 대신 시켈리아의 다른 쪽에 있는 도시들인 카마리나와 겔라와 그 지역에 있는 그 밖의 다른 헬라스인들과 비(非)헬라스인들의 도시들로 향하게 되어 있었다.

(3) 그래서 그들은 불을 많이 피우고 밤에 출발했다. 적군이 가까이 있을 때 군대, 특히 대군이 밤에 적지를 행군하면 흔히 불안해서 겁에 질리듯 아테나이군도 공황 상태에 빠졌다. (4) 앞장서던 니키아스 예하 부대는 흩어지지 않고 멀찍이 앞서갔지만, 전군의 절반이 넘는 데모스테네스 예하 부대는 서로 연락이 끊긴 채 무질서하게 행군했다.

(5) 그럼에도 그들은 새벽녘에 모두 바닷가에 도착하여 헬로로스로 가는 길로 접어들었는데, 카퀴파리스 강에 이르면 강을 따라 내륙으로 들어갈 작정이었다. 그곳에서 그들은 미리 사람을 보내 연락해둔 시켈로이족과 합류할 수 있을 것으로 기대한 것이다. (6) 그들이 강에 도착해서 보니 쉬라쿠사이인 수비대가 방벽과 목책으로 통로를 봉쇄하느라 여념이 없었다. 그들은 이들을 힘으로 밀어붙여 강을 건넌 다음 에리네오스라는 다른 강을 향하여 다시 행군했다. 길라잡이들이 그렇게 하도록 권했기 때문이다.

81 (1) 한편 쉬라쿠사이인들과 그들의 동맹군은 날이 새자 아테나이인들이 떠난 것을 알고 대부분 일부러 아테나이인들을 놓아주었다고 귈립포스를 비난하며 급히 추격에 나섰는데, 아테나이인들의 도주 경로를 어렵지 않게 추적할 수 있어 점심때쯤 그들을 따라잡았다. (2) 그들은 먼저 간밤의 혼란으로 인해 뒤처져서 아직도 무질서하게 느릿느릿 행군하고 있던 데모스테네스 예하 부대와 마주쳤다. 쉬라쿠사이인들은 지체 않고 맹렬하게 공격하기 시작했으며, 이들이 나머지 아테나이군과 떨어져 있던 터라 쉬라쿠사이의 기병대는 그만큼 더 수월하게 이들을 에워싸며 한곳에 가둘 수 있었다.

(3) 니키아스 예하 부대는 50스타디온쯤 앞서가고 있었다. 니키아스는 대원들을 더 빠른 걸음으로 인솔했는데, 지금 상황에서 살길은 불가피한 경우가 아니면 멈추어 서서 싸우지 않고, 선택의 여지가 없는 경우에만

싸우며, 되도록 신속히 후퇴하는 데 있다고 생각한 것이다. (4) 한편 데모스테네스는 퇴각하는 군대의 후미를 엄호하다가 먼저 적군의 공격을 받아 대체로 적군에게 더 심한 괴롭힘을 당하곤 했는데, 이번에도 쉬라쿠사이인들이 추격해오는 것을 보자 행군을 계속하는 대신 대원들을 전투 대형으로 배치했다. 그러느라 지체한 나머지 이제 그도 아테나이인들도 적군에게 포위되어 곤경에 빠지고 말았다. 그들은 사방이 담장으로 둘러싸여 있고 양쪽에 길이 하나씩 나 있으며 올리브나무가 많이 심어져 있는 곳에 갇혔고, 그러자 날아다니는 무기들이 사방에서 비 오듯 쏟아졌다.

(5) 쉬라쿠사이인들이 이런 공격 방법을 택한 것은 당연한 일이다. 절망감에 휩싸인 자들과 결전을 벌이는 것은 그들보다는 아테나이인들에게 더 유리할뿐더러, 승리가 이미 확실시되는 마당에 그들은 불필요하게 자신들의 목숨을 버리고 싶지 않았던 것이다. 그 밖에 그들은 이런 전투 방법으로도 능히 아테나이인들을 제압하고 생포할 수 있다고 생각했다.

82 (1) 실제로 그랬다. 온종일 그곳에서 아테나이인들과 그들의 동맹군에게 사방에서 날아다니는 무기를 쏘거나 던지다가 이들이 부상과 그 밖의 다른 고통으로 기진맥진하는 것을 보자 귈립포스와 쉬라쿠사이인들과 그들의 동맹군은 먼저 섬 주민들에게 누구든 자기편으로 넘어오는 자에게는 자유를 보장하겠다고 포고하게 했다. 그러자 몇몇 섬 도시들이 그렇게 했지만 그 수는 많지 않았다.

(2) 나중에 데모스테네스 예하 전 대원을 위해 항복조약이 이루어졌는데, 그들은 어느 누구도 폭행당하거나 투옥되거나 생필품 부족으로 죽임을 당하지 않는다는 조건으로 무기를 넘겨야만 했다. (3) 모두 6천 명이 항복했다. 그들이 갖고 있던 돈을 뒤집어놓은 방패 안에 던지니 방패 네 개가 가득 찼다. 포로는 곧장 시내로 연행되었다. 같은 날 니키아스와 그

의 부대는 에리네오스 강에 도착하여 강을 건넌 다음 어느 고지에 진을 쳤다.

83 (1) 이튿날 쉬라쿠사이인들은 니키아스를 따라잡아 데모스테네스 예하 부대가 항복했다고 전하며 그도 그렇게 하라고 권했다. 니키아스는 믿어지지 않아서, 기병 한 명을 보내어 보고 올 수 있게 해달라고 했다. (2) 기병이 다녀와서 항복한 것이 사실이라고 보고하자, 니키아스는 귈립포스와 쉬라쿠사이인들에게 전령 한 명을 보내 자기는 아테나이인들을 대신하여 그들과 조약을 맺을 용의가 있다고 전하게 했다. 그들이 군대를 놓아주는 대가로 아테나이인들이 쉬라쿠사이인들의 모든 전쟁 경비를 배상할 것이며, 배상금이 지불될 때까지 그는 1탈란톤에 한 명씩으로 계산해 아테나이인들을 볼모로 잡히겠다고 했다.

(3) 귈립포스와 쉬라쿠사이인들은 이런 제안을 받아들이지 않고 역시 이 부대도 포위 공격하며 날이 저물 때까지 사방에서 날아다니는 무기를 쏘거나 던져댔다. (4) 니키아스의 대원들도 군량과 다른 생필품이 떨어져 형편이 말이 아니었다. 그럼에도 그들은 밤이 되어 조용해지기를 기다렸다가 행군을 계속할 작정이었다. 그들이 막 무기를 챙기고 있는데 쉬라쿠사이인들이 낌새를 채고 파이안을 불러댔다. (5) 아테나이인들은 자신들이 몰래 떠날 수 없다는 것을 알고 도로 무기를 내려놓았다. 다만 그중 3백 명은 적군의 수비대를 돌파한 뒤 야음을 틈타 어디로든 갈 수 있는 곳으로 떠났다.

84 (1) 날이 새자 니키아스는 군대를 인솔했고, 쉬라쿠사이인들과 그들의 동맹군은 날아다니는 무기를 사방에서 쏘아대고 투창을 던져대며 지난번과 같은 방법으로 계속 그들을 괴롭혔다. (2) 아테나이인들은 앗시나로스 강 쪽으로 서둘러 나아가고 있었다. 이 강을 건너기만 하면 사방에서 끊임없이 공격해대는 수많은 기병과 경무장보병 무리의 압박에서 잠

시 숨을 돌릴 수 있을 것이라고 생각했거니와 지친 나머지 물을 마시고 싶었다.

(3) 일단 강에 도착하자 그들은 강물 속으로 뛰어들었고, 이제 규율 따위는 어디에서도 찾아볼 수 없었다. 그들은 저마다 먼저 건너려 했지만 적군이 공격의 고삐를 늦추지 않아 강을 건너기가 이미 어려워졌다. 그들은 무리를 지어 건널 수밖에 없었기에 서로 걸려 넘어지기도 하고 발에 밟히기도 했다. 더러는 그 자리에서 자신의 창이나 다른 장비에 목숨을 잃기도 하고, 더러는 화물에 뒤얽혀 하류로 떠내려가기도 했다.

(4) 쉬라쿠사이인들은 맞은편에 있는 가파른 강둑에 자리 잡고 위에서 아테나이인들을 향해 쏘거나 던져댔는데, 아테나이인들은 대부분 뒤죽박죽이 되어 강물이 얕은 곳에서 탐욕스럽게 물을 마시고 있었다. (5) 그러자 펠로폰네소스인들이 공격하기 위해 강둑을 내려와 주로 강에 있는 자들을 도륙했다. 그러자 물이 즉시 오염되었지만, 그럼에도 아테나이인들은 온통 피로 물든 흙탕물을 계속 마셔댔고, 대다수는 그런 물을 마시려고 서로 싸우기까지 했다.

85 (1) 마침내 수많은 시신이 강바닥에 켜켜로 쌓이고, 군대의 일부는 강에서 도륙되고 일부는 간신히 강을 건너 기병대에게 도륙되자 니키아스는 귈립포스에게 항복했는데, 쉬라쿠사이인들보다 귈립포스를 더 신뢰했기 때문이다. 그는 귈립포스와 라케다이몬인들에게 자기는 그들이 원하는 대로 처리하되 자신의 군사들은 죽이지 말아달라고 부탁했다.

(2) 그래서 귈립포스가 그들을 포로로 잡으라는 명령을 내리자, 쉬라쿠사이인들이 빼돌린[13] 상당수를 제외한 나머지는 살아서 잡혀왔다. 밤에 수비대의 감시망을 뚫고 도주한 3백 명도 추격대에 잡혀왔다. (3) 아테나이군 가운데 쉬라쿠사이 시의 포로가 된 자들은 많지 않았지만, 잡은 자들에 의해 빼돌려진 자들은 많았다. 그래서 시켈리아 전체가 그들로

가득 찼다. 그들이 포로로 잡힌 것은 데모스테네스 예하 부대처럼 항복 조약에 따른 것이 아니었기 때문이다. (4) 물론 대다수는 도륙되었다. 그들은 후퇴하던 중 강에 이르러 이번 전쟁에서 유례를 찾아볼 수 없을 만큼 대량 학살되었기 때문이다. 또 상당수는 행군 도중 끊임없이 적군의 공격을 받아 죽었다. 그렇지만 도주한 자들의 수도 많았는데, 더러는 그 당시 달아나고, 더러는 노예가 되었다가 달아났다. 이들은 모두 카타네로 피신했다.

86 (1) 쉬라쿠사이인들과 그들의 동맹군은 군대를 한데 집결시킨 다음 전리품을 챙기고 되도록 많은 포로를 끌고 도시로 돌아갔다. (2) 그들은 끌고 간 아테나이인들과 그들의 동맹군 포로를 채석장들에 수용했는데, 그것이 이들을 붙들어두는 가장 안전한 방법이라고 생각했기 때문이다. 그들은 니키아스와 데모스테네스는, 귈립포스의 반대를 무릅쓰고 목을 베었다. 귈립포스가 반대한 이유는, 승리한 데다 적장들을 라케다이몬으로 끌고 가기까지 한다면 그야말로 금상첨화가 되리라고 생각했기 때문이다.

(3) 우연히도 두 명 가운데 데모스테네스는 퓔로스와 스팍테리아 섬에서 벌어진 전투 때문에 라케다이몬인들의 철천지원수였고, 니키아스는 같은 이유에서 그들의 가장 좋은 친구였다. 니키아스는 평화조약을 맺도록 아테나이인들을 설득함으로써 섬에서 사로잡힌 라케다이몬인들이 석방되도록 성의를 다했기 때문이다. (4) 그런 이유에서 라케다이몬인들은 그에게 우호적이었고, 그가 귈립포스에게 항복한 것도 주로 그 점을 믿었기 때문이다.

그러나 일부 쉬라쿠사이인들은 니키아스가 고문당하면 자신들과 접촉한

---

13 몸값을 받기 위해서 또는 노예로 팔기 위해서.

사실을 토설하여 모두의 성공에 재를 뿌리지 않을까 두려워했다고 한다. 그런가 하면 다른 자들, 특히 코린토스인들은 부자인 니키아스가 뇌물로 당국자들을 매수해 도주하면 앞으로 자기들에게 더 많은 해악을 끼치지 않을까 두려워했다고 한다. 그래서 이들이 동맹군을 설득하여 그를 처형하게 했다. (5) 그런 이유들 또는 그와 비슷한 이유들로 니키아스는 죽임을 당했다. 그러나 그렇게 비참한 최후를 맞는다는 것은 적어도 우리 시대의 헬라스인들 중에서는 그에게 가장 어울리지 않는 것이었다. 그는 평생토록 덕을 함양하고 실천하는 일에 헌신했으니 말이다.

87 (1) 쉬라쿠사이인들은 채석장들에 수용된 포로를 가혹하게 다루었다. 그들은 좁은 구덩이에 다수가 한꺼번에 갇혀 있는 데다 지붕이 없어서 처음에는 뙤약볕과 숨 막히는 더위 때문에 고생이 심했고, 가을로 접어들면서는 밤공기가 싸늘해지자 급변하는 기온 탓에 환자가 속출했다. (2) 공간이 협소한 까닭에 그들은 모든 것을 한곳에서 처리하지 않을 수 없었다. 게다가 부상이나 기온 변화 등으로 죽은 자들의 시신이 켜켜이 쌓여 있어 악취가 진동했다. 그들은 또 굶주림과 갈증에 시달렸다. 8개월 동안 그들에게는 1인당 하루에 물 1코튈레[14]와 곡식 2코튈레씩 배급되었기 때문이다. 그들은 그런 곳에 갇힌 자들이 겪을 것으로 생각되는 온갖 고통을 겪었다. (3) 약 70일 동안 포로들은 모두 그렇게 살았다. 그 뒤 아테나이인들과 그들 편에서 싸운 시켈리아나 이탈리아의 헬라스인 이주민을 제외하고 나머지는 모두 노예로 팔렸다. (4) 포로들의 수를 정확히 말하기는 어렵겠지만 분명 7천 명을 밑돌지는 않았다. (5) 이 사건은 이번 전쟁 전체를 통틀어, 아니 내가 보기에는 기록에 남은 헬라스 역사 전체를 통틀어 가장 중대한 사건으로, 이긴 자들에게는 가장 빛나는 승리였지만 패한 자들에게는 비할 데 없는 재앙이었다. (6) 아테나이인들은 모든 전선에서 완패했고, 그들의 고통은 엄청난 것이었다.

그들은 보병이며 함대며 모든 것을 다 잃었다. 그 많던 자들 가운데 고향으로 돌아온 자는 소수에 불과했다. 이상이 시켈리아에서 일어난 사건들이다.

---

14 1코튈레(kotyle)는 4분의 1리터쯤 된다.

VIII

HO POLEMOS TON PELOPONNESION KAI ATHENAION

I (1) 이 소식이 아테나이에 전해지자, 사람들은 현장에서 사건을 직접 목격하고 도주해온 병사들한테서 정확한 보고를 받고도 한동안 믿으려 하지 않았다. 그들은 자신들의 군대가 전멸했다는 것이 여전히 믿어지지 않았던 것이다. 그 뒤 그것이 사실임을 알게 되자 그들은 마치 자기들은 거기에 찬성표를 던지지 않은 양 원정을 촉구한 정치가들을 원망했으며, 예언자들과 점쟁이들과 그 밖에 그때 여러 가지 방법으로 신탁을 풀이하며 자신들에게 시켈리아를 정복할 수 있으리라는 희망을 불어넣은 모든 사람들에게 격분했다.

(2) 어느 쪽을 보아도 고통밖에 없어서, 이번 사건으로 그들은 두려움에 떨었고 유례없이 경악했다. 그 많던 중무장보병과 기병과 젊은이를 잃은 데다 이들을 대체할 인력이 없다는 생각이 들자 개인도 국가도 마음이 무거웠다. 그리고 보아하니 조선소에는 함선이 충분히 없고, 국고에는 돈이 충분히 없으며, 함선들에는 선원을 충분히 공급할 수 없어, 그러한 상황에서 그들이 살아남을 가망은 없어 보였다. 그들은 시켈리아에 있는 적군이 벌써 큰 승리를 거둔 터라 지체 없이 페이라이에우스 항으로 함대를 파견할 것이고, 헬라스에 있는 적군도 이제 자원이 배로 늘어나 있

는 힘을 다해 육로와 바닷길로 자신들을 공격할 것이며, 자신들의 동맹국들도 반기를 들고 적군 편이 되리라고 생각한 것이다.

(3) 하지만 그들은 자원이 남아 있는 한 항복하지 않고, 대신 어디든 구할 수 있는 곳에서 선재를 구해와 함대를 의장하고, 군자금을 모으고, 동맹국들, 특히 에우보이아가 여전히 우군으로 남도록 노력하기로 결정했다. 또 국고 지출에 경제와 개혁의 원리를 도입하고, 그때그때 필요에 따라 의제(議題)를 사전 협의할 수 있도록 원로회를 선출하기로 결의했다. (4) 민주정체에서 흔히 그러하듯, 민중은 이제 공포감에 휩싸인 나머지 어떤 종류의 규율도 받아들일 각오가 되어 있었다. 그리고 그들은 결의 사항들을 이행하기 시작했다. 여름은 그렇게 지나갔다.

2 (1) 겨울이 되자 시켈리아에서 아테나이인들이 크게 패한 것을 보고 헬라스 전체가 곧 술렁이기 시작했다. 여태껏 중립을 지키던 국가들은 이제 더는 전쟁을 강 건너 불 보듯 해서는 안 된다고 생각하고는 요청받지 않았는데도 자원해서 반(反)아테나이 편에 가담했다. 그들은 저마다 만약 아테나이인들이 시켈리아에서 성공을 거두었더라면 자기들도 그들의 공격 목표가 되었을 것이며, 이제 곧 전쟁은 끝날 것이고, 자신들이 이 전쟁에 참가하면 명성을 날리게 되리라고 생각했다. 그리고 라케다이몬인들의 동맹군은 오랜 고통에서 속히 벗어나고 싶어 전보다 더 열성을 보였다.

(2) 특히 아테나이의 속국들은 자신들의 능력을 과신하고는 아테나이에 반기를 들 준비가 되어 있었다. 그들은 흥분한 나머지 상황을 오판했고, 아테나이가 이듬해 여름을 넘기지 못할 것이라고 여겼다. (3) 그 모든 것 외에도 라케다이몬인들의 도시는 시켈리아의 동맹군이 이제는 어쩔 수 없이 강력한 해군력을 보유하게 된 만큼 십중팔구 봄이 되면 전군을 이끌고 자기들에게 합류하러 올 것이라는 전망에 고무되어 있었다.

(4) 그래서 모든 면에서 자신만만해진 라케다이몬인들은 거침없이 적극적으로 전쟁을 수행하기로 결정했다. 그들의 생각인즉, 만약 전쟁이 성공적으로 마무리되면 자신들은 아테나이인들이 시켈리아를 병합했을 때 자신들에게 가해졌을 그런 종류의 위험에서 앞으로 영원히 벗어날 수 있을 것이며, 아테나이가 무너져야만 자신들이 헬라스 전체의 패권을 확실히 쥐게 되리라는 것이었다.

3 (1) 그래서 그해 초겨울 라케다이몬인들의 왕 아기스는 일부 병력을 이끌고 지체 없이 데켈레이아를 출발하여 동맹국들에서 함대를 건조할 자금을 모금했다. 그러고 나서 그는 멜리스 만(灣)으로 가서는 오랜 숙적인 오이테인들에게서 그들의 가축 대부분을 몰고 가고 군자금을 내게 했다. 그런 다음 그는 프티오티스 지역의 아카이오이족과 그 지역에 거주하는 텟살리아의 다른 예속민들에게 압력을 가해, 텟살리아인들의 거센 항의를 무릅쓰고 인질을 잡히고 군자금을 내도록 강요했다. 그는 인질들은 억류해두도록 코린토스로 보내고, 그 지역을 펠로폰네소스 동맹에 가입시키려 했다.

(2) 라케다이몬인들은 자신들의 동맹국들에 1백 척의 함선을 건조할 것을 요구했는데, 자신들과 보이오티아인들에게는 각각 25척씩을, 포키스인들과 로크리스인들에게 15척을, 코린토스인들에게는 15척을, 아르카디아인들과 펠레네인들과 시퀴온인들에게는 10척을, 메가라인들과 트로이젠인들과 에피다우로스인들과 헤르미오네인들에게는 10척을 할당했다. 봄이 되면 바로 전투를 재개할 수 있도록 다른 준비도 빠짐없이 진행했다.

4 아테나이인들도 계획을 실행에 옮기느라 여념이 없었다. 그들은 같은 해 겨울에 선재를 구해와서 함선들을 건조했고, 곡식 수송선들이 안전하게 아테나이로 돌아 들어올 수 있도록 수니온 곶을 요새화했다. 그리고 그

들은 자신들이 시켈리아로 항해하던 도중 라코니케 지방에 쌓은 요새는 포기했다. 그 밖에도 재정 긴축을 위해 불필요해 보이는 경비를 삭감했으며, 무엇보다도 동맹국들이 반기를 드는 것을 막기 위해 경계를 늦추지 않았다.

5 (1) 같은 해 겨울 양쪽이 이렇듯 개전 초기처럼 전쟁 준비에 여념이 없을 때, 맨 먼저 에우보이아인들이 아테나이에 반기를 드는 문제를 논의하고자 아기스에게 사절단을 보냈다. 아기스는 그들의 제안을 받아들이고 라케다이몬에서 스테넬라이다스의 아들 알카메네스와 멜란토스를 불러오게 했는데, 이들이 에우보이아에서 군대를 지휘하게 할 작정이었다. 이들이 최근에 해방된 국가 노예들 약 3백 명으로 구성된 부대를 이끌고 도착하자 아기스는 그들을 에우보이아로 건너보낼 준비를 했다.

(2) 그러나 그사이 역시 반기를 들려고 하는 레스보스인들에게서도 사절단이 도착했다. 보이오티아인들이 그들을 적극 지지하고 나서자 아기스는 이들의 주장을 받아들여 에우보이아에 개입하는 문제는 당분간 뒤로 미루고 레스보스의 반란을 진척시키기로 했다. 아기스는 에우보이아로 출항하려던 알카메네스를 그들의 총독으로 임명하며 그들에게 함선 10척을 약속했고, 보이오티아인들도 10척을 약속했다.

(3) 그는 라케다이몬인들의 정부와 상의하지 않고 그런 조치를 취했다. 아기스가 군대를 이끌고 데켈레이아에 가 있는 동안에는 원하는 곳에 군대를 파견하고, 군사를 징집하고, 군자금을 모금할 전권을 위임받았기 때문이다. 이 기간에는 동맹국이 라케다이몬인들의 본국 정부보다 그에게 더 복종했다고 해도 과언이 아니다. 그가 군대를 거느리고 있어서 어디로 가든 당장 두려움의 대상이었기 때문이다.

(4) 아기스가 레스보스인들과 협상하는 동안 역시 반란을 꾀하던 키오스인들과 에뤼트라이인들이 아기스가 아니라 라케다이몬에 도움을 요청

했다. 그들과 함께 아르타크세르크세스의 아들 다레이오스[1] 왕이 서부 해안지대의 태수로 임명한 팃사페르네스에게서도 사절이 도착했다.

(5) 팃사페르네스도 펠로폰네소스인들의 개입을 요청하며 군량을 대주겠다고 약속했다. 그는 얼마 전 대왕[2]에게서 자신의 속주에 배당된 공물을 바치라는 독촉을 받았지만 아테나이인들의 방해로 헬라스인 도시들에서 공물을 징수할 수 없었다. 그래서 아테나이를 약화시키면 공물 징수가 수월해지리라고 생각한 것이다. 아울러 그는 대왕에게 라케다이몬인들과의 동맹이라는 선물을 바칠 수 있을 것이며, 그러면 카리아 지방의 반란을 주도하던, 핏수트네스의 서자 아모르게스를 생포하든지 죽이라는 대왕의 또 다른 명령도 이행할 수 있을 것이라고 믿었다.

6 (1) 이처럼 키오스인들과 팃사페르네스는 같은 목표를 위해 공동보조를 취하고 있었다. 이 무렵 메가라인 라오폰의 아들 칼리게이토스와 퀴지코스인 아테나고라스의 아들 티마고라스가 라케다이몬에 도착했는데, 이들은 둘 다 고향에서 추방당한 자들로 파르나케스의 아들 파르나바조스의 궁전에 기거하고 있었다. 파르나바조스가 그들을 파견한 이유는 헬레스폰토스 해협에서 작전을 수행하는 데 필요한 함대를 보내달라고 요청하기 위해서였다. 팃사페르네스와 마찬가지로 그가 원하는 것도 공물을 징수하기 위해 자신의 속주에 있는 도시들이 아테나이에 반기를 들도록 유도하고 라케다이몬인들과의 동맹이라는 선물을 대왕에게 바치는 것이었다.

(2) 파르나바조스가 파견한 사절단과 팃사페르네스가 파견한 사절이 따로따로 협상하는 바람에, 라케다이몬에서는 함대와 군대를 먼저 이오니아 지방과 키오스로 보낼 것인지 아니면 헬레스폰토스 해협으로 보낼 것인지를 두고 격론이 벌어졌다. (3) 그러나 라케다이몬인들은 키오스인들과 팃사페르네스의 제안을 받아들이고 싶었으며, 알키비아데스도 이

658 펠로폰네소스 전쟁사

들을 지지하고 나섰다. 알키비아데스는 당시 감독관 중 한 명인 엔디오스와는 선조 때부터 주인과 손님 사이였다. 이러한 우의 때문에 그의 집 안에서는 알키비아데스라는 라코니케식 이름이 사용되었는데, 알키비아데스는 엔디오스의 아버지 이름이었다.

(4) 하지만 라케다이몬인들은 페리오이코스들 중 한 명인 프뤼니스를 키오스로 보내, 키오스인들이 과연 그들의 주장만큼 많은 함선을 보유했는지, 그들의 도시가 다른 점에서도 보고된 것만큼 강력한지 알아보게 했다. 프뤼니스가 돌아와 그들이 들은 것이 사실이라고 보고하자, 라케다이몬인들은 즉시 키오스인들과 에뤼트라이인들과 동맹을 맺고는, 키오스인들의 보고에 따라 그곳에 벌써 60척 이상의 함선이 준비되어 있다고 보고 함선 40척을 파견하기로 결의했다.

(5) 그들은 처음에 그중 10척을 멜랑크리다스 제독과 함께 자신들이 파견할 작정이었다. 그러나 나중에 지진이 일어나자 멜랑크리다스 대신 칼키데우스를 파견했으며, 함선도 라코니케 지방에서는 10척 대신 5척만 의장되었다. 겨울은 그렇게 지나갔고, 투퀴디데스가 기록한 이 전쟁의 열아홉 번째 해도 그렇게 저물었다.

7 이듬해 봄이 시작되자마자 키오스인들이 함대를 파견해달라고 독촉했다. 모든 협상은 비밀리에 진행되었고 그들은 아테나이인들이 낌새를 챌까 두려워했다. 그래서 라케다이몬인들은 스파르테인 세 명을 코린토스로 파견하며, 코린토스 만에서 아테나이 쪽 바다로 지협을 가로질러 함선들을 되도록 빨리 견인해간 뒤 아기스가 레스보스를 위해 의장한 함선을 포함하여 전 함대를 이끌고 키오스 쪽으로 항해하라고 지시했다. 지

---

1 다레이오스 2세. 재위기간 기원전 424~405년.

2 페르시아 왕.

협에 집결한 동맹국들의 함선은 모두 39척이었다.

8 (1) 파르나바조스의 대리인인 칼리게이토스와 티마고라스는 키오스 원정에 참가하지 않았다. 그들은 25탈란톤이라는 돈을 가져왔지만, 이번 원정대를 파견하는 데 보태 쓰라고 내놓지 않고, 기다리다가 나중에 독자적으로 다른 원정대와 함께 항해할 참이었다. (2) 아기스는 라케다이몬인들이 먼저 키오스로 출동하려는 것을 보고 이의를 제기하지 않았지만, 동맹국들은 코린토스에 모여 회의를 열고 라코니케 지방에서 5척의 함선을 의장한 칼키데우스의 지휘 아래 먼저 키오스로 항해하고, 다음에는 아기스에 의해 벌써 지휘관으로 선출된 알카메네스의 지휘 아래 레스보스로 항해하고, 마지막으로 헬레스폰토스로 가되 그곳에서는 람피아스의 아들 클레아르코스에게 지휘권을 맡기기로 결정했다.

(3) 그들은 또 먼저 함선들의 절반만 지협을 가로질러 견인해가서 곧장 항해하게 하기로 결정했는데, 이들 출항하는 함선들과 지협을 가로질러 뒤따라갈 함선들 사이에 아테나이인들의 주의력을 분산시키기 위해서였다. (4) 그들은 이렇듯 완전히 공개적으로 항해할 준비를 했는데, 아테나이 쪽에 이렇다 할 해군력이 있다는 기미가 보이지 않아 아테나이인들을 무력하다고 얕잡아보았기 때문이다. 동맹국들은 그렇게 결정하자마자 함선 21척을 지협을 가로질러 견인했다.

9 (1) 그러나 그들이 출항 준비를 서두르고 있을 때 코린토스인들은 마침 그때 시작된 이스트모스 축제[3]가 다 끝날 때까지는 함께 항해하고 싶어하지 않았다. 그래서 아기스는 코린토스인들이 이스트모스 축제 기간의 휴전조약[4]을 파기할 필요가 없도록 독자적으로 원정길에 나서려 했다. (2) 그러나 코린토스인들이 이에 찬성하지 않아 출동이 지연되었다. 그 사이 아테나이인들은 키오스에서 무슨 일이 일어나고 있는지 낌새를 채고 자신들의 장군들 중에 아리스토크라테스를 그곳으로 보내 키오스인

들에게 증거를 들이대게 했다. 그리고 키오스인들이 음모를 꾸민 적이 없다고 부인하자 아테나이인들이 성실의 담보로 자신들의 함대에 그들의 함선들을 합류시킬 것을 요구했다. 그래서 키오스인들이 함선 7척을 보내주었다. (3) 이렇게 함선들을 파견한 것은, 키오스인들은 대부분 라케다이몬인들과의 협상에 관해 아무것도 몰랐고, 음모에 가담한 과두제 지지자들은 확실한 토대를 마련하기 전에는 대중과 사이가 나빠지기를 원하지 않았으며, 자꾸 출발이 지연되자 그들은 펠로폰네소스인들이 도착하리라고 더는 기대하지 않았기 때문이다.

10 (1) 그사이 이스트모스 축제가 진행되었다. 아테나이인들도 공식적으로 축제 휴전을 통보받고 축제 사절단을 파견했으며, 그리하여 키오스 상황에 관해 더 정확한 정보를 입수하게 되었다. 아테나이로 귀국하던 길로 그들은 켕크레이아 항에 있는 함선이 몰래 빠져나가지 못하도록 조치를 취했다.

(2) 축제가 끝나자 펠로폰네소스인들은 알카메네스 휘하의 함선 21척을 이끌고 출발했다. 아테나이인들은 같은 수의 함선을 이끌고 나가 그들을 따라잡은 뒤 처음에는 난바다로 유인하려 했다. 그러나 펠로폰네소스인들이 멀리까지 따라가지 않고 되돌아서자 아테나이인들도 철수했는데, 자신들의 함대에 포함된 키오스 함선 7척은 믿을 수 없다고 여겼기 때문이다.

3 이스트모스 축제(ta Isthmia)는 포세이돈을 기리기 위해 코린토스 지협(Isthmos)에서 개최되던 큰 축제로, 엘리스 지방의 올륌피아에서 제우스를 기리기 위해 개최되던 올륌피아 축제(ta Olymia), 델피에서 아폴론을 기리기 위해 개최되던 퓌토 축제(ta Pythia), 아르골리스 지방의 네메아에서 개최되던 네메아 축제(ta Nemeia)와 더불어 고대 그리스의 4대 축제이다. 이들 축제에서는 각종 경기가 개최되었으며, 퓌토 축제에서는 음악 경연도 함께 열렸다.
4 고대 그리스인들은 4대 축제 기간에는 으레 휴전을 선포했다.

(3) 그러나 그들은 나중에 다른 함선에 선원을 태워 함선 수가 모두 37척이 되게 한 다음, 바닷가를 따라 항해하는 적 함대를 코린토스령(領) 스페이라이온 항으로 추격했다. 그곳은 사람이 살지 않는 항구로 에피다우로스 영토와의 접경 지역 가까이에 있다. 펠로폰네소스인들은 난바다에서 함선 한 척을 잃었지만 나머지 함선들은 이 항구에 모은 다음 닻을 내리게 했다.

(4) 그러자 아테나이인들이 바다에서 함대로 공격하는 한편 부대를 해안에 상륙시켜 육지에서도 공격했다. 그리하여 어지럽게 난투극이 벌어진 가운데 아테나이인들은 바닷가에서 펠로폰네소스인들의 함선들을 대부분 항해 불능 상태로 만들고 적장 알카메네스를 죽였다. 아테나이인들의 전사자는 많지 않았다.

11 (1) 전투행위가 끝나자 아테나이인들은 적 함대를 봉쇄하기에 충분한 함선들만 남겨두고 자신들의 나머지 함선들을 이끌고 가서 근처의 작은 섬앞에 닻을 내리고 그곳에 진을 쳤다. 그들도 아테나이에 증원부대를 요청했다. (2) 펠로폰네소스인들에게 증원부대가 도착했기 때문이다. 코린토스인들이 이튿날 펠로폰네소스 함대를 지원하기 위해 도착하고, 곧이어 이웃 지역에서도 원군이 도착했으니 말이다. 사람이 살지 않는 그곳에 수비대를 유지하기가 얼마나 어려운지 보고 펠로폰네소스인들은 어떻게 해야 할지 몰랐고, 처음에는 함선들을 불살라버릴까도 생각했다. 결국은 함선들을 바닷가로 끌어올린 뒤 적당한 탈출 기회가 날 때까지 보병 부대가 지키기로 결정했다. 아기스도 보고를 받고 테르몬이라는 스파르테인을 보내주었다.

(3) 본국의 라케다이몬인들에게 맨 먼저 도착한 소식은 함선들이 출발했다는 것이었다. 함선들이 출발하면 기병 한 명을 보내라고 감독관들이 알카메네스에게 지시한 것이다. 그래서 그들은 즉시 자신들의 함선 5척

을 칼키데우스의 지휘 아래 파견할 준비를 했고 알키비아데스도 딸려 보내려 했다. 그들이 막 출발하려는데 함대가 스페이라이온 항에 갇혀 있다는 소식이 들어왔다. 그들은 이오니아 지방으로의 첫 출동이 실패로 돌아간 것에 낙담한 나머지 본국에서 함대를 파견한다는 생각을 버리고 앞서 출발한 함대도 소환하기로 했다.

12 (1) 알키비아데스는 이 소식을 접하고 다시 엔디오스와 다른 감독관들을 찾아가 원정을 포기하지 말라고 설득했다. 그의 주장인즉, 다른 함대에 무슨 일이 일어났는지 키오스인들이 듣기 전에 그들이 먼저 키오스에 도착할 것이고, 그가 일단 이오니아 지방에 도착하면 아테나이인들의 약점과 라케다이몬인들의 적극 개입 의지를 알림으로써 그곳 도시들이 아테나이에 반기를 들도록 어렵지 않게 설득할 수 있을 텐데, 그곳에서는 그의 말이 누구의 말보다 신빙성이 높다는 것이었다.

(2) 그는 또 엔디오스를 따로 불러 이오니아 지방이 반기를 들게 하고 대왕이 라케다이몬인들의 동맹군이 되는 것이야말로 영광스러운 일이며 그 공이 아기스에게 돌아가게 해서는 안 된다고 강조했다. 알키비아데스는 아기스와 사이가 좋지 않았다. (3) 그래서 그는 엔디오스와 다른 감독관들을 설득하여 라케다이몬인인 칼키데우스와 함께 함선 5척을 이끌고 출발한 다음 되도록 서둘러 항해했다.

13 이 무렵 시켈리아 전쟁 내내 길립포스에게 봉사하던 펠로폰네소스 함선 16척이 귀로에 올랐다. 그리고 레우카스 앞바다에서 그들은 메닙포스의 아들 힙포클레스 휘하의 아테나이 함선 27척의 기습을 받아 곤욕을 치렀는데, 아테나이 함선들은 시켈리아에서 돌아오는 적선들을 기다리며 그곳에 매복해 있었다. 그래서 함선 한 척을 잃었지만 나머지 함선들은 아테나이인들에게서 벗어나 코린토스에 입항했다.

14 (1) 칼키데우스와 알키비아데스는 항해 도중 만난 사람들을 모두 체포했

다. 자신들이 오고 있다는 사실을 비밀에 부치기 위해서였다. 그들은 먼저 대륙에 있는 코뤼코스 곶에 도착하여 체포한 자들을 풀어주고 거사에 가담한 몇몇 키오스인과 예비회담을 가졌는데, 이들은 그들에게 도착했다는 사실을 미리 알리지 말고 곧장 도시로 항해하도록 권했다. 그래서 그들이 느닷없이 키오스에 나타났다.

(2) 그러자 대중은 놀라고 경악했지만, 과두제 지지자들은 당장 회의가 개최되도록 주선했다. 말할 기회가 주어지자 칼키데우스와 알키비아데스는 더 많은 함선이 오고 있다고 말했으며, 스페이라이온에 봉쇄되어 있는 함대에 관한 말은 일절 입 밖에 내지 않았다. 그러자 키오스인들은 아테나이와의 동맹을 공식적으로 이탈했고, 에뤼트라이인들도 곧 그들의 뒤를 따랐다. (3) 그 후 그들은 함선 세 척을 이끌고 클라조메나이 시로 가서 그곳도 반기를 들게 했다. 클라조메나이인들은 즉시 대륙으로 건너가 그들의 도시가 있는 작은 섬에서 철수할 필요가 있을 경우에 대비해 폴리크나 시를 요새화하기 시작했다. 반란에 가담한 모든 도시들은 이제 요새를 구축하고 전쟁 준비에 여념이 없었다.

15 (1) 키오스 사태에 관한 소식은 아테나이에 금세 전해졌다. 아테나이인들은 자신들이 분명 중대 위기에 놓여 있으며, 최대 동맹국이 적군 편으로 넘어갔으니 다른 동맹국도 가만있지 않을 것이라고 생각했다. 그들은 전쟁 내내 자신들이 비축해둔 1천 탈란톤에 손대기를 엄중히 단속하며 그 돈을 쓰자고 제안하거나 그런 제안에 투표하는 자들에게 벌금을 부과하기로 했건만, 그 순간 너무 놀란 나머지 그런 규정을 즉시 폐지했다. 그들은 이제 그 돈을 사용해 많은 함선에 선원을 태우기로 결의했다. 그들은 스페이라이온을 봉쇄하고 있던 함선 중 8척을 디오티모스의 아들 스트롬비키데스의 지휘 아래 당장 키오스로 파견하기로 결의했는데, 이 8척의 함선은 칼키데우스 휘하의 선단을 추격하려고 스페이라이온을 떠

났다가 그를 따라잡는 데 실패하고 아테나이에 돌아와 있었다. 이어서 이 선단을 지원하기 위해 다른 함선 12척을 트라쉬클레스의 지휘 아래 파견하려 했는데, 이 12척도 스페이라이온을 봉쇄하고 있는 함대에서 빼내올 참이었다.

(2) 스페이라이온 봉쇄에 참가하고 있던 키오스 함선 7척은 소환되었다. 승선하고 있던 노예들은 자유민이 되었고, 자유민은 투옥되었다. 그들은 신속히 따로 10척의 함선에 선원을 태운 뒤 지금까지 빼내온 모든 함선을 대신하여 펠로폰네소스 함대를 봉쇄하게 했으며, 30척의 다른 함선에도 선원을 태울 계획이었다. 그들은 대단한 열성을 보였고, 키오스를 되찾기 위한 작전에 아무것도 아끼지 않았다.

16 (1) 그사이 스트롬비키데스가 함선 8척을 이끌고 사모스에 도착하여 사모스 함선 한 척을 자신의 선단에 참가시킨 다음 테오스 시로 가서 적대 행위를 하지 말라고 그곳 주민들에게 경고했다. 그러나 칼키데우스도 함선 23척을 이끌고 키오스에서 테오스로 항해 중이었는데, 그를 지원하기 위해 클라조메나이와 에뤼트라이 보병 부대가 바닷가를 따라 행군하고 있었다. (2) 스트롬비키데스는 미리 연락받고는 다시 테오스를 뒤로 하고 난바다로 나갔다가 수많은 적선이 키오스에서 오고 있는 것을 보고 적선의 추격을 받으며 사모스 쪽으로 달아났다.

(3) 처음에 테오스인들은 보병 부대를 시내로 받아들이려 하지 않았지만 아테나이인들이 도주한 뒤에는 받아들였다. 보병 부대는 칼키데우스가 추격에서 돌아오기를 기다리느라 잠시 동안 아무런 행동도 취하지 않았다. 그러나 시간이 지나도 그가 여전히 돌아오지 않자, 그들은 아테나이인들이 테오스 시의 대륙에 면한 쪽에 쌓은 방벽을 자진해 허물기 시작했다. 팃사페르네스의 부하 스타게스가 인솔해온 약간의 비헬라스인들도 이 일을 도왔다.

17 (1) 칼키데우스와 알키비아데스는 스트롬비키데스를 사모스로 몰아넣었다. 그러고 나서 그들은 펠로폰네소스에서 이끌고 온 함선의 선원을 무장시켜 키오스에 남겨두고 키오스에서 선원을 차출하여 그들을 대신하게 하고 다른 함선 20척에도 선원을 태운 다음 밀레토스 시가 아테나이 동맹을 이탈하게 하려고 그곳으로 항해했다. (2) 알키비아데스는 밀레토스의 요인들과 친한 사이였고, 펠로폰네소스에서 더 많은 함선이 도착하기 전에 밀레토스인들을 우군으로 삼고 싶었다. 그가 키오스인들과 칼키데우스의 도움으로 되도록 많은 이오니아 지방의 도시들이 아테나이 동맹을 이탈하게 한다면 그것은 대단한 위업이 될 테고, 그렇게 되면 또 그 공이 키오스인들과 그 자신과 칼키데우스와, 그가 약속한 대로, 이번 원정의 발의자인 엔디오스에게 돌아갈 테니 말이다.

(3) 그들은 항해하는 내내 거의 눈에 띄지 않았으며, 스트롬비키데스와 함선 12척을 이끌고 방금 아테나이에서 도착해 추격에 합류한 트라쉬클레스보다 조금 앞서 밀레토스에 도착하여 밀레토스가 동맹을 이탈하게 하는 데 성공했다. 아테나이인들은 함선 19척을 이끌고 그들을 바싹 뒤쫓았지만, 밀레토스인들이 받아들이려 하지 않아 밀레토스와 마주 보는 라데 섬 앞바다에 정박했다. 밀레토스가 아테나이 동맹을 이탈한 직후 대왕과 라케다이몬인들 사이의 첫 번째 동맹이 팃사페르네스와 칼키데우스에 의해 이루어졌는데 그 내용은 다음과 같다.

18 (1) "라케다이몬인들과 그들의 동맹국은 대왕 및 팃사페르네스와 다음과 같은 조건으로 동맹조약을 맺는다. 현재 대왕이 소유하고 있거나 과거에 대왕의 선조가 소유한 모든 영토와 모든 도시는 대왕의 소유로 한다. 이들 도시에서 아테나이로 유입되던 돈과 그 밖의 재물은 아테나이인들이 돈도 그 밖의 재물도 거두어들이지 못하도록 대왕과 라케다이몬인들과 그들의 동맹국들이 공동으로 노력한다. (2) 대(對)아테나이 전쟁

은 대왕과 라케다이몬인들과 그들의 동맹국들이 공동으로 수행한다. 대 아테나이 전쟁을 끝내는 것은 양쪽, 즉 대왕 쪽과 라케다이몬인들과 그들의 동맹국들 쪽이 모두 찬성하지 않으면 허용되지 않는다. (3) 대왕을 이탈하는 도시들은 라케다이몬인들과 그들 동맹국들의 적으로 간주되며, 마찬가지로 라케다이몬인들과 그들의 동맹국들을 이탈하는 도시들은 대왕의 적으로 간주된다."

19 (1) 동맹조약은 그런 조건으로 이루어졌다. 그 뒤 곧 키오스인들은 추가로 10척의 함선에 선원을 태운 다음 아나이아 시로 항해했는데, 밀레토스의 상황에 관한 정보를 입수하고 그 지역 도시들이 아테나이 동맹을 이탈하도록 하기 위해서였다. (2) 그러나 그들은 칼키데우스한테서 되돌아가라는, 그리고 아모르게스가 군대를 이끌고 육로로 다가오고 있다는 내용의 전갈을 받았다. 그래서 그들이 디오스 히에론 시 쪽으로 항해하고 있는데, 트라쉬클레스의 선단에 이어 디오메돈이 아테나이에서 이끌고 온 함선 16척이 그들 앞에 나타났다.

(3) 함선을 보자 키오스인들은 도망쳤는데, 한 척은 에페소스 쪽으로, 나머지는 테오스 쪽으로 달아났다. 아테나이인들은 선원들이 육지로 올라오면서 버리고 간 함선 중 4척을 나포했고, 키오스인들의 나머지 함선은 테오스 시로 도주했다. (4) 그 뒤 아테나이인들은 사모스로 항해했다. 키오스인들은 나머지 함선을 이끌고 도로 바다로 나가 보병 부대와 협력하며 먼저 레베도스 시가, 다음에는 하이라이 시가 아테나이 동맹을 이탈하게 했다. 그러고 나서 보병 부대도 함대도 귀로에 올랐다.

20 (1) 이 무렵 스페이라이온으로 쫓겨들어가 그곳에서 같은 수의 아테나이 함선에 봉쇄당하고 있던 펠로폰네소스 함선 20척이 느닷없이 항구 밖으로 나와 해전에서 승리를 거두고 아테나이 함선 4척을 나포한 다음 켕크레이아로 항해해갔는데, 그곳에서 또 키오스와 이오니아 지방으로 항해

할 준비를 하기 위해서였다. 그사이 해군 사령관으로 임명된 아스튀오코스가 그들을 지휘하려고 라케다이몬에서 도착했다.

(2) 보병 부대가 테오스에서 철수한 뒤 팃사페르네스가 몸소 군대를 인솔해와 허물다 만 테오스 요새를 마저 허물고 나서 철수했다. 그가 떠나고 얼마 뒤 디오메돈이 함선 10척을 이끌고 와서 테오스인들이 펠로폰네소스인들과 같은 조건으로 아테나이인들도 받아들인다는 협정을 맺었다. 그 뒤 그는 바닷가를 따라 하이라이 시로 항해해갔지만 그곳을 함락하지 못하고 돌아갔다.

21 그 무렵 사모스에서는 민중이 마침 함선 3척을 이끌고 그곳에 와 있던 아테나이인들과 손잡고 지배계급에게 반란을 일으켰다. 사모스의 민중은 지배계급의 요인 2백 명 정도를 사형에 처하고, 4백 명을 추방하고, 그들의 토지와 집을 저들끼리 나누어 가졌다. 이어서 아테나이인들은 그들을 믿음직한 동맹군으로 보고 독립을 보장하고 정치 개혁을 계속했다. 여러 조치 중에서도 그들은 전(前) 지주들에게서 시민권을 박탈하고 그들과 민중 사이에 서로 혼인하는 것을 금했다.

22 (1) 키오스인들은 펠로폰네소스인들이 군대를 이끌고 오기 전에도 다른 도시들이 아테나이 동맹을 이탈하도록 부추기는 일에 처음처럼 열성을 다했다. 그들은 또 되도록 많은 도시가 자신들의 위험을 분담해주기를 원했다. 그래서 그들은 그해 여름 자신들의 함선 13척을 파견하여 레스보스를 공격하게 했는데, 키오스에서 레스보스로 나아가고, 레스보스에서 헬레스폰토스로 나아간다는 라케다이몬인들의 계획에 따른 것이었다. 동시에 그곳에 와 있던 펠로폰네소스인들과 그 지역의 동맹군으로 구성된 보병 부대가 바닷가를 따라 클라조메나이와 퀴메를 향해 행군했다. 이 보병 부대는 스파르테인 에우알라스가 지휘했고, 함대는 페리오이코스들 중 한 명인 데이니아다스가 지휘했다.

(2) 함대는 먼저 메튐나 시로 가서 아테나이 동맹을 이탈하게 했다. 그들은 그곳에 함선 4척을 남겨둔 채 나머지 함선을 이끌고 뮈틸레네 시로 가서 그곳이 아테나이 동맹을 이탈하게 했다.

23 (1) 라케다이몬의 제독 아스튀오코스는 계획대로 함선 4척을 이끌고 켕크레이아를 출발해 키오스에 도착했다. 그가 도착한 지 사흘째 되는 날 디오메돈과 레온이 지휘하는 아테나이 함선 25척이 레스보스로 항해했는데, 레온은 나중에 아테나이에서 10척의 증원함대를 이끌고 왔다.

(2) 같은 날 저녁 무렵 아스튀오코스는 키오스 함선 1척을 추가로 이끌고 레스보스로 항해했는데, 도울 수 있는 데까지 돕기 위해서였다. 그는 퓌르라 시에 도착한 이튿날 그곳을 뒤로하고 에레소스 시로 갔는데, 그곳에서 뮈틸레네가 단 한 번의 공격으로 아테나이인들에게 함락되었다는 사실을 알게 되었다. (3) 아테나이인들은 아무 경고도 없이 배를 타고 곧장 항구로 들어가 그곳에 있던 키오스 함선을 나포한 다음 부대를 상륙시켜 대항하는 적군을 물리치고 도시를 점령했다.

(4) 아스튀오코스는 이 소식을 에레소스인들과, 에우불로스와 함께 메튐나에 남아 있다가 뮈틸레네가 함락된 뒤 도주한 함선들을 통해 들었다. 이 함선 가운데 1척은 아테나이인들에게 나포되고, 3척이 지금 에레소스에서 아스튀오코스를 만났던 것이다. 그래서 그는 계획대로 뮈틸레네로 가는 대신 에레소스가 반기를 들게 한 다음 자신이 이끌고 온 함선들에 탄 대원들을 무장시켜 에테오니코스의 지휘 아래 바닷가를 따라 육로로 안팃사와 메튐나로 보냈다. 한편 그 자신은 자신의 함선들과 키오스 함선 3척을 이끌고 바닷가를 따라 항해했다. 그가 바라는 것은 메튐나인들이 자신의 군대를 보고 자신감이 생겨 반기를 든 것을 후회하지 않게 하는 것이었다.

(5) 그러나 레스보스에서 모든 일이 여의치 않자 그는 자신의 보병 부대

를 배에 태우고 키오스로 회항했다. 원래 헬레스폰토스로 갈 예정이던 동맹국 보병 부대도 각자 고향 도시로 흩어졌다. 얼마 안 있어 켕크레이아에 있던 펠로폰네소스 동맹군 함선 6척도 그곳에서 나와 키오스에서 아스튀오코스와 합류했다.

(6) 아테나이인들은 레스보스 사태를 수습한 다음 그곳을 뒤로하고 클라조메나이인들이 요새화하고 있던 대륙 쪽 도시 폴리크나를 함락하려고 출항했다. 그들은 그곳을 함락한 다음 다프누스로 도주한 반란 주모자들 말고는 그곳 주민을 모두 섬에 있는 도시로 돌려보냈다. 그리하여 클라조메나이는 또다시 아테나이 편이 되었다.

24 (1) 같은 해 여름 아테나이인들은 라데에 닻을 내리고는 밀레토스를 봉쇄하고 있던 함선 20척을 이끌고 밀레토스령 파노르모스 항에 상륙하여, 소수의 대원들을 이끌고 대항하러 온 라케다이몬 지휘관 칼키데우스를 죽였다. 사흘째 되는 날 아테나이인들은 도로 회항하여 승전비를 세웠다. 그러나 밀레토스인들은 나중에 아테나이인들이 영토를 완전히 정복하지 못했다 하여 그것을 도로 허물어버렸다. (2) 레온과 디오메돈도 레스보스의 아테나이 함대를 이끌고 가 키오스 앞바다의 오이눗사이 섬들과 그들이 에뤼트라이 영토에 갖고 있던 요새들인 시돗사와 프텔레온과 레스보스 자체를 기지 삼아 바다에서 키오스인들을 공격했다. 그들의 함선들에서는 명단에 따라 징집된 중무장보병들이 선원으로 봉사하고 있었다.

(3) 그들은 카르다뮐레와 볼리스코스에 상륙하여 대항하러 나온 키오스인들을 물리치고 많은 사상자가 발생하게 하며 그 일대를 약탈했다. 그들은 또 파나이에서 벌어진 두 번째 전투에서도, 레우코니온에서 벌어진 세 번째 전투에서도 이겼다. 그 뒤 키오스인들이 더는 싸우러 나오지 않자 아테나이인들은 페르시아 전쟁 때부터 그때까지 침범당한 적이 없는

잘 가꾸어진 그들의 영토를 약탈했다. (4) 내가 알기로 키오스인들은 라케다이몬인들을 제외하고는 번영과 절제를 결합할 줄 아는 유일한 사람들로, 도시의 힘이 강해질수록 거기에 맞춰 국가의 내부 질서를 강화했기 때문이다. (5) 그들이 반란을 일으킨 것은 신중하지 못한 행동으로 보일지 모르지만, 그들은 수많은 든든한 동맹국이 자신들과 위험을 함께할 때까지는, 그리고 시켈리아에서의 대재앙 이후 아테나이인들조차 자신들의 상황이 절망적이라는 사실을 부인하지 않는 것을 볼 때까지는 반란을 일으키지 않았다. 따라서 키오스인들이 인생사의 예측 불가능성과 관련하여 오판한 것이라면, 그것은 그들만의 잘못이 아니다. 그들처럼 아테나이 제국이 곧 완전히 무너질 것이라고 믿은 사람은 한둘이 아니었으니 말이다.

(6) 이제 바닷길이 막히고 육지에서 약탈당하자, 그들 중 일부는 자신들의 나라를 도로 아테나이인들에게 넘길 준비를 했다. 당국자들은 이런 움직임을 알았지만 직접 행동에 나서지는 않았다. 대신 그들은 아스튀오코스 제독을 그가 가진 4척의 함선과 함께 에뤼트라이에서 불러들여, 인질을 잡든지 그 밖의 다른 방법으로 이 음모를 되도록 조용히 막을 길이 없겠는지 의논했다. 이상이 키오스의 당시 상황이었다.

25 (1) 이해 여름이 끝나갈 무렵 아테나이는 1천 명의 아테나이인 중무장보병과 5백 명의 아르고스인들과(경무장을 하고 온 아르고스인 5백 명에게 아테나이인들이 중무장보병의 무구를 지급했다) 1천 명의 동맹군으로 구성된 원정대를 파견했다. 이 부대는 병력 수송선을 포함해 48척의 함선에 나누어 타고 프뤼니코스와 오노마클레스와 스키로니데스의 지휘 아래 먼저 사모스로 갔다가 밀레토스로 건너가 그곳에 진을 쳤다.

(2) 그러자 밀레토스인들이 자신들의 중무장보병 8백 명을 이끌고, 칼키데우스와 함께 왔던 펠로폰네소스인들과 팃사페르네스가 고용한 용병

부대와 함께 그들에 맞서 출동했다. 팃사페르네스는 자신의 기병대를 이끌고 몸소 그곳에 와 있었는데, 이들이 아테나이인들과 그들의 동맹군과 교전을 벌였다. (3) 아르고스인들은 이오니아인들이 자신들의 공격을 버티지 못할 것이라고 과신하며 상대편을 얕잡아보고 자신들이 맡은 날개에서 남들보다 앞서 나아갔다. 그들은 다소 무질서하게 나아가다가 밀레토스인들에게 패해 대원을 3백 명 가까이 잃었다.

(4) 한편 아테나이인들은 먼저 펠로폰네소스인들에게 이기고 비헬라스인들과 그 밖의 잡다한 무리들을 뒤로 밀어붙였지만 밀레토스인들과는 교전을 벌이지 않았으니, 이들은 아르고스인들에게 이기고 동맹군 부대가 패주하는 모습을 보고 시내로 철수한 것이다. 그래서 적군이 더 이상 대항하지 않자 아테나이인들은 밀레토스 시 성벽 바로 앞에 멈추어 섰다.

(5) 이 전투에서는 우연히도 양쪽 모두 이오네스족이 도리에이스족을 이겼다. 아테나이인들은 자신들과 맞선 펠로폰네소스인들에게 이기고, 밀레토스인들은 아르고스인들에게 이겼으니 말이다. 아테나이인들은 승전비를 세운 뒤 반도의 좁은 목에 자리 잡은 도시를 봉쇄할 방벽을 쌓을 준비를 했으니, 만약 밀레토스를 자기편으로 끌어들일 수 있다면 다른 도시들도 쉽게 자기들에게 돌아올 것이라고 믿은 것이다.

26 (1) 그러나 그들은 늦은 오후에 펠로폰네소스와 시켈리아에서 파견된 함선 55척이 당장이라도 도착할 것이라는 전갈을 받았다. 아테나이를 끝장내는 데 동참하라고 앞장서서 시켈리아의 헬라스인 이주민에게 촉구하던 쉬라쿠사이인 헤르모크라테스의 부추김을 받아, 쉬라쿠사이에서 20척이, 셀리누스에서 2척이 왔다. 그리고 그사이 의장 중이던 펠로폰네소스 함선도 벌써 준비가 끝났다. 두 선단은 아스튀오코스에게 인도해주도록 라케다이몬인 테리메네스에게 맡겨졌다. 그들은 먼저 밀레토스 앞

바다에 있는 레로스 섬으로 항해했다.

(2) 그곳에서 그들은 아테나이인들이 밀레토스 앞에 있다는 말을 듣고 밀레토스의 상황에 관해 더 자세한 정보를 입수하려고 이아소스 만으로 항해했다. (3) 그러자 테리메네스 일행이 만 안에 상륙해 진을 치고 있던 밀레토스령 테이키웃사로 알키비아데스가 말을 타고 와 전투 소식을 전해주며(그는 몸소 전투에 참가하여 밀레토스인들과 팃사페르네스 편에서 싸웠다), 만약 그들이 이오니아 지방과 그 밖에 모든 것을 잃고 싶지 않다면 되도록 신속히 밀레토스를 구원하러 가고 그곳이 봉쇄되도록 내버려두지 말라고 조언했다. 그들은 날이 새는 대로 밀레토스를 구원하러 가기로 결정했다.

27 (1) 한편 아테나이 장군 프뤼니코스는 레로스에서 적 함대에 관한 정확한 정보를 입수하고는, 비록 동료 장군들이 그곳에 그대로 머무르며 바다에서 결전을 벌이기를 원했지만 이에 반대하면서 그 자신도 그렇게 하지 않을 것이며, 그들 또는 다른 누가 그렇게 하는 것도 극력 제지하겠다고 말했다. (2) 그는 또 말하기를, 나중에 적선의 수와 거기에 맞서 투입할 수 있는 아군의 수를 정확히 알고 나서 시간의 여유를 갖고 충분한 준비를 할 때까지 전쟁을 뒤로 미룰 수 있다면, 자기는 단지 남에게 조롱당할까 두려워 무모한 모험을 하지는 않겠다고 했다.

(3) 아테나이인들이 적 함대 앞에서 전략적 후퇴를 하는 것은 조금도 수치스러운 일이 아니며, 어떤 상황에서든 패배하여 아테나이에 치욕을 안겨주고 도시를 극단적인 위험에 빠뜨리는 것이 더 수치스러운 짓이라고 했다. 그래서 아테나이는 시켈리아에서 대재앙을 당한 뒤 위급한 경우가 아니면 실제로 강력한 군사력을 보유했다 해도, 그리고 스스로 선택한 시간과 장소에서 전쟁을 할 수 있다 해도 공세적인 입장을 취할 여유가 별로 없거늘, 하물며 꼭 그럴 필요도 없는데 위험을 자초하는 것은 정당

화될 수 없다고 했다. (4) 프뤼니코스는 그들에게 되도록 빨리 부상자들과 부대원들과 가져온 장비는 배에 싣되 적국에서 약탈한 것들은 배를 가볍게 하기 위해 모두 남겨두고 사모스로 항해하자고 제안하며, 일단 그곳에 모든 함선이 집결하면 기회가 날 때 그곳을 거점 삼아 공격을 계속할 수 있을 것이라고 했다. (5) 그는 그렇게 말했고, 말한 대로 행동했다. 그때뿐 아니라 나중에도, 그리고 이번 결정뿐 아니라 그가 내린 다른 모든 결정에 의해서도 프뤼니코스는 통찰력 있는 사람임이 밝혀졌다. (6) 그래서 아테나이인들은 완전한 승리를 거두지 못한 채 해가 지자마자 프뤼니코스가 제안한 바대로 밀레토스를 출발했고, 아르고스인들은 전투에서 패한 것이 분해 사모스에 도착하자마자 그곳을 뒤로하고 서둘러 귀로에 올랐다.

28 (1) 한편 펠로폰네소스인들은 새벽에 테이키웃사를 출항하여, 아테나이인들이 떠나고 없는 밀레토스에 도착했다. 그곳에 하루 동안 머문 그들은 이튿날 칼키데우스와 함께 항구 안으로 쫓겨들어갔던 키오스 선단과 합류한 뒤 테이키웃사에 내려놓은 장비들을 가져오려고 그곳으로 회항했다. (2) 그들이 그곳에 도착했을 때, 팃사페르네스가 보병 부대를 이끌고 와서 자신의 적인 아모르게스가 주둔한 이아소스로 항해하도록 그들을 설득했다. 그래서 그들은 이아소스를 기습하여 점령했는데, 그곳 주민은 그들의 함대가 아테나이 함대인 줄 알았다. 이 작전에서는 쉬라쿠사이인들이 혁혁한 공을 세웠다.

(3) 펠로폰네소스인들은 핏수트네스의 서자로 대왕에게 반기를 든 아모르게스를 생포하여 팃사페르네스에게 넘겨주면서, 그가 원한다면 대왕에게 지시받은 대로 대왕에게 데려가라고 했다. 그런 다음 그들은 이아소스를 약탈했고, 군대는 그곳이 예전부터 부유한 만큼 많은 재물을 갖고 나갔다. (4) 그들은 아모르게스와 함께하던 용병을 해치지 않고 넘겨

받아 아군에 편입시켰는데, 용병이 대부분 펠로폰네소스 출신이었기 때문이다. 그들은 또 도시 자체는 자유민이든 노예든 모든 포로와 함께 1인당 1다레이코스 스타테르⁵로 쳐서 팃사페르네스에게 넘겨주고 밀레토스로 돌아갔다. (5) 레온의 아들 페다리토스가 라케다이몬에서 키오스의 총독으로 파견되자, 그들은 그가 아모르게스와 함께하던 용병 부대를 이끌고 에뤼트라이까지 육로로 가게 주선했다. 그들은 밀레토스 자체에는 필립포스를 총독으로 앉혔다. 여름은 그렇게 지나갔다.

29 (1) 겨울이 되자 팃사페르네스는 이아소스에 수비대를 배치한 다음 밀레토스로 가서, 라케다이몬에서 약속한 대로 1인당 1앗티케 드라크메의 일당으로 계산해 모든 함선에 한 달 치 급료를 지급했다. 그러면서 그는 앞으로는 대왕에게 문의하기 전에는 반(半) 드라크메⁶씩만 지급하고, 대왕의 재가를 얻으면 온 드라크메를 지급하겠다고 했다.

(2) 그러자 테리메네스는 제독이 아니라 단지 함선들을 아스튀오코스에게 인도할 임무만 맡고 온 터라 급료 문제에 강경하게 맞서지 못했지만, 쉬라쿠사이 장군 헤르모크라테스는 이에 항의했다. 그 결과 전체 급료에 함선 5척의 급료를 추가하기로 합의되어 1인당 반 드라크메를 조금 웃도는 일당을 받게 되었다. 그래서 팃사페르네스는 55척의 함선에 매달 30 탈란톤의 급료를 지급했고, 함선이 그 이상일 때는 그 비율에 따라 급료를 추가로 지급했다.

30 (1) 같은 해 겨울 사모스에 있는 아테나이인들에게 카르미노스, 스트롬비키데스, 에우크테몬이 지휘하는 35척의 증원함대가 본국에서 도착했

---

5 한쪽에 궁수의 모습이 새겨진 페르시아의 금화. 1다레이코스 스타테르(Dareikos stater)는 아테나이 돈으로 약 20드라크메에 해당한다.

6 원전에는 3오볼로스.

다. 그래서 그들은 키오스에 있는 함선들을 포함해 전 함대를 집결시켰는데, 밀레토스를 해상 봉쇄하고 키오스에 함대와 보병 부대를 파견한다는 두 가지 작전에 추첨으로 병력을 나누기 위해서였다. (2) 추첨 결과 스트롬비키데스, 오노마클레스, 에우크테몬은 밀레토스에 갔던 1천 명의 중무장보병 가운데 일부를 태운 병력 수송선들과 함께 함선 35척을 이끌고 키오스로 갔다. 다른 장군들은 74척의 함선과 더불어 사모스에 그대로 머무르며 제해권을 장악하고는 밀레토스를 계속 공격했다.

31 (1) 이 무렵 아스튀오코스는 키오스가 반기를 들고 아테나이로 넘어가는 것을 막기 위해 그곳에서 인질들을 고르고 있었다. 그러나 함선들이 테리메네스와 함께 도착하고 동맹국의 사태가 호전되었다는 소식을 접하자 그는 이 일을 중단하고 펠로폰네소스 함선 10척과 키오스 함선 10척을 이끌고 출항했다. (2) 그는 먼저 프텔레온을 공격했지만 성공하지 못하자 바닷가를 따라 클라조메나이로 항해해가서 그곳의 친아테나이파에게 다프누스로 이주하고 클라조메나이는 펠로폰네소스인들에게 넘기라고 요구했다. 페르시아의 이오니아 지방 태수인 타모스도 그렇게 하라고 요구했다.

(3) 그러나 클라조메나이인들이 이를 거부하자, 아스튀오코스가 성벽을 두르지 않은 그들의 도시를 공격했지만 실패하고 출항했다. 그 자신은 강풍에 밀려 포카이아와 퀴메로 표류했고, 그의 다른 함선들은 클라조메나이 앞바다에 있는 섬들인 마라톳사, 펠레, 드뤼뭇사에 상륙했다. 그들은 바람에 발이 묶여 여드레 동안 그곳에 머무르며 그곳에 보관되어 있던 클라조메나이인들의 재물을 약탈하거나 소비했다. 그리고 나서 그들은 남은 것을 배에 싣고 아스튀오코스와 합류하기 위해 포카이아와 퀴메로 항해했다.

32 (1) 아스튀오코스가 그곳에 있는 동안 레스보스에서 사절단이 도착하여

또다시 반기를 들겠다고 제안했다. 아스튀오코스는 그 제안을 받아들일 용의가 있었지만, 코린토스인들과 다른 동맹군은 한 번 실패한 경험 때문에 별로 열의를 보이지 않았다. 그래서 그는 출항하여, 강풍에 흩어졌던 그의 함선들이 마침내 사방에서 모두 도착해 있던 키오스로 항해했다. (2) 그 뒤 앞서 말했듯, 밀레토스를 떠나 바닷가를 따라 육로로 오고 있던 페다리토스가 에뤼트라이에 도착하여 그곳에서 예하 부대를 이끌고 키오스로 건너갔다. 아스튀오코스는 또 칼키데우스가 키오스에 남겨둔 5척의 함선에 탄 중무장보병으로 무장한 군사 약 5백 명도 지휘할 수 있었다.

(3) 레스보스인 몇 명이 찾아와 또다시 반기를 들겠다고 하자, 아스튀오코스는 페다리토스와 키오스인들에게 이를 알리고 함대를 이끌고 가서 레스보스가 아테나이에 반기를 들 수 있도록 지원해주기를 요청하며, 그렇게 하면 그들에게 더 많은 동맹국이 생길 것이고, 실패해도 아테나이인들에게 손해를 끼칠 수 있을 것이라고 했다. 그러나 그들은 그의 말을 듣지 않았으며, 페다리토스는 그에게 키오스 함선들을 넘겨주기를 거절했다.[7]

33 (1) 그래서 아스튀오코스는 코린토스 함선 5척, 메가라 함선 1척, 헤르미오네 함선 1척과 자신이 라케다이몬에서 이끌고 온 함선을 인솔하고 해군 사령관에 취임하기 위해 밀레토스로 항해했다. 그는 떠나면서 키오스인들에게 그들이 도움을 원한다 해도 그는 결코 그들을 돕지 않을 것이라고 으름장을 놓았다. (2) 그는 에뤼트라이령 코뤼코스 곶에 상륙하여 그날 밤 그곳에서 야영했다. 사모스에서 키오스로 항해 중이던 아테나이

---

7 페다리토스가 거절할 수 있었던 것은 스파르테에서 키오스의 총독으로 파견되었기 때문이다. 8권 28장 5절 참조.

의 해군과 보병 부대도 그곳에 들러 언덕의 다른 쪽 항구에 닻을 내렸는데, 양쪽 함대는 언덕을 사이에 두고 있어서 서로 상대편이 거기 와 있는 줄 몰랐다. (3) 그런데 밤에 페다리토스에게서 에뤼트라이인 포로 몇 명이 에뤼트라이를 아테나이에 넘긴다는 조건으로 사모스에서 풀려나 그럴 목적으로 에뤼트라이에 도착했다는 내용의 서찰이 도착했다. 그리하여 아스튀오코스는 즉시 에뤼트라이로 회항했고, 그래서 간신히 아테나이인들의 손에 걸려들지 않았다. (4) 페다리토스도 그를 만나러 건너가, 둘이서 함께 역모 혐의자들을 심문했다. 그러나 모두 사모스에서 풀려나기 위해 그들이 지어낸 이야기임이 밝혀지자 그들을 무죄방면하고 페다리토스는 키오스로, 아스튀오코스는 원래 의도한 대로 밀레토스로 돌아갔다.

34 그사이 아테나이군은 코뤼코스를 뒤로하고 배를 타고 바닷가를 따라 아르기노스 곶을 돌다가 키오스 전함 3척을 발견하고 곧장 추격에 나섰다. 이때 강풍이 불어와 키오스 함선들은 자신들의 항구로 안전하게 피난했지만, 앞장서서 추격하던 아테나이 함선 3척은 난파하여 키오스 시 근처의 바닷가에 떠밀린 까닭에 선원들은 생포되거나 살해되었다. 아테나이 함대의 나머지 함선들은 강풍을 피해 미마스 산 밑의 포이니코스라는 항구로 들어갔다.

35 (1) 같은 해 겨울 라케다이몬인 힙포크라테스가 디아고라스의 아들 도리에우스와 다른 두 명의 장군이 지휘하는 투리오이 함선 10척, 라코니케 함선 1척, 쉬라쿠사이 함선 1척을 이끌고 펠로폰네소스를 출발했다. 그들은 바다를 건너가 지금은 팃사페르네스의 공작으로 아테나이에 반기를 든 크니도스에 입항했다. (2) 밀레토스에 있던 펠로폰네소스인 당국자들은 그들이 도착했다는 것을 알고 그들에게 함선의 반은 크니도스를 지키는 데 쓰고, 나머지 반은 트리오피온 주위에 배치하여 아이귑토스에

서 항해해오다가 그곳에 들르는 상선들을 나포하라고 명령했다. 트리오피온은 크니도스 반도 끝에 있는 곳으로 아폴론의 신전이 있다.

(3) 아테나이인들은 이 소식을 듣고 사모스에서 항해해가서 트리오피온에서 망을 보던 함선 6척을 나포했다. 그러나 그 선원들은 도주했다. 그러고 나서 그들은 크니도스로 항해해가서 성벽을 두르지 않은 도시를 공격하여 거의 함락할 뻔했다. (4) 이튿날 그들은 또다시 공격했지만, 밤사이 주민이 방비를 튼튼히 하고 트리오피온에 있던 함선들에서 도주한 선원들이 그들과 합류한 까닭에 이전만큼 손해를 끼칠 수 없었다. 그래서 아테나이인들은 크니도스의 영토를 약탈한 뒤 그곳을 뒤로하고 사모스로 회항했다.

36 (1) 이 무렵 아스튀오코스가 함대를 지휘하기 위해 밀레토스에 도착했는데, 펠로폰네소스인들의 군영에는 여전히 물자가 풍부했다. 급료도 넉넉한 데다, 군사들은 이아소스에서 많은 재물을 약탈해왔으며, 밀레토스인들은 기꺼이 전쟁 뒷바라지를 해주었다. (2) 하지만 펠로폰네소스인들은 팃사페르네스와 칼키데우스 사이에 이루어진 첫 번째 협정이 불충분하고 자신들에게 불리하다고 여기고는 테리메네스가 그곳을 떠나기 전에 두 번째 협정을 체결했는데, 그 내용은 다음과 같다.

37 (1) "라케다이몬인들과 그들의 동맹국은 대왕 다레이오스와 대왕의 아들들과 팃사페르네스와 상호 간의 우호관계를 위해 다음과 같은 조건으로 협정을 맺는다. (2) 대왕 다레이오스에게 속하거나 대왕의 아버지 또는 선조에게 속한 모든 영토와 도시들에 대해 라케다이몬인들이나 라케다이몬인들의 동맹국들은 전쟁을 하거나 해를 끼치지 않는다. 라케다이몬인들이나 라케다이몬인들의 동맹국들은 이들 도시에서 공물을 징수하지 않는다. 대왕 다레이오스나 대왕의 신하들도 라케다이몬인들이나 그들의 동맹국들에 대해 전쟁을 하거나 해를 끼치지 않는다.

(3) 라케다이몬인들이나 그들의 동맹국들이 대왕의 도움을 필요로 하거나 또는 대왕이 라케다이몬인들이나 그들 동맹국들의 도움을 필요로 할 경우, 양쪽이 어떤 조치를 취하기로 합의하든 그것을 행하는 것은 정당하다. (4) 양쪽은 아테나이인들과 그들의 동맹국들에 대한 전쟁을 공동으로 수행하고, 평화조약을 맺을 때도 공동으로 체결한다. 대왕의 요청에 따라 대왕의 영토에 와 있는 모든 부대의 유지비는 대왕이 지급한다. (5) 만약 대왕과 이 협정을 맺은 도시 중 어떤 도시가 대왕의 영토를 공격할 때는, 다른 도시들이 개입하여 힘닿는 데까지 대왕을 지원한다. 만약 대왕의 영토 내에 있는 도시나 대왕의 지배를 받는 나라들에 있는 도시가 라케다이몬인들이나 그들 동맹국들의 영토를 공격할 때는, 대왕이 개입하여 힘닿는 데까지 이들을 지원한다."

38 (1) 이 협정이 이루어진 뒤 테리메네스는 함대를 아스튀오코스에게 넘겨주고 나서 소형 선박을 타고 출항했다가 바다에서 실종되었다. (2) 한편 아테나이인들은 레스보스에서 키오스로 병력을 이동시킨 뒤 육지와 바다에서 우위를 확보하고는, 육지에서 방어하기 쉽고 가까이에 항구도 있으며 키오스 시에서도 별로 멀지 않은 델피니온을 요새화하기 시작했다. (3) 키오스인들은 아무런 대응 조치도 취하지 않았다. 이미 수많은 전투에서 패한 그들은 자기들끼리도 서로 반목했다. 지금은 이온의 아들 튀데우스와 그의 추종자들이 친아테나이파라는 이유로 페다리토스에 의해 처형된 데다 나머지 주민도 과두제 지지자들의 심한 억압 때문에 서로 의심하고 있는 터라, 그들은 자신들은 물론이고 페다리토스가 이끌고 온 용병도 아테나이인들의 적수가 되지 못한다고 생각했다.
(4) 하지만 그들은 밀레토스에 사람을 보내 아스튀오코스에게 도움을 요청했다. 아스튀오코스가 이를 거절하자 페다리토스가 그의 비행을 탄핵하는 서찰을 라케다이몬에 보냈다. (5) 키오스에서 아테나이인들이 처

한 상황은 그러했다. 사모스에 있던 그들의 함선은 밀레토스에 있는 적 함대를 공격하려고 몇 차례 출동했지만, 적 함대가 싸우러 나오지 않아 사모스로 철수한 다음 가만있었다.

39 (1) 같은 해 겨울 동지 무렵, 메가라인 칼리게이토스와 퀴지코스인 티마고라스의 주선으로 파르나바조스를 위해 라케다이몬인들이 의장한 함선 27척이 펠로폰네소스를 출발하여 이오니아 지방으로 항해했다. 이 선단의 지휘관은 스파르테인 안티스테네스였다. (2) 그와 함께 라케다이몬인들은 아스튀오코스에게 11명의 스파르테인을 참모로 보냈는데, 그중 한 명은 아르케실라오스의 아들 리카스였다. 그들은 밀레토스에 도착하면 제반사에 아스튀오코스를 보좌하여 최선의 결과가 나오게 하고, 그러는 것이 좋겠다고 생각되면 이 함선들 또는 더 많거나 더 적은 함선들을 동승한 람피아스의 아들 클레아르코스의 지휘 아래 헬레스폰토스로 파르나바조스에게 파견하고, 11명이 다 동의한다면 아스튀오코스를 해군 사령관직에서 해임하고 대신 안티스테네스를 그 자리에 앉히라는 지시를 받았다. 페다리토스의 서찰을 받아본 라케다이몬인들이 아스튀오코스를 의심했기 때문이다.

(3) 그래서 이 함선들은 말레아 곶을 출발해 난바다를 건너 멜로스 섬에 들렀는데, 그곳에서 아테나이 함선 10척을 만나 그중 3척을 선원들이 떠나고 없는 빈 배로 나포하여 불태워버렸다. 그러고 나서 그들은 멜로스에서 도주한 함선들이 사모스에 있는 아테나이인들에게 자신들이 다가오고 있다는 사실을 보고할까 두려워(그들은 실제로 그렇게 했다) 조심스럽게 크레테를 경유하는 더 먼 항로를 우회하여 아시아 땅의 카우노스 시에 상륙했다. (4) 그곳에서 그들은 밀레토스에 있는 함대에 사자를 보내 바닷가를 따라 호송해달라고 요청했다.

40 (1) 이 무렵 키오스인들과 페다리토스는 아스튀오코스가 달가워하지 않

는데도 계속 사자를 보내, 전 함대를 이끌고 와서 포위 공격당하고 있는 자신들을 도와주고, 이오니아 지방의 동맹국 중에서 가장 큰 도시가 해상으로 봉쇄당하고 육로로 약탈당해 쑥대밭이 되는 것을 수수방관하지 말아달라고 간청했다. (2) 그도 그럴 것이, 키오스에는 라케다이몬을 제외한 어떤 도시보다 노예가 많았고, 노예들 수가 많으니 잘못을 저지르면 엄벌을 내렸다. 아테나이군이 기지를 요새화하고 키오스에 확고히 자리 잡는 것처럼 보이자 이들 대부분이 당장 아테나이인들에게로 탈주하여 지리에 밝은 것을 이용해 큰 손해를 끼쳤던 것이다.

(3) 그래서 키오스인들은 델피니온의 요새화가 아직 완성되지 않고 진행중이며, 아테나이인들이 군영과 함대를 보호하려고 더 긴 방벽을 이제 쌓기 시작한 만큼, 아직도 희망이 있고 아테나이인들을 제지할 가능성이 남아 있을 때 아스튀오코스가 자기들을 도와주어야 한다고 주장했다. 아스튀오코스는 전에 으름장을 놓은 뒤 키오스인들을 도와줄 마음이 내키지 않았지만, 동맹국이 이 일에 열성을 보이는 모습을 보고 그도 그들을 지원하기로 결심했다.

41 (1) 그사이 함선 27척과 라케다이몬인 참모들이 도착했다는 소식이 카우노스에서 들어왔다. 그러자 그는 자신의 제해권을 강화해줄 그런 함대를 호송해주고, 자신의 처신에 관해 심문하러 온 라케다이몬인들을 안전하게 모시는 것보다 더 중요한 일은 없다고 생각하고는 키오스에 가기를 즉시 단념하고 카우노스로 출항했다. (2) 그는 해안을 따라 항해하다가 메롭스 왕이 다스리던 코스 섬에 상륙했다. 성벽을 두르지 않은 도시는 사람들이 기억하는 한 가장 강력한 지진에 폐허가 되어 있었고, 주민은 산으로 도망치고 없었다. 아스튀오코스는 도시를 약탈하고 농촌을 쏘다니며 가져갈 수 있는 것은 다 가져갔고, 다만 자유민만은 놓아주었다. (3) 그는 코스를 떠나 밤에 크니도스에 도착했다. 그러나 그는 선원들을

하선시키지 말고 휴식 없이 곧장 항해해가서, 펠로폰네소스에서 올 것으로 예상되는 함선 27척(아스튀오코스가 합류하려던 바로 그 함선들이다)이 다가오기만을 지켜보고 있던, 사모스에 있는 장군들 중 한 명인 카르미노스 휘하의 아테나이 함선 20척을 공격하라는 간절한 조언을 따를 수밖에 없었다. (4) 사모스에 있는 아테나이인들은 멜로스 섬에서 그들이 다가오고 있다는 전갈을 받았다. 카르미노스는 펠로폰네소스 함선들이 벌써 카우노스에 와 있다는 정보를 입수하고 쉬메 섬, 칼케 섬, 로도스 섬 주변 해역과 뤼키아 지방 앞바다를 순찰하고 있었다.

42 (1) 그래서 아스튀오코스는 쉬지도 않고 자신의 도착이 알려지기 전에 난바다 어딘가에서 아테나이 함선을 따라잡기를 바라며 쉬메로 출항했다. 비가 쏟아지고 하늘에 구름이 끼어 그의 함선들은 어둠 속에서 이리저리 헤맸다. (2) 날이 새자 그의 함대 왼쪽 날개는 아테나이인들에게 보였지만, 나머지 함선들은 섬 주위를 헤매고 있었다. 카르미노스와 아테나이인들은 자신들에게 보이는 함선들이 자신들이 망보고 있던 카우노스에서 온 함선이라고 믿고는 총 20척보다 더 적은 수의 함선을 이끌고 적선들을 향해 출동했다.

(3) 그들은 즉시 공격을 개시하여 3척을 격침하고 다른 몇 척을 운항 불능 상태로 만들었다. 느닷없이 아스튀오코스 함대의 주력부대가 나타나 사방에서 그들을 에워쌀 때까지는 전투에서 대체로 우위를 지켰다. 그래서 그들은 달아나기 시작했고, 함선 6척을 잃은 뒤 나머지 함선을 이끌고 테우틀룻사 섬으로 달아났다가, 거기에서 할리카르낫소스 시로 달아났다. 그 뒤 펠로폰네소스인들은 크니도스에 입항하여 카우노스에서 온 27척의 함선과 합류했다. 그러고 나서 전 함대를 이끌고 쉬메 섬으로 건너가 승전비를 세운 다음 돌아와 크니도스에 정박했다.

43 (1) 사모스에 있던 아테나이인들은 이번 해전과 그 결과에 관해 듣고는

모든 함선들을 이끌고 출항하여 쉬메로 향했다. 그들은 크니도스에 있던 함대를 공격하지 않았고, 크니도스에 있던 함대도 그들을 공격하지 않았다. 그래서 그들은 카르미노스의 함선이 쉬메에 남겨두고 간 선구(船具)들을 실은 다음 대륙에 있는 로뤼마 곶에 기항했다가 사모스로 회항했다.

(2) 이제 펠로폰네소스 함선들은 모두 크니도스에 집결하여 수리할 곳을 수리했다. 마침 그때 팃사페르네스가 도착하자, 11명의 라케다이몬인 참모들은 이전에 성사된 협정들에서 불만스러운 점들과, 그리고 앞으로 어떻게 전쟁을 수행하는 것이 양쪽의 이익에 가장 부합하는지를 놓고 팃사페르네스와 상의했다.

(3) 특히 현재 상황에 비판적인 리카스는 칼키데우스가 맺은 협정도, 테리메네스가 맺은 협정도 잘못되었다면서, 대왕이 자신과 자신의 선조가 전에 지배한 모든 영토의 영유권을 주장한다는 것은 언어도단이라고 말했다. 그것은 모든 섬들과 텟살리아 지방과 로크리스 지방은 물론이고 보이오티아 지방에까지 이르는 모든 헬라스 땅이 다시 노예가 되고, 라케다이몬인들은 헬라스인들에게 자유 대신 페르시아의 지배를 안겨주었음을 의미하게 되리라고 했다.

(4) 그래서 리카스는 더 나은 다른 협정을 체결하기를 요구하면서, 자기들로서는 기존의 협정을 받아들일 수 없는 만큼 그런 조건이라면 급료를 받지 않겠다고 했다. 그러자 이에 기분이 상한 팃사페르네스는 화를 내며 아무 결말도 짓지 않은 채 회의장을 떠났다.

44 (1) 그사이 라케다이몬인들은 로도스의 유력자들이 자신들의 내정에 개입하기를 요청해오자 그곳으로 항해하기로 결정했는데, 선원도 많고 보병도 강한 그 섬을 자기편으로 삼고 싶은 것이다. 그들은 또 로도스와 동맹을 맺으면 팃사페르네스에게 돈을 요구하지 않고도 자력으로 함대 유

지비를 충당할 수 있을 것이라고 생각했다. (2) 그래서 그들은 같은 해 겨울 즉시 크니도스를 출항하여 94척의 함선을 이끌고 맨 먼저 로도스령 카메이로스 시에 상륙했다. 그들이 도착하자 협상에 관해 아무것도 모르는 주민이 대부분 놀라 달아나기 시작했는데, 무엇보다도 그 도시에는 성벽이 없었기 때문이다. 그러나 나중에 라케다이몬인들은 그곳 주민을 회의장에 불러 모으고 다른 두 도시 린도스와 이알뤼소스에서도 주민을 모이게 한 다음 아테나이 동맹을 이탈하도록 로도스인들을 설득했다. 그래서 로도스는 펠로폰네소스 동맹으로 넘어갔다.

(3) 그 무렵 아테나이인들은 라케다이몬인들의 의도를 알고 그들을 막기 위해 함대를 이끌고 사모스에서 출항했다. 그들은 난바다에 모습을 드러냈지만, 한발 늦게 도착한 까닭에 일단 칼케로 갔다가 거기에서 사모스로 회항했다. 나중에 그들은 칼케와 코스에 있는 기지들에서 출항하여 바다에서 로도스를 공격했다. (4) 그사이 펠로폰네소스인들은 로도스에서 32탈란톤쯤 되는 돈을 모았는데, 함선을 해안에 끌어올려놓고 여드레 동안 다른 활동은 하지 않았다.

45 (1) 이 무렵, 아니 그들이 로도스로 출동하기 전부터 다음과 같은 음모가 진행되고 있었다. 칼키데우스가 죽고 밀레토스에서 전투가 벌어진 뒤 펠로폰네소스인들은 알키비아데스를 의심하기 시작했고, 그래서 알키비아데스를 죽이라는 내용의 서찰이 라케다이몬에서 아스튀오코스에게 도착했다. 알키비아데스는 아기스와 사이가 나빴을 뿐 아니라 대체로 신뢰할 수 없는 인물로 간주되었다. 알키비아데스는 깜짝 놀라 일단 팃사페르네스에게 피신한 다음 펠로폰네소스인들에게 최대한 피해를 주도록 그의 마음을 움직이기 시작했다.

(2) 그는 매사에 조언자 노릇을 했으며, 팃사페르네스가 선원의 일당을 1 앗티케 드라크메에서 반(半) 드라크메로 줄여 그나마 불규칙하게 지급

하게 했다. 그는 팃사페르네스에게 말하기를, 아테나이인들은 펠로폰네소스인들보다 선박 운항 경험이 더 많지만 선원에게 반 드라크메만 지급하는데, 그 까닭은 자금이 부족해서라기보다는 선원이 너무 풍족해지면 오만해져서 건강에 좋지 못한 일에 돈을 씀으로써 체력이 달리는 것을 막기 위해서이거나, 또는 밀린 급료에 발목이 잡히지 않으면 선원은 탈주할 것인즉 이를 미리 막기 위해서라고 펠로폰네소스인들에게 설명하라고 했다.

(3) 그는 또 팃사페르네스에게 삼단노선의 선장들과 동맹국 장군들을 뇌물로 매수하여 그의 의견에 동조하게 하라고 조언했다. (쉬라쿠사이인들만은 거절했다. 그들의 장군 헤르모크라테스는 유일하게 동맹국 전체의 이익을 대변했다.) (4) 도시들이 군자금을 요청하러 오면, 알키비아데스는 팃사페르네스의 이름으로 그들의 요청을 거절하며 돌려보냈다. 그는 헬라스에서 가장 부유하면서도 외부의 도움으로 구원받은 키오스인들이 그들의 자유를 지켜주기 위해 아직도 남들이 생명과 재산을 걸기를 요구하는 것은 더없이 파렴치한 짓이라고 했다. (5) 다른 도시들에게 그는 아테나이에 반기를 들기 전에는 아테나이에 거액을 바치던 그들이 지금 자신들을 지키기 위해 같은 액수 또는 더 많은 액수를 기부하려 하지 않는 것은 부당하다고 대답했다. (6) 그러면서 그는 지금은 팃사페르네스가 자비(自費)로 전쟁을 수행하고 있어서 당연히 재원이 빠듯할 수밖에 없지만, 언젠가 대왕에게서 군대 유지비가 내려오면 그때는 팃사페르네스가 그들에게 급료를 전액 지급하고 적절히 도시들을 지원하게 되리라고 설명했다.

46 (1) 알키비아데스는 또 팃사페르네스에게 조언하기를, 전쟁을 끝내려고 너무 서두르지 말고, 그가 준비 중인 포이니케 함대를 투입하거나 더 많은 헬라스 선원의 급료를 지급함으로써 어느 한쪽이 육지와 바다에서 우

위를 차지하게 할 계획일랑 세우지 말라고 했다. 그보다는 두 세력이 각각 독자적인 세력권을 갖게 하는 편이 낫다며, 그렇게 되면 대왕은 그중한 세력이 말썽을 부릴 경우 언제든지 그에 맞서 다른 세력을 불러들일수 있을 것이라고 했다.

(2) 반면 어느 한쪽이 육지와 바다에서 패권을 쥐게 되면, 대왕은 이긴 쪽을 분쇄하는 데 도움을 줄 수 있는 동맹국을 어디에서 구해야 할지 난감할 것이라고 했다. 대왕 자신이 앞으로 나서서 막대한 경비를 들이고 큰위험을 무릅쓰며 끝까지 싸울 각오를 한다면 몰라도. 따라서 경비는 분담하되 대왕은 위험을 무릅쓰지 않고 헬라스인들이 저희들끼리 싸우다가 지치게 만드는 것이 더 경제적이라고 했다.

(3) 알키비아데스는 또 말하기를, 대왕에게는 아테나이인들과 권력을나누어 갖는 편이 더 나을 것이라고 했다. 그들은 육지에 세력을 확장하려는 야망이 별로 없으며, 그들이 전쟁을 수행하는 원칙과 태도는 대왕의 이익에 잘 부합한다며, 아테나이인들과의 동맹은 아테나이를 위해서는 바다를 정복하고 대왕을 위해서는 대왕의 영토에 거주하는 헬라스인들을 정복하는 초석이 되리라고 했다. 반면 라케다이몬인들은 해방자로서 온 만큼 헬라스인들을 같은 헬라스인들에게서 해방한 다음 페르시아인들이 먼저 그들을 내쫓지 않으면 십중팔구 헬라스인들을 비(非)헬라스인들[8]의 예속에서 해방하려 할 것이라고 했다. (4) 그래서 알키비아데스는 그에게 조언하기를, 양쪽이 서로 지치도록 내버려두다가 아테나이인들의 힘이 최대한 약화되면 그때 가서 펠로폰네소스인들을 나라에서내쫓도록 하라고 했다.

(5) 그의 행동으로 미루어 판단하건대, 이것은 또한 팃사페르네스의 의

---

8 여기서는 페르시아인들.

도이기도 했다. 그는 이런 일들과 관련해 좋은 조언을 해준 알키비아데스를 신뢰했으니 말이다. 그래서 그는 펠로폰네소스인들에게 급료를 조금씩밖에 주지 않았고, 해전을 벌이는 데 반대했으며, 포이니케 함대가 곧 올 테니 그때는 유리한 입장에서 싸울 수 있을 것이라고 핑계를 대곤 했다. 이처럼 그는 당시 최고조에 다다른 펠로폰네소스 함대의 능률을 떨어뜨리며 펠로폰네소스인들의 일을 망쳐놓았다. 그 밖의 다른 일에서도 그는 전쟁에서 그들을 지원할 의향이 없음을 오해의 여지없이 분명히 드러냈다.

47 (1) 팃사페르네스와 대왕의 보호를 받는 동안 알키비아데스가 이런 조언을 한 까닭은 그것이 그들에게는 상책이라고 생각한 것이었지만, 동시에 자신이 고국으로 돌아갈 궁리를 하고 있었기 때문이기도 했다. 그는 자기가 그전에 조국을 망하게 하지 않는다면 언젠가는 추방당한 자기를 다시 불러주도록 아테나이인들을 설득할 수 있을 때가 오리라는 것을 알고 있었다. 또한 그는 자기가 팃사페르네스와 친한 친구로 보여야 그들을 가장 잘 설득할 수 있다고 생각했다.

(2) 그의 생각은 옳았다. 사모스에 있는 아테나이군은 그가 팃사페르네스에게 큰 영향력을 행사한다는 것을 알고 있었다. 그것은 그가 벌써 사모스에 있는 아테나이군 유력자들에게 서찰을 보내 팃사페르네스를 그들의 친구로 만들어주겠노라고 약속하며, 군대 내의 가장 훌륭한 자들에게 자신의 견해를 알려주고, 만약 자신을 추방한 부패한 민주정부 대신 과두정부가 들어서면 자기는 동포들에게 돌아가겠다는 뜻을 전해달라고 요청했기 때문이기도 했다. 그러나 더 중요한 것은, 사모스에 있는 삼단노선 선장들과 가장 유력한 인사들이 민주정부를 전복하기로 자발적으로 마음을 굳혔다는 사실이다.

48 (1) 이런 움직임은 사모스에 있는 군영에서 시작되어 나중에 그곳에서

아테나이 시로 전파되었다. 사모스에서 몇 사람이 대륙으로 건너가 알키비아데스와 의논했다. 알키비아데스는 그들에게 처음에는 팃사페르네스의, 다음에는 대왕의 친구가 되게 해주겠다고 약속하면서, 만약 민주정부가 폐지되면 대왕이 그들을 더욱 신뢰하게 되리라고 했다. 가장 많은 비용을 부담한 가장 부유한 아테나이인들은 이제는 자신들이 정권을 장악할 뿐만 아니라 적군에게도 이길 수 있으리라는 희망에 부풀기 시작했다.

(2) 그들은 사모스로 돌아와 동조 세력으로 파당을 결성하고, 만약 알키비아데스가 소환되고 민주정부가 폐지된다면 대왕은 그들의 친구가 되어 군자금을 대줄 것이라고 병사들에게 공언했다. (3) 병사들은 이러한 음모에 처음에는 불쾌감을 느꼈지만, 나중에는 대왕에게 급료를 지급받는다는 그럴듯한 희망에 잠잠해졌다. 과두제 지지자들은 이렇게 전군에 자신들의 견해를 알린 뒤 동조자들이 대부분 모인 가운데 저희들끼리 회의를 열고 알키비아데스의 제안을 다시 검토했다.

(4) 다른 사람들은 그 계획이 유익하고 쉽게 실행될 수 있다고 생각했지만, 여전히 장군이던 프뤼니코스는 그 계획이 마음에 들지 않았다. 그가 생각하기에는(그의 생각은 옳았다) 알키비아데스는 과두제에도 민주제에도 관심이 없고, 그의 유일한 목표는 기존 정치체제가 바뀌어 추종자들에 의해 고국으로 소환되는 것이라고 했다. 그러나 아테나이인들의 우선적인 관심사는 내분을 피하는 것이어야 한다고 했다. 또한 대왕으로서도 펠로폰네소스인들이 자신의 영토 내에서 가장 중요한 도시들을 차지하고 있고 바다에서도 아테나이인들과 세력이 대등한 지금, 자신에게 해를 끼친 적이 없는 펠로폰네소스인들을 친구로 삼을 수 있는 기회를 잡았는데, 여태껏 신뢰하지도 않았던 아테나이인들 편을 듦으로써 화를 자초하기가 쉽지 않을 것이라고 했다.

(5) 아테나이 자체가 민주정체를 포기한다는 이유로 공모자들이 아테나이 동맹국들에 과두정부를 약속한다 해도 이들 가운데 일단 동맹을 이탈한 국가들은 돌아오지 않을 것이며, 아직도 동맹관계를 유지하고 있는 국가들이 더 믿음직스러워질 가망은 분명 없다고 했다. 이들 국가는 과두정부에서 노예가 되느냐 아니면 민주정부에서 노예가 되느냐보다는 정부 형태야 어떻든 자유를 누리는 데 더 관심이 있다고 했다.

(6) 그 밖에도 민주정부가 다스릴 때보다 이른바 상류층[9]이 지배할 때가 더 좋았다고 생각할 이유가 없다며, 상류층이야말로 민중이 범죄를 저지르도록 사주하고 방조한 범죄의 수혜자들이라고 했다. 소수자인 이들이 지배하면 폭압적인 정부가 들어서서 사람들은 재판도 받지 않고 처형당하겠지만, 민주정부는 보통 사람들에게 안전을 보장하고 소수자들의 횡포를 억제한다고 했다. (7) 그는 도시들이 경험을 통해 이를 알게 되었고, 이것이 그들의 생각임을 확신한다고 했다. 그래서 프뤼니코스는 알키비아데스의 제안과 현재 진행 중인 음모가 전혀 마음에 들지 않았던 것이다.

49 그러나 회의장에 모인 공모자들은 생각을 바꾸지 않았다. 그들은 상정된 안을 가결하고 페이산드로스와 다른 사절을 아테나이로 보내 알키비아데스의 소환과 그곳 민주정부의 전복, 팃사페르네스와 아테나인들 간의 우호조약 체결에 관해 협상하게 할 준비를 했다.

50 (1) 그러나 알키비아데스를 복권하자는 안이 제출되고, 아테나이인들이 이에 찬성하리라는 것을 알게 된 프뤼니코스는 이에 반대하는 발언을 한 터라 알키비아데스가 귀국하면 이를 막으려 한 자기를 해코지하지 않을까 겁이 났다. 그래서 그는 다음과 같은 계략을 꾸몄다. (2) 말하자면 그는 당시 여전히 밀레토스 주위에 머물러 있던 라케다이몬 제독에게 밀서(密書)를 보내, 알키비아데스가 팃사페르네스를 아테나이인들의 친구

로 만듦으로써 라케다이몬의 국익을 손상시키고 있다고 알렸다. 그는 서찰에서 그간의 상황을 자세히 전하며, 자신의 조국에 다소 해가 되더라도 개인적인 정적에게 해를 끼치려는 자신의 행동을 이해해달라고 부탁했다.

(3) 그러나 아스튀오코스는 사실 자기 권한 밖에 있는 알키비아데스를 처벌할 의향이 없었다. 대신 그는 마그네시아 지방으로 알키비아데스와 팃사페르네스를 만나러 올라가서는 스스로 밀고자가 되어 두 사람 모두에게 사모스에서 온 서찰의 내용을 말해주었다. 일설에 따르면, 아스튀오코스는 개인적으로 돈을 받고 팃사페르네스에게 이에 관한 정보와 다른 정보들을 팔아넘겼다고 한다. 그래서 그는 급료가 삭감된 것에 더 강력히 항의하지 못한 것이라고 한다. (4) 알키비아데스는 즉시 사모스에 있는 당국자들에게 프뤼니코스의 행위를 고발하는 서찰을 보내 그를 처형할 것을 요구했다.

(5) 프뤼니코스는 난감한 처지에 놓이게 되었고, 이렇게 고발당하다 보니 큰 위험에 빠졌다. 그래서 그는 아스튀오코스에게 다시 서찰을 보내 첫 번째 서찰의 내용을 누설한 것에 항의하면서, 이번에는 사모스에 있는 아테나이 해군 전체를 괴멸할 기회를 그에게 줄 용의가 있다고 했다. 그는 그러자면 어떻게 행동해야 하는지 자세히 일러주며(사모스에는 성벽이 없었다), 아테나이인들이 자신의 생명을 위협하는 만큼 자신이 가장 고약한 정적들에게 파멸하는 것을 피하기 위해 이런저런 조치를 취해도 아무도 비난하지 못할 것이라고 했다. 아스튀오코스는 이 정보도 알키비아데스에게 넘겨주었다.

---

9 원어 hoi kaloi kagathoi는 '용감하고 선한 자들'이라는 뜻으로 대개 긍정적인 의미로 쓰이지만, 여기서는 '과두제 지지자들'이라는 뜻으로 쓰이고 있다.

51 (1) 그러나 프뤼니코스는 아스튀오코스가 계속해서 배신행위를 하고 있고, 이 건과 관련하여 알키비아데스한테서 곧 서찰이 도착할 것이라는 전갈을 받고는 선수를 쳤다. 그는 사모스가 요새화하지 않고 전 함대가 항구에 정박해 있지 않는 동안 적군이 아테나이군의 기지를 공격하려 한다는 확실한 정보를 입수했다고 군대에 알렸다. 따라서 그들은 사모스에 최대한 빨리 방벽을 쌓아야 하며, 그 밖의 다른 점에서도 방비에 만전을 기해야 한다고 했다. 그는 장군인지라 이에 필요한 조치를 취할 권한이 있었다.

(2) 그래서 아테나이인들은 작업에 착수했고, 그러잖아도 사모스를 요새화하려던 참이라 요새화 작업은 더욱더 빨리 이루어졌다. 얼마 안 있어 알키비아데스한테서 프뤼니코스가 군대를 배신했으며, 적군이 공격하려 한다는 내용의 서찰이 도착했다. 그러나 아테나이인들은 알키비아데스의 말을 믿지 않았고, 그가 적군의 계획을 미리 알고는 개인적인 적대감에서 프뤼니코스를 모함하는 것으로 생각했다. 그래서 알키비아데스의 서찰은 프뤼니코스에게 아무런 해를 끼치지 못하고, 프뤼니코스가 한 말을 확인해주는 결과가 되었다.

52 그 후로도 알키비아데스는 팃사페르네스를 아테나이인들의 친구로 만들려는 공작을 계속했다. 팃사페르네스는 그 지역에서 펠로폰네소스인들이 아테나이인들보다 더 많은 함선을 보유하고 있어 펠로폰네소스인들이 두렵기는 했지만, 무엇보다 테리메네스와 맺은 협정에 관해 크니도스에서 펠로폰네소스인들과 말다툼을 벌인 생각을 하면 되도록 그의 조언을 따르고 싶었다. (이 말다툼은 펠로폰네소스인들이 지금의 로도스 기지로 옮겨오기 전에 벌어졌다.) 그때 라케다이몬인들의 정책은 모든 도시를 해방하는 것이라는 알키비아데스의 주장이, 전에 대왕 자신이나 대왕의 선조가 다스리던 모든 도시는 대왕이 다스린다는 협정 조항은 용

납할 수 없다는 취지의 리카스의 발언에 의해 옳다는 것이 입증되었다. 그래서 알키비아데스는 큰 도박을 하며 팃사페르네스의 환심을 사는 데 계속 전념했다.

53 (1) 그사이 페이산드로스와, 사모스에 있는 아테나이인들에 의해 파견된 다른 사절들은 아테나이에 도착하여 민중 앞에서 알키비아데스를 소환하고 민주정체를 수정해야만 대왕을 동맹군으로 삼고 대(對)펠로폰네소스 전쟁에서 승리할 수 있다는 요지의 일장 연설을 했다. (2) 그러자 민주정체를 바꾸자는 제안에 많은 사람들이 반대했으며, 알키비아데스의 정적들은 범법자의 귀환을 허용하는 것은 언어도단이라고 큰 소리로 항의했다. 그리고 사제 가문인 에우몰피다이가(家)와 케뤼케스가 사람들은 그가 추방당한 것은 비의를 모독했기 때문이라며, 신들의 이름으로 그의 귀환에 반대했다.

이렇듯 항의가 빗발치고 불만에 찬 목소리가 요란한 가운데 페이산드로스가 다시 앞으로 나와 자신의 제안에 반대한 자들을 일일이 불러내어, 펠로폰네소스인들이 아테나이인들만큼 많은 수의 함선을 바닷물에 띄워놓고 전투준비를 하고 있고, 펠로폰네소스인들은 동맹국이 더 많을 뿐 아니라 대왕과 팃사페르네스한테서 자금 지원도 받는데 아테나이는 자금마저 바닥난 지금, 대왕을 설득해 아테나이인들 편으로 만드는 것 외에 아테나이가 살아남을 가망이 있느냐고 차례차례 물었다.

(3) 그리고 그들이 그럴 가망이 없다고 대답하자, 페이산드로스는 그들에게 노골적으로 이렇게 말했다. "그러자면 우리가 더욱 온건한 형태의 정부를 취하고, 소수만이 관직에 취임할 수 있게 함으로써 대왕의 신임을 받는 것 말고는 다른 방법이 없습니다. 지금 우리가 생각해야 할 일은 우리가 살아남는 것이지, 정부 형태가 아닙니다. (마음에 들지 않는 점이 있으면 우리는 나중에 언제든지 바꿀 수 있습니다.) 그러니 우리는 산 사

람 중에서 이 일을 해낼 수 있는 유일한 인물인 알키비아데스를 데려와
야 합니다."

54 (1) 민중은 처음에 과두제라는 말을 듣고 분개했지만, 살아남기 위해서
는 달리 방법이 없다고 페이산드로스가 명쾌하게 밝히자, 두려워서 그리
고 나중에 도로 취소할 수 있기를 바라며 양보했다. (2) 그들은 페이산드
로스와 다른 10명이 출항하여 팃사페르네스와 알키비아데스와 가장 훌
륭하다고 생각되는 협정을 맺게 하기로 결의했다.

(3) 동시에 페이산드로스가 프뤼니코스를 탄핵하자 민중은 프뤼니코스
와 동료 장군인 스키로니데스를 직위 해제하고 디오메돈과 레온을 파견
하여 그들 대신 함대를 지휘하게 했다. 페이산드로스는 프뤼니코스가 이
아소스와 아모르게스를 배신했다고 주장함으로써[10] 프뤼니코스를 탄핵
했는데, 그가 그렇게 한 이유는 프뤼니코스가 알키비아데스와 협상하는
데에는 적임자가 아니라고 생각했기 때문이다. (4) 아테나이에는 전부
터 소송이나 관직 선거에서 상호 지원을 목적으로 결성된 파벌들이 있었
는데, 페이산드로스는 이들을 일일이 찾아다니며 민주정부를 전복하는
일에 힘을 모아주고 공동보조를 취해달라고 부탁했다. 맡은 일을 신속히
처리하기 위해 그 밖의 다른 필요 조치를 취한 다음 페이산드로스와 다
른 10명은 팃사페르네스를 향해 출항했다.

55 (1) 같은 해 겨울 레온과 디오메돈은 아테나이 함대와 합류해 로도스를
공격했다. 그들은 해안에 끌어올려져 있는 펠로폰네소스 함선들을 발견
하고는 상륙하여 대항하러 나온 로도스군을 격파했다. 그러고 나서 칼케
로 물러나 코스보다는 그곳을 작전기지로 삼았는데, 그곳에서 펠로폰네
소스 함대의 움직임을 관찰하기가 더 쉬웠기 때문이다. (2) 이 무렵 크세
노판티다스라는 라케다이몬인이 키오스에 있는 페다리토스의 곁을 떠
나 로도스에 와서는, 이제 아테나이인들의 요새화는 완료되었으니 전 함

대가 와서 구원해주지 않는다면 키오스는 끝장난 것이나 다름없다고 보고했다. 로도스에 있는 펠로폰네소스인들은 도와주기로 결정했다.

(3) 그러나 그사이 페다리토스가 자신의 용병 부대와 키오스의 전군을 이끌고 가서 함선을 보호하고 있는 아테나이인들의 방벽을 공격했다. 그는 방벽의 일부를 함락하고 뭍에 끌어올려진 함선을 몇 척 점거했지만, 반격에 나선 아테나이인들이 먼저 키오스인들을 격퇴하고, 다음에는 페다리토스 예하 부대를 격퇴했다. 페다리토스 자신은 수많은 키오스인들과 함께 죽고 다량의 무구가 노획되었다.

56 (1) 그 뒤 키오스인들은 해륙 양면으로 더 엄중히 봉쇄되어 극심한 기근에 시달렸다. 그사이 페이산드로스와 동행한 아테나이 사절단은 팃사페르네스가 있는 곳에 도착하여 협정에 관해 논의하기 시작했다. (2) 그러나 알키비아데스는, 팃사페르네스가 아테나이인들보다는 펠로폰네소스인들을 더 두려워하고 자신이 조언한 대로 여전히 양쪽을 모두 지치게 만들기를 원하고 있어 그에게서 원하는 대답을 얻어낼 자신이 없자, 팃사페르네스로 하여금 아테나이인들에게 협정이 성사될 수 없을 만큼 무리한 요구를 하게 하는 술책을 썼다.

(3) 내가 보기에 팃사페르네스도 협상이 결렬되기를 원한 것 같다. 그는 두려워서 그렇게 했고, 알키비아데스는 팃사페르네스가 어떤 조건으로도 협정을 맺을 것 같지 않자, 아테나이인들에게 자기가 팃사페르네스에게 영향력을 행사할 수 없는 것이 아니라 팃사페르네스는 협정을 체결할 만반의 준비가 되어 있는데 아테나이인들 자신이 그에게 충분히 제공하지 않은 것처럼 보이고 싶어서 그렇게 했다. (4) 팃사페르네스가 그 자리에 있는데도 알키비아데스는 그의 대변인 노릇을 하며, 아테나이인들이

---

10 8권 27~28장 참조.

요구 사항을 계속 수용하는데도 협상이 결렬된 책임을 그들에게 떠넘기기 위해 잇달아 터무니없는 요구를 했다. 그는 먼저 이오니아 지방 전부를 대왕에게 넘길 것을 요구하더니, 이어서 그 앞바다의 섬들과 몇몇 다른 곳을 덧붙였다. 이 모든 요구에 아테나이인들은 이의를 제기하지 않았다. 끝으로, 세 번째 회담 때 알키비아데스는 자신의 힘이 얼마나 미약한지 완전히 드러날까 두려워, 대왕이 함선을 건조하여 자신의 해안을 따라 원하는 만큼의 함선을 이끌고 원하는 곳으로 항해하는 것을 허용하라고 요구했다." (5) 거기에서 아테나이인들은 더는 양보할 수 없었다. 그들은 더 이상의 협상은 무의미하다고 보았고 자신들이 알키비아데스에게 속았다고 생각했다. 화가 난 그들은 그곳을 뒤로하고 사모스로 돌아갔다.

57 (1) 그 직후 같은 해 겨울 팃사페르네스는 해안을 따라 카우노스로 갔다. 펠로폰네소스인들을 밀레토스로 도로 끌어들이고, 가장 유리한 조건으로 또 다른 협정을 맺은 뒤 급료를 지급함으로써 그들과의 관계가 완전히 단절되는 것을 막기 위해서였다. 그는 그들이 그토록 많은 함선의 유지비가 달리면 어쩔 수 없이 아테나이인들과 싸우다가 패하거나 아니면 선원들이 탈주하게 될 것인즉, 그럴 경우 어떻게든 아테나이인들이 자신의 도움을 받지 않고도 원하는 것을 갖게 되지 않을까 두려웠다. 그러나 그가 가장 두려워한 것은 펠로폰네소스인들이 먹을거리를 찾아 대륙을 약탈할지도 모른다는 것이었다. (2) 그는 헬라스의 두 세력이 균형을 유지하게 한다는 정책에 입각해서 이런 점들을 모두 계산하고 저울질한 뒤 펠로폰네소스인들을 카우노스로 초청한 다음 급료를 지급하고 세 번째 협정을 맺었는데, 그 내용은 다음과 같다.

58 (1) "다레이오스 대왕 재위 13년 차에, 그리고 알렉십피다스가 라케다이몬의 감독관으로 재직 중일 때, 마이안드로스 평야에서 라케다이몬인들

과 그들의 동맹국들을 한편으로 하고 팃사페르네스, 히에라메네스, 파르나케스의 아들들[12]을 다른 한편으로 하여 대왕의 이익과 라케다이몬인들과 그들의 동맹국들의 이익과 관련하여 협정이 체결되었다. (2) 아시아에 있는 대왕의 모든 영토는 대왕에게 속한다. 대왕은 자신의 영토와 관련하여 임의로 결정한다.

(3) 라케다이몬인들과 그들의 동맹국들은 대왕의 영토를 공격하여 손해를 끼치지 않으며, 대왕은 라케다이몬인들과 그들의 동맹국들의 영토를 공격하여 손해를 끼치지 않는다. (4) 만약 라케다이몬인들이나 그들의 동맹국 주민 가운데 누가 손해를 끼치려고 대왕의 영토를 공격하면, 라케다이몬인들과 그들의 동맹국들이 개입해 이를 제지한다. 만약 대왕의 영토에 거주하는 자들 중 누가 손해를 끼치려고 라케다이몬인들이나 그들의 동맹국들의 영토를 공격하면, 대왕이 개입하여 이를 제지한다. (5) 현존 함대의 유지비는 대왕의 함대[13]가 도착할 때까지 팃사페르네스가 기존 협정에 따라 지급한다.

(6) 대왕의 함대가 도착한 뒤에는 라케다이몬인들과 그들의 동맹국들은 원할 경우 그 유지비를 자담할 수 있다. 그러나 그들이 팃사페르네스에게서 계속 유지비를 수령하기를 원할 때는 팃사페르네스가 이를 지급하되, 전쟁이 끝나면 라케다이몬인들과 그들의 동맹국들은 자신들이 수령한 돈을 전액 그에게 반환한다. (7) 대왕의 함대가 도착하면, 라케다이몬인들과 그들의 동맹국들의 함대와 대왕의 함대는 팃사페르네스 쪽과 라

---

11 이오니아 지방 앞바다의 섬들은 양도하면서 그곳을 항해하는 것을 허용하지 않는 것은 자가당착인 듯하다. 기원전 449년 아테나이와 페르시아 사이에 맺은 칼리아스(Kallias) 평화조약에 페르시아 함대는 에게 해로 진출하지 않는다는 조항이 있었던 것 같다.

12 그중 헬레스폰토스 해협 일대의 태수인 파르나바조스만이 알려져 있다.

13 팃사페르네스가 의장 중인 포이니케 함대를 말한다. 8권 46장 참조.

케다이몬인들과 그들의 동맹국들 쪽의 결정에 따라 공동으로 전쟁을 수행한다. 그들이 아테나이인들과 평화조약을 맺기를 원할 경우, 양쪽 모두 동의해야만 평화조약을 맺을 수 있다."

59 이상과 같은 조건으로 협정이 이루어졌다. 그 뒤 팃사페르네스는 협정에 명시된 대로 포이니케 함대를 이끌고 오고 그 밖의 다른 약속을 이행할 준비를 하기 시작했다. 아무튼 그는 시작한 것처럼 보이고 싶어 했다.

60 (1) 이해 겨울이 끝날 때쯤 보이오티아인들은 아테나이인 수비대가 지키고 있던 오로포스 시를 내통자들의 협력을 받아 함락했다. 보이오티아인들과 협력한 자들은 에레트리아인들과 오로포스인들로 구성되어 있었는데, 이들의 궁극적인 목표는 에우보이아가 아테나이 동맹을 이탈하게 하는 것이었다. 오로포스는 에레트리아 시 바로 맞은편에 자리 잡고 있어, 이곳이 아테나이인들의 수중에 있는 한 에레트리아에도 에우보이아 섬 전체에도 중대한 위협이 아닐 수 없었다.

(2) 오로포스를 장악하자 에레트리아인들은 로도스로 가서 펠로폰네소스인들에게 에우보이아에 개입하기를 요청했다. 그러나 펠로폰네소스인들은 고통받고 있는 키오스를 구원하는 일에 더 관심이 많아 전 함대를 이끌고 로도스를 출항했다. (3) 그들이 트리오피온 곶 주위에 이르렀을 때, 칼케를 출항하여 난바다로 나온 아테나이 함대가 눈에 띄었다. 양쪽 함대는 서로 공격하지 않고, 아테나이 함대는 사모스로 돌아가고 펠로폰네소스 함대는 밀레토스로 돌아갔는데, 아테나이인들과 해전을 치르지 않고는 키오스를 구할 수 없다는 것을 알았기 때문이다. 그해 겨울은 그렇게 지나갔고, 투퀴디데스가 기록한 이 전쟁의 스무 번째 해도 그렇게 저물었다.

61 (1) 이듬해 여름이 시작되자마자 스파르테인 데르퀼리다스가 소규모 부대와 함께 바닷가를 따라 육로로 헬레스폰토스에 파견되었는데, 밀레토

스의 식민시인 아뷔도스가 아테나이 동맹을 이탈하게 하기 위해서였다. 그리고 키오스인들은 아스튀오코스가 자신들을 도울 길을 찾지 못하는 동안 봉쇄를 견디다 못해 해전을 벌이지 않을 수 없었다.

(2) 아스튀오코스가 아직 로도스에 있는 동안 그들은 페다리토스가 죽은 뒤 안티스테네스의 함선에 동승했던[14] 레온이라는 스파르테인을 밀레토스에서 총독으로 받아들였다. 그는 밀레토스를 지키던 함선 12척을 이끌고 왔는데, 그중 5척은 투리오이 것이고, 4척은 쉬라쿠사이 것이고, 1척은 아나이아에서 왔고, 1척은 밀레토스에서 왔으며, 1척은 레온 자신의 것이었다. (3) 그러자 키오스인들은 전 보병 부대를 출동시켜 요새화한 언덕에 진을 치는 동시에 자신들의 함선 36척을 바닷물에 띄워 아테나이 함선 32척과 싸우게 했다. 치열한 전투를 치르고 나서 키오스인들과 그들의 동맹군은 비록 전투에서 열세에 몰리지는 않았지만 벌써 날이 저물어 도시로 회항했다.

62 (1) 그 직후 데르퀼리다스가 육로로 밀레토스에서 헬레스폰토스에 도착하자 아뷔도스가 이탈하여 그와 파르나바조스 편이 되었고, 이틀 뒤에는 람프사코스가 그 뒤를 따랐다. (2) 키오스에 있던 스트롬비키데스가 이 소식을 듣고 그곳을 구원하고자 아테나이 함선 24척을 이끌고 급히 키오스에서 출항했는데, 그중에는 중무장보병을 태운 병력 수송선도 몇 척 포함되어 있었다. 그는 출동한 람프사코스인들을 격퇴하고 성벽을 두르지 않은 람프사코스를 단번에 함락했다. 그리고는 재물과 노예들을 전리품으로 노획하고 자유민들을 그들의 집에 다시 정착하게 한 다음, 아뷔도스로 갔다. (3) 그러나 그는 그곳 주민이 귀순하지 않는 데다 공격을 되풀이해도 그곳을 함락하지 못하자, 예전에 페르시아인들이 점거하

---

14 8권 39장 2절 참조.

고 있던, 아뷔도스 맞은편 케르소네소스 반도에 위치한 도시 세스토스로 배를 타고 건너가 그곳을 헬레스폰토스 전체를 지키기 위한 방어 기지로 삼았다.

63 (1) 그사이 키오스인들은 제해권을 상당히 장악했고, 아스튀오코스와 밀레토스에 있는 펠로폰네소스인들은 키오스에서 벌어진 해전 소식과 스트롬비키데스가 함선을 이끌고 떠났다는 소식을 듣고 자신감을 얻었다. (2) 아스튀오코스는 함선 2척을 이끌고 바닷가를 따라 키오스로 가서는 그곳에 있던 함선들을 이끌고 돌아온 다음 전 함대를 이끌고 사모스로 출동했다. 아테나이인들은 서로 의심하던 터라 그를 공격하려고 출동하지 않았다. 그래서 그는 밀레토스로 회항했다.

(3) 아테나이인들이 서로 의심하기 시작한 것은 이 무렵 또는 그보다 조금 일찍 아테나이의 민주정부가 전복되었기 때문이다. 페이산드로스와 그의 동료 사절들은 팃사페르네스를 만나고 사모스로 돌아와 군대를 더 확실하게 장악할 조치를 취했으며, 사모스인들 자신은 과두정부를 반대하는 혁명을 일으켰음에도 불구하고 사모스의 유력자들에게 접근하여 사모스에 과두정부를 세우는 데 협력해주도록 부추겼다.

(4) 동시에 사모스의 아테나이인들은 저희들끼리 의논하여, 알키비아데스가 자기들에게 합류할 의향이 없고 과두정부에 참여하기에 적합한 인물이 아닌 만큼 그를 이번 거사에서 배제하기로 결정했다. 또한 그들은 일이 이미 이 지경에 이른 이상 자신들의 거사를 계속 추진하기로 했다. 그들은 또 적군과의 전쟁을 계속하되, 앞으로 자신들이 질 부담은 남들을 위한 것이 아니라 자신들을 위한 것인 만큼, 군자금과 그 밖의 필요 경비는 사재(私財)에서 기꺼이 출연하기로 결정했다.

64 (1) 모두들 그렇게 하기로 다짐한 뒤 그들은 즉시 페이산드로스와 사절단의 절반을 아테나이에 파견하며 본국에서 일을 추진하되, 도중에 들르

는 모든 속국에 과두정부를 세우도록 지시했다. 나머지 반은 다른 속국들에 여러 방향으로 파견되었다. (2) 그들은 또 당시 키오스 근처에 와 있던, 트라케 지방의 사령관으로 임명된 바 있는 디에이트레페스를 그의 관할 구역으로 파견했다. 그는 타소스에 도착해 그곳의 민주정부를 해체했다. (3) 그러나 그가 떠난 지 두 달도 채 안 되어 타소스인들은 자신들의 도시를 요새화하기 시작했다. 그들은 내일이라도 라케다이몬인들에의해 해방될지 모르는지라 아테나이인들의 지지를 받는 귀족들 통치를더 받을 필요성을 느끼지 못했다.

(4) 아테나이인들에게 추방당해 지금은 펠로폰네소스인들과 함께하는일부 인사들은 본국에 있는 동지들과 힘을 모아 함선들을 구해오고 타소스가 아테나이 동맹을 이탈하게 하려고 전력을 다했다. 그리하여 그들이바라던 대로 되었으니, 그들이 위험에 휘말리지 않고도 도시는 질서를되찾았고, 예상되던 민중의 저항도 분쇄되었다. (5) 그리하여 타소스의경우 아테나이의 과두제 지지자들이 도입한 조치들은 역효과를 냈으며,내 생각에 그 밖의 다른 수많은 속국의 경우에도 그 점은 마찬가지인 듯하다. 일단 도시들이 온건한 정부와 행동의 자유를 얻자, 아테나이인들이 제공하는 허울뿐인 '법과 질서'에는 전혀 끌리지 않고 곧바로 절대 자유를 추구했기 때문이다.

65 (1) 페이산드로스 일행은 항해 도중, 지시받은 대로 여러 도시에서 민주정부를 해체했으며, 몇몇 도시에서는 자신들을 지원해줄 중무장보병을배에 태우고 갔다. (2) 공모자들이 아테나이에 도착해보니, 자신들이 해야 할 일들이 동지들에 의해 거의 끝나가고 있었다. 일부 젊은이들은 작당하여 안드로클레스라는 자를 암살했는데, 그는 민중파의 주요 지도자중 한 명으로 알키비아데스를 추방한 장본인이나 다름없었다. 그래서 그들에게는 안드로클레스를 암살할 두 가지 이유가 있었으니, 첫째, 그가

민중 선동가였기 때문이고, 둘째, 알키비아데스가 귀국해서 팃사페르네스를 아테나이의 친구로 만들어줄 것으로 내다보고 그를 암살하면 알키비아데스에게 잘 보일 것이라고 믿었기 때문이다. 그들은 마음에 들지 않는 다른 사람들 몇 명도 같은 방법으로 몰래 제거했다. (3) 한편 그들은 전투 요원 말고는 아무도 국고에서 급료를 받아서는 안 되며, 정부에 참가하는 자는 최대 5천 명으로 제한되어야 하며, 이들은 재산이나 신체로 국가에 가장 훌륭하게 봉사할 수 있는 시민들이어야 한다는 취지의 강령을 공포했다.

66 (1) 그것은 대중을 위한 선전 문구에 불과했다. 시정(市政)은 어차피 변혁을 꾀하는 자들이 장악하게 되어 있기 때문이다. 물론 민회와 추첨으로 선발된 5백 인 회의가 여전히 개최되었지만, 의제는 변혁파의 승인을 받아야 했고, 발언자는 모두 그들 중에서 나왔으며, 발언 내용은 사전검열을 받았다. (2) 다른 사람들은 그들의 수가 많은 것을 보고 겁이 나서 아무도 감히 반대 의견을 말하지 못했다. 누가 반대 의견을 말하다가는 편리한 방법으로 살해되었다. 그러나 범인을 수사하려는 사람은 아무도 없었고, 재판에 회부된 피의자는 아무도 없었다. 대신 민중은 겁이 나서 침묵했고, 아무 말도 하지 않았으면서도 자신들이 폭행당하지 않는 것을 다행으로 여겼다.

(3) 그들은 변혁을 꾀하는 자들이 실제보다 훨씬 많다고 생각하고는 자신감을 잃어버렸다. 그들은 도시가 워낙 커서 서로를 충분히 알지 못한 까닭에 실상을 파악할 수 없었다. (4) 학대받았다고 느끼는 사람은 같은 이유에서 제3자에게 불평을 털어놓거나 앙갚음할 계획을 세울 수도 없었다. 그는 전혀 모르는 사람이나 아니면 알아도 신뢰할 수 없는 사람에게 털어놓아야 할 테니 말이다.

(5) 민주제 지지자는 모두 서로를 의심하며 만났는데, 저마다 자기가 만

나는 사람이 지금 벌어지고 있는 사태에 관여하고 있다고 생각했기 때문이다. 그리고 실제로 변혁을 꾀하는 자들 중에는 과두제 지지자가 되리라고는 아무도 예상하지 못한 자들도 더러 있었다. 바로 이들이 대중 사이에 상호 불신을 조장했으며, 민주제 지지자들이 서로 불신하게 함으로써 과두제 지지자들의 기반을 굳히는 데 크게 기여했다.

67 (1) 바로 이때 페이산드로스 일행이 아테나이에 도착하자마자 남은 일을 처리하기 시작했다. 그들은 먼저 민회를 소집한 다음 절대권을 지닌 10인 위원회를 선출하여, 이들이 도시를 위해 최선의 정체라고 생각하는 바를 정해진 날짜에 민회에 제출하게 하자고 제안했다. (2) 그런 다음, 그 날짜가 다가오자 그들은 콜로노스(도시에서 10스타디온쯤 떨어진 그곳에는 포세이돈 성역이 있다)의 협소한 장소에서 민회를 개최했다.[15] 그곳에서 위원회는 단일안을 제출했는데, 그 내용은 아테나이인은 누구나 벌 받지 않고 자신이 원하는 건의안을 제출할 수 있지만, 건의안을 제출하는 사람을 불법을 저질렀다고 고발하거나 다른 수단을 동원하여 해코지하는 자는 중형에 처한다는 것이었다.

(3) 그리고 그들은 이제 아예 노골적으로 속셈을 드러내면서, 현 정체의 모든 관직은 폐지되고 관직에는 급료가 지급되지 않으며, 5인의 의장단이 선출되어 이들이 1백 명을 선출하고, 이 1백 명이 각각 3명씩을 선출하여, 이 4백 명이 최선이라고 생각되는 방법으로 도시를 다스리기 위해 전권을 갖고 회의장에 모이며, 자신들이 정한 시기에 5천 인 회의를 소집해야 한다는 안(案)을 내놓았다.

68 (1) 이 안을 제출한 것은 페이산드로스였는데, 그는 어느 모로 보나 민주

---

15 민회는 대개 아크로폴리스 정문 맞은편, 아고라가 내려다보이는 프뉙스(Pnyx) 언덕에서 개최되었다.

정부를 전복하는 데 가장 열의를 보였다. 그러나 여기까지 모든 일을 기획하고 일이 이루어지도록 가장 오랫동안 공작한 것은 안티폰[16]이었다. 그는 당시 아테나이에서 누구 못지않게 유능한 사람으로, 사고력과 표현 능력에 남다른 재능이 있었다. 그러나 그는 민회나 다른 공공 활동무대에서 앞에 나서기를 좋아하지 않았다. 그가 영리하다는 평판 때문에 대중이 그를 경계하는 경향이 있었기 때문이다. 그러나 누가 법정이나 민회에서 자신의 주장을 피력해야 할 때, 그는 자신에게 도움을 요청하는 사람들에게 가장 훌륭한 조언을 해줄 수 있었다. (2) 훗날 민주정부가 부활하고 4백 인 정부가 타도되어 거기에 참여한 자들이 새 민회에 의해 소추당할 때 안티폰도 과두정부 수립을 도왔다는 이유로 재판을 받았는데, 이때 그의 변론은 의심할 여지없이 지금까지 사형에 해당하는 중죄로 재판에 회부된 자가 행한 변론 중에서 가장 훌륭했다.[17]

(3) 프뤼니코스도 누구 못지않게 열렬한 과두제 지지자였다. 프뤼니코스는 알키비아데스를 두려워했는데(자신이 사모스에 있을 때 아스튀오코스와 모종의 거래가 있었다는 사실을 그가 알고 있다는 것을 의식하고 있었기 때문이다), 과두정부에 의해 알키비아데스가 소환될 가망은 없다고 생각한 것이다. 그리고 프뤼니코스는 일단 동조한 후에는 위험한 곳에서는 어디에서나 가장 믿음직해 보였다.

(4) 민주정부를 타도한 정파를 주도한 또 다른 인물은 하그논의 아들 테라메네스였는데, 그는 연설에 능한 영리한 사람이었다. 따라서 그토록 많은 유능한 인물들에 의해 계획된 일이 성공을 거둔 것은 놀랄 일이 아니다. 비록 어려운 일이기는 하지만. 참주들을 축출한 지 1백 년쯤 뒤에[18] 아테나이 민중한테서 자유를 빼앗는다는 것은 쉬운 일이 아니었기 때문이다. 더구나 아테나이 민중은 남에게 예속되지 않았을뿐더러, 그 세월의 반(半) 이상을 남을 지배하는 데 익숙해 있었으니 말이다.

69 (1) 민회는 이 안들을 만장일치로 가결한 뒤 해산했다. 이어서 그들은 4
백 인으로 하여금 다음과 같은 방법으로 의사당을 점거하게 했다. 데켈
레이아에 있는 적군 때문에 모든 아테나이인들은 무장을 하고 날마다 성
벽을 지키거나 초소에서 보초를 섰다. (2) 그래서 정해진 날짜에 그들은
음모에 가담하지 않은 자들은 여느 때처럼 집으로 돌아가게 하고, 공모
자들에게는 무기 바로 옆이 아니라 무기에서 멀지 않은 곳에 조용히 대
기하다가 누가 4백 인의 입장을 막으면 무장을 하고 개입하라고 일러두
었다.

(3) 그중에는 약간의 안드로스인들, 테노스인들, 3백 명의 카뤼스토스인
들, 아이기나로 파견된 아테나이 이주민도 몇몇 포함되어 있었다. 이들
은 바로 그런 목적을 위해 무구를 갖추고 왔는데, 이들에게도 같은 지시
가 내려졌다. (4) 그들이 모두 배치되었을 때, 4백 인이 폭력을 행사할 필
요가 있을 때 이용하곤 하던 (헬라스인) 젊은이들 120명의 호위를 받으
며 각자 단검을 감춘 채 나타났다. 그들은 의사당에 난입하더니 추첨으
로 선출된 의회 의원들에게 급료를 받고 떠나라고 명령했다. 의회 의원
들의 남은 임기 급료로 지급할 돈을 손수 가져온 그들은 의원들이 의사
당을 떠날 때 각자에게 나눠주었다.

70 (1) 이처럼 의회가 아무런 항의도 없이 그들을 위해 물러나고 나머지 시
민들도 침묵하며 말썽을 부리지 않자, 4백 인은 의사당에 입장하여 이번
에는 자기들 사이에서 의장단을 추첨으로 뽑고, 공직 취임 때의 관행에

---

16 저명한 정치가, 연설문 작성자이자 웅변가로, 동명의 소피스트와 동일인인지는 불분명하다.

17 그러나 그는 유죄판결을 받고 처형당했다.

18 아테나이의 참주 페이시스트라토스 일가는 기원전 510년에 최종적으로 축출되었다. 6권 59
장 참조.

따라 기도와 제물을 신들에게 바쳤다. 그들은 나중에 민주제도를 크게 변경했지만, 알키비아데스가 추방자들에 포함되어 있어서 추방자들을 소환하지는 않았다. 그러나 그들은 다른 점에서는 도시를 엄하게 다스렸다. (2) 그들은 수가 많지는 않지만 제거하는 것이 편리하다고 생각되는 자들을 더러는 살해하고, 더러는 투옥하거나 추방했다. 그들은 또 데켈레이아에 와 있는 라케다이몬 왕 아기스에게 전령을 보내, 자신들은 평화조약을 맺을 용의가 있으며, 그도 신뢰할 수 없는 민주정부보다는 자신들과 협상하는 편이 바람직할 것이라고 전하게 했다.

71 (1) 그러나 아기스는 아테나이 민중이 옛날부터 내려오는 자유를 그렇게 금세 포기하지 않을 것이며, 적의 대군이 몰려오는 것을 보면 가만있지 않을 것이라고 믿었다. 아무튼 그는 지금 아테나이의 소요 사태가 진정되었다고는 전혀 믿지 않았다. 그래서 그는 4백 인의 사절단에게 비타협적인 답변을 했고, 오히려 펠로폰네소스로 사람을 보내 대규모 증원부대를 요청했다. 그리고 얼마 뒤 그는 새로 도착한 부대와 함께 데켈레이아의 수비대를 이끌고 곧장 아테나이의 성벽을 향해 진격했는데, 아테나이가 공황 상태에 빠져 무조건 항복하거나, 내우외환에 시달린 나머지 도시가 손쉽게 함락되리라고 내다보았다. 말하자면 그는 지키는 자들이 없는 긴 성벽들[19]을 십중팔구 점령할 수 있다고 자신한 것이다.

(2) 그러나 아기스가 다가가도 아테나이인들은 내부에서 동요하는 기색을 전혀 보이지 않고, 기병대와 일부 중무장보병 부대와 경무장보병 부대와 궁수를 내보냈다. 그러자 이들이 앞장서서 너무 가까이 다가간 그의 대원들에게 날아다니는 무기를 쏘아대더니 전사자들의 무구와 시신을 날라갔다. 그래서 아기스는 아테나이의 상황을 파악하고 군대를 철수시켰다.

(3) 그는 자신의 부대와 함께 데켈레이아의 진지에 머무르고, 증원부대

는 앗티케 땅에 며칠 더 머무르다가 집으로 돌아가게 했다. 그 뒤 4백 인은 아기스에게 계속 전령을 보내 협상을 제안했고, 그도 이번에는 거기에 응할 의향이 있었다. 그래서 그들은 그의 조언에 따라 평화조약에 관해 협상하도록 라케다이몬에 사절단을 파견했으니, 전쟁을 끝내고 싶었기 때문이다.

72 (1) 그들은 또 군대의 호감을 사려고 10인을 사모스에 파견하여, 과두정부는 도시나 시민들을 해롭게 하기 위해서가 아니라 국가 전체를 구하기 위해 도입된 것이며, 정부에는 4백 인뿐 아니라 5천 인도 참여하고 있다고 설명하게 했다. 하지만 아테나이인들은 전쟁과 대외 업무 때문에, 중대성 여부를 떠나 어떤 사안을 논의하기 위해 5천 인을 한자리에 모이게 한 적은 한 번도 없었다고 했다. (2) 이들은 그 밖의 다른 일과 관련해서도 적절한 발언을 하라는 지시를 받고는 새 정부가 들어선 직후 파견되었다. 그것은 아테나이 해군으로 근무하는 자들이 과두정부와 함께하려고 하지 않아 사모스에서 시작된 분란이 새 정부의 전복으로 막을 내리지 않을까 4백 인이 두려워했기 때문인데, 아닌 게 아니라 실제로 그렇게 되었다.

73 (1) 말하자면 사모스에서는 벌써 과두제에 반대하는 움직임이 시작되어, 4백 인이 아테나이에서 조직화되고 있을 무렵 다음과 같은 일이 일어났다. (2) 앞서 말했듯, 지배계급에게 반란을 일으켜 민주정부를 수립한 일부 사모스인들[20]이 다시 입장을 바꾸었다. 그들은 팃사페르네스에게서 막 돌아온 페이산드로스와 사모스에 있는 그의 추종자들에게 설득당하여 약 3백 명으로 공모자 집단을 구성한 뒤 나머지 주민을 민주제 지지

19 1권 108장 참조.
20 8권 21장 참조.

자로 보고 공격하려 했다. (3) 그들은 휘페르볼로스[21]라는 아테나이인도 살해했는데, 그자는 사람들이 그의 권력이나 명망을 두려워해서가 아니라 도시에 해악을 끼치고 수치를 안겨주기에 도편추방[22]한 불량배였다. 그들은 그자를 제거할 때 아테나이인들의 신임을 받기 위해 아테나이 장군 카르미노스와 자기들을 지지하는 다른 아테나이인 몇 명과 결탁했다. 그들은 그 밖의 다른 폭력 사건에서도 아테나이인들과 결탁했으며, 이제는 다수파인 민주제 지지자들을 공격하려고 했다.

(4) 그러나 사모스의 민주제 지지자들은 그들의 의도를 낌새채고 아테나이 장군들인 레온과 디오메돈(이들은 민중에 의해 공직에 임명된 터라 마지못해 과두제를 지지했다), 삼단노선 선장인 트라쉬불로스, 중무장 보병인 트라쉴로스, 그 밖에 과두제 공모자들에게 언제나 가장 적대적이라는 인상을 주는 자들에게 일러바쳤다. 그들은 이들에게 사모스는 아테나이 제국에 남은 유일한 보루인 만큼 사모스인들이 망하고 사모스가 아테나이 동맹을 이탈하도록 수수방관하지 말아달라고 간청했다.

(5) 이러한 호소는 효과가 있었다. 그들의 호소를 들은 사람들은 병사들을 개별적으로 찾아가 그런 일이 일어나지 못하게 막으라고 촉구하면서 특히 파랄로스호(號)의 선원에게 정성을 쏟았는데, 이들은 모두 자유민으로 태어난 아테나이 시민들로[23] 실재하는 것이든 가상적인 것이든 과두제라면 어디에서나 공격할 각오가 되어 있었다. 그리고 레온과 디오메돈은 어느 곳으로 출항하든 사모스인들을 보호하려고 함선 몇 척을 뒤에 남겨두고 갔다. (6) 그래서 3백 명이 그들을 공격했을 때 모든 선원, 특히 파랄로스호의 선원이 똘똘 뭉쳐 방어에 나섰고, 그래서 다수파인 민주제 지지자들이 승리했다. 그들은 3백 명 가운데 30명 정도를 살해하고, 주동자 3명은 추방했다. 나머지는 모두 사면받아 그 뒤 민주국가에서 시민권을 행사했다.

74 (1) 사모스인들과 사모스에 있는 아테나이군은 이제 4백 인이 권력을 장악한 줄도 모르고 파랄로스호를 전속력으로 아테나이로 파견하며 그간에 일어난 일을 보고하게 했다. 그 배에는 민주정부로의 회귀를 누구보다 열렬히 지원한 아르케스트라토스의 아들 카이레아스라는 아테나이인이 타고 있었다. (2) 그들이 입항하자마자 4백 인은 파랄로스호 선원두세 명을 체포하고 그들의 함선을 압류하더니 나머지 선원들을 에우보이아 섬을 돌며 순찰하게 되어 있는 병력 수송선에 태웠다.

(3) 카이레아스는 사태를 파악하자마자 재빨리 빠져나와 사모스로 돌아가, 그곳에 있는 병사들에게 아테나이에서 벌어지고 있는 무서운 일들을 크게 과장해서 들려주었다. 그에 따르면, 아테나이에서는 자유민이 노예처럼 매질을 당하고, 정부에 반대하는 발언은 허용되지 않으며, 병사들의 처자들은 성폭행당하고, 사모스에서 복무하는 자 가운데 그들에게 동조하지 않는 자의 친척들을 4백 인이 체포하여 투옥할 계획이라는 것이었다. 그 밖에도 그는 다른 거짓말을 많이 보탰다.

75 (1) 이 말을 듣고 병사들은 맨 먼저 과두제 지지자 중에서 주동자들과 그들의 동조자들을 공격해 죽이려 했다. 그러나 적 함대가 전투준비를 완료하고 바로 코앞에 있는데 그러다가는 모든 일을 다 그르칠 위험이 있다고 온건파가 지적하자 결국 그만두었다. (2) 그 뒤 뤼코스의 아들 트라쉬불로스와 트라쉴로스(이 두 사람은 민주정부로 회귀시키는 데 가장 적극적이었다)는 이번에는 사모스에 있는 아테나이인들 사이에서 민주

---

21 클레온과 비슷한 민중 선동가로, 희극작가 아리스토파네스도 그를 인신공격하고 있다. 『구름』550~560행, 『기사』1304행, 『벌』1007행 참조.

22 1권 주115 참조.

23 아테나이 해군에는 외국인 용병도 많았다.

제가 돌이킬 수 없는 것임을 분명히 해두고 싶었다. 그래서 그들은 모든 병사들, 특히 과두제 지지 병사들에게, 그들이 민주제를 지지하고 공동보조를 취할 것이며, 대(對)펠로폰네소스 전쟁을 적극적으로 수행할 것이며, 4백 인을 협상의 여지가 없는 적으로 간주하겠다고 가장 엄숙히 맹세하게 했다. (3) 입대할 나이가 된 사모스인들도 모두 같은 맹세를 했다. 아테나이군은 모든 일에 사모스인들과 연대의식을 느꼈으며, 위험도 그 결과도 함께할 각오가 되어 있었다. 그들은 자신들에게도 사모스인들에게도 안전한 피난처는 없으며, 4백 인이나 밀레토스에 있는 적군에게 지면 자신들은 끝장난다고 확신했다.[24]

76 (1) 그리하여 한동안 아테나이에 민주제를 다시 도입하려는 군대와 군대에 과두제를 강요하려는 4백 인 사이에 치열한 권력투쟁이 벌어졌다. (2) 병사들은 즉시 회의를 열고 이전 장군들과 신뢰할 수 없는 삼단노선 선장들을 해임하고 그들 대신 새 선장과 장군들을 선출했는데, 새로 뽑힌 장군들 중에는 트라쉬불로스와 트라쉴로스도 포함되어 있었다. (3) 여러 사람이 일어서서 그들을 격려하는 연설을 했는데, 도시가 그들에게서 이탈했다 해서 낙담할 필요가 없다고 했다. 그것은 소수파가 다수파에서 이탈한 것이며, 다수파인 그들이 모든 면에서 더 훌륭한 장비를 갖추고 있다고 했다. (4) 그들은 모든 함대를 장악하고 있어서, 페이라이에우스 항에 해군기지를 두고 있을 때와 마찬가지로 다른 속국들에 공물을 바치도록 강요할 수 있을 것이라고 했다. 또한 사모스 전쟁 때 하마터면 아테나이인들에게서 제해권을 빼앗아갈 뻔했을 정도로 강력한 사모스가 함께하는 만큼, 그들은 적군이 공격해와도 그곳을 기지 삼아 이전처럼 물리칠 수 있을 것이라고 했다. 그들은 또 함대를 갖고 있어서 본국에 있는 아테나이인들보다 생필품을 조달하기가 더 쉬울 것이라고 했다. (5) 지난날 본국의 아테나이인들이 페이라이에우스 항으로 들어

오는 해상 교통로를 확보할 수 있던 것은 오직 사모스에 전진기지를 갖고 있었기 때문인데, 만약 지금 본국의 아테나이인들이 그들에게 민주정부를 돌려주기를 거부한다면, 본국에 있는 아테나이인들이 사모스의 함대에게 바다를 봉쇄하기보다는 사모스에 있는 함대가 본국의 아테나이인들에게 바다를 봉쇄하기가 더 쉬울 것이라고 했다.

(6) 아무튼 본국은 적군에게 이기도록 조금밖에 또는 전혀 도움을 줄 수 없으며, 본국의 아테나이인들은 더는 군자금을 보내주지 못해 병사들이 비용을 자담하게 하고, 어떤 의미 있는 정치적 결단을(국가가 군대를 통제하는 것은 바로 그 때문이다) 내릴 수 없는 만큼, 그런 자들을 잃는 것은 손실이 아니라고 했다. 이 점에서 본국의 아테나이인들이 조상 전래의 정체를 전복함으로써 큰 실수를 저지른 반면, 사모스의 아테나이인들은 그 정체를 유지하고 본국에도 그 정체를 다시 도입하려고 최선을 다하고 있으니, 훌륭한 정치적 조언은 아테나이에서보다는 사모스에서 구하는 편이 더 나을 것이라고 했다.

(7) 그 밖에 알키비아데스에 관한 발언도 있었는데, 만약 그들이 그에게 안전을 보장하며 추방에서 소환해주기만 해도 그는 감지덕지해서 대왕을 그들의 우군으로 만들어줄 것이라고 했다. 무엇보다도 그 모든 것이 실패로 끝나더라도 그들이 그토록 많은 함선을 보유하고 있으니 도시든 농촌이든 얼마든지 피난처를 찾을 수 있을 것이라고 했다.

77 그들은 회의장에서 그런 말로 서로를 격려했고, 전쟁을 계속하기 위한 준비에도 같은 열의를 보였다. 4백 인이 사모스에 파견한 10인 사절단은 델로스에 도착해 이 소식을 접하고 그곳에 그대로 머물렀다.

---

24 사모스인들은 끝까지 아테나이의 충실한 동맹국으로 남았다. 그래서 아테나이인들은 그 보답으로 기원전 405년 모든 사모스인들에게 아테나이 시민권을 주기로 결의한 바 있다.

78 이 무렵 밀레토스에 있는 펠로폰네소스 함대의 병사들은 아스튀오코스와 팃사페르네스가 일을 망쳐놓았다고 공공연히 불평을 늘어놓으며 소동을 일으켰다. 그들의 주장에 따르면, 아스튀오코스는 전에 자신들이 유리하고 아테나이 함대의 규모가 작았을 때도 해전을 벌이기를 거부하더니, 듣자 하니 아테나이인들 사이에 내분이 일어나고 그들의 함선들이 여전히 분산되어 있는 지금도 싸우기를 거부한다는 것이었다. 대신 그들은 팃사페르네스의 말뿐이고 실체도 없는 포이니케 함대를 기다리느라 지칠 대로 지쳤다고 했다. 팃사페르네스에 관해 말하자면, 그는 포이니케 함대를 인솔해오지 못했을 뿐 아니라 급료를 제때에 전액 지급하지 않아 그들의 해군을 망치고 있다고 했다. 그러니 더는 연기하지 말고 당장 결전을 벌여야 한다고 했다. 특히 쉬라쿠사이인들이 그렇게 하기를 고집했다.

79 (1) 동맹군과 아스튀오코스는 병사들이 그렇게 불평한다는 것을 알고 회의를 열어 바다에서 결전을 벌이기로 결정했는데, 무엇보다도 사모스에 내분이 일어났다는 소식을 들었기 때문이다. 그래서 그들은 112척의 함대 전체를 바닷물에 띄우고 뮈칼레 곶으로 향하게 하는 한편, 밀레토스인들에게도 육로로 그곳에 가서 합류하라고 명령했다.

(2) 이때 아테나이인들은 사모스에서 함선 82척을 이끌고 와서 뮈칼레 곶의 글라우케 항에 정박하고 있었다. (그곳을 거치면 사모스에서 뮈칼레 쪽 대륙까지는 먼 거리가 아니었기 때문이다.) 그들은 펠로폰네소스 함대가 다가오는 것을 보자 사모스로 철수했는데, 이 한 번의 전투에 모든 것을 다 걸기에는 자신들이 수적으로 열세라고 생각했기 때문이다.

(3) 게다가 그들은 적군이 싸우려 한다는 정보를 밀레토스에서 미리 입수하고는, 스트롬비키데스가 키오스에서 아뷔도스로 간 함선들을 증원부대로 이끌고 헬레스폰토스에서 돌아오기를 기대하고 있었다. 그에게

이미 사자를 파견해두었기 때문이다. (4) 그래서 아테나이인들은 사모스로 철수했고, 펠로폰네소스인들은 뮈칼레에 입항하여 밀레토스와 인근 지역에서 온 보병 부대와 함께 그곳에 진을 쳤다. (5) 이튿날 그들은 사모스 쪽으로 항해하려 했지만 스트롬비키데스가 함선들을 이끌고 헬레스폰토스에서 도착했다는 소식을 접하고 곧장 밀레토스로 회항했다. (6) 증원부대가 도착하자 이번에는 아테나이인들이 결전을 벌이기 위해 108척의 함선을 이끌고 밀레토스를 향하여 항해했지만, 아무도 대항하러 나오지 않자 사모스로 회항했다.

80 (1) 펠로폰네소스인들은 자신들이 아테나이의 전 함대의 적수가 못 된다고 보고 나가 싸우기를 거절했다. 그러나 무엇보다도 팃사페르네스가 급료를 잘 지급하지 않아 그토록 많은 함선의 유지비를 구하기가 어려운 터라, 같은 해 여름 그런 일이 있은 직후 그들은 람피아스의 아들 클레아르코스를 함선 40척과 함께 파르나바조스에게 파견했는데, 그는 원래 펠로폰네소스를 떠날 때 그렇게 하라는 지시를 받았다. (2) 파르나바조스가 그들을 초청하며 유지비를 지급하겠다고 했고, 뷔잔티온 시도 그들에게 전령을 보내 아테나이 동맹을 이탈하겠다는 뜻을 밝혀왔기 때문이다.

(3) 그래서 이 펠로폰네소스 선단은 도중에 아테나이인들에게 발각되지 않으려고 난바다로 나갔다가 폭풍을 만나, 클레아르코스와 대부분의 함선은 델로스로 간 다음 나중에 그곳에서 밀레토스로 돌아갔다. 그 뒤 클레아르코스는 육로로 다시 헬레스폰토스로 가서 그곳에서 지휘를 맡았다. 한편 그의 함선들 중 메가라인 헬릭소스가 지휘하던 10척은 무사히 헬레스폰토스에 도착해 뷔잔티온이 아테나이 동맹을 이탈하게 했다. (4) 그 뒤 사모스의 아테나이인들은 그 소식을 듣고 헬레스폰토스를 지키도록 선단을 파견했다. 그래서 양쪽은 뷔잔티온 앞바다에서 각각 8척

의 함선으로 잠시 동안 해전을 벌였다.

81 (1) 트라쉬불로스는 사모스에 민주제를 다시 도입한 뒤로 줄곧 알키비아데스가 소환되어야 한다고 고집했으며, 그의 동료 지도자들도 그와 같은 의견이었다. 그는 결국 민회를 열어 병사 대중을 설득했고, 이들은 알키비아데스를 소환하고 안전을 보장해주기로 결의했다. 그러자 그는 배를 타고 팃사페르네스를 찾아가서 알키비아데스를 데리고 사모스로 돌아왔는데, 알키비아데스가 팃사페르네스를 펠로폰네소스인들 편에서 자기편으로 돌리는 것 말고는 아테나이인들이 살길이 없다고 믿었기 때문이다.

(2) 민회가 개최되자 알키비아데스는 먼저 자신이 추방자로서 겪은 가혹한 운명에 대해 신세타령을 하더니 정세 일반에 관해 장광설을 늘어놓으며 청중이 미래에 대한 희망에 부풀게 했고, 팃사페르네스에 대한 자신의 영향력을 크게 과장했다. 그도 그럴 것이, 그의 목적은 본국의 과두제 지지자들이 자기를 두려워하여 파당들을 해체하게 하고, 사모스의 아테나이인들 사이에서 자신의 신망을 높이는 동시에 그들에게 자신감을 불어넣어주고, 적군과 팃사페르네스의 사이가 되도록이면 나빠지게 함으로써 적군이 지금 품고 있는 희망을 무산시키는 것이었기 때문이다.

(3) 그래서 알키비아데스는 허풍을 치며 엄청난 약속을 했는데, 팃사페르네스가 만약 아테나이인들을 믿을 수만 있다면 마지막에는 자기 침대를 팔더라도 그에게 돈이 있는 한 아테나이인에게 유지비가 달리는 일이 없게 할 것이고, 지금 벌써 아스펜도스 항에 와 있는 포이니케 함대를 펠로폰네소스인들보다는 아테나이인들에게 인도할 것이지만, 단, 알키비아데스가 무사히 귀국하여 그들을 위해 보증을 서야만 그가 아테나이인들을 믿을 수 있을 것이라고 자기에게 확약했다는 것이었다.

82 (1) 그 밖에도 이런저런 말을 듣고 사모스의 아테나이인들은 즉시 알키

비아데스를 이전의 장군들과 함께하도록 장군으로 뽑아서 모든 것을 그에게 일임했다. 그들은 저마다 자신이 무사히 구원받고 4백 인을 응징하게 될 것이라는 현재의 희망을 세상 어떤 것과도 바꾸지 않았을 것이다. 그런 약속에 현혹되어 그들은 적군이 지척에 있다는 사실도 무시하고 당장이라도 페이라이에우스 항을 향해 출발하고자 했다. (2) 그러나 알키비아데스는 다수가 재촉하는데도 가까이 있는 적군에게 등을 돌리고 페이라이에우스 항으로 항해하기를 딱 잘라 거절했다. 그는 이제 장군으로 선출된 만큼 먼저 배를 타고 팃사페르네스를 찾아가 전쟁을 수행할 계획을 짜야 한다고 했다.

(3) 민회가 파한 뒤 그는 곧장 떠났는데, 자신과 팃사페르네스 사이에 완전한 협력이 이루어지고 있다는 인상을 주기 위해서였다. 그는 또 팃사페르네스에게 자신의 위신을 세우고, 이제는 자신이 장군으로 선출되었으니 그를 이롭게 할 수도 있고 해롭게 할 수도 있다는 점을 분명히 해두고 싶었다. 사실 알키비아데스는 아테나이인들을 팃사페르네스에 대한 압력 수단으로, 팃사페르네스를 아테나이인들에 대한 압력 수단으로 이용한 것이다.

83 (1) 밀레토스의 펠로폰네소스인들은 알키비아데스가 소환되었다는 소식을 접하자 전에도 팃사페르네스를 의심했지만 이제는 그와 더욱 소원해졌다. (2) 그들은 알키비아데스가 팃사페르네스에게 피신했을 때 그를 못마땅하게 여기기 시작하다가, 아테나이인들이 밀레토스를 공격하려 했을 때 펠로폰네소스인들이 나가서 싸우기를 거부한 뒤로 그가 급료 지급을 게을리하자 더욱 미워하게 된 것이다. (3) 그래서 병사들은 여느 때처럼 한데 모여(이번에는 병사들뿐 아니라 일부 대장들도 가세했다) 불평을 늘어놓기 시작했는데, 자신들은 급료를 전액 다 받은 적이 한 번도 없고 적게 받거나 불규칙하게 받았으며, 만약 누가 함대를 이끌고 싸

우러 나가거나 유지비를 확보할 수 있는 곳으로 이동하지 않는다면 대원들은 탈영하기 시작할 것이며, 그게 다 아스튀오코스가 자신의 이익을 위해 팃사페르네스의 비위를 맞춰주기 때문이라고 했다.

84 (1) 그들이 그렇게 불평을 늘어놓는 동안 아스튀오코스가 신변의 위협을 느끼는 소요 사태가 발생했다. (2) 쉬라쿠사이인과 투리오이인 선원은 대부분 자유민으로 더 대담하게 아스튀오코스 주위로 몰려들며 급료 지급을 요구했다. 그러자 아스튀오코스는 위협조의 다소 부정적인 답변을 했고, 도리에우스가 자기 대원들의 주장을 지지하자 그를 치려고 지팡이를 들기까지 했다.

(3) 그 광경을 본 병사들 무리는 선원들이 그러하듯 화가 욱 치밀어 아스튀오코스를 치러 몰려갔다. 그러나 그는 그들의 의도를 미리 알고 가까이 있는 제단으로 피신했다. 그래서 그는 다치지 않았고, 병사들은 흩어졌다. (4) 그런가 하면 밀레토스인들은 팃사페르네스가 밀레토스에 구축한 요새를 기습적으로 점령하고 그곳에 배치한 수비대를 내쫓았다. 그들의 이런 행동은 다른 동맹군, 특히 쉬라쿠사이인들의 승인을 받은 것이었다.

(5) 그러나 리카스는 이를 못마땅하게 여기고, 밀레토스인들과 그 밖에 대왕의 영토에 거주하는 다른 사람들은 전쟁이 성공적으로 끝날 때까지 팃사페르네스를 적당히 존중하며 사이좋게 지내야 한다고 말했다. 이 발언과 그 밖에 이와 비슷한 발언 때문에 밀레토스인들은 그에게 분개했고, 나중에 그가 병사(病死)하자 밀레토스의 라케다이몬인들이 원하는 곳에 그를 매장하는 것을 허락하지 않았다.

85 (1) 병사들이 아스튀오코스와 팃사페르네스와 이처럼 사이가 나빠지자 민다로스가 라케다이몬에서 아스튀오코스의 후임 제독으로 부임해왔다. 그래서 아스튀오코스가 배를 타고 귀로에 오르자, (2) 팃사페르네스

는 자신의 측근 중에서 두 가지 말[25]을 다 할 줄 아는 가울리테스라는 카리아인을 대변인으로 그와 함께 파견했는데, 자신의 보루와 관련하여 밀레토스인들의 행동에 항의하는 동시에 자신에 대한 반론에 맞서 자신을 옹호하게 하기 위해서였다. 그는 밀레토스인들이 무엇보다도 자신을 탄핵하기 위해 라케다이몬으로 가고 있으며, 그들과 동행하는 헤르모크라테스가 아마도 자신을 알키비아데스와 짜고 펠로폰네소스인들의 일을 망쳐놓으려고 양다리를 걸치는 표리부동한 인물임을 폭로하리라는 것을 알고 있었기 때문이다.

(3) 헤르모크라테스는 함대를 위한 급료 지급 문제와 관련해 팃사페르네스와 늘 사이가 나빴다. 그리고 나중에 헤르모크라테스가 쉬라쿠사이에서 추방당하고 다른 장군들(포타미스, 뮈스콘, 데마르코스가 그들이다)이 밀레토스에 있는 쉬라쿠사이 함대 지휘관으로 부임해오자, 팃사페르네스는 지금은 추방자 신세가 된 자신의 적을 더욱 맹렬히 공격하며, 그가 자신을 적대시한 것은 무엇보다도 자기에게 돈을 요구했다가 거절당했기 때문이라고 주장했다. (4) 그래서 아스튀오코스와 밀레토스인들과 헤르모크라테스는 배를 타고 라케다이몬으로 떠났다. 그사이 알키비아데스는 팃사페르네스의 곁을 떠나 사모스로 돌아갔다.

86 (1) 앞서 말했듯 4백 인이 그간의 상황을 설명하고 군대의 호감을 사려고 사모스의 아테나이인들에게 파견한 사절단이 델로스에서 사모스에 도착한 것은 알키비아데스가 돌아온 뒤였다. 그래서 민회가 개최되자 사절단이 발언하려 했다. (2) 그러나 병사들은 처음에 그들의 말을 들으려 하지 않고 민주정부를 무너뜨린 자들을 죽이라고 계속해서 소리쳤다. 그러나 마침내 병사들이 간신히 잠잠해지더니 그들이 하는 말을 들었다.

---

25 그리스어와 페르시아어.

(3) 그러자 그들이 보고하기를, 정체를 바꾼 것은 아테나이를 구하기 위해서지 망하게 하기 위해서가 아니며, 적에게 아테나이를 팔아넘기기 위해서도 아니라고 했다. 그럴 요량이었다면 얼마 전 새 정부가 들어서고 나서 적군이 침입했을 때 그랬을 것이라고 했다. 그리고 5천 인도 모두 번갈아 정부에 참여하고 있으며, 병사들의 가족들은 카이레아스가 모함하려고 보고한 것과 달리 학대받기는커녕 아무 피해도 입지 않고 안전하게 자신의 재산을 즐기고 있다고 했다.

(4) 사절단은 그 밖에도 많은 말을 했지만, 청중은 더는 들으려 하지 않았다. 대신 병사들은 다시 분통을 터뜨리며 이런저런 제안을 했는데, 대부분이 페이라이에우스를 공격하자고 했다. 이때 알키비아데스가 처음으로 조국에 크게 공헌했다고 할 수 있을 것이다. 사모스의 아테나이인들이 본국의 동포들을 공격하려고 출항하려 했을 때(그랬더라면 적군은 의심의 여지없이 당장 이오니아 지방과 헬레스폰토스를 점령했을 것이다) 알키비아데스가 그들을 제지했으니 말이다. (5) 그 순간 다른 사람은 아무도 군중을 제지할 수 없었을 것이다. 그러나 그는 그들이 본국의 동포들을 공격하려고 출항하는 것을 막았으며, 사감(私感)에서 사절단에게 분통을 터뜨리는 것은 창피한 짓이라고 나무라며 그러지 못하게 제지했다.

(6) 그는 자신이 직접 답변하며 사절단을 돌려보냈는데, 그는 답변하기를, 자기는 5천 인 정부에 아무런 이의가 없지만 그들은 4백 인을 내보내고 원래대로 5백 인 의회를 부활해야 한다고 했다. 만약 경비 절감이 병사들에게 더 많은 급료를 지급하기 위한 것이라면 이를 전적으로 환영한다고 했다. (7) 그 밖에도 그는 그들에게 굳건하게 버티고 적군에게 양보해서는 안 된다고 말하며, 도시가 보전되면 두 정파가 화해할 가능성이 많지만, 사모스에 있는 정파든 아테나이에 있는 정파든 어느 한쪽이 잘

못되면 서로 화해할 가망이 더는 없다고 했다.

(8) 아르고스에서도 사절이 몇 명 와서 사모스에 있는 아테나이 민주제 지지자들을 도와주겠다고 제의했다. 알키비아데스는 고맙다는 인사를 하고 요청할 때 도와달라며 그들을 돌려보냈다. (9) 아르고스인들은 파랄로스호의 선원과 함께 도착했는데, 이들은 앞서 말했듯 4백 인에 의해 에우보이아 섬을 순찰하게 되어 있는 병력 수송선에 배속되었었다. 그 뒤 그들은 4백 인에게서 몇 명의 사절(라이스포디아스, 아리스토폰, 멜레시아스가 그들이다)을 라케다이몬으로 태워다 주라는 지시를 받았다. 그러나 그들이 항해하여 아르고스 앞바다에 이르렀을 때 민주정부 전복의 주동자들이라는 이유로 사절들을 체포해 아르고스인들에게 넘겨주었다. 그리고 파랄로스호 선원들은 아테나이로 돌아가는 대신 아르고스 사절단을 태우고 자신들의 삼단노선 뱃머리를 아르고스에서 사모스로 돌렸다.

87 (1) 같은 해 여름 팃사페르네스는 포이니케 함대를 데려오려고 아스펜도스로 떠날 준비를 하며 리카스에게 동행하기를 요청했다. 이때는 다른 이유도 있지만 무엇보다 알키비아데스가 소환된 까닭에 팃사페르네스에 대한 펠로폰네소스인들의 반감이 극에 달한 시기로, 그들은 그가 분명 아테나이와 협력한다고 믿었다. 그래서 팃사페르네스는 적어도 겉으로 보기에는 그런 혐의를 벗고 싶은 것이다. 그러면서 그는 자신이 출타하고 없는 동안 군대에 유지비가 지급되도록 하라고 자신의 부관(副官) 타모스에게 지시해두겠다고 했다.

(2) 팃사페르네스가 무슨 의도로 아스펜도스에 갔는지, 왜 그가 거기 갔다가 함대를 데려오지 않았는지는 의견이 분분하며 실상을 알기가 쉽지 않다. (3) 147척으로 구성된 포이니케 함대가 아스펜도스까지 와 있었던 것은 확실하다. 그러나 왜 그 함대가 그곳에서 더는 오지 않았는지는 추

측만 무성하다. 일설에 따르면, 그가 아스펜도스에 간 것은 펠로폰네소스인들을 지치게 하겠다는 그의 본디 정책의 연장이라고 한다. 실제로 유지비 지급은 타모스에게 위임되고 나서 개선되기는커녕 오히려 더 나빠졌다. 다른 설에 따르면 그는 포이니케인들을 쓸 의향이 없으면서 아스펜도스까지 데려왔는데, 그것은 병역을 면제해주는 대가로 그들에게서 돈을 받기 위해서였다고 한다. 또 다른 일설에 따르면, 그것은 라케다이몬 쪽의 강력한 항의 때문으로, 그는 자기가 부정직한 사람이 아니며 실제로 이미 선원이 모두 승선한 함선들을 데려오려고 그곳에 갔다는 소문이 퍼지기를 원한 것이라고 한다.

(4) 그러나 나는 팃사페르네스가 함대를 데려오지 않은 까닭은 헬라스군을 지치게 하고 견제하기 위해서였다고 확신한다. 말하자면 그가 아스펜도스에 가서 그곳에 오랫동안 체류함으로써 그들의 힘이 빠지게 하고, 어느 쪽도 편들지 않음으로써 양쪽이 백중지세를 이루게 하기 위해서였다. 그는 그러기를 원했다면 자신이 개입함으로써 의심의 여지없이 전쟁을 끝내는 데 결정적인 역할을 할 수 있었을 테니 말이다. 만약 그가 함대를 데려왔다면 당시 열세이기는커녕 대등한 해군력으로 아테나이인들과 대치하고 있던 라케다이몬인들에게 십중팔구 승리를 안겨주었을 것이기 때문이다.

(5) 그가 포이니케 함대를 데려오지 않으면서 둘러댄 핑계야말로 그의 본심을 드러내 보여주는데, 그 핑계란 대왕이 지시한 것만큼 많은 함선이 집결하지 않았다는 것이었다. 하지만 그게 사실이라면 그는 대왕의 돈을 절약하고 적은 경비로도 같은 결과를 얻었으니 더욱더 대왕의 총애를 받았을 것이다. (6) 의도가 무엇이었든 팃사페르네스는 아스펜도스에 가서 포이니케인들을 만났다. 또한 그의 요청에 따라 펠로폰네소스인들은 아마도 함선을 데려오게 하려고 필립포스라는 라케다이몬인을 삼

단노선 2척과 함께 파견했다.

88 알키비아데스는 팃사페르네스가 아스펜도스로 향한다는 말을 듣고 자신도 함선 13척을 이끌고 그곳을 향해 출항하며, 자기는 포이니케 함대를 아테나이인들에게로 데려오거나 아니면 적어도 함대가 펠로폰네소스인들에게 넘어가지 못하도록 막음으로써 사모스의 아테나이인들에게 틀림없이 큰 이익을 주겠다고 약속했다. 알키비아데스는 아마도 오래전부터 팃사페르네스가 아스펜도스에서 함대를 데려올 의향이 없다는 것을 알고, 그가 자신과 아테나이인들의 친구인 것처럼 보이게 함으로써 그와 펠로폰네소스인들 사이의 틈이 더 벌어지게 하다가, 마지막에는 그것을 이용해 그가 아테나이인들 편이 되지 않을 수 없도록 강요할 참이었다. 그래서 알키비아데스는 출항하여 동쪽으로 파셀리스와 카우노스를 향해 곧장 뱃머리를 돌렸다.

89 (1) 4백 인이 사모스에 파견한 사절단은 이제 사모스에서 아테나이로 돌아와 알키비아데스가 한 말을 보고했는데, 굳건하게 버티면서 적군에게 양보하지 말고, 본국의 아테나이인들과 사모스의 군대가 서로 화해할 가능성이 많은데, 그렇게 되면 펠로폰네소스인들에게 이길 수 있을 것이라 하더라고 했다. 그런데 대부분의 과두제 지지자들은 벌써 과두제에 불만을 품고 뒤탈만 없다면 과두제에서 기꺼이 벗어나고 싶은 터라 이 보고는 그들에게 고무적이었다.

(2) 이제 그들은 동아리를 결성해 지금 상황을 비판하기 시작했는데, 그들의 이런 움직임을 주도한 것은 장군이거나 과두정부의 공직자인 하그논의 아들 테라메네스, 스켈리아스의 아들 아리스토크라테스 등이었다. 이들은 변혁을 주도하긴 했지만 지금은 사모스의 군대와 알키비아데스가 두려웠거나 또는 두렵다고 말했으며, 라케다이몬으로 사절단을 파견하는 자신들의 동료들이 다수파와 상의하지도 않고 제멋대로 국가에 해

로운 일을 하지 않을까도 두려웠다. 그래서 그들은 극단적인 과두제와는 거리를 두어야 하고, 5천 인을 허울 아닌 실체로 만들어야 하며, 더 평등한 정부를 수립해야 한다고 생각했다.

(3) 하지만 이것은 정치 선전에 불과했다. 그들은 대부분 개인적 야망에 쫓겨 민주정부를 뒤이은 과두정부에 치명적인 행동 방식을 따랐다. 처음부터 과두제 지지자들은 서로 평등한 것이 불만스러워 모두들 자신이 제일인자라고 생각했으니 말이다. 반면 민주제에서는 낙선자가 자신이 대등한 경쟁자들에게 진 것이 아니라고 자위할 수 있기 때문에 선거 결과를 받아들이기가 더 수월하다. (4) 그러나 불만분자들에게 가장 큰 영향을 준 것은 사모스에서의 알키비아데스의 힘과, 과두정부가 오래가지 못할 것이라는 믿음이었다. 그래서 그들은 저마다 자기가 먼저 민중의 지도자가 되려고 서로 경쟁했다.

90 (1) 4백 인 중에서 이런 종류의 타협에 가장 반대한 사람은 전에 사모스에서 장군이었을 때 알키비아데스와 가장 사이가 나빴던 프뤼니코스, 민주제를 가장 오랫동안 가장 반대한 아리스타르코스, 페이산드로스, 안티폰과 그 밖의 유력자들이었다. 그들은 자신들이 권력을 잡고 사모스에 있는 군대가 자신들에게 맞서 민주제를 지지하고 나서자마자 벌써 라케다이몬에 자신들의 사절단을 보내 자신들이 원하는 평화조약을 맺게 했고, 에에티오네이아라는 곳에 성벽을 쌓기 시작했다. 그러나 그들은 자신들의 사절단이 사모스에서 돌아온 뒤 일반 민중뿐 아니라 전에는 믿음직해 보이던 자신들의 동지들마저 자신들에게 등을 돌리는 것을 보자 이두 가지 활동을 더 강화했다.

(2) 그들은 본국과 사모스에서 벌어진 새로운 사태에 놀란 나머지 안티폰과 프뤼니코스와 그 밖의 다른 10명을 급히 라케다이몬에 파견하며 조건이 웬만하면 라케다이몬인들과 평화조약을 맺도록 권한을 위임하는

한편, (3) 에에티오네이아에 성벽 쌓는 일에 더욱 박차를 가했다. 테라메네스와 그의 추종자들에 따르면, 그곳에 성벽을 쌓는 것은 사모스의 함대가 공격해올 경우 페이라이에우스 항으로 들어오지 못하도록 봉쇄하는 것이 아니라 오히려 적군이 해군과 보병을 이끌고 마음대로 접근할 수 있게 하기 위해서였다고 한다.

(4) 에에티오네이아는 페이라이에우스 항의 방파제로, 바로 그 옆을 지나 배들이 항구로 들어간다. 지금 쌓고 있는 성벽은 육지 쪽에 있던 기존의 성벽과 이어지게 되어 있는데, 그럴 경우 그곳에 소수의 병력만 배치해도 항만 어귀를 통제할 수 있을 것이다. 육지 쪽을 향하고 있는 옛 성벽도 지금 바다 쪽을 향하여 안쪽에 쌓고 있는 새 성벽도 모두 좁은 항만 어귀를 지키는 두 성탑 가운데 한 성탑에서 끝났기 때문이다. (5) 그들은 또 페이라이에우스에서 가장 큰 창고를 지었는데, 이 창고는 새 요새와 가장 가까웠고 바로 연결되어 있었다. 그들은 창고를 직접 관리하며 모든 곡물상이 그곳으로 재고를 옮겨오고, 앞으로 해외에서 들어오는 곡물은 일단 그곳에 하역했다가 팔 때 그곳에서 내가게 했다.

91 (1) 테라메네스는 한동안 이 모든 것에 대해 불평을 늘어놓다가 사절단이 어떤 종류의 협정도 체결하지 못하고 라케다이몬에서 돌아오자 이 성벽이 아테나이에 파멸을 안겨줄 것이라고 떠들고 다녔다. (2) 마침 이 무렵 에우보이아인들의 요청에 따라 타라스와 로크리스에서 파견한 이탈리아 함선 몇 척과 시켈리아에서 파견한 함선 몇 척을 포함하여 42척으로 구성된 펠로폰네소스 함대가 벌써 라코니케 지방의 라스 항 앞바다에 닻을 내리고 에우보이아로 출항할 준비를 하고 있었다. 그들의 지휘관은 스파르테인으로 아게산드로스의 아들 아게산드리다스였다. 테라메네스는 이 함대가 에우보이아로 가는 것이 아니라 에에티오네이아를 요새화하고 있는 정파를 지원하러 올 것이라고 주장하며, 당장 조치를 취하

지 않으면 그런 줄도 모르고 도시를 잃을 수도 있다고 경고했다.

(3) 이런 비난이 근거 없는 모함은 아니었다. 그런 비난을 들은 사람들은 실제로 그렇게 할 계획을 세우고 있었으니 말이다. 그들은 과두제를 유지하고 동맹국들을 계속해서 지배하기를 가장 원했지만, 그게 불가능하다면 차선책으로 아테나이의 함대와 성벽과 독립을 유지하고 싶어 했다. 그러나 그것도 안 된다면 그들은 자신들이 회복된 민주제에 의해 맨 먼저 살해당하느니 차라리 적군을 불러들여 성벽과 함대를 포기하는 데 찬성하고, 자신들의 목숨만 건질 수 있다면 도시를 위해서는 무슨 조건이든 받아들일 작정이었으니 하는 말이다.

92 (1) 그래서 그들은 이 요새를 구축하고 거기에 뒷문과 출입구와 적군을 끌어들일 다른 통로들을 내려고 서둘렀으며, 방해받기 전에 완공하려고 애를 썼다. (2) 처음에는 그런 소문이 소수에게만 은밀히 퍼졌다. 그러다가 프뤼니코스가 라케다이몬에 사절로 다녀온 뒤 사람들이 북적대는 장터에서 국경수비대원 중 한 명에 의해 계획적으로 암살당한 사건이 일어났다. 막 의사당을 떠나 멀리 가지 못한 그는 그 자리에서 죽었다. 암살범은 도주했지만 공범인 아르고스인은 체포되어 4백 인에게 고문을 받았다. 그러나 그자는 암살하라고 명령한 사람[26]의 이름은 대지 않고, 국경수비대장의 집과 그 밖의 다른 집들에 많은 사람들이 모였었다고만 말했다. 4백 인이 더는 조치를 취하지 않자 테라메네스와 아리스토크라테스와 그 밖에 4백 인에 속하든 속하지 않든 그들과 의견을 같이하는 자들이 더욱 대담해져서 적극적으로 행동에 나섰다.

(3) 이 무렵 라스에 있던 함대가 바닷가를 따라 항해하여 에피다우로스에 가서 닻을 내리더니 아이기나 섬을 약탈했다. 그러자 테라메네스가 주장하기를, 만약 그들이 정말로 에우보이아로 항해 중이라면 아이기나까지 만을 거슬러 올라왔다가 에피다우로스에 있는 정박소로 되돌아간

것은 무의미한 행동이라며, 그들은 자기가 늘 주장하던 목적을 위해 초청받은 것이 틀림없으니, 이제 더는 수수방관할 수 없게 되었다고 했다.

(4) 의혹을 부풀리는 수많은 선동적인 발언이 있은 뒤 민중은 마침내 적극적인 행동을 취하기 시작했다. 에에티오네이아에서 성벽을 쌓던 페이라이에우스의 중무장보병들(그중 한 명인 아리스토크라테스는 자기 부족에서 차출된 부대를 지휘하고 있었다)은 과두정부 장군들 가운데 한 명이자 과두제 지지자들과 특별히 가까운 사이이던 알렉시클레스를 체포하여 어떤 집으로 끌고 가 구금했다. (5) 이 납치 사건에 연루된 자들 중에는 무니키아[27]에 주둔 중이던 국경수비대장 헤르몬도 포함되어 있었다. 그러나 가장 중요한 것은 중무장보병은 대부분 그들을 지지했다는 사실이었다.

(6) 마침 의사당에서 회의 중이던 4백 인은 이 소식을 듣고 정부에 반대하는 일부를 제외하고는 당장 무기고로 달려가려고 하며 테라메네스와 그의 추종자들을 위협했다. 그러자 테라메네스는 변명을 하며 자기는 당장 달려가 알렉시클레스의 구출을 돕겠다고 했다. 그러고는 자신과 의견을 같이하는 장군 한 명을 데리고 페이라이에우스로 갔다. 아리스타르코스도 젊은 기병 몇 명을 데리고 동행했다. (7) 그래서 일대 소동이 빚어졌는데, 아테나이에 있는 사람들은 페이라이에우스가 벌써 반(反)정부파의 손에 넘어가 포로들이 처형당했다고 생각했고, 페이라이에우스에 있는 사람들은 자신들이 당장이라도 아테나이에서 파견한 부대에게 공격당하리라고 예상했기 때문이다.

---

26 웅변가 뤼시아스(Lysias)에 따르면, 뒤에서 조종한 것은 칼뤼돈 출신 트라쉬불로스와 메가라 출신 아폴로도로스였다고 한다. 연설문 13 참조.

27 페이라이에우스 항 동쪽에 있는 팔레론 만의 서단에 위치한 아테나이의 세 번째 항구.

(8) 아테나이에서는 노인들이 무기고를 향해 이리저리 거리를 뛰어다니는 자들을 진정시키려고 애썼고, 마침 아테나이에 와 있던 아테나이의 파르살로스 현지인 영사 투퀴디데스[28]는 만나는 사람마다 단호하게 길을 막으며 적군이 가까운 곳에서 호시탐탐 노리고 있는데 제발 조국을 망치지 말라고 소리쳤다. 그래서 시간이 좀 걸리기는 했지만 사람들은 진정되어 서로 죽이지는 않았다. (9) 그사이 페이라이에우스에 도착한 테라메네스(그 자신도 장군이었다)는 화가 나서 중무장보병들을 꾸짖는 척했다. 그러나 아리스타르코스와 중무장보병들에게 반대하는 자들은 정말로 화가 나 있었다.

(10) 대부분의 중무장보병은 뜻을 굽히지 않고 저항할 태세였다. 그들은 테라메네스에게 먼저 성벽이 좋은 목적으로 구축되고 있다고 생각하는지, 성벽을 허무는 편이 더 낫지 않겠는지 물었다. 그는 만약 그들이 성벽을 허물기로 결정한다면 그것은 자신의 결정이기도 하다고 대답했다. 그러자 중무장보병들과 페이라이에우스에서 온 수많은 사람들이 당장 성벽에 오르더니 허물기 시작했다.

(11) 그들은 이제 4백 인 대신 5천 인이 다스리기를 원하는 사람은 누구든지 와서 합류하라고 호소했다. 그들이 원래 의도를 감추려고 '5천 인'이라는 표현을 사용하며 '민중이 다스리기를 원하는 사람은 누구든지'라고 노골적으로 말하지 않은 까닭은, 그중에는 5천 인이 실제로 있을 수도 있고, 상대편이 누군지도 모르고 함부로 말했다가는 낭패를 보지 않을까 두려웠기 때문이다. 바로 그런 이유에서 4백 인은 5천 인이 존재하는 것도, 존재하지 않는 것으로 알려지는 것도 원하지 않았다. 그들은 그렇게 많은 사람들이 정부에 참여하는 것은 민주제나 마찬가지인 데 반해, 문제를 모호한 상태로 두면 민중이 서로를 두려워하게 되리라고 생각한 것이다.

93 (1) 이튿날 4백 인은 놀란 나머지 의사당에서 회의를 열었다. 한편 페이라이에우스의 중무장보병들은 구금된 알렉시클레스를 풀어주고 성벽을 마저 허문 뒤 무니키아 근처에 있는 디오뉘소스 극장으로 가서 무구를 내려놓고 민회를 개최했다. 그곳에서의 결의에 따라 그들은 곧장 아테나이로 행군하여 이번에는 아나케이온 신전에 무구를 내려놓았다.

(2) 그러자 4백 인 중에서 뽑힌 자들이 그들을 만나러 그곳으로 와서는, 그들이 보기에 합리적이라고 생각되는 자들이 자신들도 평정을 유지하고 다른 사람들을 말리는 일도 도와주도록 설득하려 했다. 그들은 5천 인의 명단을 공개하고, 4백 인은 5천 인이 결정하는 대로 5천 인 중에서 번갈아 선발되리라고 약속했다. 그러면서 그들은 도시를 망하게 하거나 적군의 손에 넘겨줄 수 있는 행동은 하지 말아달라고 호소했다.

(3) 이런 개인별 호소가 여러 차례 거듭된 뒤 중무장보병 전체가 전보다 더 차분해져서 이제는 국익 전반에 더 관심을 기울이게 되었다. 그래서 그들은 이견을 해소하기 위해 정해진 날짜에 디오뉘소스 신전에서 민회를 개최하기로 합의했다.

94 (1) 그런데 민회를 개최하기로 한 날짜가 다가와 사람들이 디오뉘소스 신전에 모이기 시작했을 때, 아게산드리다스 휘하의 함선 42척이 메가라를 출발해 살라미스 섬의 바닷가를 따라 항해 중이라는 보고가 들어왔다. 민주제 지지자들은 누구나 이것은 테라메네스와 그의 추종자들이 오래전부터 늘 주장해온 것으로, 이 함대의 목적지는 에에티오네이아 요새이며 그것을 허문 것은 잘한 일이라고 생각했다. (2) 아게산드리다스가 에피다우로스와 그 주변 지역에 계속 대기하고 있던 것은 어떤 사전 협약에 따른 것일 수도 있다. 그러나 그는 아테나이인들이 내분에 휘말린

---

28 그에 관해서는 달리 알려진 것이 없다.

상황을 고려해 결정적인 순간에 개입하려고 자진해서 그곳에 머물렀을 수도 있을 것이다.

(3) 아무튼 아테나이인들은 이 소식을 접하자 모든 병력을 동원하여 곧장 페이라이에우스로 달려갔다. 그들은 내분으로 인한 전쟁보다 더 위협적인 적과의 전쟁이 멀지 않은 곳에서 자신들의 항구로 향하고 있다고 생각한 것이다. 더러는 벌써 준비되어 있던 함선에 올랐고, 더러는 다른 함선들을 바닷물에 띄우기 시작했으며, 더러는 성벽과 항만 어귀를 지키러 달려갔다.

95 (1) 그러나 펠로폰네소스 함대는 페이라이에우스 앞을 지나더니 수니온 곶을 돌아 토리코스 시와 프라시아이 구역 사이에 정박했다가 나중에 오로포스 시로 갔다. (2) 아테나이인들은 내분에 휘말린 데다 앗티케가 봉쇄된 지금은 전적으로 에우보이아에 의존하던 터라 자신들의 급소를 지키기 위해 당장 행동에 나설 수밖에 없어 급히 함대를 파견했고 제대로 훈련도 안 된 선원들을 쓸 수밖에 없었다. 그들은 튀모카레스를 지휘관으로 삼아 함선 몇 척을 에레트리아로 파견했다.

(3) 이 함선이 그곳에 도착하여 벌써 에우보이아에 가 있던 함선들과 합류하자 함선은 모두 36척이 되었다. 그들은 그곳에 도착하자마자 싸우지 않을 수 없었다. 아게산드리다스가 대원들이 식사를 마친 것을 보고 오로포스에서 함선을 이끌고 나왔기 때문이다. 오로포스는 에레트리아 시에서 해협을 사이에 두고 60스타디온쯤 떨어져 있다.

(4) 그가 공격해오자 아테나이인들도 선원들이 함선 가까이 있는 줄 알고 승선하라고 즉시 명령을 내렸다. 그러나 선원들은 식사 준비를 위한 먹을거리를 시장이 아니라 도시 변두리에 있는 집들에서 구입하고 있었다. 이것은 에레트리아인들의 계략으로, 아테나이인들의 승선을 지연시킴으로써 그들이 준비하기도 전에 적군에게 공격당하여 준비가 됐든 안

됐든 출동하지 않을 수 없게 하려는 것이었다. 에레트리아인들은 또 언제 출동하는 것이 좋겠는지 오로포스의 함대에 신호로 알려주었다.

(5) 그래서 아테나이인들은 제대로 준비도 안 된 채로 출동하여 에레트리아 항 앞바다에서 전투에 임했다. 그럼에도 그들은 잠깐 동안은 그럭저럭 버틸 수 있었지만, 결국은 등을 돌린 채 해안으로 쫓겨 달아났다.

(6) 에레트리아 시가 우방인 줄 알고 그곳으로 피신한 자들은 가장 험한 꼴을 당했으니, 그들은 도륙되었던 것이다. 아테나이인들이 점거하고 있던 요새로 달아난 자들은 살아남았고, 칼키스에 도착한 함선들도 마찬가지였다.

(7) 펠로폰네소스인들은 아테나이 함선 22척을 나포하고 선원들은 죽이거나 생포했으며 승전비를 세웠다. 그 뒤 곧 그들은 여전히 아테나이인들이 점거하고 있던 오레오스를 제외한 에우보이아 전체가 아테나이 동맹을 이탈하게 했고, 그곳을 지키기 위해 필요한 조치를 취했다.

96 (1) 에우보이아에서 무슨 일이 벌어졌는지 전해지자 아테나이인들은 전에 없이 공황 상태에 빠졌다. 당시에는 엄청나 보이던 시켈리아의 대참사도, 그 밖의 다른 일도, 아테나이인들을 이처럼 두려움에 휩싸이게 하지는 않았다. (2) 하긴 어떻게 절망하지 않을 수 있겠는가? 사모스에 있는 군대는 반란을 일으켰고, 예비 함선들도 거기에 승선할 선원도 남아 있지 않았으며, 본국에서는 당파싸움으로 언제 내전이 벌어질지 모르는 마당에 함대를 잃고, 설상가상으로 앗티케 자체보다 더 중요한 생명선인 에우보이아마저 잃는 이런 엄청난 타격을 받았는데.

(3) 그러나 그들의 가장 크고 가장 직접적인 두려움은 적군이 승리에 고무되어 지킬 함대도 없는 페이라이에우스 항으로 곧장 자신들을 공격해 오지 않을까 하는 것이었다. 그리고 그들은 당장이라도 적군이 그곳에 나타날 것으로 예상했다.

(4) 아닌 게 아니라 펠로폰네소스인들이 좀 더 대담했더라면 어렵지 않게 그렇게 할 수 있었을 것이다. 그랬더라면 그들은 페이라이에우스 항 앞바다에 정박해 있기만 해도 시내의 당파싸움을 더욱 조장할 수 있었을 것이며, 더 오래 머무르며 포위 공격을 시작하지 않을 수 없을 경우에는 이오니아 지방에 있는 아테나이 함대가 과두제에 대한 반발에도 불구하고 본국의 동포들과 도시 전체를 구원하러 오도록 강요할 수 있었을 것이다. 그랬다면 그사이에 헬레스폰토스와 이오니아 지방과, 에우보이아 섬에 이르기까지의 모든 섬들이, 말하자면 아테나이 제국 전체가 그들 손에 넘어갔을 것이다.

(5) 그러나 전에도 여러 번 그런 적이 있었지만, 이번에도 라케다이몬인들은 아테나이인들에게 가장 상대하기 편한 적이라는 사실이 드러났다. 특히 해양 국가인 아테나이에는 민족성의 현격한 차이가 큰 도움이 되었는데, 말하자면 아테나이인들은 민첩하고 진취적인 데 반해 라케다이몬인들은 느리고 모험을 싫어했다. 이 점은 쉬라쿠사이인들에 의해 입증되었다. 그들은 아테나이인들과 성격이 가장 비슷했고, 그래서 이들을 상대로 가장 잘 싸운 것이다.

97 (1) 아무튼 아테나이인들은 소식을 접하자 온갖 어려움을 무릅쓰고 함선 20척에 선원을 태웠다. 그들은 또 곧장 민회를 소집했는데, 이번 민회는 정변이 일어나기 전 늘 민회 장소로 쓰이곤 하던 프뉙스에서 다시 개최된 민회 중에서는 첫 번째 모임이었다. 이 민회에서 그들은 4백 인 정부를 해산하고 5천 인에게 정권을 위임하되 거기에는 중무장 구입비를 자담할 능력이 있는 사람만 포함시키고, 어떤 공직자도 급료를 받아서는 안 되며, 규정을 어기는 자에게는 저주를 내리기로 결의했다.

(2) 그 뒤에도 잇달아 민회가 열렸는데, 거기에서 그들은 법률 자문위원들을 선출하고 새로운 정체 수립을 위한 다른 조치들을 취했다. 그리하

여 아테나이인들은 적어도 내 생전에는 처음으로 소수자와 다수자의 이익이 적절히 조화를 이룬 더 나은 정부를 갖게 되었고, 도시가 지금까지의 비참한 상태에서 원기를 회복할 수 있게 해주었다. (3) 그들은 또 알키비아데스와 다른 추방자들을 소환하기로 결의하고, 그에게도 사모스에 있는 군대에도 사람을 보내 전쟁에 적극 참여해달라고 촉구했다.

98 (1) 정부가 바뀌자마자 페이산드로스와 알렉시클레스와 그들의 추종자들과 다른 과두제 지도자들은 도시를 빠져나가 데켈레이아로 갔다. 그러나 역시 장군이었던 아리스타르코스만은 가장 난폭한 비헬라스인 궁수부대를 이끌고 서둘러 오이노에로 향했다.

(2) 그곳은 보이오티아와의 접경 지역에 있는 아테나이인들의 요새로, 코린토스인들에게 포위 공격당하고 있었는데, 이들은 도와달라며 보이오티아인들도 불러들였다. 코린토스인들이 그렇게 한 것은 코린토스인 부대가 데켈레이아에서 돌아가다가 오이노에에서 출동한 수비대에게 일부 전사한 데 대한 보복이었다. (3) 아리스타르코스는 코린토스인들과 공모하여, 본국의 아테나이인들은 라케다이몬인들과 평화조약을 맺었는데 그 조건 가운데 하나는 그들이 오이노에를 보이오티아인들에게 넘겨주는 것이라고 오이노에의 수비대를 속였다. 수비대는 그가 장군인데다 그들은 포위당하고 있어 그간의 사정을 모르고 있던 터라 그의 말을 믿고 휴전조약을 맺은 뒤 그곳을 비워주었다. 오이노에는 그렇게 함락되어 보이오티아인들 손에 넘어갔고, 아테나이에서는 과두정부와 내란이 끝났다.

99 같은 해 여름 앞서 말한 사건들이 일어났을 무렵 밀레토스에 있는 펠로폰네소스인들의 처지는 다음과 같았다. 그들은 팃사페르네스가 아스펜도스로 떠나며 유지비 지급 업무를 위임한 자들에게서 전혀 급료를 지급받지 못하고 있었고, 포이니케 함대도 팃사페르네스 자신도 오랫동안 모

습을 드러내지 않았다. 그와 동행한 필립포스와 그때 파셀리스에 가 있던 다른 스파르테인 힙포크라테스는 둘 다 해군 사령관 민다로스에게 서찰을 보내, 포이니케 함대는 결코 도착하지 않을 것이며 팃사페르네스가 자기들에게 부당한 짓을 한다고 전했다. 한편 파르나바조스는 여전히 그들의 함대가 와서 도와주기를 요청했으니, 그도 팃사페르네스와 마찬가지로 아직 아테나이에 종속되어 있는, 자신의 태수령(領) 내의 도시들이 아테나이 동맹을 이탈하게 하고 싶었고, 그렇게 하면 큰 이득을 보게 되리라고 예상했기 때문이다.

그래서 결국 민다로스는 세심하게 계획을 세운 뒤 사모스에 있는 아테나이인들에게 들키지 않으려고 마지막 순간까지 항해 명령을 내리지 않다가 함선 73척을 이끌고 밀레토스를 출발하여 헬레스폰토스로 향했다. (그중 16척은 그해 여름 미리 그곳에 도착하여 케르소네소스 반도 일부를 약탈했다.) 그는 도중에 폭풍을 만나 이카로스 섬에 기항하지 않을 수 없었다. 바람이 잠잠해질 때까지 그는 그곳에서 대엿새를 머물다가 항해를 계속하여 키오스에 도착했다.

100 (1) 트라쉴로스도 민다로스가 밀레토스를 떠났다는 말을 듣고 함선 55척을 이끌고 당장 사모스에서 출동하며 민다로스보다 먼저 헬레스폰토스에 도착하려고 전속력으로 항해했다. (2) 그러나 민다로스가 키오스에 있다는 말을 듣자 그가 얼마 동안은 그곳에 머무를 것이라고 예상하고 트라쉴로스는 레스보스 섬의 맞은편 대륙 쪽에 망루들을 세워 펠로폰네소스인들의 움직임이 포착되는 대로 자기에게 보고하도록 해놓았다. 그러고는 그 자신은 바닷가를 따라 메튐나 시로 항해해가서 보리와 다른 생필품을 제공하라고 명령했는데, 만약 민다로스가 키오스에 더 오래 체류할 경우 레스보스를 기지로 이용하며 키오스를 공격할 작정이었다. (3) 동시에 그는 아테나이 동맹을 이탈한 레스보스의 에레소스 시로 항

해해가서 가능하다면 함락하고 싶었다.

그런데 망명 중인 메튐나의 유력자 중 일부가 자신들의 추종자가 된 중무장보병 50명쯤을 퀴메 항에서 이끌고 오고, 대륙에서 용병을 고용해 병력 수를 총 3백 명 정도로 늘린 다음 레스보스인과 테바이인이 같은 종족임을 고려해[29] 테바이인 아낙산드로스에게 지휘를 맡겼다. 이들은 맨 먼저 메튐나를 공격했지만 뮈틸레네에 있던 아테나이 수비대가 제때에 구원하러 오는 바람에 계획이 실패했다. 그들은 성벽 밖에서 벌어진 전투에서 또 격퇴당하자 산을 넘어가서 에레소스가 아테나이 동맹을 이탈하게 했다.

(4) 그래서 트라쉴로스는 공격할 작정으로 전 함대를 이끌고 에레소스로 출동했다. 트라쉬불로스는 망명자들이 상륙했다는 소식을 접하자마자 함선 5척을 이끌고 사모스에서 출동하여 그보다 먼저 그곳에 와 있었다. 그러나 그는 반란을 막기에는 너무 늦게 도착하여 에레소스 앞바다에 정박하고 있었다.

(5) 헬레스폰토스에서 귀국하던 함선 2척과 메튐나의 함선 5척도 그곳에서 그들과 합류하니, 함선은 모두 67척이 되었다. 그들은 함선들에 승선한 병력을 이끌고 가서 에레소스를 함락할 수 있으리라 믿고 공성 무기들과 온갖 장비를 이용하여 공격할 준비를 했다.

IOI (1) 그사이 키오스에 있던 민다로스와 펠로폰네소스 함대는 이틀 동안 생필품을 구입하고 키오스인들한테서 1인당 '40분의1'[30]이라는 키오스 주화를 세 닢씩 급료로 받은 다음, 사흘째 되는 날 키오스를 출발하여 되도록 빨리 항해했는데(에레소스에 있는 아테나이 함대와 마주치지 않기

---

29 둘 다 아이올레이스족이다.
30 he tessarakoste. 그 가치가 어느 정도인지 알 수 없다.

위해서였다), 난바다를 지나가지 않고 대신 레스보스를 왼쪽에 끼고 대륙 쪽으로 항해했다. (2) 그들은 포카이아 지방에 있는 카르테리아 항에 들러 그곳에서 아침을 먹은 뒤 퀴메 해안을 따라 계속 항해하여 뮈틸레네 맞은편 대륙에 있는 아르기누사이 섬들에서 저녁을 먹었다.

(3) 그들은 날이 새기도 전에 그곳을 뒤로하고 바닷가를 따라 항해하여 메튐나 맞은편 대륙에 있는 하르마투스 곶에 도착했다. 그곳에서 서둘러 아침을 먹은 뒤 그들은 렉톤 곶, 라리사 시, 하막시토스 시, 그 밖에 그 지역의 소도시들을 지나 자정이 되기 직전 헬레스폰토스 해협의 로이테이온 곶에 도착했다. 그들의 함선 중 일부는 시게이온 곶과 이웃에 있는 다른 항구에도 들어갔다.

102 (1) 함선 18척과 함께 세스토스 시에 머무르던 아테나이인들은 아군의 봉화와 적군이 점령하고 있는 맞은편 해안에 갑자기 나타난 수많은 불을 보고 펠로폰네소스인들이 입항하고 있음을 알아차렸다. 그들은 그날 밤으로 케르소네소스 반도 해안에 바싹 붙어 엘라이우스 시 쪽으로 최대한 빠르게 항해했는데 적 함대를 피해 난바다로 나가기 위해서였다.

(2) 아뷔도스에 있던 적선 16척은 다가오는 아군 함대로부터 아테나이 함선들이 해협에서 빠져나가지 못하게 엄중히 감시하라는 지시를 받았지만, 아테나이인들은 그들에게 들키지 않고 난바다로 나갔다. 그러나 그들은 새벽에 민다로스 함대에 들켜 추격당했다. 아테나이 함선이 모두 그들에게서 달아나지는 못했으니, 대부분은 임브로스 섬과 렘노스 섬으로 달아났지만 후미의 4척은 엘라이우스 시 앞바다에서 따라잡혔다. (3) 그중 1척은 프로테실라오스의 성역 근처에서 침몰하여 선원과 함께 나포되었다. 다른 2척은 선원이 떠나고 없는 채로 나포되고, 선원이 임브로스 해안에 버리고 간 1척은 적군의 손에 불태워졌다.

103 (1) 그 뒤 아뷔도스에 있던 함선들이 합류해와서 모두 86척의 함선을 보

유하게 된 펠로폰네소스인들은 그날의 남은 시간 동안 엘라이우스를 봉쇄했지만 도시가 항복하지 않자 아뷔도스로 출항했다.

(2) 그사이 망루에서 아무 연락도 받지 못한 아테나이인들은 적 함대가 들키지 않고 자기들 옆을 지나갔으리라고는 꿈에도 생각지 못하고 느긋하게 에레소스의 성벽을 공격하고 있었다. 그러나 소식을 접하자 그들은 당장 에레소스를 뒤로하고 헬레스폰토스를 지키기 위해 급히 출발했다.

(3) 도중에 그들은 앞서 말한 해전 때 적선을 추격하며 대담무쌍하게도 난바다 쪽으로 나갔던 펠로폰네소스 함선 2척과 마주쳐 나포했다. 이튿날 그들은 엘라이우스에 도착하여 그곳에 닻을 내렸다. 그들은 임브로스로 달아났던 함선들을 합류시킨 다음 임박한 해전을 위해 닷새 동안 준비를 했다.

104 (1) 그 뒤 전투가 시작되어 다음과 같이 진행되었다. 아테나이인들은 해안에 바싹 붙어 일렬종대로 세스토스 쪽으로 항해했다. 펠로폰네소스인들은 그들이 오는 것을 보고 그들과 맞서려고 아뷔도스에서 나왔다.

(2) 이제 전투가 임박했음을 알고 76척의 함선을 가진 아테나이인들은 케르소네소스 반도를 따라 이다코스에서 아르리아노이까지 포진하고, 86척의 함선을 가진 펠로폰네소스인들은 아뷔도스에서 다르다노스까지 포진했다.

(3) 펠로폰네소스 함대의 오른쪽 날개는 쉬라쿠사이인들이 맡고, 민다로스 자신은 가장 빠른 함선들을 거느리고 왼쪽 날개를 맡았다. 아테나이 쪽에서는 트라쉴로스가 왼쪽 날개를, 트라쉬불로스가 오른쪽 날개를 맡고, 다른 장군들은 그사이에 분산 배치되었다. (4) 펠로폰네소스인들의 작전 계획은 먼저 공격을 개시하여 아테나이 함대의 오른쪽 날개를 자신들의 왼쪽 날개로 포위함으로써 해협에서 빠져나가지 못하게 하고, 아테나이 함대의 중앙을 그리 멀지 않은 해안으로 밀어붙이는 것이었다.

아테나이인들은 적군의 의도를 알고 적군이 포위하려는 오른쪽 날개를 적군 바깥으로 늘려 적군의 작전을 제지했다.

(5) 그러나 이때쯤 그들의 왼쪽 날개는 퀴노스세마라고 부르는 곳을 넘어서버렸다. 좌우 양쪽에서의 이러한 움직임들로 말미암아 아테나이 함대 중앙은 너무 늘어져서 약해졌는데, 무엇보다 그들의 함선은 수가 적은 데다 퀴노스세마 주위의 해안선이 예각을 이루고 있어 다른 쪽에서 무슨 일이 벌어지고 있는지 서로 볼 수 없었기 때문이다.

105 (1) 그래서 펠로폰네소스인들이 아테나이 함대의 중앙을 덮쳐 함선을 바닷가로 몰아붙인 뒤 자신들도 배에서 내려 승리의 여세를 몰아 추격에 나섰다. (2) 트라쉬불로스와 함께하는 오른쪽 날개도, 트라쉴로스와 함께하는 왼쪽 날개도 아테나이 함대 중앙을 도와줄 수 없었다. 트라쉬불로스는 수많은 적선과 맞서느라 고전하고 있었고, 왼쪽 날개는 퀴노스세마 곶으로 시야가 가려진 데다 자신이 지휘하는 함선만큼 많은 수의 쉬라쿠사이 함선들과 그 밖의 다른 함선들에 발목이 잡혀 있었다. 그러나 그때 펠로폰네소스인들이 자신들이 승리했다고 자신하며 각각의 함선을 닥치는 대로 추격하기 시작하면서 대오가 흐트러지기 시작했다.

(3) 그것을 본 트라쉬불로스와 오른쪽 날개는 계속해서 전열을 늘리는 대신 갑자기 방향을 틀어 자신들에게 덤벼들던 적선들을 공격했다. 이들을 격퇴한 그들은 승리감에 도취된 펠로폰네소스 함대 중앙의 흩어진 함선들을 맹렬히 공격하여, 이들 대부분이 대항도 해보지 못하고 도주하게 했다. 이번에는 쉬라쿠사이인들도 트라쉬불로스가 맡은 날개 앞에서 뒤로 물러서며 남들이 달아나는 것을 보고 자신들도 달아나려고 더욱 기를 썼다.

106 (1) 펠로폰네소스인들은 패주했다. 그들은 대부분 먼저 메이디오스 강으로 달아났다가 나중에 아뷔도스로 도주했다. 아테나이인들은 비교적

소수의 함선밖에 나포하지 못했지만(헬레스폰토스 해협의 폭이 좁아서 적군이 가까운 곳으로 피신할 수 있었기 때문이다), 이번 해전의 승리야 말로 무엇보다도 시의적절한 것이었다. (2) 지금까지 그들은 거듭되는 작은 패배와 시켈리아에서의 대참사 때문에 펠로폰네소스 함대를 두려워하고 있었지만 이제는 적군이 바다에서 대단한 존재들이라는 생각과 열등감을 떨쳐버릴 수 있었다.

(3) 그들이 적군에게서 나포한 것은 키오스 함선 8척, 코린토스 함선 5척, 암프라키아 함선 2척, 보이오티아 함선 2척, 레우카스, 라케다이몬, 쉬라쿠사이, 펠레네 함선 각각 1척씩이었다. 그들은 함선 15척을 잃었다.

(4) 그들은 퀴노스세마 곶에 승전비를 세우고 부서진 함선들의 잔해를 거둬들이고 휴전조약을 맺고 적군 전사자들의 시신을 돌려준 다음, 삼단노선 1척을 아테나이로 보내 승전 소식을 알리게 했다. (5) 이 함선이 도착하여 뜻밖의 낭보를 전하자, 최근 에우보이아 사태와 본국에서 일어난 정변으로 타격을 받은 아테나이인들은 사기충천했으며, 맡은 바 의무를 다하면 전쟁에 이길 수도 있다고 생각했다.

107 (1) 해전이 끝난 지 나흘째 되는 날, 세스토스에 있던 아테나이인들은 함선을 신속히 수리한 뒤 아테나이 동맹을 이탈한 퀴지코스를 공격하러 출항했다. 도중에 그들은 뷔잔티온에서 온 함선 8척이 하르파기온과 프리아포스 시 앞바다에 닻을 내리고 있는 것을 발견하고는 그곳으로 항해해가서 해안에 있던 선원들을 격퇴하고 함선들을 나포했다. 그리고 나서 그들은 성벽을 두르지 않은 퀴지코스에 가서 그곳을 되찾고 주민에게서 밀린 공물을 징수했다.

(2) 그사이 펠로폰네소스인들은 아뷔도스에서 엘라이우스로 항해해가서 나포된 자신들의 함선들 중에 항해가 가능한 것들은 되찾았다. 나머지는 엘라이우스인들이 불태워버렸다. 그들은 또 힙포크라테스와 에피

클레스를 에우보이아로 보내 그곳에 있는 함선들을 데려오게 했다.

108 (1) 이 무렵 알키비아데스는 함선 13척을 이끌고 카우노스와 파셀리스에서 사모스로 돌아와, 자기는 포이니케 함대가 펠로폰네소스인들과 합류하는 것을 막고 팃사페르네스가 아테나이인들과 전보다 더 가까운 친구가 되게 했다고 전했다. (2) 그런 다음 그는 추가로 9척의 함선에 선원을 태우고 출항하여 할리카르낫소스인들에게서 거액의 돈을 징수하고 코스 섬을 요새화했다. 그러고는 코스의 총독을 임명한 뒤 가을이 시작될 무렵 사모스로 회항했다.

(3) 팃사페르네스는 펠로폰네소스 함대가 밀레토스를 떠나 헬레스폰토스로 갔다는 말을 듣고 아스펜도스를 뒤로하고 이오니아 지방으로 갔다.

(4) 펠로폰네소스인들이 헬레스폰토스에 가 있는 동안 아이올레이스족인 안탄드로스 시 주민들이 중무장보병 부대를 아뷔도스에서 이데 산을 넘어 육로로 해서 자기들 도시로 데리고 들어갔다.

그들은 팃사페르네스의 대리인인 페르시아인 아르사케스에게 억압받고 있었다. 이 아르사케스는 아테나이인들이 델로스 섬을 정화하려고 주민들을 내보냈을 때 아트라뮛티온에 정착한 델로스인들에게 잔학 행위를 한 바로 그자였다. 아르사케스는 밝히고 싶지 않은 적(敵)이 있다며 가장 훌륭한 델로스인들에게 자신의 군대에서 근무해달라고 요청했다. 그는 그들을 친구이자 동맹군으로서 도시에서 데리고 나가 그들이 점심 먹기를 기다렸다가 자신의 부하들로 에워싸 창을 던져 죽이게 했다. (5) 이런 전력이 있기 때문에 안탄드로스인들은 아르사케스가 언젠가 자기들에게도 그런 짓을 저지르지 않을까 두려웠던 것이다. 그는 또 그들에게 견디기 어려운 부담을 지우기도 했다. 그래서 그들은 그의 수비대를 아크로폴리스에서 내쫓아버렸다.

109 (1) 팃사페르네스는 이것을 펠로폰네소스인들의 소행으로 보았다. 밀레

토스와 크니도스에서도 그의 수비대가 쫓겨난 데 이어 이런 일이 벌어졌기 때문이다. 그는 자신과 그들 사이가 걷잡을 수 없이 나빠졌다는 것을 알고 그들이 더 해코지를 하지 않을까 두려웠다. 동시에 그는 더 짧은 기간에 더 적은 비용으로 그들의 도움을 확보한 파르나바조스가 자기보다 더 성공적으로 아테나이인들에게 대처했다는 생각이 들어 속이 상했다. 그래서 그는 헬레스폰토스로 가서 그들을 만나 안탄드로스 사건에 대해 항의하고, 포이니케 함대 문제를 포함하여 자기에게 제기된 여러 가지 비난에 대해 최대한 그럴싸하게 변명하기로 결심했다. 그는 먼저 에페소스로 가서 그곳에서 아르테미스 여신에게 제물을 바쳤다. (2) [이해 여름에 이어 겨울도 지나고 나면 이 전쟁이 일어난 지 만 21년이 될 것이다.]

부록

참고문헌

(상세한 참고문헌은 II.의 P. J. Rhodes, Book 4~5.24, pp. 31~37, J. S. Rusten, Book 2, pp. 249~254, III.의 M. Hammond, liv~lvii 참조)

I. 텍스트

J. Classen/J. Steup, Text und Erklärungen 8 Bde., Berlin 1905ff. (Nachdrucke bis 1967).

J. de Romilly, with R. Weil/L. Bodin, 6 vols., (Coll. Budé: with French translation) Paris 1953~1972.

C. F. Smith, 4 vols., (Loeb Classical Library: with English translation) Harvard University Press 1928~1935.

H. Stuart Jones/J. E. Powell, 2 vols., (Oxford Classical Texts) Oxford 1942.

II. 주석

D. Cartwright, *A Historical Commentary on Thucydides*, The University of Michigan Press 1997.

J. Classen/J. Steup, Text und Erklärungen 8 Bde., Berlin 1905ff. (Nachdrucke bis 1967).

A. W. Gomme/ A. Andrewes/ K. J. Dover, *A Historical Commentary on Thucydides*, 5 vols., Oxford 1945~1981.

S. Hornblower, *A Commentary on Thucydides*, 3 vols., Oxford 2010.

P. J. Rhodes, editions of Books 2, 3, and 4. 1~5. 24, with translation and commentary, Warminster: Aris & Phillips 1988, 1994, 1998.

J. S. Rusten, edition of Book 2, with commentary, Cambridge University Press 1989.

E. C. Marchant, Book 1 and 2, with New Introduction by Th. Wiedemann, (Bristol Classical Press 1982, 2007).

III. 번역

M. Hammond (Oxford World's Classics 2009).

R. Warner (Penguin Classics 1972).

S. Lattimore (Hackett Publishing Company 1998).

R. Crawley's Translation, ed. by R. B. Strassler (New York 1996).

Hobbes's Translation, ed. by D. Grene (The University of Chicago Press 1989).

W. Blanco (W. W. Norton & Company, New York 1998).

G. P. Landmann (Artemis & Winkler Verlag, Düsseldorf ^{2}2006).

H. Vretska/ W. Rinner (Philipp Reclam, Stuttgart 2000).

IV. 사전류

E. A. Betant, *Lexicon Thucydideum*, 2 vols., repr., Hildesheim 1961.

C. Schrader/J. Vela, *Concordantia Thucydidea*, 4 vols., Hildesheim 1998.

V. 연구서

G. L. Cawkwell, *Thucydides and Peloponnesian War*, London 1997 (Routledge).

W. R. Connor, *Thucydides*, Princeton University Press 1984.

J. H. Finley, *Three Essays on Thucydides*, Harvard University Press 1967.

S. Hornblower, *Thucydides*, London 1987 (Duckworth; Johns Hopkins University Press).

C. Orwin, *The Humanity of Thucydides*, Princeton University Press 1994.

J. de Romilly, trans. P. Thody, *Thucydides and Athenian Imperialism*, London 1963 (Blackwell).

E. Schwartz, *Das Geschichtswerk des Thucydides*, repr., Hildesheim 1979.

P. A. Stadter (ed.), *The Speeches in Thucydides*, The University of North Carolina University Press 1973.

P. Zagorin, *Thucydides: An Introduction for the Common Reader*, Princeton University Press 2005.

그 밖에 펠로폰네소스 전쟁에 관해서는 D. Kagan, *The Outbreak of the Peloponnesian War*, *The Archidamian War*, *The Peace of Nicias and the Sicilian Expedition*, *The Fall of the Athenian Empire* (Cornell University Press 1969, 1974, 1981, 1987), 펠로폰네소스 전쟁과 기원전 5세기 그리스 역사 전반에 관해서는 *Cambridge Ancient History* 2, 3, 4, 5권(Cambridge University Press 1973~1992) 참조.

도량형 환산표

(시대와 장소에 따라 다르다. 다음은 앗티케 지방에서 사용하던 것을 환산한 것으로 모두 근삿값이다)

I. 무게와 주화(鑄貨)

무게

1 오볼로스(obolos)	0.7그램
1 드라크메(drachmē)	4.3그램
1 므나(mna)	431그램
1 탈란톤(talanton)	26킬로그램

주화

1 탈란톤 = 60므나 = 6,000드라크메 = 36,000오볼로스

또는

6 오볼로스	= 1드라크메
100 드라크메	= 1므나
60 므나	= 1탈란톤

II. 길이

1 닥튈로스(daktylos)	1.85센티미터
1 팔라이스테(palaistē)	7.4센티미터
1 푸스(pous)	29.6센티미터
1 페퀴스(pēchys)	44.4센티미터
1 오르귀이아(orgyia)	1.8미터

1 플레트론(plethron)   29.6미터

1 스타디온(stadion)   177.6미터

III. 액량(液量)

1 암포레우스 = 12쿠스 = 144코튈레 = 864퀴아토스

1 퀴아토스(kyathos)   45밀리리터

1 코튈레(kotyle)   270밀리리터

1 쿠스(chous)   3.25리터

IV. 건량(乾量)

1 메딤노스(medimnos) = 48코이닉스(choinix) = 192코튈레

1 코튈레   270밀리리터

1 코이닉스   1.08리터

1 메딤노스   51.84리터

연설 찾아보기

(이 책에는 명연설이 많은데, 찾기 쉽도록 색인을 만들어보았다. 따옴표가 없는 연설도 길고 짧음을 불문하고 포함시켰는데, 이 경우 뒤에 간접화법이라고 표시해두었다)

찾아보기

(지명에는 그곳 주민들도 포함시켰다. 예: 아테나이인들은 아테나이에, 라케다이몬인들은 라케다이몬에 포함시켰다. 드물지만 반복을 피하기 위해 고유명사를 대명사로, 모호한 것을 확실히 하기 위해 대명사를 고유명사로 바꾼 곳도 있다)

(가)

65~69, 74, 79, 81~83, 85, 86

그라이아(Graia 오로포스인들이 살던 곳) **II** 23; **III** 91

그레스토니아(Grestonia 마케도니아 지방의 지역) **II** 99, 100; **IV** 109('Krestonia')

글라우케(Glauke 뮈칼레의 곶) **VIII** 79

글라우콘(Glaukon 아테나이 장군) **I** 51

기고노스(Gigonos 칼키디케 반도의 지역) **I** 61

(나)

나우크라테스(Naukrates 시퀴온인) **IV** 119

나우클레이데스(Naukleides 친테바이파의 플라타이아이인) **II** 2

나우팍토스(Naupaktos 코린토스 만 북안의 항구) **I** 103; **II** 9, 69, 80, 81, 83, 84,
    90~92, 102, 103; **III** 7, 69, 75, 78, 94, 96, 98, 100~102, 114; **IV** 13, 41, 49, 76, 77;
    VII 17, 19, 31, 34, 36, 57

낙소스(Naxos) ① (에게 해의 섬) **I** 98, 137 ② (시칠리아의 도시) **IV** 25; **VI** 3, 20, 50, 72,
    74, 75, 88, 98; **VII** 14, 57

네리코스(Nerikos 레우카스 섬의 소도시) **III** 7

네메아(Nemea) ① (아이톨리아 지방의 도시) **III** 96 ② (아르골리스 지방의 도시) **V**
    58~60

네스토스(Nestos 트라케 지방의 강) **II** 96

네아폴리스(Neapolis 카르타고의 무역거점) **VII** 50

네일로스(Neilos 나일 강의 그리스어 이름) **I** 104

노티온(Notion 콜로폰 시의 항구) **III** 34

뉨포도로스(Nymphodoros 압데라인) **II** 29

니사이아(Nisaia 메가라의 항구) **I** 103, 114, 115; **II** 31, 93, 94; **III** 51; **IV** 21, 66, 68~70,
    72, 73, 85, 100, 108, 118; **V** 17

니소스(Nisos 니사이아의 신전) **IV** 118

니카노르(Nikanor 카오네스족의 지휘관) **II** 80

니카소스(Nikasos 메가라인) **IV** 119

니케라토스(Nikeratos 아테나이 장군 니키아스의 아버지) **III** 51, 91; **IV** 27, 42, 53, 119,
    129; **V** 16, 83; **VI** 8

니코니다스(Nikonidas 브라시다스의 텟살리아인 친구) **IV** 78

데마라토스(Demaratos 아테나이인) **VI** 105

데마르코스(Demarchos 쉬라쿠사이인) **VIII** 85

데메아스(Demeas 아테나이인) **V** 116

데모도코스(Demodokos 아테나이인) **IV** 75

데모스테네스(Demosthenes 아테나이 장군) **III** 91, 94~98, 102, 105, 107~110, 112~114; **IV** 2~5, 8~11, 29~38, 66, 67, 76, 77, 89, 191; **V** 19, 24, 80; **VII** 16, 17, 20, 26, 31, 33, 35, 36, 42, 43, 47, 49, 55, 57, 69, 72, 75, 78, 80~83, 85, 86

데모텔레스(Demoteles 멧세네인) **IV** 25

데우칼리온(Deukalion 헬렌의 아버지) **I** 3

데이니아다스(Deiniadas 스파르테 장군) **VIII** 22

데이니아스(Deinias 아테나이인) **III** 3

데켈레이아(Dekeleia 앗티케 지방의 전략적 요충지) **VI** 91, 93; **VII** 18~20, 27, 28, 42; **VIII** 3, 5, 69~71, 98

델로스(Delos 에게 해의 섬) **I** 8, 96; **II** 8; **III** 104; **V** 1, 32; **VIII** 77

델리온(Delion 보이오티아 지방의 해안도시) **IV** 76, 89, 90, 93, 96~101; **V** 14, 15

델포이(Delphoi 아폴론의 신탁소가 있던 포키스 지방의 도시) **I** 25, 28, 112, 118, 121, 126, 132, 134, 143; **III** 57, 92, 101; **IV** 134; **V** 16, 18, 32

델피니온(Delphinion 키오스 인근 지역) **VIII** 38, 40

도로스(Doros 브라시다스의 텟살리아인 친구) **IV** 78

도르키스(Dorkis 스파르테인) **I** 95

도리에우스(Dorieus) ① (로도스인) **III** 8 ② (투리오이인) **VIII** 35, 84

도리에이스족(Dorieis 고대 그리스의 4대 부족 중 하나) **I** 12, 18, 24, 124; **II** 9, 54; **III** 86, 102, 112; **IV** 42, 61, 64; **V** 9, 54; **VI** 4~6, 77, 80, 82; **VII** 5, 44, 57, 58; **VIII** 25

도베로스(Doberos 그리스 북쪽 파이오니아 지방의 도시) **II** 98~100

돌로피아(Dolopia 중부 그리스의 지역) **I** 98; **II** 102; **V** 51

뒈메(Dyme 아카이아 지방의 도시) **II** 84

드라베스코스(Drabeskos 트라케 지방의 도시) **I** 100; **IV** 102

드로오이족(Drooi 북트라케의 부족) **II** 101

드뤼뭇사(Drymoussa 클라조메나이 앞바다의 섬) **VIII** 31

드뤼오스 케팔라이(Dryos kephalai 앗티케 지방으로 넘어가는 보이오티아 지방의 고갯길) **III** 24

라케다이몬(Lakedaimon 스파르테 또는 라코니케 지방의 다른 이름) I∼VIII권 곳곳에

라케스(Laches 아테나이 장군) III 86, 90, 103, 115; IV 118; V 19, 24, 61; VI 1, 6, 75

라코니케(Lakonike 스파르테 주변 지역) II 25, 27, 56; III 7; IV 3, 12, 16, 41, 53, 54, 56; V 33∼35; VII 19, 20, 26, 31; VIII 4, 6, 8, 35, 91

라콘(Lakon 플라타이아이인) III 52

람폰(Lampon 아테나이인) V 19, 24

람프사코스(Lampsakos 헬레스폰토스 해협의 아시아 쪽 해안도시) I 138; VI 59; VIII 62

람피아스(Rhamphias) ① (스파르테 장군) I 139; V 12, 13 ② (클레아르코스의 아버지) VIII 8, 39, 80

랍달론(Labdalon 쉬라쿠사이 에피폴라이 언덕의 아테나인들 요새) VI 97, 98; VII 3

레기온(Rhegion 이탈리아의 도시) III 86, 115; IV 1, 24, 25; VI 4, 44∼46, 50, 51; VII 1, 4

레네이아(Rheneia 델로스 인근 섬) I 13; III 104

레로스(Leros 에게 해의 섬) VIII 26, 27

레베도스(Lebedos 이오니아 지방의 해안도시) VIII 19

레스보스(Lesbos 동에게 해의 섬) I 19, 115∼117; II 9, 56; III 2∼6, 13, 15, 16, 26, 31, 35, 50, 51, 69; IV 52; V 84; VI 31; VIII 5, 7, 8, 22∼24, 32, 38, 100, 101

레아그로스(Leagros 아테나이인) I 51

레아르코스(Learchos 아테나이인) II 67

레오고라스(Leogoras 아테나이인) I 51

레오니다스(Leonidas 스파르테 왕) I 132

레오코레이온(Leokoreion 아테나이의 신전) I 20; VI 57

레오크라테스(Leokrates 아테나이 장군) I 105

레오튀키데스(Leotychides 스파르테 왕) I 89

레온(Leon) ① (아테나이 장군) VIII 23, 24, 55, 73 ② (니키아스 평화조약의 아테나이 쪽 서명자) V 19, 24 ③ (페다리토스의 아버지) VIII 28 ④ (스파르테의 식민지 건설자) III 92 ⑤ (스파르테 장군) VIII 61 ⑥ (스파르테 사절) V 44 ⑦ (에피폴라이 언덕 인근 해안지대) VI 97

레온티노이(Leontinoi 시칠리아의 도시) III 86; IV 25; V 4; VI 3, 4, 6, 8, 19, 20, 33, 44, 46∼48, 50, 63∼65, 76, 77, 79, 84, 86

레온티아데스(Leontiades 테바이인) II 2

레우카스(Leukas 이오니아 해의 섬) I 26, 27, 30, 46; II 9, 30, 80, 81, 84, 91, 92; III 7, 69, 80, 81, 94, 95; IV 8, 42; VI 104; VII 2, 7, 58; VIII 13, 106

레우코니온(Leukonion 키오스 섬의 도시) VIII 24

레우킴메(Leukimme 케르퀴라 섬의 곶) I 30, 47, 51; III 79

레욱트라(Leuktra 라코니케 지방의 도시) V 54

레이토스(Rheitos 코린토스 영토 내의 시내) IV 42

레이토이(Rheitoi 앗티케 지방의 호수들) II 19

레퀴토스(Lekythos 토로네 앞바다의 곶) IV 113~116

레프레온(Lepreon 엘리스 지방의 도시) V 31, 34, 49, 50, 62

렉톤(Lekton 트로아스 지방의 곶) VIII 101

렘노스(Lemnos 북에게 해의 섬) I 115; II 47; III 5; IV 28, 109; V 8; VII 57; VIII 102

로도스(Rhodos 동지중해의 섬) III 8; VI 4, 43; VII 57; VIII 41, 44, 45, 52, 55, 60, 61

로도페(Rhodope 트라케 지방의 산) II 96, 98

로뤼마(Loryma 쉬메 섬 동쪽의 곶) VIII 43

로이테이온(Rhoiteion 헬레스폰토스 해협의 곶) IV 52; VIII 101

로크리스(Lokris) ① (이탈리아의 Epizephyrioi, '이탈리아 로크리스') III 86, 99, 103, 115; IV 1, 24; V 5; VI 44; VII 1, 4, 25, 35; VIII 91 ② (본토 중동부의 Opountioi, '동로크리스') I 108, 113; II 9, 26, 32; III 89 ③ (코린토스 만 북안의 Ozolai, '서로크리스') I 5, 103; III 95~98, 100~103; V 32, 64; VIII 3, 43

뤼시마코스(Lysimachos) ① (아테나이인) I 91 ② (쉬라쿠사이인) VI 73

뤼시마키다스(Lysimachidas 테바이인) IV 91

뤼시멜레이아(Lysimeleia 쉬라쿠사이 교외의 늪) VII 53

뤼시스트라토스(Lysistratos 올륀토스인) IV 110

뤼시클레스(Lysikles) ① (아테나이 장군) III 19 ② (하브로니코스의 아버지) I 19

뤼카이온(Lykaion 아르카디아 지방의 산) V 16, 54

뤼코메데스(Lykomedes) ① (아르케스트라토스의 아버지) I 57 ② (클레오메데스의 아버지) V 84

뤼코스(Lykos 아테나이인) VIII 75

뤼코프론(Lykophron) ① (코린토스인) IV 43, 44 ② (스파르테인) II 85

뤼키아(Lykia 소아시아 서남지방) II 69; VIII 41

뤼페스(Rhypes 아카이아 지방의 도시) VII 34

링코스(Lynkos 마케도니아 지방의 왕국) **II** 99; **IV** 79, 83, 124, 129, 132

리귀에스족(Ligyes 지금의 제노아 만에 살던 부족) **VI** 2

리뷔에(Libye 지금의 북아프리카) **I** 104, 110; **II** 48; **IV** 53; **VI** 2; **VII** 50, 58

리온(Rhion) ① (아이톨리아 지방 몰뤼크레이온 시에 있는 곳) **II** 84, 86 ② (그 맞은편 아카이아 지방에 있는 곳) **II** 86, 92; **V** 52

리카스(Lichas 스파르테인) **V** 22, 50, 76; **VIII** 39, 43, 52, 84, 87

리파라(Lipara 시칠리아 북쪽의 섬들) **III** 88

린도스(Lindos 로도스 섬의 도시) **VIII** 44

린디오이(Lindioi 겔라 시 아크로폴리스의 이름) **VI** 4

림나이아(Limnaia 아카르나니아 지방의 마을) **II** 80; **III** 106

(마)

마그네시아(Magnesia) ① (이오니아 지방의 한 지역) **I** 138; **VIII** 50 ② (텟살리아의 속국) **II** 101

마라톤(Marathon 동앗티케 지방의 들판) **I** 18, 73; **II** 34; **VI** 59

마라톳사(Marathoussa 클라조메나이 앞바다의 섬) **VIII** 31

마레이아(Mareia 이집트의 소도시) **I** 104

마이날리아(Mainalia 아르카디아 지방의 지역) **V** 64, 67, 77

마이도이족(Maidoi 트라케 지방의 부족) **II** 98

마이안드로스(Maiandros 소아시아 카리아 지방의 강) **III** 19; **VIII** 58

마카리오스(Makarios 스파르테인) **III** 100, 109

마카온(Machaon 코린토스인) **II** 83

마케도니아(Makedonia 그리스 북쪽 지방) **I** 57~63; **II** 29, 80, 95, 98~101; **IV** 78, 83, 124~129; **V** 83; **VI** 7

만티네이아(Mantineia 아르카디아 지방의 도시) **III** 107~109, 111, 113; **IV** 134; **V** 26, 29, 33, 37, 43, 44, 47, 48, 50, 55, 58, 61, 62, 64~75, 77, 78, 81; **VI** 16, 29, 43, 61, 67, 68, 89, 105; **VII** 57

말레아(Malea) ① (라코니케 지방의 곳) **IV** 53, 54; **VIII** 39 ② (레스보스 섬의 곳) **III** 3, 4, 6

맛살리아(Massalia 지금의 마르세유 항) **I** 13

메가라(Megara 코린토스 지협의 도시) **I** 27, 46, 48, 67, 103, 105, 107, 108, 114, 126,

139, 140, 144 ; **II** 9, 31, 93, 94 ; **III** 51; **IV** 66~74; **VI** 4, 43, 49, 75, 94, 97

메가라의 휘블라(Hybla Megares 시칠리아 동안의 메가라 식민시) **VI** 4, 49, 75, 94

메가바조스(Megabazos 페르시아인) **I** 109

메가바테스(Megabates 페르시아인) **I** 129

메가뷔조스(Megabyzos 페르시아인) **I** 109

메가클레스(Megakles 시퀴온인) **IV** 119

메나스(Menas 니키아스 평화조약의 스파르테 쪽 서명자) **V** 19, 21, 24

메난드로스(Menandros 아테나이 장군) **VII** 16, 43, 69

메네다이오스(Menedaios 스파르테 장군) **III** 100, 109

메네콜로스(Menekolos 쉬라쿠사이인) **VI** 5

메네크라테스(Menekrates 메가라인) **IV** 119

메논(Menon 텟살리아 장군) **II** 22

메닙포스(Menippos 아테나이인) **VIII** 13

메데온(Medeon 아카르나니아 지방의 도시) **III** 106

메드마(Medma 시칠리아의 이탈리아 로크리스인들 식민시) **V** 5

메디아(Media 카스피 해 남동지방. 페르시아의 종주국이었으나 종속국이 됨. 혼동을
피하기 위해 모두 '페르시아'로 번역) **I** 69, 74, 77, 86, 89, 90, 92~98, 100, 102,
104, 128~135, 142, 144; **II** 13, 71, 74; **III** 10, 54~56, 58, 62~65; **V** 89; **VI** 4, 17,
33; **VII** 21; **VIII** 43, 62

메롭스(Merops 코스 섬의 왕) **VIII** 41

메이디오스(Meidios 아뷔도스 시 인근의 강) **VIII** 106

메퀴베르나(Mekyberna 칼키디케 반도의 도시) **V** 18, 39

메타게네스(Metagenes 스파르테인) **V** 19, 24

메타나(Methana 에피다우로스와 트로이젠 사이의 반도) **IV** 45; **V** 18

메타폰티온(Metapontion 이탈리아의 도시) **VII** 33, 57

메토네(Methone) ① (라코니케 지방의 도시) **II** 25 ② (마케도니아 지방의 도시) **IV** 129;
VI 7

메튀드리온(Methydrion 아르카디아 지방의 도시) **V** 58

메튐나(Methymna 레스보스 섬의 도시) **III** 2, 5, 18; **VI** 85; **VII** 57; **VIII** 22, 23, 100, 101

메트로폴리스(Metropolis 아카르나니아 지방의 소도시) **III** 107

멘데(Mende 칼키디케의 팔레네 반도 도시) **IV** 7, 121, 123, 124, 129~131

멘데스(Mendes 나일 강의 하구) **I** 110

멜라노포스(Melanopos 아테나이인) **III** 86

멜란토스(Melanthos 스파르테인) **VIII** 5

멜랑크리다스(Melanchridas 스파르테 제독) **VIII** 6

멜레산드로스(Melesandros 아테나이인) **II** 69

멜레시아스(Melesias 아테나이인) **VIII** 86

멜레십포스(Melesippos 스파르테인) **I** 139; **II** 12

멜레아스(Meleas 스파르테인) **III** 5

멜로스(Melos 에게 해의 섬) **II** 9; **III** 91, 94; **V** 84~116; **VIII** 39

멜리스(Melis 남텟살리아 지방의 지역) **III** 92, 96; **IV** 100; **V** 51; **VIII** 3

멜리테이아(Meliteia 남텟살리아 지방의 도시) **IV** 78

멤피스(Memphis 이집트의 도시) **I** 104, 109

멧사피아(Messapia 이탈리아 로크리스의 지역) **III** 101, **VII** 33

멧세네(Messene 원명 Zankle 시칠리아의 도시) **III** 88, 90; **IV** 1, 24, 25; **V** 5; **VI** 4, 48, 50, 74; **VII** 1

멧세니아(Messenia 스파르테 서쪽 지방) **I** 101; **II** 9, 25, 90, 102; **III** 75, 81, 94, 95, 97, 98, 107, 108, 112; **IV** 3, 9, 32, 36, 41; **V** 35, 56; **VII** 31, 57

모르간티네(Morgantine 시칠리아의 도시) **IV** 65

모튀에(Motye 시칠리아 내의 페니키아인들 정착지) **VI** 2

목동자리 별(Arktouros 별자리 이름) **II** 78

몰로브로스(Molobros 스파르테인) **IV** 8

몰롯시아(Molossia 그리스 서북부 에페이로스 지방의 지역) **I** 136; **II** 80

몰뤼크레이온(Molykreion 코린토스 만 북안 아이톨리아 지방의 도시) **II** 84, 86; **III** 102

무니키아(Mounichia 아테나이의 항구) **II** 13; **VIII** 92, 93

물고기 곶(Ichthys 엘리스 지방의) **II** 25

뮈로니데스(Myronides 아테나이 장군) **I** 105, 108; **IV** 95

뮈르리네(Myrrhine 힙피아스의 아내) **VI** 55

뮈르키노스(Myrkinos 트라케 에도니아 지방의 도시) **IV** 107; **V** 6, 10

뮈르틸로스(Myrtilos 아테나이인) **V** 19, 24

뮈스콘(Myskon 쉬라쿠사이 장군) **VIII** 85

뮈오니아(Myonia 서로크리스 지방의 지역) **III** 101

보이온(Boion 도리스 지방의 도시) **I** 107

볼리스코스(Boliskos 키오스 섬의 지역) **VIII** 24

볼베(Bolbe 마케도니아 지방의 호수) **I** 58; **IV** 103

봇티아(Bottia 마케도니아 지방의 지역) **I** 57, 58, 65; **II** 79, 99, 100, 101; **IV** 7

부도론(Boudoron 살라미스 곶의 아테나이 요새) **II** 94; **III** 51

부콜리온(Boukolion 아르카디아 지방의 도시) **IV** 134

부프라스(Bouphras 필로스 인근 지역) **IV** 118

뷔잔티온(Byzantion 보스포로스 해협 서쪽에 있는 도시로 지금의 이스탄불) **I** 94, 115, 117, 128~131; **II** 97; **VIII** 80, 107

브라시다스(Brasidas 스파르테 장군) **II** 25, 86, 93, 94; **III** 69, 76, 79; **IV** 11, 12, 70~74, 78~88, 102~112, 114~117, 120~129, 132, 135; **V** 2, 3, 6~11, 13, 15, 18, 34, 71, 72, 110

브라우로(Brauro 핏타코스의 아내) **IV** 107

브로메로스(Bromeros 륑코스 왕) **IV** 83

브리킨니아이(Brikinniai 레온티노이인들의 요새) **V** 4

브릴렛소스(Brilessos 앗티케 지방의 산) **II** 23

비살티아(Bisaltia 마케도니아 지방의 지역) **II** 99; **IV** 109

비튀니스(Bithynis 흑해 남안 지역) **IV** 75

(사)

사네(Sane 칼키디케 반도의 도시) **IV** 109; **V** 18

사도코스(Sadokos 시탈케스의 아들) **II** 29, 67

사르게우스(Sargeus 시퀴온 장군) **VII** 19

사르데이스(Sardeis 소아시아 뤼디아 지방의 도시) **I** 115

사메(Same 케팔레니아 섬의 도시) **II** 30

사모스(Samos 동에게 해의 섬) **I** 13, 115~117; **III** 32, 104; **IV** 75; **VI** 4; **VII** 57; **VIII** 16, 17, 19, 21, 25, 27, 30, 33, 35, 38, 41, 43, 44, 47, 48, 50, 51, 53, 56, 60, 63, 68, 72~77, 79, 81, 82, 85, 86, 88~90, 96, 97, 99, 100, 108

사민토스(Saminthos 아르골리스 지방의 지역) **V** 58

사뷜린토스(Sabylinthos 몰롯시아인) **II** 80

사콘(Sakon 히메라의 식민시 창건자) **VI** 5

스퀴타이족(Skythai 흑해 북쪽의 기마 유목민족) **II** 96, 97

스퀼라이온(Skyllaion 헤르미오네령 곶) **V** 53

스키로니데스(Skironides 아테나이 장군) **VIII** 25

스키르폰다스(Skirphondas 테바이인) **VII** 30

스키리티스(Skiritis 라코니케 지방의 지역) **V** 67, 68, 71, 72

스키오네(Skione 칼키디케 반도의 도시) **IV** 120~123, 129~133; **V** 2, 18, 32

스타게스(Stages 팃사페르네스의 부하) **VIII** 16

스타기로스(Stagiros 마케도니아 지방의 도시) **IV** 88; **V** 6, 18

스테넬라이다스(Sthenelaidas) ① (스파르테의 감독관) **I** 85~87 ② (알카메네스의 아버
지) **VIII** 5

스테사고라스(Stesagoras 사모스의 과두제 지지자) **I** 116

스튀라(Styra 에우보이아 섬의 도시) **VII** 57

스튀폰(Styphon 스파르테 장군) **IV** 38

스트라토니케(Stratonike 마케도니아 왕 페르딕카스의 누이) **II** 101

스트라토스(Stratos 아카르나니아 지방의 큰 도시) **II** 80~83, 102; **III** 106

스트로이보스(Stroibos 아테나이인) **I** 105

스트로파코스(Strophakos 브라시다스의 텟살리아인 친구) **IV** 78

스트롬비코스(Strombichos 아테나이인) **I** 45

스트롬비키데스(Strombichides 아테나이 장군) **VIII** 15~17, 30, 62, 63, 79

스트롱귈레(Strongyle 리파라 섬들 가운데 하나) **III** 88

스트뤼몬(Strymon 트라케 지방의 강) **I** 98, 100; **II** 96, 97, 99, 101; **IV** 50, 102, 108; **V**
7; **VII** 9

스파라도코스(Sparadokos 오드뤼사이족) **II** 101; **IV** 101

스파르테(Sparte 라틴명 Sparta) **I** 19, 86, 128, 131, 132; **II** 2, 12, 21, 25, 27, 66; **III** 54,
100; **IV** 3, 8, 11, 15, 38, 53, 81, 132; **V** 9, 14, 15, 63, 72; **VI** 91; **VII** 19, 58; **VIII** 7,
11, 22, 39, 61, 91, 99

스파르톨로스(Spartolos 칼키디케 반도의 도시) **II** 79; **V** 18

스팍테리아(Sphakteria 퓔로스 앞바다의 섬) **IV** 8, 21, 24, 26, 27, 31~38, 55, 57, 108;
V 14, 24, 34, 43

스페이라이온(Speiraion 펠로폰네소스 반도 동안의 항구) **VIII** 10, 11, 14, 15, 20

시게이온(Sigeion 헬레스폰토스 해협의 아시아 쪽 해안도시) **VI** 59; **VIII** 101

아기스(Agis 스파르테 왕) **III** 89; **IV** 2, 6; **V** 19, 24, 54, 57~60, 63, 65, 66, 71~73, 83; **VII** 19, 27; **VIII** 3, 5, 7~9, 11, 12, 45, 70, 71

아나이아(Anaia 사모스 맞은편 이오니아 지방의 도시) **III** 19, 32; **IV** 75; **VIII** 19

아나케이온(Anakeion 아테나이의 디오스쿠로이들 신전) **VIII** 93

아나포스(Anapos) ① (아카르나니아 지방의 강) **II** 82 ② (시칠리아의 강) **VI** 66, 96; **VII** 42, 78

아낙산드로스(Anaxandros 테바이인) **VIII** 100

아낙실라스(Anaxilas 레기온의 참주) **VI** 4

아낙토리온(Anaktorion 암프라키아 만 어귀의 도시) **I** 29, 46, 55; **II** 9, 80; **IV** 49; **VII** 31

아네리스토스(Aneristos 스파르테인) **II** 67

아데이만토스(Adeimantos 코린토스인) **I** 60

아드메토스(Admetos 몰롯시아의 왕) **I** 136

아르고스(Argos) ① (암필로키아 지방의) **II** 68; **III** 102, 105~108, 112 ② (펠로폰네소스 반도의) **I** 3, 9, 102, 107, 135, 137; **II** 1, 9, 27, 67, 68, 99; **IV** 42, 56, 133; **V** 14, 22, 27~33, 36~38, 40~48, 50, 52~67, 69, 70, 72~84, 115, 116; **VI** 7, 29, 43, 61, 67~70, 89, 95, 100, 101, 105; **VII** 18, 20, 26, 44, 57; **VIII** 25, 27, 86, 92

아르기노스(Arginos 에뤼트라이 반도의 곶) **VIII** 34

아르기누사이(Arginousai 아이올리스 지방 앞바다의 작은 섬들) **VIII** 101

아르길로스(Argilos 암피폴리스 인근 도시) **I** 132; **IV** 103; **V** 6, 18

아르나이(Arnai 칼키디케 반도의 소도시) **IV** 103

아르네(Arne 텟살리아 지방의 도시) **I** 12

아르니사(Arnisa 마케도니아 지방의 도시) **IV** 128

아르라바이오스(Arrhabaios 륑코스의 왕) **IV** 79, 83, 124, 125, 127

아르리아노이족(Arrhianoi 트라케 케르소네소스 반도의 부족) **VIII** 104

아르사케스(Arsakes 페르시아인) **VIII** 108

아르카디아(Arkadia 펠로폰네소스 내륙지방) **I** 2, 9; **III** 34; **V** 29, 31, 33, 48, 57, 58, 60, 61, 64, 67, 81; **VII** 19, 57, 58; **VIII** 3

아르케디케(Archedike 힙피아스의 딸) **VI** 59

아르케스트라토스(Archestratos) ① (아테나이인) **I** 57 ② (카이레아스의 아버지) **VIII** 74

아르케실라오스(Arkesilaos 스파르테인) **V** 50, 76; **VIII** 39

아켈로오스(Acheloios 서부 그리스의 강) **II** 102; **III** 7, 106

아크라가스(Akragas) ① (시칠리아의 도시) **V** 4; **VI** 4; **VII** 32, 33, 46, 50, 58 ② (시칠리아의 강) **VI** 4

아크라이(Akrai 시칠리아의 도시) **VI** 5

아크라이온 절벽(Akraion Lepas 쉬라쿠사이 인근의) **VII** 78

아크로토오이(Akrothoioi 악테 반도의 도시) **IV** 109

아킬레우스(Achilleus 트로이아 전쟁 때 그리스의 영웅) **I** 3

아탈란테(Atalante) ① (동로크리스 앞바다의 섬) **II** 32; **III** 89; **V** 18 ② (마케도니아 지방의 도시) **II** 100

아테나(Athena 그리스의 여신) **I** 128, 134; **II** 13, 15; **IV** 116; **V** 10

아테나고라스(Athenagoras) ① (퀴지코스인) **VIII** 6 ② (쉬라쿠사이인) **VI** 35~41

아테나이(Athenai 앗티케 지방의 수도) **I~VIII**권 곳곳에

아테나이오스(Athenaios 스파르테인) **IV** 119, 122

아토스(Athos 악테 반도의 산) **IV** 109; **V** 3, 35, 82

아트라뮛티온(Atramyttion 소아시아 뮈시아 지방의 도시) **V** 1; **VIII** 108

아트레우스(Atreus 펠롭스의 아들, 아가멤논의 아버지) **I** 9

아틴타네스족(Atintanes 에페이로스 지방의 야만족) **II** 80

아포도토이족(Apodotoi 아이톨리아 지방의 부족) **III** 94, 100

아폴로니아(Apollonia 일뤼리아 지방의 코린토스 식민시) **I** 26

아폴로도로스(Apollodoros 아테나이인) **VII** 20

아폴론(Apollon 그리스 신) **I** 13, 29; **II** 15, 91; **III** 3, 94; **IV** 76, 97, 118; **V** 18, 23, 47, 53; **VI** 3, 54; **VII** 26; **VIII** 35

아퓌티스(Aphytis 칼키디케 반도의 소도시) **I** 64

아프로디테(Aphrodite 그리스의 여신) **VI** 46

아프로디티아(Aphroditia 라코니케 지방의 소도시) **IV** 56

아피다노스(Apidanos 텟살리아 지방의 강) **IV** 78

'아홉 갈래 길'(Ennea hodoi 암피폴리스 주변 지역) **I** 100; **IV** 102

'아홉 샘'(Enneakrounos 아테나이의 샘) **II** 15

악시오스(Axios 마케도니아 지방의 강) **II** 99

악테(Akte 칼키디케 반도) **IV** 109; **V** 35

악티온(Aktion 암프라키아 만 어귀의 도시) **I** 29, 30

109, 114, 125, 138, 139, 143; **II** 6, 10, 13, 15, 16, 18, 19, 21, 23, 33, 47, 55~57,
70, 71; **III** 1, 13, 15, 17, 25, 26, 34, 89; **IV** 2, 6, 8; **V** 16, 17, 20, 28, 29, 31; **VI** 91,
92; **VII** 18, 19, 28; **VIII** 95, 96

에게스타(Egesta 시칠리아의 도시) **VI** 2, 6, 8, 10, 11, 13, 19, 21, 22, 33, 37, 44,
460~48, 62, 77, 88, 98; **VII** 57

에뉘알리오스(Enyalios 전쟁의 신) **IV** 67

에니페우스(Enipeus 텟살리아 지방의 강) **IV** 78

에도노이족(Edonoi 또는 Edones) **I** 100; **II** 99; **IV** 102, 107, 109; **V** 6

에라시니데스(Erasinides 코린토스인) **VII** 7

에라시스트라토스(Erasistratos 아테나이인) **V** 4

에라토클레이데스(Eratokleides 코린토스인) **I** 24

에레소스(Eresos 레스보스 섬의 도시) **III** 18, 35; **VIII** 23, 100, 101, 103

에레트리아(Eretria 에우보이아 섬의 도시) **I** 15, 128; **IV** 123; **VII** 57; **VIII** 60, 95

에렉테우스(Erechtheus 아테나이의 전설적인 왕) **II** 15

에뤼트라이(Erythrai) ① (보이오티아 지방의) **III** 24 ② (이오니아 지방의) **III** 29, 33;
VIII 5, 6, 14, 16, 24, 28, 32, 33

에뤽스(Eryx 시칠리아의 도시) **VI** 2, 46

에뤽실라이다스(Eryxilaidas 스파르테인) **IV** 119

에리네오스(Erineos) ① (아카이아 지방의 만) **VII** 34 ② (시칠리아의 강) **VII** 80, 82

에리네온(Erineon 도리스 지방의 소도시) **I** 107

에에티오네이아(Eetioneia 페이라이에우스 항의 자연 방파제) **VIII** 90~92

에오르디아(Eordia 마케도니아 지방의 지역) **II** 99

에우로페(Europe 유럽 대륙) **I** 89; **II** 97

에우로포스(Europos 마케도니아 지방의 도시) **II** 100

에우뤼마코스(Eurymachos 테바이인) **II** 2, 5

에우뤼메돈(Eurymedon) ① (아테나이 장군) **III** 80, 81, 85, 91, 115; **IV** 2, 3, 8, 45, 46,
65; **VI** 1; **VII** 16, 31, 33, 35, 42, 43, 49, 52 ② (소아시아 팜필리아 지방의 강) **I** 100

에우뤼바토스(Eurybatos 케르퀴라인) **I** 47

에우뤼스테우스(Eurystheus 헤라클레스에게 12고역을 시킨 뮈케나이 왕) **I** 9

에우뤼엘로스(Euryelos 에피폴라이의 서쪽 접근로) **VI** 97; **VII** 2, 43

에우뤼타네스족(Eurytanes 아이톨리아 지방의 부족) **III** 94, 100

엘리미오타이족(Elimiotai 상부 마케도니아의 부족) **II** 99

엘리스(Elis 펠로폰네소스 반도 서북지방) **I** 27, 30, 46; **II** 25, 66, 84; **III** 29; **V** 17, 31, 34, 37, 43~45, 47~50, 58, 61, 62, 75, 78; **VI** 88; **VII** 31

엠바톤(Embaton 에뤼트라이령) **III** 29, 32

엠페디아스(Empedias 스파르테인) **V** 19, 24

역병(疫病) **I** 23; **II** 31, 47~54, 57~59, 61, 64; **III** 3, 13, 87; **VI** 26

오나시모스(Onasimos 시퀴온인) **IV** 119

오네이온(Oneion 코린토스령 산) **IV** 44

오네토리다스(Onetoridas 테바이인) **II** 2

오노마클레스(Onomakles 아테나이인) **VIII** 25, 30

오도만토이족(Odomantoi 북트라케의 부족) **II** 101; **V** 6

오뒷세우스(Odysseus 그리스의 영웅) **IV** 24

오드뤼사이족(Odrysai 트라케의 부족) **II** 29, 95~98; **IV** 101

오레스타이족(Orestai 에페이로스 지방의 야만족) **II** 80

오레스테스(Orestes 텟살리아인) **I** 111

오레스테이온(Orestheion 아르카디아 지방의 도시) **IV** 134; **V** 64

오레오스(Oreos 에우보이아 섬의 도시로 옛 이름은 Hestiaia) **VIII** 95

오로비아이(Orobiai 쓰나미가 덮친 에우보이아 섬의 도시) **III** 89

오로이도스(Oroidos 파라우아이아 왕) **II** 80

오로포스(Oropos 보이오티아 지방에 가까운 앗티케의 도시) **II** 23; **III** 91; **IV** 91, 96; **VII** 28; **VIII** 60, 95

오르네아이(Orneai 아르골리스 지방의 도시) **V** 67, 72, 74; **VI** 7

오르코메노스(Orchomenos) ① (아르카디아 지방의 도시) **V** 61~63, 77 ② (보이오티아 지방의 도시) **I** 113; **III** 87; **IV** 76, 93

오스키오스(Oskios 트라케 지방의 강) **II** 96

오이네온(Oineon 서로크리스 지방의 해안도시) **III** 95, 98, 102

오이노에(Oinoe 보이오티아에 가까운 아테나이 요새) **II** 18, 19; **VIII** 98

오이노퓌타(Oinophyta 보이오티아 지방의 도시) **I** 108; **IV** 95

오이눗사이 섬들(Oinoussai 키오스 섬 맞은편에 있는) **VIII** 24

오이니아다이(Oiniadai 아카르나니아 지방의 도시) **I** 111; **II** 82, 102; **III** 7, 94, 114; **IV** 77

이스트모스 경기(Isthmia 코린토스 지협에서 개최되던 큰 경기) **VIII** 9, 10

이스트미오니코스(Isthmionikos 아테나이인) **V** 19, 24

이아소스(Iasos 카리아 지방의 도시) **VIII** 26, 28, 29, 36, 54

이아퓌기아(Iapygia 이탈리아 반도 뒤꿈치 부분의 곳) **VI** 30, 34, 44; **VII** 33, 57

이알뤼소스(Ialysos 로도스 섬의 도시) **VIII** 44

이에타이(Ietai 시켈로이족의 요새) **VII** 2

이오네스족(Iones 그리스의 4대 부족 중 하나. 경우에 따라 '이오니아인들'로도 번역) **I** 6, 12, 13, 16, 95, 124; **II** 15; **III** 86, 92, 104; **V** 9; **VI** 76, 80, 82; **VII** 5, 57; **VIII** 25

이오니아(Ionia 소아시아 중서부 해안지대와 부속 도서) **I** 2, 89, 137; **II** 9; **III** 31~33, 36, 76; **VII** 57; **VIII** 6, 12, 17, 20, 26, 31, 39, 40, 56, 86, 96, 108

이오니오스 만(Ionios kolpos 이오니아 해) **I** 24; **II** 97; **IV** 13, 30, 34, 44, 104; **VII** 33, 57

이온(Ion 키오스인) **VIII** 38

이올라오스(Iolaos 마케도니아인) **I** 62

이올키오스(Iolkios 아테나이인) **V** 19, 24

이카로스(Ikaros 에게 해의 섬) **III** 29; **VIII** 99

이타메네스(Itamenes 페르시아인) **III** 34

이탈로스(Italos 시켈로이족의 왕) **VI** 2

이탈리아(Italia 남이탈리아) **I** 12, 36, 44; **II** 7; **III** 86; **IV** 24; **V** 4, 5; **VI** 2, 34, 42, 44, 88, 90, 91, 103, 104; **VII** 14, 25, 33; **VIII** 91

이탈리아의 헬라스인 이주민들(Italiotai) **VI** 88, 90; **VII** 57, 87

이토메(Ithome 멧세니아 지방의 산) **I** 101~103; **III** 54

이튀스(Itys 테레우스와 프로크네의 아들) **II** 29

이프네아(Ipnea 서로크리스 지방의 도시) **III** 101

일뤼리콘(Illyrikon 그리스 북서부 지방) **I** 24, 26; **IV** 125

일리온(Ilion 트로이아의 다른 이름) **I** 12; **VI** 2

일식(日蝕) **I** 23; **II** 28; **IV** 52

임브로스(Imbros 북에게 해의 섬) **III** 5; **IV** 28; **V** 8; **VII** 57; **VIII** 102

(자)

자퀸토스(Zakynthos 이오니아 해의 섬) **I** 47; **II** 7, 9, 66, 80; **III** 94, 95; **IV** 8, 13; **VII** 31, 57

칼키스(Chalkis) ① (에우보이아 섬의 도시) I 15; VI 3~5, 44, 76; VII 29, 57 ② (아이톨 리아 지방의 코린토스 속국) I 108; II 83

칼키스인들(Chalkideis 에우보이아 섬 출신으로, 시칠리아에 많은 식민시를 개척했음) III 86; IV 25, 61, 64; VI 3~5, 44, 76, 79, 84

캄뷔세스(Kambyses 페르시아 왕) I 13, 14

케나이온(Kenaion 에우보이아 섬의 곶) III 93

케라메이코스(Kerameikos 아테나이의 구역) VI 57, 58

케뤼케스가(Kerykes 아테나이의 가문) VIII 53

케르뒬리온(Kerdylion 암피폴리스 맞은편의 고지대) V 6, 8, 10

케르소네소스(Chersonesos '반도') ① (트라케 지방의) I 11; VIII 62, 99, 102, 104 ② (펠로폰네소스의) IV 42, 43

케르퀴라(Kerkyra 이오니아 해의 섬, 지금의 Korfu) I 13, 14, 24~55, 57, 68, 118, 136, 146; II 7, 9, 25; III 69~85, 94, 95; IV 2, 3, 5, 8, 46, 48; VI 30, 32, 34, 42~44; VII 26, 31, 33, 44, 57

케르키네(Kerkine 마케도니아 지방의 산) II 98

케스트리네(Kestrine 에페이로스 지방의 지역) I 46

케오스(Keos 에게 해의 섬) VII 57

케이메리온(Cheimerion 테스프로티스 지방의 곶) I 30, 46, 48

케칼로스(Kekalos 메가라인) IV 119

케크롭스(Kekrops 아테나이의 전설적인 왕) II 15

케크뤼팔레이아(Kekryphaleia 아이기나 섬 앞바다의 작은 섬) I 105

케팔레니아(Kephallenia 이오니아 해의 섬) I 27; II 30, 33, 80; III 94; V 35; VII 31, 57

켄토리파(Kentoripa 시켈로이족의 소도시) VI 94; VII 32

켕크레이아(Kenchreia 코린토스령 항구) IV 42, 44; VIII 10, 20, 23

코논(Konon 아테나이인) VII 31

코로네이아(Koroneia 보이오티아 지방의 도시) I 113; III 62, 67; IV 92, 93

코로이보스(Koroibos 플라타이아이인) III 22

코론타(Koronta 아카르나니아 지방의 소도시) II 102

코뤼코스(Korykos 이오니아 지방의 곶) VIII 14, 33, 34

코뤼파시온(Koryphasion 퓔로스의 스파르테 이름) IV 3, 118; V 18

코린토스(Korinthos 펠로폰네소스 반도 북쪽 도시) I 13, 24~58, 60, 62 66~72, 103,

105, 106, 108, 114, 119~124; **II** 9, 30, 33, 67, 69, 80, 81, 83, 92~94; **III** 15, 70, 72, 74, 85, 100, 102, 114; **IV** 42~45, 49, 70, 74, 100, 119; **V** 17, 25, 27, 30~32, 35~38, 48, 50, 52, 53, 55, 57~60, 64, 75, 83, 115; **VI** 3, 7, 34, 73, 88, 93, 104; **VII** 2, 4, 7, 17~19, 25, 31, 32, 34, 36, 39, 56~58, 63, 70, 86; **VIII** 3, 7~11, 13, 32, 33, 98, 106

테이사메노스(Teisamenos 트라키스인) **III** 92

테이산드로스(Teisandros 아이톨리아인) **III** 100

테이시마코스(Teisimachos 아테나이인) **V** 84

테이시아스(Teisias 아테나이인) **V** 84

테이키온(Teichion 아이톨리아 지방의 소도시) **III** 96

테이키웃사(Teichioussa 밀레토스령 지역) **VIII** 26, 28

텔리스(Tellis) ① (브라시다스의 아버지) **II** 25; **III** 69; **IV** 70 ② (니키아스 평화조약의 스파르테 쪽 서명자) **V** 19, 24

텔리아스(Tellias 쉬라쿠사이인) **VI** 103

텟살로스(Thessalos 아테나이인) **I** 20; **VI** 55

텟살리아(Thessalia 그리스 반도 북동지방) **I** 2, 12, 102, 107, 111; **II** 22, 101; **III** 93; **IV** 78, 79, 108, 132; **V** 13, 14, 51; **VIII** 3, 43

토로네(Torone 칼키디케 반도의 도시) **IV** 110~114, 129, 132; **V** 2, 3, 6, 18

토뤼라오스(Torylaos 파르살로스인) **IV** 78

토리코스(Thorikos 앗티케 지방 동해안의 도시) **VIII** 95

토메우스(Tomeus 퓔로스 인근의 산) **IV** 118

톨로포스(Tolophos 아이톨리아인) **III** 100

톨로폰(Tolophon 서로크리스의 소도시) **III** 101

톨마이오스(Tolmaios) ① (아우토클레스의 아버지) **IV** 53, 119 ② (톨미데스의 아버지) **I** 108, 113

톨미데스(Tolmides) ① (아테나이 장군) **I** 108, 113 ② (플라타이아이인) **III** 20

투리아(Thouria 멧세니아 지방의 지역) **I** 101

투리오이(Thourioi 남이탈리아의 도시) **VI** 61, 88, 104; **VII** 33, 35, 57; **VIII** 35, 61, 84

투퀴디데스(Thoukydides) ① (아테나이의 장군 겸 역사가) **I** 1; **II** 70, 103; **III** 25, 88, 116; **IV** 51, 104, 107, 135; **V** 26; **VI** 7, 93; **VII** 18; **VIII** 6, 60 ② (아테나이 장군) **I** 117 ③ (텟살리아인) **VIII** 92

투클레스(Thoukles) ① (아테나이인) **III** 80, 91, 115; **VII** 16 ② (에우보이아인) **VI** 3

튀데우스(Tydeus 키오스인) **VIII** 38

튀레아(Thyrea 퀴누리아 지역의 소도시) **II** 27; **IV** 56, 57; **V** 41; **VI** 95

튀르레니아(Tyrrhenia 또는 Tyrsenia 이탈리아 에트루리아 지방의 그리스어 이름) **IV** 24, 109; **VI** 88, 103; **VII** 53, 54, 57, 58

티마노르(Timanor 코린토스인) **I** 29

티만테스(Timanthes 코린토스인) **I** 29

티모크라테스(Timokrates) ① (니키아스 평화조약의 아테나이 쪽 서명자) **V** 19, 24 ② (아리스토텔레스의 아버지) **III** 105 ③ (코린토스인) **II** 33 ④ (스파르테인) **II** 85, 92

티목세노스(Timoxenos 코린토스인) **II** 33

틸라타이오이족(Tilataioi 트라케 지방의 부족) **II** 96

팃사페르네스(Tissaphernes 페르시아 태수) **VIII** 5, 6, 16~18, 20, 25, 26, 28, 29, 35~37, 43~50, 52~54, 56~59, 63, 65, 78, 80~85, 87, 88, 99, 108, 109

(파)

파곤다스(Pagondas 테바이인) **IV** 91~93, 96

파그레스(Phagres 트라케 지방의 지역) **II** 99

파나이(Phanai 키오스 섬 남단의 항구) **VIII** 24

파나이로스(Panairos 텟살리아인) **IV** 78

파나이오이족(Panaioi 북트라케의 부족) **II** 101

파낙톤(Panakton 앗티케 지방의 아테나이 요새) **V** 3, 18, 35, 36, 39, 40, 42, 44, 46

파노르모스(Panormos) ① (아카이아 지방의 항구) **II** 86, 92 ② (소아시아의 항구) **VIII** 24 ③ (시칠리아의 항구) **VI** 2

파노마코스(Panomachos 아테나이인) **II** 70

파노테우스(Phanoteus 포키스 지방의 도시) **IV** 76, 89

파라우아이아(Parauaia 에페이로스 지방의 한 지역) **II** 80

파락스(Pharax 스파르테인) **IV** 38

파랄로스(Paralos 아테나이의 관용선) **III** 33, 77; **VIII** 73, 74, 86

파랄리아(Paralia 멜리스 지역 주민의 일부) **III** 92

파로스(Paros 에게 해의 섬) **IV** 104

파로스(Pharos 이집트의 섬) **I** 104

파르나바조스(Pharnabazos 페르시아인) **II** 67; **VIII** 6, 8, 39, 62, 80, 99, 109

파르나케스(Pharnakes 페르시아인) **II** 67; **V** 1; **VIII** 6, 58

파르낫소스(Parnassos 포키스 지방의 산) **III** 95

파르네스(Parnes 앗티케 지방의 산) **II** 23; **IV** 96

파르라시아(Parrhasia 아카르디아 지방의 지역) **V** 33

파르살로스(Pharsalos 텟살리아 지방의 도시) I 111; II 22; IV 78; VIII 92

파밀로스(Pamillos 메가라인) VI 4

파셀리스(Phaselis 팜퓔리아 지방의 해안도시) II 69; VIII 88, 99, 108

파시텔리다스(Pasitelidas 스파르테인) IV 132; V 3

파에이니스(Phaeinis 아르고스의 여사제) IV 133

파우사니아스(Pausanias) ① (스파르테 장군) I 94~96, 114, 128~135, 138; II 21, 71, 72; III 54, 58, 68; V 16, 33 ② (스파르테 왕) II 26 ③ (마케도니아인) I 61

파이닙포스(Phainippos 아테나이인) IV 118

파이디모스(Phaidimos 스파르테인) V 42

파이아케스(Phaiakes 케르퀴라 섬의 전설적인 원주민) I 25

파이악스(Phaiax 아테나이인) V 4, 5

파이오니아(Paionia 마케도니아 북쪽 지방) II 96, 98

파케스(Paches 아테나이 장군) III 18, 28, 33~36, 48~50

파키온(Phakion 텟살리아 지방의 도시) IV 78

파트라이(Patrai 아카이아 지방의 항구, 지금의 Patras) II 83, 84; V 52

파트로클레스(Patrokles 스파르테인) IV 57

파트모스(Patmos 에게 해의 섬) III 33

판디온(Pandion 아테나이 왕, 프로크네의 아버지) II 29

판아테나이아 제(Panathenaia 아테나이의 축제) I 20; V 47; VI 56, 57

판타퀴아스(Pantakyas 시칠리아의 강) VI 4

팔레(Pale 케팔레니아 섬의 도시) I 27; II 30

팔레네(Pallene 칼키디케 반도의 일부) I 56, 64; IV 116, 120, 123

팔레론(Phaleron 아테나이의 항구) I 107; II 13

팔리오스(Phalios 코린토스인) I 24

팜퓔리아(Pamphylia 소아시아 남해안 지방) I 100

팡가이온(Pangaion 트라케 지방의 산) II 99

페가이(Pegai 코린토스 만의 메가라령 항구) I 103, 107, 111, 115; IV 21, 66, 74

페다리토스(Pedaritos 스파르테인) VIII 28, 32, 33, 38~40, 55, 61

페라이(Pherai 텟살리아 지방의 도시) II 22

페르딕카스(Perdikkas 마케도니아 왕) I 56~59, 61; II 29, 80, 95, 99~101; IV 78, 79, 82, 103, 107, 124, 125, 128, 132; V 6, 80, 83; VI 7; VII 9

페르라이비아(Perrhaibia 텟살리아 북쪽 지역) IV 78

페르세우스(Perseus 그리스의 영웅) I 9

페르시아(Persia) I 13, 14, 16~18, 23, 41, 69, 73, 89, 104, 130, 137~139; II 21, 97; III 57, 68; IV 36, 50; VI 82; VIII권 곳곳에

페리에레스(Perieres 퀴메인) VI 4

페리오이코스(Perioikos 복수형 Perioikoi '주변 거주자' 도리에이스족에게 순종한 원주민) I 101; III 92; IV 8, 53; VIII 6, 22

페리클레스(Perikles 아테나이의 장군 겸 정치가) I 111, 114, 116, 117, 127, 139~145; II 12, 13, 21, 22, 31, 34~46, 55, 58~65; VI 31

페리클레이다스(Perikleidas 스파르테인) IV 119

페이라시아(Peirasia 텟살리아 지방의 도시) II 22

페이라이에우스(Peiraieus 아테나이의 항구) I 93, 107; II 13, 17, 48, 93, 94; V 26; VI 30; VIII 1, 76, 82, 86, 90, 92~96

페이산드로스(Peisandros 아테나이의 정치가) VIII 49, 53, 54, 56, 63~65, 67, 68, 73, 90, 98

페이시스트라토스(Peisistratos) ① (아테나이의 참주) I 20; VI 53, 54 ② (참주 힙피아스의 아들) VI 54

페이아(Pheia 엘리스 지방의 도시) II 25; VII 31

페이티아스(Peithias 케르퀴라인) III 70

페트라(Petra 레기온령 곳) VII 35

페파레토스(Peparethos 에게 해의 섬) III 89

펠라(Pella 마케도니아 지방의 도시) II 99, 100

펠라르기콘(Pelargikon 아테나이의 아크로폴리스 아래 지역) II 17

펠라스고이족(Pelasgoi 그리스의 선주민) I 3; IV 109

펠레(Pele 클라조메나이 앞바다의 섬) VIII 31

펠레네(Pellene 아카이아 지방의 도시) II 9; IV 120; V 58~60; VIII 3, 106

펠로리스(Peloris 시칠리아 북동단의 곳) IV 25

펠로폰네소스(Peloponnesos 그리스 남부 반도) I~VIII권 곳곳에

펠롭스(Pelops 탄탈로스의 아들, 아트레우스의 아버지) I 9

펠리코스(Pellichos 코린토스인) I 29

평화조약(平和條約 경우에 따라 휴전조약, 휴전협정으로도 번역) I 23, 44, 45, 113,

핏타코스(Pittakos 에도노이족의 왕) **IV** 107

(하)

하그논(Hagnon 아테나이인) **I** 117; **II** 58, 95; **IV** 102; **V** 11, 19, 24; **VI** 31; **VIII** 68, 89

하르마투스(Harmatous 트로아스 지방의 소도시) **VIII** 101

하르모디오스(Harmodios 아리스토게이톤과 공모하여 힙파르코스를 암살한 아테나이
　　인) **I** 20; **VI** 53, 54, 56, 57, 59

하르파기온(Harpagion 프로폰티스 해 남안의 소도시) **VIII** 107

하르피네(Harpine 엘리스 지방의 도시) **V** 50

하막시토스(Hamaxitos 트로아스 지방의 소도시) **VIII** 101

하브로니코스(Habronichos 아테나이인) **I** 91

하이라이(Hairai 이오니아 지방의 도시) **VIII** 19, 20

하이모스(Haimos 트라케 지방의 산) **II** 96

할뤼스(Halys 소아시아의 강) **I** 16

할리아르토스(Haliartos 보이오티아 지방의 도시) **IV** 93

할리아이(Haliai 아르골리스 지방의 소도시) **I** 105; **II** 56; **IV** 45

할리카르낫소스(Halikarnassos 카리아 지방의 도시) **VIII** 42, 108

해방자(Eleutherios 제우스의 별명 중 하나) **II** 71

해안지대(Paralos 앗티케 지방의) **II** 55

헤게산드로스(Hegesandros) ① (테스피아이인) **VII** 19 ② (스파르테인) **IV** 132

헤라(Hera 그리스의 여신) **III** 68; **IV** 133

헤라 신전(Heraion) **I** 24; **III** 68, 75, 79, 81

헤라이아(Heraia 아르카디아 지방의 도시) **V** 67

헤라이온(Heraion 에피다우로스령 곶) **V** 75

헤라클레스(Herakles 그리스의 영웅) **I** 24; **V** 64; **VII** 73

헤라클레스 신전(Herkleion) **V** 64, 66

헤라클레스의 아들들(Herkleidai) **I** 9

헤라클레이데스(Herakleides 쉬라쿠사이인) **VI** 73, 103

헤라클레이아(Herakleia) ① (흑해 남안의 도시) **IV** 75 ② (트라키스 지역의 식민시) **III**
　　92, 93, 100; **IV** 78; **V** 12, 51, 52

헤르마이온다스(Hermaiondas 테바이인) **III** 5

헤르메스(Hermes 그리스 신화에서 신들의 사자) **VII** 29

헤르메스 석주상(石柱像)들(Hermai) **VI** 27, 28, 53, 60, 61

헤르모크라테스(Hermokrates 쉬라쿠사이인) **IV** 58~65; **VI** 32~35, 72, 73, 75~81; **VII** 21, 73; **VIII** 26, 29, 45, 85

헤르몬(Hermon) ① (아테나이인) **VIII** 92 ② (헤르모크라테스의 아버지) **IV** 58; **VI** 32, 72

헤르미오네(Hermione 아르골리스 지방 남동부 해안도시) **I** 27, 128, 131; **II** 56; **VIII** 3, 33

헤브로스(Hebros 트라케 지방의 강) **II** 96

헤스티아이아(Hestiaia 보이오티아 지방의 도시) **I** 114

헤스티오도로스(Hestiodoros 아테나이인) **II** 70

헤시오도스(Hesiodos 고대 그리스의 서사시인) **III** 96

헬라니코스(Hellanikos 아테나이인) **I** 97

헬라스(Hellas 그리스의 그리스어 이름) **I~VIII**권 곳곳에

헬레네(Helene 뮌다레오스의 딸로 절세미인) **I** 9

헬레스폰토스(Hellespontos 에게 해와 프로폰티스 해를 잇는 지금의 다르다넬스 해협) **I** 89, 128; **II** 9, 67, 96; **IV** 75; **VIII** 6, 8, 22, 23, 39, 61, 62, 79, 80, 86, 96, 99, 100, 101, 103, 106, 108, 109

헬렌(Hellen 데우칼리온의 아들로 헬라스라는 이름의 원조) **I** 3

헬로로스(Heloros 시칠리아의 강) **VI** 66, 70; **VII** 80

헬로스(Helos 라코니케 지방의 소도시) **IV** 54

헬릭소스(Helixos 메가라인) **VIII** 80

헷소스(Hessos 서로크리스 지방의 소도시) **III** 101

호메로스(Homeros 고대 그리스의 서사시인) **I** 3, 9, 10; **II** 41; **III** 104

휘블라(Hybla 시칠리아의 도시) **VI** 62, 63, 94

휘블론(Hyblon 시켈로이족의 왕) **VI** 4

휘스타스페스(Hystaspes 페르시아인) **I** 115

휘시아이(Hysiai) ① (아르고스의 지역) **V** 83 ② (보이오티아의 지역) **III** 24

휘아이오이족(Hyaioi 서로크리스의 부족) **III** 101

휘아킨토스 제(Hyakinthia 미소년 휘아킨토스를 기리는 축제) **V** 23, 41

휘페로키데스(Hyperochides 아테나이인) **VI** 55

휘페르볼로스(Hyperbolos 아테나이인) **VIII** 73

휙카라(Hykkara 시칠리아의 소도시) **VI** 62; **VII** 13

휠리아스(Hylias 이탈리아의 강) **VII** 35

남이탈리아와 시칠리아 지도

아 드 리 아 스 해

튀르레니아 해

브렌테시온

타라스

메타폰티온

이아퓌기아

쉬바리스 • 투리오이

크로톤

아이올로스 섬들
일명 리파라 군도

훡카라

파노르모스

멧세네 • 레기온

로크리스

에뤽스 산

에게스타

히메라

아이트네 산 ▲ 낙소스

모튀에

시 켈 리 아

셀리누스

헨나

카타네

아크라가스

레온티노이

메가라 휘블라

탑소스

젤라

쉬라쿠사이

카마리나

지 중 해

에게 해의 세계 1

아드리아 해

에피담노스

링코스

파이오니아

일뤼리콘

악시오스 강

스트뤼몬 강

네스토스 강

로도페 산맥

팡가이온 산

필립포이

아폴로니아

마케도니아

암피폴리스

에이온

압데라

타소스

에페이로스

카오니아

펠라 테르메

피에리아

스타기라

칼키디케

아칸토스

부트로톤

케르퀴라

케르퀴라

도도네

테스프로티스

핀도스 산

올륌포스 산

뤼드나

포테이다이아

올륀토스

팔레네 반도

멘데

스키오네

토로네

아토스 산

옷사 산

트릭케

라리사

텟살리아

파르살로스

페라이

세피아스 곶

펠리온 산

이올코스

파가사이

마그네시아 반도

아이가이온 해

아르테미시온 곶

스퀴로스

파르낫소스 산

이스트모스

큌라데스 군도

이오니오스 해

뮈르토온 해

퀴도니아

크레테

에게 해의 세계 2

폰토스 에우크세이노스
(흑해)

트 라 케

네스토스 강

마로네이아

헤브로스 강

타소스

사모트라케

임브로스

렘노스

케르소네소스 반도

세스토스 · 람프사코스

아뷔도스

트로이아

테네도스

헬레스폰토스 해협

트로아스

아트라뮈티온

메륌나

에레소스 · 뮈틸레네

레스보스

키오스

포카이아

에뤼트라이

테오스

사모스

낙소스

퀴클라데스 제도

아모르고스

아스튀팔라이아

크레테

크놋소스 ·

고르튀스 ·

파이스토스

보스포로스 해협

뷔잔티온

칼케돈

프로폰티스 해

퀴지코스

비 튀 니 아

그라니코스 강

이데 산

아이올리스

뮈 시 아

페르가몬

카이코스 강

헤르모스 강

아르기누사이 섬들

퀴메

▲ 시퓔로스 산

스뮈르나

클라조메나이

클라로스

에페소스

사르데이스

▲ 트몰로스 산

뤼 디 아

콜로폰 카위스트로스 강

마이안드로스 강

뮈칼레 곶

마그네시아

밀레토스

카 리 아

할리카르낫소스

코스

코스

크니도스

니쉬로스

텔로스

로도스

로도스

린도스

카르파토스

카르파토스 해

카우노스

뤼 키 아

크산토스 강

크산토스

이 오 니 아

에 게 해

그리스 지도 1

암프라키아 ● 코로네이아 ●

암필로키아

스페르케이오스 강
멜 리 스
악티온 ●   오이테 산 ▲ 트라키스 ● 테르모퓔라이 ●
텟 살 리 아   안텔레 ●
레우카스   도 리 스 동로크리스
                                                        케피소스 강
아이톨리아   파르낫소스 산 ▲   카이로네이아
                          나우팍토스 서로크리스   델포이 ●
플레우론 ●
칼뤼돈 ●   헬리콘 산 ▲

이타케   파트라이 ●   코린토스 만

케팔레니아   아 카 이 아

자퀸토스   에뤼만토스 산 ▲   퀼레네 산 ▲ 시퀴온 ●
                    엘리스 ●   코린토스 ●
                                스튐팔로스 호   네메아 ●
                              아 르 카 디 아 오르코메노스 ●   뮈케나이 ●
                    올륌피아 ●   만티네이아 ● 아르고스 ● 아르골리스
                                          알페이오스 강   티륀스 ●
이 오 니 오 스 해   레르나 ●   나우플리아 ●
                            ▲ 뤼카이온 산   테게아 ●
스트로파데스 섬들   펠로폰네소스 반도

                                          멧세네 ●   스파르테/라케다이몬 ●
                    멧 세 니 아   아뮈클라이 ●
                                        타   라코니케
                    필로스 ●   위
스팍테리아   게
                    토
                    스
                    산
                    맥
멧세니아 만   라코니케 만

                                타이나론 곶

그리스 지도 2

아이가이온 해

스퀴로스

아르테미시온 곶

오레오스

오푸스

에우보이아

코파이스 호
칼키스
아울리스
에레트리아
보아오티아
아스크라
테바이
델리온
타나그라
오로포스
테스페이아
아소포스 강
플라타이아이
데켈레이아
마라톤
파르네스 산
펜텔리콘 산
카뤼스토스
엘레우시스
아티케
메가라
아테나이
브라우론
이스트모스
살라미스
페이라이에우스
휘메토스 산
사로니코스 만
아이기나
라우레이온 산
수니온 곶
안드로스
테노스
아르골리스
케오스
에피다우로스
메타나
뮈코노스
트로이젠
칼라우레이아
퀴트노스
퀴클라데스 군도
쉬로스
델로스
헤르미오네
세리포스
파로스
낙소스
뮈르토온 해
시프노스
아르골리스 만
에피다우로스 리메라
멜로스
이오스
말레아 곶
테라
퀴테라

필로스와 스팍테리아 섬

필로스

요새 ☐

☐ 스파르테군 진지
• 우물

스 팍 테 리 아 섬

항 만

오늘날의 필로스

N

칼키디케 반도 일대

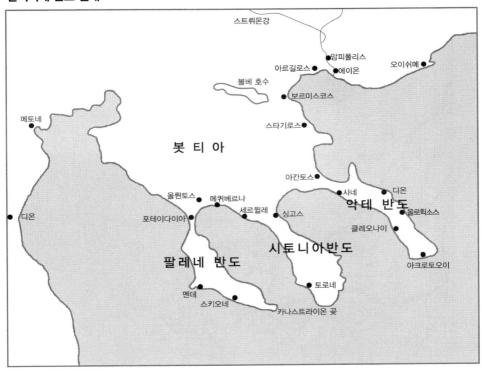

스트뤼몬강

암피폴리스
아르길로스 ● ● 오이쉬메
● 에이온

볼베 호수
● 보르미스코스

메토네
● 스타기로스

봇 티 아

아칸토스
● ● 사네 디온
올륀토스 ● 메퀴베르나 ● 올로퓍소스
포테이다이아 ● 세르뮐레 싱고스 악 테 반 도
클레오나이

디온 시 토 니 아 반 도
팔 레 네 반 도

아크로토오이

멘데 토로네
스키오네
카나스트라이온 곶

쉬라쿠사이 시 일원

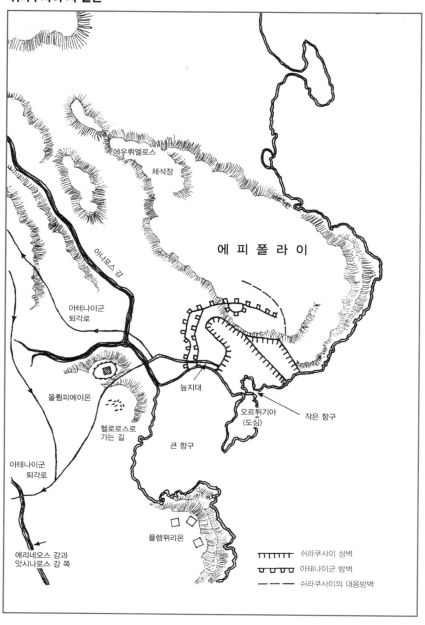

에우뤼엘로스

채석장

에피폴라이

아니모스 강

아테나이군
퇴각로

올륌피에이온

늪지대

오르튀기아
(도심)

작은 항구

헬로르로스로
가는 길

큰 항구

아테나이군
퇴각로

에리네오스 강과
앗시나로스 강 쪽

플렘뮈리온

	쉬라쿠사이 성벽
	아테나이군 방벽
— — —	쉬라쿠사이의 대응방벽